# 新三板理论与实践

## （上册）

徐明　著

中国金融出版社

责任编辑：石　坚
责任校对：潘　洁
责任印制：陈晓川

**图书在版编目（CIP）数据**

新三板理论与实践. 上册／徐明著. —北京：中国金融出版社，2020.12
ISBN 978 - 7 - 5220 - 0898 - 1

Ⅰ.①新…　Ⅱ.①徐…　Ⅲ.①中小企业—企业融资—研究—中国
Ⅳ.①F279.243

中国版本图书馆 CIP 数据核字（2020）第 220798 号

新三板理论与实践（上册）
XINSANBAN LILUN YU SHIJIAN（SHANG CE）

出版
发行　**中国金融出版社**

社址　北京市丰台区益泽路 2 号
市场开发部　（010）66024766，63805472，63439533（传真）
网 上 书 店　http：//www.chinafph.com
　　　　　　（010）66024766，63372837（传真）
读者服务部　（010）66070833，62568380
邮编　100071
经销　新华书店
印刷　北京市松源印刷有限公司
尺寸　185 毫米 ×260 毫米
印张　40.25
字数　588 千
版次　2021 年 1 月第 1 版
印次　2021 年 1 月第 1 次印刷
定价　78.00 元
ISBN 978 - 7 - 5220 - 0898 - 1
如出现印装错误本社负责调换　联系电话(010)63263947

# 序

2018年10月，中国证监会党委决定派我赴全国中小企业股份转让系统有限责任公司（全国股转公司）任职。记得10月21日，我匆匆离沪赴京，第二天就走马上任，成为全国股转公司的一员。未及更多的准备，我和同志们就一起投身于轰轰烈烈的新三板改革事业。时间如梭，一晃20个月过去，新三板精选层正式设立，全面深化新三板改革也顺利落地。抚今追昔，感慨万千！

作为资本市场的一员老兵，来到全国股转公司从事新三板市场工作，我却是一名新人。尽管有着20多年证券交易所的工作经验，但之前我对新三板市场的认识是肤浅的。好在经过一年多的潜心学习和实践，我从原来对新三板的不太关注到全身心的投入，由之前对新三板市场的"生"到现在的"熟"，这个过程既辛苦又快乐，尤其是参与到新三板的全面深化改革，让我有机会深入接触新三板，也有动力了解新三板的过去、改变新三板的现状、思考新三板的未来。一年多来，我对新三板的认识有了全面和本质的升华。

新三板市场是我国多层次资本市场极其重要的组成部分。经过30年的发展，我国资本市场由点到面、由小到大、由弱变强，取得了巨大的成绩。在这一过程中，经过不断的探索和创新，我国资本市场逐步构建起较为完善的市场体系，形成了金字塔式的多层次的市场构架。这一资本市场架构顺应了中国经济的生态环境，不但满足了作为融资方的企业不同发展阶段的融资需求，也满足了不同投资偏好、投资理念和投资判断的投资方的需求，多层次资本市场也成为我国不同需求的融资者和投资者所拥有的共同家园。刚颁布不久的新《证券法》将我国多层次资本市场上升到法律的高度，确立了作为塔基的区域性股权市场、塔中的新三板市场和塔尖的证券交易所市场各自的法律地位。新《证券法》将证券交易所市场和新三板市场定位为全国性市场、场内市场，将区域性股权市场定位为地方性市场和场外市场的市场三分法，是对我国多层次资本市场架构的根本性总结。身处金字塔塔中的新三板市场，不但对资本市场不可或缺，更对实体经济至关重要。它不但在资本市场中发挥着应有的基本功能，更在整个资本市场体系中发挥着承上启下的作用，成为资本市场各层次互联互通的重要枢纽，使整个资本市场服务于国民经济更加顺畅，促使实体经济的发展更加有序。新三板市场已成为我国多层次资本市场不可或缺的组成部分。

新三板市场是资本市场服务于中小企业和民营经济的主战场。以2013年1月全国股转公司成立为标志，新三板市场7年多来承接了上万家挂牌公司。这些挂牌公司中民营经济、中小企业均占93%以上，可以说新三板市场就是民营中小企业市场。民营中小企业在我国国民经济中的重要地位不言而喻，民营经济贡献了中国经济50%以上的税收、60%以上的GDP、70%以上的技术创新成果、80%以上的城镇劳动就业、90%以上的企业数量，"56789"充分说明了民营经济在我国经济发展中具有无可替代的地位和作用。然而，长期以来我国民营中小企业的发展环境并不尽如人意，融资难、融资贵成为民营中小企业发展中遇到的十分突出的问题。新三板市场无疑为民营中小企业的生存与发展提供了重要的融资交易平台，成为资本市场服务于民营中小企业的重要阵地。

新三板市场是特点鲜明且未来可期的新兴市场。新三板市场既不同于沪深交易所市场，也不同于区域性股权市场。在定位上，沪深市场侧重于服务大型或大中型企业，区域性股权市场侧重于服务小微企业，而新三板市场则介于两者之间，服务于中小企业。新三板8547家的海量挂牌公司具有不同行业属性以及各不相同的经营及盈利模式等，因此，对各层级新三板公司，在监管制度及监管要求的安排上也具有较大的差异性。新三板市场内的基础层、创新层以及精选层公司定位的不同，以及市场参与者要求与标准的不同，使新三板公司在发行、交易、投资者适当性管理和监管等方面各具特点。这些特点使新三板市场和沪深市场在宏观监管方面具有一致性，而在具体制度安排上却有差异性，从而与沪深市场形成了错位发展的空间。随着新三板改革的不断推进，改革红利渐次显现，新三板市场作为一个充满活力而不可或缺的新兴市场，其重要功能与作用正在凸显，新三板一定会有无限美好的光明前景。

然而，在现实生活中，即便是资本市场的参与者，如果不关注新三板，就未必了解新三板市场。只有积极投身于新三板市场建设，用心感受新三板市场改革的历程才会对新三板市场有深刻的体会和感悟。一年多来，让我深感困惑和吃惊的是，每当谈起新三板的过去，总有一些人深感受伤；说到新三板的现状，总有一些人感到迷茫；展望新三板的未来，总有一些人眼神暗淡。这些不了解新三板、误解新三板甚至不屑新三板的状况，令我十分不安。新三板市场的发展需要市场各方共同为之努力，因此，如何了解新三板的过去，如何认识新三板的现在，如何面对新三板的未来，又如何加强对新三板市场的正确宣导和推广，这些都已变得十分必要与迫切。这种紧迫性和必要性，赋予了我无限的动力，促使我构思撰写一本能全面系统深入介绍新三板市场理论与实践的书籍，以助新三板市场发展一臂之力。

正是基于这样的出发点，在繁忙的工作之余，我利用点滴可利用的休息时间，完成了《新三板理论与实践》这一拙作，并重点围绕以下三个方面展开阐述。

一是新三板市场的历史和现状。新三板起源于中关村，成长于北京市，开花于全中国。从一个科技园区一路走来的新三板起起伏伏，经历了坎坷，伴随着艰辛，经过不懈的努力和各方的支持帮助，终于有了今天的发展与改革成果。今天的新三板市场已经从场外市场变成场内市场，从区域性市场走向全国性市场，从集合竞价的市场成为连续竞价的市场，从一个定向发行的市场成为可以公开发行的市场。本书梳理了新三板市场的来龙去脉，对老三板、中关村期间的新三板、股转时代的新三板进行了回顾、介绍和总结，阐述了新三板与沪深市场、区域性股权市场及境外证券市场的区别与联系，分析了新三板市场的现状，尤其是对全面深化新三板改革的背景、方案设计和主要制度进行了介绍，在此基础上，还对新三板的未来进行了展望。

二是新三板市场的业务和制度。作为全国性的证券交易场所，新三板市场的业务和制度众多而复杂，这些业务制度涵盖了证券监管部门、全国股转公司制定的部门规章、规范性文件和自律业务规则，包括发行、挂牌、市场分层、公司治理、信息披露、交易运行、并购重组、登记结算、摘牌等一系列制度，这些基本制度构成了新三板市场的规则体系。由业务和制度组成的新三板市场规则体系是十分全面而丰富的。在层级上，顶层的法律和行政法规对新三板市场的业务和制度进行了原则性和框架性规定；中间层级的部门规章和规范性文件对新三板的业务和制度做了进一步的规范和扩充；低层级的自律业务规则细化了新三板的业务和制度。自律业务规则包含了基本业务规则、办法、业务细则、业务指南、业务指引、通知、问答等，同样有着不同的层级，形成了自己的规则体系。在新三板市场，自律业务规则尽管层级较低，但最具体、最具操作性，是新三板市场制度与规则的中坚力量。本书尝试对新三板市场业务和制度进行详细介绍和深度分析，介绍业务和制度制定的背景和原因，以及业务制度的具体内容，并对与业务和制度相关的诸多问题进行了探讨，阐明了自己的观点，力争让人识之能用、阅之思考。

三是新三板市场的法律和监管。法律制度是新三板市场的尚方宝剑，监管规则是新三板市场的定海神针。有了法律制度，新三板市场才有规矩，才能行稳致远；有了监管规则，新三板市场的公开、公平、公正才能得到保证，投资者的合法权益才能得到保障。新三板市场的法律和监管对于新三板市场是至关重要的。本书介绍了新三板市场法律和监管制度的基本情况，对我国证券法律制度体系、新三板法律制度特点和资本市场法治建设进行了概述和评析，重点介绍了新三板注册制。在此基础上，专章论述了我国《证券法》的修订情况、修订内容和修订亮点以及新《证券法》中的新三板内容；对新三板的监管制度进行了论述，探讨了证券监管的目标、构架，监管措施和法律责任以及证券监管中的相关问题，新三板监管的依据，新三板的行政监管和自律监管等；讨论了新三板的投资者保护问题，对投资者保护的成绩与不足、投资者保护的相关问题、投资者保护机构、持股行权、纠纷调解、支持诉讼和示范判决、先行赔付等投资者保护的主要制度进行了介绍。

新三板市场作为新兴资本市场，形成不久，发展却蒸蒸日上；全国股转公司虽然年轻，但朝气蓬勃充满活力！作为全国股转公司的一员，本人赶上了新三板市场如火如荼的改革新时代，并身在其中成为经历者、见证者，倍感荣幸；同事们夜以继日地努力工作让我备受感动；眼见改革成果逐步落地，我十分欣慰。20个月的时间转瞬即逝，我愿意将自己这段时间对新三板的所思所悟转化成文字呈现给大家，也算是对新三板市场发展的一点微薄贡献。

本书仅是自己的一孔之见，书中的论述和观点与所在单位无关。由于工作繁忙、时间仓促、水平有限，书中一定存在诸多不妥甚至错误之处，恳请读者批评指正！

徐明

2020 年 7 月 7 日

# 目　录

## 第一篇　新三板概论

## 第二篇　新三板与多层次资本市场

# 第三篇　新三板的市场制度

第一篇

# 新三板概论

# 第一章　新三板的起源

## 第一节　新三板的概念

新三板是一个约定俗成的概念。"约定俗成"是汉语成语，意思是指事物的名称或社会习惯，往往是由人民群众经过长期社会实践而确定或形成的。"新三板"不但在长期的实践中成为人们习以为常的称呼，也逐渐成为一个正式的用语，形成了特定的含义，体现在国家的正式文件中。比如，2019年中央经济工作会议的文件中指出"要稳步推进新三板改革"；2019年2月，中共中央办公厅、国务院办公厅《关于加强金融服务民营企业的若干意见》中提出"要稳步推进新三板发行与交易制度改革，促进新三板成为创新型民营中小微企业融资的重要平台"；中国证监会在2020年的工作部署中也明确要求"推进新三板改革平稳落地"；等等。凡此种种，除法律法规之外，在国家层面和地方层面、理论界和实务界、民间和正规场合，说到除上海证券交易所和深圳证券交易所市场之外的全国性证券交易场所时，均用"新三板"称谓。但新三板指的是什么？其准确的含义又是什么？除了业内人士、专家学者等，许多人很难给出准确的定义，因此有必要准确定义"新三板"。

"新三板"的"新"是相对于"老三板"的"老"而言的，准确地说是相对于"旧三板"的"旧"。它是针对这一证券市场某一重大事件的发生、某一重大特征的改变而作出的"新老划断"。在此之前的称为"老"，在此之后的称为"新"。这一重大事件为 2006 年 1 月 16 日，北京中关村科技园区股份转让报价试点工作正式推出。2006 年 1 月 16 日，经中国证监会批准，中国证券业协会发布了《证券公司代办股份转让系统中关村科技园区非上市股份有限公司股份报价转让试点办法》及相应配套规则，股份报价转让业务正式开始运作。2006 年 1 月 23 日，北京世纪瑞尔技术股份有限公司作为首家园区公司在代办股份转让系统（以下简称代办系统）挂牌。股份报价转让业务的推出，极大地拓展了代办系统的功能，使代办系统步入了一个新的发展阶段。在此之前，代办系统只能从事全国证券自动报价系统（以下简称 STAQ 系统）、全国电子交易系统（以下简称 NET 系统）遗留问题和沪深证券交易所退市公司的股份转让业务，代办系统办理的这些业务称为"老"业务，并因此形成了"老"市场，人们习惯地称为"老三板"，在此之后代办系统所从事的新业务自然就构成了"新"市场，也因此出现了"新三板"和"老三板"的称谓。时至今日，那些在中关村科技园区试点之前就存在于当时市场的并未处理完毕的公司，人们仍然称为"老三板"公司。这些公司至今仍然在新三板市场进行股份转让，成为新三板市场的历史遗留问题。①

"新三板"的"三"是相对于上海证券交易所、深圳证券交易所②的"一""二"和区域性股权市场的"四"而言的。在民间和市场上，因为有了"新三板"的说法，也有人将沪深证券交易所市场称为"一板""二板"市场。将沪深证券交易所的主板称为"一板"，深圳证券交易所的中小企业板和创业板称为"二板"，但上海证券交易所 2019 年设立了科创板之后，很少有人将科创板称为"二板"。至于到底要不要称沪深证券交易所市场为一板、二板以及怎样划分一板、二板，实务界和理论界并不太在意。是将沪深交易所市场的主板作

---

① 关于代办系统的详细介绍可见本章第二节中的"代办系统建立的背景"；关于 STAQ 系统和 NET 系统的详细介绍可见本章第二节中的"两网公司"。

② 在本书中，根据语境或简便原则，在同时提到"上海证券交易所""深圳证券交易所"时，有时使用"沪深证券交易所"或"沪深交易所"，可以相互替代，其意思相同。在提到"上海证券交易所"时，可以用"上交所"替代，其意思相同；在使用"上海证券交易所市场"时，可以用"上交所市场"或"沪市"替代，其意思相同；在提到"深圳证券交易所"时，可以用"深交所"替代，其意思相同；在提到"深圳证券交易所市场"时，可以用"深交所市场"或"深市"替代，其意思相同。

为一板，中小企业板、创新板、科创板作为二板；还是将中小企业板包含在沪深交易所市场的主板中，只将创新板、科创板作为二板；抑或是将上海证券交易所市场作为一板，深圳证券交易所市场作为二板，业界并没有做认真的研究，也没有十分在意。而将区域性股权市场称为"四板"，在实践中较为常见，也较为形象，它是位于新三板市场之下的证券交易场所。按此逻辑，资本市场的一板、二板、三板、四板的排列，体现了我国多层次资本市场的特点，也反映了各个层次资本市场的地位和属性，浅显易懂、形象生动。

新三板不是"板"，是全国性的证券交易市场。因为在多层次资本市场中，沪深证券交易所有多种板的概念，上海证券交易所有主板和科创板，深圳证券交易所有主板、中小企业板和创业板。这些板的概念实际上是沪深交易所市场中板块的概念，它们在层级上要低于新三板中的"板"的概念，两者不应当混同。新三板所对应的是沪深证券交易所整个市场，是《证券法》所规定的"国务院批准的其他全国性证券交易场所"中的市场概念。

新三板不等同于全国中小企业股份转让系统（以下简称全国股转系统）。人们称呼的新三板实际上指的是新三板市场，新三板和新三板市场是等同的。全国股转系统只是新三板市场的一个重要组成部分，或者是新三板市场的组织体系。而这一体系并不能完全等同于新三板市场。提起系统，人们更多地将其与交易系统和其他技术系统联系起来，而全国股转系统也的确是由证券交易系统等一系列技术系统组成的，包括交易系统、市场监察系统、发行承销系统、信息披露系统、行情显示系统、信息统计分析系统、业务支持系统、内部管理系统等。在实践中，也的确出现过将全国股转系统看作是技术系统，进而将全国中小企业股份转让系统有限公司（以下简称全国股转公司）视作一家从事互联网技术的公司。

新三板不等同于全国股转公司。在《证券法》中，将全国股转公司定义为"国务院批准的其他全国性证券交易场所"，与沪深证券交易所相同，它是个组织体，是个法人组织。它实际上是新三板市场的运营机构，提供相关场所和设施，承担着对新三板市场发行、挂牌、交易市场的组织、监督和管理职能。我国《证券法》第九十六条明确规定"证券交易所、国务院批准的其他全国性证券交易场所为证券集中交易提供场所和设施，组织和监督证券交易，实行自律管理，依法登记，取得法人资格。证券交易所、国务院批准的其他全国性证券交易场所的设立、变更和解散由国务院决定"。

综上所述，新三板是专门服务于中小企业及市场其他参与者，由全国股转公司具体营运，提供证券的发行、挂牌、交易及相关业务的全国性综合性证券市场。

## 第二节　老三板代办系统

### 一、代办系统建立的背景

代办系统诞生于 2001 年 6 月 12 日，目的是解决 STAQ 系统、NET 系统的遗留问题和沪深交易所退市公司的股份转让问题。其具体业务是证券公司以其自有或租用的业务设施，为非上市股份公司提供股份转让服务。由此形成的代办股份转让系统是由主办券商、中国证券业协会、交易和登记结算服务机构及相关制度共同组成的非上市公司股份交易系统，其特点是以证券公司为基础，市场各参与主体的权利、义务全部通过契约确定，中国证券业协会通过履行自律性管理职责监管证券公司的该项业务。

代办系统的产生源自国家对证券交易场所乱象的清理整顿。1992 年，党的第十四次全国代表大会后，我国股票交易市场进入快速发展时期。1990 年，上海和深圳证券交易所成立之后，法人股并不能在两大交易所流通转让。为了进一步完善资本市场，解决法人股流通问题，1992 年 7 月和 1993 年 4 月，经国务院有关部门批准，中国证券市场研究中心和中国证券交易系统有限公司先后在北京分别成立了 STAQ 系统和 NET 系统，这两个系统作为法人股的流通市场开始运行，它们是专门提供法人股份转让交易的二级市场。

与此同时，在各地方政府的主导和推动下，全国各地成立了大量的证券交易中心、产权交易中心等股票场外交易市场，据不完全统计，截至 1997 年 1

月，全国就有 100 多个地方场外股票交易市场。由于各地的盲目发展、制度不规范以及监管缺失，地方各证券交易中心十分混乱，投机之风盛行，给中国的金融系统安全带来极大的隐患。1997 年亚洲金融危机爆发，党中央、国务院意识到证券市场的巨大风险，中央金融工作会议决定关闭非法股票交易市场。为了防范金融风险，促进证券市场健康发展，1998 年 3 月 25 日，国务院办公厅转发了中国证券监督管理委员会（以下简称中国证监会）《关于清理整顿场外非法股票交易方案的通知》，该通知将未经国务院批准擅自设立的产权交易所、证券交易中心和证券交易自动报价系统等机构从事的非上市公司股票、股权证等股权类证券的交易活动视为"场外非法股票交易"，予以明令禁止。STAQ 系统、NET 系统也在此次清理整顿之列，分别于 1999 年 9 月 9 日、10 日关闭，原挂牌在两个系统的公司流通股股东也随之失去了相应的股份交易场所。为妥善解决 STAQ 系统、NET 系统挂牌公司流通股的转让问题，2001 年 6 月，经中国证监会批准，中国证券业协会发布了《证券公司代办股份转让服务业务试点办法》，股份转让服务业务正式启动，代办系统随之诞生。

在国家大力清理整顿场外市场和地方证券交易场所乱象的同时，沪深证券交易所市场作为场内市场迅速发展，生机勃勃，一派繁荣景象。截至 2000 年，沪深证券交易所在上市公司家数、市值、融资规模、交易量、投资者数量等各方面与成立之初相比，有了巨大的进步，由于股市的融资效率、价值发现功能、资源配置功能和财富效应，地方政府、企业自身、投资者都对股票发行、企业上市和买卖股票投入了很大的热情。在此背景下，沪深证券交易所少数上市公司的问题也逐渐暴露出来，有的公司在发行上市前质地并不好，有的公司包装上市，有的公司遇到行业周期性问题，有的公司本身经营遇到问题，致使一些公司上市后财务状况欠佳，经营连续亏损，出现了上市"第一年绿灯、第二年黄灯、第三年红灯、第四年退市"的现象。

为妥善解决退市公司股份转让问题，2001 年 11 月 30 日，中国证监会发布了《亏损上市公司暂停上市和终止上市实施办法（修订）》，规定退市公司可以进入代办系统，这是代办系统功能的第一次扩展。由此，为退市公司提供股份转让服务成为代办系统的重要任务之一。文件发布后，有 4 家退市公司陆续进入代办系统挂牌，但由于当时没有强制性要求，仍有较多退市公司未到该系统挂牌。2004 年 2 月，中国证监会下发了《关于做好股份有限公司终止上市后续工作的指导意见》（以下简称《指导意见》），该文件规定了退市平移机制，强制上市公司退市以后必须进入代办系统。为贯彻落实《指导意见》，加快退市公司挂牌进度，完善退市机制，中国证券业协会制定并发布了《退市公司在代办系统挂牌及重组有关事项的通知》《推荐恢复上市、委托代办股份转让协议书》等一系列文件，对退市公司进入代办系统挂牌的程序作出了详尽规定。此后，退市公司平移至代办系统的工作得到顺利开展。

代办系统在当时作为唯一的合法场外证券交易场所，已成为我国多层次资本市场的组成部分。由于沪深证券交易所作为场内市场存在且有多种板块，在理论界和实务界，人们形象地将沪深证券交易所主板市场称作"一板"，中小板和创业板市场称作"二板"，而场外市场代办系统称作"三板"。

自 2001 年 6 月 12 日至 2006 年 1 月 16 日，代办系统只是代为办理 STAQ 系统、NET 系统（以下简称两网公司）及退市公司股份的转让，其业务范围及基本职责较为单一。2006 年 1 月 16 日，经中国证监会批准，中国证券业协会发布了《证券公司代办股份转让系统中关村科技园区非上市股份有限公司股份报价转让试点办法》及相应配套规则，股份报价转让业务正式开始运作。2006 年 1 月 23 日，北京世纪瑞尔技术股份有限公司作为首家园区公司在代办系统挂牌。股份报价转让业务的推出，极大地拓展了代办系统的功能，代办系统的性质也发生了变化，使代办系统步入一个新的发展阶段。以此为区分，人们将此前的代办系统称为"老三板"，主要办理两网公司和退市公司业务。

## 二、两网公司

### （一）STAQ 系统

STAQ 系统，中文全称全国证券交易自动报价系统，英文全称 Securities Trading Automated Quotations System，英文简称 STAQ。1990 年 12 月 5 日，全国证券交易自动报价系统（STAQ 系统）正式开始运行。STAQ 系统是一个基于计算机网络进行有价证券交易的综合性场外交易市场。系统中心设在北京，连接国内证券交易比较活跃的大中城市，为会员公司提供有价证券的买卖价格信息以及结算等方面的服务，使分布在各地的证券机构能高效、安全地开展业务。

STAQ 系统本身属于非营利性的会员制组织，全体会员大会是系统的最高权力机构，由全体会员大会选举理事会。STAQ 系统的日常事务由执行委员会主持。在当时，STAQ 系统的建立推动了全国证券市场的发展，便于异地证券机构间的沟通。STAQ 系统在交易机制上普遍采用了做市商制度，在市场组织上采取了严格自律性管理方法。

在 STAQ 系统进行法人股转让的公司，必须遵守相关业务规则，符合法人股挂牌条件，向 STAQ 系统申请，获得准许后方能上市转让。因此，其挂牌条件、申请、上市和管理是必备的内容和程序。

一是法人股挂牌条件。（1）依法登记注册的"股份有限公司"。（2）最近一个会计年度净资产占总资产的比例不低于30%，无形资产（扣除土地使用权）与净资产之比不高于20%。（3）最近两个会计年度连续盈利，且盈利水平不低于同行业平均水平。（4）公司申请前一年末的净资产在5000万元以上。（5）可流通的法人股总面值在2000万元以上。持有面值总额1万元以上的法人股股东数不少于200名。（6）法人股发行和转让符合国家有关政策规定，股权证集中管理。（7）内部职工股的比例符合国家的有关规定且无扩散。（8）最近两个会计年度无重大的违反国家法律、法规行为或损害公众利益的记录，且不存在可能严重影响公司业务的诉讼案或仲裁案。（9）申请公司已与至少两家系统会员签订做市协议。（10）与系统签署挂牌协议书，并承诺履行持续责任。

符合上述条件，申请的公司可以在 STAQ 市场挂牌一部进行挂牌，但公司申请在挂牌二部挂牌还需满足其他条件，即除了要符合上述第（1）、第（6）、第（7）、第（8）、第（9）、第（10）条的规定外，还要符合下列条件：（1）公司申请前一年末的净资产在2000万元以上；（2）最近一个会计年度盈利，盈利水平不低于同行业平均水平；（3）最近一个会计年度净资产占总资产的比例不低于 20%，无形资产（扣除土地使用权）占净资产的比例不高于 20%；（4）可流通的法人股总面值在 2000 万元以上，持有面值总额 1 万元以上的法人股股东数不少于 100 名；（5）申请公司已与至少两家系统会员签订做市协议。

二是法人股挂牌申请。申请法人股挂牌的公司须向 STAQ 系统提交下列文件：（1）挂牌申请书；（2）公司设立、登记注册的有关文件；（3）最近一次募集法人股的有关文件；（4）经会计师事务所审计并由注册会计师及其所在的事务所签字、盖章的最近两个会计年度或者成立以来的财务报表及截至申请挂牌前一个月的财务报表；（5）有律师及其所在事务所签字、盖章的律师意见书；（6）股东大会同意挂牌的决议；（7）股东名册、上市公司股份集中托管与清算交割的协议；（8）会员公司或系统认可的咨询机构的推荐书和上市公司与做市商签订的做市协议；（9）上市公司书草案；（10）系统认为须提供的其他文件。

三是法人股上市。法人股挂牌申请需经审核委员会审核批准。审核委员会批准公司的法人股挂牌申请后，申请公司须公布上市通告书。上市通告书应包括以下内容：（1）公司的名称、地址；（2）流通的有关说明，包括批准公司成立、募股及流通的文件、会计师事务所出具的验资报告，有关各方，包括财务公证机构、资产评估机构、资产确认机构、法律顾问，以及公司的查询办法；（3）公司的股本总量、股权结构；（4）公司的债项；（5）公司的资产总量及其占用；（6）公司历史状况；（7）公司的组织、结构；（8）子公司、分公司及关联公司；（9）公司近两年或成立以来的经营业绩和财务状况；（10）发起人及主要股东；（11）董事、监事及其他高级管理人员；（12）重大合约及主要经营项目；（13）当年的盈利预测；（14）风险与对策；（15）公司的发展规划；（16）STAQ 系统认为应提交的其他文件。

四是法人股挂牌管理。挂牌公司应遵守 STAQ 系统对挂牌公司监管的有关规定。挂牌公司应严格遵循信息公开，定期财务报表和重大事件披露等挂牌公司基本运行规则。挂牌公司遇有重大变故导致不符合本规则关于挂牌的规定时，系统执委会有权警告、罚款、暂停或终止其法人股的挂牌。挂牌公司的管理应严格遵守《STAQ 系统法人股挂牌公司监管规则》。

（二）NET 系统

NET 系统（National Exchange and Trading System）是由中国证券交易系统有限公司（以下简称中证交）设计，利用覆盖全国 100 多个城市的卫星数据通信网络连接起来的计算机网络系统，为证券市场提供证券的集中交易及报价、清算、交割、登记、托管、咨询等服务。NET 系统由交易系统、清算交割系统和证券商业务系统三个子系统组成，该系统于 1993 年 4 月正式投入运营。1993 年 4 月 28 日在海南省、福建省、广东省、北京市、广州市、厦门市范围内开通，投入试运行。在 NET 系统试运行期间，首批上市 3 只法人股，即海南中兴实业股份有限公司，总股本 3 亿股，可流通法人股 1.2 亿股；海南三亚东方实业股份有限公司，总股本 1.49 亿股，可流通法人股 5374 万股；广东建北（集团）股份有限公司，总股本 1.70 亿股，可流通法人股 1.10 亿股。

NET 系统在其公司章程中明确了公司的业务范围和管理职责，具体包括：（1）审批证券在本公司的上市；（2）提供证券集中交易的网络系统和设施，并管理证券在本公司的交易；（3）为证券交易提供报价、清算、交割服务；（4）提供有价证券托管服务；（5）提供证券市场的投资咨询和信息服务；（6）中国人民银行和其他部门许可或委托的其他业务。

而 NET 系统的业务规则更加细致地对其所展开的业务进行了规定。1991 年 1 月 1 日颁布实施的《中国证券交易系统有限公司业务规则》共计 12 章 158 条，主要内容为：第一章"总则"；第二章"证券分销服务"，包括证券分销服务、证券分销商的招募、证券的发行；第三章"证券上市"，包括上市条件、上市申请、上市获准、上市暂停、上市终止；第四章"证券商接受委托准则"，包括委托契约办理、委托指令受理、委托指令执行；第五章"集中交易准则"包括集中交易时间、交易员、交易类别、申报买卖、竞价及撮合成交、交易违约处理；第六章"行情揭示与统计"；第七章"清算与交割"；第八章"证券托管"；第九章"费用"，包括上市费用、委托买卖佣金、系统交易费、系统设施使用费、印花税；第十章"违规处罚"；第十一章"仲裁"；第十二章"附则"。

从业务规则可以看出，NET系统的业务是极其广泛的，不仅仅是办理法人股转让，解决沪深证券交易所上市公司法人股不能上市流通的问题。它的业务几乎涵盖了与沪深交易所相同的业务种类，既包括股票，也包括债券；既有公开发行，也是其他形式的发行；在交易方式上采取集中交易、竞价撮合形式等，在发行、上市、交易、清算交收等方面无所不能。涉及法人股的转让仅仅是该系统业务中的一小部分。主要情况如下：

一是法人股的挂牌条件。《中国证券交易系统有限公司业务规则》第二十一条规定，申请法人股在交易系统上市的企业必须同时具备下列各款条件：（1）股票的发行符合国家有关规定；（2）最近一个会计年度末的净资产在4000万元以上；（3）最近一个会计年度税后利润与净资产的比率不低于10%（含设立前的主体企业）；（4）法人股面值总额在3000万元以上；（5）法人股股东不少于100个。

二是法人股的挂牌申请。《中国证券交易系统有限公司业务规则》第二十六条规定，申请其股票在交易系统上市的发行公司应向中证交提交下列文件：（1）上市申请书；（2）股票公开发行的批准文件；（3）经由会计师事务所审计的申请人近三年及当年一月至申请日前一个月的审计报告和财务报表；（4）交易系统证券商的上市推荐书；（5）最近一次的招股说明书；（6）上市公告书：上市公告书至少须说明下列情况，即股票获准上市的日期和批准文号，公司的名称、住所、成立日期、上级主管部门及内部组织机构，公司董事、监事和高级管理人员简历及其持有本公司证券的状况，公司的历史沿革，公司的经营范围，发起人或发行人简况，初次发行的发起人认购股本的情况、股权结构及验资证明，所筹资金的运用计划及收益、风险预测，股票发行情况、股权结构和最大的十名股东的名单和持股数额，公司未来三年发展规划，公司近三年或成立以来的经营业绩和财务状况以及下一年的盈利预测文件，重要的合同，公司创立大会或股东大会同意公司股票上市的决议，涉及公司的重大法律诉讼事项，增资发行的公司前次公开发行股票所筹资金的运用情况，其他重要事项；(7) 实际发行数额的证明；(8) 企业登记注册文件；(9) 申请上市的公司创立大会或股东大会同意公司股票上市的决议；(10) 股东名册及股票样张；(11) 公司章程或公司章程草案；(12) 省级主管部门推荐参加法人股内部流通试点的书面文件。

（三）退市公司

1990 年成立的沪深证券交易所，经过十年的发展，至 2000 年，上市公司越来越多，市场规模越来越大。在这些上市公司中，一些上市公司的不规范问题逐渐显现出来。由于种种主客观原因，一些上市公司的经营遇到了困难，公司的财务状况不断恶化，公司面临持续亏损。1999 年，我国《证券法》颁布实施，明确规定上市公司连续 3 年亏损，在之后 1 年仍不能盈利的，上市公司即行退市。在实践中，沪深证券市场一些经营不善、持续亏损的上市公司退市问题被提上了日程。2001 年 2 月 23 日，中国证监会发布了《亏损公司暂停上市和终止上市实施办法》（以下简称《实施办法》），2001 年 11 月 30 日，在《实施办法》基础上加以修订，又发布了《亏损上市公司暂停上市和终止上市实施办法（修订）》，规定连续 3 年亏损的上市公司将暂停上市，继续亏损的终止上市，终止上市的公司退市后可以进入代办系统。

2001 年的《实施办法》共计 5 章 24 条，主要内容为总则、暂停上市、恢复上市、终止上市、附则。其中，对暂停上市和终止上市进行了较为详细的规定。

一是暂停上市。(1) 暂停上市的情形。上市公司三个年度连续亏损的，自公布第三年年度报告之日起（如公司未公布年度报告，则自《证券法》规定的年度报告披露最后期限到期之日起），证券交易所应对其股票实施停牌，并在停牌后 5 个工作日内就该公司股票是否暂停上市作出决定。证券交易所作出暂停上市决定的，应当通知该公司并公告，同时报中国证监会备案。(2) 暂停上市公告。上市公司应当在接到证券交易所股票暂停上市决定之日起 2 个工作日内，在中国证监会指定的报纸和网站登载《股票暂停上市公告》，公告以下内容：暂停上市股票的种类、简称、证券代码以及暂停上市起始日；证券交易所股票暂停上市决定的主要内容；公司董事会关于是否可以争取恢复股票上市的意见和恢复股票上市的具体措施，并说明董事会的出席和表决情况；中国证监会和证券交易所要求的其他内容。（3）暂停上市公司义务。即上市公司在其股票暂停上市期间，应当依法履行上市公司的有关义务。（4）暂停上市宽限期。对宽限期的内容和程序进行了规定：其一，公司暂停上市后，可以在45日内向证券交易所申请宽限期以延长暂停上市的期限。宽限期自暂停上市之日起为12个月；其二，公司向证券交易所申请宽限期的，应作出申请宽限期的决议，并向证券交易所说明近期盈利的可能性及公司采取的具体措施。证券交易所应自接到公司申请后3个工作日内作出是否给予公司宽限期的决定，通知该公司并公告；其三，公司应自接到证券交易所上述决定之日起2个工作日内公告这一决定的主要内容。

二是终止上市。（1）终止上市的情形。上市公司有以下情形之一的，中国证监会决定其股票终止上市：上市公司决定不提出宽限期申请的；自暂停上市之日起45日内未提出宽限期申请的或申请宽限期未获证券交易所批准的；《实施办法》第十七条所述公司至宽限期截止日未公布年度报告的；申请恢复上市未获中国证监会核准的。（2）终止上市公告。上市公司应当在接到中国证监会终止上市的决定后2个工作日内在指定报纸和网站上登载《股票终止上市公告》，公告以下内容：终止上市股票的种类、简称、证券代码以及终止上市的日期；中国证监会决定的主要内容；终止上市后其股票登记、转让、管理事宜。（3）终止后事宜。公司应在终止上市后的1个月内在指定报纸和网站上登载公告，说明公司历年的财务状况、公司高级管理人员重大违法违规情况及目前的重大债权债务、诉讼情况；公司董事会应当详细说明造成公司这一状况的原因，特别要详细说明导致公司亏损的关联交易及有关债权债务情况。（4）公司义务。公司未在规定期限内履行规定义务的，股东可以依法要求公司履行上述义务。终止上市公司股票的转让应当遵守《公司法》《证券法》和有关法律法规的规定。

2001 年发布的《实施办法》不但正式推行了我国上市公司退市制度，还增加了代办系统的职能，使代办系统的业务扩展到退市公司的股份转让。但这一业务对退市公司并不是强制性要求，导致实践中有的退市公司选择代办系统，有的不在该系统进行股份的转让。退市公司不同的做法带来了管理和监管上的问题，不利于投资者的保护。

2004 年 2 月，中国证监会下发了《关于做好股份有限公司终止上市后续工作的指导意见》（以下简称《指导意见》），该文件规定了退市平移机制，强制上市公司退市以后进入代办系统。[①] 为贯彻落实《指导意见》，加快退市公司挂牌进度，完善退市机制，中国证券业协会制定并发布了《退市公司在代办系统挂牌及重组有关事项的通知》《推荐恢复上市、委托代办股份转让协议书》等一系列文件，对退市公司进入代办系统挂牌的程序作出了详尽规定。此后，退市公司平移至代办系统的工作得到了顺利开展。

---

① 该《指导意见》第二部分"关于股份有限公司终止上市后股东进行股份转让的问题"详细规定了退市公司进行代办系统所涉及的具体问题，即（1）股份有限公司终止上市后，其所发行的全部股份继续由中国证券登记结算有限责任公司（以下简称证券登记结算机构）登记、托管。为公司提供代办股份转让服务的机构（以下简称代办机构），负责到证券登记结算机构办理有关退出证券交易所市场股份登记及进入代办股份转让系统登记结算事宜。（2）股份有限公司终止上市后，公司所发行的股份仍可以依法转让。公司终止上市前向社会公众发行的股份，由代办机构代为办理转让手续；非挂牌交易股份的转让仍以协议转让方式进行，由转让双方直接向证券登记结算机构办理过户登记手续，股份性质的变更参照有关规定办理。（3）为了保证股份有限公司终止上市后的股份转让有序进行，股份有限公司在终止上市前，应当按照中国证监会的有关规定，根据中国证券业协会《证券公司代办股份转让服务业务试点办法》确定一家代办机构，为公司提供终止上市后股份转让代办服务。公司与代办机构之间的代办事务和权利义务关系，由双方订立合同约定。股份有限公司在证券交易所作出股票终止上市决定时，未能依法确定代办机构的，由证券交易所指定临时代办机构。临时代办机构应自被指定之日起的四十五个工作日，开始为公司向社会公众发行的股份的转让提供代办服务。（4）股份有限公司终止上市后的股份转让代办活动，必须遵守法律、行政法规的规定，遵循自愿、有偿、诚实信用的原则。终止股份转让代办服务的，由股东依照《公司法》和公司章程规定的程序作出决定，报公司所在地省级人民政府批准生效后实行。（5）中国证券业协会对证券公司代办股份转让业务活动，制定相关的行业规范，实行自律性管理。中国证券业协会制定的行业规范，报经中国证监会批准后施行。（6）股份有限公司终止上市后，应当按照《公司法》的规定，及时向股东提供公司的财务状况、运营情况、资产重组、股权变化等重大信息。公司向股东提供信息，可以采取媒体公告方式，也可以采取邮递通通信方式；召开股东大会的通知，应当采取媒体公告方式。（7）代办机构应当随时提醒其所提供股份转让代办服务的公司自觉依法规范运作。中国证券业协会应当建立规范运作记录，作为有关公司再次申请股票上市交易时是否符合上市条件的评判依据，并定期或者不定期地向公司所在地人民政府主管部门通报有关情况。

（四）代表公司

数据显示，自 2001 年 4 月 PT① 水仙被终止上市起，截至 2019 年 12 月 31 日，沪深两市共有退市公司 112 家，其中因连续亏损及不符合沪深交易所上市指标而退市的公司达 51 家，数量最多；其次有 35 家公司因吸收合并重组而退市；因重大违法被强制退市的有 1 家；主动退市的有 2 家；因私有化而退市的公司有 9 家；之后影响退市的因素分别为面值退市、其他退市、暂停上市后未披露定期报告退市和证券置换退市，分别为 5 家、4 家、3 家和 2 家上市公司。退市制度的建立和实施，对提高我国上市公司整体质量，形成优胜劣汰的市场机制发挥了积极作用。

1. PT 水仙

PT 水仙是第一家被强制退市的上市公司。PT 水仙全称为上海水仙电器股份有限公司，前身为上海洗衣机总厂，成立于 1980 年。1992 年进行了股份制改制，1993 年 1 月 6 日，该公司在上海证券交易所上市，筹资 1.057 亿元，1994 年又以每股 2.26 元，发行人民币特种股票（B 股）1000 万股，筹资 2504 万美元。自 1995 年起，该公司经营业绩大幅下滑，1997 年首次出现亏损，亏损金额达 6600 万元，1998 年亏损达 6398 万元，1999 年亏损达到 1.97 亿元，2000 年亏损达到 1.46 亿元。1999 年，由于连续两年亏损，根据我国《证券法》和中国证监会规章、上海证券交易所上市规则等规定，该公司股票被实行

---

① PT 是英文 Particular Transfer 的缩写，是指股票的特别转让。沪深交易所从 1999 年 7 月 9 日起，对这类暂停上市的股票提供流通渠道的"特别转让服务"，并在其简称前冠以 PT，称为 PT 股票。PT 股票和正常股票具有多处不同，主要区别为：（1）交易时间不同；PT 股特别转让仅仅限定于每周五的开市时间内进行，并不是每天连续交易。（2）涨跌幅限制不同；特别转让股票申报价不得超过上一次转让价格的上下 5%，与特别处理 ST 股票的日涨跌幅相同。（3）撮合方式不同；特别转让是交易所于收市后一次性对该股票当天所有有效申报按集合竞价方式进行撮合，产生唯一的成交价格，所有符合成交条件的委托盘均按此价格成交。（4）交易性质不同；PT 股无法上市交易，所以股票不计入指数计算，成交数不计入市场统计，其转让信息也不在交易所行情中显示，只由指定报刊设专栏在次日公告。推出"特别转让服务"，是依据《公司法》中关于"股份公司的股东持有的股票可以依法转让"的规定而设计的。它的实行，既可为暂停上市的股票提供合法的交易场所，又可以提示投资风险，有利于保护广大投资者的合法权益。

特别处理，股票简称 ST① 水仙。2000 年，该公司又因连续三年亏损，且每股净资产低于股票面值，自 5 月 12 日起暂停上市，实行特别转让，简称 PT 水仙。2001 年，ST 水仙年报披露，该公司 2000 年亏损 1.46 亿元，每股收益为 -0.62 元，公司连续四年亏损。4 月 20 日，上海证券交易所否决了 PT 水仙提交的《关于申请延长暂停上市期限的报告》。4 月 23 日，上海证券交易所正式宣布 PT 水仙退市。

2. 中弘股份

中弘股份是第一家触发"股票市值退市指标"的公司。该公司成立于 2001 年，是一家集商业地产、文化旅游地产等核心物业开发与运营于一体的综合型地产企业。2009—2012 年企业净利润分别为 1.27 亿元、9.21 亿元、5.59 亿元、10.71 亿元。但 2013 年业绩出现大幅滑坡，净利润同比下滑近八成，因持续经营不善，中弘股份自 2017 年底陷入流动性危机，债务问题严重，截至 2018 年 10 月 15 日，其累计逾期债务本息合计金额已达 56.18 亿元。公司主业停顿，资金紧张，在建地产项目基本处于停滞状态，导致企业 2017 年、2018 年分别亏损 25.37 亿元、50.60 亿元。

债务问题引发企业股价大幅下跌，2018 年 10 月 18 日，中弘股份因股票价

---

① ST 为英文 Special Treatment 的缩写，是指沪深证券交易所上市公司连续两年亏损，被进行特别处理的股票。1998 年 4 月 22 日，沪深证券交易所宣布将对财务状况和其他财务状况异常的上市公司的股票交易进行特别处理（其中，异常主要是指两种情况：一是上市公司经审计两个会计年度的净利润均为负值；二是上市公司最近一个会计年度经审计的每股净资产低于股票面值。在上市公司的股票交易被实行特别处理期间，其股票交易应遵循下列规则。财务状况异常指：（1）最近一个会计年度的审计结果显示股东权益为负值；扣除非经常性损益后的净利润为负值；（2）最近一个会计年度的审计结果显示其股东权益低于注册资本，即每股净资产低于股票面值；（3）注册会计师对最近一个会计年度的财务报告出具无法表示意见或否定意见的审计报告；（4）最近一个会计年度经审计的股东权益扣除注册会计师、有关部门不予确认的部分，低于注册资本；（5）最近一份经审计的财务报告对上年度利润进行调整，导致连续一个会计年度亏损；（6）经交易所或中国证监会认定为财务状况异常的。其他异常状况指：（1）由于自然灾害、重大事故等导致上市公司主要经营设施遭受损失，公司生产经营活动基本中止，在三个月以内不能恢复的；（2）公司涉及负有赔偿责任的诉讼或仲裁案件，按照法院或仲裁机构的法律文书，赔偿金额累计超过上市公司最近经审计的净资产值的 50% 的；（3）公司主要银行账号被冻结，影响上市公司正常经营活动的；（4）公司出现其他异常情况，董事会认为有必要对股票交易实行特别处理的；（5）人民法院受理公司破产案件，可能依法宣告上市公司破产的；（6）公司董事会无法正常召开会议并形成董事会决议的；（7）公司的主要债务人被法院宣告进入破产程序，而公司相应债权未能计提足额坏账准备，公司面临重大财务风险的；（8）中国证监会或交易所认定为状况异常的其他情形。

格连续 20 个交易日（不含停牌交易日）每日收盘价均低于股票面值，被深交所决定终止上市，并进入退市整理期（30 个交易日），最后于 12 月 28 日在交易所主板被摘牌，成为一个因股价低于面值而退市的上市公司。

3. ＊ST<sup>①</sup>二重

＊ST 二重是第一家主动退市的上市公司。＊ST 二重全称为中国第二重型机械集团公司（以下简称中国二重），建于 1958 年，是中央直接管理的大型企业集团，现隶属于中国机械工业集团有限公司。中国二重是国家重大技术装备国产化基地和我国最大、最重要的新能源装备制造基地之一，该公司主要经营冶金装备制造。由于冶金行业产品严重过剩，冶金装备较其他装备的需求更显低迷，该公司订单量明显下滑、产能严重放空。而在成本控制方面，订单严重不足、固定成本高企、产品原料消耗居高不下等多重因素作用下，该公司的毛利率自 2012 年起持续为负。因 2011—2013 年连续三年亏损，＊ST 二重股票于 2014 年 5 月 26 日暂停上市。根据公司已披露的 2014 年年报，公司总资产为 152 亿元，净资产为 –61 亿元；2014 年度营业收入为 39 亿元，净利润为 – 79 亿元。

2015 年 5 月，上海证券交易所作出决定，同意＊ST 二重提出的主动终止上市申请，并在 5 月 21 日对公司股票予以摘牌，公司股票终止上市。

＊ST 二重的主动退市是为了更好地进行资产整合，为今后重新上市做准备。退市后，在国资委主导下，控股股东中国二重整体产权无偿划转至中国机械工业集团有限公司（以下简称国机集团），作为重组后新集团的全资子公司，

---

① ＊ST 股是指沪深证券交易所上市公司经营连续三年亏损，被进行退市风险警示的股票。＊ST 为退市风险警示。以下七种情况会被交易所标以"＊ST"标识：（1）最近两年连续亏损（以最近两年年度报告披露的当年经审计净利润为依据）；（2）因财务会计报告存在重大会计差错或者虚假记载，公司主动改正或者被中国证监会责令改正后，对以前年度财务会计报告进行追溯调整，导致最近两年连续亏损；（3）因财务会计报告存在重大会计差错或者虚假记载，被中国证监会责令改正但未在规定期限内改正，且公司股票已停牌两个月；（4）未在法定期限内披露年度报告或者半年度报告，公司股票已停牌两个月；（5）处于股票恢复上市交易日至恢复上市后第一个年度报告披露日期间；（6）在收购人披露上市公司要约收购情况报告至维持被收购公司上市地位的具体方案实施完毕之前，因要约收购导致被收购公司的股权分布不符合《公司法》规定的上市条件，且收购人持股比例未超过被收购公司总股本的 90%；（7）法院受理关于公司破产的案件，公司可能被依法宣告破产。

无偿划转后，国机集团将间接持有＊ST 二重 71.47％的股权。中国二重与国机集团的整合增强了中国二重的实力，为其重新上市打下了良好的基础。

4. ST 长生

ST 长生是第一家重大违法的退市公司。ST 长生全称为长春长生生物科技有限责任公司（以下简称长生生物），于 1992 年 8 月 27 日成立。公司经营范围为疫苗的生产及相关技术开发、技术转让、技术咨询、技术服务，经营本企业和本企业成员企业自产产品及相关技术的出口业务。2012 年 6 月 5 日在深圳证券交易所上市。

从 2014 年 4 月起，长生生物在生产狂犬病疫苗过程中严重违反《药品生产质量管理规范》和国家药品标准的有关规定，有的批次混入过期原液、不如实填写日期和批号、部分批次向后标示生产日期。

2018 年 7 月 15 日，国家食品药品监督管理总局发布通告称，国家食品药品管理总局在对长生生物开展的飞行检查中，发现该公司冻干人用狂犬病疫苗生产存在记录造假等严重违反《药品生产质量管理规范》的行为，责令吉林食品药品监督管理局收回该企业《药品 GMP 证书》，并责令狂犬疫苗停产。7 月 22 日，国家食品药品监督管理总局责令停产、立案调查，组织对所有疫苗生产企业进行飞行检查。2018 年 7 月 23 日，深圳证券交易所对长生生物相关股东所持股份实施特别处理。同年 10 月 16 日，国家食品药品监督管理总局和吉林省食品药品监督管理局分别对长春长生公司作出多项行政处罚。

2019 年 5 月，长生生物被立案调查。11 月 7 日，依照《中华人民共和国企业破产法》第二条第一款、第一百零七条规定，宣告长春长生生物科技有限责任公司破产。11 月 27 日，长生生物公司股票被深圳证券交易所予以退市。

上述四家退市公司是我国资本市场退市制度四种不同类型的代表，也是各种类型退市公司的第一家。除了第三种类型的主动退市，其他三种均为强制退市。而它们在强制退市的性质上又是不同的，第一种、第二种类型的退市不存在重大违法的情况，其强制退市尽管也触及违法，比如上市公司的包装上市导致其经营业绩严重下滑等，但其退市的理由和依据，并不是违法行为。这种情况的退市所依据的是不符合或者没有达到上市公司所应维持的上市标准，而重大违法退市在性质、情节上要恶劣得多。一般来说，因重大违法退市的公司不但没有重新上市的可能，该公司和相关当事人还会面临法律追究和处罚。对于第一种类型因财务指标导致的退市，目前已被现行《证券法》否定，《证券法》并不要求持续盈利作为上市的基本条件，因此亏损企业也可以发行上市，自然也不必因此退市。而第三种类型的退市，只是证券交易所维持市场正常运行对上市公司提出的要求，是市场优胜劣汰的需要，这些公司在退市以后，如果重新达到了沪深交易所的上市标准，也可以重新申请上市。而主动退市是公司自己的选择，即使在符合上市条件的情况下，也有可能因各种原因选择退市。

### 三、中关村新三板①

2002年，北京市政府向李岚清副总理提出，中关村科技园区未上市股份公司（以下简称园区公司）存在较强的股份流通需求。国务院随即指示由中国证监会商有关方面共同研究园区公司进入代办系统进行试点。在中国证监会的协调下，中国证券业协会和北京市政府、科技部、深圳证券交易所等相关单位经历了三年半的研究和准备，制订了报价转让试点方案上报至国务院。2005年12月，试点方案获国务院批准。

2006年1月16日，经中国证监会批准，中国证券业协会发布了《证券公司代办股份转让系统中关村科技园区非上市股份有限公司股份报价转让试点办法》及相应配套规则，股份报价转让业务正式开始运作。2006年1月23日，北京世纪瑞尔技术股份有限公司作为首家园区公司在代办系统挂牌。股份报价转让业务的推出，极大地扩展了代办系统的功能，使代办系统步入了一个新的发展阶段。

代办系统的功能经历了两次扩展后，其功能被分为两个层次：代办股份转

---

① 中关村新三板是指中国证监会于2006年初批准证券公司代办股份转让系统在北京市中关村科技园区进行非上市股份有限公司股份报价转让试点。从这时开始直到全国股转公司成立，这一时期的代办系统市场称为中关村科技园区试点时期市场，也称为中关村试点时期的新三板。

让和股份报价转让。其中，代办股份转让主要解决原 STAQ、NET 系统的挂牌公司和沪深证券交易所退市公司的股份转让问题，股份报价转让主要解决园区公司的股份转让问题。为了便于理解，市场上通常以"老三板"和"新三板"来区别代办系统的两个层次。老三板指的是原 STAQ、NET 系统的挂牌公司和沪深证券交易所退市公司在代办系统交易所形成的市场，六位股票交易代码以 400 开头（或 420 开头，这些股票是沪深交易所退市的 B 股）；新三板特指非上市股份有限公司（只在中关村科技园区试点）股份进入代办系统报价转让形成的市场，六位股票交易代码以 430 开头。

代办系统开通以来，不仅顺利解决了原 STAQ、NET 系统挂牌公司和沪深交易所退市公司的股份流通及转让问题，而且也满足了园区公司股份流通的需求，为维护社会稳定、推动我国资本市场的完善和发展起到了积极的作用。截至 2012 年 12 月 31 日，共有 207 家公司挂牌，其中原 STAQ、NET 系统及退市公司 55 家、中关村园区公司 130 家；累计成交数量为 179.00 亿股，成交金额为 353.89 亿元。

尽管在中关村试点期间，代办系统仍然存在并正常运行，但此时的代办系统的含义已不同于成立之初的代办系统，它被赋予了新三板的概念，在监管框架、运行机制和制度特色上均有所进步，在此做简要介绍。

（一）监管框架

1. 监管主体

主板（中小板）、创业板实行的是中国证监会行政监管和交易所自律监管相结合的监管机制，试点时期的新三板实行的是以中国证券业协会自律管理为主导的多层次监管机制，参与监管的主体包括中国证监会、中国证券业协会、北京市人民政府。中国证监会负责制定新三板的相关政策，批准有关规则；中国证券业协会制定和发布针对新三板的自律规则，对市场、业务和主办券商进行自律管理；北京市人民政府负责制定相关的扶持政策和风险处置应急预案，确定园区公司进入试点的条件，推荐符合条件的园区公司进入试点，对挂牌公司出现的社会风险进行处置等。

2. 规则体系

新三板的规则体系主要由中国证券业协会等发布的一系列自律规则组成，可以分为自律框架性文件、配套规则、中国证券业协会发布的公告和通知三个部分。最早的新三板规则来源于2006年中关村园区非上市股份有限公司纳入代办系统作为试点时，发布的一系列自律规则。2009年，中国证券业协会对2006年规则体系进行了修改和完善。新规则体系也包括中关村管委会、中国证券登记结算有限责任公司的相关规定，但主要由中国证券业协会具体制定。这些规则内容较多，既有综合类，也有板块类；既涉及挂牌公司，也涉及中介机构，还涉及投资者；既涉及园区公司的挂牌，也涉及挂牌后的股权转让，还涉及登记存管、清算交收；既有基本业务规则层面的，也有细则、具体办法、指引、指南、通知、回答等更为细致的和操作性层面的制度。这些制度构成新三板的业务规则体系，支撑着中关村新三板市场的正常运营和监管，随着中关村新三板市场的发展，新三板的市场业务规则体系也在不断地变化，新的业务规则不断地颁布，不适合市场发展需要的被不断地废除或者修改。在全国股转公司成立前，中关村新三板市场的具体业务规则，大体有以下几个方面。

一是总则：《证券公司代办股份转让系统中关村科技园区非上市股份有限公司股份报价转让试点办法（暂行）》（2006年发布，2009年6月修订）。

二是推荐挂牌：《主办券商推荐中关村科技园区非上市股份有限公司股份进入证券公司代办股份转让系统挂牌业务规则》（2006年发布，2009年6月修订）、《主办券商尽职调查工作指引》（2006年发布，2009年6月修订）、《主办券商推荐中关村科技园区非上市股份有限公司股份进入证券公司代办股份转让系统挂牌备案文件内容与格式指引》（2009年6月）、《股份报价转让说明书必备内容》（2006年发布，2009年6月修订）、《主办券商推荐中关村科技园区非上市股份公司股份进入证券公司代办股份转让系统挂牌报价转让协议书》（2006年发布，2009年6月修订）、《证券公司从事报价转让业务自律承诺书》（2006年发布，2009年6月修订）、《关于进一步明确行业分析师研究报告具体要求的通知》（2008年8月）、《关于主办报价券商及相关业务人员在开展推荐园区公司挂牌业务中加强自律的提醒函》（2008 年 11 月）、《关于做好项目小组成员备案工作有关事项的通知》（2010 年 2 月）、《关于做好制作和报送推荐挂牌备案文件工作有关事项的通知》（2011 年 1 月）、《关于进一步规范拟推荐挂牌公司改制相关工作的通知》（2011 年 3 月）、《关于进一步做好填报〈拟尽职调查公司基本情况表〉工作的通知》（2011 年 3 月）、《主办券商推荐挂牌业务尽职调查工作底稿指引》（2011 年 7 月）、《关于规范内核审核工作底稿内容与格式的通知》（2011 年 8 月）。

三是投资者及交易管理：《报价转让委托协议书》（2006 年发布，2009 年 6 月修订）、《报价转让特别风险揭示书》（2006 年发布，2009 年 6 月修订）、《证券公司关于加强报价转让业务投资者管理自律承诺书》（2009 年 4 月）、《关于做好股份报价转让试点投资者管理有关工作的通知》（2009 年 6 月）、《关于规范股份报价提示性交易行为的通知》（2011 年 4 月）、《关于规范异常报价、转让行为的补充通知》（2011 年 7 月）。

四是股份管理：《主办券商报送挂牌公司股份解除限售登记备案文件清单及注意事项》（2007 年 4 月）、《股份解除转让限制公告格式与必备内容》（2009 年 6 月）、《关于挂牌公司董事、监事和高级管理人员所持本公司股份解除转让限制的通知》（2009 年 12 月）。

五是信息披露：《股份进入证券公司代办股份转让系统报价转让的中关村科技园区非上市股份有限公司信息披露规则》（2006 年发布，2009 年 6 月修订）、《主办券商持续信息披露督导工作指引（试行）》（2009 年 9 月）、《挂牌公司股份特别处理备忘录》（2009 年 12 月）。

六是定向增资：《关于挂牌公司定向增资的操作规程》（2006 年发布，后经多次修改）、《关于定向增资向公司管理人员、核心技术人员或公司其他员工配售事项的通知》（2008 年 10 月）、《关于完善定向增资程序的通知》（2009 年 6 月）、《关于进一步完善定向增资工作的通知》（2009 年 10 月）、《关于规范定向增资中主办券商及其工作人员行为的通知》（2010 年 1 月）、《关于进一步规范定向增资股份认购的通知》（2010 年 2 月）。

七是登记结算：《中国证券登记结算有限责任公司证券公司代办股份转让系统中关村科技园区非上市股份有限公司股份报价转让登记结算业务实施细则》（2006年发布，2009年6月修订）、《证券公司代办股份转让系统中关村科技园区非上市公司股份报价转让登记结算业务指南》（2009年6月）。

（二）运行框架

新三板的运行框架是由中国证券业协会、主办券商、中国证券登记结算有限公司、深圳证券信息公司和深圳证券交易所一起组成的。它们各自按照自己的定位和职责，营运新三板市场，保证新三板市场正常运转。中国证券业协会负责对主办券商实行自律管理；主办券商推荐符合挂牌条件的公司挂牌，并对挂牌公司信息披露终身督导，同时主办券商还为符合条件的投资者代理买卖新三板公司股份；证券登记结算公司为投资者开立账户，提供股份托管和清算服务，并为挂牌公司提供股份登记服务；深圳证券信息公司为挂牌公司提供信息披露服务；深圳证券交易所为新三板提供技术系统服务，并接受中国证券业协会的委托对新三板挂牌公司的日常交易进行监察。

1. 中国证券业协会

中国证券业协会是依据《证券法》和《社会团体登记管理条例》的有关规定设立的证券业自律性组织，属于非营利性社会团体法人，接受中国证监会和民政部的业务指导和监督管理。中国证券业协会成立于1991年8月28日。最高权力机构是由全体会员组成的会员大会，理事会为其执行机构，实行会长负责制。其宗旨是：在国家对证券业实行集中统一监督管理的前提下，进行证券业自律管理；发挥政府与证券行业间的桥梁和纽带作用；为会员服务，维护会员的合法权益；维持证券业的正当竞争秩序，促进证券市场的公开、公平、公正，推动证券市场的健康稳定发展；根据法律、行政法规、中国证监会有关要求，制定证券业执业标准和业务规范，对会员及其从业人员进行自律管理等一系列职责。

中国证券业协会对新三板实行的是自律管理。它通过制定一系列自律管理规则，对主办券商、挂牌公司、投资者等市场参与者进行管理，并通过和相关机构的合作保证新三板市场基础设施和营运设备，使新三板市场能够挂牌、投资者开户、股份转让、信息披露、股份托管、清算交收、市场监察等正常运转。在具体运行上，中国证券业协会除了自己履行相关职责外，主要从两个层面具体管理新三板市场，一是对主办券商进行管理，督导其从事各项业务活动，由主办券商与挂牌公司、投资者、登记结算公司、信息公司和证券交易所发生各项业务关系，维持新三板的正常运营；二是在监管上，委托深圳证券交易所对股票二级市场进行监察，关注市场异常波动，防止市场内幕交易、操纵市场和其他违法违规行为的发生。

2. 主办券商

主办券商是新三板市场运行的主力军，也是新三板市场的特色，在新三板市场中处于核心地位。一是为挂牌公司服务。主要负责对挂牌企业的辅导、尽职调查、内核；推荐企业在新三板市场挂牌；挂牌公司信息披露服务。二是为投资者服务。主要为投资者开立证券账户，以经纪人的身份代理投资者买卖证券；为投资者进行各种资讯服务等。三是与登记结算公司合作为客户办理股份托管、清算交收等业务。四是与信息公司合作办理行情显示、信息披露等业务。五是与证券交易所合作进行市场监察等。

3. 证券交易所

证券交易所接受中国证券业协会的委托，代为对新三板市场进行市场监察。由于新三板市场在交易系统上主要依托于深圳证券交易所及其所属公司深圳证券信息有限公司和深圳证券通信有限公司，在系统建设上，新三板市场业务发展和深圳证券交易所形成了紧耦合。加上证券交易所在市场监察方面本身有着很强的实力、强大的技术系统和丰富经验，在人员、资源和专业人才方面均有较强的优势，而中国证券业协会本身的职责主要是证券行业的管理和自律，工作重心并不在此。因此，将市场监察事务委托给深圳证券交易所在情理之中。

新三板市场运行的基本架构如图 1-1 所示。

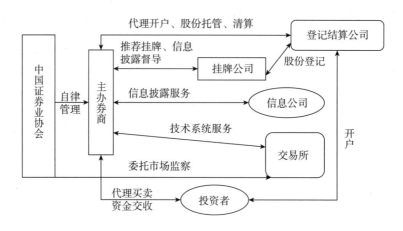

**图 1 - 1　新三板市场运行的基本架构**

（三）制度特色

新三板作为多层次资本市场的重要组成部分，与主板、中小板、创业板相比存在较大的不同，具有鲜明的特点。与主板、中小板、创业板以核准制为核心的制度体系不同，与科创板的注册制度也有区别。新三板建立了主办券商制度、推荐挂牌备案制度、定向增资制度、地方政府合作监管制度等富有自律管理特色的制度体系，更加贴近于市场化的原则。

1. 主办券商制度

主办券商在新三板市场中处于核心地位，履行一线把关职责，主导新三板挂牌前后的各项工作。新三板的主办券商制度与沪深证券交易所市场的承销保荐制度存在很大区别。

一是在资格管理上，中国证券业协会建立了一套以净资产和净资本为主要指标、以规范运作、稳健经营为重要条件的主办券商资格管理办法，并按照该办法对资格授予进行严格管理。中国证券业协会对主办券商的执业情况进行严格自律管理，强调责任到人，对违规行为及时查处，力求保持足够监管压力，促使主办券商勤勉尽责、规范运作，有效降低各业务环节的风险。

二是在推荐挂牌方面，与保荐制度不同，主办券商不仅负责对挂牌企业的辅导、尽职调查、内核，还拥有最终决定是否推荐企业进行挂牌的权力。

三是在持续督导的时间和范围上，主办券商要为所推荐挂牌公司在整个挂牌期间提供终身督导，这与保荐制下主板两年督导期、创业板三年督导期有很大不同。主办券商的督导范围不仅包括督促公司规范履行信息披露义务、完善法人治理结构，以及对未能规范运作的公司向投资者进行风险提示，还包括为公司挂牌期间开展定向增资、并购重组等业务提供全程督导。这种以终身持续督导为特色的主办券商制度，使证券公司与所推荐公司之间建立了一种更为持久、更为牢固的绑定关系，促使主办券商更加注重品牌经营和市场培育，防范业务风险，提高业务素质，对拟推荐挂牌公司的选择更为慎重，实现自我约束与自我发展相统一。

四是副主办券商并行机制及业务转移制度。当某一家证券公司成为拟挂牌公司的主办券商后，主办券商应与另一家具备业务资格的证券公司签订协议，约定其为副主办券商。当主办券商被中国证券业协会取消业务资格时，主办券商的新三板相关业务需转移到副主办券商。

2. 推荐挂牌备案制度

新三板公司挂牌实行备案制。备案制建立在主办券商行业自律的基础上，包括主办券商推荐和中国证券业协会备案审查两个主要环节。在主办券商推荐环节，主办券商须设立由会计、法律、行业等专业人员组成的项目小组，对拟推荐挂牌的公司进行尽职调查，出具尽职调查报告。在尽职调查过程中，主办券商可在审慎核查的基础上，使用具有证券期货相关业务资格的会计师事务所的专业意见，从而在控制风险的前提下有效降低尽职调查成本。与主板相比，新三板公司的尽职调查更有针对性，适应挂牌公司规模较小，财务管理与公司治理较弱，高成长与高风险并存等特点。尽职调查完成后，备案申请文件须提交主办券商独立于主板的内核机构审核，内核机构成员就是否同意推荐挂牌发表意见。主办券商根据内核意见决定推荐的，出具推荐报告并向中国证券业协会报送备案文件。在备案环节，中国证券业协会对备案文件和主办券商尽职调查工作、内核工作是否符合规定等进行审查，查看主办券商是否按照尽职调查和内核工作指引进行有效扎实工作，是否能比较真实地披露拟挂牌公司的信息。达到要求的，中国证券业协会将向主办券商出具备案确认函。

备案制与核准制存在很大区别。一是尽职调查人员不同，主板核准制必须是保荐代表人，成本费用高，而新三板备案制只要求注册会计师、律师与行业分析师。二是管理机制不同，核准制的基础是行政监管，而备案制的基础是行业自律管理。中国证券业协会作为行业自律组织，制定尽职调查工作指引、推荐挂牌业务规则等自律规则，主办券商在规则框架内作为主导者完成推荐挂牌工作。三是管理机构审查方式和内容不同，在核准制下，证券监管机关要对发行人的主体资格、公司规模、盈利能力等条件进行实质审核。而在备案制下，中国证券业协会只对备案文件进行形式审查，审查的重点是拟挂牌公司信息披露的真实性以及主办券商尽职调查工作、内核工作是否符合规定。四是证券公司的职责不同，核准制下证券发行须经中国证监会发行审核委员会审核并由中国证监会核准，而备案制下公司挂牌的决定权在于主办券商。主办券商主导尽职调查、内核、推荐挂牌等各个业务环节，并承担相应责任。

### 3. 地方政府合作监管制度

针对新三板市场的特点，中国证券业协会探索性地建立了与地方政府合作监管的模式。新三板在中关村园区试点之初，中国证券业协会就与北京市人民政府签订合作监管备忘录，约定双方责任，确定各自的监管重点。中国证券业协会侧重对主办券商、市场、信息披露等进行监管，北京市人民政府侧重对挂牌公司进行监管：一是确认挂牌企业的试点资格，进行企业准入的前置把关；二是制订多职能部门参与的风险处置预案，发挥属地管辖的优势，有效防范和化解试点中可能产生的社会风险，维护社会稳定；三是对拟挂牌企业在优惠政策、资金安排等方面给予大力支持。此外，中国证券业协会与北京市人民政府之间还建立了信息沟通和共享机制，一旦发现公司有违法违规行为，中国证券业协会及时通报北京市人民政府进行处理。

### 4. 定向增资制度

针对中小企业融资特点，新三板创新性地建立了挂牌企业定向增资制度，即面向特定投资者的小额快速融资制度。新三板定向增资的主要特点：一是融资对象主要面向机构和公司内部职工等特定投资者；二是可根据企业需要不定期进行小额快速融资；三是由新老股东博弈确定增资价格，挂牌公司要将定向增资一定比例的股份优先向老股东和公司员工配售。与主板融资制度相比，该制度程序简单、方式灵活、企业融资的自主性更强。

（四）制度演变

2006年，中关村新三板建立后，随着市场的发展和监管的需要，其原有的一些制度已经不能够适应市场的变化。在规则体系上，新三板一方面要颁布新的制度和规则，另一方面已有的制度和规则有的虽然不必废止，但需要进行较大的修订。自2006年中关村科技园区试点新三板起至2012年底全国股转公司成立的6年间，据笔者不完全统计，在中关村新三板的35个自律管理规则中，2006年制定的11个规则，在新三板业务发展过程中全部被修订，2006年之后新制定的24个自律管理规则，分别为2007年1个，2008年3个，2009年9个，2010年3个，2011年8个。从这些制度和规则的演变可以看出两方面情况，即中关村新三板的业务规则修订力度较大，且修订的都是中关村新三板试点初期，2006年制定的11个业务规则，修订率达到31.5%，修订的11个规则全部集中在2006年制定的老业务规则中，之后新制定的业务规则均未被修订；对老业务规则的修订和新业务规则的制定，时间均比较集中，主要集中在2009年和2011年。2009年修订和新制定的业务规则多达20个（其中修订的11个，新制定的9个），占整个业务规则的57.1%（其中修订的占31.5%，新制定的占37.5%）。2011年新制定8个业务规则，占新制定的33.3%。

尽管从新增业务规则可以看出中关村新三板业务发展和监管情况，但从制度和业务规则发展演变的角度，似乎更能看清新三板市场发展的制度逻辑和发展逻辑，更加容易比较新旧制度的差异性。

中关村新三板被修订的11个制度和业务规则中，属于基本规则的有1个，即《证券公司代办股份转让系统中关村科技园区非上市股份有限公司股份报价转让试点办法》（以下简称《试点办法》）；属于业务规则的有2个，即《主办券商推荐中关村科技园区非上市股份有限公司股份进入证券公司代办股份转让系统挂牌业务规则》（以下简称《推荐挂牌业务规则》）和《股份进入证券公司代办股份转让报价系统的中关村科技园区非上市股份有限公司信息披露规则》（以下简称《信息披露规则》）；属于业务细则、指引、协议、承诺等的有8个，分别为《中国证券登记结算有限责任公司证券公司代办股份转让系统中关村科技园区非上市股份报价转让登记结算业务实施细则》（以下简称《登记结算业务实施细则》）、《主板报价券商尽职调查工作指引》《主办券商推荐中关村科技园区非上市股份有限公司股份进入证券公司代办股份转让系统挂牌报价转让协议书》（以下简称《推荐挂牌协议书》）、《报价转让委托协议书》《股份报价转让说明书必备内容》《报价转让特别风险揭示书》《证券公司从事报价转让业务自律承诺书》等。在此，就修订的内容做以下简单介绍。

1. 基本规则修订

《试点办法》是中关村新三板市场最为重要的规则和基本制度。该办法经中国证监会批准后于2006年1月16日由中国证券业协会发布实施。2009年6月12日，中国证券业协会发布了修订后的《试点办法》，修订的内容主要体现在以下方面。

一是试行投资者适当性制度。2006年发布的《试点办法》未对投资者进行限制。2009年修订的《试点办法》则规定，参与挂牌公司股份报价转让的投资者，应当具备相应的风险识别和承担能力，可以是下列人员或机构：（1）机构投资者，包括法人、信托、合伙企业等；（2）公司挂牌前的自然人股东；（3）通过定向增资或股权激励持有公司股份的自然人股东；（4）因继承或司法裁决等原因持有公司股份的自然人股东；（5）中国证券业协会认定的其他投资者。

挂牌公司自然人股东只能买卖其持股公司的股份。自然人投资者只能买卖其在代办系统持有或曾持有股份的挂牌公司股份；自然人投资者全部卖出所持挂牌公司股份后，仍可买入该公司股份。

二是调整公司挂牌条件。2006年发布的《试点办法》规定，主办券商推荐的园区公司需设立满3年。2009年修订的《试点办法》修改为：存续满2年，有限责任公司按原账面净资产值折股整体变更为股份有限公司的，存续期间可以从有限责任公司成立之日起计算。2009年《试点办法》还新增一个条件：股份发行和转让行为合法合规。

三是改进股份限售安排。2006 年的《试点办法》规定：（1）园区公司股东挂牌前所持股份分三批进入代办系统挂牌报价转让，每批进入的数量均为其所持股份的 1/3。进入的时间分别为挂牌之日、挂牌期满 1 年和 2 年。（2）董事、监事、高级管理人员所持股份，按照《公司法》有关规定进行或解除转让限制。2009 年新的《试点办法》修改为：（1）非上市公司控股股东及实际控制人挂牌前直接或间接持有的股份分三批进入代办系统转让，每批进入的数量均为其所持股份的 1/3。进入的时间分别为挂牌之日、挂牌期满 1 年和 2 年。（2）挂牌前 12 个月内控股股东及实际控制人直接或间接持有的股份进行过转让的，该股份的管理适用前条的规定。（3）董事、监事、高级管理人员所持股份，按照《公司法》有关规定进行或解除转让限制。（4）挂牌前 12 个月内挂牌公司进行过增资的，货币出资新增股份自工商变更登记之日起满 12 个月可进入代办系统转让，非货币财产出资新增股份自工商变更登记之日起满 24 个月可进入代办系统转让。（5）对其他股东所持股份，不再做限制。

四是完善转让结算制度。2009 年《试点办法》调整和增加了相关内容：（1）调整股东账户管理制度。投资者可通过深圳 A 股股票账户参与报价转让，不需要单独开设非上市股份有限公司股份转让账户，降低投资者重复开户成本，为转板打好账户基础，也是股票账户合并内容之一。（2）调整资金结算方式。2006 年《试点办法》中，由中国建设银行负责资金结算，投资者应与结算银行签订代理资金结算协议，指定股份报价转让业务结算账户。2009 年《试点办法》中，由中国结算负责资金结算，股份和资金结算实行分级结算原则，登记公司提供逐笔全额非担保交收服务。这样方便了投资者统一管理证券投资结算资金，提高资金使用效率。（3）增加定价委托方式。2006 年《试点办法》中，投资委托分为报价委托和成交确认委托；2009 年《试点办法》中，投资委托新增了定价委托，提高了股份转让的效率。

五是明确暂停和恢复转让要求。2009 年《试点办法》新增：（1）挂牌公司向中国证监会申请公开发行股票并上市的，主办券商应当自中国证监会正式受理其申请材料的次一报价日起暂停其股份转让，直至股票发行审核结果公告日。通过审核的，继续暂停转让，办理终止挂牌手续；未通过审核的，次一报价日恢复转让。（2）挂牌公司涉及无先例或存在不确定性因素的重大事项需要暂停股份报价转让的，主办券商应暂停其股份报价转让，直至重大事项获得有关许可或不确定性因素消除。因重大事项暂停股份报价转让时间不得超过3个月。暂停期间，挂牌公司至少应每月披露一次重大事项的进展情况、未能恢复股份报价转让的原因及预计恢复股份报价转让的时间。

六是完善主办券商资格管理。（1）将主办券商业务资格和报价转让业务资格合并，统一主办券商业务资格和报价转让业务资格。（2）调整证券公司申请主办券商业务资格的条件。证券公司申请代办系统主办券商业务资格，应具有不少于15家营业部，而2006年《试点办法》中，要求20家以上营业部。

七是完善信息披露制度。2009年《试点办法》，增加半年度报告披露要求；增加现金流量表披露要求；明确要求披露股份解除转让限制公告；挂牌公司未在规定期限内披露年度报告或连续三年亏损的，实行特别处理。

2. 业务规则修订

一是《推荐挂牌业务规则》。该规则由中国证券业协会于2006年1月16日发布实施。2009年6月对该规则进行了修订，修订的内容主要体现在以下方面：（1）明确项目小组成员备案要求。主办券商在开展尽职调查前，应将项目小组成员名单、简历及资格证明文件报中国证券业协会备案。项目小组成员发生变动的，主办券商应及时报中国证券业协会备案并说明原因。（2）增加设置内核专员要求。主办券商内核机构应针对每个项目在7名内核会议成员中指定一名内核专员。（3）明确委托出席内核会议的要求。因故不能出席的内核会议成员应委托他人出席并提交授权委托书及独立制作的审核工作底稿。每次会议委托他人出席的内核会议成员不得超过2名。（4）缩短备案文件审查时间。2006年《试点办法》规定中国证券业协会应在受理之日起60个工作日内，对备案文件进行审查，经审查无异议的，向主办券商出具备案确认函。2009年《试点办法》修改为50个工作日。

二是《信息披露规则》。该规则由中国证券业协会于2006年1月16日发布实施。2009年6月对该规则进行了修订，修订的内容主要体现在以下方面：（1）定期报告增加现金流量表披露要求。（2）增加半年度报告披露要求。（3）明确自愿披露季度报告。（4）将变更会计师事务所纳入临时报告范围。（5）明确要求披露股份解除转让限制公告。挂牌公司有限售期的股份解除转让限制前一报价日，挂牌公司须发布股份解除转让限制公告。（6）试行特别处理。挂牌公司未在规定期限内披露年度报告的，推荐主办券商对其股份实行特别处理。

3. 其他规则修订

一是《登记结算业务实施细则》。《登记结算业务实施细则》于2006年发布，中国结算公司于2009年6月修订。该实施细则规定新三板公司应在获得中国证券业协会关于推荐挂牌备案文件的确认函后，向登记公司申请办理全部股份的集中登记。该细则对账户管理、股份登记存管、清算交收制度进行规定。账户管理上，终止开立非上市股份有限公司股份转让账户，投资者应持有中国结算深圳分公司人民币普通股票账户参与挂牌公司股份的报价转让。

根据中国证券业协会2009年《关于股份转让账户与深市主板账户合并及报价系统结算模式调整有关事项的通知》的规定，中国结算深圳分公司自2009年7月6日起将非上市股份有限公司股份转让账户（以下简称股份转让账户）与深市主板账户（包括深市A股账户和B股账户）予以合并。中国结算深圳分公司之前发布的《非上市股份有限公司股份转让账户管理暂行办法》相应失效。

二是《主办报价券商尽职调查工作指引》。该指引由中国证券业协会于2006年1月16日发布实施。2009年6月对该规则进行了修订，修订的内容主要体现在以下方面：（1）调整财务风险调查中的主要财务指标。（2）增加对更换会计师事务所情况的调查。调查公司更换会计师事务所的原因，履行审批程序情况，前后任会计师事务所的专业意见情况等。（3）强化对收入会计政策稳健性的调查。（4）增加对公司经营模式的调查。（5）增加对公司所属行业情况及市场竞争状况的调查。（6）强化对公司治理机制的调查，调查公司治理机制的建立情况和执行情况。（7）增加对控股股东及实际控制人的调查。（8）增加对同业竞争的调查。（9）完善对公司设立及存续的调查。（10）删除对管理层经营目标等情况的调查。（11）调整需在尽职调查报告中发布独立意见的内容。

三是《关于挂牌公司定向增资的操作规程》。该规程于2006年发布，在之后的业务发展过程中经过了多次修改。具体修改内容都是朝着更加市场化，以及有利于挂牌公司便利融资、提高融资效率的方向。同时也对挂牌公司提出了新的要求。

四是《推荐挂牌协议书》。该协议书由中国证券业协会于2006年1月16日发布。2009年对该协议书进行了修订，并于6月17日发布。《推荐挂牌协议书》对挂牌公司、推荐主办券商、副推荐主办券商的权利和义务进行了约定。

五是《报价转让委托协议书》。该协议书由中国证券业协会于2006年1月16日发布。2009年对该协议书进行了修订，并于6月17日发布了修订后的协议书。该协议书由投资者和具有主办券商资格的证券公司签订，对新三板投资者和主办券商之间的权利和义务进行了约定。

六是《股份报价转让说明书必备内容》。该规则由中国证券业协会于2006年1月16日发布。2009年对该规则进行了修订，并于6月17日发布了修订后的规则。修订的内容主要体现在以下方面：（1）新增加了目录、释义、风险及重大事项提示等内容。（2）调整公司治理部分披露内容。删除对公司章程有关条款的罗列，将公司章程全文作为备查文件与说明书一同披露，细化了管理层关于公司治理情况的说明内容。（3）明确备查文件内容，并要求披露：公司章程、审计报告、法律意见书（如有）；北京市人民政府出具的公司股份报价转让试点资格确认函；其他（如有）。这些备查文件作为单独文件，与说明书一同披露。

七是《报价转让特别风险揭示书》。该揭示书由中国证券业协会于2006年1月16日发布。该揭示书对新三板投资的相关风险进行了揭示，投资者在开通新三板交易时需在该揭示书上签字。2009年对该揭示书进行了修订，并于6月17日发布了修订后的揭示书。修订的内容主要体现在以下方面：（1）增加自然人投资者买卖股份限制的提示；（2）对公司风险内容进行微调；（3）增加本人承诺要求。

八是《证券公司从事报价转让业务自律承诺书》。该承诺书由中国证券业协会于2006年1月16日发布。2009年对该承诺书进行了修订，并于6月17日发布了修订后的承诺书。修订的内容主要体现在以下方面：（1）增加内部管理的内容。承诺制定完备的自然人投资者委托监控制度和工作流程，确保只接受符合规定的自然人投资者的买卖委托。（2）增加推荐挂牌内容。承诺在开展尽职调查前，将项目小组成员名单、简历及资格证明文件报中国证券业协会备案。（3）增加代理股份报价转让内容。承诺对不符合《试点办法》规定的自然人投资者，不与其签署代理报价转让协议。与自然人投资者签署代理报价转让协议前，告知其只能买卖其所持股份的挂牌公司股份，不得买卖其持股公司外其他挂牌公司股份；接受自然人投资者委托前，将投资者信息与证券登记结算机构发送的股份结算信息库中的投资者信息进行匹配。匹配不符的，不接受该自然人投资者的买卖委托。

（五）与老三板的异同

1. 与老三板的共性

一是主办券商制度。主办券商制度是代办系统的核心，老三板和新三板业务均建立在主办券商制度的基础上。公司进入代办系统挂牌，是向主办券商而不是向中国证券业协会提出申请。公司通过协议聘请主办券商，由主办券商完成向中国证券业协会推荐挂牌的一系列工作。此外，主办券商还需对挂牌公司的信息披露行为进行监督，指导并督促其及时、准确地披露信息，实际承担着一线监管的重要职责。

为了规范代办股份转让业务的运行，中国证券业协会于2002年发布了《证券公司从事代办股份转让主办券商业务资格管理办法（试行）》，对主办券商资格的授予规定了较为严格的条件，其中资产规模较大且运作规范是申请主办券商业务资格的基本条件。主办券商队伍有过多次扩容：2001年，申银万国证券等6家证券公司首批获得主办券商业务资格；2003年增加了中信证券等12

家证券公司；2010 年，中原证券等 14 家证券公司获得主办券商业务资格；至 2011 年 10 月，万联证券等 12 家证券公司获得主办券商业务资格。截至 2011 年 10 月底，共有 57 家证券公司具有主办券商业务资格，其中湘财证券只具有老三板业务资格，其余 56 家主办券商均具备代办股份转让和股份报价转让业务资格（同时具有老三板和新三板业务资格）。

二是挂牌公司风险揭示制度。代办系统的挂牌公司质量参差不齐，投资风险较大，退市公司和原两网公司资产和财务状况都比较差；园区公司虽然资产和盈利状况较好，但是相对于主板上市公司，公司规模较小，投资风险也相对较大。针对代办系统挂牌公司的这种特殊情况，代办系统建立了相应的风险揭示制度，要求主办券商充分提示风险。

主办券商在为投资者开通老三板业务时，需要求其签署《股份转让风险提示书》，投资者参与买卖新三板挂牌公司股份的，还需签署《报价转让特别风险提示书》，通过这种形式使投资者对市场风险予以特别关注和充分了解。投资者开户后，主办券商还应根据公司的具体情况，通过对挂牌公司信息披露行为进行督导等途径，利用各种形式，及时向投资者持续提示投资风险。

三是证券账户。从 2009 年 7 月 6 日开始，代办系统将股份转让账户与深市主板账户（包括深市 A 股账户和 B 股账户）进行了合并，并停开股份转让账户。此后，投资者只需开立深圳 A 股账户即可参与买卖老三板公司股票，已有深圳 A 股账户或股份转让账户的境内投资者均可参与买卖老三板公司股份（代办转让 A 类股份和代办转让 B 类股份），同时具有两类账户（深圳 A 股账户或股份转让账户）的投资者可将其合并成深市 A 股账户使用。境外投资者可用深市 B 股账户或股份转让账户，也可将账户合并参与代办转让 B 类股份的转让业务。

投资者只需开立深市 A 股账户即可参与新三板股份买卖，已有深市 A 股账户或股份转让账户的境内投资者均可参与新三板股份买卖，同时具有两类账户的投资者可将其合并成深市 A 股账户使用。

四是交易系统。代办系统尚未建立独立的交易主机系统，采用向深圳证券交易所租用交易设施的方式为系统提供交易撮合、行情发布等服务。

五是信息披露媒体。代办系统的信息披露采用具有效率及成本优势的网络媒体，官方网站为"代办股份转让信息披露平台"，网址为 http：//www.gfzr.com.cn。挂牌公司和主办券商的信息披露应在该平台上发布，在其他媒体披露的时间不得早于在该平台披露的时间，并且各主办券商也应将所有的公告信息在其网站上进行转载。

六是市场监管。代办系统的设立和运行有其特殊性，监管机制也与交易所市场有所不同。中国证券业协会与挂牌公司并不产生直接联系，而是通过履行自律性管理职责，管理主办券商的业务运作情况来行使部分市场管理职能。中国证券业协会也并不直接管理交易系统，对交易的实时监控委托深圳证券交易所进行，由主办券商承担部分前台监控职责。

2. 与老三板的差异

一是挂牌公司。老三板的挂牌公司分为两类：第一类是原 STAQ、NET 系统的挂牌公司；第二类是沪深证券交易所的退市公司（分为代办转让 A 类股份和代办转让 B 类股份）。这两类公司均已公开发行股份。新三板的挂牌公司仅限中关村科技园区的公司，其属于私募性质的公司，并未公开发行股份。

二是挂牌程序。老三板公司申请挂牌的程序为：股东大会决议、请示省级人民政府、签订《推荐恢复上市、委托代办股份转让协议书》、向主办券商申请、主办券商向中国证券业协会推荐、中国证券业协会备案确认、主办券商公告并开始办理股权确认和完成首次登记托管、挂牌前的信息披露、开始挂牌代办转让等。

新三板公司申请挂牌的程序为：股东大会决议、申请试点企业资格、签订推荐挂牌报价转让协议、配合主办券商的尽职调查、主办券商向中国证券业协会提交推荐挂牌备案文件、中国证券业协会备案确认、股份集中登记和解除首批股份限售登记、挂牌前的信息披露、开始挂牌报价转让等。

三是交易方式。老三板挂牌公司的股份通过每个转让日集合竞价一次的方式撮合成交，实行 5% 的涨跌幅限制。主办券商根据挂牌公司的不同情况，对其股份实行分类转让：规范履行信息披露义务、股东权益为正值或净利润为正值且最近年度财务报告未被注册会计师出具否定意见或拒绝发表意见的，股份每周转让 5 次；股东权益或净利润均为负值的，股份每周转让 3 次；未与主办券商签订委托代办股份转让协议，或者不能履行基本信息披露义务的，股份每周转让 1 次。

新三板挂牌公司的股份交易遵循自由报价、限制单笔最低交易量、不撮合的一对一交易、逐笔无担保交收等基本原则。每笔委托的股份数量最低为 3 万股；交易时间段与证券交易所市场基本一致。

四是结算方式。老三板交易的结算方式和客户资金的存管方式均与证券交易所市场相同，采用多边净额结算，通过证券登记结算机构和主办券商完成股份和资金的交收。

新三板交易实行的是双边净额结算、无担保交收制度。双边净额结算是指，证券登记结算机构将结算参与人（主办券商）相对于另一个交收对手方的证券和资金的应收、应付额加以轧抵，得出该结算参与人相对于另一个交收对手方的证券和资金的应收、应付净额。证券登记结算机构根据成交确认结果办理主办券商之间股份和资金的清算交收，主办券商负责办理其与客户之间的清算交收。主办券商与客户之间的股份划付，应当委托证券登记结算机构办理。证券登记结算机构按照货银对付的原则，为挂牌公司股份转让提供逐笔全额非担保交收服务。

五是信息披露。老三板公司依据《股份转让公司信息披露实施细则》等信息披露规则要求，履行信息披露义务。主办券商根据公司情况不同，分类执行不同标准的信息披露要求。主办券商依照与挂牌公司的协议，对老三板公司信息披露行为进行监督，对信息披露的内容进行合规性审查，指导、督促老三板公司依法、及时、准确地披露信息。对于不履行信息披露义务的挂牌公司，主办券商将调整其股份转让方式。

新三板公司依据《信息披露规则》等要求，履行信息披露义务，信息披露遵循适度信息披露原则，规则规定挂牌公司信息披露要求的最低标准，同时鼓励挂牌公司参照上市公司标准进行更为充分的信息披露，主要体现在以下几个方面：其一，财务信息披露的必备内容为资产负债表、利润表、现金流量表及其主要项目附注，鼓励披露更为充分的财务信息；其二，年度报告应审计，鼓励其聘任具有证券资格的会计师事务所审计；其三，首次信息披露的必备内容为最近两年的财务报告；其四，定期报告的必备内容为年度报告和半年报，鼓励披露季度报告；其五，临时报告应在发生可能对挂牌公司证券交易价格产生较大影响的重大事件，投资者尚未得知时，立即披露，说明事件的起因、目前的状态和可能产生的影响。

（六）与交易所的区别

中关村新三板与沪深证券交易所的共性是很少的。不像中关村新三板与老三板之间，由于中关村新三板是在老三板基础上扩展而来的，本身就是代办系统，只不过由于业务的发展和国家政策的支持，代办系统的原有功能发生了变化。因此，将中关村新三板和老三板进行比较，不仅仅比较它们的差异性，同时还要比较彼此的相同性。但对于中关村新三板与证券交易所而言，虽然都是我国资本市场的组成部分，但它们彼此之间的关联性不大，更多的是差异性。因此，比较彼此之间的差异性，更具可行性，也更为科学。

1. 定位性质区别

一是法律地位不同。沪深证券交易所的法律地位要远远强于中关村新三板，法律地位明确。1999年我国《证券法》明确了证券交易所的地位。即使在《证券法》颁布之前，我国相关的行政法规和部门规章也对证券交易所的法律地位进行了规定，如我国《股票发行与交易暂行条例》《证券交易所管理办法》均对证券交易所做了规定。而对于中关村代办股份转让系统，新三板并没有法律、行政法规和国务院证券监督管理机构的部门规章对其进行规定。

二是覆盖面不同。沪深证券交易所是全国性的证券交易场所。它们的业务规则、监管制度覆盖全国，市场参与者包括上市公司、证券公司、投资者、其他市场参与人等覆盖全国。中关村新三板却是地方性证券交易场所，限定在地方范围内，具体为中关村高新技术园区。

三是性质不同。沪深证券交易所是场内市场，具有产品标准、公开透明、规则严密、交易连续、监管严格、责任明确等一系列特点，它们与境外交易所具有极大的相似性。中关村新三板是场外市场，在上述几个方面都要明显弱于沪深证券交易所。

2. 功能服务区别

一是服务对象不同。证券交易所的主板、中小板、创业板主要服务于发展较为成熟、企业业务和盈利规模都达到一定标准的企业，而中关村新三板目前主要服务于广大的未上市的处于创业初期的科技型中小企业。中关村新三板和创业板都是支持科技型企业发展的，但是它们又是有区别的，创业板主要支持成长较为成熟的科技企业，中关村新三板支持的是在创立初期、有一定产品、有一定模式、处于发展初期的企业。

二是挂牌或上市公司属性不同。按照《证券法》的规定，沪深证券交易所市场的上市公司是经过证券监督管理部门核准公开发行股份，并经交易所审核同意上市的公司。中关村新三板市场挂牌的公司是经主办券商推荐挂牌备案的国家级高新技术园区的非上市股份有限公司，未公开发行股份。

三是挂牌或上市标准不同。沪深证券交易所市场的上市条件要求相对较高，很多中小企业无法满足上市的条件。拟到主板、中小板和创业板上市，公司必须达到首次公开发行股票并上市管理办法、首次公开发行股票并在创业板上市管理办法中规定的财务状况和盈利能力指标等方面的要求。中关村新三板的挂牌条件要求较低，对申请挂牌公司没有设置数量化门槛。

四是交易规则不同。沪深证券交易所市场采用集中竞价、撮合成交的交易方式。中关村新三板市场为挂牌公司提供股份报价转让服务，不提供自动撮合成交服务，投资者以一对一的方式完成交易，若投资者之间达成转让协议的，须确认才能成交。另外，中关村新三板目前的最小委托数量为3万股，明显大于交易所100股的委托数量。

五是结算模式不同。沪深证券交易所市场实行的是多边净额结算、担保交收的制度。中关村新三板的股份和资金的结算实行分级结算原则，中国结算深圳分公司负责办理主办券商之间的清算交收，主办券商负责办理其与客户之间的清算交收。主办券商与客户之间的股份划付，应委托证券登记结算公司代为办理。中关村新三板采用的是双边净额结算、货银对付、逐笔全额非担保交收的结算模式。

六是信息披露标准不同。沪深证券交易所上市公司应按照《证券法》和上市规则的要求进行信息披露。中关村新三板挂牌公司不是上市公司，其信息披露标准低于上市公司的标准，主要体现在以下几个方面：（1）公司挂牌时的股份报价转让说明书只需披露最近2年的财务报告；公司上市时的首次公开发行股票招股说明书需要披露最近3年的财务报告。（2）挂牌公司的年度报告只需经会计师事务所审计，鼓励聘任具有证券资格的会计师事务所审计；上市公司的年度报告须经具有证券资格的会计师事务所审计。（3）在定期报告方面，挂牌公司只需披露年度报告、半年度报告，鼓励其披露季度报告；上市公司必须披露年度报告、半年度报告以及季度报告。（4）挂牌公司只需在发生对股份转让价格有重大影响的事项时披露临时报告，并没有相应的数量化标准；监管部门对上市公司的临时报告规定较为严格，并且有许多数量化的标准参考，达到规定标准的交易必须披露临时报告。

七是对投资者的要求不同。在沪深证券交易所市场中，除了创业板要求自然人投资者具有两年以上的股票交易经验外，主板和中小板对投资者的资格没有限制。由于中关村新三板服务对象为科技型中小企业，大多数规模较小，成立时间短，业绩波动较大，对产品、技术、细分市场、核心技术人员等依赖程度高，投资风险大于主板市场，因此中关村新三板建立了门槛较高的合格投资者制度。投资者主要包括两类：一类是机构投资者，特别是创投、私募股权基金、合伙企业、信托等；另一类是特殊自然人，包括公司原有自然人股东，挂牌后以定向增资方式进入的公司高管和核心技术人员，自然人投资者只允许买卖所持股份公司的股票。

# 第二章 新三板的现状

## 第一节 早期的新三板

新三板起源于 2006 年启动的"中关村试点"。为妥善解决原 STAQ 系统和 NET 系统挂牌公司转让问题，中国证券业协会于 2001 年牵头设立了证券公司代办股份转让系统（以下简称代办系统），此后该系统承担了沪深交易所退市公司股票的交易功能。2002 年起，北京市和中关村管委会开始探讨如何利用代办系统促进中关村的非上市公司融资发展的问题。2005 年 8 月，国务院领导视察中关村时，提出尽快启动中关村试点，2005 年 11 月中关村试点方案报经国务院批准。2006 年 1 月，中关村高新技术园区非上市公司进入代办系统进行股份转让试点（中关村试点）正式启动。当时，中关村试点的方案主要依据 1998 年《证券法》和 1994 年《公司法》制定。1994 年《公司法》第三十九条规定"股份公司的股份转让，可以上市交易，或者以国务院批准的其他方式进行"。中关村试点的股份转让制度就是《公司法》规定的经国务院批准的方式，即代办系统向投资者发布股票信息及报价，双方协商达成转让意向的，委托证券公司办理系统成交确认后由中国结算公司逐笔办理清算交收。1999 年《证券法》对公开发行作出了框架性定义：一是向不特定对象发行；二是向特定对象发行累计超过 200 人；国办发〔2006〕99 号文规定"向不特定对象发行股票或向特定对象发行股票后股东累计超过 200 人的，为公开发行，应依法报经证监会核准"。由于当时非上市公众公司制度尚未出台，中关村试点公司虽然进行股份公开转让，但一直坚持股东人数不超过 200 人的界限。根据中关村试点公司法律属性和特点，在试点之初，实行了严格的投资者适当性制度，要求证券公司充分了解客户财务状况和投资需求，向客户充分揭示风险。当时，代办系统是我国唯一合法的场外证券交易场所。

新三板发展壮大于 2013 年"试点扩大至全国"，并成为我国多层次资本市场的重要组成部分。继 2012 年 8 月试点扩大至上海张江、武汉东湖、天津滨海后，2013 年试点扩大至全国。2013 年 1 月，经国务院批准，全国股转公司成立，成为公开交易的合法场所，新三板市场运作平台由代办系统转换为全国股转公司。2013 年 12 月，《国务院关于全国中小企业股份转让系统有关问题的决定》（国发〔2013〕49 号，以下简称《国务院决定》或国发 49 号文）发布，明确了全国股转公司是经国务院批准，依据《证券法》设立的全国性证券交易场所。根据 2005 年《公司法》和《证券法》，股份公司股权转让只能在证券交易所和国务院批准的证券交易所场所进行。同时，国发 49 号文进一步明确了挂牌公司"非上市公众公司"属性，股东人数可以超过 200 人。国发 49 号文提供了上位法基础。2019 年 12 月 27 日，新修订的《证券法》颁布，对新三板的法律地位和市场属性等进一步加以明确，确定了新三板市场是全国性证券交易市场，全国股转公司是这一全国性市场的运营机构，明确了新三板是公开发行的市场及集中市场、场内市场，第一次在法律上确认了新三板的地位和属性。

全国股转公司的成立，对于新三板市场具有划时代的意义。它标志着整个新三板市场的升级换代，使新三板市场在本质上区别于中关村科技园区试点时期的新三板。

一是它使新三板市场从地方走向了全国。中关村新三板的范围是极其有限的，仅限于北京市中关村高新技术园区内的公司可以挂牌新三板市场。尽管中关村高新技术园区，并不仅仅是中关村这一狭隘的区域概念，这一高新技术园区实际上涵盖了整个北京市众多的技术开发园区，范围上要比中关村大得多。

即使是这样，中关村技术园区也仅仅在北京市的范围内，地方和区域性的属性没有改变。而全国股转公司的成立不但将中关村科技园区扩大到上海、武汉、天津高新技术园区，更是进一步扩大到全国，不仅仅局限于北京市，更不局限于高新技术园区。这一扩大，使新三板变成了真正意义上的全国性证券交易场所，为《证券法》最终确定新三板为国务院批准的其他全国性证券交易场所打下了基础。

二是它使新三板市场从场外逐步走向了场内。从国际证券市场看，一个国家证券市场的场内市场很少是地方性的。无论是美国、英国、德国、法国、日本等西方国家成熟资本市场，还是印度、巴西、南非等新兴资本市场，证券交易所市场都是全国性的，许多还是国际性的市场。这是因为场内市场是证券市场最典型的市场，也是在各方面要求比较严格的市场。产品的标准化、制度和规则的透明化、发行方式的公开化、交易的集中和连续化、监管和风险控制的严格化等，都是这一市场的基本特征。它和场外市场相比较，具有较大的优势。中关村新三板恰恰是沪深证券交易所之外的场外市场。全国股转公司的成立，使这种情况发生了改变。经过不断的努力，全国股转公司的新三板市场完全具备场内市场的所有特征，成为不折不扣的场内证券交易市场。这一场内市场的属性同样得到我国《证券法》和国务院行政法规的充分肯定。新三板市场可以公开发行、集中交易、竞价交易、连续交易，并实行全国集中的证券登记结算。它和沪深证券交易所并不存在实质性的差别。

三是它使新三板市场由证券行业机构管理变成了由证券自律机构管理。中关村新三板市场是由中国证券业协会进行具体运营和管理的，全国股转公司成立后，新三板市场的运营和管理就由中国证券业协会的运营和管理转由全国股转公司专门经营和管理。这一转变符合证券市场的客观规律。因为，将一个全国性的证券交易场所交由中国证券业协会运营和管理会存在很多问题。

其一，中国证券业协会作为行业协会运营和管理证券市场与它的性质和职责并不相称。众所周知，中国证券业协会是中国证券业的行业性组织，其基本职责是进行证券行业的行业管理。我国《证券法》第十一章专章对证券业协会进行了规定。该法第一百六十四条规定"证券业协会是证券业的自律性组织，是社会团体法人"，第一百六十六条规定"证券业协会履行下列职责：（一）教育和组织会员及其从业人员遵守证券法律、行政法规，组织开展证券行业诚信建设，督促证券行业履行社会责任；（二）依法维护会员的合法权益，向证券监管机构反映会员的建议和要求；（三）督促会员开展投资者教育和保护活动，维护投资者合法权益；（四）制定和实施证券行业规则，监督、检查会员及其从业人员行为，对违反法律、行政法规、自律规则或者协会章程的，按照规定给予纪律处分或者实施其他自律管理措施；（五）制定证券行业业务规范，组织从业人员的业务培训；（六）组织会员就证券行业的发展、运作及有关内容进行研究，收集整理、发布证券相关信息，提供会员服务，组织行业交流，引导行业创新发展；（七）对会员之间、会员与客户之间发生的证券业务纠纷进行调解；（八）证券业协会章程规定的其他职责"。从这些规定看出，无论是中国证券业协会的性质还是职责，没有一条是组织营运和管理证券交易市场的。从《证券法》整个立法和修改过程看，均是如此。1999 年首次颁布的《证券法》、2005 年修订的《证券法》和现行《证券法》均如此规定。

其二，中国证券业协会运营和管理证券交易市场也不具备相应的精力和能力。组织、营运和管理证券交易场所需要进行大量的基础设施投入、大量的专业人才和大量的技术准备，要有专门固定的场所，以及日常的组织运营、市场管理、自律监管与监察、市场服务，以保证证券市场公开、公平、公正，保证证券的发行、交易和清算。因此，没有强大的组织能力、管理队伍、展业人才和资金、设备投入是无法管理证券市场的。因此《证券法》对证券交易市场的组织和管理的规定均是由专门的运营机构负责的。我国《证券法》第七章专章规定"证券交易场所"一系列组织、管理、监督市场的职能，将这一工作交由证券交易所和全国股转公司。从中关村新三板市场具体运管的实际情况看，尽管是中国证券业协会管理，制定了一系列的业务规则，但在组织具体营运和管理中关村新三板市场时，也很难做到自己运营和管理。在具体业务上，中国证券业协会实际上将许多职责委托给了自己的会员，由证券公司作为主办券商进行管理，而监管职责则委托给了深圳证券交易所，基础设施和系统建设也由深圳证券交易所和其下属公司来开发建设。中国证券业协会并不具备这样的能力，经营管理中关村新三板这样一个地方性的证券市场尚且如此，经营和管理一个全国性的证券市场更是其能力所不及的。

其三，由中国证券业协会营运和管理证券交易市场还存在着一定的利益冲突。中国证券业协会是证券行业的自律组织，其核心工作是围绕着证券公司展开工作，不但要管理会员还要为会员提供服务，更要依法维护会员的合法权益，它实际上是证券公司的"娘家人"。但在整个市场的活动中，参与者是各种各样的，比如上市公司、挂牌公司、投资者、证券公司、会计师事务所、律师事务所、资产评估机构、各种咨询机构等。而证券市场又是个涉及资金等具有重大利益关系的利益场所，它们彼此之间也存在着利益的不一致性，有时候也会发生利益冲突。因此，中国证券业协会作为证券公司的"娘家人"运营和管理证券交易市场，在制定政策时或者在市场参与者之间有利害关系的情况下，就有可能发生一定的利益冲突。尽管我国《证券法》第一百六十六条第七款规定，中国证券业协会"对会员之间、会员与客户之间发生的证券业务纠纷进行调解"，但这种规定是在中国证券业协会不作为证券市场的营运机构和管理机构的前提下进行的。它不是证券市场的组织者和管理者，不是证券市场的裁判者，而主要是从为会员提供服务的角度从事这项业务，以达到帮助会员解决纠纷的目的。

## 第二节　新三板的市场情况

### 一、历年总体概况

截至 2019 年 12 月 31 日，新三板共有 8953 家挂牌公司，总市值 29399.6 亿元，总股本 5616.29 亿股，总融资 264.63 亿元，总成交金额 825.69 亿元。其中，做市 692 家，集合竞价 8261 家；创新层 667 家，基础层 8286 家。2013—2016 年挂牌公司规模快速增长，2016 年末挂牌公司家数、总股本、总市值分别是 2013 年末的 28.55 倍、60.22 倍和 73.33 倍；2017 年以来挂牌公司规模相对平稳，挂牌公司总数维持在 9000 家。历年的市场总体情况如下。

2013 年：（1）挂牌规模：挂牌公司 356 家；总股本 97.17 亿股，总市值 553.06 亿元。（2）股票发行：发行 60 次，发行 2.92 亿股，融资金额 10.02 亿元；无优先股发行。（3）股票转让：成交金额 8.14 亿元；成交数量 2.02 亿股；换手率 4.47%；市盈率 21.44 倍。（4）投资者账户数：机构投资者 0.11 万户；个人投资者 0.74 万户。

2014 年：（1）挂牌规模：挂牌公司 1572 家；总股本 658.35 亿股，总市值 4591.42 亿元。（2）股票发行：发行 327 次，发行 26.43 亿股，融资金额 129.99 亿元；无优先股发行。（3）股票转让：成交金额 130.36 亿元；成交数量 22.82 亿股；换手率 19.67%；市盈率 35.27 倍。（4）投资者账户数：机构投资者 0.47 万户；个人投资者 4.40 万户。

2015 年：（1）挂牌规模：挂牌公司 5129 家；总股本 2959.51 亿股，总市值 24584.42 亿元。（2）股票发行：发行 2565 次，发行 230.79 亿股，融资金额 1216.17 亿元；无优先股发行。（3）股票转让：成交金额 1910.62 亿元；成交数量 278.91 亿股；换手率 53.88%；市盈率 47.23 倍。（4）投资者账户数：机构投资者 2.27 万户；个人投资者 19.86 万户；合格投资者 12.11 万户；受限投资者 10.03 万户。

2016 年：（1）挂牌规模：挂牌公司 10163 家；总股本 5851.55 亿股，总市值 40558.11 亿元。（2）股票发行：发行 2940 次，发行 294.61 亿股，融资金额 1390.89 亿元；优先股发行 3 次，融资金额 20.20 亿元。（3）股票转让：成交金额 1912.29 亿元；成交数量 363.63 亿股；换手率 20.74%；市盈率 28.71 倍。（4）投资者账户数：机构投资者 3.85 万户；个人投资者 29.57 万户；合格投资者 16.69 万户；受限投资者 16.73 万户。

2017 年：（1）挂牌规模：挂牌公司 11630 家；总股本 6756.73 亿股，总市值 49404.56 亿元。（2）股票发行：发行 2725 次，发行 239.26 亿股，融资金额 1336.25 亿元；优先股发行 10 次，融资金额 1.80 亿元。（3）股票转让：成交金额 2271.80 亿元；成交数量 433.22 亿股；换手率 13.47%；市盈率 30.18 倍。（4）投资者账户数：机构投资者 5.12 万户；个人投资者 35.74 万户；合格投资者 20.89 万户；受限投资者 19.96 万户。

2018 年：（1）挂牌规模：挂牌公司 10691 家；总股本 6324.53 亿股，总市值 34487.26 亿元。（2）股票发行：发行 1402 次，发行 123.83 亿股，融资金额 604.43 亿元；优先股发行 9 次，融资金额 2.59 亿元。（3）股票转让：成交金额 888.01 亿元；成交数量 236.29 亿股；换手率 5.31%；市盈率 20.86 倍。（4）投资者账户数：机构投资者 5.63 万户；个人投资者 37.75 万户；合格投资者 22.34 万户；受限投资者 21.03 万户。

2019 年：（1）挂牌规模：挂牌公司 8953 家；总股本 5616.29 亿股，总市值 29399.60 亿元。（2）股票发行：发行 637 次，发行 73.73 亿股，融资金额 264.63 亿元；优先股发行 11 次，融资金额 3.60 亿元。（3）股票转让：成交金额 825.69 亿元；成交数量 220.20 亿股；换手率 6.00%；市盈率 19.74 倍。（4）投资者账户数：机构投资者 5.89 万户；个人投资者 38.73 万户；合格投资者 23.28 万户；受限投资者 21.34 万户。

**二、分布情况**

1. 规模分布。挂牌公司以民营中小企业为主。截至 2019 年 12 月末，挂牌公司中民营企业占比为 92.73%；，根据国家统计局标准，分别对 8953 家挂牌公司进行统计，挂牌公司中大型、中型、小型企业家数占比分别为 6.17%、30.06%、63.78%，中小企业合计占比为 93.83%。从股本分布看，挂牌公司总股本在 500 万股以下的有 35 家，占比为 0.39%；500 万~1000 万股的 605 家，占比为 6.76%；1000 万~3000 万股的 3051 家，占比为 34.08%；3000 万~5000 万股的 1965 家，占比为 21.95%；5000 万~1 亿股的 2203 家，占比为 24.61%；1 亿股以上的 1094 家，占比为 12.22%。可以看出，3000 万股以下的占比为 43.08%，5000 万股以下的占比为 65.36%，1 亿股以上的占比为 11.17%。

2. 股权结构。股权高度集中。截至 2019 年 12 月末，有 8953 家挂牌公司，其中创新层公司 667 家，基础层公司 8286 家。42.06% 的公司股东人数在 10 人以下，6.30% 的公司只有两户股东。从市场层次看，创新层股权结构相对分散，创新层股东人数在 200 人以上的有 149 家，占比为 22.34%，较基础层高 19.86 个百分点。

挂牌公司股东人数分布情况如下：股东人数为 2 人的，全市场有 564 家，占比为 6.30%，其中无创新层；股东人数为 3~10 人的，全市场有 3445 家，占比为 38.48%，其中创新层 8 家，占比为 0.09%，基础层 3437 家，占比为 38.39%；股东人数为 10~50 人的，全市场有 3437 家，占比为 38.39%，其中创新层 78 家，占比为 0.87%，基础层 3359 家，占比为 37.52%；股东人数为 50~100 人的，全市场有 905 家，占比为 10.11%，其中创新层 275 家，占比为 3.07%，基础层 630 家，占比为 7.04%；股东人数为 100~200 人的，全市场有 491 家，占比为 5.48%，其中创新层 157 家，占比为 1.75%，基础层 334 家，占比为 3.73%；股东人数为 200 人以上的，全市场有 354 家，占比为 3.95%，其中创新层 149 家，占比为 1.66%，基础层 205 家，占比为 2.29%；

3. 行业地域。创新型企业占比高。一是新三板现代服务业占比较高，占比为 34.42%。二是高技术企业多。新三板高技术服务业公司有 2580 家，占比为 24.93%，高技术制造业 1338 家，占比为 12.93%。三是企业研发投入高。2019 年，全年挂牌公司平均研发强度为 3.33%，较全社会平均研发强度高 1.14 个百分点。

行业分布较为集中。前五大行业占比为 83.11%。其中，占比排名前三的行业分别为制造业，信息传输、软件和信息技术服务业，租赁和商务服务业，占比分别为 49.25%、19.27% 和 5.19%。截至 2019 年 12 月，根据中国证监会颁布的行业分类，具体情况如下：制造业 4409 家，占比为 49.25%；信息传输、软件和信息技术服务业 1725 家，占比为 19.27%；租赁和商务服务业 465 家，占比为 5.19%；科学研究和技术服务业 442 家，占比为 4.94%；批发和零售业 400 家，占比为 4.47%；建筑业 304 家，占比为 3.40%；文化、体育和娱乐业 202 家，占比为 2.26%；农、林、牧、渔业 200 家，占比为 2.23%；水利、环境和公共设施管理业 161 家，占比为 1.80%；交通运输、仓储和邮政业 156 家，占比为 1.74%；金融业 115 家，占比为 1.28%；电力、热力、燃气及水生产和供应业 111 家，占比为 1.16%；房地产业 82 家，占比为 0.79%；教育 77 家，占比为 0.74%；卫生和社会工作 43 家，占比为 0.42%；采矿业 37 家，占比为 0.36%；居民服务、修理和其他服务业 33 家，占比为 0.32%；住宿和餐饮业 32 家，占比为 0.31%。

地域分布集中。挂牌公司家数最多的 5 个省份分别为广东、北京、江苏、浙江、上海。这 5 个省份的挂牌公司为 5956 家，占全市场挂牌公司总数 10349 家的 57.61%，创新层挂牌公司为 491 家，占创新挂牌公司总数 893 家的 54.98%，基础层挂牌公司为 5471 家，占基础层挂牌公司总数 9456 家的 57.85%。5 省份的具体情况为：

广东省有挂牌公司 1570 家，全市场占比为 15.17%，其中创新层 126 家，创新层占比为 14.11%，基础层 1444 家，基础层占比为 15.27%；北京有挂牌公司 1386 家，全市场占比为 13.39%，其中创新层 130 家，创新层占比为 14.56%，基础层 1256 家，基础层占比为 13.28%；江苏省有挂牌公司 1286 家，全市场占比为 11.96%，其中创新层 83 家，创新层占比为 9.29%，基础层 1155 家，基础层占比为 12.21%；浙江省有挂牌公司 903 家，全市场占比为 8.73%，其中创新层 69 家，创新层占比为 7.73%，基础层 834 家，基础层占比为 8.82%；上海有挂牌公司 865 家，全市场占比为 8.36%，其中创新层 83 家，创新层占比为 9.29%，基础层 782 家，基础层占比为 8.27%。

4. 经营业绩。业绩结构分化。从收入看，营收在 5000 万元以下的有 3972 家挂牌公司，占挂牌公司总数的 38.95%，其中创新层挂牌公司 26 家，基础层挂牌公司 3946 家；营收在 5000 万~1 亿元的有 2364 家挂牌公司，占挂牌公司总数的 23.18%，其中创新层挂牌公司 167 家，基础层挂牌公司 2197 家；营收在 1 亿~3 亿元的有 2764 家挂牌公司，占挂牌公司总数的 27.11%，其中创新层挂牌公司 429 家，基础层挂牌公司 2335 家；营收在 3 亿~10 亿元的有 888 家挂牌公司，占挂牌公司总数的 8.71%，其中创新层挂牌公司 212 家，基础层挂牌公司 676 家；营收在 10 亿元以上的有 209 家挂牌公司，占挂牌公司总数的 2.05%，其中创新层挂牌公司 59 家，基础层挂牌公司 150 家。

从利润看，亏损挂牌公司 2448 家，占挂牌公司总数的 23.99%，其中创新层公司 84 家，基础层公司 2448 家；净利润在 1000 万元以下的挂牌公司有 4565 家，占挂牌公司总数的 44.73%，其中创新层公司 178 家，基础层公司 4387 家；净利润在 1000 万元以上的挂牌公司有 3193 家，占挂牌公司总数的 31.28%，其中创新层公司 631 家，基础层公司有 2561 家。净利润超过 5000 万元的挂牌公司有 382 家，占挂牌公司总数的 3.74%，其中创新层公司 140 家，基础层公司有 242 家。

从市场层次看，创新层整体表现突出。创新层公司平均营业收入为 5.33 亿元，平均净利润为 3321.17 万元，分别是基础层的 3.78 倍和 4.56 倍。从成长性看，创新层公司营业收入增速、净利润增速和净资产收益率较基础层公司分别高 7.92 个、15.23 个和 2.32 个百分点，较全市场分别高 5.88 个、11.00 个和 1.75 个百分点。

从行业看，高技术行业盈利能力强，呈现轻资产属性。信息传输、高技术服务业营收增速分别较全市场高 9.00 个、8.74 个百分点，净利润增速分别较全市场高 25.71 个、20.95 个百分点。从资产规模看，高技术制造、信息传输、高技术服务业总资产分别占全市场挂牌公司均值的 66%、47% 和 49%。

5. 融资并购。融资的灵活、小额特征突出。2015 年，全市场挂牌公司合计融资 1216.1 亿元，平均融资金额为 0.64 亿元。其中，创新层合计融资 339.62 亿元，平均融资金额为 0.85 亿元；基础层合计融资 876.65 亿元，平均融资金额为 0.59 亿元。2016 年，全市场挂牌公司合计融资 1390.8 亿元，平均融资金额为 0.53 亿元。其中，创新层合计融资 528.01 亿元，平均融资金额为 1.19 亿元；基础层合计融资 862.88 亿元，平均融资金额为 0.4 亿元。2017 年，全市场挂牌公司合计融资 1336.2 亿元，平均融资金额为 0.53 亿元。其中，创新层合计融资 433.46 亿元，平均融资金额为 1.09 亿元；基础层合计融资 902.8 亿元，平均融资金额为 0.43 亿元。2018 年，全市场挂牌公司合计融资 604.43

亿元，平均融资金额为 0.45 亿元。其中，创新层合计融资 154.76 亿元，平均融资金额为 0.78 亿元；基础层合计融资 449.67 亿元，平均融资金额为 0.40 亿元。全市场单笔融资金额在 5000 万元以下的次数历年占比均在 80% 左右。

近年来并购重组下降明显。2015 年，重大资产重组 292.69 亿元，收购 55.41 亿元，其中上市公司收购 18.89 亿元。2016 年，重大资产重组 122.11 亿元，收购 412.44 亿元，其中上市公司收购 299.45 亿元。2017 年，重大资产重组 167.11 亿元，收购 476.41 亿元，其中上市公司收购 366.82 亿元。2018 年，重大资产重组 48.65 亿元，同比下降 70.88%；收购 390.14 亿元，同比下降 18.11%，其中上市公司收购 186.27 亿元，同比下降 49.22%。2019 年，重大资产重组 23.84 亿元，同比下降 50.99%；收购 97.28 亿元，同比下降 75.07%，其中上市公司收购 46.29 亿元，同比下降 75.15%。

6. 市场交易。市场流动性相对不足。截至 2019 年 12 月末，挂牌公司股票采用集合竞价转让方式的有 8261 只，其中一次集合竞价转让 7831 只，五次集合竞价 430 只；采用做市转让方式的有 692 只，其中创新层 237 只，基础层 455 只。2019 年，全市场成交 825.69 亿元，同比下降 7.02%。

7. 挂牌摘牌。新增挂牌速度有所放缓，主动摘牌数量逐年上升。2014 年、2015 年、2016 年、2017 年、2018 年、2019 年，市场新增挂牌公司家数分别为 1232 家、3569 家、5090 家、2176 家、577 家、249 家，摘牌公司家数分别为 16 家、12 家、56 家、709 家、1516 家、1987 家，其中主动摘牌家数分别为 15 家、12 家、52 家、661 家、1397 家、1590 家，强制摘牌家数分别为 1 家、0、4 家、48 家、119 家、397 家。

通过以上翔实数据，可以看出，新三板市场 7 年来的总体情况呈现以下几个方面的特点。

其一，新三板自 2013 年成立到 2019 年底，7 年的市场运行总体呈橄榄形趋势，即前期（2013 年、2014 年）、中期（2015 年、2016 年、2017 年）、后期（2018 年、2019 年）三段时期，前后时期小，中期大。从比较有代表性的指标看，新增挂牌公司的数量、股票发行次数、融资总额、二级市场交易总金额等非常明显。从新增挂牌公司数量看，前期年均不足 800 家，中期年均 3300 家以上，后期为负增长；从发行次数看，前期年均不足 200 次，中期年均 2700 次以上，后期年均 1000 次左右；从融资金额看，前期年均 70 亿元左右，中期年均1300 亿元以上，后期年均 450 亿元左右；从交易金额看，前期年均不足 70 亿元，中期年均 2000 亿元以上，后期年均 850 亿元左右。

其二，挂牌公司总数大、平均规模小、股权集中度高。有近万家挂牌公司，为全世界挂牌上市公司最多的证券交易场所，是沪深证券市场所有上市公司总和的一倍以上；平均每家挂牌公司股本不足 1 亿股，市值不足 4 亿元；截至 2019 年 12 月 31 日，股东在 100 人以下的挂牌公司为 7748 家，占全市场总家数的 86.54%。

其三，中小民营企业占绝对主力，行业和地区分布集中，高新技术企业比重大。在挂牌公司属性上，中小民营企业占比为 87.57%；在行业分布上，制造业，信息传输、软件和信息技术服务业，租赁和商务服务业，批发和零售业，科学研究和技术服务业前五大行业占比为 83.11%。在挂牌公司中，现代服务业、高技术服务业、先进制造业占比为 71.1%，2018 年上半年，挂牌公司平均研发强度为 2.97%，较全社会平均研发强度高 0.84 个百分点。地域分布集中；广东、北京、江苏、浙江、上海 5 个省份的挂牌公司为 5956 家，占全市场挂牌公司总数 10349 家的 57.61%。

其四，经营业绩两头分化，拥有一大批优质企业。从收入看，营收在 5000万元以下的有 3972 家挂牌公司，占挂牌公司总数的 38.95%，营收在 5000 万元以上的有 6318 家挂牌公司，占挂牌公司总数的 61.05%；从利润看，亏损挂牌公司 2448 家，占挂牌公司总数的 23.99%，净利润在 1000 万元以上的挂牌公司有 3193 家，占挂牌公司总数的 31.28%。

其五，与沪深证券市场差距大。除挂牌公司家数外，股票的发行次数、首次融资、再融资、并购重组、交易量、流动性等总体不足，与沪深市场相比在各个方面均差距较大。

## 第三节 新三板的组织结构

全国股转公司是经国务院批准，依据《证券法》设立的继上交所、深交所之后的第三家全国性证券交易场所，也是我国第一家公司制运营的证券交易场所。它是新三板市场的运营机构，为新三板市场提供场所和设施，组织新三板市场的具体运营，监督和管理新三板市场，于2012年9月20日在国家工商总局注册，2013年1月16日正式揭牌运营，注册资本为30亿元。公司股东为上海证券交易所、深圳证券交易所、中国证券登记结算有限公司、中国金融期货交易所、上海期货交易所、郑州期货交易所、大连期货交易所。全国股转公司隶属于中国证监会，由中国证监会直接管理，是中国证监会的会管单位。全国股转公司有党委会、股东会、董事会、监事会和经营管理层，形成了党委领导下的"三会一层"治理结构。

全国股转公司是公司制的证券交易场所，按照我国《公司法》关于有限责任公司的规定运作，作为国务院批准的证券交易场所，全国股转公司的运作还必须遵守我国《证券法》有关全国股转公司的相关规定，同时作为中国证监会的下属机构，全国股转公司的运作同样也要遵从中国证监会的有关规定。

### 一、职责与治理机构

（一）全国股转公司的职责

全国股转公司的职责在法律、行政法规、中国证监会的部门规则和全国股转公司的章程中均有规定。现行《证券法》在第七章"证券交易场所"第九十六条规定"证券交易所、国务院批准的其他全国性证券交易场所为证券集中交易提供场所和设施，组织和监督证券交易，实行自律管理"。2013年国发49号文《国务院关于全国中小企业股份转让系统有关问题的决定》明确了全国股转公司的职责，即"全国股份转让系统是经国务院批准，依据《证券法》设立的全国性证券交易场所，主要为创新型、创业型、成长型中小微企业发展服务。境内符合条件的股份公司均可通过主办券商申请在全国股份转让系统挂牌，公开转让股份，进行股权融资，债权融资，资产重组等"。中国证监会 2013 年第 89 号令《全国中小企业股份转让系统有限责任公司管理暂行办法》第八条规定：全国股份转让系统公司的职能包括：（1）建立、维护和完善股票转让相关技术系统和设施；（2）制定和修改全国股份转让系统业务规则；（3）接受并审查股票及其他相关业务申请，安排符合条件的公司股票挂牌；（4）组织、监督股票转让及相关活动；（5）对主办券商等全国股份转让系统参与人进行管理；（6）对挂牌公司及其他信息披露义务人进行监管；（7）管理和公布全国股份转让系统相关信息；（8）中国证监会批准的其他职能。

上述规定基本概括了全国股转公司的基本职责。但上述规定涉及全国股转公司职责的表述时还有不太严密之处，职责范围也不太一致。我国《证券法》对全国股转公司的职责界定为"证券交易"，而中国证监会对全国股转公司的职责界定为"股份转让"，中国证监会的规定明显缩小了全国股转公司的职责范围。由于 2005 年的《证券法》制定时全国股转公司还不存在，不可能对其职责进行规定，2019 年新修改的《证券法》对其职责进行了规定。中国证监会关于全国股转公司"股份转让"职能的规定就面临着修改的任务，也应该和新《证券法》保持一致。而国发 49 号文对全国股转公司所规定的主要任务包括为创新型、创业型、成长型中小微企业发展服务。境内符合条件的股份公司均可通过主办券商申请在全国股份转让系统挂牌，公开转让股份，进行股权融资、债权融资、资产重组等，与其理解为全国股转公司的职责，不如理解为是它的目的和宗旨，并不能完全等同于其基本职责。同理，全国股转公司章程所规定的职责承继了中国证监会关于全国股转公司职责的规定，也有需要修改的地方。

综上所述，笔者认为，全国股转公司的基本职责：（1）提供新三板市场证券交易的技术系统和设施；（2）制定和修改全国股转公司业务规则；（3）接受并审查股票挂牌及其他相关业务申请，安排符合条件的公司股票挂牌；（4）组织、监督证券交易及相关活动；（5）对挂牌公司及其他信息披露义务人进行监管；（6）对主办券商等全国股转公司参与人进行监管；（7）管理和公布全国股转公司相关信息；（8）中国证监会批准的其他职能。

（二）全国股转公司的治理机构

1. 全国股转公司党委会

全国股转公司的党委会由党委书记、副书记和党委委员组成。其主要任务：（1）贯彻落实党中央、国务院及中国证监会重大决策部署和重要会议精神；（2）研究决定报送中国证监会的涉及重大无先例事项的重要请示、报告等文件；（3）研究确定公司党的工作和党风廉政建设方面的重点工作；（4）研究决定公司内设机构、职责、编制及人事问题；（5）研究决定全国股转公司市场改革创新的重大问题；（6）审议涉及方向性、全局性、战略性的重大事项决策、重要项目投资以及重大金额投资风险资金等大额资金使用；（7）审议市场基本业务规则及业务细则；（8）审议公司各党支部请示的重大事项；（9）其他需要由党委会议研究决定的事项。

我国《公司法》尽管没有对党委会进行规定，在《公司法》"三会一层"的治理架构中也没有将公司党委会纳入。但在实际运作中，从全国股转公司党委会的主要职责可以看出，公司党委会对全国股转公司的重大决策和重大事项是起决定性作用的。因此，在治理架构中，全国股转公司是在公司党委领导下的"三会一层"治理和运作模式。

除了全国股转公司党委会作为党的组织外，还有全国股转公司纪律检查委员会（以下简称纪委会），负责全国股转公司党的纪检监察工作。纪委会向上级党的纪委监委组织和全国股转公司党委会负责，其主要任务：（1）学习转达党中央、国务院和中央纪委国家监委、中国证监会党委、中央纪委国家监委驻中国证监会纪检组及全国股转公司党委的重要会议与文件精神，提出贯彻落实意见；（2）按照中国证监会党委、中央纪委国家监委驻中国证监会纪检组及全国股转公司党委的工作部署和指示，讨论决定年度纪检工作计划、工作总结及重要专项工作；（3）分析研究党风廉政建设和反腐败工作方面的情况，向公司党委提出工作建议；（4）研究讨论中央纪委国家监委驻中国证监会纪检组的重要指示精神、报告和回复等；（5）研究讨论拟制定和修订的公司纪检监察及党风廉洁建设工作相关制度及文件；（6）研究讨论重要信访事项、重大问题线索处置、案件查办等相关工作；（7）审议审批并报告同级党委同意，对公司管理权限内的党员干部违纪违规问题开展立案调查，对党员干部作出处理；（8）听取案件和党员申诉情况的汇报，研究提出处理意见；（9）研究纪检监察组织建设和队伍建设事项；（10）研究讨论其他需要经纪委会讨论决定的事项。

2. 全国股转公司股东会

全国股转公司的股东会是公司的权力机构，按照《公司法》、公司章程和其他相关规定履行职责。其具体职责：（1）决定公司的经营方针和投资计划；（2）选举更换非由职工代表担任的董事、监事，决定有关董事、监事的报酬事项；（3）审议批准董事会、监事会的工作报告；（4）审议批准公司的年度财务预算方案和决算方案；（5）审议批准公司的利润分配方案和弥补亏损方案；（6）对公司发行公司债券作出决议；（7）对公司变更注册资本作出决议；（8）对公司合并、分立、解散、清算或者变更公司形式等事项作出决议；（9）审议批准公司章程及修改议案；（10）决定董事会提交的其他重大事项；（11）审议法律、行政法规、中国证监会有关规定或者公司章程规定应当由股东会决定的其他事项。

此外，在具体行使股东会权力时，股东会还可以根据需要将相关具体事项授权董事会作出决定。股东会对董事会的授权内容应当明确、具体。

3. 全国股转公司董事会

全国股转公司的董事会是公司的常设权力机构，对董事会负责并报告工作，按照《公司法》、公司章程和其他相关规定履行职责。其具体职责：（1）召集股东会会议，并向股东会报告；（2）执行股东会决议；（3）决定公司的经营计划和投资方案；（4）制订公司的年度财务预算方案和决算方案；（5）制订公司的利润分配方案和弥补亏损方案；（6）制订公司增加或者减少注册资本及发行公司债券的方案；（7）制订公司合并、分立、解散、变更公司形式等事项的方案；（8）拟订公司章程修改草案；（9）决定公司的基本业务规则，决定基本业务模式的调整方案；（10）决定公司基本管理制度；（11）提出高级管理人员的薪酬标准，并报中国证监会批准；根据中国证监会提名，决定聘任或者解聘高级管理人员；（12）决定内部管理部门和分支机构的设置；(13) 决定专门委员会的设置；（14）决定对公司进行审计的会计师事务所的聘用、解聘及报酬事项；（15）审议批准风险基金的使用方案；（16）法律、行政法规、中国证监会有关规定、公司章程规定或者股东会授权的其他职权。

4. 全国股转公司监事会

全国股转公司的监事会是公司的监督机构，对股东会负责，按照《公司法》、公司章程和其他相关规定履行职责。其具体职责：（1）检查公司财务；(2) 监督公司董事、高级管理人员执行公司职务的行为，对违反法律、行政法规、公司章程或者股东会决议的董事、高级管理人员提出罢免的建议；（3）要求公司董事、高级管理人员纠正其损害公司利益的行为；（4）提议召开临时股东会会议，在董事会不履行《公司法》规定的召集和主持股东会会议职责时召集和主持股东会会议；（5）向股东会会议提出议案；（6）依照《公司法》第一百五十二条的规定，对董事、高级管理人员提起诉讼；制订公司增加或者减少注册资本及发行公司债券的方案；（7）发现公司经营情况异常，可以进行调查；必要时，可以聘请会计师事务所、律师事务所等专业机构协助其工作，费用由公司承担；（8）法律、行政法规、中国证监会有关规定、公司章程规定或者股东会授予的其他职权。

5. 总经理办公会

总经理办公会是全国股转公司经营管理层的决策机构，由总经理、副总经理等组成。主要职责：（1）转达贯彻并研究落实公司党委会、董事会决定的有关事项；（2）审议与全国股转公司密切相关的法律和行政法规草案的修改意见；（3）研究拟定并组织实施党委会审议的市场基本业务规则、业务细则；审议、通过并组织实施业务规定；（4）审议报送中国证监会的重要请示、报告等文件；（5）研究部署全国股转公司改革发展的重要政策措施；研究、决定公司的日常业务经营管理工作；（6）拟订公司内部管理部门和分支机构的设置方案，并提请党委会审议；（7）拟定公司的基本管理制度，并提请党委会审议；

审议、通过公司的具体管理制度；（8）实施聘任或解聘除应由董事会决定聘任或解聘以外的公司管理人员和其他员工；（9）研究决定公司各部门、分支机构请示的重要事项；（10）董事会授权事项及其他需要总经理办公会研究议定的事项。

**二、全国股转公司的职能部门**

全国股转公司的职能部门是公司治理的具体执行部门，是全国股转公司组织、监督新三板市场正常运营、实现自律管理和内部管理的根本保证。全国股转公司共有22个职能部门和1个全资子公司，在职能范围上分为三个层次，即前台、中台、后台。

（一）前台部门

前台为业务部门，共12个，包括挂牌审查部、融资并购一部、融资并购二部、公司监管一部、公司监管二部、交易运行部、市场监察部、中介业务部、会计监管部、自律管理部、市场发展部（投资者服务部）、法律事务部。

（1）挂牌审查部：承担挂牌业务规则的拟定、修改和废止工作；承担组织开展企业挂牌申报文件的审查工作；对需要采取自律监管措施和纪律处分、移送证监会立案的问题线索进行移送管理；跟踪境内外市场发展和创新动态，开展与业务相关的研究工作。

（2）融资并购一部：承担基础层、创新层公司定向发行、并购重组等业务规则的拟定、修改和废止工作；承担基础层、创新层公司定向发行普通股，发行优先股、债券及其他融资工具以及并购重组申请文件的审查工作；承担原两网（STAQ和NET系统）公司及退市公司并购重组和股改申请文件的审查工作；对需要采取重大自律监管措施和纪律处分、移送证监会立案的问题线索进行移送管理；跟踪境内外市场发展和创新动态，开展与业务相关的研究工作。

（3）融资并购二部：承担挂牌公司首次公开发行股票、首次公开发行股票的挂牌公司再融资和并购重组等业务规则的拟定、修改和废止工作；承担挂牌公司首次公开发行股票、首次公开发行股票的挂牌公司再融资和并购重组申请文件的审查工作；对需要采取重大自律监管措施和纪律处分、移送证监会立案的问题线索进行移送管理；跟踪境内外市场发展和创新动态，开展与业务相关的研究工作。

（4）公司监管一部：承担基础层、创新层挂牌公司信息披露、规范运作等业务规则的拟定、修改和废止工作；承担基础层、创新层挂牌公司信息披露等日常监管工作，督促挂牌公司完善治理结构，监督挂牌公司及其董事、监事、高管、主要股东等相关主体履行法定义务；承担基础层、创新层挂牌公司层级调整审查工作；承担基础层、创新层挂牌公司股票回购、股权激励、终止挂牌等审查工作；承担基础层、创新层挂牌公司解限售、停复牌、股票除权除息、主办券商变更等日常操作业务；承担原两网（STAQ 和 NET 系统）公司及退市公司信息披露等日常监管工作；对需要采取重大自律监管措施和纪律处分、移送证监会立案的问题线索进行移送管理；跟踪境内外市场发展和创新动态，开展与业务相关的研究工作。

（5）公司监管二部：承担精选层公司信息披露、规范运作等业务规则的拟定、修改和废止工作；承担精选层公司信息披露等日常监管工作，督促公司完善治理结构，监督挂牌公司及其董事、监事、高管、主要股东等相关主体履行法定义务；承担精选层公司层级调整、终止挂牌等业务的审查工作；承担精选层公司股票回购、股权激励等业务的审查工作；承担精选层公司解限售、停复牌、股票除权除息等日常操作业务；对需要采取重大自律监管措施和纪律处分的问题，做好线索移送工作；跟踪境内外市场发展和创新动态，开展与业务相关的研究工作。

（6）交易运行部：承担挂牌证券交易、投资者适当性管理等业务规则的拟定、修改和废止工作；牵头建立和完善交易风险防控机制，组织防范和处置交易风险事故；编制和修订交易系统建设业务需求，组织进行交易系统业务测试；牵头拟定和完善与交易支持平台业务运营相关的管理制度及业务工作流程，组织业务演练；承担协调安排企业股票挂牌交易，承担交易执行操作、交易方式转换、做市商加入退出以及交易单元管理等职责；承担督促主办券商履行投资者适当性管理职责；跟踪境内外市场发展和创新动态，开展与业务相关的研究工作。

（7）市场监察部：承担市场监察业务规则的拟定、修改和废止工作；实时监控市场交易，对市场交易行为进行事后分析和核查，及时发现、调查、制止异常情况，并实施相关自律监管措施；对需要实施纪律处分、移送证监会立案的问题线索进行移送管理；跟踪境内外市场发展和创新动态，开展与业务相关的研究工作。

（8）中介业务部：承担主办券商、会计师事务所、律师事务所等中介机构监管业务规则的拟定、修改和废止工作；承担精选层公司保荐与承销等业务规则的拟定、修改和废止工作；承担精选层公司发行股票的新股定价、承销和发售活动的组织管理工作；牵头建立和实施对中介机构的执业质量评价；在证监会有关部门的统筹指导下，会同地方证监局和公司相关部门，对中介机构进行现场检查；承担主办券商的资格管理工作；对需要采取重大自律监管措施和纪律处分的问题，做好线索移送工作；跟踪境内外市场发展和创新动态，开展与业务相关的研究工作。

（9）会计监管部：统筹公司会计监管工作，统一会计监管政策和口径；承担会计师事务所自律监管规则和有关会计、审计公告格式的拟定、修改和废止工作；为各部门提供会计、审计疑难问题的专业咨询、复核建议和技术支持；组织对会计师事务所执业情况开展审阅、问询和现场检查等监管工作；对需要采取重大自律监管措施和纪律处分、移送证监会立案的问题线索移送公司自律管理部门管理；在证监会会计部统筹下开展会计师事务所监管、专业技术研究、跨境监管合作等工作；建立与会计师事务所的专业交流机制，推动形成会计审计准则具体应用的行业共识。

（10）自律管理部：承担采取自律监管措施、纪律处分规则的拟定、修订和废止工作；对需要采取重大自律监管措施和纪律处分的问题线索进行核查；承担公司纪律处分委员会日常事务，组织安排纪律处分审议会议；向证监会相关部门移交需要立案查办的案件线索；在证监会有关部门的统筹指导下，会同地方证监局和公司相关部门，对挂牌公司进行现场检查；跟踪境内外市场发展和创新动态，开展与业务相关的研究工作。

（11）市场发展部（投资者服务部）：发掘培育挂牌企业资源，拓展企业渠道，建立健全市场培育工作机制，开展市场宣介工作；发展机构投资者，制定机构投资者入市相关制度，引导机构投资者进行产品和服务创新；与商业银行等金融机构开展战略合作，推动其为挂牌公司提供金融产品和服务，开展金融业务创新；组织开展投资者教育、服务和保护工作；统筹组织或实施面向拟挂牌公司、中介机构等市场主体的培训、考试服务；统筹公司展厅管理、挂牌仪式组织等工作。

（12）法律事务部：统筹公司业务规则体系建设，承担公司基本业务规则的拟定、修改和废止工作，审核公司各部门草拟的业务规则；统筹公司内部管理制度体系建设，承担内部管理制度的合法合规性审查工作；为公司业务运行、内部管理以及各项发展、改革、创新方案提供法律意见；承担推动和参与相关法律、法规和行政规章的制定工作；管理公司法律顾问工作，对公司相关事务提供法律支持；承担公司诉讼、仲裁及司法接待等对外司法事务处理；牵头组织市场法制宣传教育，开展与市场建设、公司发展相关的法律研究；统筹管理公司合同及知识产权事务。

（二）中台部门

中台为业务支持部门，共4个，包括信息统计部、技术管理部、研究规划部（创新实验室）和中证股转科技有限公司。

（1）信息统计部：承担公司信息统计制度和统计指标体系的拟定、修改和废止工作，归口管理公司统计事务；对统计信息进行深度挖掘，形成定期统计报告和专题统计研究成果；管理全国股转系统指数及其产品，管理行业分类工作；承担公司中心数据库的规划、运营和管理，统筹相关业务数据的采集、加工、查询、分发等数据管理工作；承担公司官网等网络信息服务平台的规划和运营。

（2）技术管理部：拟定、修订和发布行业技术标准和应用规范；负责技术委员会日常工作，落实会议相关事项；负责信息安全日常管理工作；负责与证监会有关部门的日常沟通联络，组织开展与交易所、会管公司及其他技术公司的技术交流与合作；负责组织开展基础技术、新技术的前瞻性研究工作；协助行政服务部进行 IT 设备、服务的采购工作；协助对信息技术子公司进行审计、监督工作。

（3）研究规划部（创新实验室）：负责跟踪境内外宏观经济、金融市场发展趋势和动态；对公司、证券监管机构以及市场关注的各类课题进行研究，为开发新产品、新业务和进行重大决策前期论证提供智力支持；对市场运行质量、效率和潜在风险进行评估，提供意见和建议；承担衍生品等创新产品的研发职责，推动公司衍生品市场建设；统筹协调公司内外部研究工作，对接中国证监会等相关单位的研究工作；承担公司专业性刊物、研究成果的组稿、编辑及发送推广工作。

（4）中证股转科技有限公司：全国股转公司的全资子公司，于 2019 年成立，其核心职责是全国股转公司及新三板市场的系统建设、维护和开发，保证全国股转公司交易系统等各技术系统的正常运转。其具体职责：承担实施全国股转公司技术发展战略规划和年度计划；承担全国股转公司技术系统建设，组织开展系统设计、软件开发和测试、系统部署和系统升级等各项工作；承担全国股转公司技术系统的日常运行和维护，监控系统运行状态，并承担技术系统应急处置；承担全国股转公司及全市场技术测试与演练，为主办券商等市场参与者提供技术服务；承担全国股转公司数据中心（机房）的规划、设计、建设与维护。

（三）后台部门

后台为内部管理部门，共 7 个，包括党委办公室（董事会办公室）、综合事务部（总经理办公室）、人力资源部（党委组织部）、纪检办公室、稽核审计部（监事会办公室）、财务管理部和行政服务部。

（1）党委办公室（董事会办公室）：组织安排公司党委会议、领导班子民主生活会等重要会议和活动；作为公司党委日常办事机构，组织落实公司党委会议相关事项，起草和办理党委有关文件；协调落实公司党委关于全面从严治党的工作部署，组织实施党员发展、党员管理和党员教育等日常党建工作；承担公司思想政治和党务宣传工作，牵头相关部门统筹推进公司企业文化建设；组织落实公司统战、工会、团委和妇女各项工作；承担公司股东会、董事会会议的筹备、组织和文件管理，承担董事会办公室相关职能。

（2）综合事务部（总经理办公室）：拟定公司内部综合管理制度，组织起草综合性文件；承担备案审查类业务材料的受理工作；承担公司内部文件运转，统筹印章和档案管理，对各部门印章和档案管理工作进行指导和规范；承担公司督办工作，组织协调公司跨部门事项；承担公司总经理办公会等重要会议的组织工作；统筹管理公司重要接待和外事工作，拟订并组织实施外事工作计划；统筹管理公司对外宣传、信息发布和舆论管理事务，发展和维护媒体关系，承担公司微博、微信等平台运营；统筹管理公司投诉举报、对外咨询服务工作；统筹公司立项管理，承担项目审核小组日常工作；统筹公司保密管理，承担保密委员会日常工作。

（3）人力资源部（党委组织部）：承担公司人力资源发展战略研究和规划，拟定各项人力资源管理制度；拟定和完善公司组织架构，优化公司部门设置；建立和完善公司职位管理体系，优化公司部门职位设置，承担员工职位聘任相关工作；拟订人力资源招聘规划和年度计划，组织开展人员招聘和录用工作；构建和管理员工业绩评价系统，配合中国证监会组织人事部门做好公司领导班子年度考核工作，组织开展部门、员工和重大项目的绩效管理；拟订和优化公司薪酬福利方案，承担薪酬发放、个人所得税计算并代扣职责，做好公司人力成本管理和奖惩工作；拟订员工培训规划和年度计划，组织实施员工培训工作；承担公司人事档案、员工考勤休假、劳动关系、离退休等事务管理工作；牵头组织对借调人员、实习人员等外部人员的管理工作，防范劳动法律风险，会同有关部门处理劳动争议。

（4）纪检办公室：维护党的章程和其他党内法规，协助公司纪委检查党的路线、方针、政策和上级有关指示、决定以及证券期货法律法规和规范性文件在全司贯彻执行情况；协助公司纪委落实党风廉政建设监督责任和组织协调反腐败工作；组织协调公司的廉政风险防控工作，协助公司纪委对各部门开展廉政监察，对权力运行进行监督；组织开展对公司员工党纪政纪和廉洁从业的宣传教育；在公司纪委领导下，受理对党组织、党员和监察对象的检举和控告；办理上级交办的、管理权限内的党组织、党员违纪问题线索；及时统计整理并向驻会纪检组报送公司纪检监察工作相关情况；完成驻会纪检组和公司党委、纪委交办的其他工作。

（5）稽核审计部（监事会办公室）：拟定公司稽核审计和监事会管理制度；对本公司的内部控制体系、风险管理情况、财务活动的合法合规性进行监督、检查和评价，提出意见和建议；对本公司经营管理活动进行绩效审计，对重大项目支出实施后评管理；对相关责任人进行任期经济责任审计，组织开展对子公司的各类审计监督，协调配合有关部门对本公司的各类审计；对内部管理制度的建设情况进行监督，查找内部管理制度实施过程存在的问题，提出改进优化意见；搜集、整理监事对公司经营活动的意见和建议，为监事会决策提供支持；承担监事会会议的筹备、组织和文件管理，协助监事贯彻落实监事会决议，并及时反馈决议的执行情况。

（6）财务管理部：承担公司财务战略研究和规划，拟定公司各项财务管理制度；牵头组织实施公司预算管理，组织编制公司财务预决算，并组织预算执行和分析，做好财务报表编制、财务分析报告撰写等相关工作；承担组织开展会计核算和日常财务收支审核工作，做好各项税收的申报和缴纳；承担公司财务审核小组日常事务，组织安排财务审核会议；组织拟订并实施公司资金管理方案，合理筹措和使用资金；参与公司重大项目投资的可行性研究，提供财务意见；承担资产的会计核算和财务管理，按照有关规定组织开展资产清查，防止资产损毁和流失；根据公司业务发展需要，配合业务部门拟订收费方案；对子公司财务管理工作进行监督指导；承担公司财务状况、能源消费等统计信息的对外报送工作；牵头研究全国股转公司市场税收政策，协调相关部委健全完善有关税收政策体系。

（7）行政服务部：承担草拟公司行政后勤管理制度和实施细则，统筹管理公司行政服务和后勤保障工作；承担公司采购管理工作，建立和管理公司采购供应商库；承担公司实物资产管理，组织实施实物资产的登记、入库、发放、维修和处置；统筹管理公司办公场所，管理、监督和评估物业服务，组织开展动力系统（机房除外）、设备设施、办公环境管理维护；承担公司餐饮保障和食品卫生安全，管理、监督、评估餐饮服务；承担公司安全保卫工作，组织开展除机房区域以外的办公楼门禁、监控、消防系统的建设与维护；承担公司基本建设项目管理，制订公司基本建设方案，牵头组织实施基本建设，开展办公区域的功能规划和办公设备的配置及分配；承担公司公务用车、会议接待、日常保健、印刷、报刊订阅、办公用品发放等日常后勤服务工作；承担公司节能环保工作。

### 三、全国股转公司的专业委员会

除了各职能部门外，全国股转公司还成立了一系列专业委员会，以进一步加强全国股转公司的业务和内部管理工作，进一步统筹、协调、联系各职能部门的相关工作，强化和完善工作流程和渠道，发挥职能部门所不具有的优势，保证工作的公开、公平、公正，厘清职责、加强协调、提高效率。

专业委员会不是全国股转公司的职能机构，不作为全国股转公司的部门设置，除少数委员会具有对外开展业务的职责外，均为内部委员会，对新三板市场及市场参与人不发生约束力。专业委员会分为对外、对内两大部分。

（一）对外设立的专业委员会

1. 挂牌委员会

（1）对申请挂牌公司股票在创新层挂牌、向不特定合格投资者公开发行并在精选层挂牌、精选层公司向不特定合格投资者公开发行股票的挂牌、挂牌公司所属市场层级的调整、挂牌公司股票被强制终止挂牌等事项进行审议，提出审议意见；（2）对挂牌公司股票向不特定合格投资者公开发行并在精选层挂牌的复审申请进行审议，提出复审意见；（3）对审查机构提交的咨询事项进行讨论，提出咨询意见；（4）对挂牌委年度工作进行讨论、研究等。

2. 纪律处分委员会

对全国股转公司作出的以下纪律处分事项进行审核，作出独立的专业判断并形成审核意见：（1）通报批评，即在一定范围内或以公开方式对监管对象进行批评；公开谴责，即以公开方式对监管对象进行谴责；（2）认定其不适合担任公司董事、监事、高级管理人员，即以公开方式认定监管对象三年及以上不适合担任挂牌公司董事、监事、高级管理人员；（3）限制、暂停直至终止其从事相关业务，即对存在严重违规的证券公司、会计师事务所、律师事务所、资产评估机构等专业机构或者其相关人员，限制、暂停直至终止其从事全国股转公司相关业务；（4）全国股转公司规定的其他纪律处分。

3. 复核委员会

对申请人提出的以下复核事项进行审核，作出独立的专业判断并形成审核意见：（1）全国股转公司作出的强制终止申请挂牌公司股票挂牌审查的决定；（2）全国股转公司作出的强制挂牌公司股票终止挂牌的决定；（3）全国股转公司对自律监管对象作出的通报批评、公开谴责的决定；（4）全国股转公司作出的认定申请挂牌公司、挂牌公司的董事、监事、高级管理人员不适合担任公司董事、监事、高级管理人员的决定；（5）全国股转公司作出的限制、暂停、终止主办券商、证券服务机构从事相关业务的决定；（6）全国股转公司作出的暂不受理主办券商、证券服务机构或其相关人员出具的文件的决定；（7）全国股转公司作出的暂停解除挂牌公司的控股股东、实际控制人股票限售的决定；（8）全国股转公司作出的限制投资者证券账户交易的决定；（9）全国股转公司业务规则规定的其他可以申请复核的决定事项。

（二）对内设立的专业委员会

1. 一线监管委员会、市场发展委员会、内部管理委员会

三个委员会定位为公司内部沟通协调机制，是员工参与公司治理的重要平台，主要发挥汇聚智慧、沟通信息、加强协调的作用，进一步强化党委会、总办会的决策基础，不作为公司决策链条中的必须环节。汇聚智慧方面，要集中骨干人才组织研讨本领域的改革创新、重大事项、重点难点问题等，提出创新方向、改革举措建议以及问题解决方案、工作优化建议；沟通信息方面，要着力解决跨部门事项的信息沟通问题，促进相关工作更好地立足于公司和市场的

全局进行研究部署；加强协调方面，要统筹推进重要任务、重要活动，促进各部门工作更加协调一致、有机衔接。

其中，一线监管委员会主要围绕公司监管、市场监察、机构监管、实施自律监管措施和纪律处分、加强监管协作等方面开展工作；市场发展委员会主要围绕市场宣传与推介、市场服务、培训考试、市场咨询等方面开展工作；内部管理委员会主要围绕公司组织机构、人才队伍、企业文化、新闻宣传、内部控制、财务管理、立项管理、采购管理、档案管理、保密管理、安全保卫、后勤服务保障等方面开展工作。

2. 金融科技委员会

金融科技委员会是新三板科技监管服务与信息系统建设的议事决策机构，负责对全国股转公司科技监管服务工作的组织协调、党委会和总办会有关决策事项的审核把关，以及其他金融科技发展事项的审议决策。主要职责：（1）审议（阅）信息技术中长期战略发展规划和执行情况，科技监管科技服务年度工作计划及执行情况；（2）审议（阅）重要信息系统建设项目计划、技术方案和进度报告；（3）审议（阅）信息安全风险评估报告，并部署相应防范措施工作；（4）审议重大信息安全违规和事故的责任认定报告；（5）审议科技监管人才队伍建设规划等事宜；（6）审议 IT 治理和数据治理制度规范、统筹推进公司数据治理和数据共享工作；（7）协调推进公司重大科技监管和服务项目规划与建设，统筹推进新三板市场重大业务创新技术准备和技术基础设施建设工作；（8）审议公司科技监管及科技服务其他重大事项。

3. 保密委员会

（1）及时传达贯彻党中央、国务院及中国证监会有关保密工作的方针、政策、指示、决定，结合公司实际，组织研究贯彻落实具体意见和措施；领导、部署、监督和检查公司保密工作；（2）建立健全公司保密组织机构和规章制度，选配保密人员从事日常保密管理工作；（3）核定秘密及其密级的具体范围；（4）组织表彰保密工作先进部门及先进个人，组织、督促有关部门对重大失泄密事件进行查处、责罚；（5）组织开展保密教育和培训活动。

4. 证券编码工作委员会

负责全国股份转让系统证券代码、证券简称的编制管理工作，统筹规划证券代码体系，制定证券代码和证券简称编制原则，监督证券代码资源的使用情况。

## 第四节　新三板的运行架构和监管架构

### 一、新三板市场的运行架构

新三板市场的运行架构总体上和中关村时期新三板市场的运行架构没有本质上的区别。但市场属性却发生了本质性的变化，它们在市场运行的范围上，在规则体系、发行、交易机制、投资者适当性管理、监管职责等方面却有较大的差别。因此，现行新三板市场运行架构虽然是在中关村新三板运行架构的基础上发展起来的，但不能完全按照这一架构来运行。新三板市场的运行架构是由规则、市场参与人、技术系统、监督管理等方面的要素组成的。它们在整个市场中都扮演着各自的角色

（一）规则体系

新三板市场的运行架构和监管架构是以规则作为准则和依据的。新三板的规则主要是由发行、挂牌、交易、并购重组、信息披露、公司治理、市场分层、转板、摘牌、登记结算、监管和纪律处分等一些规则组成的，构成了新三板市场运行和监管规则体系，是市场运行和监管的基础。[①]

（二）市场参与人

1. 挂牌公司

挂牌公司是新三板市场运行中参与要素的基础，没有挂牌公司就不会有市场的存在。因股份公司申请获得全国股转公司或者中国证监会的批准，进入新三板市场成为新三板市场的挂牌公司。又可分为不发行股票的挂牌和发行股票的挂牌。不发行股票的股份公司可以申请挂牌，经全国股转公司挂牌审核部审

---

① 关于规则体系的具体内容将在本书第三篇新三板的市场制度中详细论述，这里略。

核通过后即可挂牌；进行融资发行股票的挂牌又分成两种情况，即定向发行股票的挂牌和向不特定合格投资者发行并在精选层挂牌。前者由全国股转公司融资并购一部负责审核；后者由全国股转公司融资并购二部负责审核。融资并购一部负责审核股份公司申请定向发行股票也分两种情况，即定向发行对象不超过200人的，直接由全国股转公司决定是否通过，审核通过后即可直接发行证券并在新三板市场挂牌；定向发行对象超过200人的，仍由融资并购一部审核，全国股转公司审核同意后向中国证监会非公众公司监管部报送，由非公众公司监管部审核通过后，中国证监会予以核准后方能发行股票并在新三板市场挂牌。非发行股票的挂牌或者定向发行股票的公司只能在新三板市场的基础层和创新层挂牌。向不特定合格投资者公开发行股票并在精选层挂牌则由融资并购二部审核并通过全国股转公司挂牌委员会审查通过后，由全国股转公司同意并报中国证监会非公众公司监管部审核，通过后由中国证监会出具准入发行的决定，股票发行完成后即可在新三板市场精选层挂牌。[①]

2. 证券公司

证券公司在新三板市场运行中起到中间和桥梁作用，它主要将挂牌公司和投资者联系在一起，在证券发行和交易运行中为发行人或挂牌人的挂牌公司服务，也为投资者提供服务，在新三板市场运行中至关重要。这些服务主要体现在三个方面：一是为发行人、挂牌人、投资者进行发行和挂牌。具体包括证券的承销与保荐业务，融资融券业务。二是为证券交易进行经纪业务、证券做市交易、证券自营业务。三是与证券交易、证券投资活动有关的财务顾问、证券投资咨询及其他证券业务。新三板市场运行中实行的证券公司主办券商制度是一项独特的切合新三板市场实际的制度，对新三板市场的正常运营、监管和发展起到了很好的作用。

3. 投资者

投资者是新三板市场运行中的主要参与者，也是市场运行的发动者。在一

---

① 关于发行制度的具体内容将在本书第三篇新三板的市场制度"发行制度概述"一节中详细论述，这里略。

级市场证券发行环节，因投资者购买拟挂牌上市的股票使发行变为可能；在二级市场证券交易市场，因投资者买卖证券参与交易才使二级市场存在。在新三板市场运行中，投资者具有适当性管理制度，因不同的层级要求有所不同，基础性、创新层和精选层对投资者准入门槛和其他要求不一。新三板市场的投资者还分为机构投资者、个人投资者，合格投资者、受限投资者。[①]

4. 其他参与者

主要包括会计师事务所、律师事务所、证券投资咨询、资产评估、资产评级、财务顾问、信息技术系统服务等服务机构。新三板市场对这些机构没有做特别的要求。但我国《证券法》等法律和行政法规，中国证监会等相关主管机构的部门规章、规范性文件，相关行业协会的管理规则等对这些服务机构均有不同的规定。比如，我国《证券法》第一百六十条规定"会计师事务所、律师事务所、证券投资咨询、资产评估、资产评级、财务顾问、信息技术系统服务的证券服务机构，应当勤勉尽责、恪尽职守。按照相关业务规则为证券的交易及相关活动提供服务。从事证券投资咨询服务业务，应当经国务院证券监督管理机构核准；未经核准，不得为证券的交易及相关活动提供服务。从事其他证券服务也应当报国务院证券监督管理机构和国务院有关主管部门备案"，第一百六十一条规定"证券投资咨询机构及其从业人员从事证券业务服务不得有下列行为：（一）代理委托人从事证券投资；（二）与委托人约定分享证券投资收益或者分担证券投资损失；（三）买卖证券投资咨询机构提供服务的证券；（四）法律、行政法规禁止的其他行为"，第一百六十二条规定"证券服务机构应当妥善保管客户委托文件、核查和验证资料、工作底稿以及质量控制、内部管理、业务经营有关的信息和资料，任何人不得泄露、隐匿、伪造、篡改或者毁损。上述信息和资料的保持期限不少于十年，自业务委托结束之日起算"，第一百六十三条规定"证券服务机构为证券的发行、上市、交易等证券业务活动制作、出具审计报告及其他鉴证报告、资产评估报告、财务顾问报告、资信

---

① 关于投资者的具体内容将在本书第十六章"新三板的监管制度"第四节"新三板的投资者保护"中详细论述，这里略。

评级报告或者法律意见书等文件，应当勤勉尽责，对所依据的文件资料内容的真实性、准确性、完整性进行核查和验证，给他人造成损失的，应当与委托人承担连带赔偿责任，但是能够证明自己没有过错的除外"。

（三）市场技术系统

市场技术系统是新三板市场运行的基础设施和硬件设施，它是新三板市场运行的根本保证。市场技术系统主要包括发行系统、交易系统、通信系统、行情系统、信息系统、监察系统、结算系统等，其中交易系统、通信系统是市场技术系统中的核心。这些系统相互联系、互相依存，彼此分工、综合协调，它们角色不同、任务各异，却形成了一个整体，使新三板市场正常运行、畅通无阻。

1. 发行系统

发行系统是指发行人（拟挂牌公司）申报申请材料、承销发行股票所涉及的技术系统。具体包括发行人、保荐人、承销商、投资者等相关当事人，全国股转公司、登记结算公司等相关管理机构在发行人发行过程中所利用的技术系统。具体为发行审核系统、股票销售系统和资金交收、证券登记系统。发行审核系统是由发行人通过保荐人或者主办券商递交发行申请材料所使用的系统。它是保荐人或主办券商的线上系统连接全国股转公司业务审查系统将申报材料报送给全国股转公司审核部门，审核部门在其业务系统中接收材料并对材料进行审核、问询、反馈，进行日常沟通和联络，出具相关意见等一系列与发行审核有关的事宜。股票销售系统是发行人获得发行批准后，发行人的股票进行网上发行，并由此形成的系统。目前，新三板发行系统借助的是全国股转公司的交易系统。[①]

2. 交易系统

新三板挂牌股票交易涉及的技术系统主要由券商交易系统及周边系统、深证通的交易通信系统和行情通信系统、全国股转系统交易支持平台、中证指数指数通系统以及信息商行情系统等构成。券商交易系统及周边系统主要负责接收投资者通过 App、网页、现场或电话委托等方式提交的买卖指令，券商检查

---

[①] 关于发行制度的具体内容将在本书第三篇新三板的市场制度"发行制度概述"一节中详细论述，这里略。

指令有效后通过报单程序将指令转为申报并传递给深证通。深证通负责通过与每个券商对应的网关收取报单信息，并将相关数据经由其通信系统传输给全国股转系统交易支持平台。交易支持平台对申报是否符合规则进行校验，将校验结果通过深证通反馈至券商，并接收校验通过的申报；交易支持平台已接收的申报，按照成交原则不能即刻成交的，相关申报将暂存于订单簿中，等待成交机会；可即刻成交的，交易支持平台对其进行撮合，并通过深证通将成交回报反馈至券商、将成交数据实时发送给中国结算。

同时，交易支持平台会根据申报及成交情况定时更新行情数据，并将行情数据通过深证通向行情商、券商和中证指数发送。中证指数指数通系统收到行情数据后，根据个股行情信息对指数行情进行计算，并通过深证通将指数行情数据发送给交易支持平台。

3. 通信系统

新三板市场交易通信系统承担着在全国股转公司和市场参与者之间传输申报、成交及行情等数据的功能。目前，新三板市场交易通信系统主要的基础设施委托深证通维护。如图 2 - 1 所示。

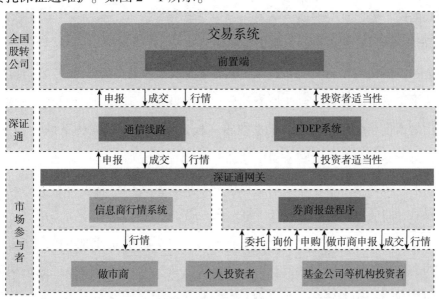

图 2 - 1　新三板市场交易通信系统示意图

一是通信系统组成。如图 2－1 所示，新三板市场交易通信系统主要由三部分组成，分别位于全国股转公司的前置端，由深证通建设维护的通信基础设施和券商提供的报盘程序、信息商的行情接收程序等。全国股转公司的前置端对接深证通，接收申报、下发成交及行情。深证通通信基础设施包括对接全国股转公司的应用程序，通信线路和部署在市场参与者的网关程序。券商报盘程序则用于对接其用户终端（包括手机 App、PC 应用等）和深证通的网关程序。

二是数据传输流程。在交易过程中，投资者通过券商提供的用户终端提交买卖指令，券商系统对投资者指令进行检查，将符合规则的转化为申报数据。在交易所规定的时间段内，券商报盘程序将投资者的申报数据发送至深证通网关。网关负责对券商发送的申报数据进行格式校验，并将正确的申报数据通过深证通通信线路发送到全国股转公司前置端。全国股转公司前置端接收到申报数据后，发送到交易系统进行业务校验和撮合。经撮合后，在交易系统内生成成交回报数据和行情数据两部分内容，经由全国股转公司前置端，再次通过深证通通信线路下发到各个券商及信息商的终端上。新三板市场各项指数合并在行情数据中，也通过上述通道下发。

此外，新三板市场合格投资者信息由券商完成适当性等级评定后，通过深证通金融数据交换平台（FDEP）报送至全国股转系统。全国股转公司接收到适当性报送信息后，进行合法性校验后，将结果通过 FDEP 返回至各券商处。

三是通信系统使用流程。根据在新三板通信系统整体架构下的不同分工，目前，每家券商向全国股转公司申请新三板交易单元后，向深证通申请新三板交易网关。交易网关对券商在新三板市场通信系统使用权限进行控制。开通上述权限后，券商可在新三板市场开展相关业务。

一般情况下，券商首先向全国股转公司提出交易单元开通申请。交易单元有不同类型，包括经纪、做市、自营、资管以及其他（租用给第三方机构如基金公司）等。全国股转公司为券商分配交易单元编号并通知中国结算办理相应结算路径。交易单元开通成功后，券商向深证通申请开通对应的交易网关，由全国股转公司及深证通一并审核。审核通过后，深证通为其分配交易网关并做相应系统配置。配置完成后，券商即可通过该交易网关开展新三板交易相关业务。新三板行情网关的申请与交易网关申请流程类似。

4. 行情系统

新三板市场行情是指通过全国股转公司交易系统编辑、集中交易所产生的交易信息及相关的其他信息。全国股转公司根据《全国中小企业股份转让系统股票交易规则》的规定发布即时行情信息。

行情内容分类方面。新三板市场行情分为基本行情信息和定向发送行情信息。其中，基本行情信息包括证券信息、证券行情（含指数行情）、分层信息等，面向所有获得新三板业务办理资质的证券公司和获得新三板市场行情授权的信息商发布；定向发送行情信息包括做市商行情和优先股行情，且分别仅向正在开展做市业务的做市商和正在开展优先股业务的券商发布。证券信息、分层信息等自每个交易日 8：30 开始每 10 分钟刷新一次；证券行情、做市商行情、优先股行情等自每个交易日 8：30 开始每 12 秒刷新一次；新三板深化改革第二阶段功能上线后，行情刷新频率将提速至 6 秒，后续将不断优化提速。

行情展示方面。从证券转让方式上看，新三板市场行情分为做市股票行情、集合竞价股票行情、连续竞价股票行情（待推出）。做市股票行情展示内容包括证券代码、证券简称、前收盘价、最近成交价、当日最高价、当日最低价、当日累计成交数量、当日累计成交金额、做市商实时最高（低）3 个价位买入（卖出）申报价格和数量等。集合竞价股票行情展示内容包括证券代码、证券简称、前收盘价、集合竞价参考价、匹配量和未匹配量等，若未产生集合竞价参考价的，则揭示实时最优 1 档申报价格和数量。连续竞价股票连续竞价期间的行情展示内容包括证券代码、证券简称、前收盘价、最近成交价、当日最高成交价、当日最低成交价、当日累计成交数量、当日累计成交金额、最高（低）5 个价位买入（卖出）申报价格和数量等。

三板指数行情随基本行情信息一同向市场发布。目前，三板做市为实时指数，于盘中实时更新点位数据；三板龙头等为静态指数，仅在盘后更新当日点位数据，盘中不做显示。

除此之外，全国股转公司会通过官网等渠道发布做市商间转让公开信息、大宗交易公开信息、特定事项协议转让公开信息、优先股公开信息等。其中，大宗交易不纳入即时行情和指数的计算，成交量在大宗交易结束后计入当日该股票成交总量。

行情授权与传播方面。全国股转公司将即时行情信息发送给通信服务商（深圳证券通信有限公司和全国股转公司规定的其他渠道），再由通信服务商落地为DBF文件，发送给已获全国股转公司授权的证券公司、信息商和其他机构。

对于证券公司，与沪深交易所类似，全国股转公司免收证券公司的基本行情许可使用费。证券公司在获得开展新三板业务相关资质后，可以通过指定的通信服务商接入新三板市场基本行情信息，其中，对于开展做市业务或优先股业务的，证券公司还需要单独提交做市业务或优先股业务行情接收申请材料，全国股转公司审批通过后，方可接入定向发送行情信息。

对于信息商，与沪深交易所不同，全国股转公司自成立至今，一直免费授权信息商传播股转基本行情信息。全国股转公司以培育市场为原则，采用"全国股转公司—指定通信服务商—信息商—最终用户"的模式，即信息商提交行情许可申请或续签材料，全国股转公司审批通过后，由指定通信服务商（深证通、上证信息等）为信息商办理行情接入。信息商需要向通信服务商支付一定的技术接入费用，但目前仍不需要向全国股转公司支付行情许可使用费。后续，全国股转公司将根据市场发展需要，适时开展行情商业化经营和国际信息商的行情授权业务。

5. 信息系统

全国股转公司广泛运用互联网、大数据和人工智能等手段，着力提升新三板服务实体经济、防范金融风险的科技化和智能化水平，在便民利企、提高监管效率和强化监管效能等方面不断探索。全国股转公司主要信息系统包括发行系统、业务支持平台（BPM系统）、信息披露智能监管系统（利器系统）、通信系统、交易系统、行情系统、监察系统、信息服务平台（官网、培训考试系统等）、新三板投融通平台、智能客服系统等。除前述已专门介绍过的系统外，主要业务系统情况如下。

业务支持平台。业务支持平台综合运用了互联网技术、工作流驱动的业务流程处理技术、大文件高速上传技术等，以"无纸化、一站式"为建设目标，实现了企业挂牌申请、日常业务办理等全流程的电子化线上处理。券商凭借股转公司发放的数字安全证书（Ukey），通过互联网登录业务支持平台，进行公司挂牌、信息报备、发行重组、信息披露、日常监管等业务的线上办理；全国股转公司监管人员在线受理业务、反馈监管意见。往来信息自动留痕、公开透明，大幅提升了审查效率。

信息披露智能监管系统。2019年上线的信息披露智能监管系统运用大数据和人工智能等技术，以新三板挂牌公司定期报告模板和临时公告模板形成的XBRL信息披露数据为基础，辅助监管人员快速审查信息披露文件，重点筛查挂牌公司财务粉饰、持续经营、合规治理等问题，实现了针对挂牌公司的线索发现、分析和预警功能。该系统将科技监管和人工审查相结合，对挂牌公司定期报告进行全面"扫描"，对重点公司集中"问诊"，加大了监管力度，提升了监管效能。

新三板投融通平台。投融通平台是新三板挂牌公司官方线上投融资对接平台，由全国股转公司子公司——中证股转科技有限公司负责运营。平台旨在通过互联网和移动端，整合新三板投融资市场资源，提升投融资、银企对接效率，缓解中小企业融资难，解决新三板市场海量信息堆积、人工检索成本高的问题。平台一期聚焦银企对接，通过贷前数据检索、贷中信息发布以及贷后持续信息服务三类功能，提升新三板挂牌公司和银行双方对接效能，后续将以"直接融资和间接融资服务并举、线上和线下联动"为目标，进一步提高智能化服务水平，丰富投融资对接品种，以逐步实现数据驱动投资。

智能客服系统。2018年上线的智能客服系统，通过全国统一的对外咨询服务热线和官网智能机器人客服承接市场各方业务的咨询和建议。建设并运行智能客服系统，是全国股转公司主动服务市场发展、服务市场参与主体、积极开展咨询解答服务、倾听市场意见建议的重要举措。相较于原来通过分散在各个业务部门的对外电话解答市场咨询的模式，智能客服系统实现了咨询服务入口统一，建立了人工咨询与知识库完善的良性循环机制，解答内容覆盖全面，有效提高了解答效率和解答质量。

### 6. 监察系统

监察系统是新三板对二级市场交易进行监管的重要技术系统。全国股转公司市场监察工作的基本职责是实时维护市场交易秩序，及时打击异常和违法违规交易行为。该系统部署于安全级别最高、物理隔离的交易网段，独立于交易系统运行，能够实时准确地接收交易数据，借助网闸等技术、在保证核心交易数据安全的前提下，能够与其他业务系统保持高效对接。监察系统设计的基本逻辑为数据集成、指标预警、统计分析与违规处理。具体来说，系统全面集成了交易数据、结算数据、预警数据、挂牌公司数据、投资者特征数据等多元化数据；在此基础上，依据异常交易行为认定处理标准、线索上报标准、合规监管要求等，将监管逻辑与分析思路固化至监察程序中，建立多维度的监察预警指标体系，并进行模块化展示；为便于监察人员对预警结果快速分析、准确判断，系统集成了常用查询统计菜单，并具有数据联动、界面跳转等实用功能，同时辅以各类图表、K线图、交易回放等可视化展示功能；在异常行为处理方面，系统可实现监管措施自动推送至监察业务系统审批流程，降低信息传输成本，实现预警发现、配套分析、后续处理的全业务链条覆盖，保证了对异常交易行为的高效响应。在具体功能模块方面，监察系统主要分为实时监控与事后核查两大模块，实时监控模块能够实现异常交易、市场风险、合规监管等情形的实时监控，支持用户对异常情况进行快速的统计分析；事后核查模块能够实现内幕交易、市场操纵、非法销售、老鼠仓、利益输送等违法违规线索的调查分析，支持用户建立和管理关联账户组、以账户组视角（团伙作案）进行统计分析及交易回放。

实时监控模块是监察人员及时发现和处理异常交易行为的主要工具和手段，通过集成显示的方式，展示预警指标、持续监控、行情排名等各类数据，并配套走势图、复合数据统计等辅助信息，支持监管函件一键发送至监察 BPM 系统，帮助监察人员及时发现、及时处理各类异常情形。实时监控模块的核心界面为"监控工作台"，同时配有监察指标管理、数据查询统计、重点股票及重点账户管理等一系列功能。（1）监控工作台。监控工作台是一个高度集成化和可视化的综合工作平台，监察人员主要由以下四种途径发现当日盘中实时发生的异常情况：一是监察指标自动报警。监察人员需根据指标的不同预警级别对股票、投资者、做市商、市场风险、合规预警等不同预警对象和场景进行相应的处理。二是特定对象持续监控。监察人员根据分工安排，可以个性化设置盘中需要持续监控的股票、账户或账户组，持续监控相关对象的交易情况。三是实时行情排名。监察系统可以快速从交易方式、层级等组合维度进行涨跌幅、振幅、成交额、换手率实时排名的监控。四是指数异动监控。监察人员能够在指数发生大幅波动时，快速精准定位造成指数异动的成分股并进行分析。（2）监察指标管理。监察系统已建立一套实时预警现场分析处理的工作流程，监察用户对于指标预警的处理过程与监管措施台账自动留痕，监管函件一键发送至监察业务办理系统，事后能够对预警指标处置情况进行审计。（3）数据查询统计。一是明细数据查询。通过与全国股转公司中心数据库的对接，有效扩充监察数据范围，实现证券、投资者、挂牌公司、主办券商、交易结算、指数等不同角度明细数据的查询。二是复合数据统计。基于前述基础数据，实现申报、成交、行情档位、持股、指数贡献等主题下的复合统计功能。具体而言，应支持按逐日、区间统计，按个股、全市场统计，按层级、交易方式统计，按地区、券商统计，按账户、分类投资者统计等多重复合统计维度。（4）重点股票及重点账户。以潜在风险上升为主要思路，在一定期限内设置重点股票及重点账户，供监控人员于每日盘中实时进行重点关注。

事后核查模块。与异常交易不同，内幕交易、市场操纵等违法违规行为通常呈现复杂化、多元化、隐蔽化的特征，违法违规交易投资者往往通过大量"马甲"账户进行交易，试图规避监管。为及时准确发现违法违规交易线索，通过监察系统事后核查模块开展相关工作，该模块可实现生成定期核查、专项核查等各类核查任务流程，并进行后续跟踪管理；可实现信息高度集成，通过复杂统计作业的形式展示股票、账户的各类信息；将线索筛查标准的相关量化指标嵌入程序计算逻辑中，以便于线索的高效发现；支持关联账户组的发现、识别与管理，能够以账户组为单位进行查询统计分析。监察系统事后核查模块的核心界面为"核查工作台"，同时提供定期核查、专项核查分析作业、关联账户组管理、跟踪关注等一系列功能。

7. 结算系统

投资者通过券商 App、网上交易系统等渠道进行交易下单，券商柜台系统根据下单情况实时更新买卖双方的可用股票数量和资金余额。全国股转公司交易系统实时接收各券商的申报，撮合成交后将成交数据发送给中国结算新三板登记结算系统。清算子系统实时读取成交数据进行清算预处理，对清算本金、各项税费进行计算，并根据买卖双方的交易单元确定对应的托管单元、结算备付金账号。经过清算预处理，每笔成交将分拆成买卖双方两笔清算明细。

交易日日终，接收到全国股转公司发送的闭市指令后，清算预处理结束。随后，清算系统根据预处理形成的逐笔清算明细进行不同层次的汇总轧差，分别得出投资者级别的股份交收数据和备付金级别的资金交收数据。接着，登记存管系统根据股份交收数据进行股份过户处理，资金交收系统根据资金交收数据进行资金预交收处理。完成上述步骤后，相关清算明细数据和交收数据将通过中国结算 CCNET 通信系统发送给券商。券商在接收数据后，其柜台系统和法人清算等系统分别进行投资者层面的明细清算和结算备付金层面的资金清算，完成投资者股份和资金的上下账。

## 二、市场运行流程

（一）发行流程

挂牌公司定向发行股票一般包括以下 9 个流程①。

1. 董事会审议环节。发行人应按照《全国中小企业股份转让系统股票定向

---

① 具体的发行流程在本书第九章"新三板的发行制度"中详细论述，这里略。

发行规则》等相关规定召开董事会并在董事会审议该事项后的两个交易日内披露董事会决议及定向发行说明书等相关公告。

2. 股东大会审议环节。发行人应按照《全国中小企业股份转让系统股票定向发行规则》等相关规定召开股东大会，对定向发行有关事项作出决议并在股东大会审议通过该事项后两个交易日内披露股东大会决议等相关公告。

董事会办理股票发行有关事项的有效期至多不超过十二个月，期满后仍决定继续发行的，应当将定向发行说明书等发行相关事项重新提请股东大会审议。

3. 中介机构出具专项意见。主办券商、律师事务所原则上应当在发行人股东大会审议通过定向发行有关事项后十五个交易日内，出具主办券商定向发行推荐工作报告和法律意见书，发行人应当及时予以披露。有特殊情况的，主办券商、律师事务所可以通过业务系统申请延期出具专项意见。

4. 提交发行申请文件。发行人应当在披露中介机构专项意见后十个交易日内委托主办券商向全国股转公司报送定向发行申请文件；全国股转公司收到申请文件后对其齐备性进行核对，一经受理，未经全国股转公司同意，发行人不得增加、撤回或变更；发行人应当在取得受理通知书后两个交易日内披露公告。

5. 发行申请文件审查。全国股转公司对发行申请文件进行自律审查，需要反馈的通过业务系统向发行人及中介机构发出反馈意见；发行人及其主办券商、律师事务所、会计师事务所及其他证券服务机构应当保证回复的真实、准确、完整。

发行人应当在全国股转公司出具无异议函后，及时更新披露修改后的定向发行说明书、推荐工作报告、法律意见书等文件。

6. 出具自律审查意见。全国股转公司应当在二十个交易日内形成审查意见；全国股转公司根据审查情况可以出具无异议函或作出中止自律审查、终止自律审查决定后两个交易日内披露相关公告。

7. 认购与缴款。董事会决议时发行对象确定的，全国股转公司出具无异议函后，发行人应当按照要求安排发行对象认购缴款；董事会决议时发行对象未确定的，发行人在全国股转公司出具无异议函后应当及时确定具体发行对象，再按照流程办理认购缴款。

8. 签订募集资金专户三方监管协议与验资。发行人应当在认购结束后，与主办券商、存放募集资金的商业银行签订募集资金专户三方监管协议；发行人应当在认购结束后十个交易日内，聘请符合《证券法》规定的会计师事务所完成验资。

9. 办理股票登记手续并披露相关公告。发行人应当在验资完成且签订募集资金专户三方监管协议后十个交易日内，上传股票登记明细表、验资报告、募集资金专户三方监管协议、发行情况报告书、自愿限售申请材料以及重大事项确认函等文件。全国股转公司核实无误后，将股票登记相关信息送达中国结算北京分公司，并通知发行人和主办券商办理股票登记手续。

挂牌公司定向发行股票发行后股东累计超过200人的，在全国股转公司出具自律监管意见后，根据发行人委托，将自律监管意见、发行人申请文件及相关审查材料报送中国证监会核准。

（二）交易流程

新三板挂牌股票交易结算安排基本与主板一致，即证券实行集中统一登记存管、集中交易和集中结算。拟参与交易的投资者，首先需要开立深市证券账户并开通相应的新三板交易权限，之后按照交易规则的要求委托主办券商提交相应的买卖指令；相关指令经交易系统撮合成交后，全国股转公司将成交结果发送至中国结算，由中国结算根据业务规则进行多边净额清算，并组织完成证券和资金的担保交收。

新三板挂牌股票根据市场分层情况和有无做市商，盘中采用集合竞价方式（基础层每小时撮合一次、创新层每10分钟撮合一次）、做市交易方式和连续竞价方式之一进行交易，同时盘后统一提供大宗交易安排（单笔交易需达到10万股或100万元）。无论哪种交易方式，投资者交易流程基本一致，即先委托主办券商提交买卖申报，全国股转公司接到主办券商提交的申报后，按照撮合原则对符合要求的申报进行撮合成交。做市交易、竞价交易均采用价格优先、时间优先的撮合原则：对于做市交易方式，当投资者订单价格等于或优于做市商报价时（以下简称到价），交易系统对到价的限价申报即时与做市申报进行成交，成交价格以做市申报价格为准；对于集合竞价方式，交易系统对一段时间内收集的投资者订单进行一次性集中撮合，所有订单均按同一价格成交，成交价格按可实现的最大成交量等原则确定；对于连续竞价方式，交易系统对订单进行逐笔连续撮合，以撮合订单中先进入订单簿的订单价格为成交价格。大宗交易采用互报成交模式，系统在盘后对价格相同、方向相反、成交约定号等要素匹配一致的订单进行撮合成交。

对于一个进入二级市场的投资者来说，要完成证券买卖的完整程序，一般要遵循开户、委托申报、竞价成交、清算交收、过户五个流程。[①]

1. 开户。投资者在买卖证券之前，要到证券经纪人处开立户头，开户之后才有资格委托经纪人代为买卖证券。

开户时要同时开设证券账户和资金账户。甲投资者买入证券，乙投资者卖出证券，成交后证券从乙投资者的证券账户转入甲投资者的账户，相应的资金在扣除费用后从甲投资者的资金账户转入乙投资者的资金账户。

2. 委托。投资者买卖证券必须通过全国股转公司的主办券商。它是新三板市场的经纪人，负责投资者的证券买卖。投资者委托证券经纪人买卖某种证券时，要签订委托契约书，填写年龄、职业、身份证号码、通信地址、电话号码等基本情况。委托书还要明确，买卖何种股票、何种价格、买卖数量、时间等。最后签名盖章方生效。

3. 成交。新三板市场有两种不同的竞价交易方式：一种为集合竞价，在基础层和创新层实行；另一种为连续竞价，在精选层实行。两种方式的价格决定方式不同。

集合竞价的价格决定规则：首先，在有效价格范围内，选取所有有效委托

---

① 具体的交易流程在本书第十二章"新三板的交易制度"中详细论述，这里略。

产生最大成交量的价位。如果有两个以上这样的价位，则按以下规则选取成交价：高于选取价格的所有买方有效委托和低于选取价格的所有卖方有效委托能够全部成交，与选取价格相同的委托的一方必须全部成交。如满足以上要求的价位仍有多个，则选取离上日收市价最近的价位。其次，进行集中撮合处理。所有买方有效委托按照委托限价由高到低的顺序排列，限价相同者按照进入撮合主机的时间先后排列。所有委托卖方有效委托按照委托限价由低到高的顺序排列，限价相同者按照进入撮合的时间先后排列，即按照"价格优先，同等价格下时间优先"的成交顺序一次成交，直到成交条件不满足为止。所有成交都以同一成交价成交。

连续竞价的价格决定规则：集合竞价结束后，集合竞价中未能成交的委托，自动进入连续竞价。当进入一笔委托时，若能成交，即根据成交价格确定规则进行竞价撮合；如不能成交，则以"价格优先，时间优先"的顺序排队等待。对于已进入撮合系统的有效委托，根据成交价格确定规则逐笔撮合，直至系统内已有的所有买卖不能成交，即已有买卖盘达到平衡状态。然后再逐笔处理新进入系统的委托。这样循环往复，直至收市。

4. 结算。证券的清算交割是一笔证券交易达成后的后续处理，是价款结算和证券交收的过程。清算和交割统称证券的结算，是证券交易中的关键一环，它关系到买卖达成后交易双方责权利的了结，直接影响到交易的顺利进行，是市场交易持续进行的基础和保证。

5. 过户。新三板市场的股票已实行"无纸化交易"，对于交易过户而言，结算的完成即实现了过户，所有的过户手续都由交易所的电脑自动过户系统一次完成，无须投资者另外办理过户手续。

（三）登记结算流程①

新三板挂牌股票结算流程基本与主板一致，即证券实行集中统一登记存管、集中交易和集中结算。拟参与交易的投资者买卖证券经交易系统撮合成交

---

① 具体的登记结算流程在本书第十三章"新三板的登记结算制度"中详细论述，这里略。

后，全国股转公司将成交结果发送至中国结算，由中国结算根据业务规则进行多边净额清算，并组织完成证券和资金的担保交收。挂牌公司普通股交易采用分级结算、担保结算模式。

中国结算按照分级结算的原则，负责办理中国结算与主办券商之间的集中清算交收；主办券商负责办理主办券商与投资者之间的明细清算交收，并委托中国结算代为划拨证券。具体流程：投资者提交买卖指令后，券商对买入股票的投资者银行资金账户内是否有足额资金、卖出股票的投资者证券账户内是否有足量股票进行前端检查和控制；券商在投资者买入指令发出后记减该客户的资金账户可用余额，在投资者卖出指令成交后记增该客户的资金账户可用余额。当日交易结束后，中国结算办理完成投资者证券的过户，并将证券交收结果等证券余额变动数据、资金清算数据发送至券商；券商根据中国结算的资金清算数据，办理投资者的资金结算，相应记减或记增投资者的资金账户余额，并与存管银行完成投资者资金余额的数据更新。

### 三、新三板市场的监管架构

新三板市场的监管架构是以中国证监会为统领，以全国股转公司为核心，以证券行业协会为辅助的"三驾马车"式的监管。其中，中国证监会对新三板市场进行全面的行政监管，全国股转公司负责对新三板市场的证券交易进行自律监管，中国证券业协会、中国证券投资基金业协会等行业协会对证券公司、基金公司等进行行业管理。三个管理机构各司其职、相互协调，构成了新三板市场的监管架构。[①]

---

① 具体的监管构架在本书第十六章"新三板的监管制度"中详细论述，这里略。

# 第三章　新三板的改革

## 第一节　新三板的成绩和问题

### 一、新三板的成绩

新三板是资本市场服务中小企业的全新实践，由于中小企业在治理规范程度、信息透明程度上不尽如人意，世界各国多以场外市场为服务方式，由证券公司作为投资中介或买卖对手方，形成一对一的分散交易，没有统一的市场平台和监管规则。但我国没有场外市场的发展基础，资本市场采取了自上而下的建设路径，通过建立全国性的场内集中交易市场，走出了服务中小企业的可行路径。经国务院批准，新三板自2013年正式运营以来，认真贯彻落实《国务院关于全国中小企业股份转让系统有关问题的决定》，坚持服务创新型、创业型、成长型中小企业的功能定位，基于中小企业的需求和风险特点，进行了一系列改革探索，解决了中小企业在初始发展阶段对接资本"有和无"的问题，通过规范企业经营、强化公司治理、提高信息透明度等方式，助力企业融资发展，提升企业创新成长能力。

（一）服务实体经济

一是扩大企业覆盖面，规范企业早期发展。截至2019年12月末，新三板挂牌公司达8953家，覆盖88个行业大类；民营企业占比为92.73%，中小企业占比为93.83%，现代服务业和先进制造业合计占比为71.45%。挂牌公司持续履行公众公司的公开信息披露义务，按照《公司法》建立"三会一层"及其治理规范。1/3 以上的公司挂牌后进一步完善或新制定了"三会一层"议事规则、投资者关系管理等公司治理制度，定期报告的按期披露年均占比为 95% 以上，公司治理及财务管理的规范度、透明度提升明显。

二是顺畅了企业融资渠道，提升了资本获取能力。挂牌公司的逐步规范及其透明度、知名度的提升，降低了投融资对接成本。2013 年以来，共计 6620 家挂牌公司完成了 10994 次股票发行，融资 5060.78 亿元；一批尚处于研发阶段的企业也顺利完成融资，1535 家公司在亏损阶段即获得融资。并购重组合计 1537 次，交易总额 2139.85 亿元，其中七成以上属于现代服务业和战略性新兴产业进行产业整合、转型升级；有 150 家公司被上市公司收购，涉及金额 928.97 亿元，促进了中小企业的资源整合。

三是引导社会资金集聚中小企业，提升了企业综合融资能力。为 VC、PE 开辟了便捷的投资标的池，提供了新的退出平台，拉长了中小企业直接融资链条，引导和带动了早期投资。目前，VC、PE 持股公司数量占比超过 60%，较挂牌时提高了 10 个百分点。通过挂牌后的公司治理与财务规范，提升了中小企业的间接融资能力。同时与多家商业银行开展战略合作，上线了挂牌公司投融资对接服务平台——"新三板投融通"，进一步通过信息共享与交流互动，降低银行的信息搜集成本和审贷成本。

四是促进了企业转型发展，助力企业加速成长。通过挂牌后的融资并购，企业创新发展的资本得到了充实，资产结构得到了优化，夯实了企业快速成长的基础。据统计，挂牌公司 2019 年平均研发强度达 3.33%，较全社会高 1.14 个百分点；全市场和创新层净资产收益率分别为 7.85% 和 9.47%，处于较高水平；2013—2019 年，挂牌公司总资产、营业收入和净利润分别累计增长 144.22%、127.73%、28.03%，年化增长率分别为 16.05%、14.70%、4.20%；其中，以创新驱动行业（先进制造业、信息技术和科学研究，占比为 70%）和消费升级行业（占比为 10%）为主的创新层公司分别累计增长 209.20%、310.10%、93.03%，年化增长率分别为 20.70%、26.52%、

11.58%。2017—2019年累计48家挂牌公司获国家科学技术奖，8家挂牌公司进入工业和信息化部发布的制造业单项冠军名单。

（二）市场风险控制

新三板坚持创新发展与风险控制相匹配的原则，不断完善制度和设施建设，积累了适合中小企业的监管机制和风险防控经验。

一是坚持规则监管，形成了以《证券法》《公司法》为依据，以《国务院决定》为核心，以8件部门规章、36件行政规范性文件和百余件市场自律规则为主体的业务规则体系，实现了监管规则公开、过程公开、结果公开，为市场行为"划红线、立禁区"，使市场主体"明底线、守规矩"。

二是建立了行政监管与自律监管的信息共享、监管协作和风险处置机制。新三板积极落实加强交易场所"一线监管"职能的要求，不断完善违法违规线索报送机制；积极参与行政案件调查与检查工作，与行政监管协同采取自律处理措施；新三板自律监管及纪律处分均计入证监会对证券公司分类评价指标，完善针对主办券商执业质量的监管协作机制。

三是按照公众化水平、市场层次、行业分类等维度，对挂牌公司实行分类监管，在信息披露内容、频次方面提出不同的要求，建立了纵向分层次、横向分行业的差异化信息披露监管体系。

四是建立了多元化的纠纷解决机制，将适宜调解的纠纷事项及时移送调解，通过"专业调解＋仲裁、司法确认"的方式，推动市场纠纷的专业、妥善解决，在涉及挂牌公司终止挂牌等事件的处理中发挥了重要作用。

五是实施科技监管，建设了交易监察系统、同城灾备系统等技术设施，开发了信息披露智能核查系统，充分利用大数据等先进技术，提高了对挂牌公司风险因素的识别能力，提升对中小企业的监管效率。

（三）市场改革探索

基于中小企业的特点和需求，在中国证监会的部署和具体指导下，全国股转公司通过创新性的制度设计，探索了资本市场服务中小企业的有效路径，极大地丰富了我国多层次资本市场体系，为多层次资本市场的改革创新进行了有益尝试。

一是大力简政放权。在挂牌、融资审查机制方面，实施豁免核准制度，股东人数不超过 200 人的公司挂牌和股票发行由新三板自律管理，需要中国证监会核准的则简化程序，无须提交发审委审核。99.8% 的公司挂牌和 97.8% 的公司融资已由新三板自律管理。

二是从存量挂牌、公开转让准入机制起步，设置包容性较强的挂牌条件。在市场发展初期，考虑到中小企业规模较小、发展时间较短的特点，公司挂牌不以发行股票为前提；在满足规范运营和信息披露要求的基础上，不以盈利作为挂牌条件。

三是配套建立挂牌后面向合格投资者的股票发行制度，形成了"小额、快速、按需"的持续融资机制。公司股票发行实行备案管理；对小额融资实施授权发行，大幅缩短挂牌公司内部决策时间；制度设计契合了中小企业对融资灵活性和时效性的需求。在普通股融资的基础上，支持符合条件的挂牌公司在新三板发行优先股、在沪深交易所发行双创可转债。

四是市场内部实施分层管理，配套差异化制度安排。通过市场化机制遴选和聚集企业，引导资源配置，满足不同类型企业的多元化需求。新三板自 2016 年开始实行分层管理，分为基础层和创新层；2017 年 12 月，新三板对市场分层、信息披露和交易制度进行优化改革，实现了不同层次信息披露标准和竞价撮合频次的差异化，2020 年 7 月进一步设立了精选层，在发行、交易、投资者适当性等制度上与基础层、创新层的差异化更加明显。

五是依托主办券商推荐挂牌和持续督导，形成市场化的约束机制。公司申请挂牌时须由具备承销与保荐业务资格的证券公司推荐，并在挂牌期间由主办券商持续督导。同时，新三板的审查标准、审查流程和监管措施予以标准化、公开化设计，市场主体预期明确。

六是实行多样化的交易机制，适应不同类型公司需求。引入做市转让方式供所有挂牌公司选择，发挥做市商对于估值定价和提供流动性的基础性作用。在做市转让方式之外，市场初期采用协议转让方式，2017 年 12 月，全国股转公司发布了新的交易细则，将协议转让更改为集合竞价，其中基础层交易频次为"1天1次"，创新层为"1天5次"；2019年12月进行进一步调整，基础层为"1天5次"，创新层为"1天25次"，同时配套盘后协议转让和特定事项协议转让，充分满足投资者的多元化需求，优化了价格形成机制。根据挂牌公司的转让方式、层次、产业和创新特征，累计发布了10只指数，引领了市场投资。

七是持续推进市场双向开放。新三板已成功加入亚洲暨大洋洲交易所联合会（AOSEF）、世界证券交易所联合会（WFE）。2018年上半年，新三板与香港联合交易所（以下简称香港联交所或联交所）联合推出两地挂牌上市安排，允许符合条件的挂牌/上市公司在两地市场挂牌/上市，进一步拓宽了中小企业融资渠道。

**二、新三板的问题**

新三板自2013年正式运营以来，在促进中小企业资本形成、优化融资环境和有效控制风险等方面进行了大量探索，取得了积极成效。但是，随着市场规模的快速增长以及挂牌公司的成长壮大，市场结构日渐变化、市场需求日趋多元，新三板也出现一些新的情况和问题，迫切需要提升市场功能，补齐多层次资本市场服务中小企业和民营经济的"短板"。

一是主动摘牌公司不断增加。2018—2019年，已有2987家企业主动摘牌，占累计摘牌数量的85.27%。究其原因，一方面，经过早期爆发式增长，市场逐步趋于理性，一些不能适应资本市场规范要求和经营较差的公司实现自然出清；另一方面，随着挂牌公司的不断成长壮大，对市场功能提出了更高需求，新三板现有制度安排无法满足，多层次资本市场之间的有机联系也不够畅通，挂牌公司申请首次公开发行股票（IPO）与未挂牌的公司相比没有优势，导致一些未来有上市需求的挂牌公司从新三板摘牌。

二是融资功能不断下降。2018—2019年，新三板挂牌公司分别实现股权融资1402次、637次，同比分别下降48.55%、54.56%，融资金额分别为604.43亿元、264.63亿元，同比分别下降54.77%、56.22%。究其原因，从宏观层面看，国内外经济环境发生变化，很多投资机构缺乏信心；从新三板市场自身情况看，设立初期单一的融资方式已不适应投融资双方对接的需求，一批市场认可度高、财务状况良好、公司治理规范的挂牌公司，迫切希望提高融资效率、降低融资成本。

三是市场交易不活跃。由于新三板在多层次资本市场中的定位始终存在争议，改革措施推进滞后于市场预期，影响各方参与热情，导致市场的流动性不足。2018—2019 年，新三板市场股票总成交分别为 888.01 亿元、825.69 亿元，同比分别下降 60.91%、7.02%，日均交易量不足 4 亿元，仅相当于 A 股相对活跃的一只股票。究其原因，一方面，挂牌公司公众化水平不高，截至 2019 年底，股东人数不足 10 人的挂牌公司接近一半，股东人数少、可交易股份不足限制了流动性；另一方面，新三板投资者准入门槛较高，合格投资者仅 22.29 万户，平均到每家挂牌公司潜在投资者人数不足 27 人，难以形成有效的买方力量。

新三板市场存在的这些问题是市场发展过程中产生的，这些问题也应该在市场发展过程中，通过改革和创新来逐步加以解决。经过多年的发展，我们认为这些问题已经积累到一定的程度，新三板市场到了必须改革的时候，应当全面深化改革，通过全面深化改革，使新三板再创辉煌。之所以迫切需要全面深化新三板改革，是因为新三板改革的必要性日渐突出。主要体现在以下几个方面。

一是全面深化新三板改革是落实金融供给侧结构性改革的重要举措。近年来，习近平总书记对深化金融供给侧结构性改革多次作出重要指示，这是着眼于经济供给侧结构性改革和高质量发展要求的战略部署。落实这一要求，既要推进资本市场功能建设，显著提高直接融资比重；又要加快健全多层次资本市场体系，增强资本市场的整体韧性，引导资本资源更好地向新经济要素和民营中小微企业集聚。新三板作为服务创新型民营中小企业的主战场，在三个全国性公开市场中服务了 90% 的中小企业，加快推进符合市场各方需求的改革，是资本市场落实金融供给侧结构性改革的重要环节。

二是全面深化新三板改革是畅通资本市场有机联系的重要内容。新三板是多层次资本市场体系中承上启下的重要环节，各层次市场都有其历史形成的风险特征和估值体系，彼此之间应当既相互独立又顺畅连通，为不同类型企业提供选择空间。新三板向沪深市场转板不畅，根源在于制度差异导致的股权分散度、流动性水平和估值体系无法有效衔接，甚至存在监管套利风险。全面深化新三板改革，为优质企业提供与沪深市场大体趋同的制度安排，有利于从根本上消除转板障碍，畅通资本市场的有机联系。

三是全面深化新三板改革是防范化解金融风险的必然要求。为实体经济服务是金融的宗旨，也是防范金融风险的根本举措。近年来，新三板发展预期不明、功能有所弱化，风险不断积累。从企业发展看，挂牌公司股权集中度过高，既导致企业的公司治理外部约束不足，也不利于改善民营中小企业的融资环境。从市场运行看，二级市场流动性持续不足，既容易诱发股价操纵，也造成投资者持股市值损失，加大各类产品的退出压力。全面深化新三板改革，可以提振市场信心，修复市场生态，提高市场韧性，有利于化解市场风险。

## 第二节　新三板改革的可行性

### 一、政策基础

党中央、国务院高度重视新三板市场建设，针对新三板市场改革发展多次提出要求并作出一系列部署。经梳理，2013 年以来，有 58 份党中央、国务院文件、2 次政治局会议、5 次中央经济工作会议、1 次中央财经领导小组会议、4 次国务院常务会议直接或间接涉及新三板市场建设。从有关内容表述上看，有 57 条涉及新三板改革、完善市场功能，32 条涉及新三板支持科技创新、脱贫攻坚、"三农"和文化产业发展、长江经济带建设、西部大开发等国家战略需要，18 条为多层次资本市场建设部署，间接涉及新三板市场。自新三板成立以来，党中央、国务院及国家有关部门关于资本市场新三板的重要论述摘编如下。

2013 年共有 6 次。5 月 18 日,《国务院批转发展改革委关于 2013 年深化经济体制改革重点工作意见的通知》(国发〔2013〕20 号),要求"扩大中小企业股份转让系统试点范围";6 月 19 日,国务院常务会议要求"加快发展多层次资本市场。将中小企业股份转让系统试点扩大至全国,鼓励创新型、创业型中小企业融资发展。扩大债券发行,逐步实现债券市场互通互融";7 月 5 日,《国务院办公厅关于金融支持经济结构调整和转型升级的指导意见》(国办发〔2013〕67 号),要求"将中小企业股份转让系统试点扩大至全国。规范非上市公众公司管理";8 月 8 日,《国务院办公厅关于金融支持小微企业发展的实施意见》(国办发〔2013〕87 号),要求"建立完善全国中小企业股份转让系统,加大产品创新力度,增加适合小微企业的融资品种";11 月 30 日,《国务院关于开展优先股试点的指导意见》(国发〔2013〕46 号),明确"优先股应当在证券交易所、全国中小企业股份转让系统或者在国务院批准的其他证券交易场所交易或转让";12 月 13 日,《国务院决定》明确"全国股份转让系统是经国务院批准,依据证券法设立的全国性证券交易场所,主要为创新型、创业型、成长型中小微企业发展服务。境内符合条件的股份公司均可通过主办券商申请在全国股份转让系统挂牌,公开转让股份,进行股权融资、债权融资、资产重组等"。

2014 年共有 8 次。1 月 2 日,《中共中央 国务院关于全面深化农村改革加快推进农业现代化的若干意见》(中发〔2014〕1 号),提出"引导暂不具备上市条件的高成长型、创新型农业企业到全国中小企业股份转让系统进行股权公开挂牌与转让";4 月 2 日,《国务院办公厅关于印发文化体制改革中经营性文化事业单位转制为企业和进一步支持文化企业发展两个规定的通知》(国办发〔2014〕15 号),要求"鼓励文化企业进入中小企业板、创业板、新三板融资";5 月 8 日,《国务院关于进一步促进资本市场健康发展的若干意见》(国发〔2014〕17 号),要求"加快完善全国中小企业股份转让系统,建立小额、便捷、灵活、多元的投融资机制";7 月 23 日,国务院常务会议要求"大力发展直接融资,发展多层次资本市场,支持中小微企业依托中小企业股份转让系统开展融资，扩大中小企业债务融资工具及规模"；8月5日，《国务院办公厅关于多措并举着力缓解企业融资成本高的指导意见》（国办发〔2014〕39号），要求"支持中小微企业依托全国中小企业股份转让系统开展融资"；9月12日，《国务院关于依托黄金水道推动长江经济带发展的指导意见》（国发〔2014〕39号），要求"引导区域内符合条件的创新型、创业型、成长型中小企业到全国中小企业股份转让系统挂牌进行股权融资、债权融资、资产重组等"；10月9日，《国务院关于加快科技服务业发展的若干意见》（国发〔2014〕49号），明确"支持科技服务企业上市融资和再融资以及到全国中小企业股份转让系统挂牌"；12月24日，《国务院关于促进服务外包产业加快发展的意见》（国发〔2014〕67号），明确"支持符合条件的服务外包企业进入中小企业板、创业板、中小企业股份转让系统融资"。

2015年共有12次。1月28日，《国务院关于加快发展服务贸易的若干意见》（国发〔2015〕8号），明确"支持符合条件的服务贸易企业在交易所市场上市、在全国中小企业股份转让系统挂牌、发行公司债和中小企业私募债等"；2月24日，《国务院关于取消和调整一批行政审批项目等事项的决定》（国发〔2015〕11号），明确"取消全国中小企业股份转让系统公司新增股东或原股东转让所持股份审批，取消全国中小企业股份转让系统上市新的交易品种审批"；4月27日，《国务院关于进一步做好新形势下就业创业工作的意见》（国发〔2015〕23号），要求"强化全国中小企业股份转让系统融资、交易等功能"；6月11日，《国务院关于大力推进大众创业万众创新若干政策措施的意见》（国发〔2015〕32号），提出"加快推进全国中小企业股份转让系统向创业板转板试点"；6月18日，《国务院办公厅关于印发进一步做好新形势下就业创业工作重点任务分工方案的通知》（国办函〔2015〕47号），要求"加快创业板等资本市场改革，强化全国中小企业股份转让系统融资、交易等功能，规范发展服务小微企业的区域性股权市场"；6月29日，《国务院关于中国保险投资基金设立方案的批复》（国函〔2015〕104号），明确"基金以股权方式投资的，采取公开上市、新三板挂牌、股权转让、股权回购、股权置换等方式退出"；9月23日，《国务院关于加快构建大众创业万众创新支撑平台的指导意见》（国发〔2015〕53号），要求"引导天使投资、创业投资基金等支持四众平台企业发展，支持符合条件的企业在创业板、新三板等上市挂牌"[1]；10月29日，《中共中央关于制定国民经济和社会发展第十三个五年规划的建议》提出"深化创业板、新三板改革"；11月10日，习近平总书记主持召开中央财经领导小组第十一次会议，研究经济结构性改革和城市工作，会议要求"要防范化解金融风险，加快形成融资功能完备、基础制度扎实、市场监管有效、投资者权益得到充分保护的股票市场"；12月18~20日，中央经济工作会议在北京举行，习近平总书记发表重要讲话，会议要求"要加快金融体制改革，尽快形成融资功能完备、基础制度扎实、市场监管有效、投资者合法权益得到充分保护的股票市场，抓紧研究提出金融监管体制改革方案"；12月24日，《国务院关于支持沿边重点地区开发开放若干政策措施的意见》（国发〔2015〕72号），明确"支持符合条件的企业在全国中小企业股份转让系统挂牌"；12月31日，《国务院关于印发推进普惠金融发展规划（2016—2020年）的通知》（国办〔2015〕74号），要求"在全国中小企业股份转让系统增加适合小微企业的融资品种"。

2016年共有12次。3月17日，《中华人民共和国国民经济和社会发展第十三个五年规划纲要》要求"深化创业板、新三板改革"；5月30日，《国务院关于建立完善守信联合激励和失信联合惩戒制度加快推进社会诚信建设的指导意见》（国发〔2016〕33号），明确"对严重失信主体，限制在全国股份转让系统挂牌、融资"；7月28日，《国务院关于印发"十三五"国家科技创新规划的通知》（国发〔2016〕43号），要求"强化全国中小企业股份转让系统融资、并购、交易等功能"；8月8日，《国务院关于印发降低实体经济企业成本工作方案的通知》（国发〔2016〕48号），要求"规范全国中小企业股份转让

---

[1]　四众是指众创、众包、众扶、众筹。

系统（新三板）发展"①；9月1日，国务院常务会议要求"完善全国中小企业股份转让系统交易机制"；9月11日，《国务院关于印发北京加强全国科技创新中心建设总体方案的通知》（国发〔2016〕52号），要求"支持新三板、区域性股权市场发展，大力推动优先股、资产证券化、私募债等产品创新"；9月16日，《国务院关于促进创业投资持续健康发展的若干意见》（国发〔2016〕53号），要求"完善全国中小企业股份转让系统交易机制，改善市场流动性"；9月22日，《国务院关于积极稳妥降低企业杠杆率的意见》（国发〔2016〕54号），要求"加快完善全国中小企业股份转让系统，健全小额、快速、灵活、多元的投融资体制。研究全国中小企业股份转让系统挂牌公司转板创业板的相关制度"；11月23日，《国务院关于印发"十三五"脱贫攻坚规划的通知》（国发〔2016〕64号），提出"支持贫困地区符合条件的企业通过主板、创业板、全国中小企业股份转让系统、区域股权交易市场等进行股本融资"；11月29日，《国务院关于印发"十三五"国家战略性新兴产业发展规划的通知》（国发〔2016〕67号），要求"积极支持符合条件的战略性新兴产业企业上市或挂牌融资，研究推出全国股份转让系统挂牌公司向创业板转板试点，建立全国股份转让系统与区域性股权市场合作对接机制"；12月14～16日，中央经济工作会议在北京召开，习近平总书记发表重要讲话，会议强调，要深入研究并积极稳妥推进金融监管体制改革，深化多层次资本市场体系改革；12月24日，《国务院关于印发"十三五"促进民族地区和人口较少民族发展规划的通知》（国发〔2016〕79号），要求"积极支持民族地区符合条件的企业在沪深交易所上市或在新三板挂牌并融资，支持符合条件的民族地区上市、挂牌公司通过并购重组做优做强，促进民族地区上市、挂牌公司健康发展。继续暂免征收西藏、新疆、内蒙古、宁夏、广西等自治区新三板挂牌公司的挂牌费用，实行专人对接、专人审核制度，做到即报即审、即审即挂"。

2017年共有13次。1月12日，《国务院关于扩大对外开放积极利用外资若

---

① 该通知意为有效降低企业融资成本、大力发展股权融资，在规范的基础上促进新三板完善股权融资功能，实现更好发展。

干措施的通知》（国发〔2017〕5 号），明确"外商投资企业可以依法依规在主板、中小企业板、创业板上市，在新三板挂牌，以及发行企业债券、公司债券、可转换债券和运用非金融企业债务融资工具进行融资"；1 月 13 日，《国务院办公厅关于创新管理优化服务培育壮大经济发展新动能加快新旧动能接续转换的意见》（国办发〔2017〕4 号），提出要优化金融支持体系，"加大多层次资本市场对新兴经济企业股权、债权融资的支持力度"；3 月 7 日，《国务院办公厅关于进一步激发社会领域投资活力的意见》（国办发〔2017〕21 号），要求"加强与资本市场对接，引导企业有效利用主板、中小板、创业板、新三板、区域性股权交易市场等多层次资本市场"；2017 年国务院《政府工作报告》要求"积极发展创业板、新三板"；3 月 22 日，《国务院关于落实〈政府工作报告〉重点工作部门分工的意见》（国办发〔2017〕22 号），要求"深化多层次资本市场改革，完善主板市场基础性制度，积极发展创业板、新三板，规范发展区域性股权市场"；4 月 13 日，《国务院批转国家发展改革委关于2017 年深化经济体制改革重点工作意见的通知》（国发〔2017〕27 号），要求"深化多层次资本市场改革。完善股票发行、交易和上市公司退市等基础性制度，积极发展创业板、新三板，规范发展区域性股权市场"；4 月 25 日，习近平总书记主持中央政治局第四十次集体学习，就维护金融安全强调"为实体经济发展创造良好金融环境，疏通金融进入实体经济的渠道，积极规范发展多层次资本市场，扩大直接融资"；5 月 11 日，国务院办公厅印发《关于县域创新驱动发展的若干意见》（国办发〔2017〕43 号），提出"引导企业有效利用主板、中小板、创业板、新三板、区域性股权交易市场等多层次资本市场融资"；5 月 28 日，《国务院办公厅关于印发兴边富民行动"十三五"规划的通知》（国办发〔2017〕50 号），提出"培育发展多层次资本市场，支持符合条件的边境地区企业在全国中小企业股份转让系统挂牌"；7 月 14～15 日，全国金融工作会议在北京召开，习近平总书记出席会议并发表重要讲话，强调"要把发展直接融资放在重要位置，形成融资功能完备、基础制度扎实、市场监管有效、投资者合法权益得到有效保护的多层次资本市场体系"；9 月 1 日，《国务院办公厅关于加快推进农业供给侧结构性改革大力发展粮食产业经济的意见》（国办发〔2017〕78号），提出"支持符合条件的粮食企业上市融资或在新三板挂牌，以及发行公司债券、企业债券和并购重组等"；10月18日，党的十九大报告提出"深化金融体制改革，增强金融服务实体经济能力，提高直接融资比重，促进多层次资本市场健康发展"；12月18～20日，中央经济工作会议在北京举行。习近平总书记发表重要讲话。会议指出，要促进多层次资本市场健康发展，更好为实体经济服务，守住不发生系统性金融风险的底线。

2018年共有13次。1月2日，《中共中央　国务院关于实施乡村振兴战略的意见》要求"支持符合条件的涉农企业发行上市、新三板挂牌和融资、并购重组，深入推进农产品期货期权市场建设，稳步扩大'保险＋期货'试点，探索'订单农业＋保险＋期货（权）'试点"；2018年国务院《政府工作报告》提出"着力解决小微企业融资难、融资贵问题。深化多层次资本市场改革"；6月10日，《国务院关于积极有效利用外资推动经济高质量发展若干措施的通知》（国发〔2018〕19号），提出"修订完善合格境外机构投资者（QFII）和人民币合格境外机构投资者（RQFII）有关规定，建立健全公开透明、操作便利、风险可控的合格境外投资者制度，吸引更多境外长期资金投资境内资本市场"，还提出"比照上市公司相关规定，允许外商投资全国中小企业股份转让系统挂牌公司"；6月15日，《中共中央　国务院关于打赢脱贫攻坚战三年行动的指导意见》要求"贫困地区企业首次公开发行股票、在全国中小企业股份转让系统挂牌、发行公司债券等按规定实行'绿色通道'政策"；9月6日，国务院常务会议明确"对个人在二级市场买卖新三板股票比照上市公司股票，对差价收入免征个人所得税"；9月18日，《国务院关于推动创新创业高质量发展打造"双创"升级版的意见》（国发〔2018〕32号），要求"支持发展潜力好但尚未盈利的创新型企业上市或在新三板、区域性股权市场挂牌。推动科技型中小企业和创业投资企业发债融资，稳步扩大创新创业债试点规模，支持符合条件的企业发行'双创'专项债务融资工具。规范发展互联网股权融资，拓宽小微企业和创新创业者的融资渠道。推动完善公司法等法律法规和资本市场相关规则，允许科技企业实行'同股不同权'治理结构"；9月26日，中共中央、国务院印发《乡村振兴战略规划（2018—2022年)》，要求"提高直接融资比重，支持农业企业依托多层次资本市场发展壮大"；10月19日，中央政治局委员、国务院副总理刘鹤就当前经济金融热点问题接受采访，指出"推进新三板制度改革"；10月31日，中共中央政治局召开会议，分析研究当前经济形势，部署当前经济工作，习近平总书记主持会议，会议强调，要坚持"两个毫不动摇"，促进多种所有制经济共同发展，研究解决民营企业、中小企业发展中遇到的困难；围绕资本市场改革，加强制度建设，激发市场活力，促进资本市场长期健康发展；12月18日，《国务院办公厅关于印发文化体制改革中经营性文化事业单位转制为企业和进一步支持文化企业发展两个规定的通知》（国办发〔2018〕124号），提出"鼓励符合条件的文化企业进入中小企业板、创业板、新三板、科创板等融资"；12月19~21日，中央经济工作会议在北京举行，习近平总书记发表重要讲话，会议指出，资本市场在金融运行中具有牵一发而动全身的作用，要通过深化改革，打造一个规范、透明、开放、有活力、有韧性的资本市场，提高上市公司质量，完善交易制度，引导更多中长期资金进入，推动在上交所设立科创板并试点注册制尽快落地；12月24日，中国证监会召开党委（扩大）会议，研究2019年推进资本市场改革发展稳定工作，深化新三板改革是证监会2019年九项重点工作之一；12月27日，中央政治局委员、北京市委书记蔡奇主持召开座谈会，与近百家中外金融机构共话首都金融业发展。蔡奇强调，要促进多层次资本市场发展，发展好新三板，与深圳创业板和上海科创板差异化定位，发挥比较优势，提升流动性和融资能力。

2019年共有9次。1月29日，中国人民银行、银保监会、证监会、财政部、农业农村部联合印发《关于金融服务乡村振兴的指导意见》，提出"支持符合条件的涉农企业在主板、中小板、创业板以及新三板等上市和挂牌融资，规范发展区域性股权市场。加强再融资监管，规范涉农上市公司募集资金投向，避免资金'脱实向虚'。鼓励中介机构适当降低针对涉农企业上市和再融资的中介费用。在门槛不降低的前提下，继续对国家级贫困地区的企业首次公开募股（IPO）、新三板挂牌、公司债发行、并购重组开辟绿色通道"；2月14日，中共中央办公厅、国务院办公厅印发《关于加强金融服务民营企业的若干意见》，要求"抓紧推进在上海证券交易所设立科创板并试点注册制。稳步推进新三板发行与交易制度改革，促进新三板成为创新型民营中小微企业融资的重要平台"；2月22日，中共中央政治局就完善金融服务、防范金融风险举行第十三次集体学习，中共中央总书记习近平在主持学习时强调，"要建设一个规范、透明、开放、有活力、有韧性的资本市场，完善资本市场基础性制度，把好市场入口和市场出口两道关，加强对交易的全程监管"；3月5日，国务院总理李克强在十三届全国人大二次会议上做政府工作报告时指出，"改革完善资本市场基础制度，促进多层次资本市场健康稳定发展，提高直接融资特别是股权融资比重"；4月7日，中共中央办公厅、国务院办公厅印发《关于促进中小企业健康发展的指导意见》，指出支持利用资本市场直接融资，要求"深化发行、交易、信息披露等改革，支持中小企业在新三板挂牌融资。推进创新创业公司债券试点，完善创新创业可转债转股机制。研究允许挂牌企业发行可转换公司债"；10月16日，国务院常务会议部署以更优营商环境进一步做好外资工作，扩大对外开放领域，要求"全面取消在华外资银行、证券公司、基金管理公司业务范围限制，落实好新修改的外资银行和外资保险公司管理条例"；10月22日，《优化营商环境条例》（国务院令第722号）公布，指出"国家促进多层次资本市场规范健康发展，拓宽市场主体融资渠道，支持符合条件的民营企业、中小企业依法发行股票、债券以及其他融资工具，扩大直接融资规模"；12月10~12日，中央经济工作会议在北京举行，中共中央总书记习近平发表重要讲话，会议要求，"要深化经济体制改革，要加快金融体制改革，完善资本市场基础制度，提高上市公司质量，健全退出机制，稳步推进创业板和新三板改革"；12月22日，《中共中央 国务院关于营造更好发展环境支持民营企业改革发展的意见》印发，指出"完善民营企业直接融资支持制度。完善股票发行和再融资制度，提高民营企业首发上市和再融资审核效率。积极鼓励符合条件的民营企业在科创板上市。深化创业板、新三板改革，服务民营企业持续发展。支持服务民营企业的区域性股权市场建设"。

上述重要论述充分说明，全面深化新三板改革，不仅是新三板市场发展到一定程度的需要，更是党中央、国务院的重大决策和部署，也是国家有关部门尤其是国务院证券监督管理机构的重要工作。因此，全面深化新三板改革在可行性上是有重要的政策依据和党中央、国务院的领导和全力支持的。这使新三板全面深化改革有了扎实的基础。

**二、制度基础**

（一）法律法规基础

新三板与沪深市场同属于公开市场、场内市场、独立市场。现行《证券法》《国务院决定》和国务院相关部门规章均对新三板的性质地位进行了明确，使新三板全面深化改革具有了法律法规和部门规章等方面的支持。

在法律层面，我国《证券法》对新三板进行了较多的规定，对新三板也有明确的要求。尽管现行《证券法》是在 2019 年 12 月颁布的，全面深化改革是在 2019 年 10 月正式宣布启动的，在时间顺序上全面深化新三板改革的启动要早于现行《证券法》的颁布两个月左右。但现行《证券法》的修改在全国人大经过了四读程序，长达数年时间，实际上，在新《证券法》的修改草案中早就对新三板的法律性质、地位等有所规定，这些规定的内容，尤其是四读稿的内容，和现行《证券法》规定的内容别无二致。因此，现行《证券法》对新三板的规定，当然是新三板全面深化改革的重要法律基础。

我国《证券法》首先明确了新三板的属性和法律地位。《证券法》第九十六条明确规定"证券交易所、国务院批准的其他全国性证券交易场所为证券集中交易提供场所和设施，组织和监督证券交易，实行自律管理，依法登记，取得法人资格"；第三十七条规定"公开发行的证券，应当在依法设立的证券交易所上市交易或者在国务院批准的其他全国性证券交易场所交易"；第四十四条规定"上市公司、股票在国务院批准的其他全国性交易场所交易的持有百分之五以上股份的股东、董事、监事、高级管理人员，将其持有的该公司的股份或者其他具有股权性质的证券在买入后六个月内卖出，或者在卖出后六个月内又买入，由此所得收益归该公司所有，公司董事会应当收回其所得收益"；第七十九条规定"上市公司、公司债券上市交易的公司、股票在国务院批准的其他全国性证券交易场所交易的公司，应当按照国务院证券监督管理机构和证券交易场所规定的内容和格式编制定期报告，并按照以下规定报送和公告"；第八十条规定"发生可能对上市公司、股票在国务院批准的其他全国性证券交易场所交易的公司的股票价格产生较大影响的重大事件，投资者尚未得知时，公司应当立即将有关该重大事件的情况向国务院证券监督管理机构和证券交易场所报送临时报告，并予以公告，说明事件的起因、目前的状态和可能产生的法律后果"。

《证券法》的这些规定在不同层面对新三板市场进行了充分的肯定，也对新三板改革提出了要求。比如，《证券法》规定新三板是经国务院批准的全国性证券交易场所，可以允许公开发行证券，公开发行的股票应当在新三板市场进行交易；新三板挂牌公司及其股东、董事、监事、高级管理人应当履行《证券法》中规定的和上市公司相同的报送义务和公开信息披露义务；新三板市场实施证券集中交易、集中登记、托管、清算交收等；新三板应有独立的监管制度规则体系，有独立的市场功能，有独立的运营资源要素和独立的市场参与主体等。《证券法》的这些规定使新三板市场具有了场内市场、集中市场、公开市场的所有特征。法律的这些规定，意味着新三板市场必须要按照法律的要求进行改革，使新三板市场符合法律的规定，使全国股转公司成为一个依法运营的市场运营机构，新三板市场成为一个遵从法律规定的市场，市场参与者严格守法的市场。

在行政法规层面，《国务院决定》是新三板市场最为全面和基础性的规定。该决定明确新三板是"经国务院批准，依据证券法设立的全国性证券交易场所，主要为创新型、创业型、成长型中小微企业发展服务。境内符合条件的股份公司均可通过主办券商申请在全国股份转让系统挂牌，公开转让股份，进行股权融资、债权融资、资产重组"；该决定要求新三板市场应当与其他资本市场建立不同层次市场间的有机联系，要在新三板市场实行转板机制，即"在全国股份转让系统挂牌的公司，达到股票上市条件的，可以直接向证券交易所申请上市交易。在符合《国务院关于清理整顿各类交易场所切实防范金融风险的决定》要求的区域性股权转让市场进行股权非公开转让的公司，符合挂牌条件的，可以申请在全国股份转让系统挂牌公开转让股份"；该决定要求新三板简化行政许可程序，即"挂牌公司依法纳入非上市公众公司监管，股东人数可以超过200人。股东人数未超过200人的股份公司申请在全国股份转让系统挂牌，证监会豁免核准。挂牌公司向特定对象发行证券，且发行后证券持有人累计不超过200人的，证监会豁免核准。依法需要核准的行政许可事项，证监会应当建立简便、快捷、高效的行政许可方式，简化审核流程，提高审核效率，无须再提交证监会发行审核委员会审核"；该决定还明确规定要"建立和完善投资者适当性管理制度建立与投资者风险识别和承受能力相适应的投资者适当性管理制度。中小微企业具有业绩波动大、风险较高的特点，应当严格自然人投资者的准入条件。积极培育和发展机构投资者队伍，鼓励证券公司、保险公司、证券投资基金、私募股权投资基金、风险投资基金、合格境外机构投资者、企业年金等机构投资者参与市场，逐步将全国股份转让系统建成以机构投资者为主体的证券交易场所"。

可见，《国务院决定》对新三板市场提出了明确具体的要求，要求新三板市场要为创新型、创业型和成长型中小企业服务，要丰富市场产品和手段，要简化行政程序，要实行转板机制，要加强和完善投资者适当性管理，等等。这些要求为新三板的改革打下了坚实的行政法规上的基础，使新三板的全面深化改革在目标和指导思想上，在改革的具体内容上都有了明确的方向。

在部门规章方面，主要为中国证监会颁布的《非上市公众公司监督管理办法》（以下简称《非公办法》）等一系列部门规章和规范性文件，它们是法律和行政法规的具体化，使法律法规对新三板的规定和要求更加明晰，具有可操作性。

（二）制度规则基础

全国股转公司已构建了包括股票挂牌、股票转让、主办券商管理、公司监管、投资者适当性管理在内的业务规则体系，已经形成了高度市场化的运作机制，建立了理性投资文化和市场出清机制，并积累了通过市场分层并匹配差异化制度安排的管理经验，这些制度框架的成功实践为全面深化新三板奠定了良好的基础。

其一，新三板业务制度规则的出台有着严格的制定程序。《全国中小企业股份转让系统有限责任公司业务规则制定办法》（以下简称《业务规则制定办法》）对业务规则的制定和出台程序进行了具体的规定。

其二，新三板业务规则的制定公开透明，具有一定的社会参与度。根据《业务规则制定办法》，全国股转公司制定与修改基本业务规则，应当定向或公开征求市场参与者意见，公开征求意见一般不少于15日，在公开征求意见期限届满后，全国股转公司应就公开征求到的意见进行研究，决定是否采纳，不予采纳的应说明理由。正式颁布基本业务规则的，应当向社会说明征求意见及不予采纳的情况。对于非基本业务规则，全国股转公司还可在内部通过一定的形式征求意见，以便使规则的颁布更具有科学性，更贴近市场和市场参与者的需求。

其三，新三板业务规则已经形成了较为严密的科学体系。经过不断的探索，新三板业务规则已经形成了一定的纵横体系。纵向形成了以管理办法为总览，以基本业务规则为核心，以业务细则为具体操作，以指引、指南、问答等为补充的四级业务体系。这是一个由大到小，由粗到细逐步演进的过程。横向涵盖了挂牌、分层、交易、结算、融资并购、公司治理、信息披露、投资者适当性管理、市场监察、自律监管和纪律处分等各方面。

其四，新三板业务规则经过七年的实践，已经有了较为成熟的经验。随着新三板市场的发展和不断探索，新三板的业务规则也在不断地丰富和完善。根据市场的需要，不断制定新的业务规则，修改不完善的业务规则，废除不适合市场发展的业务规则。业务规则不断地立、改、废，是制定业务规则探索的过程，更是业务规则制定的经验积累过程，为新三板全面深化改革的业务规则制定提供了宝贵经验。

（三）市场监管基础

新三板全面深化改革涉及众多方面，是一个复杂的系统工程，需要监管部门多方协力、通力合作，需要坚强的监管基础。

首先是在中国证监会的统筹指导安排下，举中国证监会全系统的力量完成改革。在中国证监会职能部门层面，以非上市公众公司监管部为统筹和综合协调，需要法律部、基金机构部、市场部、发行部、投资者保护局、稽查局等业务监管部门参与其中，在新三板改革中负责大量的部门规章、规范性文件制定，负责向上级机构如全国人大和国务院汇报，和国务院相关部门协调，指导系统内涉及改革的相关事务。

其次是全国股转公司具体实施改革。作为新三板市场的营运机构，改革的任务主要由全国股转公司具体落实。因此，全国股转公司要在中国证监会的指导、部署和统筹下，全方面地完成改革的具体工作任务，这些任务包含了规则准备、技术准备、资源准备、市场准备、组织准备、舆论准备和舆情应对、监管安排和风险控制等。

最后是中国证监会的其他相关单位全力配合改革，主要涉及中国结算、行业自律机构、沪深证券交易所、中国证监会各地方派出机构。中国结算主要由其北京分公司承担新三板改革任务。它作为全国股转公司业务的后台支撑，负责发行和交易的证券登记和资金交收；行业自律机构主要是中国证券业协会和中国证券投资基金业协会。前者主要是对主办券商和保荐机构在挂牌公司公开发行股票所涉及的业务进行自律管理，后者主要是对公募基金进入精选层从事相关业务进行自律管理；沪深证券交易所主要涉及的是新三板精选层挂牌公司在满足一定的条件下，向沪深证券交易所转板事宜；中国证监会地方派出机构主要是对公开发行股票的挂牌公司进行辅导验收的监督管理等。

监管系统的这些机构在新三板改革中承担着各自的角色和任务，尽管这些任务的轻重多少，不同的单位并不一样，但都需要彼此通力合作，方能使新三板的全面深化改革顺利进行。

新三板市场经过 7 年多的发展，在监管协同方面有着丰富的经验，形成较强的监管合力，构建了行政监管和自律监管协同机制，中国证监会、派出机构与新三板在监管信息共享、监管协作、案件查处等方面进行分工协作，形成监管合力。这些协作和合力是以全国股转公司市场运营为基础的，主要体现在以下方面。

其一，中国证监会非上市公众公司监管部对挂牌公司进入新三板市场发行股票需要核准的事项进行核准；中国证监会相关职能部门包括非上市公众公司监管部、市场监管一部、证券基金机构监管部等负责制定新三板市场的部门规章和规范性文件，审批全国股转公司的业务规则，对新三板市场实施全方位监管等，中国证监会稽查部门对新三板市场的违法违规行为进行稽查等。

其二，中国结算北京分公司在证券发行和交易过程中的监管合作。北京分公司全面业务围绕着新三板市场，它和全国股转公司的业务和监管联系极为密切，形成了前台证券的发行和交易，后台证券的登记存管和资金结算的紧耦合关系；全国股转公司和沪深证券交易所的合作主要体现在新三板挂牌公司摘牌后至沪深证券交易所发行上市和债权市场的跨市场安排等方面，主要为信息共享和监管协作等；和中国证券业协会主要就证券公司的监管进行合作；和中国证监会派出机构的合作主要体现在挂牌公司的监管、现场检查及其他方面的监管信息共享。

监管部门在新三板市场发展过程中的通力合作，为新三板全面深化改革打下了良好的监管基础。

### 三、共识基础

市场参与各方对新三板改革已形成共识。2018年以来，全国股转公司通过多种方式开展调研，听取意见建议，了解市场需求，共发放并回收挂牌公司和投资者问卷超过7000份，实地走访、座谈企业上百家。调研对象反映的问题集中在市场流动性长期匮乏、融资难度持续加大、投资者退出困难、市场生态亟待完善等方面。市场普遍建议尽快落实转板上市制度，为企业融资发展提供多元化路径；尽快完善新三板融资、交易等核心功能，既要满足不同发展阶段中小企业的融资需求，也要满足投资者对投资和交易效率提升的需求。不仅如此，近年来，除了挂牌公司和投资者对新三板市场改革的反映强烈外，社会各界要求新三板市场改革的呼声越来越高，每年全国人民代表大会和全国政协会议的代表均有较多的提案议案要求新三板尽快进行改革，提出了许多很好的意见和建议。"两会"代表的提案集中反映的是，如何进一步发挥资本市场服务实体经济的功能，如何更好地服务好民营中小微企业，如何尽快恢复新三板的市场功能，解决民营中小微企业融资难、交易不活跃、市场流动不足、资产配置和退出机制失灵、投资者门槛过高、挂牌公司转板等问题。对于新三板市场的全面深化改革，监管部门、市场参与者和社会各界均形成了普遍共识。

（一）改革的重要性与必要性

各方对全面深化新三板改革的重要性和必要性具有普遍共识，都认为全面深化新三板改革是落实金融供给侧结构性改革要求，补齐资本市场服务民营中小企业短板的重要举措。

当前，我国经济已由高速增长阶段转向高质量发展阶段。为适应实体经济结构转变和发展模式变化的需要，党中央实施部署了金融供给侧结构性改革。改革的重点是金融体系结构的调整与优化，包括优化融资结构和金融机构体系、市场体系、产品体系，提高直接融资比重，引导资本更多地向新经济要素和中小企业集聚。资本市场在现代金融运行中具有"牵一发而动全身"的作用。全面深化资本市场改革，大力发展股权融资、发挥资本市场的资源配置功能，对于提高直接融资比重、从根本上降低宏观杠杆率，引导要素资源向科技和新经济领域集聚，推动经济高质量发展具有战略意义、全局意义和现实意义。可以说，资本市场改革已经成为金融供给侧结构性改革的重中之重。习近平总书记明确要求"通过深化改革，按照市场化法治化要求，打造一个规范、透明、开放、有活力、有韧性的资本市场"。在此新形势下，2019年以来，以设立科创板并试点注册制为起点的资本市场全面深化改革稳步推进，"深改12条"、《证券法》修改等，改革的深度和广度不断拓展，市场长期健康发展的基石不断筑牢。

在整个金融供给侧结构性改革和资本市场全面深化改革中，要补齐的一个短板就是中小企业、民营企业的融资需求缺口大，且结构不合理问题。中小企业在国家经济社会发展中的地位非常重要，大家都知道"56789"，① 但无论是直接融资还是间接融资，都不如大型企业。根据世界银行的数据，我国中小微企业融资缺口达1.9万亿美元，占GDP的比重达17%，高于其他发展中国家。实际获得的资金中，又以短期贷款为主，直接融资、长期资金不足。中小企业中的民企，获取融资的难度和成本更大，且以短期贷款为主，数据显示中小型民企负债中57%是短期借款，近年来民营企业债券融资净额整体更是为负。而在资本市场体系中，新三板无论从政策定位还是市场实践，都以服务中小企业、民营企业为主。早在2013年，《国务院决定》就明确新三板主要为创新型、创业型、成长型中小企业发展服务。从市场实践看，2019年沪深市场和新三板共服务中小微企业1.1万家，其中90%由新三板服务；新三板约9000家挂牌公司中，中小企业占94%，民营企业占93%。在此基础上，2019年2月，中共中央办公厅、国务院办公厅印发《关于加强金融服务民营企业的若干意见》，进一步提出"促进新三板成为创新型民营中小微企业融资的重要平台"。

但与实体经济需求、各方期待有所差距的是，2017年以来，由于市场规模、结构和需求多元等因素影响，新三板出现了一些新的情况和问题，如融资额下降、交易不活跃、申请挂牌公司减少、主动摘牌公司增加等。究其原因，除了一些不适应资本市场要求的公司自然出清外，主要在于市场建立初期制定的融资、交易、投资者适当性等制度难以满足挂牌公司成长壮大的需要、市场参与主体的获得感不强，多层次资本市场体系互联互通的有机联系尚不畅通。因而，新三板市场到了非改不可的境地，而且应当系统地、全面深化地改革。

（二）改革的可行性与方向

在改革的可行性上，普遍认为新三板市场经过多年的发展具有良好的基础和正反两方面的经验教训，鉴于国家经济的发展情况，民营中小微企业的现实

---

① "56789"是指民营经济在我国经济发展中占有非常重要的地位，正在发挥非常重要的作用，具体是指民营经济贡献了中国经济50%以上的税收、60%以上的GDP、70%以上的技术创新成果、80%以上的城镇劳动就业、90%以上的企业数量。

窘境，党中央、国务院对民营中小微企业和资本市场发展的政策支持，尤其是民营中小微企业和投资者等市场参与者和社会各界对新三板改革的热切期盼，证券监管部门对资本市场改革的决心和大力推进，新三板市场的全面深化改革是完全可能的。

在改革的主要方向上，普遍认为要紧紧围绕一系列市场反映比较集中的关键性、方向性问题进行研究论证，加强顶层设计，在资本市场全面深化改革的总体框架内全面深化新三板改革。在全面改革的方向上，改革不仅针对市场认可度较高的优质企业，提供新的市场层次、公开发行和连续竞价等增量制度供给，打开挂牌公司成长的制度天花板，还要系统优化现有的创新层、基础层的制度安排，坚持新三板服务中小企业和民营经济的初心；在具体制度上，改革应当涉及发行、交易、分层、投资者适当性、转板、监督管理等市场全部基础制度，使新三板的市场基本功能得以恢复，服务实体经济的能力得到加强，投资者保护更加有力，投资者获得感更强。在深化改革的方向上，改革不是推倒重来，而是在新三板前期探索实践基础上进行的，坚持了市场化、法治化、国际化的方向，坚持了既有制度的特色和优势，通过差异化制度安排搞活投融资两端，与沪深证券交易所错位发展，通过转板机制，更好地发挥新三板承上启下的作用，促进多层次资本市场互联互通。

## 四、市场基础

### （一）企业基础

通过新三板的多年培育以及市场化的出清机制，新三板积累了一批市场认可度高、风险较低的优质公司，这些企业通过挂牌逐步发展壮大，公司治理和规范运作水平显著提升，能够源源不断地为新三板改革发展提供优质企业资源。

一是新三板市场具有一大批经营好的公司。新三板挂牌公司大体可分为三类：第一类是净利润大于3000万元的公司，约占市场总体的10%，此类公司经营业绩较为稳定，具备较强的外部融资需求和能力。第二类是净利润在1000万~3000万元的公司，占比约为20%，此类公司成长性显著，近三年营收复合增长率约为20%。第三类是净利润在1000万元以下的微利和亏损公司，占比约为70%，此类公司多数经营压力较大、融资能力不强，但也有少数生物医药和战略性新兴产业企业市场认可度较高，融资能力较强。截至2019年底，新三板全市场股本规模超过3000万股的有5012家，根据2019年年报数据，营业收入超过1亿元的有3056家；净利润超过1000万元的有2327家，净利润超过3000万元的有785家，不同盈利水平的挂牌公司有差异化的融资需求。

二是新三板市场具有一大批治理良好的公司。虽然和上市公司相比较，新三板挂牌公司在公司治理方面仍有一定的差距，但随着新三板市场的不断发展、监管的日趋严格和挂牌公司自身的不断进步，新三板挂牌公司的治理情况向好。从2016—2018年的统计情况看，基础层挂牌公司设立独立董事的总计达到1515家，创新层挂牌公司设立独立董事的达到476家。[①] 目前，自愿设置独立董事的挂牌公司达519家，其中基础层挂牌公司设置独立董事的达到379家，创新层公司设置独立董事的达到140家，创新层公司设置独立董事的家数占全部创新层公司的21.08%。挂牌公司通过自愿聘任独立董事，进一步优化了挂牌公司的公司结构。根据全国股转公司的规定，创新层挂牌公司必须聘请董事会秘书，目前新三板创新层公司均有董事会秘书，而基础层挂牌公司也有相当多的公司聘请了董事会秘书。据不完全统计，共有8103家挂牌公司聘请了董事会秘书，占全部挂牌公司的91.79%，已经通过新三板董事会秘书培训考试的持证人数达到11093人，初步形成了职业化、专业化的董秘队伍。独立董事和董事会秘书的加入对规范挂牌公司的治理结构起到了很好的作用。除此之外，在挂牌公司召开年度股东大会和临时股东大会时，投资者还可以采取网络投票的方式进行会议表决，充分保障广大中小股东的合法权益。

三是新三板市场具有一大批信息披露质量较高的公司。总体来看，绝大多数公司能够主动规范公司治理、依法履行信息披露义务，定期报告按期披露比率、财务报告标准无保留审计意见比率历年均在95%以上。在保证信息披露覆

---

① 资料来源：清华大学国家金融研究院上市公司研究中心课题组根据Wind数据统计。

盖面的前提下，全国股转公司利用主办券商的持续督导，进一步提高挂牌公司信息披露的质量；通过不断的刨根问底式的询问，发送询问函督促挂牌公司的信息披露真实、准确、完整；通过信息披露智能化监管系统，利用大数据进一步收集、整理、比较、分析挂牌公司信息披露的质量；通过现场检查、不断抽查促使挂牌公司财务真实性。上述措施多管齐下，使挂牌公司的信息披露质量有了根本的保证。

（二）技术基础

全国股转公司具有独立的技术运维团队和技术开发团队，组建了技术子公司，具有交易支持、风险控制、业务支持、信息服务和技术保障五大技术平台，建成了同城灾备中心和异地数据备份中心。交易系统已具备集合竞价和做市交易功能，监察系统能够实时监控，信息披露系统和审查系统实现业务电子化和大数据智能辅助审查。与此同时，为配合后续改革，全国股转公司已做好了配套技术改造和优化升级，具备了深化改革的"软件"和"硬件"。建成了较为稳健的技术基础设施。由交易、行情、监察等组成的技术支持系统，七年来运行平稳，经历了多次市场改革，未出现重大风险。挂牌和发行审查等日常业务已全部实现在线办理。基于大数据和人工智能技术，新三板已开发信息披露智能监管系统（利器系统）并持续优化。此外，自2014年即着手开发连续竞价及实时监控系统，已准备就绪。

（三）风控基础

经过正反两方面经验的不断积累，新三板市场的风险控制能力不断加强，能够保证改革的顺利进行。

一是全国股转公司具有丰富的监管和风险控制经验。新三板已积累上万家案例，对不同行业、不同规模企业的风险特征有深刻认识，通过实施规则监管、分类监管和科技监管，探索形成了一套适应中小微企业特点的监管方法和风险处置机制，建立了自律监管与行政监管、稽查执法的分工协作机制，具备较强的风险识别能力和风险防控能力。

二是压实了中介机构责任。新三板市场实行主办券商制度，压实中介机构责任。按照"权责利"统一原则建立主办券商制度。督导公司规范运作、事前审查公司信息披露文件、指导公司办理各项日常业务、实施现场检查等，提升挂牌公司规范运作水平和信息公开透明程度。建立主办券商执业质量负面评价机制，督促其勤勉尽责。

三是有一支能打硬仗的人才队伍。培养形成了近 600 人的监管和技术力量，监管队伍中有硕士以上学历的超过八成，法律、会计等专业人员占比超过九成。经历了 13000 家公司挂牌审查、过万次融资并购审查，连续 3 年超万家公司定期报告和临时报告的信披审查，积累了丰富的监管经验。建立挂牌公司定期评估反馈机制，完善挂牌准入及日常监管制度。通过派员到交易所培训学习、全程跟踪科创板制度建立情况、开展全员"岗位练兵"等，持续提升监管能力。通过强化风控复核、集体决策、公务回避、双人接待等制度，将廉政风险防控内嵌到各业务环节，开展常态化教育警示，持续提升公司防范廉政风险能力。

## 第三节　新三板改革的思路和原则

### 一、总体思路

一是全面深化新三板改革。以习近平新时代中国特色社会主义思想和党的十九大精神为指导，贯彻落实金融供给侧结构性改革的部署，坚持市场化、法治化方向，坚持服务中小企业的定位，坚持与交易所错位发展的原则，发挥新三板市场承上启下的作用，促进形成制度多元、功能互补的多层次资本市场体系。二是完善新三板市场结构。按照不同阶段企业需要提供差异化精准服务。三是夯实新三板基础制度。提高投融资对接效率，增强市场定价功能，促进市场发行、交易等功能有效发挥。四是建立健全适合新三板和中小企业特点的监管制度安排。遏制重大违法违规行为，提高信息披露质量，防范市场风险，促进中小企业规范发展。全面深化新三板改革的总体思路，具体体现在以下四个方面。

（一）错位发展，形成特色

全面深化新三板改革就是要坚持新三板市场是我国多层次资本市场的重要组成部分，在我国多层次资本市场体系中找准新三板的定位，坚持新三板的定位。新三板市场对外要处理与沪深证券市场的关系，对上要对接好沪深证券市场，对下要对接好区域性股权市场。沪深证券交易所主要服务成熟期企业，区域性股权市场主要服务微型企业、孵化型企业，新三板市场主要服务创新型、创业型和成长型中小企业。全面深化新三板改革就是要统筹考虑沪深交易所、新三板和区域性股权市场之间的关系，坚持加强多层次资本市场的有机联系，坚持新三板服务中小企业的初心，匹配符合中小企业特征的市场制度，实现与交易所的错位发展。

1. 对外错位

和沪深证券交易所错位发展，新三板的改革主要涉及的是如何处理好和上海证券交易所科创板、深圳证券交易所创业板之间的关系。我们认为，新三板与科创板、创业板具有一定的关联性但也存在着明显的差异。在改革方案设计中，许多人认为精选层和科创板最为相似，"精选层可能跟科创板差不多"[1]，"精选层是缩小版的科创板"[2]，甚至认为精选层就是另一种科创板，认为"科创板就是新三板精选层发展的理想状态"[3]。但实际情况是，新三板精选层制度设计充分考虑了新三板挂牌公司的特点，目的是加强多层次资本市场的有机联系，为沪深证券交易所输送优质上市资源，新三板精选层与科创板、创业板不存在冲突，二者功能互补、有序衔接。

从发展定位上看，科创板的市场定位是坚持面向世界科技前沿、面向经济主战场、面向国家重大需求，主要服务于符合国家战略、突破关键核心技术、市场认可度高的科技创新企业。重点支持新一代信息技术、高端装备、新材料、新能源、节能环保以及生物医药等高新技术产业和战略性新兴产业。截至

---

① 参见微言堂. 新三板改革大猜想：是否改名北交所？精选层是缩小版的科创板？介绍上市成主流模式？[EB/OL]. [2019 – 10 – 25] 新三板论坛。

② 同注释①。

③ 参见科创板就是新三板市场精选层发展的理想状态 [EB/OL]. [2019 – 01 – 18]. 新三板在线。

2019 年 12 月末，申报科创板的 155 家公司 2018 年平均净利润近 1.1 亿元。创业板市场是服务创新型、成长型企业的主要资本市场平台，重点支持具有一定盈利能力、处于成长期或刚步入成熟期的企业。截至 2019 年 12 月末，创业板上市公司有 789 家，覆盖 50 个大类行业，2019 年平均净利润为 7870.23 万元。新三板的市场定位是服务创新型、创业型、成长型中小企业，只要业务明确、产权清晰、依法规范经营、公司治理健全的企业，均可以申请在新三板挂牌。截至 2019 年 12 月末，新三板挂牌公司有 8953 家，覆盖 88 个大类行业，2019 年平均净利润为 718.81 万元，有 1883 家企业仍处于亏损阶段。

从市场功能上看，科创板更好地服务具有核心技术、行业领先、有良好发展前景和口碑的企业，通过改革进一步完善支持创新的资本形成机制。创业板服务高新技术企业，缓解高科技企业融资难的问题，吸引社会投资，还可以完善创业资本的退出机制，鼓励创业投资的发展，促进企业创新机制的完善和高科技企业竞争力的提升。新三板立足于中小企业，主要提供股份公开转让、股权融资、债权融资、资产重组等资本市场基础服务，目的是促进中小企业的规范、培育和发展。

从资本市场服务国民经济的大局来看，新三板、科创板和创业板可以共同为不同行业、不同类型和不同发展阶段的企业服务，优势互补、共同实现资本市场对实体经济的差异化精准服务，更好地服务经济社会发展大局。

从多层次资本市场的内在逻辑看，多层次资本市场的错位发展、相互配合、有序竞争，不仅有利于不同需求的融资者实现融资发展，而且有利于不同偏好的投资者实现投资和退出，提高资本市场的活力和韧性。

从监管制度安排看，精选层公司与新三板其他层次挂牌公司相比，股东人数更多，股权结构更为分散，因此其信息披露、公司治理等方面的监管要求相对更高，但与科创板上市公司存在一定区别。考虑到更高的投资者门槛，在独立董事人数、董事会专门委员会设置等方面做了更灵活的规定，在公司治理和信息披露具体监管标准设定上，也充分结合中小企业特点，做了相应的精简安排。

综上所述，新三板与科创板、创业板都是我国资本市场的重要组成部分，共同构筑互联互通的多层次资本市场体系，三个板块错位发展、各具特色、优势互补、协同配合，形成合力，服务大局。全面深化新三板既不会与科创板、创业板形成竞争，也不会成为企业 IPO 上市的"预备板"。

2. 对内分层

在内部关系上，新三板是以错位发展为特色的。在改革过程中体现出差异化的改革思路，即新三板的改革要全面实行差异化，设置不同的板块、差异化的发行制度、差异化的交易制度、差异化的信息披露、差异化的公司治理、差异化的投资者门槛、差异化的监管力度。

从新三板改革可以看出，基础层、创新层、精选层有不同的制度供给。按照发展和监管、创新和风险控制、质量高低和制度松紧、交易安全和市场效率相适配的原则，新三板改革旨在搞好投融资两端、丰富市场融资和交易工具，具体体现在发行融资、市场分层、交易方式、市场准入、信息披露、公司治理、退出安排、监管处罚等方面的全面差异化安排。这一差异化主要体现在基础层、创新层和精选层因层次的逐次变化而有所不同。

一是融资和交易方式逐次提高。在发行融资方面，基础层只能定向发行和自办发行，而创新层则在此基础上允许公开向不特定合格投资者发行股票并进入精选层，这一发行方式采取保荐和承销方式，可以进行公开路演和询价，而精选层在创新层的基础上，其挂牌公司还可以和沪深交易所对接，转板上市成为上市公司；在交易方式上，基础层、创新层只能采取集合竞价的方式，创新层的竞价频次为一天 25 次，高于基础层一天 5 次的竞价频次，精选层则可以采取更有优势的连续竞价方式。

二是合格投资者的数量和类型逐次提高。基础层的合格投资者的准入门槛最高，投资者的数量最少；创新层的合格投资者的门槛低于基础层的合格投资者的门槛，投资者的数量要多于基础层的投资者的数量，而精选层的合格投资者的门槛最低，投资者的数量最多。此外，基础层、创新层的合格投资者的类型仅限于个人投资者，而精选层合格投资者的类型既包括个人投资者也包括公募基金等机构投资者。

三是挂牌公司的质量包括公司经营、公司治理和信息披露要求逐次提高。在公司经营和公司治理方面，不同层次的挂牌公司均有入层的最低要求。以创新层为例，《全国中小企业股份转让系统挂牌公司分层管理办法》（以下简称《分层管理办法》）要求应当符合下列条件之一：（1）最近两年净利润不低于1000万元，最近两年加权平均净资产收益率平均不低于8%，股本总额不少于2000万元；（2）最近两年营业收入平均不低于6000万元，且持续增长，年均复合增长率不低于50%，股本总额不少于2000万元；（3）最近有成交的60个做市或者集合竞价交易日的平均市值不低于6亿元，股本总额不少于5000万元；采取做市交易方式的，做市商家数不少于6家。挂牌公司进入创新层，同时还应当符合下列条件：（1）公司挂牌以来完成过定向发行股票（含优先股），且发行融资金额累计不低于1000万元；（2）符合全国股转系统基础层投资者适当性条件的合格投资者人数不少于50人；（3）最近一年期末净资产不为负值；（4）公司治理健全，制定并披露股东大会、董事会和监事会制度、对外投资管理制度、对外担保制度、关联交易制度、投资者管理制度、利润分配管理制度和承诺管理制度；设立董事会秘书，且其已取得全国股转系统挂牌公司董事会秘书任职资格。

创新层的经营性指标和公司治理指标要高于基础层，但又明显低于精选层。《分层管理办法》要求进入精选层的应当符合下列条件之一：（1）市值不低于2亿元，最近2年净利润均不低于1500万元且加权平均净资产收益率平均不低于8%，或者最近1年净利润不低于2500万元且加权平均净资产收益率不低于8%；（2）市值不低于4亿元，最近2年营业收入平均不低于1亿元且增长率不低于30%，最近1年经营活动产生的现金流量净额为正；（3）市值不低于8亿元，最近1年营业收入不低于2亿元，最近2年研发投入合计占最近2年营业收入合计的比例不低于8%；（4）市值不低于15亿元，最近2年研发投入合计不低于5000万元。在公司治理方面，精选层在独立董事、股东大会的表决机制、重大交易等方面较之创新层都有更多和更为严格的规定。在信息披露方面，不同层级的差异性也比较明显。在披露种类上，基础层信息披露突出客观描述和风险揭示，只要求披露年报和半年报；创新层也要求披露年报和半年报；精选层要求与上市公司趋同，披露年报、半年报和季报。在披露内容上，虽然基础层和创新层都要求披露年报、半年报，但基础层的具体披露内容要少于创新层，实行简式年报和半年报，而创新层的披露内容也明显少于精选层。在临时报告披露上也按照基础层、创新层和精选层披露内容逐次增加。

四是监管的手段和严厉程度逐次提高。由于新三板基础层、创新层和精选层在融资、交易、投资者数量、类型、公司经营、公司治理和信息披露方面差异化明显，各类层级的挂牌公司和投资者的要求有所不同，监管者对不同层级的监管态度和力度也有所不同。这些不同大多体现在新业务规则的各个层级中。对于精选层监管的手段及违规处理基本上按照上市公司标准加以处理，因此，《证券法》《公司法》对于上市公司的相关法律责任和处罚等所做的规定，在一定程度上对精选层挂牌公司具有参照价值，对于创新层和基础层则按照中国证监会的部门规章、规范性文件和全国股转公司的自律规则加以监管和处理，在程度上要轻于精选层。

正是因为错位发展的总体思路，使新三板和沪深证券交易所有所不同，在新三板内部多层级市场的各种差异，使新三板市场自身充满了特色，和其他市场一起构成了我国多层次资本市场。新三板的这些特色不但使其充满了活力，也在我国多层次资本市场中发挥了不可替代的作用。

（二）能上能下，能进能出

全面深化新三板改革以转板上市制度为核心，统筹改进相关基础制度。一方面，打通中小企业成长壮大的上升通道，使新三板成为证券交易所、区域性股权市场之间承上启下的重要平台，对上能够通达沪深证券市场，对下能够连接区域性股权市场；另一方面，通过改革要让好的企业能够进入新三板市场进行融资，发挥资本市场对实体经济和民营中小企业的服务功能，让已经进入新三板不同层次的企业能够不断升层，在制度安排上不断地满足中小企业发展壮大的需要，而对于在新三板市场中表现不好的企业，一旦不符合新三板市场的挂牌标准，就应该让它们及时摘牌，退出新三板市场，实现资本市场优胜劣汰；一旦挂牌公司无法达到维持本层次挂牌标准，也同样及时地退出该层级市场，退到新三板的下一层级的市场。

就能上而言，有两层含义：一方面，新三板挂牌公司向上转板至沪深证券市场，使新三板市场能够和沪深证券市场对接。全面深化新三板改革推出的转板机制是改革的最大亮点，也是改革的核心。因为有了转板机制，在法律、制度和监管等各个方面都要全面对接沪深证券市场。它要求转板的新三板挂牌公司必须是经过公开发行的公司，股票交易制度也要实行连续竞价机制，公司的质量、治理和信息披露等也应和沪深证券交易所的要求相匹配。因此，必须设立新的板块以区别于现行的基础层和创新层。精选层的设立就是出于这样的安排来实现上述制度，要求创新层的挂牌公司在进入精选层前必须进行 IPO，由保荐人进行保荐，承销商实行承销。这些制度与沪深上市公司在进入沪深证券市场之前的经历完全一样。全面深化新三板改革将允许在精选层挂牌满一年，符合《证券法》上市条件和交易所相关规定的企业，可以不再走传统的公开发行并上市（IPO）的路径，直接向交易所申请转板上市。转板上市制度的推出，为中小企业打通成长壮大的多元化市场通道，增加了一套上市可选方案。且由于转板上市是存量股份上市，不存在历史上一级市场受二级市场影响的情形，市场预期会更加明确；企业不必因上市工作而摘牌、暂停资本运作，不必重复信息披露，可节约上市成本，更有利于主业发展。转板上市与 IPO 的区别在于公开发行阶段的不同，上市标准没有本质差异，不会造成监管套利。反而转板上市的企业，由于经过新三板市场的规范、培育和市场检验，其规范性、经营质量相对更可靠，有助于提高上市公司整体质量，提振投资者信心，有利于整个资本市场的长期健康发展。需要说明的是，转板上市是给企业的一个选择题，而不是必选题，转板上市制度不会影响新三板独立市场地位。另一方面，区域性股权市场的挂牌公司向上能够转板到新三板市场，使区域性股权市场能够和新三板市场对接。

就能下而言，也有两层含义：一是沪深证券市场的上市公司一旦不符合维持上市公司的标准，可以退市进入新三板市场；二是在新三板市场的挂牌公司一旦不符合维持挂牌公司的标准摘牌的时候，同样可以进入区域性股权市场。目前，沪深证券交易所的退市公司均已退到新三板市场进行股票转让。新三板挂牌公司摘牌后进入区域性股权市场进行转让还在进一步探索中。

就能进能出而言，通过增设精选层，打造"基础层—创新层—精选层"三个层次的市场结构，形成新三板内部不同层次间能进能出的局面。基础层定位于企业规范，在匹配融资交易基本功能和较高的投资者资产要求基础上实行底线监管，体现新三板市场对中小企业的包容性。创新层定位于企业培育，在挂牌公司满足分层标准的基础上匹配较为高效的融资交易功能，帮助企业利用资本市场做大做强。精选层定位于企业升级发展，承接完成向不特定合格投资者公开发行、具有发展潜力的优质挂牌公司，匹配与证券交易所市场相当的融资交易制度，使新三板在服务企业发展周期覆盖面上实现有效拓展。在进入机制方面，通过发行市值、财务指标、股权分散度、保荐承销等更为市场化的机制遴选和聚集优质企业。同时，进一步完善降层和摘牌机制，维护市场各层级的稳定运行和企业整体质量，促进市场出清，保护中小投资者利益。

（三）两端搞活，丰富功能

全面深化新三板改革，要着力搞活投融资两端，丰富市场产品，增强市场融资交易基本功能。新三板市场作为核心要素市场，连接着挂牌公司、投资者以及中介机构等各类市场主体，其资源配置作用的有效发挥取决于能否在挂牌公司和投资者之间形成价值共识，形成投资者、筹资者、经营者之间相互激励、相互制约的机制。为了进一步激发市场活力，需要从投融资两端发力，加强市场服务，形成投资者敢投资、挂牌公司能融资的良性循环。

一是要改革市场发行制度，逐步丰富融资品种，提升市场融资功能。引入向不特定合格投资者公开发行制度，要求证券公司保荐承销，采取公开路演、询价等方式，通过网上发行平台向不特定合格投资者公开募集资金，大大降低企业与投资者的对接成本，提升企业融资效率。优化定向发行制度，取消单次融资新增投资者35人限制，便利企业一次性引入大量投资者，拓宽融资范围；

允许挂牌同时发行、自办发行，优化授权发行，增加制度灵活性。在改革发行制度时，坚持市场化方向，借鉴科创板注册制经验，进一步简政放权，对公开发行、200人以上定向发行等相关行政许可事项，中国证监会在全国股转公司自律监管意见的基础上履行核准程序，中国证监会不设发审委。全国股转公司开展自律审查时，将坚持以信息披露为核心，组建挂牌委员会，完善集体决策机制，实现审核标准、审核程序和问询回复的过程公开。股票发行的价格、规模、节奏主要通过市场化的方式，由发行人、证券公司等市场参与主体决定。相关安排遵循注册制的理念，根据新《证券法》和国务院对于注册制全面推行的总体安排，做好衔接。此外，还应进一步丰富融资工具，优化优先股制度，研究推出可转债、资产支持证券等多样化融资品种，并持续开发、丰富市场产品。

二是要实施差异化的投资者适当性管理和交易制度，改善市场流动性，完善交易定价功能。投融资对接效率的提升，需要一定的市场流动性支撑，需要引入增量投资者。其一，要结合市场分层实行差异化的投资者适当性标准，将原来的统一500万元金融资产标准调整为精选层100万元、创新层150万元、基础层200万元的证券资产要求，大幅扩大潜在投资者范围。其二，要引入长期资金，明确公募基金可投资精选层公司，持续推动QFII、RQFII、社保基金、保险资金、企业年金等专业机构投资者入市。同时为匹配不同层次企业的公众化程度、流动性需求，要实施差异化的交易制度。精选层公司由于已完成公开发行，公众化程度较高，实行连续竞价交易制度；对基础层和创新层公司，大幅提高集合竞价撮合频次，同时允许其选择做市交易，保持新三板市场制度特色。

三是创新市场服务，进一步提升挂牌公司等市场主体的获得感。针对挂牌公司数量众多、类型多元的特点，深化差异化服务，提高服务的针对性。基础层依托投融通等平台，重点深化投融资对接服务，加强培训教育，提高规范意识。创新层在基础层相关服务安排的基础上，进一步丰富市场指数。精选层重点开发交易型指数产品、跨市场指数产品，引导市场主体开发指数基金、ETF

等投资产品。同时，将采取线上与线下相结合的方式，为挂牌公司、董监高等市场主体提供多样化的培训服务，引入外部师资力量，在规范基础上，着力开发资本运作等增值服务课程。加强与地方政府的合作，主动融入其经济发展战略，推广服务基地建设，提升在地化服务能力，减少服务获取成本，提升服务效率，使新三板成为地方政府扶持中小企业发展的重要抓手和政策平台。继续探索人工智能、大数据、云计算、区块链等新技术应用于市场服务。

（四）防控风险，稳步推进

全面深化改革离不开稳定的市场环境。强化监管、守住风险底线是改革的重要内容，是保障改革成功的重要环节，更是改革稳步推进的前提条件。因此，在推进市场功能、服务创新的同时，必须加强市场监管和风险防控，持续提升挂牌公司质量，加强投资者合法权益保护。这就需要我们一方面要加强投资者适当性管理，压实中介机构责任，提高信息披露质量，加强舆论引导，防范各类风险；另一方面还要按照稳步推进的原则，确保各项改革措施平稳落地，实现预期目标。全面深化新三板改革，要着力强化市场监管，提升挂牌公司质量，保护投资者合法权益，守牢风险底线。

一是要加强挂牌公司监管，实施挂牌公司质量专项提升行动，为新三板市场改革发展"强基固本"。公司是资本市场健康发展的基石，是促进金融与实体经济良性循环的微观基础。只有不断提高挂牌公司质量，才能发挥好挂牌公司在推动产业结构优化升级中的带头效应，畅通投资者分享企业成长、经济转型升级的渠道。为提高挂牌公司质量，全面深化改革应采取一系列针对性措施。其一，要结合市场分层和挂牌公司实际，合理设定差异化的信息披露和公司治理监管要求。要根据《证券法》把挂牌公司等主体纳入了信息披露人范围的新规定，在证监会的统筹下，健全对挂牌公司监管的工作机制，进一步夯实各项基础制度。其二，要实施分类监管，将监管资源集中到精选层公司和风险外溢性较高的其他挂牌公司，持续优化信息披露智能监管系统，健全现场检查、公开问询等监管机制，突出重点，强化责任追究，提高违法违规成本。为加强精选层公司监管，全国股转公司应当设立专门的公司监管部门。其三，要实施提高挂牌公司质量的方案，启动提高财务规范性和公司治理水平的专项行动，把这项工作做实做细。其四，要把牢市场进口和出口关，优化挂牌条件适用标准，多维度筛选企业，引导符合市场定位的企业进入新三板；健全摘牌制度，对丧失持续经营能力、存在违法违规等情形的公司，加大市场出清力度，促进优胜劣汰。

二是要加大投资者服务力度，切实维护投资者合法权益。伴随着各项改革措施的落地，发行与交易将逐步活跃，投资者保护的重要性将更加突出。在全面深化改革实施前，全国股转公司已经发布了股票异常交易监控细则，并改造升级了监察系统，加强对二级市场的监控和处理，维护市场交易秩序。在制定信息披露、公司治理等规则时，把投资者保护贯穿始终，如建立以投资者需求为导向的信息披露要求，便利投资者阅读、理解和决策；实施网络投票、中小投资者单独计票并披露等制度安排，便利投资者充分表达自身意愿。全国股转公司成立了投资者服务专门部门，配置专职人员开展投资者服务工作和投资者教育活动。要积极落实新《证券法》，健全内幕交易、市场操纵等违法违规行为的立案、移送标准和程序，推动先行赔付、集体诉讼等制度在新三板落地，积极引入持股行权制度，继续加强调解、仲裁、诉讼等多元纠纷解决机制的建设和宣传，夯实投资者保护的制度机制。

三是要将风险防控和改革工作同步研判、同步部署，有针对性地制订风险防控工作方案。以底线思维为新三板改革发展护航，制订专项工作方案，针对改革过程中可能出现的市场风险、监管风险和技术系统风险，进行细致梳理，建立风险监测和预警机制，准备相应处置措施，确保各项改革措施平稳落地。包括加强对二级市场、投资者行为、跨市场联动的分析研判，构建市场运行风险监测体系，加强关键节点的市场运行分析；针对审查质量、发行结果、公司监管等方面的风险，建立协同应对工作机制，量化各类风险监控指标，做好措施储备；实施 7×24 小时舆情监测，主动解疑释惑，强化舆情管理；根据新的形势，修订应急管理办法，制订挂牌公司、交易系统、技术系统等应急方案，确保及时反应、稳妥处置，牢牢守住不发生系统性风险的底线。

**二、新三板改革的基本原则**

**（一）坚持按市场规律办事**

新三板改革要通过充分的市场调研，深化对新三板市场运行规律的认识，做到尊重规律、敬畏规律、遵守规律。在投融资关系方面，投资与融资是一个硬币的两面，没有投资就没有所谓的融资，两者相辅相成、相互促进。新三板合格投资者数量较少、类型单一，无法充分满足近万家企业的直接融资需求。在买卖关系方面，合理的流动性和公允的二级市场价格是融资并购定价的基础，股票流动性和公允价格的形成，主要源于买卖订单的博弈过程，而新三板市场买卖失衡，是流动性不足和价格大幅波动的重要原因之一。改革举措致力于解决好投资与融资、买与卖的关系问题。

**（二）坚持依法依规推进改革**

新三板相关改革举措都是在现有法律制度框架下进行的探索，涉及制定和修改证监会部门规章、规范性文件以及自律规则，均应配套准备，确保改革有法可依、有规可循。考虑到新三板近万家挂牌公司中初创企业与成熟企业并存，新兴业态与传统行业并存，个股流动性和风险外溢程度也有较大差异，相应的制度规定均应根据企业特征的多元化进行差异化安排。为夯实新三板发展法制基础，还要进一步积极推动制定有关新三板市场的行政法规。

**（三）坚持改革创新与风险防控并重**

在改革过程中，要将风险防控放在更加重要的位置，将风险防控与改革工作同步研判、同步部署，不断完善市场监管机制，牢牢守住不发生系统性风险的底线。针对改革过程中可能出现的市场风险、监管风险和技术系统风险等，要有针对性的风险防控工作方案，在具体制度设计上强化内外部监督制约，实现风控手段对业务流程的全覆盖。

**（四）坚持存量优化与增量改革并重**

在现行制度框架下的存量优化予以先行推进，2018 年 10 月底至全面深化新三板改革启动，新三板市场进行了一系列存量制度优化，定向发行备案审查时间由 7.9 天缩短为 2.9 天，小额授权发行机制平均节省时间 15 天以上，重大资产重组发行股份购买资产取消 35 人和合格投资者限制，推出 8 只引领系列指数，上线新三板投融通平台等。在此基础上，结合全面深化新三板改革做足增量改革的同时，还应进一步加大存量改革，优化挂牌条件实施标准、出台终止挂牌规则、制定挂牌公司规范运作指引、优化信息披露制度，提高挂牌公司质量；完善现行可转债和优先股制度，将可转债范围扩大至所有挂牌公司，放开优先股转股限制，探索资产证券化品种，丰富融资工具；建立挂牌公司股权激励制度，优化并购重组管理，进一步激发市场主体创新活力；做好银企对接，拓展市场培训，加强市场服务；完善主办券商制度，制定会计师事务所和律师事务所自律管理规则，健全中介机构激励约束机制，促进中介机构归位尽责；建立挂牌公司违规行为分类处理机制和跨市场监管协作机制，优化自律监管与行政监管的对接工作，提高监管效率和监管质量。

## 第四节　新三板改革的主要内容

2019 年 10 月启动的全面深化新三板改革是一项系统性工程，是自全国股转公司成立以来的一次最全面、最系统、最深入的改革，和新三板市场的历次改革相比较，这次改革将使新三板市场发生彻底的变化，必将深刻地影响新三板市场未来的变化，使新三板的地位、作用凸显和不可撼动，成为我国资本市场中极其重要的一支力量。这次改革内容之丰富、制度供给之充分、规则配套之全面、创新举措之频繁远超市场预期。

### 一、设立精选层与转板上市

完成公开发行且符合入层条件的企业进入精选层，在新三板连续挂牌满两年且在精选层连续挂牌满一年的精选层公司可以申请转板上市。精选层公司具有较强的公众化水平，公司治理规范，经营状况良好，比照上市公司严格监管。在此基础上实施转板上市，具备相应的法律和市场基础，既可以有效防止监管套利，又能保障转板上市平稳落地。

转板上市的企业应符合《证券法》和证券交易所规定的上市条件。应符合

《证券法》关于股票经核准已公开发行、公开发行股份比例、股本总额、最近三年无重大违法行为和财务会计报告无虚假记载等法定要求，还应符合交易关于转板上市的具体条件。

转板上市不需经证监会核准。转板上市需经公司董事会、股东大会审议通过，并由保荐机构进行保荐；考虑到精选层公司已完成经核准的公开发行，并经保荐机构核查推荐，转板前接受了较严格的监管，信息披露、公司治理等方面规范性较强，转板上市时无须再经证监会核准，由交易所开展审查并作出上市决定；新三板办理终止挂牌。

## 二、优化融资制度

（一）实行向不特定对象公开发行制度

一是发行主体与对象。第一，发行主体限于在新三板挂牌满 1 年的创新层公司，主要考虑是企业挂牌后经过一定时间的市场检验和严格监管，有利于保证精选层企业质量，确保制度平稳实施。此外，考虑到目前基础层仍有一批优质企业，为稳定市场预期，在制度实施后至首次定期调层前，允许符合条件的基础层公司公开发行并进入精选层，首次定期调层后发行主体恢复为在新三板挂牌满 1 年的创新层公司。第二，发行对象为符合新三板投资者适当性要求的投资者。

二是发行条件。公开发行股份须遵循《证券法》规定的公开发行条件，包括具备健全且运行良好的组织机构；具有持续盈利能力，财务状况良好；最近3 年财务会计文件无虚假记载，无其他重大违法行为等，不新增其他条件。按照《非公办法》，规定信息披露和公司治理要求，结合挂牌公司特点对发行条件进行细化明确。按照《国务院决定》精神，允许研发能力较强、创新能力突出的暂未实现盈利企业向不特定对象公开发行，但应充分论证实现盈利的内外部条件。将市值、财务指标和股权分散度等要求纳入精选层分层条件，企业向不特定对象公开发行与进入精选层挂钩，降低发行风险。

三是精选层入层条件。《分层管理办法》要求进入精选层的应当符合下列条件之一：标准一，遴选盈利能力强的企业，该标准侧重于财务指标，市值起辅助作用，设定为"市值不低于2亿元，最近2年净利润均不低于1500万元且加权平均净资产收益率的均值不低于8%，或者最近1年净利润不低于2500万元且加权平均净资产收益率不低于8%"；标准二，遴选高成长性的企业，设定为"市值不低于4亿元，最近2年平均营业收入不低于1亿元且增长率不低于30%，最近1年经营活动产生的现金流量净额为正"；标准三，遴选具有较高市场认可度的创新企业，设定为"市值不低于8亿元，最近1年营业收入不低于2亿元，最近2年研发投入合计占2年营收合计比例不低于8%"；标准四，遴选市场高度认可、创新能力强的创新企业，设定为"市值不低于15亿元，最近2年研发投入累计不低于5000万元"。

四是审核机制。按照《证券法》和《国务院决定》的要求，建立新三板负责精选层入层审查、证监会履行法定行政许可职责的审核机制，把好精选层公司质量关。第一，审核流程。新三板建立电子化系统，受理向不特定对象公开发行并进入精选层的申请文件，审查职能部门履行文件审查、质控复核、审查问询等程序后，提交挂牌委员会审议，新三板结合挂牌委员会审议意见作出审查决定。审查通过后，将审查意见和申请文件一并报送证监会审核；证监会简化审核程序，无须提交发审委审议。第二，建立审查质控机制。实施现场检查；明确发行条件、分层条件及信息披露的具体审查标准，建立审查工作底稿制度；专门质控机构复核，主要节点集体决策；在新三板设立挂牌委员会，由新三板专业人士以及外部专家组成，对发行人是否符合精选层分层条件和信息披露要求提出专业意见。

五是保荐承销。第一，实行保荐制，持续督导期限为3年，同时新三板主办券商持续督导制度仍适用于精选层公司。保荐机构保荐职责、业务规程和保荐责任适用《证券发行上市保荐业务管理办法》相关规定，豁免适用关于公开发行上市当年即亏损、公开发行并上市之日起12个月内累计50%以上资产或者主营业务发生重组情形下，对保荐人和保荐代表人采取监管措施的规定。第二，公开发行由证券公司承销，发行人可自主选择询价、竞价或直接定价方式确定发行价格；引入战略配售机制，允许发行人高管、核心员工以及保荐机构及其实际控制人控制的相关子公司参与战略配售；设置超额配售选择权；允许发行人和主承销商在配售完成前中止发行。

（二）完善定向发行和优先股，引入可转债

一是优化现行普通股定向发行制度。第一，取消单次发行新增股东人数35人限制。第二，允许仅面向现有股东、董监高、核心员工等内部人员的发行实施自办发行，但在定价及募集资金管理等方面保持监管要求不变，避免制度套利。第三，允许挂牌同时定向发行。第四，定向发行后股东人数超过200人的，按照公开发行管理方式，经新三板审查后由证监会进行核准。

二是完善现行优先股发行制度。第一，允许挂牌公司发行可转换为普通股的优先股。第二，考虑到超过四成挂牌公司最近两年加权平均净资产收益率不足5%，且部分未盈利的研发类企业也有发行需求，为扩大优先股适用范围，取消票面股息率不高于最近两年加权平均净资产收益率的要求，允许挂牌公司与投资者协商确定。

三是引入定向发行可转债制度。第一，发行条件。遵循《国务院决定》中的合法规范经营、公司治理健全、信息披露合规等基本要求，比照《证券法》公开发行债券的有关规定，设置净资产规模、累计债券余额占比等要求。第二，审核方式。比照普通股发行设置审核程序，发行后证券持有人不超过200人的由新三板备案，发行后证券持有人超过200人的经新三板审查后由证监会核准；转股环节按上市公司可转债自动转股的模式，无须证监会核准或新三板备案。第三，发行方式。不设发行人数限制，不强制承销保荐和评级。第四，转让安排。允许盘后协议转让。

此外，考虑到新三板部分挂牌公司科技创新属性突出，此类企业在股权融资时，希望充分发挥创业团队、管理团队的作用，保持控制权稳定。因此，允许企业在进入精选层前设置差异化表决安排，特别表决权股份拥有的表决权数量大于普通股份。同时，配套设置特别表决权最高倍数，明确恢复一股一权以及特别表决权的失效情形等，防止表决权滥用。

### 三、完善交易和投资者准入制度

（一）调整交易制度

一是精选层盘中实行连续竞价交易方式，开收盘实行集合竞价。最低申报数量设置为 100 股，取消最小交易单位。根据连续竞价实施后市场流动性需要，适时引入混合做市交易机制。提高创新层和基础层交易频次。创新层集合竞价撮合频次由每天 5 次提高至 25 次；基础层集合竞价撮合频次由每天 1 次提高至 5 次；同时，创新层和基础层公司仍可选择做市交易方式。

二是设置连续竞价价格稳定机制。第一，对连续竞价股票实行价格涨跌幅限制，涨跌幅限制比例为 30%。价格涨跌幅限制以内的申报为有效申报，超过价格涨跌幅限制的申报为无效申报。第二，设置动态申报有效价格限制。有价格涨跌幅限制和无价格涨跌幅限制的股票，在连续竞价阶段的限价申报应当符合：（1）买入申报价格不高于买入基准价格的 105% 或买入基准价格以上 10 个最小价格变动单位（以孰高为准）；（2）卖出申报价格不低于卖出基准价格的 95% 或卖出基准价格以下 10 个最小价格变动单位（以孰低为准）。第三，设置个股波动性中断机制。连续竞价股票竞价交易出现下列情形之一的，对其实施盘中临时停牌：（1）无价格涨跌幅限制的连续竞价股票盘中交易价格较当日开盘价首次上涨或下跌达到或超过 30% 的；（2）无价格涨跌幅限制的连续竞价股票盘中交易价格较当日开盘价首次上涨或下跌达到或超过 60% 的。该只股票盘中单次临时停牌的持续时间为 10 分钟。

（二）调整投资者准入制度

一是实施差异化投资者适当性标准。将精选层、创新层、基础层投资者准入标准分别设置为 100 万元、150 万元、200 万元；个人投资者以证券资产计算，法人机构以实收资本计算。配套优化投资者适当性管理机制，明确金融资产的认定标准。

二是扩大机构投资者队伍，明确公募基金投资精选层公司股票具体监管安排。研究落实 QFII、RQFII、保险资金、社保基金和企业年金等机构投资新三板的相关安排。

### 四、完善市场差异化监管安排

#### （一）分层设置监管要求

一是精选层对标上市公司严格监管，召开股东大会须安排网络投票，实行累积投票制、中小股东单独计票，明确重大事项的董事会、股东大会审议标准和披露标准，建立敏感期交易限制，要求公司章程规定短线交易归入权等。不仅披露年度报告、半年度报告，还要求披露季度报告、业绩快报和业绩预告；年度报告内容与格式实行详式披露要求。设置专门的行政执法安排，对控股股东、实际控制人等相关主体所持股份予以限售。精选层公司再融资价格原则上应当以股票交易的市场价格为定价基础。

二是创新层设置相对适中的监管要求。要求制定并披露"三会一层"议事规则等公司制度，设置具有相应资质的董事会秘书。定期报告的披露频次与基础层一致，在基本信息的披露要求基础上增加对行业信息等经营内容的披露要求。

三是基础层在合规的基础上设置与其公众化水平相匹配的底线监管要求。要求符合非上市公众公司的基本治理规范，保证"三会一层"的正常运行。在保证信息披露质量的基础上，简化披露内容和频次要求，定期报告仅要求披露年度报告和半年度报告，半年度报告以财务报表为主；临时报告侧重于风险事项的披露。

#### （二）完善层次调整机制

设置降层机制，保障企业质量，维护各层次稳定。精选层和创新层设置财务类、交易类和规范类等降层标准。触发净利润、营业收入和净资产等财务类标准的，每年定期调出；触发股票交易价格长期低于面值等交易类标准的，即时调出；存在违法违规行为的，同样即时调出。触发财务类和交易类降层情形的，逐层降低层次；触发规范类降层情形的，直接降至基础层。

#### （三）完善终止挂牌制度

完善摘牌机制，加大"恶意摘牌"惩处力度。一是制定《股票终止挂牌业务细则》，对未披露定期报告、丧失持续经营能力、公司治理长期失效以及存在重大违法违规情形的公司强制摘牌。二是实行分级管理，加大"恶意摘牌"惩罚力度，提高违法成本。第一，对于未按期披露定期报告的公司，予以公开谴责并计入诚信档案，证监会在 IPO 审核中对相关事项予以重点关注；第二，对于未披露定期报告触发强制摘牌的公司，由证监会立案调查，重点调查是否具备披露信息的实际能力；第三，对于经调查认定具有披露能力而未披露的"恶意摘牌"公司，予以行政处罚并对责任人处以市场禁入措施；认定为失信行为的，实施失信联合惩戒，采取"限乘限飞"措施。

**五、增加制度供给和司法保障**

目前，新三板市场虚假陈述、内幕交易、操纵市场等重大违法行为已比照上市公司处罚，但其他违规处罚与上市公司尚有差距。现阶段，应充分发挥证监会系统监管合力，增加制度供给；长远看，新三板应同步适用资本市场提高违法成本的改革措施，提升监管和处罚力度。

一是明确精选层比照上市公司监管的具体安排。证监会制定《精选层公司持续监管特别要求》等规则，明确控股股东行为规范、关联交易与对外担保、并购重组、股份减持等要求；明晰发行人及其控股股东、实际控制人、保荐机构和证券服务机构之间的责任划分。

二是明确精选层稽查执法标准与工作衔接机制。证监会制定《精选层违法违规行为报送与处罚标准》，明确违法行为的移送与处罚标准，建立线索发现与处理、案件调查和处罚的处置机制，及时查处违法行为；涉嫌犯罪的，建立常态化移送机制，及时交司法机关从严追究刑事责任。针对违法失信主体，推动实施联合惩戒。

三是实施分类监管，发挥派出机构现场监管优势。证监会制定《挂牌公司分类监管工作规程》，针对精选层公司构建会机关、证监局和新三板"三点一线"工作机制，派出机构按照辖区监管责任制实施现场监管，并根据需要实施非现场监管；其他层次以自律监管为主，强化主办券商持续督导责任，发现明显违法线索的，移送证监会立案稽查。

四是用好、用足自律监管手段。加大对违法违规中介机构处罚力度。新三板建立执法检查和案件审理协作专门力量，配合会机关和派出机构对精选层公司进行现场检查和稽查执法，参照科创板对保荐人实施现场督导。

五是推动建立提高违法违规成本的长效法律机制。推动将新三板精选层重大违法行为纳入《刑法》《证券法》修改适用范围，大幅提高刑期上限、罚款金额等。协调最高人民法院明确精选层适用《关于为设立科创板并试点注册制改革提供司法保障的若干意见》中关于严厉打击证券犯罪和金融腐败犯罪、强化违法违规主体的民事赔偿责任、防止实际控制人利用差异化表决安排损害普通股东权利等方面的规定。

# 第四章  新三板的未来

新三板市场是中国资本市场多层次中的重要一环，充满着中国特色，自2013年成立以来经过了7年的发展取得了很大的成绩，但一路走来也充满着坎坷，有过辉煌，更有艰难。新三板的7年时间，与国外资本市场上百年的历史相比非常短暂，和国内沪深证券交易所相比较也很年轻。新三板市场是个新兴市场，未来的路还很长，笔者坚信有党中央、国务院对新三板的正确决策和中国证监会的坚强领导，有我国实体经济的雄厚基础和经济的快速发展，千万家民营中小企业的实际需求，有投资者、中介机构等市场参与者的积极参与、社会各界的全力支持，新三板在我国资本市场将长期存在，并有美好的未来。

作为长期存在的新三板，它未来的发展方向是什么？笔者认为，新三板未来的发展方向应该是集团化、市场化、法治化、国际化。

## 第一节  新三板的集团化

所谓集团化是以母公司为基础，以产权关系为纽带，通过股权投资、合资、合作等方式把几个独立法人联系在一起所形成的整合体，并由此将这一整合体的成员企业，在经营过程中的各个环节紧密联系、整体安排、协同运作的一种公司整体运作模式。

### 一、集团化理论基础

企业集团化是企业发展经营过程中的大趋势，这种经营模式是有理论基础的。一般认为它源自企业边界理论、规模效益理论和协同效应理论。

（一）企业边界理论

企业边界理论认为企业都有边界，企业与企业以外的主体进行交易就形成了市场交易，同时产生交易费用和税收。而企业内部的交易费用最低，因为它避免了税收和交易成本，集团化运作的实质是扩大了企业的边界。企业边界的研究一直是企业理论研究领域的重要内容。不同的学者从不同的角度研究企业的边界，形成了丰富的企业边界理论。对于这一理论，中外经济学家均有众多论述。经济学家钱德勒、马歇尔、科斯、阿尔钦、德姆塞茨、威廉姆斯、契斯、迪屈奇、张五常等对企业边界理论均有所论述和贡献。概括而言，主要有科斯从交易成本角度、威廉姆斯从资产专用性角度、新古典经济学从专业化理论角度、企业能力理论从企业核心能力角度、企业产权理论从行为角度，以及迈克尔·迪屈奇结合交易成本理论、企业能力理论和知识经济理论对企业边界的研究。这些研究表现出企业内部边界和外部边界并重，由静态的企业边界到动态的企业边界的变化趋势，提出了企业的制度边界、经营边界、法定边界、治理边界、契约边界、心理边界和行为边界的分类研究模式。[①] 美国经济学家艾尔弗雷德·D. 钱德勒认为，当企业规模边界的扩张不能产生效率时，企业应停止扩张活动，最终决定企业规模的是效率;[②] 英国近代经济学家、新古典派创始人阿尔弗雷德·马歇尔认为，企业之所以存在是因为与自给自足相比，为他人生产是有效率的，这种效率来自企业在规模经济、专业化活动等方面具有的优势;[③] 美国经济学家罗纳德·科斯认为，如果通过市场安排协调资源的费用（交易费用）超过了企业内部管理资源的费用，企业内部管理的资源配置就是十分必要的和合理的。企业组织的边界决定于市场交易成本和企业内部组

---

[①] 参见郑军. 企业集团边界体系研究：基础理论 [J]. 财政监督，2007 (14)。

[②] 参见小艾尔雷德·D. 钱德勒. 企业规模经济与范围经济：工业资本主义的原动力 [M]. 北京：中国社会科学出版社，1999。

[③] 参见 Marshall, Alfred, Marshall, et al. Economia della produzione [J]. Journal of the Indiana State Medical Association, 1959, 52 (9-10)：1452-1454。

织协调成本的比较；<sup>①</sup> 美国经济学家、现代产权经济学创始人阿尔钦和哈罗德·德姆塞茨的"团队生产理论"提出，企业的实质是团队生产，生产团队之所以演变为企业，是因为团队生产带来的生产高效率产生了激励需求与产出难以计量这一对矛盾，企业的特征不是拥有优于市场的权威权利，而是企业对要素生产率和报酬的计量能力以及对内部机会主义的监督能力优于市场，能节约更多的交易成本；<sup>②</sup> 美国经济学家迪屈奇认为，企业边界由企业和市场的管理效益与管理成本对比来确定，当企业的交易成本大于管理成本、交易效益大于管理效益时，半结合行为发生；<sup>③</sup> 美国经济学家契斯认为，应该采用一种整体的视角，涵盖与企业能力建立相关的整个过程、整个企业的内部知识和产品的生产过程和外部的交易过程，他将企业动态能力定义为"企业整合、塑造和重组内部和外部竞争力以应对不断变化的环境的整体能力"，并以企业动态能力为切入点对企业边界进行研究，认为"企业的边界在于能力的适用边界"；我国经济学家张五常认为，科斯论述的"企业的显著特征就是作为价格机制的替代物"，这种"企业是市场价格机制的替代物"的观点并不十分确切，而应视为一种契约形式取代另一种契约形式，或者说，企业是用要素市场代替产品市场，<sup>④</sup> 他指出，企业并不是用非市场方式替代市场方式，而是用交易费用较低的要素市场替代了交易费用较高的产品市场，是市场形态高级化的表现。显然，在其中就隐含有企业也是一种市场网络组织的思想。<sup>⑤</sup>

综上可知，企业边界理论探讨的是企业在经营过程中处于什么样的界限对企业是有效的，成本是最小的，在内部管理和市场效益上如何找到合理的位置。因此，这就为企业的集团化运营奠定了很好的理论基础。

---

① 参见 Ronald H. Coase, The Nature of the Firm [J], Economica, November 1937, n. s. 4。

② 参见刘韬. 企业文化解说：西方现代经济学的观点，2006 - 08 - 19；Alchian A A, Demsetz H. Production, Information Costs, and Economic Organization [J]. IEEE Engineering Management Review, 1972, 62 (2)：777 -795。

③ 参见 [美] 迈克尔·迪屈奇. 交易成本经济学：关于公司的新的经济意义 [M]. 王铁生，葛立成，译. 北京：经济科学出版社，2000。

④ 参见程启智. 企业的起源和性质：历史和逻辑统一的分析 [J]. 国有资产研究，1998 (6)。

⑤ 参见孙天琦. 合作竞争型准市场组织的发展与产业组织结构演进 [J]. 经济评论，2001 (4)。

（二）规模效益理论

规模效益（或称规模报酬）是指企业将生产要素等比例增加时，产出增加价值大于投入增加价值。任何企业要进行生产，都必须把生产要素聚集在一起，组合成一定的批量生产能力。由于生产要素的不可分性，当企业生产规模增大时，就会使各项费用节约，生产成本降低，经济效益提高。比如，统一采购、结算、制造、营销等。规模效益理论是从"规模经济"理论引申出来的。所谓规模经济，是西方经济学和发展经济学的学术用语，通常是指扩大生产规模引起经济效益的增加，它反映生产要素的集中程度与经济效益的关系。规模经济一般表现为大规模经营通常具有的优越性。但并不是说规模越大越好，关键是以规模效益的大小来决定经营规模。

规模经济理论起源于美国，马歇尔、张伯伦、罗宾逊、萨缪尔森、钱德勒等经济学家都对这一理论作出了很大贡献。马克思作为传统规模经济学理论的另一分支，也对规模经济理论作出了很大贡献。马歇尔认为，规模经济的形成有两种途径，即依赖于个别企业对资源的充分有效利用、组织和经营效率的提高而形成的"内部规模经济"和依赖于多个企业之间因合理的分工与联合、合理的地区布局等所形成的"外部规模经济"；[①] 英国经济学家罗宾逊和美国经济学家张伯伦针对"马歇尔冲突"提出了垄断竞争的理论主张，使传统规模经济理论得到补充；[②] 美国经济学家萨缪尔森认为，生产在企业里进行的原因在于效率通常要求大规模的生产、筹集巨额资金以及对正在进行的活动实行细致的管理与监督，导致在企业里组织生产的最强有力的因素来自大规模生产的经济性；[③] 美国经济学家钱德勒认为，当管理上的协调比市场机制的协调带来更大的生产力、较低的成本和较高的利润时，现代多单位的工商企业就会取代传统

---

[①] 参见阿尔弗雷德·马歇尔.经济学原理［M］.刘生龙，译.北京：中国社会科学院出版社，2008。
[②] 马歇尔发现由"大规模"而带来的垄断问题，以及垄断对市场价格机制的破坏作用，规模经济与市场垄断之间的矛盾就是著名的"马歇尔冲突"。它说明企业规模不能无节制地扩大，否则所形成的垄断组织将使市场失去"完全竞争"的活力。
[③] 参见保罗·A.萨缪尔森.经济学［M］.萧琛，译.北京：人民邮电出版社，2008。

的大小公司①。马克思在《资本论》第一卷中，详细分析了社会劳动生产力的发展必须以大规模的生产与协作为前提。大规模生产是提高劳动生产率的有效途径，是近代工业发展的必由之路，在此基础上，"才能组织劳动的分工和结合，才能使生产资料由于大规模积聚而得到节约，才能产生那些按其物质属性来说适于共同使用的劳动资料，如机器体系等，才能使巨大的自然力为生产服务，才能使生产过程变为科学在工艺上的应用"。②

从以上可以看出，源于规模经济理论的规模效益理论是指企业在经营过程中不断整合、协作，通过扩大规模使经济效益得到提升，这一理论也使企业的集团化有了理论上的支撑。

（三）协同效应理论

协同效应是指企业生产、营销、管理的不同环节、不同阶段、不同方面共同利用同一资源而产生的整体效应；或者指并购后竞争力增强，导致净现金流量超过两家公司预期现金流量之和，或合并后公司业绩比两个公司独立存在时的预期业绩高。协同效应可分为外部协同效应、内部协同效应，经营协同效应、管理协同效应和财务协同效应。外部协同效应是指一个集群中的企业由于相互协作共享业务行为和特定资源，因而将此作为一个单独运作的企业取得更高的盈利能力；内部协同效应是指企业生产、营销、管理的不同环节、不同阶段、不同方面共同利用同一资源而产生的整体效应；经营协同效应是指协同后的企业生产经营活动在效率方面带来的变化及效率的提高所产生的效益，其含义为协同改善了公司的经营，从而提高了公司效益，包括产生的规模经济、优势互补、成本降低、市场份额扩大、更全面的服务等；管理协同效应又称差别效率理论，主要是指协同给企业管理活动在效率方面带来的变化及效率的提高所产生的效益。如果协同公司的管理效率不同，在管理效率高的公司与管理效率不高的另一个公司协同之后，低效率公司的管理效率得以提高，这就是所谓的管理协同效应。管理协同效应来源于行业和

---

① 参见钱德勒. 看得见的手［M］. 沈颖，译. 北京：商务印书馆，1987。
② 参见马克思. 资本论（第1卷至第3卷）［M］. 北京：人民出版社，1975。

企业专属管理资源的不可分性；财务协同效应是指协同的发生在财务方面给协同公司带来收益，包括财务能力提高、合理避税和预期效应。例如，在企业并购中产生的财务协同效应就是指在企业兼并发生后通过将收购企业的低资本成本的内部资金投资于被收购企业的高效益项目上从而使兼并后的企业资金使用效益有所提高。

1971 年，德国物理学家赫尔曼·哈肯提出了协同的概念，之后安德鲁·坎贝尔、伊戈尔·安索夫、莫斯·坎特等经济学家又进行补充完善，丰富了这一理论。赫尔曼·哈肯认为，整个环境中的各个系统间存在着相互影响而又相互合作的关系，社会现象也是如此，如企业组织中不同单位间的相互配合与协作关系，以及系统中的相互干扰和制约等；[①] 安德鲁·坎贝尔认为当从公司一个部门中积累的资源可以被同时且无成本地应用于公司的其他部分的时候，协同效应就发生了；[②] 英国《经济学人》杂志编辑蒂姆·欣德尔认为，企业可以通过共享技能、共享有形资源、协同的战略、垂直整合、与供应商的谈判和联合力量等方式实现协同；[③] 美国战略管理学家伊戈尔·安索夫认为，协同就是企业通过识别自身能力与机遇的匹配关系来成功拓展新的事业，协同战略可以像纽带一样把公司多元化的业务联结起来，即企业通过寻求合理的销售、运营、投资与管理战略安排，可以有效配置生产要素、业务单元与环境条件，实现一种类似报酬递增的协同效应，从而使公司得以更充分地利用现有优势，并开拓新的发展空间；[④] 哈佛大学教授莫斯·坎特甚至指出，多元化公司存在的唯一理由就是获取协同效应。

综上可以看出，协同效应就是要使企业将相关的资源进行整合，彼此密切配合、相互协调，使企业在经营和作用过程中产生 1 + 1 > 2 的效果。而企业的集团化正是对集团内的资源进行整合，为的是配合和协调，产生更好的效益。

---

① 参见赫尔曼·哈肯. 协同学导论 [M]. 张纪岳，郭治安，译. 西安：西北大学出版社，1981。
② 参见安德鲁·坎贝尔. 战略协同 [M]. 任通海，龙大伟，译. 北京：机械工业出版社，2000。
③ 参见蒂姆·欣德尔. 管理思想 [M]. 徐伟，译. 北京：中信出版社，2004。
④ 伊戈尔·安索夫. 新公司战略 [M]. 成都：西南财经大学出版社，2009。

## 二、境外交易所经验借鉴

境外证券交易所的集团化是在资本市场发展过程中，经过不断地摸索逐步形成的，是正反两方面经验的总结，它随着国际经济的发展和资本市场并购潮流而不断兴起。从目前看，证券交易所的集团化是境外证券交易所整合资源，增加自身实力，扩充势力范围，优化组合、统一协调、降低成本、提高效率的有力手段，以便在国际资本市场争夺资源和激烈的竞争中占据有利的地位。因此，证券交易所的集团化是证券交易所总的发展趋势。以下就美国、英国、德国、法国、日本及中国香港地区等境外主要资本市场证券交易所的集团化情况做简要介绍。

（一）美国洲际交易所

1. 洲际交易所集团化的发展路径

洲际交易所（以下ICE）创立于2000年，纽约证券交易所（以下简称纽交所）隶属该集团。依据洲际交易所2019年年报及官网披露的信息，ICE的集团化发展历程归纳如表4-1所示。

表4-1 ICE集团化发展历程①

| 年份 | 主要发展路径 |
| --- | --- |
| 1792 | 24名证券经纪人在纽约华尔街68号外梧桐树下签署梧桐树协议，开启证券交易 |
| 1812 | 纽约经纪人在华尔街40号租屋中成立纽约股票交易委员会 |
| 2000 | （1）ICE成立，致力于发展成透明的OTC能源市场<br>（2）阿姆斯特丹、布鲁塞尔、巴黎和葡萄牙证券交易所合并，成立泛欧证券交易所 |
| 2001 | ICE收购英国国际石油交易所，拓展其能源期货业务 |
| 2002 | 泛欧证券交易所收购伦敦国际金融期货交易所 |
| 2005 | ICE在纽约证券交易所上市 |
| 2006 | 纽约证券交易所与美国全电子群岛交易所（Archipelago）合并，设立了纽约证券交易所高增长板，形成公众的、以营利为目的的纽约证券交易所集团 |

---

① 本段内容是按照美国洲际交易所官网内容翻译汇总，详见 https：//www.intercontinentalexchange.com/about；同时包括下属证券交易所，如纽交所的发展历史。

续表

| 年份 | 主要发展路径 |
| --- | --- |
| 2007 | （1）ICE 收购纽约期货交易所和温尼伯商品交易所<br>（2）纽约证券交易所集团与泛欧证券交易所合并，形成纽约泛欧交易所，是第一家跨大西洋的证券交易所集团 |
| 2008 | （1）ICE 建立 ICE 欧洲清算公司<br>（2）ICE 收购领先的信用衍生工具跨境交易经纪商 Creditex 公司和 YellowJacket<br>（3）纽约泛欧交易所收购美国证券交易所 |
| 2009 | ICE 成立两个 CDS 清算所，使其成为全球 CDS 清算系统的引领者 |
| 2010 | ICE 收购气候交易所，成为全球碳市场的引领者 |
| 2013 | （1）ICE 收购阿姆斯特丹电力交易所多数股权，成立 ICE 电力交易所<br>（2）ICE 收购纽约泛欧证券交易所 |
| 2014 | （1）ICE 收购新加坡商品期货交易所<br>（2）ICE 拓展风险管理服务超级衍生品业务<br>（3）ICE 收购荷兰清算所多数股权，现为 ICE 荷兰清算所 |
| 2015 | （1）ICE 推出 Eris 互换期货<br>（2）纽约证券交易所投资比特币钱包<br>（3）ICE 收购交互式数据控股公司 |
| 2016 | （1）ICE 收购标准普尔全球证券评级机构和信用市场分析机构<br>（2）ICE 收购抵押贷款电子登记系统多数股权 |
| 2017 | （1）ICE 收购美国全国股票交易所<br>（2）ICE 收购加拿大能源交易所和天然气交易清算所及能源经纪机构<br>（3）ICE 数据服务增加美银美林全球研究部的指数业务至其固定收益平台 |
| 2018 | （1）ICE 将 Bondpoint 固定收益平台加入综合债券交易发行中<br>（2）ICE 收购芝加哥证券交易所 |

## 2. 洲际交易所集团的架构

依据 ICE 的 2019 年年报及官网披露的信息，ICE 目前主要拥有 5 家证券交易所、3 家场外交易市场、6 家清算所、8 家提供衍生品交易的交易所及多家数据服务公司。

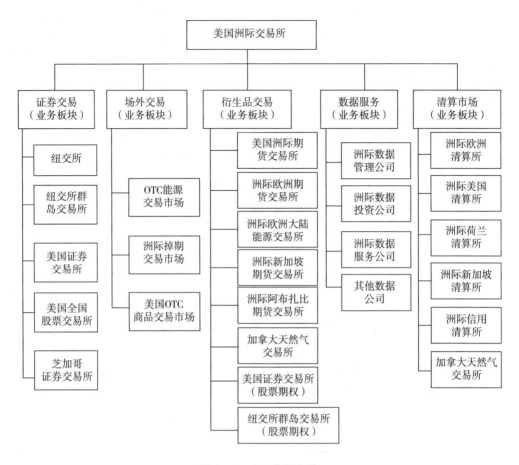

图 4-1 ICE 集团架构

3. 洲际交易所集团化的发展动态

ICE 是全球交易所集团化的领先者，ICE 在其 2019 年年报披露的发展战略中提到 ICE 将继续通过并购、与其他交易所合作、设立合资公司、建立联盟关系等战略进一步加强 ICE 在国际上的竞争力，保持 ICE 在上市业务领域的领先地位。2019 年，纽交所及纽交所—美国证券交易所共有 89 家公司发行上市，通过超过 300 笔 IPO 及后续融资交易合计募集 1120 亿美元，其中 58 家公司在纽交所实现 IPO，融资金额约 290 亿美元[①]。2019 年 11 月 26 日，纽交所向美国证券交易委员会（SEC）提交了修改上市公司手册中直接上市相关规定的申

①　前述内容及信息均摘自美国洲际交易所 2019 年年报披露信息并翻译汇总描述。

请。该申请旨在希望 SEC 允许，企业通过直接上市在纽交所首次公开发行股票，而无须采用传统的承销方式进行 IPO 融资，从而达到降低募资成本、激励企业上市的目的①。2020 年 2 月 4 日，《华尔街日报》发布新闻称，ICE 拟要约收购电商平台易趣公司（Ebay），交易对价可能超过 300 亿美元。2019 年 11 月，新闻报道泛欧交易所拟以 28 亿欧元收购西班牙交易所集团②。

依据 ICE 往年年报及纽交所被合并前的年报信息，ICE 集团化进程中证券交易所收购的主要交易如表 4 - 2 所示。

表 4 - 2　ICE 集团化进程

| 时间 | 主要交易说明 |
| --- | --- |
| 2006 年 6 月 1 日 | 纽约证券交易所与群岛交易所合并成立纽约证券交易所集团 |
| 2007 年 4 月 4 日 | 纽约证券交易所集团完成与欧洲泛欧证券交易所的合并，交易完成后纽约泛欧交易所成为纽约证券交易所集团与泛欧证券交易所的母公司 |
| 2008 年 10 月 1 日 | 纽约泛欧交易所完成对 Amex 成员公司包括其下属子公司美国证券交易所的收购，交易完成后更名为纽交所—Amex（NYSE Amex），美国证券交易所主要为新兴增长企业提供上市交易的场所 |
| 2013 年 11 月 13 日 | ICE 以 111 亿美元通过股份及现金支付的方式收购了纽约泛欧交易所集团，交易完成后纽约泛欧交易所成为 ICE 的全资子公司 |
| 2017 年 1 月 31 日 | ICE 收购美国全国股票交易所，现更名为纽交所—全国（NYSE National），该交易所仅作为交易场所，不提供上市交易，交易完成后美国全国股票交易所从 2017 年 2 月 1 日起停业，直至 2018 年 5 月才重新开始运营 |
| 2018 年 7 月 18 日 | ICE 收购芝加哥证券交易所母公司 CHX 控股有限公司，现更名为纽交所—芝加哥（NYSE Chicago） |

（二）纳斯达克交易所

1. 纳斯达克交易所集团化的发展路径

纳斯达克成立于 1971 年，当时它是美国金融业监管局（FINRA）的全资子公司。2000 年开始，FINRA 进行重组，将纳斯达克的股份向美国金融业监管

---

① 该内容摘自《投资界》，详见 https：//news. pedaily. cn/201912/449090. shtml。

② 详见 https：//finance. sina. com. cn/stock/relnews/us/2019 - 11 - 20/doc - iihnzahi2097999. shtml？source = cj&dv = 2。

局的成员、投资公司以及在纳斯达克上市的发行人转让，至 2006 年 FINRA 不再拥有纳斯达克的所有权。纳斯达克股票交易所于 2017 年正式成为独立登记的全国性证券交易所。2008 年 2 月，纳斯达克收购北欧证券交易商瑞典 OMX 集团，合并完成后纳斯达克更名为纳斯达克 OMX 集团（2015 年纳斯达克再次更名为纳斯达克集团）。2008 年与 OMX 集团合并后，纳斯达克在集团内部架构搭建方面快速发展，不断通过并购在全球领域拓展业务、增加差异化的产品及服务，主要的并购交易如表 4 - 3 所示。

表 4 - 3　纳斯达克主要并购交易①

| 时间 | 主要并购交易说明 |
|---|---|
| 2008 年 7 月 | 纳斯达克完成对费城股票交易所的收购以拓宽其衍生产品市场，收购完成后费城股票交易所改名为纳斯达克 OMX 费城交易所（NASDAC OMX PHLX） |
| 2008 年 8 月 | 纳斯达克收购了波士顿股票交易所，建立了其第二家美国股票现货交易市场，也就是目前的纳斯达克 OMX 波士顿交易所（NASDAC OMX BX） |
| 2008 年 10 月 | 纳斯达克通过收购全球最大的能源衍生交易所 Nord Pool 设立了纳斯达克 OMX 商品交易所 |
| 2008 年 12 月 | 纳斯达克收购国际衍生品清算集团多数股权，使其成为纳斯达克 OMX 集团下属独立运营的子公司 |
| 2009 年 1 月 | 纳斯达克收购了欧洲多边清算机构 22% 的股权 |
| 2010 年 3 月 | 纳斯达克收购了北美能源信用和清算公司，以拓展其场外能源交易市场 |
| 2010 年 8 月 | 纳斯达克收购了从事智能市场监控系统业务的 SMARTS 集团控股有限公司 |
| 2012 年及 2014 年 | 纳斯达克通过两次并购交易收购了提供公司治理、风险管理及合规软件服务的 BWise Beheer 公司 100% 股权，以扩充其市场技术业务 |
| 2013 年 | （1）收购了全球金融和房地产市场服务经纪商 BGC Partner<br>（2）收购了汤森路透下属的投资者关系、公共关系及多媒体解决业务 |
| 2015 年 | （1）纳斯达克收购了知名数据分析公司 Dorsey Wright & Associates<br>（2）纳斯达克通过收购少数股权拥有了纳斯达克私人股权交易市场的 100% 股权，并通过该市场收购了私人股权交易所 Second Market |

---

① 本段落内容来源于纳斯达克往年年报及官网信息汇总翻译所做，如 2010 年纳斯达克年报信息详见 https：//www. sec. gov/Archives/edgar/data/1120193/000119312511045348/d10k. htm。

续表

| 时间 | 主要并购交易说明 |
|------|------------------|
| 2016 年 | （1）以 11 亿美元收购了德意志交易所旗下的国际证券交易所 ISE<br>（2）2016 年 2 月以 1.16 亿美元收购了主要从事市场服务及数据产品业务的纳斯达克加拿大北美交易平台<br>（3）收购了主要从事为各董事会管理层提供会议通道的 BondVantage 公司<br>（4）收购了新闻传播公司 Marketwired |
| 2017 年 9 月 | 纳斯达克以 7.05 亿美元收购了投资行业数据和分析平台 eVestment 公司 |
| 2018 年 | （1）纳斯达克收购了金融数据公司 Quandl<br>（2）收购了 RedQuarry 公司的资产 |
| 2019 年 2 月 | 纳斯达克完成收购瑞典金融科技供应商 Cinnober 99.6% 的股权 |

## 2. 纳斯达克交易所集团的架构

依据纳斯达克 2019 年年报，纳斯达克的主要产品和服务分为四个方面，即市场服务、公司服务、信息服务以及市场技术服务。其中，市场服务包括四大业务板块，即股票衍生品交易和清算，股票现货交易，固定收益交易、货币和商品交易及结算（FICC），以及交易管理服务。目前，一是在股票衍生品交易和清算板块，纳斯达克在美国拥有 6 家电子期权交易所；二是在股票现货交易板块，纳斯达克在美国拥有 3 个股票现货交易市场，在加拿大有 1 家交易所（该交易所内拥有 3 个独立的交易市场，即纳斯达克加拿大 CXC、CX2 及 CXD，进行加拿大上市证券的交易），同时在欧洲通过纳斯达克北欧交易所集团（该集团拥有瑞典斯德哥尔摩、芬兰赫尔辛基、丹麦哥本哈根以及冰岛雷克雅未克 4 家交易所）和纳斯达克波罗的海交易所集团（该集团在爱沙尼亚、立陶宛、拉脱维亚拥有 3 家股票交易所）开展股票现货、存托凭证、权证等交易；三是在固定收益交易、货币和商品交易及结算板块，主要拥有纳斯达克固定收益市场、纳斯达克商品交易市场及纳斯达克奥斯陆交易所。[①] 纳斯达克市场服务业务领域的主要集团架构如图 4-2 所示。

_____

① 内容来源于纳斯达克 2019 年年报，详见 https：//www.sec.gov/ix? doc =/Archives/edgar/data/1120193/000112019320000004/ndaq1231201910 - k.htm#s54c53305fc72479cb6dd537fb82b82d0。

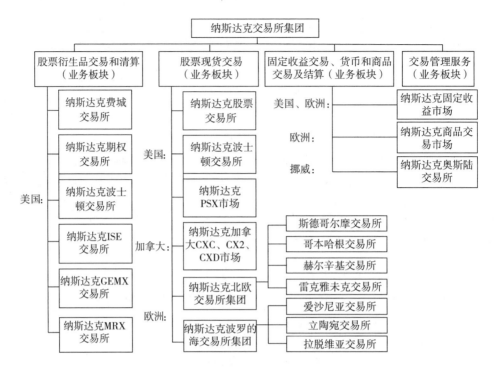

**图 4 - 2　纳斯达克市场服务业务领域主要集团架构**

纳斯达克的公司服务业务领域主要包括提供公司上市服务，纳斯达克市场目前分为三层，即纳斯达克全球精选市场、纳斯达克全球市场以及纳斯达克资本市场。截至 2019 年 12 月 31 日，共有 3140 家公司在纳斯达克股票交易所挂牌上市，其中 1420 家在纳斯达克全球精选市场上市、870 家在纳斯达克全球市场上市以及 850 家在纳斯达克资本市场上市①。

3. 纳斯达克交易所集团化的发展动态

纳斯达克在其 2019 年年报中提到，并购是纳斯达克这些年来快速发展的重要因素，进一步的并购、设立合资公司、投资、业务剥离和其他交易活动是集团未来发展的重要战略，同时集团计划未来在信息服务板块增加对数据分析业务的投资等。近年来，纳斯达克收购全球交易所的主要并购交易：2015 年 10 月，纳斯达克收购了纳斯达克私人股权交易所 SecondMarket。2016 年 3 月，纳斯达克宣

---

① 该段内容翻译自纳斯达克 2019 年年报，详见 https：//www. sec. gov/ix？ doc ＝/Archives/edgar/data/1120193/000112019320000004/ndaq1231201910 - k. htm#s54c53305fc72479cb6dd537fb82b82d0。

布以 11 亿美元收购德意志交易所集团旗下期权交易运营商国际证券交易所（ISE）[①]。2019 年，纳斯达克完成了对瑞典交易和实时清算技术提供商 Cinnober 公司的收购，该公司 2015 年进入加密货币领域，新闻报道称，本次收购为纳斯达克创办数字货币交易所做准备[②]。2019 年 4 月，纳斯达克宣布以每股 158 挪威克朗（合计 18.6 美元）的价格收购挪威奥斯陆证券交易所 844071 股股票，交易完成后将持有挪威奥斯陆证券交易所 37% 的股权[③]，但 2019 年 5 月新闻报道称，纳斯达克退出奥斯陆交易所的收购争夺，奥斯陆交易所由泛欧交易所成功收购[④]。

（三）伦敦证券交易所集团

1. 伦敦证券交易所集团化的发展路径

伦敦证券交易所具有 300 多年历史，是世界上历史最为悠久的证券交易所之一。伦敦证券交易所集团成立于 2007 年 10 月，由伦敦证券交易所与意大利米兰证券交易所合并而成。依据伦敦证券交易所官网披露的信息，该交易所集团的发展历程归纳如表 4 - 4 所示。

表 4 - 4　伦敦证券交易所集团的发展历程[⑤]

| 时间 | 主要发展路径 |
| --- | --- |
| 1698 年 | John Castaing 在乔纳森咖啡馆开始发行了名为"交易所与其他事项"的股票与商品价格清单 |
| 1801 年 | 第一家受监管的交易所在伦敦成立，现代化的证券交易所由此产生 |
| 1986 年 | 英国市场在英国金融大改革中放松监管 |
| 1995 年 | （1）富时集团成立，由伦敦证券交易所持有 50% 股权，剩余 50% 股权于 2011 年由伦敦证券交易所集团收购<br>（2）伦敦证券交易所设立了二板市场（又称另类投资市场，AIM），明确为具有高成长性的中小企业提供融资市场 |

---

[①]　该内容来源于《和讯网》新闻，详见 http：//news. hexun. com/2016 - 03 - 10/182669367. html。

[②]　该内容来源于 PANews，详见 https：//www. chainnews. com/articles/864401020679. htm？from = groupmessage。

[③]　该内容来源于《金融界》新闻，详见 https：//baijiahao. baidu. com/s？id = 1630548172819303279&wfr = spider&for = pc。

[④]　该信息来源于 Aastocks 新闻，详见 http：//www. aastocks. com/sc/forex/news/comment. aspx？source = AAFN&id = NOW. 943597。

[⑤]　本段内容是按照伦敦证券交易所官网内容翻译汇总，详见 https：//www. lseg. com/about - london - stock - exchange - group/history。

| 时间 | 主要发展路径 |
|---|---|
| 2001 年 7 月 | 伦敦证券交易所在其自己的交易所公开发行上市 |
| 2007 年 10 月 | 伦敦证券交易所与意大利证券交易所合并，成立了伦敦证券交易所集团 |
| 2009 年 9 月 | 伦敦证券交易所集团收购了一家为全球资本市场服务的斯里兰卡技术解决服务商 Millen-niumIT 公司 |
| 2010 年 11 月 | 伦敦证券交易所集团成立了伦敦证券交易所集团基金会 |
| 2013 年 5 月 | 伦敦证券交易所集团收购了伦敦清算所（LCH 集团）的多数股权，LCH 集团是一家领先的全球多种资产的结算机构 |
| 2014 年 1 月 | 富时 100 指数成立 30 周年 |
| 2014 年 12 月 | 伦敦证券交易所集团完成了对法兰克罗素公司的收购，这是一家美国金融服务提供商，其资产包括罗素指数 |
| 2015 年 5 月 | 富时和罗素指数合并，成立了富时罗素指数 |
| 2016 年 9 月 | 伦敦证券交易所集团与一些知名的交易商银行以及芝加哥期权交易所一起成立 CurveGlo-bal 公司，主营利率衍生品交易风险投资 |
| 2017 年 1 月 | 伦敦证券交易所集团收购了 Mergent 公司，这是一家领先的美国商业和金融信息服务商 |
| 2017 年 8 月 | 伦敦证券交易所集团向花旗集团收购了 The Yield Book 公司和花旗固定收益指数业务，收购前为花旗集团下属的固定收益分析平台及指数业务 |
| 2017 年 10 月 | 富时 250 指数成立 35 周年 |
| 2018 年 12 月 | 伦敦证券交易所集团对伦敦清算所 LCH 集团增资，使其持股比例上升至 82.6% |
| 2018 年 | 伦敦证券交易所集团收购了伦敦清算所 LCH 集团下从事利率衍生品结算业务的 Swap-Clear 公司 |
| 2019 年 1 月 | 伦敦证券交易所集团收购了欧洲结算系统 5.2% 的股权 |
| 2019 年 6 月 | （1）伦敦证券交易所集团收购了一家专为固定收益投资者提供环境、社会和公司治理数据服务的 Beyond Ratings 公司<br>（2）与上海证券交易所设立了沪伦通 |
| 2019 年 8 月 | 伦敦证券交易所集团宣布拟收购路孚特公司（Refinitiv）全部股权，以奠定其未来在全球金融市场基础设施的领先地位 |

2. 伦敦证券交易所集团的架构

依据伦敦证券交易所集团 2018 年年报，截至 2019 年 3 月 1 日，持股超过 3% 的伦敦证券交易所集团大股东：卡塔尔投资局持股 10.3%、贝莱德集团（BlackRock）持股 6.9%、资本集团公司（The Capital Group Companies）持股

6.8%以及Lindsell Train有限公司持股5%[①]。

依据伦敦证券交易所集团的官网信息描述，目前伦敦证券交易所集团的主要业务包括资本市场服务、信息服务、交易后服务及风险管理三方面内容：一是资本市场服务业务主要通过伦敦证券交易所、意大利证券交易所、欧洲固定收益交易市场（MTS）、泛欧股票多边交易平台（Turquoise）提供股票、ETF、债券及衍生品交易市场服务；二是信息服务业务，主要通过富时罗素集团提供金融指数及分析服务，同时通过The Yield Book、Mergent等6家公司提供数据、研究及分析服务；三是交易后服务及风险管理业务，主要通过伦敦清算所LCH集团、意大利清算机构CC&G以及欧洲托管和结算机构Monte Titoli提供服务，目前集团的架构如图4-3所示。

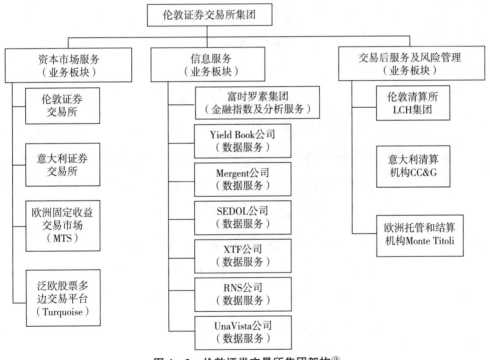

**图4-3　伦敦证券交易所集团架构[②]**

---

①　本段信息来源于伦敦证券交易所集团2018年年报第101页。

②　本段描述及架构图均按照伦敦证券交易所集团官网信息翻译汇总后所做，详见https://www.lseg.com/。

此外，伦敦证券交易所具有较为完善的多层次资本市场结构，目前包括四大市场板块：主板市场（Main）、另类投资市场（AIM）、专业证券市场（PSM）以及专家基金市场（SFM）。其中，主板市场细分为四个子市场，即高级市场、标准市场、高增长市场、高科技市场；AIM 市场是伦敦证券交易所的创业板市场，定位于满足成长型小企业的融资需求；PSM 市场仅面向专业投资者，产品包括公司债、可转换债券、GDR 等；SFM 市场是仅向专业机构开放的基金市场[①]。

3. 伦敦证券交易所集团化的发展动态

伦敦证券交易所集团在其 2018 年年报中披露"进一步推动全球业务扩张是其集团发展的三大重要战略之一，在过去的发展中，集团通过与全球新兴发展中市场建立合作关系（如与上交所设立沪伦通）或通过进一步并购伦敦清算所更多股权使其在全球业务领域取得了快速进步"。2019 年 11 月 26 日，伦敦证券交易所集团宣布以 270 亿美元收购全球金融市场数据和基础设施提供商路孚特公司（Refinitiv）全部股权的议案已通过集团股东大会披露，预计于 2020 年下半年完成全部交易[②]。2019 年 9 月，港交所曾向伦敦证券交易所发出要约收购，但被拒绝，伦敦证券交易所集团在其官网上宣布拒绝港交所收购的主要理由：一是伦敦证券交易所集团已于 2019 年 8 月 1 日宣布拟收购路孚特公司，这是集团未来发展的重要战略部署，但与港交所的战略不一致，集团拟通过与上交所建立双赢的合作伙伴关系作为直接打开中国内地市场的战略，而非通过港交所。二是合并尚需要取得多方监管部门的审批，若接受港交所要约将意味着取消伦敦证券交易所集团对路孚特公司的收购，这对股东不利。三是本次要约对价的 3/4 部分均为港交所股票，由于香港局势尚存在不确定性，这对伦敦

---

① 该段内容来源于《伦交所多层次市场体系改革研究》。

② 该内容来源于伦敦证券交易所集团官网信息翻译所做，详见 https：//www. lseg. com/resources/media-centre/press-releases/proposed-all-share-acquisition-refinitiv-london-stock-exchange-group-lc-%E2%80%9Clseg-plc%E2%80%9D-approved-lseg-shareholders？ accepted=a8bdb9ab1d249328062cb3dd9d344bee。

证券交易所集团没有吸引力。四是估值过低[①]。而早在 2016 年，德意志证券交易所曾决定与伦敦证券交易所集团合并，但最终该交易被欧盟反垄断监管机构否决[②]。除此之外，2019 年伦敦证券交易所集团与全球多家证券交易所建立了合作关系，如 2019 年 6 月与上交所开通沪伦通，2019 年 5 月与科伦坡证券交易所签署合作备忘录，拟在斯里兰卡增强其国内或国际的债券业务市场。2019 年 1 月，伦敦证券交易所集团还收购了欧洲结算系统 5.2% 的股权[③]。

（四）德意志交易所集团

1. 德意志交易所集团化的发展路径

德意志交易所集团拥有 435 年历史，是世界上历史最为悠久的证券交易所之一。德意志交易所的前身为法兰克福证券交易所，成立于 1585 年 9 月 9 日。依据德意志交易所集团官网披露的信息，该交易所集团的发展历程归纳如表 4 - 5 所示。

表 4 - 5　德意志交易所集团的发展历程[④]

| 年份 | 主要发展路径 |
| --- | --- |
| 1585 | 法兰克福商人建立统一的外汇汇率，产生了法兰克福证券交易所 |
| 1820 | 第一只股票奥地利国家银行在法兰克福证券交易所上市 |
| 1854 | 法兰克福证券交易所引入交易大厅机制 |
| 1935 | 法兰克福证券交易所收购了德国曼海姆证券交易所 |
| 1958 | 第二次世界大战后，外国股票第一次在法兰克福证券交易所上市 |
| 1969 | 法兰克福证券交易所开启电子交易 |
| 1988 | 德国 DAX 指数成立 |
| 1990 | （1）期货合同第一次在德国交易<br>（2）由银行及交易经纪商成立的法兰克福证券交易所进行了商业登记，交易所的管理权限由法兰克福商会转移至法兰克福证券交易所 |

---

① 该内容来源于伦敦证券交易所官网信息翻译所做，详见 https：//www. lseg. com/resources/media - centre/press - releases/rejection - conditional - proposal - hkex？accepted = 87689b6eb326a033f0c3a9b916d09fe0。

② 该内容来源于同花顺新闻，详见 http：//stock. 10jqka. com. cn/usstock/20170329/c597278184. shtml。

③ 该内容来源于伦敦证券交易所官方信息翻译所做。

④ 该部分内容来源于德意志交易所集团官网信息翻译汇总，详见 https：//www. deutsche - boerse. com/resource/blob/264318/c028e32a4e99d8cc0a5ce8f53b7b84bd/data/jubilaeum425 - 1585 _ en. pdf；https：//www. deutsche - boerse. com/dbg - en/our - company/deutsche - boerse - group/company - history/text - collection - 30738？frag = 244616。

| 年份 | 主要发展路径 |
|---|---|
| 1992 | 法兰克福证券交易所更名为德意志交易所股份公司，新公司持有德国衍生品交易所 DTB 及德国中央证券存托机构 100% 股权 |
| 1997 | 现货市场全电子交易系统 Xetra 成立 |
| 1998 | 德意志交易所股份公司与瑞士证券交易所将德国 DTB 期货交易市场与瑞士期交所 Soffex 合并成立了欧洲期货交易所 Eurex |
| 2000 | 德意志交易所结算机构与 CEDEL 国际结算公司合并组成明讯国际结算托管银行，德意志交易所股份公司持股 50% |
| 2001 | 德意志交易所股份公司成功上市 |
| 2002 | 德意志交易所股份公司对明讯国际结算托管银行进一步增资，持有其 100% 股权 |
| 2003 | （1）法兰克福证券交易所将市场分层调整为一般市场、高级市场两个板块<br>（2）德意志交易所股份公司引入中央对手方清算机制 |
| 2005 | 法兰克福证券交易所为中小企业建立初级市场板块，该板块的上市标准略低 |
| 2010 | 收购取得 Tradegate 交易所多数股权 |
| 2011 | （1）拟与纽约泛欧交易所进行业务合并，但该交易被欧盟否决<br>（2）欧洲期货交易所 Eurex 成为欧洲能源交易所的控股股东 |
| 2012 | （1）成为欧洲期货交易所 Eurex 的唯一股东，持有其 100% 股权<br>（2）布拉克证券交易所将其电子证券交易迁移至 Xetra 交易系统 |
| 2014 | （1）欧洲能源交易所取得主要从事商品期货及衍生品交易的新加坡清算所的控股权<br>（2）与非洲证券交易所、泰国证券交易所、上海证券交易所建立合作伙伴关系 |
| 2015 | （1）收购法国电力交易所 Powernext 股权，法国电力交易所 Powernext 是中央天然气交易平台 PEGAS 的运营方之一<br>（2）收购道琼斯 STOXX 指数有限公司 100% 股权<br>（3）收购德国外汇交易平台 360T<br>（4）11 月 18 日，成立了中欧国际交易所 |
| 2016 | （1）德意志交易所集团拟与伦敦证券交易所集团通过换股方式进行业务合并，但欧盟否决了本次交易<br>（2）德意志交易所集团将国际证券交易所控股公司的股权出售给纳斯达克集团 |
| 2017 | 德意志交易所集团为中小企业推出新兴中小企业板市场 |
| 2018 | （1）明讯国际结算托管银行完成对苏黎世金融集团 Swisscanto 下属英国子公司 Swisscanto 基金中心的收购，交易完成后改名为明讯基金中心<br>（2）法兰克福证券交易所推出绿色债券市场 |
| 2019 | （1）明讯国际结算托管银行收购悉尼 Ausmaq 有限公司，以进军澳大利亚市场<br>（2）德意志交易所集团成功完成对美国 Axioma 公司的收购，致力于成为指数、风险分析、投资组合领域的领先者 |

2. 德意志交易所集团的架构

依据德意志交易所集团2019年年报，德意志交易所集团目前拥有9大业务板块，分别为金融衍生品交易、商品交易、外汇交易、证券交易、交易后服务、投资基金服务、抵押管理、指数分析以及数据服务业务。其中，证券交易板块下拥有4家交易市场，即全电子交易系统Xetra、法兰克福证券交易所、Tradegate交易所以及中欧国际交易所（持股40%）；金融衍生品交易业务板块下拥有欧洲期货交易所Eurex；商品交易业务板块拥有欧洲能源交易所；外汇交易业务板块拥有电子外汇交易平台360T，主要架构如图4-4所示。

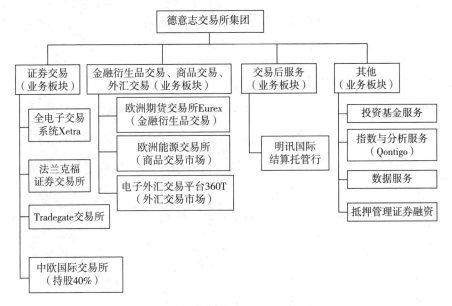

**图4-4　德意志交易所集团架构①**

3. 德意志交易所集团化的发展动态

德意志交易所集团在其2019年年报中披露，集团2020年工作规划中将目标性收购、内生增长、技术投资作为三大发展策略。依据2019年年报及官网信息披露，德意志交易所集团近年来的收购、资产出售事件主要包括：2020年1月，该集团交易后服务板块下明讯国际结算托管银行向UBS收购苏黎世Fond-

① 本结构图依据德意志交易所集团2019年年报信息所做，详见 https://www.deutsche-boerse.com/resource/blob/1749866/341e03847c215c04c792f8964fb5720a/data/DBG-annual-report-2019.pdf。

center 公司 51% 的股权，以取得 UBS 的基金分销业务，该交易预计在 2020 年下半年完成；2019 年第三季度，集团完成收购美国 Axioma 公司，交易完成后 Axioma 和集团的指数业务合并形成 Qontigo 指数与投资管理分析业务板块；2019 年第三季度，明讯国际结算托管银行完成收购悉尼 Ausmaq 有限公司，使其扩展了澳大利亚市场业务及投资资金领域；2019 年 2 月，集团下属的欧洲能源交易所收购了芬兰 Grexel Systems Oy 公司的 100% 股权；2016 年拟与伦敦证券交易所合并但遭到欧盟的否决；2016 年以 11 亿美元将集团旗下的国际证券交易所 ISE 出售给纳斯达克集团[①]。2019 年 11 月 20 日，金融界的一篇新闻称，德意志交易所集团近期存在收购西班牙交易所的意向[②]。

（五）泛欧交易所集团

1. 泛欧交易所集团化的发展路径

依据泛欧交易所集团（Euronex）2018 年年报及官网信息，泛欧交易所集团是一家为法国、荷兰、比利时、葡萄牙、英国、爱尔兰、挪威市场提供股票、固定收益、衍生品交易的泛欧洲交易所集团，所有交易市场通过统一的交易平台以及统一的监管系统运营。泛欧交易所最初形成于 2000 年，由阿姆斯特丹、布鲁塞尔、巴黎 3 家证券交易所合并成立，随后泛欧交易所合并了葡萄牙证券交易所以及英国衍生品市场——伦敦国际金融期货交易所，形成了联邦制集团架构模式，适用统一的规则，在统一的电子交易平台运营，并统一通过伦敦清算所集团的中央对手方清算制度进行结算。

2006 年 5 月，泛欧交易所集团与纽交所合并成立纽约泛欧交易所，并同时在纽交所、泛欧巴黎证券交易所上市。2010 年，纽约泛欧交易所成立泛欧伦敦证券交易市场，以吸引国际发行人在伦敦上市。2013 年 11 月，美国洲际交易所收购了纽约泛欧交易所，将纽约泛欧交易所 IPO 项目中涉及欧洲交易所的首次公开发行上市业务独立由泛欧交易所集团运营，并将泛欧交易所与泛欧伦敦

---

[①] 该段内容来源于德意志交易所集团 2019 年年报及官网信息翻译所做。

[②] 该信息来源于《金融界》新闻，详见 https：//baijiahao. baidu. com/s？id = 1650663164767589044&wfr = spider&for = pc。

交易市场合并形成新的业务实体，更名为 Euronext N. V，并于 2014 年 6 月 20 日在荷兰上市。2019 年 7 月 4 日，泛欧交易所集团完成收购挪威奥斯陆证券交易所母公司 Oslo Børs VPS100% 股权①。

2. 泛欧交易所集团的架构

依据泛欧交易所集团 2018 年年报及其官网信息，泛欧交易所集团目前在法国、葡萄牙、荷兰、比利时、爱尔兰、英国、挪威拥有 7 家证券交易市场。泛欧交易所的上市板块主要分为三层，包括主板、创业板及自有市场，其中主板主要面向大型老牌公司，创业板满足高成长性中小企业，自有市场主要面向初创企业及中小企业②，集团主要架构如图 4 - 5 所示。

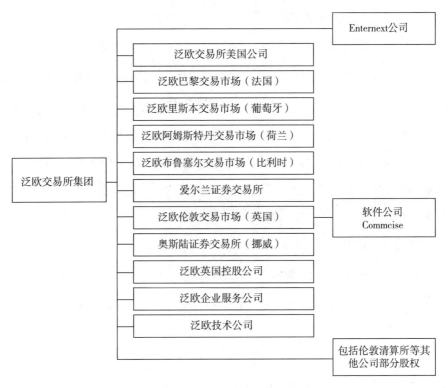

**图 4 - 5 泛欧交易所集团架构**

---

① 本段内容来源于泛欧交易所集团 2018 年年报及官网信息翻译所做，详见 https：//www. euronext. com/en/investor - relations/financial - calendar/acquisition - oslo - bors - vps；https：//www. euronext. com/en/investor - relations；https：//www. euronext. com/zh/china。

② 该内容来源于泛欧交易所集团官网信息，详见 https：//www. euronext. com/zh/china/equity - financing。

### 3. 泛欧交易所集团化的发展动态

依据泛欧交易所集团 2018 年年报，泛欧交易所的发展战略主要包括外部并购及内生发展，近年来主要进行的外部并购包括：2019 年以 6.95 亿欧元收购了挪威奥斯陆证券交易所母公司 100% 股权，2018 年 3 月收购了爱尔兰证券交易所 100% 股权，2018 年以 2700 万欧元收购了云计算金融软件公司 Commcise 78% 的股权，2018 年以 580 万欧元收购了 InsiderLog 公司 80% 股权，以及 2017 年收购外汇平台 FastMatch 公司 90% 的股权[①]。2020 年 1 月 15 日，泛欧交易所集团宣布完成对欧洲第二大电力市场 Nord Pool 的 66% 股权及投票权的收购[②]。

### （六）日本交易所集团

### 1. 日本交易所集团化的发展路径

日本交易所集团（JPX）于 2013 年 1 月由东京证券交易所和大阪证券交易所合并而成。2012 年 12 月 11 日，日本金融厅正式批准了日本交易所集团于 2013 年 1 月 4 日在东京证券交易所（以下简称东交所）一部和大阪证券交易所 JASDAQ INDEX 两地上市[③]。2019 年 10 月 1 日，日本交易所集团以要约收购的方式收购了东京商品交易所 100% 股权，使其成为其全资子公司。[④] 目前，日本交易所集团下属公司包括东交所、大阪证券交易所、东京商品交易所、日本交易所自律法人以及日本证券结算机构。[⑤]

### 2. 日本交易所集团的架构

依据日本交易所集团的官网信息，日本交易所集团目前拥有 3 家交易所、1 家自律法人、2 家结算机构以及 1 家证券存管机构，该集团的架构如图 4 - 6 所示。

---

① 该段内容来源于泛欧交易所集团 2018 年年报。

② 该段内容来源于泛欧交易所集团官网信息，详见 https://www.euronext.com/en/about/media/euronext - press - releases/euronext - completes - acquisition - nord - pool。

③ 该内容来源于日本交易所集团官网新闻公告，详见 https://www.jpx.co.jp/chinese/news/20121219.html。

④ 该内容来源于日本交易所于 2019 年 9 月 25 日发布的要约收购东京商品交易所结果公告。

⑤ 该内容来源于日本交易所集团官网中的交易所简介信息，详见 https://www.jpx.co.jp/chinese/corporate/jpx - profile/index.html。

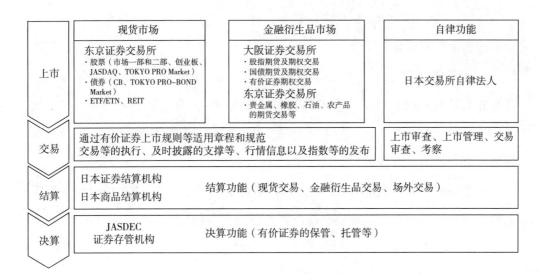

**图 4 - 6 日本交易所集团架构**

东交所的主要业务市场包括有价证券交易以及其他金融商品市场业务。东交所的核心市场包括市场一部、市场二部、创业板和 JASDAQ，该市场的上市公司的总市值以及股票交易的成交额均在全球交易所中排第三位，位居亚洲之首，确立了日本证券市场的中心地位。近年来，东交所不断扩充可小额、低成本分散投资多种商品的 ETF 及 ETN 产品。除了日本国内的股价指数外，东交所还向投资者提供各种商品，如外国股票指数；贵金属、农作物等商品；与 REIT 指数联动的商品；与放大、逆转原指数涨跌幅的杠杆型指数、反向型指数联动的商品等。东交所目前采用高速性、可靠性、扩展性兼备的"arrowhead"作为现货市场的交易系统。

大阪证券交易所设立的金融衍生品市场可进行的金融衍生品交易包括股指期货交易、股指期权交易、国债期货交易、国债期权交易、有价证券期权交易。

东京商品交易所设立的衍生品市场可进行贵金属、橡胶、石油、农产品的期货交易和黄金期货期权交易。

日本交易所自律法人是基于日本《金融商品交易法》成立的法人，也是日本唯一一个在交易所市场专门开展自律业务的法人，以发挥交易所质量管理中心的作用，维护资本市场的公正性和可靠性，对违反法律法规和交易所各项规定的行为进行事后处理。

日本证券结算机构（JSCC）于 2003 年 1 月开始为交易所相关交易提供结算业务。目前，JSCC 作为金融商品交易结算机构，除交易所业务之外，还拓展了场外市场（OTC）交易、衍生品交易（CDS 交易及利息掉期交易）以及国债场外市场交易的结算业务。

日本商品结算机构（JCCH）作为日本唯一的商品交易结算机构，负责东京商品交易所和大阪堂岛商品交易所在商品市场上的交易结算业务。[①]

3. 日本交易所集团化的发展动态

除 2019 年 10 月日本交易所集团完成对东京商品交易所的要约收购（以51.8 亿日元要约收购 3031033 股份，其中包括 2954200 股普通股、76833 股无投票权股）外，未查询到近期日本交易所集团对境外交易所的并购计划。在日本交易所集团相对滞后封闭的市场环境下，目前外国企业在其资本市场上市的企业仍非常少。依据交易所截至 2019 年 9 月 30 日的数据，在日本交易所集团主板上市的 2636 家上市公司中仅有 3 家为外国企业，所有板块中仅有 5 家外国企业上市。[②] 在国际化战略上，日本交易所集团一方面通过与境外交易所合作，交叉挂牌证券产品，连通交易网络，提高日本证券产品、交易系统的国际化程度，另一方面通过发行海外股票指数的 ETF 和期货提升国际影响力[③]。2019 年6 月 25 日，东京证券交易所与上交所开通 ETF 互通。

| 时间 | 市场一部 | 市场二部 | Mothers | JASDAQ Standard | JASDAQ Growth | 外国公司 | TOKYO PRO Market | 合计 |
|------|---------|---------|---------|-----------------|---------------|---------|-------------------|------|
| 2019 年末 | 2160 | 488 | 315 | 669 | 37 | 4 | 33 | 3706 |

① 前述各交易所及附属公司简介均根据日本交易所集团官网信息汇总，详见 https：//www.jpx.co.jp/chinese/corporate/organization/index.html。
② 该数据摘自日本交易所集团官网市场信息上市公司数据，详见 https：//www.jpx.co.jp/chinese/markets/data/listing/index.html。
③ 参见缪斯斯，郑宇佳. 境外证券交易所国际化研究 [R]. 上交所资本市场研究所，2018 - 07 - 10。

（七）香港交易所

1. 香港交易所集团化的发展路径

目前，香港交易所主要包括三大核心业务市场，即证券市场、衍品市场以及基本金属市场。1999 年，香港对其证券及期货市场进行全面改革，香港联交所与香港期货交易所有限公司（以下简称香港期交所）实行股份化并与香港中央结算有限公司（以下简称香港结算）合并，由单一控股公司香港交易所拥有。香港联交所及香港期交所在 1999 年 9 月 27 日各自举行了股东大会，并分别通过了重组协议计划，香港联交所、香港期交所股东分别合计获发747845000 股及 320505000 股香港交易所股份，该协议计划于 1999 年 10 月 11 日获法院批准。2000 年 3 月 6 日，香港联交所、香港期交所及香港结算的合并正式生效，合并后的香港交易所于 2000 年 6 月 27 日以介绍方式在香港联交所上市。2012 年 12 月，香港交易所收购了伦敦金属交易所①，拓展了其基本金属市场。

香港交易所证券市场发展的历史沿革主要包括：（1）证券交易所。1891 年香港首家证券交易所"香港股票经纪协会"正式成立，该协会于 1914 年更名为"香港证券交易所"，香港第二家交易所香港股份商会于 1921 年注册成立，1947 年两所合并为香港证券交易所。此后，香港在 1969 年成立了远东交易所、1971 年成立了金银证券交易所以及 1972 年成立了九龙证券交易所。1980 年，香港联交所注册成立，1986 年 3 月 27 日，香港证券交易所与远东交易所、金银证券交易所以及九龙证券交易所合并成立香港联交所，并于 1986 年 4 月 2 日开始运作，采用电脑辅助交易系统进行证券买卖。（2）中央结算机构。香港结算于 1989 年注册成立，其中央结算及交收系统于 1992 年投入服务，成为所有结算系统参与者的中央交收对手。香港结算同时提供代理人服务。

香港交易所衍生产品市场发展的历史沿革主要包括：（1）期货交易所。香港期交所的前身是"香港商品交易所"，于 1976 年成立，是亚太地区主要的衍生产品交易所。香港商品交易所当时主要买卖的产品包括棉花期货、糖期货、

---

① 伦敦金属交易所，英文简称为 LME，成立于 1877 年，是一家著名的全球金属交易所。

黄豆期货及黄金期货。1985年5月7日，香港商品交易所更名为"香港期货交易所"。目前，香港交易所的衍生产品市场为各类期货及期权产品提供交易市场，包括股票指数、股票及利率期货及期权产品。（2）期货结算机构。香港交易所全资附属机构——香港期货结算有限公司（以下简称期货结算）及香港联合交易所期权结算所有限公司（以下简称联交所期权结算）为此提供结算服务。（3）香港场外结算有限公司（以下简称场外结算公司）于2012年5月注册成立，为香港交易所附属公司，作为香港结算场外衍生产品的结算所。随后，香港交易所邀请12家金融机构参与创始股东计划成为场外结算公司创始股东。所有创始股东合计持有场外结算公司25%的已发行股本（以无投票权普通股方式持有），而香港交易所则持有剩余75%的无投票权普通股，同时香港交易所持续持有场外结算公司100%具有投票权的普通股。场外结算公司于2013年11月开始提供场外衍生产品结算服务，其场外结算及交收系统同时投入运作，成为所有结算会员结算场外衍生产品的中央结算对手。①

2. 香港交易所集团的架构

依据香港交易所公开披露的2017年年报及官方网站信息，香港交易所主要架构如图4-7所示。

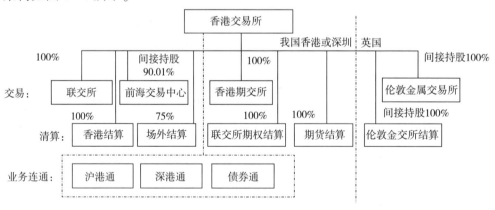

图4-7 香港交易所集团架构

---

① 本段落关于香港交易所的介绍内容来源于香港交易所官方网站中"关于香港交易所集团简介"，详见 https：//www.hkexgroup.com/about - hkex/company - information/about - hkex/history - of - hkex - and - its - market？sc_lang = en。

3. 香港交易所集团化的发展动态

2019 年 9 月 11 日，香港交易所向伦敦证券交易所集团提出合并要约，香港交易所拟以每股伦敦证券交易所股份对应 2045 便士及 2.495 股新发行的香港交易所股份（伦敦证券交易所全部已发行及将发行的普通股本总价值约为 296 亿英镑，其企业价值为 316 亿英镑）收购伦敦证券交易所集团，并计划在完成该项收购后香港交易所在伦敦证券交易所进行第二次上市。[①] 2019 年 9 月 13 日公告，伦敦证券交易所集团拒绝香港交易所的要约。2019 年 10 月 8 日，香港交易所公告不继续进行对伦敦证券交易所集团的有关要约。李小加在当日发表的网志中明确表示，香港交易所未来发展战略思路为"立足中国、拥抱科技、连接全球"。

### 三、集团化可行性

（一）集团化的共识基础

集团化是境外交易所的普遍做法，为新三板市场未来的集团化提供了可借鉴的经验。就国内资本市场而言，尽管沪深证券交易所没有明确提出集团化，但其实践也给新三板市场的集团化提供了一定思路和参考。[②] 沪深证券交易所出资成立了多个公司，这些公司大多是沪深证券交易所的全资子公司或由其控股的公司，且围绕着证券交易所的核心技术等展开工作。除了沪深证券交易所各自参股了中国证监会直接管理的单位，成为其股东之外，目前，沪深证券交易所均有许多全资子公司。上海证券交易所旗下有上交所技术有限公司、上证所信息网络有限公司、上证信息技术有限公司、上海上证金融服务有限公司、中国投资信息有限公司、上证数据服务有限公司、上海中证博物馆运营有限公司等；深圳证券交易所旗下有中国创盈市场服务有限公司、深圳证券信息有限

---

① 该内容来源于香港交易所于 2019 年 9 月 11 日发布的公告，详见 https://www.hkexgroup.com/-/media/HKEX-Group-Site/ccd/Possible-Offer/Possible-offer-by-Hong-Kong-Exchanges-and-Clearing-Limited.pdf.

② 与境外交易所集团化不同的是，沪深交易所是从管理运营的角度在自己的市场内所形成的集团化。而境外交易所的集团化大多涉及并购整合其他证券市场的证券交易和登记结算营运机构，因而是一种以并购重组为核心的集团化。

公司、深圳证券通信有限公司、深圳金融服务有限公司等。由于沪深证券交易所非企业法人的属性和会员制的特点，在集团化问题还存在着一定的法律上的障碍，但在实际运行中，集团化的协作和运营是显而易见的。人们对集团化的认识在某种程度上具有相当的共识，因而对新三板市场的集团化也有一定的参考借鉴作用。

第一，集团化有利于提高效率。新三板市场是国务院批准的全国性证券交易场所，挂牌公司众多、差异化极大，具有自己独特的情况，随着改革的不断深入和市场功能的不断恢复，新三板市场复杂程度越来越高，新三板市场碎片化的情况也越来越严重。新三板上接沪深证券市场，下连区域性股权市场，市场本身又有众多的板块，证券市场又是各方利益交织的场所，利益冲突在所难免，证券市场瞬息万变。这些情况势必要求全国股转公司作为市场的营运机构和指挥中心有一套行之有效的机制和较高的运作效率。集团化有利于调动资源、加强协作，集团化更加层次清晰、职责明确，有利于权力下放、决策灵活，防止碎片化，使公司的边际效应最大化。全国股转公司的集团化可以更有效地实现内部管理，从而更有效地组织市场运营、监督和管理新三板市场。

第二，集团化有利于降低成本、增加盈利。控制成本是指企业在生产经营过程中，按照既定的成本目标，对构成产品成本费用的一切税费进行严格的计算、调节和监督、及时揭示偏差，并采取有效措施纠正不利差异，发展有利差异，使产品的实际成本被限制在预定的目标范围内。控制成本是降低成本的重要途径和手段。全国股转公司不是具体生产产品的一般企业单位，它是组织、管理和监督证券市场的证券交易场所，作为自律管理机构，其经营成本很难用具体的产品加以衡量，因而其成本的控制和降低也很难用生产的产品加以衡量，但并不意味着全国股转公司没有成本的概念，全国股转公司的成本降低仍然可以通过严格的成本控制得以实现。集团化有利于强化各个下属公司的经济责任和预算决算意识，增加经营和成本意识，有利于资源的统筹安排和调度，进一步合理安排人力资源，减少行政人员，降低人力成本，从而达到进一步提高工作效率、降低成本的目的。

在控制和降低成本的同时，集团化还有利于增加公司的盈利。这是因为全国股转公司集团化有利于将成本单位和营利单位、监管单位和经营单位区分开来，明确各自的职责和边界。监管单位不计算盈利，在控制成本的前提下，完成监管任务，而经营单位在搞好对监管单位和交易场所的服务，保证交易场所监管和正常运转的同时，有具体的经营目标和经营指标，采取市场化行为对外进行经营，以自身的实力和水平参与外部竞争，邀请外部单位参与自身的经营，从而增加收入，实现盈利。

第三，集团化有利于进一步防范风险。全国股转公司作为新三板市场的自律管理机构，具有一定的监管权力。对证券的发行、上市、交易的各个环节，对发行人、挂牌公司，证券公司、会计师事务所、律师事务所等中介机构，对基金公司等机构投资者和个人投资者均有不同程度的监管权力。有权力就有寻租的可能性，存在被围猎的现象，廉洁和反腐败始终是有权机构面临的问题。证券交易场所不但是个监管机构，也是一个市场发展和服务机构，全国股转公司一方面要履行监管职责、行使监管权力；另一方面还要对发行人、挂牌公司、证券经营机构、投资者、市场各参与方提供服务，促进市场发展，进行经营活动，获取一定的盈利。因此，全国股转公司具有了多重的角色，工作人员在具体的工作中存在着一定的利益冲突，不解决好，很容易产生风险。因此，通过集团化，充分将监管和服务、监管和经营隔离开来，会大幅降低全国股转公司及其工作人员的风险，有利于全国股转公司和新三板市场的健康稳定发展。

（二）集团化的现实基础

第一，全国股转公司的集团化具备法律基础。全国股转公司采取的是公司制模式，它本身就是公司制法人。这就为全国股转公司集团化奠定了良好的基础。沪深证券交易所是会员制性质的事业法人，采取集团制可能存在机制上转换成公司制如何和《公司法》有效衔接，以及证券交易所财产作为会员的集体所有财产如何转化成公司制股东财产等问题。全国股转公司采取集团化，完全可以在现有公司基础上，按照《公司法》要求，将现有资源，包括现有的公司及其附属子公司整合成立集团公司。因而，全国股转公司成立集团化的有限责任公司并不存在法律上的障碍。

第二，全国股转公司的集团化具备实践基础。目前，全国股转公司是公司制证券交易场所，按照《公司法》的规定进行公司化的运作，"三会一层"治理顺畅，其股东单位均为我国资本市场的基础设施单位，且具有雄厚的资金实力、稳定的营业收入和较高的利润来源；经过7年的公司化运作，全国股转公司具有一定的公司制经验，在公司治理、市场管理、公司营运、营业收入、税收财务安排等方面均按照《公司法》及其他法律对公司制法人的要求进行运作，成立集团公司可以沿袭现有的机制，进行有效的对接。

第三，全国股转公司的集团化不会导致垄断。在我国，资本市场存在着一定的碎片化，导致监管和发展存在一些问题。[①] 全国股转公司的集团化更多针对的是碎片化，是进一步整合资源、加强协作，以降低成本、提高效率，更好地经营和发展新三板市场，这种集团化仅仅是为了新三板市场更好地营运和管理，不涉及其他市场，更不会带来人们担心的集团化垄断。

首先，新三板市场不是我国资本市场唯一的市场，它只是多层次资本市场中的一个重要组成部分。除了新三板市场外，沪深证券交易所主板、中小企业板、创业板、科创板以及大量的区域性股权市场均存在于我国资本市场中，发行人、上市公司、挂牌公司、中介机构、投资者有极大的选择空间，它们可以根据自身情况决定进入什么样的市场。这些市场既存在合作，也存在一定程度的竞争。

其次，我国资本市场经过三十年的发展，具有较强的市场化基础。在市场化因素较强的情况下，各种规则公开透明、信息披露较为全面，市场参与者可以充分了解市场和公司的情况，并根据这些情况作出判断，决定进入哪个市场，进行何种投资，在这种情况下，市场营运机构无法垄断市场。

最后，尽管全国股转公司是自律监管机构，但本身也受到监管和约束，集

---

① 参见徐聪. 论转轨背景下证券法治逻辑与制度现代化 [J]. 法学评论, 2016 (3)。

团化不能改变这一事实。全国股转公司集团化后，既要遵守《公司法》《证券法》《反垄断法》等法律的规定，又要遵守行政法规以及中国证监会的部门规章、规范性文件，还要接受中国证监会全方位的监督。它作为中国证监会直接管理的单位，还要接受中国证监会业务上的指导和组织运行上的管理。

### 四、集团化主要内容①

（一）集团名称

集团可命名为"全国证券交易场所有限公司"，这是在目前"全国中小企业股份转让系统有限责任公司"的基础上进行的改进。② 之所以要改名，出于以下考虑。

其一，现行《证券法》要求。现行《证券法》第三十七条、第四十四条、第七十九条、第八十条、第九十六条等条款都对国务院批准的其他全国性证券交易场所进行了规定。从这些规定来看，国务院批准的其他全国性证券交易场所是公开市场、集中交易的市场。这一市场在属性上趋同于证券交易所，区别于区域性股权市场。国务院批准的其他全国性证券交易场所和证券交易所一样，对发行人公开发行的证券应当采取交易的方式进行，而对于非公开发行的证券可以采取股份转让的形式。这就意味着全国性证券交易场所在证券买卖的方式上有两种方式，一种是证券交易的方式，另一种是证券转让的方式。在《证券法》的规定中，两种方式用词是不同的。"证券交易"使用的是"应当"，"证券转让"使用的是"可以"。众所周知，在法律语境下，"应当"是一种义务，带有法律的强制性，不这样做就违反了法律的规定，应承担一定的法律责任，而"可以"并不是法律义务，许多情况下可以视为一种权利。因此，对于在证券交易所和全国性证券交易场所采取非公开发行的方式，由于非公开发行证券本身所具有的特点和属性，其范围小、方式比较隐蔽、涉众性不

---

① 仅为一种探讨，是笔者自己的观点，与笔者职务无关，也不代表所在单位的观点。

② 也有人认为，新三板市场中的精选层由于采取了类似于 IPO 的发行方式和连续竞价的交易方式等，在公司治理、信息披露和监管上都较为严格。因此，精选层的发行、交易、监管更近似于证券交易所市场，精选层的挂牌公司近似于上市公司。在未来发展上可在体制、机制上做差异化安排。

强、买卖方式比较灵活，《证券法》并不强求非公开发行的证券一定采取交易的方式买卖，因而规定证券交易所和全国性证券交易场所可以用转让的形式进行证券买卖。而区域性股权市场由于不得从事证券的公开发行，在证券的买卖方式上不得以"交易"的方式，因此尽管对区域性股权市场的证券买卖也使用了"可以转让"一词，但区域性股权市场在证券买卖的方式上空间是极小的，只能采取转让的方式或者司法协助等非正常的资产转移方式。

可以看出，我国《证券法》所确定的是证券交易所和国务院批准的其他全国性证券交易场所是证券交易场所，而区域性股权市场是证券转让场所。正因为如此，我国《证券法》第七章虽然使用了"证券交易场所"的概念，但在具体内容上仅有一条涉及区域性股权市场，且在具体规定上没有确定区域性股权市场为"证券交易场所"，而是使用了"区域性股权市场"的概念。该法第九十八条规定"按照国务院规定设立的区域性股权市场为非公开发行证券的发行、转让提供场所和设施，具体办法由国务院规定"。在法律逻辑上，证券交易场所必须进行证券交易，但在特定情形下也可以进行证券的转让，而区域性股权市场是证券转让市场，不得进行证券交易。在属种概念上，证券交易场所买卖证券的方式要大于区域性股权市场的。换言之，证券交易市场可以涵盖转让，而区域性股权市场的转让无法涵盖交易。

全国股转公司是国务院批准的其他全国性证券交易场所是毫无疑问的。早在全国股转公司成立之初，国务院就明确了全国股转公司的属性。2013年，国务院在《关于全国中小企业股份转让系统有关问题的决定》中明确规定"全国股份转让系统是经国务院批准，依据证券法设立的全国性证券交易场所"。在当时的环境下，全国中小企业股份转让系统有限公司的名称并无不妥。这是因为2005年全国股转公司并未成立，2005年的《证券法》没有也不可能对全国股转公司进行规定，没有对全国股转公司的性质、地位、发行和交易方式等进行规定，加上全国股转公司成立之初是在中关村试点的基础上扩大所形成的，的确具有了场外市场的许多特征，因此在性质上并没有完全摆脱股份转让市场的属性。经过多年的发展，新三板市场与当初的情况发生了很大变化。现行

《证券法》正是根据新三板市场的现实，与时俱进地修改了2005年《证券法》，从法律上确定了国务院批准的其他全国性证券交易场所的地位，明确了全国股转公司的属性和发行、交易方式。因此，仍然沿袭"全国中小企业股份转让系统有限公司"的名称，不但不能准确反映新三板市场的现实，还与现行《证券法》的规定不相符合。

其二，不符合资本市场的普遍做法。综观全球资本市场，很少有国家尤其是主要资本市场国家在资本市场的营运和自律管理机构的名称中直接嵌入服务和监管对象。证券交易所包括其他形式的证券交易场所在本质上是提供相关实施、组织和营运市场，管理和监管市场，它所服务和监管的对象为证券市场的参与者，包括上市公司或挂牌公司、证券中介机构、投资者等。证券交易是市场营运机构和自律管理机构最为核心的功能，而市场参与者也均是围绕着证券交易展开的。在证券一级市场，投资者通过证券交易买入发行人发行的证券，在证券的二级市场，投资者通过证券交易实现投资，而中介机构则是为发行人和投资者在一级市场和二级市场提供多方面的服务。因此，大多数国家都将证券市场的营运机构称为证券交易所。"证券交易所"由"证券""交易"和"所"组成，是三个词句的组合，分别反映了这一市场的范围和属性、所要从事的业务和具体的组织机构。前者表明是证券市场而不是商品市场和其他类型的市场；中者表示这一市场的业务是证券交易而不是生产经营等其他经营业务；后者表明它是个组织、营运和管理机构，是具有场地、设施和系统及监督管理力量的地方。因此，这一称谓最能准确地反映这一营运机构的性质和特征，也最能为市场和社会所理解。当然也有少数国家资本市场不以"证券交易所"的名义称谓，而是以"系统"称谓，但它们均不是典型的场内场所。比如，纳斯达克（National Association of Securities Dealers Automated Quotations, NASDAQ），全称为美国全国证券交易商协会行情自动报价系统，是美国的一个电子证券交易机构，由纳斯达克股票市场公司所拥有与经营。纳斯达克是美国全国证券交易商协会为了规范混乱的场外交易和为小企业提供融资平台而于1971年2月8日创建的，其特点是收集和发布场外交易非上市股票的证券商报价；比如，我国曾经的 STAQ 系统和 NET 系统，现在的中国证券业协会下属的中证机构间报价系统等。这些市场的营运机构具有一个共同的特点，即基本都是场外市场，是以证券报价为主要职能的。即使像 NASDAQ 这样的市场，仍然和传统的场内市场有所不同。

反观"全国中小企业股份转让系统有限公司"的名称，除"全国"表明它的国家性质外，"中小企业"反映了市场的特点和服务对象，表明这个市场主要是为中小企业服务的，"股份转让"反映了它的非公开性，表明证券的买卖方式为"转让"，"系统"反映了它的场外性。对于"股份转让"和"系统"的称谓，由于现行《证券法》的明确规定，公司的名称再用这样的称谓是明显不妥的。将"中小企业"作为证券交易所或证券交易场所的名称，全世界绝无仅有。在我国，多层次资本市场的各个层次有不同的定位，且各具特点。其中，上海证券交易所和深圳证券交易所市场服务的对象应该是大型或大中型企业，新三板市场服务的对象应该是中小型企业，区域性股权市场服务的对象应该是小微型企业。按此逻辑，这些证券市场的营运机构都要冠以这样的名称，既不准确，也显得多余。

其三，不利于新三板市场的发展。实际上，新三板市场作为全国性证券交易场所，未来发展应该是类型丰富、品种齐全的市场，具有几方面的基本要素。一是具有完全的市场参与主体，即挂牌公司、中介机构、投资者和其他市场参与者；二是较为完全的各类市场，包括股票市场、债券市场、基金市场和衍生品市场；三是应该有较为齐全的市场产品，包括股票型产品、债券型产品、基金型产品和衍生产品。这些主体、市场和相关的产品是新三板市场不可或缺的因素，对于新三板市场的发展非常重要。因此，在新三板市场中，挂牌公司只是市场的要素之一，中介机构和投资者也是市场的重要参与者，不同的市场及不同的产品在新三板市场担任不同的角色和任务。不能只强调新三板市场中的中小企业。过多地突出市场服务企业的属性，反而冲淡了市场的其他功能，限制了其他市场和产品，对新三板市场的发展不利。冠以"全国证券交易场所"的公司名称，不但不和现行法律冲突，一定程度上还受到法律的鼓励。我国《证券法》第一百条规定"证券交易所必须在其名称中表明证券交易所的字样。任何其他单位或者个人不得使用证券交易所或者近似的名称",该条规定表明证券交易所经国务院批准设立,一旦成立就应该遵循法律的规定,在单位的名称上冠以"证券交易所"字样,说明证券交易场所具有一定的专属性,非证券交易所不能冠以这样的名称。而我国法律对全国性的证券交易场所只规定了两种形式,一种是证券交易所,另一种是国务院批准的其他全国性证券交易场所。既然均为全国性的证券交易场所,法律规定证券交易所必须体现在其单位的名称中,同理,与证券交易所性质和基本功能具有极大相似性的其他全国性证券交易场所,在单位的名称上冠以"证券交易场所"也应该是法律所鼓励的。因此,在"全国中小企业股份转让系统有限责任公司"的基础上,将名称更改完善成"全国证券交易场所有限公司",不但符合了法律的要求,遵循了国际上的普遍做法和国内资本市场的现实情况,也更加清晰地反映了全国股转公司和新三板市场的地位、性质和功能,更加有利于全国股转公司和新三板市场的未来发展。

（二）集团架构

集团总体架构是在中国证监会的领导下,以全国证券交易场所有限公司为统领,以全证科技有限公司为核心,以全证监管有限公司为使命,以全证服务发展有限公司为目的的多层次、多板块的综合组织体。集团分别由上海证券交易所、深圳证券交易所、中国证券登记结算有限公司、中国金融期货交易所、上海期货交易所、郑州期货交易所、大连期货交易所等投资成立。如图4-8所示。

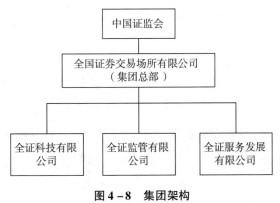

**图4-8 集团架构**

1. 集团总部

集团总部的名称为"全国证券交易场所有限公司"（以下简称全交所），下辖三个全资子公司，分别负责全交所的科技、监管和发展。

全交所党委会：由党委书记、副书记、委员组成，接受中国证监会党委领导，书记、副书记、委员由中国证监会任命。全交所党委会决定全交所的重大决策和重大事项。在治理架构中，集团是在公司党委领导下，实行"三会一层"治理和运作模式。此外，全交所设立纪委会，接受中央纪委监委驻中国证监会纪检监察组和集团党委领导，负责集团纪检监察工作。

全交所股东会：全交所的股东单位分别为上海证券交易所、深圳证券交易所、中国证券登记结算有限公司、中国金融期货交易所、上海期货交易所、郑州期货交易所、大连期货交易所。股东会成员由各股东单位推出的高级管理人员担任。股东会是公司的权力机构，按照《公司法》、公司章程和其他相关规定履行职责。

全交所董事会：全交所董事会是集团公司的常设权力机构，对董事会负责并报告工作。按照《公司法》、公司章程和其他相关规定履行职责。全交所董事会包括全交所全职领导和各股东单位推选的代表单位。

全交所监事会：全交所监事会是集团公司的监督机构，对股东会负责。按照《公司法》、公司章程和其他相关规定履行职责。成员由集团公司和股东单位推选。

总经理办公会：全交所总经理办公会是集团公司经营管理层的决策机构，由总经理、副总经理等组成。根据法律、法规、公司章程和其他相关规定履行职责。

全交所委员会：对全交所的经营运作起支撑作用。根据需要可设下列委员会，即战略规划委员会、风险管理委员会、薪酬管理委员会等。其中，战略规划委员会对集团未来发展战略规划提供决策支持；风险管理委员会对集团的运营所涉及的风险作出判断并提出风险控制的决策支持；薪酬管理委员会对集团的财务薪资管理事务提供决策支持。

首席制度：为全交所的经营运作决策参谋。根据需要可设下列首席官，即首席律师、首席会计师、首席风险官、首席技术官、首席信息官、首席经济学家等。其中，首席律师对集团法律事务提供决策参谋；首席会计师对集团财务会计事务提供决策参谋；首席风险官对集团运营风险管理提供决策参谋；首席技术官对集团技术及通信安全和发展事务提供决策参谋；首席信息官对集团信息安全及发展事务提供决策参谋；首席经济学家对集团发展战略研究和宏观经济形势提供决策参谋。

职能部门：主要有党委办公室（董事会办公室）、综合管理部（总经理办公室）、法律事务部、人力资源部（组织部）、财务管理部、纪检监察办公室、稽核审查办公室（监事会办公室）、委员会及首席事务办公室。

全交所集团总部全权负责集团的总体运营，统筹管理集团事务，整合集团资源，决定集团重大事宜。其职能部门为集团总部的执行部门，委员会为集团的决策支撑机构，首席为集团决策的参谋。

2. 全证监管有限公司

全证监管有限公司（以下简称监管公司）由全交所和全证科技有限公司、全证服务发展有限公司出资成立，全交所占90%股份，其余两家单位各占5%股份，监管公司由集团总部绝对控股。监管公司是集团公司对新三板市场进行监管的执行机构，全权负责新三板市场的组织营运和监督管理。采用非商业化运作模式。除综合事务部、挂牌委员会、复核委员会、纪律处分委员会之外，下设若干中心。

综合事务部（总裁办公室）：负责公司的综合协调和管理事务。

挂牌委员会：对挂牌审核中心职能部门提交的有关公司拟挂牌、发行人拟发行证券、挂牌公司调层、挂牌公司摘牌等事宜进行审核，作出独立的专业判断并形成审核意见。

复核委员会：对申请人提出的复核事项进行审核，作出独立的专业判断并形成审核意见。

纪律处分委员会：对全国股转公司作出的纪律处分事项进行审核，作出独立的专业判断并形成审核意见。

挂牌审核中心：负责证券的发行和公司挂牌的审核工作。下设三个部门，即挂牌审核部，负责非发行证券的拟挂牌公司（含挂牌同时发行）的审核；融资审核一部，负责 IPO 的审核工作；融资审核二部，负责挂牌公司再融资的审核工作。

公司监管中心：负责对挂牌公司、证券公司等中介机构进行监管。下设四个部门，即公司监管一部、公司监管二部、公司监管三部、中介机构监管部，分别对精选层、创新层、基础层和市场中介机构包括基金和机构投资者进行自律监管。

市场监察中心：负责证券交易市场运营和监管，下设三个部门，即交易运行部，负责证券交易市场的正常运营；市场监察部，负责对证券交易进行监督检查；市场分析部，负责对证券交易市场的异常行为进行分析。

监管执行中心：负责对市场的检查和纪律处分。下设三个部门，即巡回检查一部，负责对挂牌公司的现场检查；巡回检查二部，负责对证券公司、会计师事务所、律师事务所、基金公司和其他中介机构的现场检查；自律管理部，负责纪律处分。

3. 全证科技有限公司

全证科技有限公司（以下简称科技公司）由全交所和全证监管有限公司、全证服务发展有限公司出资成立，全交所占 90% 股份，其余两家单位各占 5% 股份。科技公司由集团总部绝对控股，负责集团的技术、通信、信息业务，全面支持集团及新三板市场的技术系统、通信系统、信息系统，保证集团及新三板市场在发行、挂牌、交易、结算等全领域业务的正常运营，促进集团的技术、通信、信息先进，负责集团的科技经营。在优先保证集团和新三板市场技术通信信息的前提下，采用商业化运作模式。下设技术公司、通信公司、信息公司，以集团内部绝对控股，外部适当参股的方式经营运作。

4. 全证服务发展有限公司

全证服务发展有限公司（以下简称服务发展公司）由全交所和全证科技有

限公司、全证监管有限公司出资成立，全交所占90%股份，其余两家单位各占5%股份，服务发展公司由集团总部绝对控股。服务发展公司是集团公司及新三板市场服务发展的执行机构，全权负责集团公司和新三板市场的服务发展事宜。在优先保证集团和新三板市场发展服务的前提下，适当采用商业化运作模式。除综合事务部外，下设若干中心：发展研究中心（下设研究规划部、政策研究室、创新实验室、编辑部、博士后工作站）、市场服务中心（下设国际业务部、投资者服务部、市场服务一部、市场服务二部、市场服务三部）、发行上市中心、培训中心（下设企业培训部、人力资源培训部）、行政服务中心等。各中心根据业务发展需要均可设立若干部门。

## 第二节　新三板的市场化

### 一、市场化的相对性

市场化是以建立市场型管理体制为重点，以市场经济的全面推进为标志，以社会经济生活全部转入市场轨道为基本特征。它是把特定对象按照市场原理进行组织的行为，通过这一行为实现资源和要素的优化配置，从而提高社会效率，推动社会进步。从人类社会发展进程看，市场化具有一定的相对性。

市场化是一个自然经济向市场经济转化的过程。所谓市场经济是一种追求最大化利益的经济主体通过自愿交换而结合在一起，经济运行主要由价格机制来调整的经济形态。经济学家约翰·希克斯认为，市场经济兴起以前的传统经济，是靠习俗和命令来调节其运行。[1] 马克斯·韦伯认为，习俗是一种约定俗成的规则，它虽然在外在方面没有保障，但一定范围内的人们却自愿地遵守它。[2] 由此看来，"从自然经济向市场经济转化的过程，实际上也就是从习俗、命令、价格配置资源特别是从习俗配置资源向价格机制配置资源转化的过程。

---

[1]　参见约翰·希克斯. 经济史理论 [M]. 北京：商务印书馆，1987。
[2]　参见马克斯·韦伯. 经济与社会（上卷）[M]. 北京：商务印书馆，1997。

这一过程是经济发展中的一条基本线索"。①

从经济学角度看，市场化所要解决的是资源配置问题，采取不同方式可能导致不同结果，而市场化对资源配置最为有利。因此，西方经济学始终将资源配置作为经济学的重点研究内容。现代西方经济学家相当普遍地认为经济学的对象是资源配置。这种观点可以追溯到英国经济学家莱昂内尔·罗宾斯于1932年发表的《经济科学的本质和意义》一文，他认为经济学是一门研究作为目的和具有不同用途的稀缺手段之间的人类行为的科学。② 在这之后，西方经济学普遍采用这样的定义，在西方经济学教科书中几乎沿袭了罗宾斯的经济学定义。

然而，西方经济学却无法一般地证明市场经济可以实现最优资源配置，只能证明完全竞争的市场经济可以实现最优资源配置。最优资源配置又被称为最有效率的资源配置，这一效率是指社会以最低成本生产人们所需要的物品的状态，但这种最有效率的资源配置在现实生活中很难做到。美国经济学家 K. E. 凯斯和 R. C. 费尔认为，只有完全竞争的经济才是最有效率的经济，但完全竞争的假设条件十分严格，至少体现在四个方面：一是所有的市场都有大量的卖者和买者；二是每个市场的所有产品都是同质的，不存在任何产品差别；三是不存在外部成本或者外部收益；四是生产商对投入品、消费者对产品的质量、价格和可获得的情况具有完全信息。③ 这样的假设前提实际上使市场经济的最优资源配置打了折扣。

同时，由于种种原因，这种追求资源最优配置的市场化手段也会失灵，从而使市场失灵。凯斯和费尔认为，有四种原因导致市场失灵，即不完全竞争的市场机构的存在；公共产品的存在；外部成本和外部收益的存在；不完全信息

---

① 参见周军. 以市场化理论为中心深化发展经济学的研究 [M] //发展经济学研究（第一辑）. 北京：经济科学出版社，2003。

② 参见吴易风. 西方市场经济理论的几个问题——美国经济学家凯斯、费尔《经济学原理》中的有关观点述评 [J]. 中国人民大学学报，1993（3）：2。

③ K. E. 凯斯，R. C. 费尔. 经济学原理 [M]. 北京：中国人民大学出版社，1993。

的存在。① 而西方经济学家认为，导致市场失灵的每一个因素都暗含着政府在经济中的潜在作用。② 政府对于市场中的资源配置是至关重要的。政府对市场具有什么样的态度，采取什么样的手段，是市场化能否实现的关键问题。政府这只看不见的手如果无处不在、无时不在，要真正实现市场化，让资源在市场中发挥最大作用是很难做到的。尤其对于新兴市场或转轨型市场更是如此。就我国的情况看，改革开放四十多年来，我国从原有的计划经济已经成功地向市场经济转轨，经济高质量地持续发展，取得了巨大成绩。但不可否认，在一些领域，我国仍然难以达到理想的状态，仍然是一个发展中国家和新兴市场，我国的资本市场也是如此，时至今日，新兴加转轨的市场特色并没有发生根本的变化。

在一个新兴加转轨的市场，要想做到完全的市场化有很多的制约因素。不但取决于政府对转轨市场的态度，还取决于市场的环境和投融资双方的素质。什么情况下采取行政化，什么情况下采取市场化，政府这只看不见的手何时显现、何时隐蔽的确具有很大的不确定性。美国经济学家 R. I. 麦金农在总结转轨国家市场化的经验教训的基础上，对市场化的次序问题进行了研究，他认为，经济市场化有一个"最优"次序：首先是平衡中央政府的财产，其次是开放国内的资本市场，最后是汇率自由化。当然，这种次序也因各种类型经济的初始条件而有所不同。③ 且不说这一次序排列正确与否，在经济市场化中，将开放国内的资本市场作为市场化的重要内容无疑是很重要的。

我国的资本市场，三十年来也一直朝着市场化的方向努力。在发行制度、上市制度、交易制度等，在资格管理、牌照准入、产品开发、市场连通，在股票市场、债券市场、基金市场和衍生品市场上越来越市场化。以发行制度为例，我国资本市场经历了审批制、额度制、审核制到注册制，这一过程就是逐步减少行政干预，加大市场化力度的过程。时至今日，我国资本市场的发行制

---

① K. E. 凯斯，R. C. 费尔. 经济学原理 [M]. 北京：中国人民大学出版社，1993。
② 参见吴易风. 西方市场经济理论的几个问题——美国经济学家凯斯、费尔《经济学原理》中的有关观点述评 [J]. 中国人民大学学报，1993（3）：5-6。
③ 参见罗纳德·麦金农. 经济市场化的次序——向市场经济过渡时期的金融控制 [M]. 周庭煜等，译. 上海：上海三联书店，上海人民出版社，1997。

度在科创板成功试点注册制的基础上，将不断推开。毫无疑问，我国资本市场在市场化推进上取得了很大的成绩。

但是，市场化也有一定的相对性，它取决于一定的环境，在不同的条件下，市场化推进的力度是不同的。在市场资源的优化配置上，市场和政府的干预，实际上取决于市场本身。如果市场的客观条件并不允许，市场化就很难实施，实施了效果也未必好。在成熟市场上实行的市场化机制，在新兴市场就未必能发挥出资源优化配置的效果。在我国资本市场发展的进程中，这样的经验教训是很多的，如在衍生品、国债期货事件等方面。我国目前在大力推进资本市场市场化的同时，并不能完全排除政府对资本市场的作为。在推进市场化的过程中，还需要考虑对风险的防范，要将改革的力度、市场化的速度和由此带来的风险承受度统筹考虑，使三者之间能够很好地结合。这就要求我国资本市场的市场化循序渐进，不可能一蹴而就，不可能全方位铺开。

新三板市场的市场化也是如此，市场化是新三板未来的发展方向。相对于过去，新三板的市场化有了长足的进步，7年来新三板市场进行了多次改革，每次改革都使新三板的市场化有了进步，尤其是2019年10月以来的全面深化改革，新三板的市场化涉及面之广、力度之大、内容之深前所未有。新三板市场化改革使市场的功能日渐恢复，市场的融资功能、交易功能、市场流动性和资源配置功能大为改善。新三板的市场化正朝着正确方向前进。

## 二、市场化的内容

新三板市场化的内容丰富多彩，在未来的发展方向上，随着新三板市场环境的不断改善，新三板的改革越来越全面和深入，新三板市场化的力度会越来越大，新三板的市场化前景也会越来越光明。笔者认为，新三板市场化应该体现在以下几个方面。

### （一）功能与产品

资本市场最主要的功能体现在四个方面，即通过融资推动资本形成、通过交易促进价格发现、通过资产重组优化资源配置、通过资本转让实现投资回报。市场化的过程，就是功能逐步齐全，产品不断丰富的过程。

　　就通过融资推动资本形成而言，企业通过进入资本市场获得了发行证券的可能性，当企业需要资金时，它可以向证券监管部门和证券交易场所申请发行股票、债券或其他形式的证券获得投资者的资金，以解决企业在经营和生产过程中最重要也是最基本的需求。在现代金融中，企业在生产经营过程获得资金有两个渠道，一个是通过银行贷款，另一个是通过资本市场发行证券。而投资者将资金存入银行并由银行提供给企业和通过发行证券直接买入企业所发行的证券，在资金的性质上是不一样的。投资者将资金以存款方式存入商业银行等金融机构所形成的是债务性资金，以投资方式直接进入企业所形成的是资本性资金。债务性资金和资本性资金，对于居民来说结果是不一样的。居民资金作为债务性资金时，居民和企业不存在直接的关联性，对企业的关心程度和利害关系不大，他们仅仅和银行形成了简单的存储关系，而资本性资金却使居民作为投资者紧紧地和企业的命运联系在一起；对企业而言通过直接融资更加便捷地获得资本，满足了其实业投资和生产经营的需要。在实践中，资本市场提供了解决居民和企业之间资金矛盾的方法。一方面，居民个人和家庭每年消费剩余的大量资金，难以直接形成实业投资所需的资本性资金；另一方面，企业又需要有大量的资本性资金以满足生产经营的需求。居民将消费剩余资金以存款方式存入银行等金融机构，虽能实现资金集中，却不能有效形成资本性资金；而在企业严重缺乏资本性资金的条件下，银行等金融机构也难以通过贷款途径将资金充分放出。这一矛盾若不能化解，经济运行中势必发生债务性资金相对过剩和资本性资金相对紧缺现象。资本市场恰恰是一个既能够实现资金集中又能够将这些资金转化为资本性资金的场所，企业通过资本市场发行证券从投资者手中融入资金的同时，既实现了这些资金的集中，也实现了将这些资金转化为资本性资金。资本市场的这种融资功能推动了资本的形成。

　　就通过交易促进价格发现而言，资本市场的主要功能在于证券交易。在企业发行股票结束后，即进入证券交易场所挂牌上市，股票即在市场进行交易。在这一过程中，资本市场评估资本价值的功能主要通过证券交易中的市场机制来实现。在交易中，股票价值通常不是由其面值所决定，股票的交易价格明显高于票面价值。对投资者而言，股票交易价格成为其投资购股的基本价格；对上市公司而言，股票交易价格成为其配股、增发新股的主要参考依据。交易促进了资本的价格发现。

就通过资产重组优化资源配置而言，上市公司资产重组是企业常用的资本性工具。上市公司内部资产重组，需要增加资本投入，常常需要利用资本市场募集增量资金并换取优质资产，由此，资本市场推进了这些企业的资本结构优化。上市公司外部资产重组，常常通过股权置换、股权收购、公司合并等方式实现，在这些场合，资本市场机制发挥着积极重要的作用。由于资本具有便捷的流动性，股票具有可交易性，再融资具有可能性。上市公司通过增发股票不但可以再次募集资金，还可以采取发行股票换取资产的方式，将优质资产并入上市公司。通过收购兼并，实现资产重组，使企业的资源配置得到优化。

就通过资本转让实现投资回报而言，由于证券的可流通性、交易的便利性和资本的高流动性，能够有效保障资本价值的实现。所以投资者才敢于将现金通过投资将其转变为资本，在其通过上市公司利润分配获得收益和通过财产增值获得收益之外，还可以通过出售资本投资的凭证，在转让资本未来收益的基础上获得资本增值收益。可见，实现资本价值并不仅仅发生在获得资本回报的场合，在投资者需要提高资本的流动性、转移投资方向和收回资本残值的场合，同样需要实现资本价值。从这一角度看，资本的转让实现了投资者的投资回报。

上述四种功能，都是资本市场所具有的主要功能。对于一个市场化机制比较完备的资本市场而言，是必须具有的。而新三板市场目前在这几个功能上都或多或少有所欠缺。

非但如此，新三板市场在产品上也不丰富。一个功能健全、产品丰富的市场，应该包括股票、债券、基金和衍生品四大市场。目前，新三板市场主要是股票市场，产品也以股票为主，债券市场、基金市场和衍生品市场均不发达，产品也极其有限。新三板的市场化任重道远。

（二）管制与监管

市场化程度的高低取决于管理者的态度，是管制还是监管，所导致的结果并不一样。市场化程度高的市场，管制程度较低，监管较为严格；在不断的市场化过程中，管制逐步放松，注重事后监管。管制和监管是不同的。

第一，两者目的、效果不同。管制的目的是禁止，不允许市场参与者加入，从一开始就对市场参与者提出很高的要求，更多的是对市场参与者进行硬约束，其出发点是将市场参与者从源头上挡在市场的大门外。在认识上将市场参与者视为"有问题的人"，态度比较蛮横，方法比较简单，最终使参与者很难参与市场，即使参与了也会受到较大限制和约束，因此很难展开市场活动，弱化了市场功能。监管的目的并不在于禁止市场主体参与市场，对市场主体在参与市场的一开始并不提出很高的要求，市场主体进入市场后，根据市场的总体情况对市场参与者提出适当要求，对市场参与者提出的硬性约束适中，其出发点是欢迎市场主体积极进入市场、参加市场各种活动，在认识和态度上，将市场参与者视为"没有问题的人"，态度比较友好、方法较为柔和。

第二，两者的侧重点不同。管制不但在"管"，还在于"制"。在经济学上，管制是政府用来控制企业行为的法律和规定，通常采取经济管制和社会管制的方法。经济管制采取的是强制措施，限制商品的价格、市场准入、单个行业的服务，社会管制主要是采取管制影响到许多行业的外部经济环境，如空气或水源污染的管制。在民事领域，管制是约束人们正常的社会活动，比如交通管制，就是出于某种原因对于部分或者全部交通路段的车辆和人员通行进行的控制措施。在刑法上，管制针对的是犯罪分子，是指对犯罪分子不实行关押，依法实行社区矫正，限制犯罪分子人身自由的一种刑罚方法。可见，管制是对相关当事人的一种强有力的限制和控制；而监管则不同，监管注重"监"，兼带"管"，具有先"监"后"管"的含义，它注重的是被监管的对象在参与市场活动中的过程。在这一过程中，监管者始终关注着相关当事人的活动是否按照法律法规和监管部门的要求去做，他们是否从事违法违规以及违反监管者要求的行为，如果没有就没有后续的"管"，如果有就要接受相应的监管措施。

第三，两者管理的时段和内容不同。管制主要体现在对市场参与者前段的管理，注重的是事前管理；监管主要体现在市场参与者的过程及过程之后的管理，注重的是事中事后的管理。在内容上，管制主要是对资格、准入、门槛的管理，决定市场参与者能否进入市场，以什么样的条件进入市场，通过何种程序进入市场以及何时进入市场；监管则重点强调资格、准入和门槛，它所关注的重点在于市场参与者进入市场后的行为规范，并对行为规范的后果进行管理。

两者相比较，尽管都是对资本市场的管理，但显而易见管制的行政化色彩更浓，监管市场化色彩更浓。从新三板市场的资源配置优化看，后者要比前者更加有利于资源的优化配置，使市场参与者能更多地参与市场，利用市场资源，更加有利于市场的发展。

（三）尽责与约束

市场化有赖于市场机制的建立和有效运行，而市场机制的建立并得到有效运行又有赖于各市场参与主体的归位尽责。市场化要求市场参与者能够准确定位、各尽其事、各负其责，市场参与者能够增强自我约束机制，从而使市场能够高效有序运行。因此，市场主体的归位尽责、自我约束对资本市场的市场化很重要。市场主体归位尽责、自我约束到位具有以下几层含义。

其一，市场主体明晰各自的地位、权利、义务和责任。无论是发行人、上市公司、挂牌公司，证券公司、会计师事务所、律师事务所、资产评估机构、咨询机构，还是基金公司等机构投资者、个人投资者，在资本市场中都有自己明确的法律地位，也有明确的权利义务和法律责任，我国《证券法》《公司法》及其他相关法律法规、部门规章、规范性文件都规定得十分明确。因此，在参与证券市场的各种活动中，各市场主体都应当知晓自己的权利义务和法律责任。只有这样才能够在市场活动中遵规守纪，市场才能正常有序。

其二，市场主体能够自觉按照各自的职责行使权利、履行义务，加强自我约束、主动承担责任。市场化的资本市场就要求市场主体能够自觉地按照法律法规和监管部门规定尽责履职，不应该履行的职责不应替代他人履职，是自己的职责也不得推诿和不尽职责。以股票发行为例：发行人是保证发行材料真实、完整、准确的第一责任人，也是确保发行信息披露真实、完整、准确的第一义务人；保荐人是发行股票保荐事务的责任人，对发行人的发行行为负有法律义务；会计师事务所就发行人的申请材料和信息披露涉及的财务审计报告负有法律责任；律师事务所就发行人的发行行为出具的法律意见书负有法律责任。他们之间彼此的责任边界清晰，明确了在何种情况下各自独立负责，在什么情况下承担连带责任，不应相互推诿。

其三，监管者能够处理好和市场主体之间的关系，监管者既不越俎代庖，也不推卸责任。监管者和市场主体之间的关系是监管与被监管的关系，监管者负责管理市场，监督市场参与者按照法律法规行事，促进市场公开、公平和公正，维护资本市场秩序，保护市场参与者的合法权益，以使资本市场长期稳定健康发展。在市场的各种利益关系中，监管者是超脱的，它站在公平的立场上，依据法律法规和自身的职责处理资本市场的各种事务。虽然监管者和资本市场关系密切，它既是政策和规则的制定者，同时还是监督市场主体执行法律、政策和规则的监督者，但监管者并不参与具体的市场活动，不能成为市场主体的一分子。在发行、上市、交易、结算等具体活动中，监管者始终不能介入，市场主体的事务只能由市场主体自己去行使。监管者不能越俎代庖和推卸责任，把本应由市场主体做的事变成自己要做的，也不能把应该是自己要做的事推给市场主体去做。比如对于发行人的申报材料，监管者的审核更多的应该是对这些材料进行刨根问底式的询问，让其充分予以解释并进行信息披露，让市场去了解、分析和判断这些信息。对发行人信息披露的真实性、完整性、准确性等必须由发行人、中介机构等各自按照法律的规定和监管要求予以负责。如果监管者在审核过程中负责判断发行人申报材料的真实性，进而负责审核发行人企业的质量，不但在客观上很难做到，实际上代替了发行人本身应有的责任，也替代了保荐人、会计师事务所、律师事务所等中介机构应负的法律责任。监管者这只看不见的手就过多地干预了市场，不但耗费了监管者本身的稀缺资源，同时也为发行人及中介机构的行为进行了背书，这样的行为就不是市场化行为。新《证券法》关于发行制度的规定，就很好地解决了发行问题上监管者和市场主体的关系，在发行制度的市场化方面迈出了极大的也是极为关键性的一步。新《证券法》第九条规定"公开发行证券，必须符合法律、行政法规规定的条件，并依法报经国务院证券监督管理机构或者国务院授权的部门注册。未经依法注册，任何单位和个人不得公开发行证券"，新《证券法》关于公开发行证券注册制的规定，总结了发行核准制所存在的种种问题，将对发行人发行材料及发行人企业的真实性、企业优劣的审核和披露义务、责任交还给了发行人和相关中介机构。

（四）信息与服务

市场化的资本市场，应该是个信息公开透明、服务较为完善的市场。资本市场是个信息市场，证券的发行和交易必须依据充分公开的信息，投资者决策也必须依据必要的信息。没有公开透明的信息，资本市场就无法存在。

资本市场信息的公开透明首先是规则的公开透明。法律法规本身是公开透明的，部门规章和规范性文件也应该公开透明，自律监管机构的业务规则更应该公开透明。它涉及具体操作和流程，不公开透明，市场参与者就无法进行市场活动。除了规则之外，监管部门制定的政策也应该公开透明。政策的公开透明是资本市场市场化很重要的因素，要做到这一点并不容易。

资本市场信息的公开透明是信息披露的充分公开。市场参与者在法律规定和监管者要求的范围内尽量进行充分的信息披露，使市场充分了解信息。这些信息包括发行人、上市公司、挂牌公司、中介机构和其他市场参与者的相关信息。

资本市场信息公开透明还要求监管者的监管行为充分公开。让监管行为和监管结果在阳光下，使监管者受到监督和约束。

市场化的资本市场还应该处理好监管和服务的关系。不能只强调监管而忽略服务，应在监管的基础上不断加强市场服务的能力和水平。

新三板的市场化是一个循序渐进的过程，不可能一蹴而就，但新三板未来的市场化方向无疑是正确的。新三板的市场化不仅仅体现在上述几个方面，它的涉及面广泛。在客观环境允许下，只要具备了市场化的条件，能够市场化的都应该市场化，降低门槛、放松管制、减少行政干预，积极探索、不断创新，让市场资源配置不断得到优化，让市场的类型不断完善，让市场的产品不断丰富，让新三板市场化能够真正发挥其应有的作用，使新三板市场长期稳定健康发展。

## 第三节　新三板的法治化

### 一、法治的概念

（一）法治的基本含义

从法的起源看，法并非自古就有，而是随着私有制、阶级和国家的出现应运而生，其概念也在不断发展完善。东汉许慎所著《说文解字》一书解释："灋，刑也，平之如水，从水。""灋"字其中的"廌"是传说中远古时代的一种独角神兽，它生性正直，有着明辨是非、判断曲直的神性。因此，法本身就代表了正义、公平、惩恶扬善的观念；西方的法起源于对司法女神朱斯提亚的宗教崇拜，其白袍、蒙眼、秤和剑的形象生动展示了公平、惩戒、正义的观念。可以说，法自诞生之初，便蕴含了公平、正义、强制力等内涵和观念。

从法的特征看，马克思主义法学派将法定义为：法是受一定物质生活条件制约并体现统治阶级意志的，由国家制定和认可并由国家强制力保障实施的具有一定抽象性的一般行为规范。因此，法最重要的特征就是其具有社会规范性。它是一种普遍的、明确的、广泛适用且具有约束力的社会规范，区别于道德、习惯。具有规范性的法作为国家治理中的一种工具，在历史的发展中逐渐彰显了其无可比拟的优点，并被各地区、各文明所接受。在经历了启蒙运动、法国大革命、美国1787年宪法的颁布等一系列重大历史事件后，法的精神和内涵逐渐发展成为一种理念和思维方式，即法治。

从法治思想看，中华上下五千年，以法治国的思想源远流长。先秦诸子百家，法家独占一隅。春秋时期，郑国子产铸刑鼎，首次将法公之于众；战国时期，商鞅变法，一举强秦，为秦统一六国奠定了基础。法家主张凡事要依法行事、一断于法，把法作为察言、观行、考功、任事的准绳；并从不同方面说明法是固定化的程序，是从个别事物中抽象出来的关于事物的一般、普遍的规定，因此又将法称为事之"常"；而"刑无等级""法不阿贵"的法家理论，体现了法的普遍适用性。此后，历代政治家也将以法治国的思想渗透于国家治理之中，尊崇"外儒内法""礼法结合"的治国方式。古希腊的亚里士多德曾精辟地阐释法治的内涵，"法治应包含两重含义：已成立的法律秩序获得普遍地服从，而大家所服从的法律又应该本身是制定良好的法律"。

虽然因为历史文化传统和现实社会环境等因素共同作用，造就了各国不同的法治模式，但大家普遍认同的"法治"，至少应当包含良法之治和法的普遍性两个层面的意思。从这两个角度出发去理解法治，才能清楚地认识法治的内涵。

一是法治要求良法之治。恶法非法，法律一旦缺乏了基本的理性和规范性便不能称为良法，只有良法善治才能推动法治的进步与发展。隋文帝时期，曾有"盗一钱以上弃市""三人共盗一瓜事发即死"的恶法。法律的良善性，即法律的道德性，是法律本身所具有的使法律之所以能成为法律的基本属性，它构成了法律得以产生、形成、实施、遵守、监督的合理根据，构成了法律权威性、合法性、普遍性、规范性的理性基础，构成了法治的精神支柱。

二是法治要求法具有普遍性。"法律应当被遵守，否则将形同虚设"，法作为具有普遍性的一般行为规则，从国家到社会再到公民个体，都应当遵守本国的法律。

（二）法治的几个相关概念

1. 法治与法制

法治和法制既有联系也有区别，既有相似性又有不同。法治和法制均是法的范畴，都用以规范人们的行为，对人们在生产生活过程中具有一定的约束力。法治和法制的相似性比较容易理解，但法治和法制的差异性有时候却很难区分，很多情况下，人们在使用时常常将两者混同起来，无法真正理解法治与法制的区别。

实际上，法治和法制是有一定的区别的。法治是动态的，涉及的范围比法制要大，内容也比法制要丰富，法治兼有软的法律环境和硬的具体的法律制度，法治一般指的是良法而不是恶法；法制一般是静态的，涉及的范围比法治要小，内容也比法治要少，法制主要是硬的具体的法律制度，法制针对法律制度而言既可能包括良法，也可能包括恶法。

法治不同于法制。从动态的角度来看，法制主要是指静态的法的规则及其体系，而法治所讲的法除静态的法的规则及其体系之外，还包括动态的立法、司法、行政执法以及守法等活动；从内容来看，法制既可以是好的、民主的法律制度，也可以是不好的、专制的法律制度，而法治所讲的法律制度单指良好的、民主的、能使法得以正确适用和普通遵守的法律制度；从与人治的关系来看，法制并不必然地排斥人治，而法治社会中法对权力的约束和规范却是完全的、绝对的，法在法治社会中具有至高无上的地位。当前资本市场深化改革进入深水区，已经不仅仅是旧有法律制度的修修补补，而是应当在根本上树立法治理念。推进注册制改革，加快新三板改革，就是要进一步地树立简政放权理念，加强投资者保护，完善信息披露制度，引入惩罚性赔偿和集团诉讼制度。这些基础性制度的变革已经不仅是法制层面上的改变，更是在监管理念上的重大进步，这一系列体现着法治理念的基础性制度改革必然会为我国多层次资本市场提供强大的动力，加快推进建设法治化资本市场的进程。

2. 法治与人治

法治和人治的不同是显而易见的。它是对大到治理国家、小到治理一个群体、一个单位或社会组织体所采取的截然不同的态度和治理方法、治理手段的不同，导致的结果差异也很大。法治和人治的不同在于：法治具有群体性、权威性、长期性、稳定性，而人治却具有个体性、超然性、随意性、破坏性。

法治不同于人治。从法治的精神来理解，人治在本质上体现的是拥有极权的个人或者极少数人的意志，蕴含这种意志的法既是极权的一部分，又是维护极权的工具，从而在政治上构成一种专制的治理模式。从意志上来看，人治与法治相对立，人治在政治上体现为专制和分工，法治在政治上体现为分权与制衡；从工具角度来看，人治并非取消法律，而是将法律作为一种工具，法治则是把法律当作内在理念和追求；从权与法的关系来看，人治社会中权力大于法律，法治社会中法律具有至上性的地位。资本市场改革发展必须坚持法治思维，重点厘清政府与市场、权与法这两对重要关系。一方面通过划清政府与市场的边界，既要着眼于激发市场的活力，又要充分考虑当前政府监管能力、市场主体的自律水平和投资者的实际情况，切实做到防好风险、守住底线；另一方面要强化对权力的监督制约机制，资本市场的监管人员（包括自律组织）是否遵法守法用法，关系重大，绝不能以言代法、以权压法、徇私枉法，

3. 法治与政治

法治与政治都是基于经济基础的，属于上层建筑的范畴，源于经济基础又反作用于经济基础，都是治理国家的手段和工具。但法治和政治又是不同的。法治是政治意志的反映，是统治阶级的意志并上升到国家意志，是政治的基本保障和实现途径。政治是政权主体或党派通过法律、制度等来治理国家或党派、群体的活动。对于政治而言，"政"主要是指政权、政府、军队、警察、法院、监狱、政治组织、政治机构。"治"主要是指法律、制度、政策以及依据这些进行的行为，包括军事、法律、行政等方面。"政"是硬件，"治"是软件。而法治实际上是政治团体或政府用以治理国家的手段。法治实际上包含了许多层面的含义，它是指一种治国的方略、社会调控方式。法治强调以法治国、法律至上，法律具有最高的地位。法治还指一种法律价值、法律精神，一种社会理想，即通过这种治国的方式、原则和制度的实现而形成的一种社会状态。

4. 法治与德治

法治与德治都用以规范人们的行为，具有一定约束力，都是治理国家的基本方法和手段。但法治和德治的区别又是明显的。法治和德治相比范围更小，更具规范性，法治比德治权威，和德治相比具有强制性，因此德治和法治相比较范围广、不规范、不具有权威性和强制性。

法律与道德、法治与德治的关系是中外法学史上的恒久话题。"法律是成文的道德，道德是内心的法律"。法律和道德都具有规范社会行为、维护社会秩序的作用。治理国家和社会必须一手抓法治、一手抓德治，既重视发挥法律

的规范作用，又重视发挥道德的教化作用，实现法律和道德相辅相成，法治和德治相得益彰，阐明了一种现代法治和新型德治相结合的治国新思路。发挥好法律的规范作用，必须以法治体现道德理念，强化法律对道德建设的促进作用。就资本市场而言，就是要坚持法治和诚信建设两手抓。只有通过法律的引导、规范和调节，通过对违法失信行为的民事、行政、刑事责任追究，才能形成相互信赖的市场关系。必须加强资本市场诚信建设，发挥诚信约束机制对市场参与者的引导和规范作用，夯实资本市场持续稳定健康发展的诚信基础。中国证监会在这方面做了大量工作，出台了《证券期货市场诚信监督管理办法》，建立了统一的证券期货市场诚信信息数据库，探索创新联合惩戒新举措，对拒不缴纳罚没款的当事人和不履行公开承诺的上市公司相关责任主体开展联合惩戒，限制其乘坐火车高等级席位和民用航空器等，取得了突出效果。

5. 法治化与市场化

法治化和市场化是我国资本市场发展的方向，也是新三板市场未来发展的方向，更是新三板市场发展的两个重要抓手。在新三板市场发展过程中，法治化就是要将市场化和改革的成功经验用法制的形式固化下来，并用法治的理念、方法、制度等为市场化保驾护航，用法治的手段降低市场化和改革创新带来的风险；市场化以法治化为基础，与法治化相辅相成、相伴而生。

市场化和新三板市场的改革密切相连，没有新三板市场的大力度改革，就无法真正实现新三板市场的市场化，因此要处理好新三板市场的法治化和市场化的关系，就要着力处理好改革和法治的关系。改革和法治相辅相成、相伴而生。我国历史上的历次变法，都是改革和法治紧密结合，变旧法、立新法，从战国时期商鞅变法、宋代王安石变法到明代张居正变法，莫不如此。在法治下推进改革，在改革中完善法治，这就是改革和法治是两个轮子的含义。我们要坚持改革决策和立法决策相统一、相衔接，立法主动适应改革需要，积极发挥引导、推动、规范、保障改革的作用，做到重大改革于法有据，改革和法治同步推进。新三板市场的法治建设要与新三板市场的改革相统一，必须全面服务新三板市场改革发展，从法治的角度回答如何增强服务实体经济的能力，如何促进多层次资本市场健康发展，如何守住不发生系统性金融风险的底线，如何建设规范、透明、开放、有活力、有韧性的资本市场。

## 二、法治的重要性

### （一）对国家和人民的意义

首先，法治是国家治理的强大基石。没有法治就不可能有良好的国家治理。这是因为法治的内涵不但包含着一整套完整的法律制度，而且包含着有良好的法的意识、法的理念、法的思维、法的环境。而法律制度是国家治理能够维持的最为基本的工具，也是维持国家正常运转的底线。法的意识、理念、思维和法律环境可以使人们普遍执行法律、遵守法律。因此，法治是国家治理的重器。

其次，法治是社会正义和正常秩序的基本前提。没有法治人们就失去了行为规范的基本遵循，人们在社会活动中就很难判断什么可以做，什么不可以做，以及做与不做的后果是什么，即使知道，也能够判断，但由于没有法律制度的约束和法律强制力的保证，在发生利益冲突时，就会出现为了自己的利益而不顾或者破坏社会公平和正义，使社会的正常秩序得不到保证。

再次，法治是人们定分止争的重要武器。由于不同的人、不同的角色、不同的情况，人们在社会生活中就会有不同的利益，并且由此生产了大量的社会纠纷和冲突。在没有法治和法治环境不好的情况下，就不可能有很好的制度去规范和解决这些纠纷和冲突，从而使社会矛盾积聚上升，纠纷和冲突不断加重。而法治却能够使人们在一定的范围内，在一定的制度下，将人们的各种利益进行最大限度的平衡，缓释了利益冲突和纠纷。即使无法完全解决利益纠纷和冲突，也会有一些制度安排去调和甚至强制人们去解决纠纷和冲突。因而，法治是人们定分止争的利器。

定分止争和定纷止争是不同的，人们常常将两者混淆。从法律的功能来看，应当是定"分"止争，而不是定"纷"止争。只有确立了权利的归属，才能够进行进一步的交易和分配，就此而言，"定分"是"止争"的基础，同时也具有"止争"的功能。这就意味着只有确定权利归属，才能减少权利归属的不确定性，防止纠纷的发生，维护社会秩序的安定。从司法的功能来看，应当也是定"分"止争，而不是定"纷"止争。司法的目标就是解决纠纷，目前很多法院以调解作为首要的结案方式。现代社会矛盾频繁，重视调解无疑是正确的，但调解也必须是在分清是非的基础上进行的。[①]

最后，法治是人们生活幸福的根本保障。正因为法治社会能够使国家治理在一个良好的状态下，社会正义得以彰显，社会经济秩序得到良好的维护，法治社会能够使人们的利益冲突降到最小的程度，并且有相应的制度和手段来定分止争，从而从根本上保障了人们的生活。在这方面，古今中外均有无数个正反两方面的经验教训。

（二）对资本市场的意义

与其他领域相比，资本市场更加强调法的普遍适用性，更加需要形成共同规则，更加强调普遍遵守规则。离开了普遍适用的规则，就无法形成市场预期，离开了规则的约束，就无法保障交易结果，也就不可能真正形成公平高效的市场机制。资本市场是规则先行的市场，资本市场的发展史同时也是一部法治发展史。法治与市场之间存在着正相关的辩证关系，法治兴则市场强，法治衰则市场弱。我国资本市场经历了飞速发展的阶段，其中最重要的原因之一便是良法的支撑。一系列具体的民商事法律制度、行政法律制度和刑事法律制度的建立，为资本市场的蓬勃发展奠定了法治的基础。正是在基础法律制度建设的进程中，一系列法律法规的出台，为建设规范、透明、开放、有活力、有韧性的多层次资本市场提供了法治根基。

首先，法治是资本市场发展的推动力。没有法治的不断完善和引领，就没有我国资本市场一个又一个新的发展和进步。1990 年，沪深证券交易所的成立，依靠的是《上海市证券交易管理办法》和《深圳市股票发行与交易管理暂行办法》；1992 年，中国证监会成立后，出台了《关于进一步加强证券市场宏观管理的通知》和《股票发行与交易管理条例》，股票市场试点工作才得以全

---

① 参见朱文亮，朱运涛. 定分止争与定纷止争［N］. 人民法院报，2012 - 08 - 01。

面推开；1998年，《证券法》正式颁布，才使中国资本市场进入了新阶段；2005年，《公司法》和《证券法》完成第一次全面修订，完善了监管执法机制和监管责任制度，强化了执法的权威性和执法效率，为资本市场发展带来新的机遇。2009年《刑法修正案（七）》修订，提高了对违法行为的威慑；2012年《证券投资基金法》修订通过，构建了私募基金监管的基本法律框架。2019年新《证券法》的颁布更是确定了我国多层次资本市场的基本框架，肯定了资本市场的改革创新，明确了新三板市场的属性，确定了新三板的法律地位。法治的力量推动着资本市场不断前行。

其次，法治是资本市场功能发挥的保障。市场机制作用的发挥，要求用法律来明确市场主体的产权关系、交换关系和竞争关系。资本市场只有依靠法治的手段，才能保障市场主体公平地参与到资本市场的投融资活动中来。只有通过法治的手段，才能实现对破坏市场正常秩序的行为及时打击、追究法律责任，才能保护投资者特别是中小投资者的合法权益。资本市场的创新离不开法治的规范和保障。资本市场的产品创新，交易、结算方式创新等，在很大程度上是法治创新，是各种法律关系的集中体现和各种利益的集中分配和调整，包括权利、义务、责任等方面的安排和分配。

最后，法治是资本市场稳定健康发展的保障。市场发展的实践证明，系统性风险的形成与法律制度的缺陷密切相关。资本市场的稳定，需要依靠法治来实现。只有通过法治，才能保障市场主体公平参与市场竞争，使各个市场主体都可以依法公平参与到资本市场的投融资活动中来。只有通过法治，才能够保障市场交易活动的正常进行，维护公平、公正、公开的市场秩序。只有通过法治，将系统性风险的防范、管理和化解纳入法治的轨道，才能守住系统性风险的底线。

### 三、资本市场未来法治建设

推进资本市场改革发展，需要更加重视法治的作用，自觉树立敬畏法治的价值取向，提高运用法治思维和法治方式解决市场问题的能力，把资本市场法治体系建设摆到更加突出的位置。做好资本市场监管工作，必须要做到敬畏法治，注重运用法治思维和法治方法，做到有法可依、有法必依、执法必严、违法必究。

（一）立法体系与基础制度

自 1993 年第一部资本市场监管的行政法规《股票发行与交易管理暂行条例》颁布实施，至今已有 27 年。20 多年来，我国资本市场法治建设取得了举世瞩目的成就，形成了《证券法》《公司法》为核心，证监会部门规章和规范性文件为主体，交易场所自律规则为基础的法律规则体系，在各个层层面引领、推动和保障了我国资本市场的规范发展。

一是商事、民事、刑事和行政法律层面。在商事立法层面，《公司法》《证券法》构成了资本市场发展的基础；在民事立法层面，随着《民法通则》《合同法》《物权法》等基本民事法律制度的出台，尤其是《民法典》的编纂出台，我国的民事法律制度日臻完善；在刑事立法层面，刑事立法体现最新刑事政策理念，通过修正案的方式逐渐完善刑罚体系，通过打击犯罪行为净化了资本市场的生态环境；在行政法律层面，以《行政处罚法》《行政许可法》《行政强制法》"行政法三部曲"构建行政法制的法律基本框架，奠定了资本市场依法行政的基石。上述法律奠定了资本市场法治的基础，为我国资本市场改革与发展保驾护航。

二是资本市场具体立法层面。1983 年我国第一家股份制企业深圳宝安联合投资公司成立，1984 年第一家公开发行股票募集社会资本的公司北京天桥百货股份有限公司成立，拉开了我国资本市场发展的序幕。与此相配，1987 年国务院颁布了《企业债券管理条例》《关于加强股票、债券管理的通知》，上海市颁布了《上海市股票管理暂行办法》，资本市场法治建设紧跟经济发展。1990 年随着沪深两家证券交易所开始营业，我国资本市场向现代资本市场迈出了坚实的一步。在初始阶段，市场的法治主要依靠沪深证券交易所业务规则开展，沪深证券交易所具有较高的决策权与自主权。随着上市公司数量、投资者数量快速增加，沪深证券交易所的成交金额也日益提升，交易品种逐渐增多，呈现了欣欣向荣的发展趋势，但也出现了"8·10"事件、"327"国债风波、内幕交易、市场操纵等问题。1994年《公司法》颁布，1998年《证券法》颁布，成为资本市场法治的基石，从此有了上位法律的支持。1997年新修订的《刑法》首次将证券犯罪纳入其中，内幕交易、编造并且传播影响证券交易的虚假信息、操纵证券期货交易价格等行为，将可能承担刑事责任，极大地提高了违法成本，净化了市场环境。随着资本市场规模的不断扩大，上市公司治理、股权分置等问题逐渐凸显，进一步催促了法治建设的步伐。2005年，在总结多年实践的基础上，完成了《公司法》《证券法》的修订。股权分置改革，上市公司信息披露、独立董事制度逐渐完善。此后，随着《公司法》《证券法》的配套制度建设和完善，我国逐渐形成了比较完善的证券法律体系，为进一步深化改革创新、扩大对外开放提供了坚实的基础。

资本市场的快速发展对资本市场法律规则体系提出了新的要求。一是随着多层次资本市场的不断发展、市场规模的不断扩大，出现了一些新情况、新问题，需要在法律规则上予以回应，如程序化交易、众筹、场外配资的监管等。二是我国资本市场进一步市场化、国际化需要法律规则的支撑。一方面大力推进简政放权，更加注重交易场所自律管理和市场自我约束；另一方面向国际市场看齐，加强与国外资本市场制度的衔接。为适应新时代资本市场改革发展的需要，必须从以下几个方面入手，进一步完善资本市场法律规则体系，夯实各项基础制度。一是在总结科创板改革实践的基础上，继续推进股票发行注册制改革，以信息披露审查为核心，发挥证券交易场所自主权，形成市场化的发行上市体制。二是夯实资本市场基础制度，建立功能互补、有机联系的多层次资本市场体系，提供满足不同类型企业发展需要、差异化的制度供给，更好服务实体经济高质量发展。三是完善上市公司、挂牌公司退出机制，通过优胜劣汰机制提高上市公司、挂牌公司整体质量。

（二）法治理念与法治文化

一是要培养和强化法治理念、意识和思维。法治的理念、意识和思维是依法治理资本市场的重要基础。有了这样的基础，无论是资本市场的监管者还是资本市场的参与者，都能够自觉地依法行事。监管者就会主动执法、文明执法，在执法过程中会自觉地约束自我，自愿接受法律的约束；市场主体也会自觉地遵守法律，严格按照法律、监管制度和市场规则行事，资本市场的秩序就会得到自觉地维护。但是，实践中，法治理念、意识和思维的形成并不是一件轻而易举的事，要形成这样的自觉和习惯，需要不断培养。众所周知，我国几千年封建社会，统治者为了更好地巩固自己的统治地位，一直奉行法律虚无主义，用人治的方法治理国家。奉行帝王的无上地位和绝对权威，采取人治大于法治的办法，主张君臣父子的依附关系，将皇权凌驾于任何法律之上，因此，法治的理念、意识和思维是极为淡薄的。新中国成立后，尽管我们强调了依法治国、法治国家，但在实践中，文化大革命的惨痛教训，使依法治国受到了很大的冲击，要恢复人们对法治的信赖、对执法的信心及守法的自觉，还需要一个过程。因此，首要的还是要不断培养和强化人们的法治理念、意识和思维。只有这样才能真正做到资本市场的法治化。

二是要处理好权与法的关系，把权力关在笼子里。权与法的关系，在理论上是十分明晰的，权力应该来自法律的规定，权力的实行应该有法律的依据，无论党纪国法，对权力都应起到约束的作用，这是法治国家、依法治国的应有之义。但在实践中，置法律于不顾，滥用权力、利用权力寻租，任意践踏法律的现象比比皆是。资本市场是金融市场，涉及的往往都是重大的经济利益，权力更具诱惑性。有了权力就有了相当的资源，掌握了对市场资源配置的权力，一旦处理不好权与法的关系，滥用权力，不但会使投资者的合法权益受到损害，还可能给国家造成很大的经济损失。资本市场的相关权力人滥用权力给资本市场和国家造成损害的例子举不胜举。因此，要处理好权与法的关系，就要加大对权力的约束，让权力受到监督，使权力滥用者受到严格的责任追究，将权力紧紧地关在法律和制度的笼子里。

三是要科学立法、文明执法、严格守法，做到有法可依、有法必依、执法必严、违法必究。立法是一门科学，不但需要大量的实践，根据实践中的情况，不断地总结，将好的被实践证明确实可行的，对社会发展有利的，需要人们普遍遵守的做法和经验上升为法律，让人们遵守和执行。但事物本身的复杂性、实践中的不确定性以及各方利益的不一致性，导致立法并不轻松，它需要用科学的方法、严谨的作风和实事求是的态度去制定法律。立法的科学与否直接影响法律实施和执行的效果。但是，有了一部好法，还必须要人们很好地执行和遵守，监管者在执法中应该准确地理解法律，并按照法律的规定去执行，在执法中不肆意曲解法律、简单粗暴执行法律，更不能无中生有去创造法律，使法律的执行大打折扣，而守法者学习和理解法律也很重要，知晓和理解法律，更有利于他们自觉遵守法律、严格按法律的规定参与市场活动。只有这样才有可能做到有法可依、有法必依、执法必严、违法必究。

对资本市场而言，监管者依法依规治市、规范权力运行更显重要。坚持依法依规办事，运用法治思维和法治方式治理市场，提升市场建设和监管的法治水平，自觉将监管权力的行使纳入法治轨道。只有按法律的规范和程序，才能有效保证资本市场各类主体参与竞争的机会公平、权利公平、规则公平。必须按照"职权法授、程序法定、行为法限、责任法究"的原则，合理界定监管的职责边界，严格规范监管行为，统一监管尺度，公开监管标准，明确工作流程，切实做到严格规范公正文明执法，强化监督问责，对不积极、不正确、不规范、不合理履职的行为，依法追究相应责任，对于权力寻租、权钱交易的违法违规行为，要坚决、及时、公开予以查处。

（三）监管执法与市场生态

法律的生命在于实施，法律的权威也在于实施。有了完善的法律规则体系是远远不够的，必须提升监管效能，打击违法违规行为，净化市场生态，把法治要求落到实处。通过多年的监管实践，我国已形成了自律监管、行政监管和刑事追责递进式的监管执法体系。

一是自律监管方面。证券交易场所、证券行业协会充分发挥自律管理机构作用，通过出台相关业务规则、行业标准和指引等，对资本市场参与者的行为予以规范和引导。充分发挥自律管理机构贴近市场、贴近市场参与者的优势，及时发现违法违规行为线索，及时采取处置措施，体现自律监管的有效性与及时性。

二是行政监管方面。1992 年 10 月，中国证监会宣告成立，标志着我国证券市场统一行政监管的体制开始形成。近 30 年来，中国证监会在推动我国多层次资本市场建设、推动股权分置改革，促进资本市场规则体系完善，提升上市公司、挂牌公司治理水平，保障证券、期货交易秩序，防范资本市场重大风险等方面作出了重要贡献。在打击证券违法违规行为方面，对虚假陈述、内幕交易、市场操纵、中介机构违法等类型的案件依法作出行政处罚，有力地震慑了不法行为人，惩治了市场乱象。行政监管的介入，有效引导市场主体知敬畏、明底线，使市场生态环境得以净化，市场的法治基础更加坚实，防范系统性风险的堤坝更加牢固。

三是刑事追责方面。随着我国资本市场快速发展，证券违法犯罪行为日趋复杂多样，严重危害正常的市场秩序和稳定。近年来，中国证监会积极加强与公安机关的协作，及时移送涉嫌犯罪的案件与线索，坚决查处危害资本市场的重大违法行为，形成打击各类证券违法犯罪的监管执法合力。徐翔市场操纵案、雅百特信息披露违法案等一大批重大案件的处理，体现了行政执法与刑事司法密切协同、优势互补，净化了市场环境，保护了投资者的合法权益，捍卫了资本市场法治权威。

虽然我国监管执法体系初步形成，但监管方法、手段还需要进一步丰富，稽查执法力度还不够，监管效能还有待提升。要不断提高有效监管和科学监管的水平，应从下列三个方面推进工作：其一，提升科技监管能力，探索大数据、人工智能、云计算等现代科技手段在监管工作中的应用，对上市公司、挂牌公司进行风险画像，加强分析师队伍建设，加强风险预研预判；其二，实施分类监管，坚持管少才能管好的原则，区分情况、突出重点、精准监管，对乱象频出的问题公司和风险公司重点聚焦，严格监管；其三，持续加大对各类中介机构的监管，督促其履行应尽的职责，发挥好资本市场"看门人"作用。

（四）司法衔接与权利救济

司法上目前存在的三大诉讼——民事诉讼、行政诉讼和刑事诉讼，都与资本市场相关。加强行政与司法的衔接，优化民事、刑事、行政案件办理机制，有利于解决发生在资本市场中的各种矛盾和纠纷，有利于制裁市场各种违法犯罪行为，也有利于支持监管部门依法行政和保护行政相对人的合法权益。近年来，最高人民法院、最高人民检察院相继发布了若干重要的司法解释，为提升资本市场法治化水平保驾护航，主要涉及保障科创板注册制改革、虚假陈述、操纵市场、完善诚信建设、推进行政处罚和刑事司法衔接、完善多元化纠纷解决机制和打击中介违法违规行为七大方面，为提升资本市场法治化水平提供强有力的司法保障。

虚假披露等违法行为发生时，投资者最关切的往往是经济损失能不能挽回，而这恰恰是目前投资者保护的薄弱环节，也是下一步必须加强的重点工作。最高人民法院在十几年前就颁布了《关于审理证券市场因虚假陈述引发的民事赔偿案件的若干规定》，为追究虚假陈述欺诈行为的民事责任提供了有力可行的司法依据，但是当时的司法解释为民事诉讼设置了前置程序，必须受到中国证监会的行政处罚或法院的刑事判决方能进入民事诉讼程序，给投资者造成了一定的障碍，目前需要结合监管和司法实践进一步评估完善，有效解决民事赔偿诉讼面临的实际问题，支持投资者通过民事诉讼维护自身权益。目前，我国新《证券法》等相关法律的修改，结合我国的实际情况专章规定了投资者保护，进行了一系列的制度创新，特别设立了专门的投资者保护机构具体负责广大中小投资者的合法权益保护，规定了持股行权、先行赔付、示范诉讼、集团诉讼、代表人诉讼、委托投票等充满中国特色的制度，极大地保护了投资者尤其是中小投资者的合法权益，这是我国法律的一个巨大进步。

（五）宣传引导与守法环境

哈佛大学教授哈罗德·伯尔曼有一句名言："法律必须被信仰，否则将形同虚设。"只有各市场参与主体真正理解、认可法律的内涵和精神，才有可能发自内心去遵守。我国资本市场起步较晚、发展较快，法治诚信和契约精神还有待深化，法治文化还需要进一步厚积和沉淀，必须进一步加强宣传引导，营造资本市场法治"软环境"。比如，制定规则时要加强与市场主体的沟通，广泛征求意见，尽最大可能凝聚共识。规则发布后要多进行解释说明，通过新闻发布会、培训会等多种形式向市场主体传达立法精神和要求。此外，还可以定期向市场公示典型违法违规案例，警示市场，对违法违规行为形成威慑。

### 四、新三板未来法治建设

新三板成立以来，坚持依法治市，努力建设法治生态，取得了显著成果。一是初步形成了新三板法律规则框架。形成了《证券法》《国务院决定》《全国中小企业股份转让系统有限责任公司管理暂行办法》和《非公办法》等法律、行政法规和部门规章及大量的规范性文件，以及全国股转公司涵盖的挂牌准入、持续监管、融资并购、交易监察等各业务条线、比较完备的自律规则等法律规则体系，为新三板法治建设奠定了基础。二是有力打击了违法违规行为。开展专项治理，加强技术系统建设，建立监管联动机制，与各地证监局合作开展挂牌公司资金占用等市场反映较多的违法违规行为专项治理，开发信息披露智能监管"利器系统"，探索建立线索上报机制，及时发现、处置违法违规行为。三是营造自我约束的市场法治环境。通过建立主办券商执业质量评价、公开问询、诚信档案等制度，实现市场主体的自我约束，督促其自觉遵守法律规则。四是建立多元化的纠纷解决机制。通过与中证中小投资者服务中心、有关证券纠纷调解中心、仲裁机构等签署战略合作备忘录，建立了"专业调解＋仲裁确认/司法确认"的纠纷解决机制，及时有效地解决争议和投诉，维护投资者合法权益。

但是应当看到，目前新三板的法治生态环境还有待进一步完善，还存在法律体系不够健全、监管执法不够规范、守法意识较为薄弱等问题。应该从以下几个方面入手，进一步改进和夯实新三板改革发展法治环境。

第一，推动完善新三板的法律基础。原《证券法》于2005年颁布，2006年起实施。彼时，全国股转公司尚未成立。因此，2005年《证券法》主要适用于上市公司和证券交易所，对挂牌公司的信息披露、内幕信息知情人与重大事项范围以及相关法律责任等未做具体规定，对于新三板作为证券交易场所的组织机构、权利义务等也缺乏基础安排，使自律管理的合法性、权威性可能受到质疑，还容易产生纠纷。2019年12月通过的《证券法》充分考虑了多层次资本市场建设需求，构建了以证券交易所、新三板和区域性股权市场为主体的多层次资本市场体系，并通过概念延展、新增规定等方式将新三板全面纳入。与2005年《证券法》相比较，新《证券法》关于新三板的规定内容更加丰富、逻辑更加清晰，在一定程度上能够夯实新三板的法律基础。但是新《证券法》也考虑到新三板市场的实际情况，兼顾了新三板与交易所的共性与个性，按照"共性一体适用，个性留出空间"原则为新三板市场留有了较大的余地。因此，《证券法》对新三板的规定并不像证券交易所那样丰富具体，而是将具体的操作性内容下放给国务院行政法规制定，比如未来的《新三板市场监管条例》等，有些内容在今后的实践中再在修改的《证券法》中加以完善。这就需要在积极推动新三板市场行政法规出台的同时，还要积极推动立法机构在条件成熟时修改《证券法》，进一步加强新三板的法律地位、丰富新三板的具体条款。

第二，健全新三板自律规则体系。目前，新三板市场业务规则质量有待进一步提高。从形式上看，现有规则体系与中国证监会"涉及市场基本制度、交易方式和交易品种创新、涉港澳台及境外机构重大事项以及涉及市场主体权利义务关系重大调整事项等，均应当制定基本业务规则"的要求不一致。从实质与内容上看，部分条文、规则要求不明确，实践落地困难，可操作性差；涵盖内容不全面，常规监管问题未做明确规定，不同部门之间把握也不一致；有些规则简单照搬沪深证券交易所规则，未深入分析市场的个性与共性；在指南、问答中规定涉及上位规则中应当规定的内容；文义含糊，市场参与主体理解困难；规则出台不及时，错过最佳市场时机等。因此，要进一步完善业务规则起草制定工作，在深入研究和科学论证的基础上制定政策规则，切忌囫囵吞枣、照搬照抄，建立完善符合新三板和挂牌公司特点的自律规则体系。确保业务规则经得起推敲，经得起检验。

第三，加大监管执法，维护法律规则权威。法律的实施需要强有力的监管支持，但是目前新三板市场监管执法还不够规范，监管的力度和权威性都存在不足。在自律监管方面，自由裁量空间大，部分处罚存在争议。具体表现在：部分违规行为认定标准不明确，不同时期、不同监管人员把握不一致；自律监管措施和纪律处分程序有瑕疵，事实认定不清。在行政监管方面，与地方证监局联系不紧密。自律监管与行政监管协作空间广阔，无论是挂牌公司的日常监管，还是现场检查均尚未充分利用地方证监局的行政监管力量。自律监管与行政监管衔接不顺畅，绝大多数违法违规行为尚未形成明确的线索移送标准和程序。针对上述问题，新三板市场未来的法治建设要有针对性改革措施，在这一过程中不但要加强宏观的设计，还要对具体出现的法治问题做到立行立改，加强监管执法，维护法律法规和自律规则的权威。在开展自律监管的过程中，要以为挂牌公司、投资者及其他市场参与者服务为宗旨，聚焦市场关注问题。对于常见的违规行为，进一步归纳总结监管标准，降低自由裁量权。强化科技监管，运用大数据分析，开展挂牌公司、分类投资者的"画像"工作，多渠道、多维度收集、整合挂牌公司信息，为监管工作提供支持，提升监管的智能化水平。加强与中国证监会各部门、各派出机构的交流与合作，推动自律监管与行政监管的顺利衔接，在联合现场检查、日常监管信息共享等方面加强与地方证监局的监管协作，提高新三板市场法治化水平。

第四，提升市场主体的法治意识。由于挂牌公司多为中小企业，初入资本市场，对法律规定了解不够，守法意识不强。近年来，挂牌公司控股股东、实际控制人资金占用成为多发违规行为，挂牌公司违规担保、提前使用募集资金，关联交易，信息披露不及时、不准确等违规行为甚至成为不少挂牌公司的"一般操作"。个别挂牌公司甚至蓄意不披露年报，以期利用摘牌规定，规避异议股东保护，实现快速摘牌。多家挂牌公司的大股东、董事长，亲自策划和操作拉抬公司股票价格，以期高价实现定向发行或完成重组。针对部分挂牌公司及大股东守法意识不强的问题，一要加强培训教育，包括公司挂牌前的高管培训、董秘培训等，提升合规意识，促使其讲真话、做真账，不做违法违规之事；二要充分发挥主办券商持续督导职能，利用主办券商贴近市场、贴近挂牌公司、专业性强的优势，协助挂牌公司规范公司治理，促使其做到"明规矩，守纪律"；三要提高违法违规成本，加强联合惩戒和公示警示，形成制度约束。

第五，提升全国股转公司自身运作的法治水平。当前，资本市场日益重视法治建设，市场各方对全国股转公司自身运作的法治化也有了更多的关注和期待。全国股转公司要进一步深刻认识资本市场改革发展新形势对法治建设提出的新要求，进一步增强法治意识，尊重法治规律，坚持依法办事。一是提高工作透明度，审查监管标准能向市场公开的就向市场公开，以公开促公平、公正；二是按程序办事，外部业务按照对外程序办理，内部管理按照内部程序办理，没有形成规范程序的要抓紧制定；三是抓好廉洁自律，筑牢思想防线，违法违纪的事情坚决不做。随着互联网和新技术的普及，证券交易场所之间的竞争将更多地体现在法治环境的竞争上，制度规则是否合理完备，监管执法是否严格，司法保障是否到位，这些都是公司和投资者选择证券交易场所时要考虑的。因此，必须敬畏法治，加强新三板市场法治建设，为新三板改革发展提供良好的法治环境，增强市场对投融资双方的吸引力，更好服务中小企业和实体经济发展，只有这样，新三板市场未来才能实现法治化。

## 第四节　新三板的国际化

### 一、国际化的必要性

（一）经济国际化

1. 中国经济国际化有强大的基础

自党的十一届三中全会决定改革开放以来，我国经济突飞猛进，取得了巨大的成绩，经过改革开放四十多年的发展，我国已成为世界经济大国。截至2019 年 12 月 31 日，我国的国内生产总值（GDP）达到 990865 亿元人民币（合 14.36 万亿美元），已稳居全球第二，远远超过排名第三的日本，是 2018

年全球排名第三、第四、第五、第六的日本、德国、英国、法国四个国家国内生产总值的总和。我国的经济不但在总量上位居世界前列，经济质量也发生了变化。中国几千年的以农业为主的经济社会已经发生了根本性转变，工业和科学技术在国民经济的占比中得到很大的提升，科学技术突飞猛进。从新中国成立初期、改革开放到目前为止的三个时段的第一产业、第二产业和第三产业的发展变化充分说明了这一点。1952 年全国国内经济总产值为 679 亿元，其中第一产业为 346 亿元，占国民经济总产值的 50.95%，第二产业为 142 亿元，占国民经济总产值的 20.88%，第三产业为 191 亿元，占国民经济总产值的 28.16%；1978 年全国国民经济总产值为 3645 亿元，其中第一产业为 1028 亿元，占国民经济总产值的 28.19%，第二产业为 1745 亿元，占国民经济总产值的 47.88%，第三产业为 872 亿元，占国民经济总产值的 23.94%；2019 年全国国民经济总产值为 990865 亿元，其中第一产业为 70467 亿元，占国民经济总产值的 7.1%，第二产业为 386165 亿元，占国民经济总产值的 39%，第三产业为 534233 亿元，占国民经济总产值的 53.9%。2015—2019 年，我国经济结构中，在国民经济总产值中，第一产业占比分别为 8.4%、8.1%、7.6%、7.2%、7.1%；第二产业占比分别为 41.1%、40.1%、40.5%、40.7%、39%；第三产业占比分别为 50.5%、51.8%、51.9%、52.2%、53.9%。[①] 可见，在近五年来的国民经济结构中，第一产业的占比始终不到 10%，第二产业的占比始终在 40% 以上，第三产业的占比均在 50% 以上，第二产业和第三产业的总和占到国民经济总产值的 90% 以上，且有逐渐增长的趋势。中国已经从一个农业大国转变成一个工业大国，正在向工业强国和科技强国进军。按照世界银行 2015 年的标准，人均 GDP 低于 1045 美元的为低收入国家，在 1045 美元至 4125 美元之间的为中低等收入国家，在 4126 美元至 12735 美元之间的为中高等收入国家，高于 12736 美元的为高收入国家。根据测算，2019 年中国人均 GDP 突破 1 万美元，已处于中高等收入国家行列的偏高水平。

---

[①]　资料分别根据国家统计局的历年公告以及国家统计局 2020 年 1 月 20 日发布的《中国 2019 年经济运行情况》整理。

这些情况表明，中国在世界经济中占有重要的分量，也有了更多的话语权，中国经济在全球经济中具有一定的地位，这一客观现实，使我国的经济无法和世界隔离。在改革开放前，中国经济积贫积弱，经济总量小、经济结构以第一产业的农业为主，第二产业、第三产业不发达，我国还是一个较为封闭的国家，很难和全球经济发生联系，在国际经济交往中，即使我们有这样的愿望，客观上也没有经济实力和经济国际化的需求。改革开放后，随着经济的发展和国力的强大，尤其是经济结构的转型，中国经济越来越多地依靠第二产业和第三产业，中国经济的国际化需求越来越强烈，中国经济的总量和质量也使经济国际化有了强大的基础。

实际上，从新中国经济的发展阶段来看，1949 年至 1978 年改革开放之前为内向型经济，1978 年改革开放后，中国经济进入了外向型阶段，中国经济的人才国际化、资本国际化、生产国际化、产业国际化、产品国际化进程明显加快，[1] 经济国际化的步伐不但从未停止过，还越来越大，越来越坚定。[2] 党的十七大明确提出了"拓展对外开放广度与深度，提高开放型经济水平"的新要求，在抓住机遇、迎接挑战的过程中，我国经济国际化必将呈现一系列新的趋势。有人将这一新的趋势总结为十大发展趋势：（1）我国经济国际化将呈现更加顺应全方位、制度性开放的趋势。（2）加快实现从以商品流动为主向商品和要素全面双向跨境流动转变。（3）适应科技全球化潮流，推进研发、智力和人才国际化。（4）适应世界信息化潮流，加快提升信息业国际化水平。（5）"中国制造"向"中国创造"转变，制造业国际化水平显著提高。（6）顺应服务业全球化潮流，服务业国际化将不断加快。（7）推动企业国际化经营，加快培育我国的跨国公司和国际知名品牌。（8）促进国际收支平衡，提高金融国际化水平。（9）缓解资源约束，推进能源资源领域国际化合作。（10）继续创造性

---

① 参见国家发展改革委对外经济研究. 中国经济的外向型发展 [M]. 北京：人民出版社，2009。

② 经济国际化是指一国经济发展超越国界，与别国经济的相互联系、相互渗透不断扩大和深入的经济发展过程。经济国际化的内容非常丰富，其核心内容是资源配置的国际化，主要包括贸易国际化、资本国际化、生产国际化以及与此相对应的政策、体制和技术标准的国际化等方面。

地推进区域经济国际化。①

　　另外，随着时代的发展，经济全球化的步伐也越来越快。② 客观上要求中国经济进一步地融入世界经济大家庭，成为经济全球化的重要组成部分。经济全球化是人类社会科技进步和生产力发展的必然结果。回看历史，第一次工业革命催生了国际分工，英国棉纺厂加工来自世界各地的棉花，棉布成为最早的全球化商品。20 世纪 70 年代以来，信息技术革命席卷全球，以互联网为代表的数字经济使人们生活在一个互为邻里的"地球村"中。面向未来，人工智能、大数据、量子通信、区块链等新一轮科技革命和产业变革正在积聚力量，它们本身所具有的开放、共享等特征，将进一步推动经济全球化深入发展。这是历史规律，也是时代潮流，不可能以人的意志为转移。③

　　党的十九大报告强调了坚持推动构建人类命运共同体，指出"世界正处于大发展大变革大调整时期，和平与发展仍然是时代主题。世界多极化、经济全球化、社会信息化、文化多样化深入发展，全球治理体系和国际秩序变革加速推进，各国相互联系和依存日益加深，国际力量对比更趋平衡，和平发展大势不可逆转"。④

　　可见，我国经济不断发展壮大、经济质量不断提高使中国经济国际化有了坚实的基础和现实需求，而经济全球化的客观事实又要求我国经济必须国际

---

　　① 参见王子先. 新时期我国经济国际化的十大趋势 [J]. 中国金融，2008（5）。
　　② 经济全球化是指世界经济活动超越国界，通过对外贸易、资本流动、技术转移、提供服务、相互依存、相互联系而形成的全球范围的有机经济整体的过程。可从三个方面理解经济全球化：一是世界各国经济联系的加强和相互依赖程度日益提高；二是各国国内经济规则不断趋于一致；三是国际经济协调机制强化，即各种多边或区域组织对世界经济的协调和约束作用越来越强。总的来讲，经济全球化是指以市场经济为基础，以先进科技和生产力为手段，以发达国家为主导，以最大利润和经济效益为目标，通过分工、贸易、投资、跨国公司和要素流动等，实现各国市场分工与协作，相互融合的过程。经济国际化与经济全球化的区别：（1）经济国际化产生的基本条件是与工业经济相适应的；经济全球化则与信息经济相适应。（2）经济国际化时期，国家经济之间为线性联结方式，是双边的经济交往。经济全球化主要体现的是企业内部的交融关系，是企业层面的经济关系。各国的国内市场有双重属性，它既是本国的，又是国际的，以同时作为世界市场的一个直接组成部分存在为重要特征，即通常所说的国内市场的国际化。（3）经济国际化现象在国家与地区之间经常出现。而经济全球化囊括了世界所有国家和地区，经济全球化条件下各国经济比以往任何时期都离不开世界经济体系的运行而独立发展。
　　③ 参见经济全球化始终是不可阻挡的大趋势 [M]. 人民日报，2019 – 11 – 06。
　　④ 参见党的十九大报告《决胜全面建成小康社会夺取新时代中国特色社会主义伟大胜利》第十二部分，2017 年 10 月 18 日。

化。资本市场作为我国经济的重要组成部分，国际化当在其中。

### 2. 改革开放支持中国经济国际化

自 1978 年我国的国门打开之后，中国的改革开放作为一项基本国策得到了坚定不移的执行。实践证明，改革开放使我国建立和发展了充满活力的社会主义市场经济体制，使我国高度集中的计划经济体制和单一所有制结构得到了改变，形成公有制为主体、多种所有制经济共同发展的基本经济制度。以社会主义市场经济体制为基础，形成按劳分配为主体、多种分配方式并存的分配制度，形成在国家宏观调控下市场对资源配置发挥基础性作用的经济管理制度。改革开放使我国国门成功实现了从封闭半封闭到全方位开放。我国坚持对外开放的基本国策，打开国门搞建设，加快发展开放型经济。从建立经济特区到开放沿海、沿江、沿边、内陆地区再到加入世界贸易组织，从大规模"引进来"到大踏步"走出去"，利用国际国内两个市场、两种资源水平显著提高，国际竞争力不断增强。毫无疑问，改革开放的对外政策强有力地支持了中国经济国际化，使中国经济更加适应经济全球化的浪潮。

### 3. 实体经济有"走出去"的实际需要

经过多年的发展，我国培养出一大批具有雄厚实力的实体经济，这些企业的经营业务和经营活动范围早已走出了国门，它们纷纷在国外设立分支机构、公司、工厂等，和外国公司进行着各种经济往来。在实体经济走出国门过程中，三种类型的企业具有较强的代表性：一是以中央企业为代表的国有大型、特大型企业。这类企业有国务院国资委直接管理的企业，如从事资源垄断型产品的石油等行业，提供竞争性产品的一般工业、建筑、贸易行业；也有国务院金融管理机构管理的金融行业，如国有五大银行（建设银行、农业银行、中国银行、交通银行、工商银行）及中国进出口银行、中国农业发展银行、国家开发银行等；还有由国务院其他部门或群众团体管理的属于烟草、黄金、铁路客货运、港口、机场、广播、电视、文化、出版等行业的企业。这些企业实力雄厚、经营范围广、业务类型多，除国家要求的不宜对外参加经营活动的如军工、电信、通信等外，绝大多数企业均在境外从事经营活动，参与国际竞争，具有较强的国际化因素。二是有实力的地方国企和大型民营企业，其行业类型和业务范围也十分广泛，这些企业在经营活动中和境外经济联系广泛、业务频繁，具有一定的国际化因素。三是具有一定实力的从事进出口贸易活动的国企和民营企业。它们主营境内外业务，其经营的性质和业务范围决定了其和境外经济关系密切。这些经济实体不但需要中国经济国际化，还在不断践行着中国经济的国际化。

（二）金融国际化

实体经济国际化同样需要金融的大力支持。金融和实体经济的关系是非常密切的，两者之间相辅相成、彼此依赖。金融对实体经济的发展起到了支撑作用，金融市场通过资金信贷和资本支持，使实体经济获得财力上的支撑，才能开展经营活动，离开了金融，实体经济就无法发展甚至无法生存，但实体经济对金融也十分重要，没有实体经济，金融的存在就失去了意义。金融作为服务业，其目的是为实体经济服务。无论是直接融资还是间接融资，都是为了促进实体经济的发展。金融如果只是在虚拟经济中空转，既不是金融的本质，更不是金融的目的，因此金融也离不开实体经济。从这个角度看，实体经济在哪里，金融就应该服务到哪里。实体经济的国际化也使金融国际化有了用武之地。

金融不仅仅为实体经济服务，还关系到一国的竞争实力。正如习近平总书记在 2017 年全国金融工作会议上指出的，"金融是国家重要的核心竞争力，金融改革发展是国家改革发展的重要内容，金融安全是国家安全的重要组成部分。金融制度是经济社会发展中重要的基础性制度，关系经济社会发展大局"，在 2017 年中央政治局第四十次集体学习时，习近平总书记还指出，"金融活，经济活；金融稳，经济稳。必须充分认识金融在经济发展和社会生活中的重要地位和作用"。在中国经济国际化和经济全球化的今天，金融作为重要的核心竞争力和经济发展、社会生活的重要支柱无法独善其身。金融全球化过程中，金融话语权和金融实力，对于一国的经济发展、国家安全和社会发展至关重要。

世界金融史揭示的一个规律是，经济强国必是金融强国。放眼世界，金融强国一般都拥有一个或几个国际金融中心，掌握着或至少很大程度上影响着世界经济资源配置和定价两个重要砝码。以美国的金融市场为例，以有效的市场机制吸引着全球各地的投资者、融资者，对全球金融产品和大宗商品价格具有明显的定价基准作用，是全球企业 IPO 及并购重组最重要的平台之一，影响着全世界经济发展。由此可以看出，金融是现代经济的核心，是现代国家治理的重要手段，同时也是国家参与国际竞争的重要手段。我国已发展成为世界第二大经济体，但"大而不强"的问题仍然存在，金融业在全球的影响力、话语权与目前国家整体经济体量并不匹配。因此，发展金融业大有可为，真正打造出具有国际竞争力的资本市场，对提升我国的经济核心竞争力十分重要。

当前，我国已经进入构建全方位开放新格局的历史时期，扩大金融业对外开放，既是构建新的开放格局的需要，也是金融业自身发展的内在要求，更是提升金融服务实体经济水平的必然要求。从金融自身发展的角度看，扩大对外开放，有助于提升金融业竞争力和国际化水平；可以产生"学习效应"，引进新的理念和经营方式，提升国内金融业的效率；还能够产生"鲇鱼效应"，在与国际金融机构的竞争中"强身健体"，并通过开放倒逼和促进国内改革。①

我国金融国际化中人民币国际化是其中最为重要的内容，它是中国在国际金融竞争格局中的重要砝码。这是因为，一国货币能否作为储值货币、国际货币不但影响到本国经济，还将影响到全球经济，它是一国综合实力的体现，更是一国在国际金融中话语权的体现。但是一国货币要成为国际货币并不容易，至少要具备一定的条件：其一，必须是经济大国和经济强国。金融的背后是经济，货币的背后是财产。货币作为一般等价物，它不仅仅是符号、数字和纸张，它所代表的是与之相匹配的财富或资产。如果没有强大的经济作为后盾，一国的货币是很难成为国际货币的。其二，必须是市场化经济国家。如果是计划经济，采取的是供给制，一切按照计划进行商业活动，货币的功能将被大大削弱，货币的流动性受到限制，货币很难按照各国的通行做法流动。其三，必

---

① 搜狐号，我国资本市场国际化水平在稳步提升，2019 年 8 月 14 日。

须是开放的、参与全球经济活动的国家，不但本身追求经济国际化，还是经济全球化的一部分。从上述几个条件看，我国目前的人民币国际化，具备了较好的基础，但还存在一定的差距。中国在经济体量上名列世界前茅，经济质量也在不断改善；中国加入了世界贸易组织等一系列国际经济组织，市场化程度越来越高；中国的对外开放程度越来越大，参与的全球经济活动越来越多，越来越有话语权。只要我们不断努力，就一定能实现人民币国际化。

（三）资本市场国际化

资本市场作为现代金融的核心，对实体经济给予了极大的支持，也在金融对实体经济服务中发挥了巨大的作用。建设现代化强国、实现大国崛起，离不开资本市场的支撑，这是被资本市场的发展历史所证明的。纵观西方过去300年的历史，资本市场在荷兰、英国、美国的崛起过程中都发挥了至关重要的作用。1609年，世界上第一家证券交易所在阿姆斯特丹成立，荷兰的阿姆斯特丹随后成为国际清算中心、国际贵金属贸易中心和欧洲股票交易中心，被誉为"17世纪的华尔街"，资本市场的发展有效支持了荷兰贸易和经济的高速发展，这是17世纪荷兰成为世界强国的一个重要原因。17世纪至18世纪的英法战争中英国取得最终胜利，离不开伦敦金融市场的支持，1695年，英国皇家交易所就已买卖公债以及东印度公司和英格兰银行的股票，英国能够以较低的成本筹集更多的资金用于建设庞大的海军，促进综合国力的提升。第二次世界大战后，美国硅谷和华尔街快速融合发展，尤其是纳斯达克市场的出现，使其在科技创新和国际资本市场上的主导能力大幅增强。2007年次贷危机肇始于美国，但其经济率先复苏，经济增速明显高于其他西方国家，这与美国强大的资本市场的韧性和弹性有直接关系。

随着我国经济和金融的对外开放，资本市场的对外开放和国际化是其应有之义。一直以来，我国资本市场都在努力建设一个开放的市场，不断扩大双向开放。一方面"走出去"，参与国际资本市场。我国企业到境外资本市场发行上市实行IPO、再融资；证券经营机构到境外设立分支机构，符合条件的境内上市挂牌公司、证券期货经营机构、基金公司投资者积极参与境外资本市场从事国外资本市场的各种业务等，和境外证券市场互联互通，实施沪港通、深港通、沪伦通，在境外设立证券交易场所，积极参加证券国际组织等。另一方面"请进来"，让境外企业、机构、资金、投资者进入我国资本市场。近年来，我国为此采取了一系列措施，如让境外长期资金能够便利地进入中国资本市场，境外优质证券基金期货经营机构能够来华展业；国际知名指数不断提高 A 股纳入比例，全球投资者对中国资本市场的热情和信心日益增强；国际监管合作日益深化，主动参与国际金融治理，跨境监管和执法合作层级和效能显著提高。

无论是中国经济的国际化、全球化，还是中国金融和资本市场的国际化，新三板作为支持实体经济和民营企业的重要力量，都是中国经济、金融和资本市场国际化的一部分，对中国经济、金融和资本市场的双向开发不可或缺，更是新三板市场国际化本身应有的责任。

**二、国际化的主要内容**

目前，新三板市场在融资、交易、流动性、市场影响力、国际化因素等方面和沪深证券交易所相比还存在着很大的差距。新三板市场要真正达到国际化程度还有很长的路要走，但这并不意味着新三板市场未来的国际化没有前途。随着新三板市场的不断发展、影响力的不断增加，对外开放的力度不断加大，新三板国际化道路会越来越宽广。笔者认为，新三板国际化应体现在以下五个方面。

（一）组织国际化

全国股转公司作为证券交易场所在组织国际化方面未来要积极加入国际组织，在国际组织中发挥应有的作用。目前，全国股转公司已经或正在积极加入相关国际组织并取得很好的效果。资本市场的国际组织主要有世界交易所联合会、国际证监会组织、亚洲暨大洋洲交易所联合会、国际资本市场协会等。

1. 世界交易所联合会

世界交易所联合会（World Federation of Exchanges，WFE），于 1961 年在伦

敦正式成立。其前身是欧洲各主要交易所于 1957 年建立的"欧洲证券交易所大会"（the Conference of European Stock Exchanges），创始会员包括阿姆斯特丹、布鲁塞尔、伦敦、卢森堡、马德里、米兰、巴黎、维也纳等地的证券交易所和瑞士交易所协会。随着成员规模不断扩大，欧洲之外的交易所会员也逐渐加入，"欧洲证券交易所大会"随之更名为"国际交易所联合会"（International Federation of Stock Exchanges）。2001 年，该组织正式更名为世界交易所联合会。WFE 的宗旨是促进组织化的、受监管的证券和衍生品市场的发展，适应全球资本市场的发展需求，服务资本市场使用者的最大利益。目前，WFE 已成为全球交易所和清算机构的行业组织。

WFE 的成员分为正式会员（Member）和附属会员（Affiliate）两类，目前有正式会员 70 家，附属会员 29 家，既涵盖了最大的金融中心又包括了前沿市场。其中，37% 的成员来自亚太地区，43% 来自欧洲、中东和非洲地区，20%来自美洲地区。上海证券交易所、深圳证券交易所、上海期货交易所、郑州商品交易所、大连商品交易所、中国金融期货交易所和中国证券登记结算公司均为 WFE 正式会员。上交所自 2006 年起连续担任 WFE 董事，2017—2018 年原上交所理事长吴清曾担任 WFE 董事会主席。全国股转公司于 2018 年 6 月成为WFE 附属会员。

WFE 最高权力机构是会员大会，最高决策机构是董事会（Board）。董事会由 18 位会员机构代表组成，包括主席、副主席、工作委员会主席和 15 名董事，现任董事会主席是瑞士交易所主席 Dr Urs Rüegsegger，上交所理事长现任 WFE董事。董事会下设 5 个委员会：政策委员会、治理与提名委员会、财务委员会、会员审核委员会和薪酬委员会。工作委员会是贯彻执行会员大会和董事会决议的机构，下设 10 个工作小组，包括中央对手方工作组、网络风险工作组、新兴市场工作组、金融教育与素养研究组、金融科技工作组、实体安全工作组、中小企业工作组、数据咨询工作组、可持续工作组、企业风险工作组。WFE 伦敦办公室负责 WFE 日常运营工作，有全职工作人员 15 名，分为监管事务、研究、外联、财务运营和会员服务等专门团队。首席执行官是

Nandini Sukumar 女士。WFE 每年举办三次董事会会议及工作委员会会议，一次会员大会暨年会。

2. 国际证监会组织

国际证监会组织（International Organization of Securities Commissions，IOSCO）成立于1983年，前身是成立于1974年的美洲证监会协会，总部位于西班牙马德里。IOSCO是由各国各地区证券期货监管机构组成的专业组织，是主要的金融监管国际标准制定机构之一。IOSCO致力于制定国际公认的监管准则和执法标准并推动其得到一致实施，以保护投资者，维护市场的公平、高效、透明，应对系统性风险；通过加强在执法、市场及中介监管方面的信息交流和合作，加大投资者保护力度，增强投资者对证券市场诚信的信心；为成员在全球和地区层面进行经验交流提供平台，以协助市场发展，推动市场基础设施建设，实施适度监管。截至2020年2月，IOSCO共有227个会员，包括129个正式会员（Ordinary Member）、31个联席会员（Associate Member）和67个附属会员（Affiliate Member）。中国证监会是IOSCO的正式会员。上海证券交易所、深圳证券交易所、中国金融期货交易所、中国证券登记结算有限责任公司、中国证券投资者保护基金有限责任公司、中国证券业协会、中国证券投资基金业协会是IOSCO的附属会员。

IOSCO的主要机构包括：（1）主席委员会（Presidents Committee）。主席委员会是IOSCO的最高权力机构，由IOSCO正式会员和联席会员的主席组成，负责讨论IOSCO重大事项并通过相关决议等。主席委员会为非常设机构，于每年IOSCO年会期间召开会议。（2）理事会（Board）。理事会是IOSCO的最高决策机构。理事会由包括中国证监会在内的18名常任理事、16名非常任理事以及2名观察员组成。现任主席为香港证监会行政总裁欧达礼。理事会下设8个标准制定委员会，分别负责发行人会计、审计与披露（C1）、二级市场监管（C2）、中介机构监管（C3）、执法与信息共享（C4）、投资管理（C5）、信用评级机构（C6）、大宗商品衍生品市场（C7）和个人投资者（C8）等方面的标准制定工作。此外，理事会还下设新生风险委员会（CER）、评估委员会（AC）、多边备忘录遴选小组、监督小组以及其他专项工作组。目前，中国证监会会计部、市场部、机构部、稽查局、债券部、期货部和投保局分别加入了 8 个标准制定委员会。（3）增长与新兴市场委员会（Growth and Emerging Markets Committee, GEM 委员会）。增长与新兴市场委员会由来自新兴市场的 90 名正式会员组成，通过制定监管原则和最低标准、组织人员培训、促进信息交换和专业技术交流等方式促进新兴市场的发展。现任主席为阿联酋证券与商品管理局首席执行官欧巴德·艾尔·扎比（Obaid Al Zaabi）。GEM 委员会下设指导委员会（Steering Committee），由 17 名成员组成。中国证监会既是 GEM 委员会成员，也是 GEM 指导委员会成员。（4）地区委员会（Regional Committees）。IOSCO 成员按照所在地区，分属四个地区委员会，即非洲/中东地区委员会（AMERC）、亚太地区委员会（APRC）、欧洲地区委员会（ERC）和美洲地区委员会（IARC）。中国证监会是亚太地区委员会成员。（5）附属会员咨询委员会（AMCC）。附属会员咨询委员会由 IOSCO 附属会员组成，协助 IOSCO 开展政策制定工作。现任主席是美国国家期货业协会高级副总裁。中国证监会系统内上海证券交易所等 7 家单位为该委员会成员。（6）秘书处。IOSCO 秘书处设于马德里，负责 IOSCO 日常事务，由秘书长直接领导。现任秘书长是保罗·安德鲁斯（Paul Andrews）。（7）工作组/联络组/跨机构联合工作组。IOSCO 还设立了多个专项工作组（Task Force）、联络组（Network）、跨机构联合工作组、评估委员会、新生风险委员会等，负责专项工作的开展。工作组包括金融基准工作组、数据保护工作组、网络工作组、跨境监管合作后续工作组等；联络组包括金融科技联络组、ICO 联络组、可持续融资联络组等。

3. 亚洲暨大洋洲交易所联合会

亚洲暨大洋洲交易所联合会（Asian and Oceanian Stock Exchanges Federation, AOSEF）的前身是成立于 1982 年的东亚交易所会议，于 1990 年更名为东亚暨大洋洲交易所联合会（EAOSEF），成为一家正式的国际交易所联合会组织。2005 年，东亚暨大洋洲交易所联合会（EAOSEF）更名为亚洲暨大洋洲交易所联合会，会员覆盖了西太平洋以及蒙古国、南亚（孟买证券交易所和印度国家证券交易所）等地区。目前共有 19 家交易所会员，宗旨是促进会员之间的信息互换和合作，发展亚太地区的证券市场。中国内地有 3 家会员交易所，包括上海证券交易所、深圳证券交易所和全国股转公司。

AOSEF 秘书处设在日本交易所集团，由日本交易所国际部相关人员负责日常运营活动，并协助会议规划和组织。会员大会（General Assembly）是该组织的最高决策机构，就会员事务、专题研究小组报告、会员市场情况等议题进行讨论。会员大会主席由会议主办方机构的负责人担任，每年轮换。此外，AOSEF 还会召开工作委员会（Work Committee）会议，由成员交易所各派一名代表参加，开展由会员大会决定的课题研究工作。

4. 国际资本市场协会

国际资本市场协会（International Capital Market Association，ICMA）成立于1969 年，是为国际资本市场制定行业规范的自律组织，总部设在瑞士苏黎世，并在伦敦、巴黎、香港设有分支机构。其宗旨是维护国际资本市场的稳定与秩序，它被誉为全球金融界"精英协会"。该协会是伴随国际资本市场一起成长的同业机构，其市场规范和行业准则已成为国际债券市场的支柱。国际资本市场协会专注于债券的一级市场、二级市场及回购市场等，为其会员以及各国和区域性的市场监管机构提供国际资本市场间的市场指引、规则、标准法律文件、法律和监管服务以及最佳实践的指导。该协会在全球 62 个国家拥有 570 多家会员机构，来自中央银行、监管机构、财政部、交易所、登记结算机构、国际多边机构、银行（商业银行、投资银行以及私人银行等）、券商、资产管理公司、保险公司、基金、评级机构、律师事务所、会计师事务所、证券发行人及其他金融资讯提供者。

上述四个资本市场的国际性组织具有广泛的影响力，它们是各国资本市场的监管和自律组织等进行国际交流的重要机构，对各国资本市场的国际化起到了重要的作用。在这些机构中，中国内地和香港、台湾地区的证券监管机构和自律机构正发挥着越来越重要的作用。全国股转公司目前已加入了世界交易所联合会和亚洲暨大洋洲交易所联合会，成为其附属会员和正式会员，目前正在申请成为世界交易所联合会的正式会员。全国股转公司未来还可以进一步积极申请成为国际资本市场协会会员，条件成熟时还应积极争取成为国际证监会组织的附属会员。全国股转公司加入这些组织，要在这些组织中加强与各国资本市场监管机构、自律机构和其他金融机构的联系和互动，积极宣传中国多层次资本市场和新三板市场，扩大中国多层次资本市场和新三板市场的影响力，发挥组织成员应有的作用。

（二）市场国际化

市场国际化主要是将新三板市场和境外资本市场互联互通，使境外投资者能够进入新三板市场投资买卖证券，新三板市场投资者也能够投资买卖与新三板市场相互连通的境外市场的证券。目前，沪深证券市场已经和境外市场实现了互联互通，沪港通、深港通、沪伦通等使中国香港和英国市场的投资者进入沪深证券市场买卖股票，沪深证券市场投资者也能进入中国香港和英国证券市场进行证券投资。这一做法为新三板市场提供了很好的榜样。笔者认为，新三板市场可以学习和借鉴沪深证券市场的做法，首先和香港联交所市场实行京港通。新三板的全面深化改革，市场功能的恢复，股票的公开发行、交易制度的优化、投资者门槛的降低等使香港市场和新三板市场的互联互通成为可能。由于新三板精选层在属性上更接近证券交易所，在发行、交易、结算等方面和证券交易所更能顺畅连接，在市场的活跃度、投资者的便利程度等方面更具优势。因此，在适当时期，香港证券市场可先行和新三板精选层打通，实现京港通中的新三板精选层市场和香港联交所市场的互联互通，等新三板市场条件成熟时，将京港通中的新三板基础层和创新层逐步放开和纳入。在取得成熟经验后，未来新三板市场可以考虑与境外其他具有相似性的市场对接，使新三板市场进一步国际化。

（三）企业国际化

企业国际化可以采取三种模式：一是两地市场同时挂牌上市。即新三板挂牌公司可以赴境外市场发行上市，境外上市公司可以同时在新三板市场挂牌，实现新三板公司和境外上市公司同时在对方市场挂牌和上市。这种模式下境外上市公司可以到新三板市场发行 A 股或者不发行股票直接挂牌，新三板市场允许境外上市公司挂牌同时发行和不发行挂牌两种形式存在。两地同时挂牌上市已经在新三板市场和香港联交所市场实施了，即 3＋H 模式。二是第二上市。第二上市是指在两地都上市相同类型的股票，并通过国际托管银行和证券经纪商，实现股份的跨市场流通。新三板挂牌公司可以在境外市场发行存托凭证（ADR，即美国市场存托凭证或 GDR，即全球市场存托凭证）上市交易，境外市场上市公司也可以在新三板市场发行存托凭证（CDR，中国存托凭证）。上述两种模式都属于两地上市模式。两地上市对于上市公司和挂牌公司来说具有一定的优点：它有利于提高公司在上市地的知名度，便于客户了解、增强客户信心，从而有利于公司的经营；它有利于公司进一步和国际标准接轨，提高公司的经营管理水平；由于公司在境外挂牌上市，必须接受上市地监管，公司必须符合第二上市地的信息披露、法律、会计、监管等方面的规则，从而为公司的国际化管理创造条件，有利于公司提高经营管理水平；它有利于公司的融资和股票的流动性。公司将股票在两地上市会扩大股东基础，提高股份流动性、增强筹资能力；在实践中，两地上市的公司往往选择市场交易活跃、平均市盈率高的证券交易场所作为第二上市地，通过股份在两个市场间的流通转换，使股价有更好的市场表现。三是境外公司直接 IPO 在新三板市场挂牌。即境外公司不在境外资本市场发行上市，直接选择到新三板市场首次公开发行股票挂牌上市。在条件成熟时，在新三板市场推出中小企业国际板。

（四）产品国际化

在新三板实行市场国际化、企业国际化的基础上，针对新三板市场和境外资本市场的关联程度和投资者的需求程度，设计相关跨境产品。比如，指数类的产品、跨境 ETF 产品、债券通类的产品等。

（五）监管国际化

全国股转公司要进一步加强与境外证券交易所的合作，通过签订监管合作协议加强彼此之间的联系合作。这种联系合作可分为两种情况：一种是彼此之间在市场连通、企业两地挂牌上市、产品开发等实质性业务还没有开展的情况下，签订加强人员交流、学习培训、信息共享等方面的合作协议；另一种是在两个市场真正展开具体业务时，在前述协议的内容上，就监管协作进行细致的规定，彼此遵照执行。这些内容涉及双方的法律、法规、证券监管部门的规章文件、交易所之间业务规则的执行；双方市场挂牌上市公司的公司治理、信息披露；双方市场的投资者保护；对违法违规行为的监管处罚；双方司法执行适用及冲突的解决途径等。

第二篇

# 新三板与多层次资本市场

# 第五章　多层次资本市场概述

## 第一节　多层次资本市场的成因

2003 年 10 月，党的十六届三中全会《关于完善社会主义市场经济体制若干问题的决定》首次明确提出了要"建立多层次资本市场体系，完善资本市场结构，丰富资本市场产品"，自此之后，我国深化金融体制改革和资本市场改革的步伐明显加大。2013 年 11 月，党的十八届三中全会通过的《中共中央关于全面深化改革若干重大问题的决定》，进一步明确了建立多层次资本市场的意义，该决定指出要提高直接融资比重，健全多层次资本市场体系，使其更好地服务于实体经济，充分发挥市场在资源配置中的决定性作用。2013 年 1 月，在原有老三板的基础上，国务院批准设立的其他全国性证券交易场所，即全国股转公司正式成立营运。至此，我国资本市场的多层次框架正式形成，即证券交易所、国务院批准设立的其他全国性证券交易场所、地方人民政府批准设立的区域性股权市场。前两种为国务院批准设立的全国性证券交易场所，是国家级证券交易场所；后一种是地方性证券交易场所。证券交易所分别有上海证券交易所和深圳证券交易所，上海证券交易所内设主板和科创板两个板块，深圳证券交易所内设主板、中小板、创业板三个板块；国务院批准设立的其他全国性证券交易场所（俗称新三板）内设基础层、创新层和精选层三个层次；区域性证券交易场所主要设立在省一级，几乎每个省（自治区、直辖市）均设一家区域性股权市场，根据各地方不同的情况，区域性股权市场内设多个层次或者多个板块。

经过多年的实践和探索，我国多层次资本市场得到法律的确认。2019年12月新修改通过的《证券法》将2005年《证券法》第五章"证券交易所"修改成第七章"证券交易场所"，将"所"改成了"场所"，就是这一字之加，从根本上确立了我国多层次资本市场的法律地位。2019年12月的新《证券法》将我国资本市场从一种形态变成了三种形态，使我国资本市场的层次不断丰富。新《证券法》第九十六条规定"证券交易所、国务院批准的其他全国性证券交易场所为证券集中交易提供场所和设施，组织和监督证券交易，实行自律管理，依法登记，取得法人资格。证券交易所、国务院批准的其他全国性证券交易场所的设立、变更和解散由国务院决定"，第九十七条规定"证券交易所、国务院批准的其他全国性证券交易场所可以根据证券品种、行业特点、公司规模等因素设立不同的市场层次"，第九十八条规定"按照国务院规定设立的区域性股权市场为非公开发行证券的发行、转让提供场所和设施，具体管理办法由国务院规定"。

我国多层次资本市场为金字塔式的逐次向上的模式。区域性股权市场为金字塔的底部，国务院批准的其他全国性证券交易场所为金字塔的中部，证券交易所为金字塔的头部。其中，位于塔底的区域性股权市场是我国多层次资本市场的基础，在这一层面聚集着极为广泛的企业，数量众多的企业初次进入资本市场，使大量的企业和资本市场有所对接，为这些企业进一步向上进入更高级的全国性资本市场奠定基础；位于塔中的新三板，其企业在数量上要远少于塔底的区域性股权市场企业，但其规范性、经营状况和经营规模则高于区域性股权市场企业，新三板在多层次资本市场中处于承上启下、上接下连的地位，对下可以吸纳区域性股权市场中的头部企业，对上还可以将新三板头部企业输送给证券交易所市场；位于塔尖的证券交易所市场，其企业在数量上远少于新三板企业，但这些企业的规范性、经营状况和经营规模要高于新三板市场中的企业。

因此，从重要性看，三种性质的证券交易场所呈现的是一种倒金字塔的模式。与金字塔式的多层次资本市场相反，处于塔尖的证券交易所市场企业数量最少，但地位最高、质量最好，规范程度最强，最具重要性；处于塔中的新三板企业数量较多，地位较高，质量较高、规范程度较好，具有重要性；而位居塔底的区域性股权市场企业，地位较低，质量一般，规范性有待进一步提高，具有一般重要性。我国资本市场为什么要实行多层次？这是由我国经济发展极不平衡、市场参与者差异较大、证券市场十分复杂等众多因素决定的。

## 一、经济发展视角

一是地大物博、经济发展不平衡。我国是个地理大国，陆上面积达 960 万平方公里，国土面积居世界第三位，我国还是世界第一人口大国，有 14 亿人口，占世界人口总量的近五分之一。除此之外，经过改革开放四十多年来的发展，我国已成为世界经济大国。截至 2019 年 12 月 31 日，我国的国内生产总值（GDP）达到 990865 亿元人民币（合 14.36 万亿美元），已稳居全球第二，远远超过排名第三的日本，是 2018 年全球排名第三、第四、第五、第六的日本、德国、英国、法国四个国家国内生产总值的总和。尽管我国地大物博，经济总量巨大，但经济发展极不平衡，地区间差异巨大。东部地区经济发达、中部地区欠发达、西部地区不发达；沿海地区发达、内陆地区欠发达，经济发展总量对比悬殊。据不完全统计，从 2019 年排名前三省份的地区生产总值看，与排名后三位省份的地区生产总值总量相差悬殊。我国东部地区广东省的地区生产总值已超过 10 万亿元，达到 107671.07 亿元，江苏省的地区生产总值达到 99631.57 亿元，山东省的地区生产总值达到 71067.5 亿元；而排名倒数前三的西部地区西藏、青海、宁夏的地区生产总值分别为 1697.82 亿元、2965.95 亿元、3748.48 亿元。

二是投融资需求旺盛、投融资渠道有限。一方面，作为世界第二大经济体，我国的经济总量巨大，货币供应量充足，居民存款额惊人，资金流动性很好。社会上巨大的资金使投资具有很好的基础，但我国目前投资渠道非常有限，投资方式较为简单。在居民投资房地产政策限制较多、房价高企的情况下，居民很难再进行投资。况且对居民个人而言，房地产是大宗商品，耗资巨大，流动性受限，投资较为困难。贵金属投资、文化投资、其他实物投资又是居民不熟悉、不擅长的，各种理财产品实际上是变相的银行存款，这些投资渠道对普通老百姓非常有限。而资本市场具有流动性好、金额不限、产品丰富等特点，是居民个人投资的好场所。由于我国的资本市场主要是股票市场，债券、基金和衍生品市场并不发达，使资本市场所具有的投资渠道受到了较大的限制。另一方面，实体经济对资金的需求旺盛，尤其是在大众创业、万众创新的新形势下，成千上万的企业需要金融市场的支持，需要大量融资。但目前我国资本市场服务于实体经济的能力明显不足，和间接融资相比较，资本市场的直接融资比例过小。

### 二、市场参与者视角

一是企业众多、情况各异。据不完全统计，我国规模以上企业总量达37万个，股份制企业达31万个，特别是在国家鼓励和倡导大众创业、万众创新的当今，各种企业的设立如雨后春笋，数量惊人。这些企业规模不等、质量不同、情况各异，可谓千差万别。

二是庞大的投资者群体、畸形的投资者结构。截至2019年末，我国A股投资者人数达15919.05万人①，我国资本市场已成为全球投资者人数最多的资本市场。但是，我国资本市场的投资者结构又较为畸形，个人投资者所占比例极大。截至2019年末，我国A股市场的个人投资者人数为15883.19万人，占投资者总量的99.77%；而机构投资者数量为35.87万，仅占投资者总量的0.23%。

### 三、市场属性视角

一是产品属性差异大，市场发展不匹配。资本市场的产品是投资者的投资标的。不同产品具有的属性并不相同。股票作为投资产品明显不同于债券，它

---

① 以投资者一码通进行统计，同一个投资者开通多个股票账户的不重复计算。

具有权益类的特点，发行股票的公司和投资者收益共享、风险共担，因而其和公司关系最为密切，投资者作为公司股东一般可以参与公司决策，决定公司重大事务。其收益可能要高于债券类产品，同时风险也明显高于债券类产品。债券作为投资产品，具有固定收益的特点。尽管作为投资也享有收益、承担风险，但与股票不同的是，这类产品的投资人追求的是一定程度的收益，所承担的也是一定范围内的风险，债券投资人只要求发债人到期还本付息。这类投资人与发债的公司关联度相对较小，其所承担的风险要小于股票投资人。基金产品不同于股票和债券，基金投资者将自己的资金委托给基金管理人实施专家理财，基金管理人作为专业机构用基金投资人的资金投资于资本市场并以此给予基金投资人回报。基金投资人追求的不是债券的固定收益，也不是公司的经营好坏和股票表现，而是基金管理人的管理水平所能得到的回报，收益和风险在很大程度上是由基金管理人的水平和行为所决定的。资本市场的衍生品是基于基础产品而形成的，其基本特点在于在原有基础产品之上进行了创新，增加了高收益和高风险的因素，与股票、债券及基金相比较，衍生品技术含量更高、环节更复杂、专业性更强，对投资者来说导致的收益和风险超过作为现货产品的股票、债券和基金。一般而言，四大类产品构成四个市场。就我国目前情况看，四个市场发展很不平衡，股票市场较为发达，而债券市场、基金市场和衍生品市场不发达，我国资本市场是一个以股票市场为核心的资本市场。

二是风险发生概率大，风险控制水平低。我国资本市场，脱胎于计划经济体制，虽经过三十年的发展，但仍是个新兴加转轨的市场，具有市场基础薄弱，规则不够健全，投资者风险意识、专业知识、投资经验不足等新兴市场的特点。在投资者类型、市场分层、产品设计、业务创新、发行上市、交易安全、清算结算等方面，没有充分考虑其本身的特点、差异性和所具有的风险，与成熟市场相比，我国资本市场系统性风险发生的概率较大，在控制风险的能力和水平上也略显不足。1995年的"327"国债期货事件，2015年发生的股市大面积异常波动都说明了这一点。①

三是监管经验欠缺，监管资源不足。与其他国家一百多年甚至更长的资本市场历史相比，我国资本市场历史短，并且是在我国特有的市场环境下形成的，资本市场监管者经验相对欠缺。资本市场上时常发生重大无先例的情况，加上资本市场本身情况就较为复杂，需要监管者不断地探索，不断地积累和总结监管经验和教训。中国证监会作为国家在资本市场的主管部门，归入国家行政管理序列，其人员的引进受到国家人员编制的严格限制，系统人员不足，面对庞大且复杂的资本市场，监管资源严重欠缺。

面对上述种种情况，我国资本市场必须采取差异化的方式，因情况不同而有所区别。地大物博、企业众多、经济发展不平衡，势必要求资本市场采取多层次结构，以满足不同地区、不同企业、不同经济发展水平的投融资和交易的需求；投资者数量巨大、特征不同、差异明显也要求不同类型的投资者适应不同的市场、不同的产品和不同投资者的适当性管理；不同的产品，由于其属性、繁简情况、博弈程度、风险偏好等不同也要求在制度设计、风险控制、投资者管理、监管手段等方面差异化；为满足投融资双方旺盛的投融资需求，加强资本市场辐射实体经济的能力，加大直接融资比例，就需要丰富资本市场层次和结构，不断丰富资本市场产品，完善交易手段和方式；为解决监管资源不足，增加监管经验，就要求监管者对不同层次的市场、不同的产品采取不同的监管态度和监管手段。可见，资本市场的差异化和资本市场建设的多层次性是由我国国情决定的，是我国经济发展的需要，投融资双方的需要，也是资本市场本身健康稳定发展的需要。

进一步分析可以看出，在上述多种原因中，决定我国资本市场多层次的根本原因在于投融资双方的客观需求。"资本市场的多层次性可以从多方面来衡量，

---

① 2015年7月，我国股市出现异常波动，其原因是多方面的，暴露出我国资本市场体制机制上存在漏洞，也暴露出我国资本市场不成熟，从新兴市场向成熟市场转轨我们还将面临诸多挑战。2015年股市异常波动的原因是高杠杆场外配资。场内配资，指的是证券公司开展的融资融券业务，受到证监会的严格监管和风控约束；场外配资则是融资融券以外市场自发形成的，财富管理方面的金融创新涉及信托、银行、基金、证券公司等金融机构，受到证监会的约束和监督极少。

比较常见的是从供给方和需求方来考察""市场根据提供和需求的发展变化，往往会从既有分层市场间创新出新的层次，满足市场融资者和投资者的需要"。①

### 四、融资者视角

从融资者的角度看，市场的分层更多的是给予不同情况的企业以不同的发行制度安排。一般来说，市场化程度越高、法律制度越完善、挂牌上市的公司越规范、质量越高，就会给予发行人越多的发行制度安排，发行方式更加灵活和多样，发行监管也会更加灵活、更加市场化。

正是按照这样的逻辑，我国在发行制度方面，对融资者而言，不同的市场层次所给予的发行制度安排是不同的。在证券交易所市场、新三板市场和区域性股权市场中，我国《证券法》将全国性的证券交易场所和区域性的证券交易场所区别开来，分别给予公开发行和非公开发行不同的对待。《证券法》第九条规定"公开发行证券，必须符合法律、行政法规规定的条件，并依法报经国务院证券监督管理机构或者国务院授权的部门注册，未经依法注册，任何单位和个人不得公开发行证券"，该条又对公开发行的情形做了规定，即"有下列条件之一的，为公开发行：（一）向不特定对象发行证券；（二）向特定对象发行证券累计超过二百人，但依法实施员工持股计划的员工人数不计算在内；（三）法律、行政法规规定的其他发行行为。而"非公开发行证券，不得采用广告、公开劝诱和变相公开方式"。

证券交易所市场是典型的公开发行市场，国务院批准的其他全国性证券交易场所是一般的公开发行市场，区域性股权市场是非公开发行市场。因此，我国《证券法》第三十七条规定"公开发行的证券，应当在依法设立的证券交易所上市交易或者在国务院批准的其他全国性证券交易场所交易。非公开发行的证券，可以在证券交易所、国务院批准的其他全国性证券交易场所、按照国务院规定设立的区域性股权市场转让"，第九十八条规定"按照国务院规定设立的区域性股权市场为非公开发行证券的发行、转让提供场所和设施，具体办法

---

① 参见周小川. 资本市场的多层次特性［J］. 金融市场研究，2013（15）。

由国务院规定"。

### 五、投资者视角

从投资者的角度看，市场分层更多的是给予不同投资者不同的适当性门槛，而在"对投资者分层中，最常见的就是个人财富规模"[1]，投资者的适当性是各国资本市场分层的极其重要的标志。那么为什么各国均将投资者适当性管理作为市场分层的重要内容呢？

#### （一）资本市场的特点

投资者适当性制度发源于美国，是指金融机构提供的产品和服务应当与投资者的财务状况、投资目标、风险承受能力以及知识、经验等相匹配，以合理分配金融交易的风险。简单而言，就是把适当的产品卖给合适的投资者，不得把高风险产品销售给低风险承受能力的客户而导致其利益受损。

从境内外情况看，美国、欧盟、英国、日本和中国香港等发达国家或地区的资本市场，都建立了投资者适当性制度，我国的投资者适当性管理也在不断完善。那么，为什么资本市场需要建立投资者适当性制度？我们理解，这是由资本市场的相关特点决定的。

一是资本市场是一个高度依赖中介机构的市场。为了防范中介机构违背以客户利益为出发点的基本要求而追求自身利益，对其施加严格监管非常有必要。历史上，中介机构不适当或恶意销售高风险金融产品给不适格投资者从而造成投资者损失的事件不胜枚举。例如，美国次贷危机的导火索就是证券经销商将大量结构复杂的金融衍生品销售给普通民众，引发连锁反应；2002年香港"雷曼迷你债"事件就是银行将原应出售给机构投资者的高风险、结构性金融产品打包分拆，作为低风险产品出售给普通中小投资者，导致了投资者的巨大损失。

二是资本市场相关产品的复杂度越来越高。近年来，资本市场创新发展速度越来越快，金融产品种类日益增多，交易结构日益复杂。投资者，特别是自

---

[1] 参见周小川. 资本市场的多层次特性 [J]. 金融市场研究，2013 (15)。

然人投资者普遍缺乏投资知识，难以真正理解金融产品与服务的结构和运行情况，因而是否购买某种产品很大程度上取决于中介机构提供的专业意见。因此，必须赋予中介机构以投资者适当性管理义务，确保合适的产品被推荐给合适的投资者。

三是金融机构与投资者之间的地位不平等。金融机构和投资者之间存在代理法律关系，在要求金融机构基于代理合同承担对客户的信息提供义务、注意义务的基础上，还需充分考虑双方实质地位的不平等性，赋予处于强势地位的当事人更多义务，防止金融机构凭借专业知识欺诈或不公平对待其客户。新《证券法》专门增加了"投资者保护"一章，明确了证券公司的了解客户、如实说明、销售适当产品等义务，同时强化证券公司的举证责任；2019 年 6 月，最高人民法院关于科创板的司法解释明确，对于因未履行投资者适当性审查等义务给普通投资者造成的损失，证券公司应当承担赔偿责任，这些都是对保护弱势投资者这一理念的体现。

（二）资本市场的匹配度

投资者是资本市场的基本要素，没有投资者就没有资本市场，因此，投资者在资本市场中具有极其重要的地位，保护好投资者对于资本市场的生存和发展极其重要。投资者适当性管理是投资者保护的重要抓手，但在市场发展与投资者保护方面不能偏颇，两者相辅相成、相互促进，不能只强调投资者保护而不顾市场的发展，也不能只关注资本市场发展而不顾投资者的保护，否则资本市场的发展就会受到极大的阻碍，投资者的利益也无法真正得到保护。因此，做好投资者保护的同时兼顾市场的发展、平衡投资者保护和市场发展的关系就显得尤为重要。要做到二者的适度兼顾、相互匹配，就要对投资者进行适当性管理。

第一，投资者适当性管理要与资本市场发展层次相匹配。市场有其自身的发展演进规律，敬畏市场就要按市场规律办事。不同性质、不同发展阶段的市场，提供复杂程度各异的产品，配套不同的发行、交易、信息披露等基础制度。投资者适当性制度，也需要根据不同市场的发展特点来设计，既要强调

"适当"，又要坚持"适度"。忽视了投资者保护，市场发展就会成为"无源之水""无本之木"，失去了群众基础的市场必定走不远。但如果一味强调投资者保护，忽视市场发展阶段和特点的实际需求，设定过高的投资者门槛，一样会把大量投资者挡在门外，导致市场买卖双方力量失衡，这样不仅市场的资本形成功能难以发挥、定价机制失灵，甚至可能是死水一潭，最终背离了保护投资者的出发点。

第二，投资者适当性管理要与投资者的认知水平和自身情况相匹配。我国资本市场的重要特征，是中小投资者众多且高度分散，广大投资者在资产状况、专业知识、投资能力、理性程度、风险收益偏好、风险承受能力等方面都存在很大差异，对金融产品的需求也不尽相同。而进行投资，需要对相关产品的风险有清醒的认识和判断，因此，做好投资者适当性管理，核心就是根据投资者的认知水平和自身情况的差异，为其匹配适当的产品和服务，并帮助其充分识别特定市场或产品的投资风险信息，减少超出其承受能力的损害。

第三，投资者适当性管理要与市场的产品、风险状况相匹配。金融市场产品种类繁多，不同产品的交易结构、法律属性、运作规则都有差异，风险等级也不相同，投资者适当性管理需要与其相匹配。欧盟、中国香港、日本及英国都规定了大同小异的投资者分类制度，我国自 2009 年以来，也陆续在创业板、金融期货、融资融券、新三板、私募基金等市场或产品中建立了投资者适当性制度，比如债券市场要求个人投资者年均收入不低于 50 万元或金融资产不低于数百万元，沪深主板市场股票投资没有投资者准入门槛要求，创业板要求个人投资者拥有 2 年股票交易经验和 10 万元的投资者门槛；科创板允许亏损企业上市，个人投资者门槛设置为 50 万元，新三板在发展初期要求个人投资者具有 500 万元的金融资产，目前门槛有所降低，分别以不同的市场层次要求投资者门槛为 100 万元、150 万元、200 万元不等。这些投资者适当性门槛都是根据市场产品和风险特征来设计的。

## 第二节　多层次资本市场的普适性

### 一、多层次的两种主要形态

多层次资本市场是否是世界主要资本市场的普遍做法？答案是十分明确的，即主要国家的资本市场均采取多层次的资本市场。在具体做法上呈现着两种形态，即有的国家资本市场采取叠加式多层次资本市场，有的国家采取的是单一式多层次资本市场。所谓叠加式多层次资本市场，即一方面在整个资本市场采取的是多层次，不但存在证券交易所市场，还存在证券交易所之外的其他形式的证券交易场所，既有全国性的证券交易场所，又有区域性的证券交易场所；另一方面在一个具体的证券交易场所内，存在不同的板块，设立了不同的层次。所谓单一式多层次资本市场，即该国的资本市场主要以证券交易所的形态呈现，其证券交易场所的形态是比较单一的，但在证券交易所内却设置了不同的层次和板块，以满足不同的企业上市、不同的投资者投资等。前者如中国内地的资本市场、美国资本市场等，后者如中国香港资本市场、英国资本市场等。

两种形态的多层次资本市场的优劣是很难评价的。综观各国资本市场，采取哪种形式的多层次资本市场主要是由各个国家和地区的实际情况和历史演进决定的。一般来说，大区域的资本市场需要形式复杂的叠加式多层次资本市场，而小区域的资本市场却采取较为单一的多层次资本市场。从美国、英国、日本和我国内地（大陆）、香港与台湾地区的情况看，大致如此。

### 二、内地与香港的区别

以我国内地和香港地区为例，大区域证券市场和小区域证券市场的特点是不同的。我国内地由于地域辽阔、经济发展很不平衡，情况较为复杂，反映在资本市场上的情况也比较复杂，因而采取的是叠加式的多层次资本市场，属于大区域证券市场，而香港地区则属于小区域证券市场。

（一）内地的大区域证券市场

从内地证券市场的要素可以看出。以上海证券交易所市场为例，截至 2019 年 12 月 31 日，上海证券交易所共有上市公司 1572 家。这些上市公司分布在所有省份。其中，有些上市公司既有 A 股股票，也有 B 股股票，还有 H 股股票；有些上市公司在中国内地、中国香港、美国甚至欧洲同时上市；有些上市公司分布在经济不发达地区；有些上市公司分布在偏远地区。上海证券交易所的投资者证券账户共有 2.36 亿个[①]，这些投资者也分布在内地各省份，遍布全国各地。上海证券交易所的会员达 118 家。这些证券经营机构所拥有的证券营业网点多达 1 万多家，遍布全国各地。

可以看出，内地的证券市场是极其分散的，其上市公司、证券公司、投资者数量众多、分散极广。非但如此，大区域证券市场的监管机构和证券交易场所也是较为分散的。中国证监会作为证券监管机构为了更好地、更全面地监管全国各地的证券市场，在各省、自治区直辖市（包括计划单列市）均设有派出机构，在各省会城市和计划单列市均设立证监局，对辖区内的上市公司、证券经营机构和其他机构、证券市场等进行监管。而证券交易所分别设立在上海和深圳，这两座城市相隔甚远，除此之外，国务院批准设立的其他全国性证券交易场所则设立在北京，而区域性证券市场更是分布在各地，数量多达 30 余家。内地的证券交易场所极其分散是不言而喻的。

（二）香港的小区域证券市场

香港地区作为小区域证券市场则较为集中，从香港证券市场的要素看即是如此。截至 2019 年 12 月 31 日，香港联交所的上市公司共有 2449 家。虽然有些公司注册在维尔京群岛、百慕大、处女岛等，但其经营和公司本身大多在香港，这些公司仅仅是在上述地方注册，享受注册地的税收优惠等政策。在香港证券市场的上市公司中，也有一些是 H 股公司，这些公司实际上是中国内地的公司，但其在香港也必须有公司办事处和营业处。因此，香港证券市场的上市

---

① 一个投资者可开立多个证券账户，截至 2019 年 12 月 31 日，我国资本市场投资者数量约为 1.60 亿户。

公司总体上是比较集中的。香港证券市场的证券交易商及证券保证金融资人为1379户，活跃客户为202.48万户①，与我国内地市场投资者相比较差距较大。且香港证券市场投资者大多也集中在香港。即使香港作为国际金融中心和国际性证券市场有国外和境外投资者，在沪港通和深港通的情况下，也是许多中国内地的投资者，但这些投资者也都需要通过香港证券经营机构进行证券买卖，而国外的投资者在香港证券市场进行证券交易的大多是机构投资者。

非但如此，香港证券市场作为小区域证券市场的监管机构和自律管理机构也较为集中。香港证券监管机构和证券交易所均是单一的，即香港证监会和香港联交所，且这两个机构集中在一起，距离仅一步之遥。而中国内地的证券监管机构分布在全国各地，全国性证券交易场所分布在上海、深圳、北京，相距千里之外。

（三）内地与香港的对比

我国内地叠加式的多层次资本市场，主要体现在两大层面。

其一，宏观层面的多层次资本市场。即在中国内地，资本市场整体上体现为三个层次：一是证券交易所层面，由上海证券交易所和深圳证券交易所构成的市场；二是国务院批准设立的其他全国性证券交易场所市场，即新三板市场；三是区域性股权市场，是由全国各省份的地方股权交易中心构成。三个层次的证券交易场所按照《证券法》和相关法规的规定，各自履行职责，在证券的发行、上市、交易、转让等方面发挥着各自的作用。

其二，微观层面，各个证券交易场所内也设立了不同的资本市场层次。即为了更好地发挥各个交易场所应有的功能，更好地对应服务于不同的实体经济和不同的投资者，证券交易场所内均设立不同的板块。上海证券交易所设立主板和科创板；深圳证券交易所设立主板、中小板和创业板；新三板设立基础层、创新层和精选层；在各股权交易中心也设立有不同的板块，如上海股权交易中心设立Q板、N板、科技创新板等。

---

① 具体参见香港证券及期货事务监察委员会2019—2020年年报，https：//www.sfc.hk/web/files/ER/Annual%20Report/2019-20/TC/SFC%20Annual%20Report%202019-20_TC.pdf。

香港地区单一式的多层次资本市场，主要体现在香港联交所市场内分别设有主板和创业板。截至 2019 年 12 月 31 日，主板上市公司共有 2071 家，其中 H 股上市公司共有 262 家，红筹股上市公司共有 168 家，主板上市证券总数达到 12416 只；创业板上市公司共有 378 家，其中 H 股上市公司共有 22 家，红筹股上市公司共有 5 家，上市证券数为 379 只。

各个国家多层次资本市场的发展模式是在各国资本市场的发展过程中不断探索和实践而逐步形成的。中国内地资本市场在发展初期为证券交易所模式并掺杂着其他层次的证券交易场所。1990 年，上海证券交易所和深圳证券交易所相继成立，标志着我国资本市场的诞生，但在证券交易所内并不存在其他层次发行上市交易模式。与此同时，中国内地资本市场还产生了 STAQ 系统和 NET 系统。这两个系统的产生是由于 20 世纪 90 年代初期如火如荼的全国股份制改造，法人股流通问题凸显，当时对法人股流通无规范可循，为此国家体改委办起了 STAQ、中国人民银行办起了 NET 这两个法人股交易市场。1998 年，由于地区证券柜台交易泛滥，国家决定整顿场外非法交易市场，STAQ 和 NET 系统也在整顿之中。1999 年 9 月，STAQ 和 NET 系统停止交易。2001 年 5 月 25 日，根据中国证监会的意见，中国证券业协会决定选择部分证券公司试点开展原 STAQ 和 NET 系统流通股转让业务。经过几十年的不断探索，2019 年 12 月，新《证券法》确立了三个层面的多层次资本市场。

我国香港地区证券市场的多层次也是经过不断探索逐渐形成的。实际上，香港证券市场历史悠久，早在 19 世纪香港开埠初期已出现，香港最早的证券交易可以追溯至 1866 年。香港第一家证券交易所——香港股票经纪协会于 1891 年成立。1969 年以后相继成立了远东、金银、九龙三家证券交易所，香港证券市场进入四家交易所并存的所谓"四所时代"①。在一个区域空间并不大的城市里，同时拥有四家证券交易所，实为全世界罕见。1973—1974 年，香港股市暴跌，充分暴露了香港证券市场四所并存局面引致的各种弊端，如四所竞争

---

① 香港原四家交易所及创立时间：香港证券交易所创立于 1947 年，远东证券交易所创立于 1969 年 12 月 17 日，金银证券交易所创立于 1971 年 9 月 15 日，九龙证券交易所创立于 1972 年。

造成上市公司质量下降，四所各自独立运作造成交易效率降低，监管不易，证券市场投机成分过重等。为加强对香港证券市场的统一管理，香港政府从 1974 年起提出四大交易所合并的设想，1986 年 3 月 27 日，四家证券交易所正式合并组成香港联合交易所，同年 4 月 2 日，香港联交所开业，并开始享有在香港建立、经营和维护证券市场的专营权，香港进入了单一的多层次资本市场模式。

## 第三节　多层次资本市场的问题

我国多层次资本市场的设立是我国资本市场的客观需要，对服务国民经济和实体经济发展起到了极大的作用。毫无疑问，我国多层次资本市场的发展取得了巨大的成就，但在发展过程中也显现出若干问题。

### 一、多层次资本市场法律制度不平衡

尽管经过三十年的发展和不懈努力，我国资本市场的法律制度与资本市场成立当初相比已经大为改善，资本市场法律制度体系也基本构建，但离一个成熟的多层次资本市场法律制度仍有不小的差距，我国资本市场法律制度不健全、不平衡是一个较为突出的问题。主要体现在两大方面。

（一）多层次资本市场同质化

场内与场外不分，重场内轻场外，对场外市场没有给予充分的法律地位和规定是我国资本市场法制建设中的问题。在资本市场中，场内市场和场外市场的差异化是明显的，两者在立法上有许多方面的不同。我国证券法律的立法实践基本上是证券交易场内市场的立法，无论是原《证券法》还是已经修订的新《证券法》均如此。1998 年的《证券法》通篇 12 章中，第五章共 22 条规定了证券交易所，并未对场外市场做任何规定。2019 年新修订的《证券法》虽然对场外市场有所规定，但通篇 14 章对场外市场的规定是极其有限的，新《证券法》只是在第三章"证券交易"第三十七条第二款规定"非公开发行的证券，可以在证券交易所、国务院批准的其他全国性证券交易场所、按照国务院规定

设立的区域性股权市场转让"，第七章"证券交易场所"第九十八条规定了"按照国务院规定设立的区域性股权市场为非公开发行证券的发行、转让提供场所和设施，具体管理办法由国务院规定"。可见，作为资本市场最为重要的法律，《证券法》只有2条涉及场外市场，在法律上未对场外市场进行规定，使一部《证券法》几乎就是资本市场的场内法。尽管《证券法》将场外市场的有关规定留给了国务院规定，但国务院的规定只是条例和法规，在立法的层级和效力上是无法和全国人大制定的法律相提并论的。更何况目前国务院有关场外市场的规定并没有出台。因此，人们无法按照法律来区分场内市场和场外市场。实践中，对于已存在的场外市场的规章制度也是寥寥无几，导致了场外市场不规范现象存在，问题较多。

非但如此，即使同样是场内市场，法律上重视证券交易所市场，轻视国务院批准的其他全国性证券交易场所。在新《证券法》修订之前，历次《证券法》都只用专章规定了"证券交易所"，而对其他层次的证券交易场所只字不提。本次修订的新《证券法》，情况虽有所改观，但和证券交易所相比，对国务院批准的其他全国性证券交易场所的规定也较为有限。虽然在该法的其他章节中对国务院批准的其他全国性证券交易场所有多处规定，但和对证券交易所的有关规定相比显得较少，尤其该法在第七章"证券交易场所"22条规定中仅有2条规定了国务院批准的其他全国性证券交易场所的相关内容，而对证券交易所规定的内容达到21条。可见该章名义上为"证券交易场所"，但实质就是"证券交易所"专章，和未修订之前的《证券法》并没有实质性区别。可以看出，在我国多层次资本市场的法律规定中，不但没有很好地将场外市场和场内市场加以区别，在场内市场中也没有将证券交易所市场和国务院批准的其他全国性证券交易场所很好地区别开来，对多层次资本市场法律的规定是极不平衡的，证券交易所市场规定得多，国务院批准的其他全国性证券交易场所规定得少，而对场外市场的法律规定几乎没有。

（二）公募私募股票债券混同

一是公募与私募不分，重公募轻私募，对私募的立法规定不足。综观各国证券立法，对证券发行因发行方式不同所采取的立法态度迥异。一般而言，对作为非公开发行的私募较为宽容，审核较为宽松，非公开发行不需要公权力介入，或者介入的力度较轻；对作为公开发行的公募发行规定较为严格，审核较为严厉，公开发行需要公权力介入，且介入程度较深。证券公募之所以需要国家公权力介入，进行严格的审核，是由其发行特点所决定的。与私募发行相比较，公募发行的特点是明显的。其一，公募发行涉众性强。它面向的是不特定的社会公众，且具有相当的规模。其行为涉及的人数多、社会公众参与度高，影响大。其二，公募发行利益巨大。由于其发行证券的数量在法律上有一定的要求，所筹集的资金往往以亿元计算，大多数达数亿元、数十亿元，甚至更高，对投融资双方来说涉及的经济利益重大。其三，公募发行博弈程度高。公募发行是投融资双方就证券发行价格进行充分博弈的过程。对于发行人而言，其重要目的是使其发行的证券能卖出一个较好的价格，因而其自身或者通过中介机构比如保荐人、承销商等在股票的发行过程中不断地推销自己，在路演和承销过程中不免存在这样那样的夸大宣传的可能性；对投资者而言，由于对公司情况的了解只能依靠发行人披露的信息，需要发行人及其中介机构提供全面、准确、完整、及时的信息，以此作为同发行人进行价格博弈的基础，目的是能够获得尽量低的价格，从而物有所值。正是因为公募与私募的不同特点，在法律规则上应该有差异化的规定。但我国目前的法律对公募私募差异化的规定并不理想。目前只是注重和强调公募，对私募在法律上的地位和规定远远不够。我国《证券法》大多规定的是公开发行的内容，并以公开发行为核心进行规定。对私募在基本法的地位、规定的内容上都全面落后于公募，在监管和制度安排上显得不足，公募私募差异化程度不够。

二是股票与债券不分，重股轻债。长期以来，我国资本市场的立法指导思想基本上是围绕着股票市场展开的，无论在发行、上市、交易还是结算环节，均以股票立法为中心。从早期的《股票发行与交易暂行条例》到现行《证券法》，这一思路仍然没有实质性的改变。这和我国资本市场的发展历史和现状不无关系。因为我国的资本市场就是以股票市场为中心建立起来的，即使是股票市场，也以场内市场为核心。以此建立起来的资本市场立法，同质化严重、差异化较弱。在立法中没有考虑债券本身固有的特性，将债券按照股票的特点规定，差异化不大。以债券市场上最为典型的公司债券为例，可以明显看出这些问题，我国《证券法》中的公司债券制度滞后。《证券法》是调整所有证券发行、上市、交易活动的基本法，公司债券制度是其中的有机组成部分。在重股轻债的历史背景和发展路径下，2005 年修订的《证券法》基本上是将 1993 年《公司法》中关于公司债券的条款照搬进来，除了监管模式由原来的"审批制"改为"核准制"、上市审核权由证券行政监管机构改为证券交易所外，并无其他重大突破，甚至增加了对公司债券用途等限定性条款。在具体法律制度设计上，基本仿照股票制度，忽略了公司债券的特点，也缺乏公司债券特有的债券持有人组织、信用评级制度及重大事件的信息披露制度等针对性规定，难以为交易所主导的公司债券市场的发展提供有效的法律支持。同质化的立法结果使债券本身依附于股票，使债券的发行、上市、交易、结算，投融资主体、债券的品种、风险控制等一系列有别于股票的制度体系很难自成体系。

（三）法律监管和组织体系碎片化

我国资本市场的多层次制度设计在本质上是为了满足不同的市场需求，考虑到投融资两端以及市场不同品种之间的差异性，但各市场之间和各个层次之间存在着共性，也存在着基本制度的一体适用性。在很多情况下，资本市场的许多共性，具有同质化属性的需要作出统一规则，便于统一遵守和统一执法。就目前的多层次资本市场具体情况看，恰恰在此方面问题较多，将具有同质化属性的本应统一安排的进行了差异化的规制。至少表现在以下三个方面。

一是法律体系碎片化。未能将属性相同，内容庞大、体系严密的证券产品提升到立法的层面，建立起自己的科学严谨、内容翔实的法律体系，而是将其打散在相关的法律之中，削弱了其本身应有的法律地位，导致相关市场法律体系呈不合理的分割状态，影响了证券市场的发展。以债券市场为例，一方面，对于属性完全相同的公司债券，分别在不同的法律中零散规定，对于证券监管部门监管的公司债券主要使用《证券法》、中国证监会配套行政规章和交易所的业务规则。对于人民银行监管的以非金融企业为发债主体所发债券，主要适用《商业银行法》和银行间市场相关业务规则。对于国家发展改革委监管的企业债券，主要适用《企业债券管理条例》，同时参照执行《证券法》。另一方面，又将本质上属于同一特性的证券人为地分离，难以将以市场化为导向、以"中期票据"为代表、本质上属于公司债券的银行间市场各类企业债务融资工具纳入调整范围，致使其另辟蹊径，游离于《证券法》调整范围之外。

二是监管体系零散化。由于没有统一的法律规制，导致在监管体制上将同质化的市场和产品分散监管、差异化监管，带来了许多很难克服的问题。还是以公司债券为例，我国公司债券市场在长期的市场实践中，逐渐形成了三套监管制度体系。其一为证券主管部门监管的，以上市公司为发债主体，实行"核准制"，在沪深交易所交易的"公司债券"模式，其交易场所为证券交易所，债券的登记存管结算机构为中国结算。其二为中央银行授权银行间市场交易商协会自律监管，以非金融企业为发债主体，实行"注册制"，在银行间债券市场交易的"非金融企业债务融资工具"模式。其交易场所为银行间债券市场，债券的登记存管结算机构为中央登记结算有限公司。其三为国家发展改革委监管的，以中央国企、地方重点企业为发行主体，实行"审批制"的企业债券，分别在证券交易所市场和银行间市场进行不同的交易、登记结算。这种三足鼎立的监管体系，使本质上同属公司债券的证券，适用三套价值取向、运行机制、交易场所、登记结算机构、监管方式存在诸多差异的监管安排，客观上影响了公司债券市场资源配置功能和运行效率，也不利于控制公司债券市场风险和推进债券市场创新。这种局面的形成，实际上是立法上没有将债券市场以及债券所具有的属性统筹考虑，在资本市场的根本法《证券法》上给予债券制度充分的规定和系统性的安排，从而使各相关管理部门各行其是。

三是市场组织分离化。目前，我国资本市场在组织结构上存在期货市场和现货市场分离，交易和结算分离的情况，导致市场的监管效率、运行效率、风险控制等出现了一系列问题。尽管现货市场和期货市场差异较大，交易和结算也各不相同，但彼此之间存在着紧密关联性，证券现货是证券期货的基础产品，证券期货市场源于证券现货市场，交易是结算的前提，结算是交易的结果。因此，在监管、组织运行、风险控制等方面不可分割，具有组织和管理上的同质性。目前，金融期货由中国金融期货有限公司管理、组织、运行和结算，证券现货市场由上海和深圳证券交易所、全国股转公司管理、组织和运行，证券现货的存管、登记和结算由中国结算负责。

### 二、多层次资本市场层次板块逻辑有待进化

从场内市场看，上海证券交易所、深圳证券交易所和全国股转公司市场三个层次市场中每一个市场也都安排了不同层次。上海证券交易所有主板和科创板，深圳证券交易所有主板、中小板和创业板，新三板市场有基础层、创新层和精选层。三个场内市场共有 8 个板块。这些板块之间是否有所联系？是一种什么样的关系？在制度逻辑上是否合理？应当进一步研究和考量。一般认为，一个国家的资本市场多层次在制度设计上是为了满足该国实体经济和企业发展的不同情况以及不同投资者的多种需求。资本市场的各个层面或者板块应该具有较强的针对性，避免资本市场的无序性和市场之间的过度竞争，也便于企业和投资者在不同的市场中找准自己的定位，更加有利于自身的发展和投资。

或许有人会提出资本市场应该按照市场化的原则，不人为设立和干预，市场或市场板块的形成应该是投融资双方自然选择的结果，即使形成多种层次和板块也应该是市场化自然形成的结果，不应从一开始就将其固化。这种观点虽然有一定的道理，证券市场毫无疑问应该市场化、法治化、国际化。但证券市场的市场化并不完全等于放弃顶层设计、不要监管和政府干预。实际上，即使是成熟资本市场，监管部门对市场的监管以及在必要的时候对市场的干预都是大量存在的。当市场出现垄断或者无序竞争，或者市场出现较大风险时监管者都不会袖手旁观。而对市场层次的设计上，监管者也是相当重视的，其目的是使市场更加有效，同时也防止市场无序竞争或者垄断。即使是市场自然形成的，也是在不同的层次或板块中形成有序的适度竞争。比如美国的资本市场，

纽约证券交易所、纳斯达克证券市场、美国的 OTCBB 市场[①]等。

我国目前场内的三个市场 8 个板块中，新三板市场的基础层、创新层和沪深交易所市场的板块差异性较大，其挂牌条件和标准，监管要求以及交易制度的安排上均有较大的差异，而新三板精选层制度设计对标上市公司，其和上海证券交易所的科创板、深圳证券交易所的创业板具有一定的相似性。而沪深交易所的主板之间，以及深圳证券交易所的主板和中小板之间也具有较强的相似性，这种安排的差异性似乎并不明显，多层次的层次感不强，制度逻辑性有待进一步加强。在我们看来，我国资本市场的三个场内市场的差异性应该是明显的，彼此之间应该错位发展、各具特色。上海证券交易所是中国资本市场的国家一队，它主要针对的是我国大型和特大型企业、国有企业等，是这些企业进入我国资本市场的主战场。从实际情况看也的确如此，在上海证券交易所上市的大多是关乎国计民生的企业和特大型央企、大型地方国企等。深圳证券交易所是中国资本市场的国家二队，它主要针对的是大中型国有企业等。从实际情况看也是如此。尽管深圳证券交易所也有大型或特大型企业，但总体来看，其主板和中小板绝大多数是大中型企业。全国股转公司是中国资本市场的国家三队。它主要针对的是中小型民营企业等。根据这样的特点以及三个市场的实际情况，对三个市场层次较为接近的板块进行进一步的梳理和划分就显得十分必要。

除了众多板块之间的合理划分和梳理，我国多层次资本市场的投资者适当

① 美国场外柜台交易系统（Over the Counter Bulletin Board，OTCBB），又称布告栏市场，是由 NASDAQ 的管理者全美证券商协会（NASD）所管理的一个交易中介系统。OTCBB 带有典型的第三层次市场的特征。OTCBB 与众多的创业板相比具有真正的创业板特征：零散、小规模、简单的上市程序以及较低的费用。为了便于交易并加强透明度，NASD 于 1990 年开通了 OTCBB 电子报价系统，将一部分粉红单市场的优质股票转到 OTCBB 上来。OTCBB 电子报价系统提供实时的股票交易价和交易量。在粉红单市场流通的股票多于在 OTCBB 上流通的股票。在 OTCBB 上面流通交易的股票，都是不能达到在全国市场（National Market）或小资本市场（Small Capital）挂牌上市要求的公司的股票，因此有人说它属于"市场"。一般而言，任何未在 NASDAQ 或其他全国性市场上市或登记的证券，包括在全国、地方、国外发行的股票、认股权证、证券组合、存托凭证（American Depositary Receipts）、直接参与计划（Direct Participation Programs）等，都可以在 OTCBB 市场上报价交易。所有在 OTCBB 挂牌交易的公司都必须按季度向公众披露其当前财务状况，年报必须经由 SEC 核准的审计。对于迈不过 NASDAQ 这道门槛的中小企业而言，美国的 OTCBB 市场是一个不错的选择。OTCBB 对发行证券企业的管理并不严格，但信息传递系统是全部电子化的。

性管理在制度安排上也有待进一步的梳理。目前，作为场外市场的区域性股权转让市场，投资者门槛为 50 万元，新三板市场的基础层、创新层和精选层的投资者门槛分别为 200 万元、150 万元和 100 万元，上海证券交易所主板的投资者没有门槛，科创板的门槛为 50 万元，深圳证券交易所市场无论是主板还是中小板均没有投资者门槛，而创业板的投资者门槛为 10 万元。可以看出，我国资本市场投资者门槛的规定差异较大，标准不一。这样的安排似乎有待商榷，在制度的逻辑上不尽科学。

一个市场的投资者门槛高低应当与这个市场的风险程度相关联。从投资者保护的角度看，如果一个市场的风险程度高，就应该加强对投资者的保护，不但要加强对市场的监管，还应加强对投资者的教育并进行风险提示。不但如此，提高投资者进入这个市场的门槛是一种较为普遍的做法。在我国《证券法》规定的三种类型的市场中，区域性股权市场是场外市场，风险无疑是最高的，新三板市场次之，而证券交易所市场的风险相对前两者要低些。这是因为在场外市场挂牌上市的企业质量、规范程度、公司治理和信息披露的要求都远低于场内市场，而新三板市场相对证券交易所而言在上述方面也有所欠缺。因此，三个市场的市场风险和风险外溢程度有所不同，对投资者准入门槛的要求也应有所不同。按照市场的风险排序，场外市场风险最大、风险外溢性最强，投资者的准入门槛应当最高，新三板市场风险居中、风险外溢性居中，投资者准入门槛应当低于场外市场，证券交易所市场的风险最低，风险外溢性最低，投资者的准入门槛也应当最低。但实际情况并非如此，门槛最高的是新三板市场的投资者，在新三板市场未改革之前，该市场的投资者门槛一直高达 500 万元，是场外市场投资者门槛的 10 倍，即使是改革后投资者门槛大幅度降低，也分别是场外市场投资者门槛的 2 倍、3 倍和 4 倍。而在证券交易场所内，面对的是同样的投资者，在对发行上市的公司同样严格的情况下，有的要求有门槛限制，有的却没有要求。这种情况的确值得进一步探讨。

### 三、多层次资本市场相互连通弱化

多层次资本市场的互联互通对于挂牌上市的企业是非常重要的，也是多层次资本市场的应有之义。由于不同层次资本市场的使命和作用不同，一方面，在一个市场发展成长的企业在其发展到一定程度时就需要更大的市场或者更为合适的市场，市场间的互联互通对于企业能够顺利通达到另一个市场就变得十分重要。这会大大减少企业的成本、提高市场的效率、促进企业进一步做大做强，大大增强资本市场对企业的吸引力。另一方面，如果企业发展不佳，达不到在该市场上市交易的标准，让其能够顺利地退出该市场，进入标准较低的另一个市场，给企业出路，不但使企业能够得以生存并在适合的市场里发展，也是对投资者负责。这样的互联互通能够使实体经济在资本市场中游刃有余，有利于企业的发展壮大，也体现了资本市场对实体经济服务的韧性。

但是，我国多层次资本市场互联互通并不理想。目前，只是国内证券交易所与香港联交所的互联互通，而且仅仅是两地证券市场在交易层面的连通，上市公司之间并未实行转板机制。而国内资本市场的互联互通十分有限，仅仅在新三板市场与沪深交易所之间有所体现。沪深证券交易所与新三板的互联互通更多的是沪深证券交易所退市公司退到新三板挂牌，而新三板精选层公司转板到沪深证券交易所却刚刚建立，因而这种互联互通是不平衡的，互联互通工作有待进一步加强。

新三板和区域性股权转让市场互联互通目前还无法实施。全国数以十万计的区域性股权市场挂牌公司如何转到新三板是一个较为棘手和复杂的问题，不但面临如何选择的问题，还面临着从非公开市场转到公开市场的一系列法律问题；另外，在新三板市场的近万家公司中，也面临着有些公司不符合新三板挂牌标准，需要转到区域性股权市场的一系列制度上的安排。这些问题都需要在法律、监管、市场等各方面进一步研究和探索。因此，我国多层次资本市场的能上能下、相互连通仍是我们必须要解决的重大问题。

# 第六章　新三板与证券交易所

中国资本市场产生于20世纪90年代初期，以沪深证券交易所成立为标志。上海证券交易所成立于1990年11月26日，同年12月19日开业，深圳证券交易所于1990年12月1日开始营业，两个证券交易所均是经国务院批准设立的全国性证券交易场所，受中国证监会监督和管理。沪深证券交易所均致力于创造透明、开放、安全、高效的市场环境，履行市场组织、市场监管和市场服务等职责，主要职能包括：提供证券交易的场所、设施和服务；制定和修改证券交易所的业务规则；审核、安排证券上市交易，决定证券暂停、恢复、终止和重新上市；提供非公开发行证券转让服务；组织和监督证券交易；对会员进行监管；对证券上市交易公司及相关信息披露义务人进行监管；对证券服务机构为证券上市、交易等提供服务的行为进行监管；管理和公布市场信息；开展投资者教育和保护；法律、行政法规规定及中国证监会许可、授权或委托的其他职能。

沪深证券交易所均是实行自律管理的会员制法人，上交所现有118家会员，深交所现有118家会员和3家特别会员。上交所的治理构架为党委领导下的"三会一层"体系：一是会员大会。为权力机构。二是理事会。对会员大会负责，下设战略发展、会员自律管理、市场风险、上市培育、技术发展、薪酬财务、上诉复核7个专门委员会。三是经理层。负责日常管理工作，下设上市、纪律处分等若干个专门委员会，设有技术管理、上市公司监管、产品与参与人管理、培育发展、风险管理等若干个专业管理委员会。四是监事会。为监督机构。五是设 30 个部室和 7 家下属机构。深交所的治理构架为党委领导下的"三会一层"体系：一是会员大会。为权力机构。二是理事会。对会员大会负责，下设战略发展、会员自律管理、市场风险、上市培育、技术发展、薪酬财务、上诉复核 7 个专门委员会。三是经理层。负责日常管理工作，下设上市、纪律处分 2 个专门委员会，设有技术管理、上市公司监管、产品与参与人管理、培育发展、风险管理 5 个专业管理委员会。四是监事会。为监督机构。五是设 29 个部室和 5 家下属机构。

立足服务实体经济和国家战略全局，经过 30 年的快速成长，沪深证券交易所已发展成为拥有股票、债券、基金、衍生品四大类证券交易品种、市场结构较为完整的证券交易所，初步建立起板块特色鲜明、监管规范透明、运行安全可靠、服务专业高效的多层次资本市场体系。目前，沪深交易所拥有可支撑沪深证券市场高效稳健运行的交易系统及基础通信设施；拥有可确保沪深证券市场规范有序运作、效能显著的自律监管体系。依托这些优势，沪深证券市场的规模和投资者群体也在迅速壮大。

截至 2019 年 12 月 31 日，沪市上市公司家数达 1572 家，总市值为 35.6 万亿元；2019 年全年股票累计成交金额为 54.4 万亿元，日均成交 2229 亿元，股市筹资总额为 5145 亿元；债券市场挂牌只数为 15368 只，托管量为 10.1 万亿元，累计成交 221.79 万亿元；基金市场上市只数达 292 只，累计成交 6.9 万亿元；衍生品市场全年累计成交 3389 亿元。沪市投资者开户数量已达 2.44 亿户。截至 2019 年 12 月 31 日，深交所共有上市公司 2205 家，其中主板 471 家、中小板 943 家、创业板 791 家，总市值为 23.74 万亿元；挂牌债券（含资产支持证券）5998 只，挂牌面值为 2.08 万亿元；挂牌基金 530 只，资产净值为 1933 亿元。深市投资者开户数量已达 2.77 亿户[①]。

全国股转公司作为继沪深交易所之后，依《证券法》设立的第三家全国性证券交易场所，主要为创新型、创业型、成长型中小企业发展服务。截至 2019

---

① 上述资料和数据均来自上海证券交易所官网和深圳证券交易所官网。其中，深市投资者开户数量为 2018 年末数据。

年 12 月 31 日，新三板有挂牌公司 8953 家，其中创新层挂牌公司 667 家，基础层挂牌公司 8286 家；总市值为 2.94 万亿元。2019 年共完成 637 次股票发行，融资 264.63 亿元。[①]

新三板和沪深证券交易所作为我国资本市场最为重要的交易场所是不言而喻的。因此，研究和分析三个市场就显得非常重要。新三板作为全国性证券交易场所的后起之秀，和沪深交易所是什么关系？它们之间的相似性体现在哪里，不同之处又有哪些？笔者经过研究，发现新三板和沪深证券交易所具有许多共同之处，它们在性质、特点、属性、总体定位等大的方面都是相同的，它们都是全国性市场、场内市场、集中交易市场、公开市场、独立市场、多层次市场和统一结算的市场。但新三板市场和沪深证券交易所市场的具体情况也存在着差异，它们在具体属性、服务对象、单位类型、发行上市交易的具体方式、市场分层、投资者的适当性管理等方面又有些不同。

## 第一节　新三板与证券交易所的相同性

### 一、全国性市场

新三板和证券交易所都是全国性证券交易场所。我国《证券法》明确规定了这一全国性市场属性。我国《证券法》在众多条款中均将证券交易所和国务院批准的其他全国性证券交易场所放入一类。证券交易所的全国性市场属性不言而喻，而新三板是国务院批准的其他全国性证券交易场所。全国性证券交易市场有如下基本特征。

一是全国性证券交易场所是由国家批准的，它的设立、变更和解散均由国家决定。我国《证券法》第九十六条第二款规定"证券交易所、国务院批准的其他全国性证券交易场所的设立、变更和解散由国务院决定"。这一规定将证券交易所、国务院批准的其他证券交易场所与地方性证券交易场所区分开来。

---

[①]　具体关于全国股转公司的介绍可详见第二章"新三板的现状"。

地方性的证券交易场所只能由地方根据国务院规定设立。我国《证券法》第九十八条规定"按照国务院规定设立的区域性股权市场为非公开发行证券的发行、转让提供场所和设施，具体管理办法由国务院规定"。这里可以明显看出，全国性的证券交易场所必须由国务院批准，它的设立、变更和解散均由国务院决定，而地方性证券交易场所只是按照国务院的规定，并非由国务院批准，它的设立、变更和解散并非由国务院决定。

二是全国性证券交易场所申请发行上市和挂牌的企业来自全国各地。从沪深证券交易所上市公司和新三板挂牌公司来看均来自全国各地。截至2020年6月30日，沪深证券交易所的上市公司共计3893家，遍布全国各地，新三板挂牌公司共计8547家，也同样来自全国各地。而地方性证券交易场所其挂牌转让的公司绝大多数具有本地化属性，基本上是该地方证券交易场所的地方性企业。即使有外地企业在该地方证券交易场所挂牌转让，本质上是不规范的。

三是全国性证券交易场所的中介机构来自全国各地。沪深证券交易所采取的是会员制，它们的会员是证券公司，这些证券公司隶属于各省、自治区、直辖市或者相关机构。同样，全国股转公司虽采取的是公司制，但其监管的券商即主办券商同样来自全国各地，隶属于各省、自治区、直辖市或者相关机构。此外，全国性证券交易场所中的会计师事务所、律师事务所、证券咨询机构、资产评估机构等中介机构同样来自全国各地。而全国性证券交易场所的投资者无论是个人投资者还是机构投资者，无论是普通投资者还是专业投资者均来自全国各地。

四是全国性证券交易场所的发行、上市、交易、结算等各种制度安排是全国统一的，标准是一致的，对上市公司和挂牌公司、中介机构、投资者的监管也是全国统一的。无论是国家立法机构、国务院行政机关和国务院证券监督管理机构发布的涉及全国性证券交易场所的法律、法规、部门规章和规范性文件，还是沪深证券交易所、全国股转公司作为自律管理机构发布的各项业务规则、业务细则等，其效力均覆盖全国。

五是全国性证券交易场所是由国家管理的，属于国务院证券监督管理机构直接管理的单位。无论是上海证券交易所、深圳证券交易所还是全国股转公司，都是中国证监会的会管单位。中国证监会不但对其业务进行管理，还对其人事、财务、行政等各个方面进行管理。这些单位的部门设置、重要人事安排、重大资金使用、重要国际交流、证券品种的推出、交易活动的变化、重大业务活动、重大采购等重要事项均应报中国证监会批准，其高级管理人员由中国证监会直接任命，中层管理人员的任命也要向中国证监会报告并经其批准。

### 二、场内市场

新三板市场和证券交易所市场都是场内市场。证券交易所是典型的场内市场，对沪深证券交易所从一开始设立就是场内市场并不存在理论和实践中的争议。"从主流观点来看，场内市场就是指由证券交易所组织的集中交易市场，一般有固定的交易场所和交易活动时间，在我国语境下就是指上海证券交易所和深圳证券交易所"[①]，但对新三板市场是否是场内市场在理论界和实务界中一直存在争议，许多人认为新三板是场外市场。"场外市场，又称为 OTC 市场（Over – the – Counter Market），在国外多被称为柜台交易市场或店头市场，通常是指在证券交易所外进行证券交易的市场"[②]，"场外市场是指除证券交易所以外的一切证券交易场所，包括券商的营业柜台及以此为基础发展起来的各种阶段、交易和清算系统等"[③]，"目前，我国已经形成了主板市场（包括上海、深圳证券交易所）、二板市场（又称创业板市场）、场外交易市场（包括全国中小企业股份转让系统、天津股权交易中心、上海股权托管交易中心、重庆股权转让中心等）在内的多层次资本市场的雏形"[④]，可见，许多人均将新三板排除在场内市场之外，甚至连中国证监会在筹建新三板之初，也将新三板视为场外市场。中国证监会有关负责人表示，"证监会今年将在总结中关村公司股份转让

---

① 参见中央财经大会课题组．多层次资本市场及证券交易场所法律制度完善研究［M］//黄红元，徐明．证券法苑（第10卷），北京：法律出版社，2014。

② 同注释①。

③ 参见李东方．证券监管法律制度研究［M］．北京：北京大学出版社，2002。

④ 同注释①。

试点经验的基础上，筹建统一监管下的全国性场外交易市场"，① 该负责人还对该市场建设的目的和步骤进行了阐述，该负责人指出 "场外交易市场不是以融资为目的，而是以交易为目的。场外交易市场挂牌公司将纳入非上市公众公司监管，挂牌企业股东允许超过 200 人。此外，未来将研究场外市场到场内市场的转板机制"。该负责人表示，"全国性场外交易市场建设将分两步走，第一步是从中关村试点扩大到全国的高新园区企业，第二步是进一步扩大到全国所有股份公司"。②

之所以对新三板的市场属性有这样的认识，我们认为是和新三板的产生发展和历史沿革有较大的关系。这是因为新三板最初成立时是在中关村产业园区的基础上吸收了全国部分高新科技园区后逐步形成的，与老三板和相关高新科技园区有着千丝万缕的联系。在相当长的一段时间里，证券实务界人士均将新三板视为场外市场，比如有的证券公司针对新三板市场的各种业务专门成立场外市场部，在新三板市场的交易行情显示上打上了 OC（OTC）这一场外市场的标识，就连全国股转公司自身曾经也对新三板的市场属性没有十足的把握认为它是场内市场。我们认为，这些认识源于新三板在最初的运作中具有了某些场外市场的特征。

那么，如何判断场内市场和场外市场呢？一般认为，关于场内交易市场和场外交易市场的划分标准主要有两种观点，即 "场所说" 和 "组织说"。

场所说的观点认为，决定证券交易场所是场内市场还是场外市场，最主要的是证券交易场所的不同。这种观点一般将证券交易所作为场内市场，其他的则作为场外市场。"场内市场，又称证券交易所市场，是指在证券交易所进行证券交易的市场。场内市场有着严格的交易规则。场外市场，也称为 OTC（Over the Counter），是指在证券交易所以外的场所进行证券交易的市场，投资人通过买卖、拍卖、标购等方式进行买卖证券的合法交易"③，证券交易场所也称

---

① 参见中国证监会相关负责人. 证监会：今年将筹建全国性场外交易市场 [N]. 中国证券报，2012 - 04 - 06。

② 同注释①。

③ 参见冯果. 证券法 [M]. 武汉：武汉大学出版社，2014。

"场内交易市场"或"场内市场"，是主要的证券交易场所。场外交易场所也称为场外市场，是指证券交易所以外的合法交易场所。[①]

组织说的观点认为，"对证券市场可以按不同的标准进行分类，按是否进行了专门的组织来划分，可分为有组织的市场和无组织的市场"[②]，"有组织的市场是指经过有关部门批准的，以正式的证券交易所为固定地点集中进行交易的场所；无组织的证券交易市场是指由经纪人或买卖证券的双方当事人聚集于一个临时的地点进行直接交易的场所"[③]。而有的学者则认为"组织说"实际上也是"场所说"。他们认为"场内交易市场，也称有组织的交易市场或证券交易所市场，是指经过有关部门批准，以正式的证券交易所为固定地点进行集中交易的市场，它是证券流通市场的核心。场外交易市场，是指未上市或已经上市的证券在证券交易所以外形成的市场，它是场内交易市场的补充，主要包括证券交易柜台、证券报价系统和地方证券交易中心等几种形式"。[④]

按照"场所说"的观点，因为证券交易所有具体固定的场所并且这一场所是特定的"所"，有严格的规则，因而具有场内的特征。以此观点，我国目前《证券法》规定的证券交易场所即证券交易所、国务院批准的其他全国性交易场所、区域性股权市场均被视作证券交易场所。除沪深证券交易所之外，全国股转公司、地方股权交易中心也均有自己固定的交易场所，并且这些场所也有自己的业务规则，那么就很难区分场内市场和场外市场了。按照"组织说"的观点，上述三家场所也都经过有权机关审核批准，也是有组织的证券市场，并不是由经纪人或买卖证券的双方当事人聚集于一个临时的地点进行直接交易的场所。因此，依照上述两种学术观点，我国资本市场就无法区分场外市场和场内市场了。

无论是"场所说"还是"组织说"，这些划分标准都只是形式上的，并不能反映场内市场和场外市场的实质。尤其在科技不断发展、技术不断进步，互

---

① 参见徐杰. 证券法教程 [M]. 北京：首都经贸大学出版社，2002。
② 参见邢会强等. 新三板条例基础法律问题研究，中国证券法研究会课题组。
③ 参见赵万一. 证券法的理论与实务 [M]. 昆明：云南大学出版社，1991。
④ 参见杨峰. 证券法 [M]. 广州：中山大学出版社，2003。

联网金融、大数据、云计算、区块链等技术发展迅速的情况下，传统的有形市场所谓"场所"的概念和重要性变得并不十分重要，有形市场和无形市场的概念也变得较为模糊了。比如1990年成立的上海证券交易所，在成立当初，集中交易场所的概念十分明晰。上海证券交易所曾经拥有8个交易大厅，集中了数以万计的红马甲，这些红马甲作为上海证券交易所会员证券公司的驻场交易员每天集中在交易大厅内，代表着所在的经纪商（证券公司）从事证券交易行为，盛况空前，一片繁荣景象。那时候，证券集中交易的"场所"十分明显和形象。但随着科技的不断进步，上海证券交易所与时俱进，规定证券公司从事经纪业务不必派驻交易员入场交易，可以在交易场所之外（交易大厅之外）直接向上海证券交易所交易系统申报证券交易，由交易系统集中竞价撮合交易。此后，交易大厅的功能逐渐弱化，如今的上海证券交易所交易大厅已经没有当年的那种人声鼎沸、交易繁忙的热闹景象了，偌大的证券交易大厅变得较为冷清，更多的是用来供人参观访问、举行会议、举办上市仪式等非交易功能的事宜。但上海证券交易所并不因为其"场所"的弱化或功能丧失就变成场外市场了。上海证券交易所如此，深圳证券交易所也是如此，两个交易所是场内市场的属性并没有发生变化。

我们认为，衡量一个证券交易场所是场内市场还是场外市场，最重要的是这个市场是否采取集中竞价撮合成交的证券交易系统。物理上的固定场所固然是场内市场的一个要素，但有了固定的场所并不意味是场内市场。我国资本市场上曾经有过的地方股权交易中心、中国证券业协会曾经设立的STAQ系统以及现在管理的证券报价系统，人民银行设立的NET系统，目前的区域性股权市场等，它们之所以不是场内市场，并不是因为这些单位没有固定的场所，也不是因为它们没有电子系统，而是它们均不具备集中竞价撮合成交的证券交易功能。这些场所均可集中报价，且大多数采取电子报价的形式，但它们都不能采取竞价撮合成交，只能采取单笔逐个协议成交的方式。国务院办公厅《关于清理整顿各类交易场所的实施意见》（国办发〔2012〕37号）中明确规定地方各类交易场所"不得采取集中交易方式进行交易。本意见所称的'集中交易方式'包括集合竞价、连续竞价、电子撮合、匿名交易、做市商等交易方式，但协议转让、依法进行的拍卖不在此列"。场内市场对于证券投资者来说具有完整买卖集中成交（主要是竞价成交，少数情况下做市成交）的全链条，即买卖双方委托经纪商并通过他们的申报是由交易场所的交易系统通过集中竞价撮合成交来实现的，而场外市场却只能做到集中报价，无法通过后续完成证券的买卖过程。换言之，场内市场的买卖双方只要通过场内交易系统就完全可以实现买卖，无须买卖双方再行协议，也无须双方另行交易，更无须双方相互知晓、买卖互知，而场外市场却无法完成这一完整的链条，只能进行集中报价，之后大多采取点对点的交易方式。正是因为场内市场具有的一对多和多对多的，通过系统集中竞价交易，成交的有效性当然应予保证，以维护市场的秩序和效率。

场内证券市场具有的另一个重要标志为证券的登记存管清算交收大多集中在统一机构内。在境外资本市场，场内市场也有将登记存管和清算交收分别集中在两个不同的机构，但境外资本市场认为登记存管和清算交收并不具有相同的属性，并不一定需要一个机构一包到底。所以尽管境外场内市场将登记存管和清算交收区分开来，但也是集中统一分别在两个机构内。我国的资本市场要求场内市场的证券交易场所必须将其场所内证券登记存管清算交收统一集中在中国结算内。我国《证券法》第一百四十八条明确规定"在证券交易所和国务院批准的其他全国性证券交易场所交易的证券的登记结算，应当采取全国集中统一的运营方式"，该条第二款又规定"前款规定以外的证券，其登记、结算可以委托证券登记结算机构或者其他依法从事证券登记、结算业务的机构办理"。第一百五十条规定"在证券交易所或者国务院批准的其他全国性证券交易场所交易的证券，应当全部存管在证券登记结算机构。证券登记结算机构不得挪用客户的证券"。在整个交易链条中，投资者完成证券交易后，并不意味着整个交易的完成，买卖双方还需要通过清算交收方能实现交易目的，证券的卖方获得资金，证券的买方获得证券。场内交易所具有的和登记结算机构集中统一的业务关系，则能顺畅地将交易的最后环节很好地执行下去，保证买卖双方的履约，完成买卖双方的交易目的。我国《证券法》第一百五十八条规定"证券登记结算机构作为中央对手方提供证券结算服务的，是结算参与人共同的清算交收对手，进行净额结算，为证券交易提供集中履约保障。证券结算登记机构为证券交易提供净额结算服务时，应当要求结算参与人按照银货对付的原则，足额交付证券和资金，并提供交收担保。在交收完成之前，任何人不得动用用于交收的证券、资金和担保物。结算参与人未按时履行交收义务的，证券登记结算机构有权按照业务规则处理前款所述财产"，充分说明了这一点。

除了上述两方面是场内市场的重要衡量标准外，和场外市场相比较，场内市场还具有以下特点。

一是产品标准化。在场内市场，无论是股票、债券、基金还是基于证券的衍生产品，其产品都是标准化的。这些产品并不因某一个人或某一机构而量身定做。由于场内市场投资者的交易并非具体的一对一的协议交易和转让，而是通过集中的交易系统集中竞价撮合交易，如果是非标准化的产品，对于千差万别的证券产品，不但交易系统很难交易，人数众多的投资者也很难识别，买卖双方更无法进行顺畅的交易。而场外市场却存在大量的非标准化产品，以适应不同的投资者的需求，产品的标准化与否也是区别场内市场和场外市场的一个标志。国务院在清理整顿场外市场时就将此作为一个重要条件，要求场外市场不得设计标准化产品。国务院办公厅《关于清理整顿各类交易场所的实施意见》中明确规定地方各类交易场所"不得以集中交易方式进行标准化合约交易。本意见所称的'标准化合约'包括两种情形：一种是由交易场所统一制定，除价格外其他条款固定，规定在将来某一时间和地点交割一定数量标的物的合约；另一种是由交易场所统一制定，规定买方有权在将来某一时间以特定价格买入或者卖出约定标的物的合约"。

二是规则统一严密。场内市场的业务规则统一、细致和严密。一般情况下其规则的制定具有严格的要求，不是随意和毫无逻辑的。一个产品的出台，规则一般先要到位，其产品的发行、上市、交易、清算交割都有制度和规则上的安排。在场内市场，除了基本业务规则外，还有多种层次的规则体系，为补充基本业务规则，使市场的投资者和参与者便于操作，还有大量的业务细则、业务指南、业务指引、业务操作规程等加以细化。

三是市场公开透明。信息披露是场内市场的重要体现。无论是证券交易场所本身的规章，还是市场推出的产品；无论是上市公司和挂牌公司还是中介机构在市场中的业务，场内市场都要求公开透明，让投资者和市场参与者能够知晓和掌握。对于上市公司或者挂牌公司，公开透明就要求其不断披露定期报告，包括年报、中报、季报和大量的临时报告，中介机构在发行保荐承销过程中也要不断地公开相关文件，监管者也需要按照法律法规和业务规则从事监管行为并将监管行为暴露在阳光下。

四是防范到位风险较小。场内市场产品的标准化、规则制度的统一严密、市场的公开透明、监管严格和处罚严厉，自然使场内市场的风险要小于场外市场。这一点是被国内外市场所证明的。美国的"两房风险事件"① 的发生就是在场外市场公开透明、非标准化产品和监管方面做得不够的情况下发生的。我国目前的金融风险中大量的是场外市场引起的，比如互联网金融、P2P 公司、各种理财产品等导致的。

五是监管严格处罚严厉。场内市场为公开市场，投资者参与人数众多、各方的利害关系重大，市场的关注度更高，监管更为严格，处罚更为严厉。从我国的各种法律、法规的规定情况看，中国证监会、证券交易场所、证券行业协会都对市场参与者实施严格的监管，在市场参与者违法违规时，受到的责任追究相当严厉。所涉及的法律责任不但有民事责任，更有行政责任和刑事责任。新修订的《证券法》更将原有法律责任大幅提高，对违法违规者进行威慑和处罚。

---

① 房利美和房地美是美国最大的两家住房抵押贷款融资机构，也是得到美国联邦政府赞助的特殊金融公司。两家机构总计拥有或担保了高达近 5 万亿美元的住房贷款，占美国所有抵押贷款余额的近一半，由此可见这两大机构在美国房地产市场中的举足轻重的地位。为了应对和管理投资业务所承担的利率风险，在整个融资、对冲利率风险的过程中，"两房"研究并发展了复杂的风险管理工具、系统以及策略来保护剧烈利率风险变动下的股东利益。2008 年楼市暴跌后，把贷款打包成证券出售的银行纷纷消失和撤退，谨慎的投资者对即便是最安全的证券也是尽量避让，私人融资最大的来源——证券化基本上灰飞烟灭，酿成了美国金融史上巨大的债务危机。

### 三、集中交易市场

新三板市场和证券交易所市场都是集中交易市场。我国《证券法》第九十六条明确规定"证券交易所、国务院批准的其他全国性证券交易场所为证券集中交易提供场所和设施，组织和监督证券交易，实行自律管理，依法登记，取得法人资格"。证券的集中交易场所是指有组织的证券交易市场，其特点表现为：一是所有的上市证券或者挂牌证券都必须集中在证券交易所或者国务院批准的其他全国性证券交易场所内进行交易。二是在这一场所内必须有固定的人员参与市场，即必须有证券交易所的会员或者国务院批准的其他全国性证券交易场所的主办券商作为经纪人参与证券交易。三是证券交易所、国务院批准的其他全国性证券交易场所只是证券集中交易的场所，它们本身并不参与证券交易，更不能决定证券交易的价格。只能为证券交易的顺利进行提供各种设施和服务，为集中的证券交易提供交易系统、通信系统、信息系统、监察系统等并监督证券交易。四是证券交易所或者国务院批准的其他全国性证券交易场所通过法律、法规、部门规章、规范性文件以及自律管理规则等组织和监督证券交易，通过发行规则、上市规则、交易规则、会员管理或者券商管理规则等业务规则、业务细则分别对发行人、上市公司或者挂牌公司、证券市场交易参与人、证券中介机构等实施管理和监督。五是证券交易所或者国务院批准的其他全国性证券交易场所应当为证券的集中交易提供交易主机、交易席位包括有形席位和无形席位或者交易单元、交易报盘系统包括场内报盘和场外报盘及相关的通信系统。一般认为，这些设施都应该是证券集中交易市场所具备的，并且集中体现在证券交易场所内。

证券集中交易方式是多种多样的，包括集合竞价和连续竞价方式、做市交易方式、混合交易方式等。[①]

### 四、公开市场

证券交易所和国务院批准的其他全国性证券交易场所都是公开市场。包括

---

[①] 关于集中交易的具体方式将在本书第十二章"新三板的交易制度"第四节中详述，这里略。

制度公开、监管公开以及发行公开、上市挂牌公开、证券交易公开、信息披露公开等。

公开是资本市场非常重要的原则，我国《证券法》第三条规定"证券的发行、交易活动，必须遵循公开、公平、公正的原则"。这里的公开是指有关证券发行、交易的信息要依法如实披露、充分披露、持续披露，让投资者在充分了解真实情况的基础上自行作出投资判断。贯彻公开的原则包含着两方面内容：一是在证券的发行、交易活动中，该公开的信息必须公开；二是在证券发行、交易活动中应当公开的信息必须真实、准确、完整。这就要求信息公开是全面的，不得有重大遗漏，不得将应该公开的信息隐藏起来，不得有虚假记载，不得有误导性陈述等。

资本市场的公开原则和公开市场有着密切的联系，但两者并不完全等同。公开市场针对的是非公开市场即私募市场，一个证券交易场所是公开的还是非公开的主要针对的是该市场证券发行、交易方式是否确定。一般来说能够采取公开发行的方式发行证券的都是公开市场，而在交易方式上，公开市场的投资者也是通过公开的方式进行的。非公开市场的证券发行方式只能采取私募发行的形式。

何谓公开发行？我国《证券法》给出了明确的答案。《证券法》第九条规定"公开发行证券，必须符合法律、行政法规规定的条件，并依法报经国务院证券监督管理机构或者国务院授权的部门注册，未经依法注册，任何单位和个人不得公开发行证券"，该条第二款还对公开发行的情形做了规定，即"有下列情形之一的，为公开发行：（一）向不特定对象发行证券；（二）向特定对象发行证券累计超过二百人，但依法实施员工持股计划的员工人数不计算在内；（三）法律、行政法规规定的其他发行行为。非公开发行证券，不得采用广告、公开劝诱和变相公开方式"。

在我国的证券交易场所中，只有证券交易所和国务院批准的其他全国性证券交易场所可以公开发行证券，而按照国务院规定设立的区域性股权市场是不能公开发行证券的。我国《证券法》第三十七条第一款规定"公开发行的证券，应当在依法设立的证券交易所上市交易或者在国务院批准的其他全国性证券交易场所交易"，同时该条第二款规定"非公开发行的证券，可以在证券交易所、国务院批准的其他全国性证券交易场所、按照国务院规定设立的区域性股权市场转让"。可见，法律规定证券交易所市场和新三板市场可以公开发行证券，而区域性股权转让市场只能进行非公开发行证券活动。证券交易所和新三板市场是公开市场，区域性股权转让市场是私募市场确定无疑。

制度公开包含着两方面的公开，一方面制定制度的过程是公开的；另一方面制度形成后应当向市场公开。就证券交易所、国务院批准的其他全国性证券交易场所的业务规则来看，规则细致而繁多。除了基本业务规则外，还有大量的业务细则、指引、指南、工作规程、业务问答等，这些制度构成了证券交易所和新三板市场的规则体系。这些规则涉及证券市场的方方面面，也涉及市场参与各方的重大利益。规则制定的细致与否涉及市场参与者能否很好地执行，规则规定的科学与否涉及市场的公平和效率。因此，证券交易所和全国股转公司对于业务规则的制定，均有规则制度的管理办法，对业务规则的制定程序、方法和步骤等进行了严格的规定。对于重大的涉及市场的基本业务规则，在制定过程中要公开向市场征求意见，使这些业务规则更加贴近市场、更加能够反映市场的诉求以便使制度更加有效和切实可行。除了业务规则向市场公开外，证券交易所、全国股转公司的办事制度、工作程序等也向市场公开。业务规定、办事制度和工作程序除了发布正式文件外，一般还通过官网、报纸等向市场公开。

监管公开即证券监督管理机构、证券自律管理机构等监管部门在履行职责、行使权利时将监管过程和监管结果向市场公开。主要表现为在审核、检查、处罚等活动中公开透明，除非法律法规等规定或者执法过程本身的需要，监管活动的一切行为都应当公开。监管公开意味着要对被监管对象的知情权予以充分的尊重，让他们知晓执法的依据、理由、过程和结果，从而使他们能够有充分的时间、充分的准备去对待执法。监管公开还有利于对执法者的约束，使他们的监管充分暴露在阳光下，从而有利于减少权力寻租、清正廉洁，更加有利于执法公平、公正。

### 五、独立市场

证券交易所和国务院批准的其他全国性证券交易场所都是独立市场。

证券交易所是独立的市场，在理论和实践中不存在任何争议，但对国务院批准的其他全国性证券交易场所，即新三板是否是独立的市场却有不同的看法。一部分人认为，它不是一个独立的市场，而是沪深证券市场的预备板，是专门为沪深证券市场服务的市场板块。有人建议"证券市场的供给侧结构性改革应该以多层次资本市场体系为基础，将上市公司直接进入主板的 IPO 供给模式转变为从新三板转板到主板的供给模式"①，有人认为"三板会成为预备板的市场，不管大家期待它是纳斯达克还是承载无数制度性红利变革的资本市场，但是我看到这两年就是预备板市场"，② 有人认为新三板市场的独立性有待确定，"监管层要着力解决新三板市场定位的问题，这是关系到需要建设一个什么样的新三板的问题，也是新三板未来发展的首要问题。一种发展路径是，新三板可能成为第三个股权交易所，将优质企业，在分层的基础之上进一步优化，选出部分企业试点竞价交易，能够让公司的内在价值充分市场化；另一种发展路径是，新三板成为沪深交易所的预备板，仍然是在现有分层制度的基础之上，或将进一步分层，其中最优秀的挂牌企业，经过一年的市场观察期，符合要求的自动转板进入创业板、中小板及两市主板，完成多层次资本市场的衔接"，③ 而另一部分人认为新三板市场就是独立的市场，他们认为随着新三板的改革，新三板市场是独立市场毫无疑义，"改革方案的最大意义是再度从顶层设计的角度明确了对新三板的市场预期，坚定投资者及企业信心，打消了投资者对于新三板市场只是作为创业板预备板的担忧，也将坚定券商和投资者投资新三板的信心。监管在市场进入新常态后对创新推动重回正轨"。④ 权威专家指

---

① 中央财经大学中国企业研究中心主任刘姝威于 2017 年 7 月 18 日在微博发长文建议。参见新三板市场定位之争再起，预备板时代或将来临 [EB/OL]．[2017 - 07 - 19]．21 世纪经济网。
② 参见谷枫．新三板这两年就是预备板市场 [EB/OL]．[2017 - 03 - 12]．挖贝网。
③ 参见康曦．新三板步入进退有序时代未来定位或趋向于主板预备板 [N]．金融投资报，2016 - 10 - 29。
④ 参见周亮．新三板改革坚定信心：绝非创业板预备板 [N]．南方都市报，2015 - 11 - 26。

出，"这些制度安排能够便利精选层与交易所市场更好衔接，但新三板与交易所市场定位不同，在监管制度上也存在差别。改革后，新三板并不与沪深交易所形成竞争关系，同时新三板也将坚持独立市场定位，不会成为交易所市场的'预备板'"①。

上述不同观点反映了对新三板定位的不同认识，但新三板市场是否是独立市场并不仅仅拘泥于预备板的问题上。实际上，在不同的证券市场之间，上市公司或挂牌公司相互转板是企业的自我选择，也是正常的市场行为。一般来说，低层次或中小型企业市场上的挂牌或上市的公司在发展到一定规模时，寻求更大的证券市场是其应有之义。当其达到了另一个证券市场发行上市标准时，出于经营和未来发展的要求，希望到另一个市场上市是无可厚非的，各国资本市场的上市公司重新上市、交叉上市、多地上市等并不为奇。因此，判断一个市场是否是独立的市场，并不以该市场是否能够转板为前提。我们认为判断证券市场是一个独立的市场，至少应当有以下几个方面。

（一）独立的规则体系

一个独立的证券市场应当有一套支撑其独立运作的规则体系。新三板市场的规则涉及证券的发行、挂牌、上市、交易等各个环节，涉及股票、债券、基金等各证券领域，涉及挂牌公司、证券公司、会计师事务所、律师事务所、证券评估机构，涉及个人和机构投资者，涉及基础层、创新层、精选层等各个层次，涉及挂牌公司的公司经营、公司治理、信息披露，涉及首次发行股票、再融资、并购重组、公司退市等，涉及自律监管、市场监察、现场检查、监管措施、纪律处分，涉及技术系统、信息系统、监察系统、审核系统、指数系统等。从这些规则的内容上看，新三板市场的规则几乎涵盖一个独立证券市场的所有方面，而在规则体系上也形成了以国家法律、法规，国务院证券监督管理机构等国家部委的部门规章、规范性文件为统领，以全国股转公司的基本业务规则为核心，以大量的业务细则、业务指南、业务规程、业务指引、业务通知

---

① 参见王红. 新三板深改坚持独立定位：既不是竞争者也不是预备板 [N]. 上海证券报，2019 - 11 - 15。

为补充的规则体系，形成了自己完整、独立的规则体系，是新三板成为独立市场的制度基础。

（二）独立的技术系统

一个独立的证券市场应当有一套支撑其独立运作的技术系统，包括独立的交易系统、通信系统、监察系统、信息系统、指数和行情系统。独立的交易系统是市场正常交易的基本保证。通过该系统，市场每天可以开市闭市，投资者可以买卖交易，证券公司可以接受投资者的委托，并将投资者的委托订单申报至交易系统中，在该系统内撮合成交，最终达成交易。独立的通信系统是连通全国各地的证券公司及其营业网点的根本保证。它通过相关的通信设备将证券交易场所交易系统及其他系统中的各种信息输送给全国各地的证券公司及其营业网点，同时也将全国各地的证券公司及其营业网点的各种信息输送给交易系统和其他系统，形成了各种信息输入输出的"物理上的高速公路"。独立的监察系统是证券交易场所组织者和监管者管理证券交易市场的重要手段。通过这一系统，可以实时了解二级市场的交易情况，掌握投资者的买卖动态，发现二级市场的异常波动，对发现股市异常波动，防止内幕交易、操纵市场等二级市场违法违规行为至关重要。独立的信息系统包括信息披露、数据统计分析、业务办理等系统。信息披露系统主要用于上市公司或挂牌公司披露年报、半年报、季报和临时报告，它是证券交易场所监管上市公司或挂牌公司最为主要的抓手；数据统计分析系统是证券交易场所进行管理和监督的基本工具，通过数据的统计分析更加有针对性地管理市场，更加有利于证券市场的正常运营；业务办理系统方便市场参与各方以及证券交易场所内部各部门在业务过程中的便捷高效。独立的指数和行情系统是一个独立市场投资者及市场各参与方了解市场交易情况、知晓上市公司、挂牌公司股票情况最重要的手段。投资者通过了解市场的指数和行情情况决定投资，因而它是投资者买卖的重要参考依据。非但如此，有了独立的指数，市场可以据此编制开发基于指数的各种衍生产品。

（三）独立的市场要素

一个独立的证券市场应当有独立的市场要素。证券市场的市场要素主要包括三个方面，即上市公司和挂牌公司、中介机构、投资者。有了上市公司和挂牌公司发行股票、债券等证券，使证券市场有了产品以及以此为基础的其他证券衍生品，从而产生了证券市场，上市公司、挂牌公司质量的高低，信息披露的真假对于证券市场非常重要，上市公司、挂牌公司是证券市场的基石，是证券市场最为主要的市场要素。但是上市公司、挂牌公司发行的股票、债券等证券是由投资者购买的，没有投资者，作为融资方的企业就无法完成证券的发行；没有投资者，证券的二级市场就无法进行交易，证券交易市场也就不存在，也不可能有真正的证券市场，因而投资者也是证券市场的重要市场要素。在上市公司、挂牌公司和投资者之间，中介机构发挥的是桥梁作用，它将上市公司、挂牌公司和投资者有机地联系起来。在证券发行市场，一方面，中介机构作为发行人的保荐人、承销商帮助上市公司、挂牌公司发行证券；另一方面，中介作为经纪人又帮助投资者购买发行人发行的证券。在证券交易市场，中介机构接受投资者的委托，为投资者买卖证券，形成了上市公司、挂牌公司证券的流动，形成了证券的交易。因此，中介机构包括证券公司、会计师事务所、律师事务所、证券评估机构和相关咨询机构对促成证券的发行、交易、并购重组等起到了相当大的作用。证券市场的这三个市场主体是缺一不可的，是市场形成的必备要素。作为一个独立的证券市场必须要有自己的上市公司或挂牌公司、投资者和中介机构。从新三板市场看，这些市场要素都已具备，它们是独立的，并不隶属于其他证券市场。截至 2020 年 6 月 30 日，新三板市场有挂牌公司 8547 家，合格投资者开户数达 130.82 万，证券公司（主办券商）93 家，它们在新三板市场独立地从事着自己的业务。

（四）独立的管理组织

一个独立的证券市场应当有一套独立的管理组织。证券交易场所不仅仅是物理上的场地的概念。最为重要的是有一个能够保证证券交易场所正常运营的组织体系。除了一定的场所和设施、规则体系、技术系统之外，独立的管理组织也很重要。

一是要有保证市场正常运营的机构。这一机构至少由四大部分组成，即业务职能部门包括证券发行、交易等业务的监管部门，比如发行监管部、公司监管部、交易运行部、市场监察部、中介管理部、纪律执行部等；业务支持部门包括法律部、信息统计部、发展创新部、研究规划部、市场发展部、培训教育部等部门；技术支持部门包括系统运维部、系统开发部、通信系统部等部门；内部管理部门包括综合管理部、行政服务部、财务管理部等部门。按照这样的要求，全国股转公司除了股东会、董事会、监事会和经理层等权力机构和管理机构外，目前有 21 个部门和 1 个技术公司。分别为：挂牌审查部、融资并购一部、融资并购二部、公司监管一部、公司监管二部、交易运行部、市场监察部、中介业务部、自律管理部、市场发展部（投资者服务部）、法律事务部、技术管理部、信息统计部、研究规划部（创新实验室）、党委办公室（董事会办公室）、综合事务部（总经理办公室）、人力资源部（党委组织部）、行政服务部、财务部、稽核审计部（监事会办公室）、纪检监察办公室，以及全资子公司中证股转科技有限公司。

二是要有保证市场正常运营的专业人员。证券市场是一个专业性很强的领域，需要有大量的专业人才方能保证市场正常运转，才能管理和监管市场，很好地执法执纪，防止或减少各种违法违规行为。一般认为，作为证券交易场所的组织管理机构，应有财务会计、法律、技术、金融、管理等方面的人才，而会计、法律、技术方面的人才尤其重要。

## 六、多层次市场

证券交易所和国务院批准的其他全国性证券交易场所都是多层次市场。虽然它们都有各自的多层次市场，但具体到每一个交易场所，各自的多层次市场也不尽相同，目的和任务也存在着差异。上海证券交易所分为主板和科创板两个板块，深圳证券交易所分为主板、中小板、创业板三个板块，全国股转公司分为基础层、创新层、精选层三层。

（一）上交所主板

上海证券交易所主板是一个综合性的板块，该板块形成于上交所成立，是一个综合性的板块。2019 年之前，上交所市场只有主板并无科创板。上交所主板覆盖了我国实体经济的所有行业,在主板的1000多家上市公司中,以大型特大型企业为主,金融类、资源类、制造业类的上市公司占据了大多数,且在总市值、营业收入、总资产、净资产、总利润、净利润等市场指标方面都成为主板公司的主力。截至2020年6月30日,上交所主板有1528家上市公司,总市值为35.20万亿元。上交所主板是上交所最为重要的市场。

发行人申请上交所发行股票并在主板上市,应当具备上交所的上市条件。其具体条件为:(1)最近3个会计年度净利润均为正数且累计超过人民币3000万元,净利润以扣除非经常性损益前后较低者为计算依据;(2)最近3个会计年度经营活动产生的现金流量净额累计超过人民币5000万元;或者最近3个会计年度营业收入累计超过人民币3亿元;(3)发行前股本总额不少于人民币3000万元;(4)最近一期末无形资产(扣除土地使用权、水面养殖权和采矿权等后)占净资产的比例不高于20%;(5)最近一期末不存在未弥补亏损;(6)自股份有限公司成立后,持续经营时间应当在3年以上,但经国务院批准的除外;(7)最近3年内主营业务和董事、高级管理人员没有发生重大变化,实际控制人没有发生变更;(8)股权清晰,控股股东和受控股股东、实际控制人支配的股东持有的发行人股份不存在重大权属纠纷;(9)股本总额不少于人民币5000万元;(10)公开发行的股份达到公司股份总数的25%以上;股本总额超过人民币4亿元的,公开发行股份的比例为10%以上;(11)最近3年无重大违法行为,财务会计报告无虚假记载。

(二)上交所科创板

科创板是上海证券交易所市场一个新兴年轻的板块,该板块于2019年7月正式推出。与主板不同,科创板的范围主要是科技创新型企业。科创板坚持面向世界科技前沿、面向经济主战场、面向国家重大需求,主要服务于符合国家战略、突破关键核心技术、市场认可度高的科技创新企业。重点支持新一代信息技术、高端装备、新材料、新能源、节能环保以及生物医药等高新技术产业和战略性新兴产业,推动互联网、大数据、云计算、人工智能和制造业深度融合,引领中高端消费,推动质量变革、效率变革、动力变革。科创板根据板块定位和科创企业特点，设置多元包容的上市条件，允许符合科创板定位但尚未盈利或存在累计未弥补亏损的企业在科创板上市，允许符合相关要求的特殊股权结构企业和红筹企业在科创板上市。科创板相应设置投资者适当性要求，防控好各种风险。截至2020年6月30日，科创板共有116家上市公司，总市值为2.01万亿元。

科创板的另一个显著特点是试点了注册制，开创了我国资本市场的先河。在科创板试点注册制，合理制定科创板股票发行条件和更加全面深入精准的信息披露规则体系，中国证监会和上交所在发行人股票发行注册中各司其职，上交所负责科创板发行上市审核，中国证监会负责科创板股票发行注册。中国证监会加强对上交所审核工作的监督，并强化新股发行上市事前、事中、事后全过程监管。

发行人申请上交所发行股票并在科创板上市，应当具备上交所的上市条件。其具体条件为：（1）符合中国证监会规定的发行条件；（2）发行后股本总额不低于人民币3000万元；（3）公开发行的股份达到公司股份总数的25%以上；公司股本总额超过人民币4亿元的，公开发行股份的比例为10%以上；（4）市值及财务指标符合上市规则规定的标准。除了上述条件之外，发行人申请在科创板上市还有市值及财务指标的要求，即市值及财务指标应当至少符合下列标准中的一项：（1）预计市值不低于人民币10亿元，最近2年净利润均为正且累计净利润不低于人民币5000万元，或者预计市值不低于人民币10亿元，最近1年净利润为正且营业收入不低于人民币1亿元；（2）预计市值不低于人民币15亿元，最近1年营业收入不低于人民币2亿元，且最近3年累计研发投入占最近3年累计营业收入的比例不低于15%；（3）预计市值不低于人民币20亿元，最近1年营业收入不低于人民币3亿元，且最近3年经营活动产生的现金流量净额累计不低于人民币1亿元；（4）预计市值不低于人民币30亿元，且最近1年营业收入不低于人民币3亿元；（5）预计市值不低于人民币40亿元，主要业务或产品需经国家有关部门批准，市场空间大，目前已取得阶段性成果。医药行业企业需至少有一项核心产品获准开展二期临床试验，其他符合科创板定位的企业需具备明显的技术优势并满足相应条件。

（三）深交所主板

深圳证券交易所的主板制度和上海证券交易所的主板制度在制度设计的目的、原则、范围等方面基本相同，在发行条件和上市条件上没有太大的区别。截至 2020 年 6 月 30 日，深交所主板共有 470 家上市公司，总市值为 7.95 万亿元。

（四）深交所中小企业板

中小企业板定位于为主业突出、具有成长性和科技含量的中小企业提供融资渠道和发展平台，促进中小企业快速成长和发展，是解决中小企业发展瓶颈的重要探索。中小企业板是现有主板市场的一个组成部分，但发行规模相对较小，成长较快，而且上市后要遵循更为严格的规定，目的在于提高公司治理结构和规范运作水平，增强信息披露透明度，保护投资者权益。截至 2020 年 6 月 30 日，深交所中小企业板共有 960 家上市公司，总市值为 11.57 万亿元。

中小企业板上市的条件与主板市场相同，主要体现在三个方面：第一，独立性条件。发行人具有完整的业务体系和直接面对市场独立经营的能力；资产完整，人员独立，财务独立，机构独立，业务独立。最近 3 年内主营业务和董事、高级管理人员没有发生重大变化，实际控制人没有发生变更。第二，规范运行条件。依法建立健全股东大会、董事会、监事会、独立董事、董事会秘书制度；内部控制制度健全且被有效执行；发行人最近 36 个月内无重大违法违规行为，或严重损害投资者合法权益和社会公共利益的其他情形；公司章程明确对外担保的审批权限和审议程序，不存在为控股股东、实际控制人及其控制的其他企业进行违规担保的情形；有严格的资金管理制度，不得有资金被控股股东、实际控制人及其控制的其他企业以借款、代偿债务、代垫款项或者其他方式占用的情形。第三，财务会计条件。最近 3 个会计年度净利润均为正数且净利润累计大于 3000 万元，净利润以扣除非经常性损益前后较低者为计算依据；最近 3 个会计年度经营活动产生的现金流量净额累计大于 5000 万元；或最近 3 个会计年度营业收入累计大于 3 亿元；发行前股本不少于 3000 万股；最近一期末无形资产占净资产的比例不大于20%；最近一期末不存在未弥补亏损；内部控制在所有重大方面有效，会计基础工作规范，财务会计报告无虚假记载；不存在影响发行人持续盈利能力的情形。

（五）深交所创业板

创业板是主要为无法在主板上市的创业型企业、中小企业和高科技产业企业等需要进行融资和发展的企业提供融资途径和成长空间的证券交易市场，是对主板市场的重要补充。在创业板市场上市的公司大多从事高科技业务，具有较高的成长性，但往往成立时间较短、规模较小，业绩也不突出，但有很大的成长空间。可以说，创业板是一个门槛低、风险大、监管严格的股票市场，也是一个孵化科技型、成长型企业的摇篮。截至2020年6月30日，深交所创业板共有819家上市公司，总市值为8.16万亿元。

创业板与主板市场相比，上市要求往往更加宽松，主要体现在成立时间、资本规模、中长期业绩等的要求上。创业板的特点是门槛相对较低，但进入市场后要求却较为严格，有助于有潜力的中小企业获得融资机会。

创业板与中小企业板具有一定的相似性，它们在本质上都是为中小企业融资和发展服务的，但是二者之间在发行上市条件、交易机制等方面存在一定的差异，尤其在审核方式上中小企业板实行的是核准制，而创业板已经实行注册制。

发行人申请深交所发行股票并在创业板上市，应当具备深交所的发行上市条件，其具体条件为：（1）依法设立且持续经营3年以上的股份有限公司，具备健全且运行良好的组织机构，相关机构和人员能够依法履行职责；（2）发行后股本总额不低于3000万元；（3）公开发行的股份达到公司股份总数的25%以上，公司股本总额超过4亿元的，公开发行股份的比例为10%以上；（4）市值及财务指标应当至少符合下列标准中的一项：①最近2年净利润均为正，且累计净利润不低于5000万元；②预计市值不低于10亿元，最近1年净利润为正且营业收入不低于1亿元；③预计市值不低于50亿元，且最近1年营业收入不低于3亿元。

通过以上几个板块的比较，可以看出主板和中小企业板的上市条件差别不大，主板与科创板、创业板相比有较大的差别。主板市场对发行人的营业期限、股本大小、盈利水平、最低市值等方面的要求标准较高，上市企业多为大型成熟企业，具有较大的资本规模以及稳定的盈利能力。科创板与主板相比具有较大的灵活性，它以市值为基础，在财务指标上相对于主板更加灵活，发行人的选择余地更大。主板与创业板两者既相互区别又相互联系，创业板市场的明确定位是为具有高成长性的中小企业和高科技企业融资服务，是针对中小企业的资本市场。与主板市场相比，在创业板市场上市的企业标准和上市条件相对较低。

新三板也是多层次市场，与沪深证券交易所叫"板"不同的是，新三板市场设有不同的"层"，具体有基础层、创新层和精选层三个层次。①

需要指出的是，在沪深证券交易所多层次市场板块中，只有科创板和创业板在财务指标上没有要求发行人一定要盈利才能上市，发行人是亏损的企业只要符合条件的仍然可以在科创板、创业板上市。这一规定为大量的创新性、研发型、科技含量较高的企业提供了机会，也符合国际资本市场的普遍做法，更符合我国新《证券法》的要求。我国《证券法》第十二条规定"公司首次公开发行新股，应当符合下列条件：（一）具备健全且运行良好的组织机构；（二）具有持续经营能力；（三）最近三年财务会计报告被出具无保留意见审计报告；（四）发行人及其控股股东、实际控制人最近三年不存在贪污、贿赂、侵占财产、挪用财产或者破坏社会主义市场经济秩序的刑事犯罪；（五）经国务院批准的国务院证券监督管理机构规定的其他条件"。可以看出，新《证券法》在发行条件中没有要求发行人必须盈利，只要具备持续经营能力即可发行股票。按此规定，上述板块的发行上市条件就应进行调整。

**七、结算体制**

证券交易所和国务院批准的其他全国性证券交易场所都适用同样的结算体

---

① 关于新三板的多层次将在本书第十一章"新三板的分层制度"中详细论述，这里略。

系，这是由我国法律明确规定的。我国《证券法》第一百四十八条规定"在证券交易所和国务院批准的其他全国性证券交易场所交易的证券的登记结算，应当采取全国集中统一的运营方式"，第一百五十条规定"在证券交易所或者国务院批准的其他全国性证券交易场所交易的证券，应当全部存管在证券登记结算机构。证券登记结算机构不得挪用客户的证券"。

在我国，证券登记结算机构为中国结算，它是由中国证监会批准设立的，并由中国证监会直接管理。《证券法》第一百四十五条规定"证券登记结算机构为证券交易提供集中登记、存管与结算服务，不以营利为目的，依法登记，取得法人资格。设立证券登记结算机构必须经国务院证券监督管理机构批准"。因此，中国结算是我国资本市场上唯一的证券登记结算机构。[①] 该机构下设上海分公司、深圳分公司和北京分公司，分别负责上海证券交易所市场、深圳证券交易所市场和新三板市场的证券登记存管和结算业务。

## 第二节　新三板与证券交易所的差异性

### 一、交易场所与交易所

尽管新三板和沪深证券交易所都是全国性的证券交易场所。但严格地说，新三板是"场所"，沪深证券交易所是"所"，彼此之间一字之差，意义却不一样。在我国《证券法》中，对后者直接规定为证券交易所，对前者则称为国务院批准的其他全国性交易场所。那么"场所"和"所"到底有什么区别呢？

我们认为，新三板市场所谓的"场所"和证券交易所的"所"并无本质上的区别，但区域性的证券交易场所的"场所"和证券交易所的"所"区别却很大。实际上，在《证券法》第七章"证券交易场所"中，尽管使用了证券交易

---

① 在中国结算之外，还有一个类似的机构，即中央国债登记结算有限责任公司，它成立于1996年，是财政部唯一授权主持建立、运营全国国债托管系统的机构，是中国人民银行指定的全国银行间债券市场债券登记、托管、结算机构和商业银行柜台记账式国债交易一级托管人。由于不是国务院证券监督管理机构批准设立的，因此不是我国《证券法》中规定的证券登记结算机构。

场所这一概念，但在具体的内容和条款上对区域性证券交易市场并没有使用"场所"的概念，在整个《证券法》的条文中对区域性证券市场也均未使用"场所"的概念，而是使用了"区域性股权市场"的概念。并且《证券法》对区域性股权市场并未使用证券"交易"一词，而是使用证券"转让"一词。法律上这样的规定，使区域性股权市场和证券交易所、国务院批准的其他全国性证券交易场所有了明显的区分，这种区分是本质性的。综观整个《证券法》，区域性股权市场是私募市场，是交易受限的市场，而证券交易所和国务院批准的其他全国性证券交易场所尽管也有所不同，正如笔者前述，两者之间并非本质上的不同。但"场所"和"所"在法律上毕竟有了不同的表述，它们的区别是什么呢？

笔者认为这样的表述，将"场所"和"所"分别开来，一方面体现了立法者对我国资本市场的现状和证券交易所及其他全国性交易场所客观现实的尊重。对于证券交易所，各主要资本市场均有成熟的经验，各国立法对证券交易所的规定也较为完备，证券交易所的规则体系、监管经验也很成熟。结合我国的实际情况，沪深证券交易所成立近30年，2005年《证券法》已经对证券交易所做了专章规定，因此，在法律上对证券交易所进行较为细致的规定是不成问题的。另一方面也给国务院批准的其他全国性证券交易场所留足了法律空间。国务院批准的其他全国性证券交易场所是新三板市场在法律上的正式称谓。由于新三板市场的历史原因，它的产生并不像沪深证券交易所那样属性十分清晰，是在具有场外性质的老三板及全国部分高新技术园区的基础上诞生的，其复杂性要远远高于沪深证券交易所。新三板在发展过程中，定位和属性也有过反复，且新三板的快速发展使其市场的挂牌公司急剧增长，海量挂牌公司使新三板市场的公司质量参差不齐、差异极大，新三板所具有的特点使该市场出现了这样或那样的问题，需要进一步的实践，进一步的研究和探索。因此，在立法上详细规定和固化新三板不但时机不成熟，还会对新三板市场的实践探索形成制约。因此，明确新三板的法律地位并在大的框架上将目前可以看得清的问题先行规定，给新三板在法律上留足空间，对其他问题先用法规的形式加以规定，待未来成熟时再上升为法律，不失为一种较好的办法。因此，《证券法》第九十六条第三款规定了"国务院批准的其他全国性证券交易场所的组织机构、管理办法等，由国务院规定"。

## 二、中小企业与大中型企业

新三板和沪深证券交易所的服务定位是不同的。同样都是为实体经济服务，新三板的服务对象为创新型、创业型、成长型民营中小企业，而沪深证券交易所的服务对象为大型较大型企业。新三板在制度设计之初就是为民营中小企业服务的，体现了对民营中小企业的包容度。民营中小企业挂牌新三板规则明确、预期稳定、流程透明，因此在很短的时间里，新三板接纳了大量的民营中小企业，其中大多数都是创新型、创业型、成长型企业。截至2019年12月31日，新三板市场存量挂牌公司达8953家，其中中小企业占91%，民营企业占93%。在地域上，挂牌公司覆盖我国境内所有省域，地市级覆盖超过88%，7959家挂牌公司注册于县域地区；在行业上，挂牌公司覆盖89个行业大类；在规模上，新三板与沪深证券交易所共同服务了1.26万家上市和挂牌公司，其中大型较大型企业3200家，沪深证券交易所服务80%；中型企业3500家，新三板服务80%；小型企业近6000家，几乎全部由新三板服务。新三板使一批符合经济转型升级方向的中小型、创新创业企业得以进入资本市场，获得创新发展的资本支持。新三板市场挂牌公司中高新技术企业占65%，现代服务业和先进制造业企业合计占71%；2019年度挂牌公司研发投入同比增长13.33%，研发强度为3.33%，较全社会研发强度高1.14个百分点。在并购重组方面，2013—2019年度累计完成并购重组1466次，交易金额达2099亿元，其中七成以上属于现代服务业和战略性新兴产业整合。

新三板市场和沪深证券交易所两者之间服务对象的不同还可以从这些公司的市值和资产规模、营业收入、利润总额中看出。截至2019年12月31日，沪深交易所3777家上市公司总市值为59.29万亿元，平均每家上市公司的市值为156.99亿元，而新三板市场8953家挂牌公司的总市值为2.94万亿元，平均每家挂牌公司的市值为3.28亿元，新三板市场的总市值、平均每家挂牌公司的市值分别是沪深证券交易所的 4.96%、2.09%；沪深证券交易所的总资产达 255.65 万亿元、总营收为 45.97 万亿元、利润总额达 4.85 万亿元，平均每家上市公司的资产、营收、利润分别为 676.86 亿元、121.71 亿元、12.84 亿元，而新三板市场的总资产达 2.75 万亿元、总营收为 7973.63 亿元、利润总额为 393.10 亿元，平均每家挂牌公司的资产、营收、利润分别为 3.07 亿元、0.89 亿元、0.04 亿元，分别是沪深交易所的 0.45%、0.73%、0.34%。

### 三、公司制与会员制

全国股转公司于 2012 年 9 月 20 日在国家工商总局注册，2013 年 1 月 16 日正式揭牌运营，是我国第一家公司制的全国性证券交易场所，按照《公司法》的规定运营。在公司治理上，按照股东会、董事会、监事会和经理层"三会一层"的公司治理结构管理和营运新三板市场。沪深证券交易所是会员制的证券交易场所，在交易所的管理构架上是按照会员大会、理事会、监事会和经理层"三会一层"的治理结构管理和运营沪深证券市场。沪深证券交易所的治理构架除了要遵守《公司法》的规定，还应当按照《证券法》的特别规定运作。比如《证券法》第一百零一条第二款规定"实行会员制的证券交易所的财产积累归会员所有，其权益由会员共同享有，在其存续期间，不得将其财产积累分配给会员"，第一百零二条规定"实行会员制的证券交易所设理事会、监事会。证券交易所设总经理一人，由国务院证券监督管理机构任免"，第一百零五条规定"进入实行会员制的证券交易所参与集中交易，必须是证券交易所的会员，证券交易所不得允许非会员直接参与股票的集中交易"等，这些规定都是法律对会员制证券交易所的特别规定。

与全国股转公司公司制法人不同，会员制的沪深交易所属于什么性质的法人？依照我国《民法通则》的规定，我国法人包括企业法人、机关法人、事业单位法人和社会团体法人。企业法人是指以营利为目的，独立从事商品生产和经营活动的法人。以所有制的形式和投资方式，可以将企业法人进一步分为全民所有制企业法人、集体所有制企业法人、私人所有制企业法人和混合所有制企业法人。混合所有制企业法人又可以分为国内联营企业法人和外商投资企业法人。外商投资企业法人又可以分为中外合资经营企业法人、中外合作经营企业法人、外商独资企业法人。机关、事业单位和社会团体法人又称为非企业法人，这些法人是不以营利为目的的经济组织。机关法人是指依照法律或行政命令组建的、有独立财政预算经费的各级国家机构，包括国家权力机关法人、国家行政机关法人、国家军事机关法人、国家审判机关法人和国家检察机关法人等。事业单位法人是指从事非营利性的各项社会公益事业的各种组织。包括从事文化、教育、卫生、体育、新闻出版等事业的单位。它们与企业法人的区别就在于是否以营利为目的。只要是以营利为目的，即使从事的是上述事业，也应属于企业法人。具体来说，事业单位法人是指按照国家法律、法规、规章的规定设立，具备法人条件，经事业单位登记管理机关核准登记成立的面向社会直接为国民经济和社会提供服务，以社会公益为主要目的的社会组织。社会团体法人是由其成员自愿组织的，从事社会公益、文学艺术、宗教等活动的各类法人，如协会、学会等。

按照上述定义，沪深证券交易所不是机关法人，也不是社会团体法人，在法人的四种类型中只能是事业单位法人，而实际上沪深证券交易所也的确是事业单位法人。这一属性使沪深证券交易所不能从事以营利为目的的相关业务，使会员制交易所的业务发展受到了约束，不利于证券交易所参与国际竞争。从各国证券交易所的发展趋势看，绝大多数国家的证券交易所均摒弃了会员制，采取的是公司制。在世界交易所联合会的200余家成员单位中，绝大多数成员单位都是公司制证券交易所，其中许多证券交易所还是上市公司，是会员制证券交易所的寥寥无几，只有中国内地等极少数几家证券交易所为会员制。

会员制证券交易所是否一定不以营利为目的，在我国的立法指导思想上是有变化的。在最初的《证券法》中，将证券交易所的形式明确为会员制，不允许公司制形式的证券交易所存在，且明确会员制的证券交易所不以营利为目的。1999年《证券法》第九十五条规定"证券交易所是提供证券集中竞价交易场所的不以营利为目的的法人"，第九十八条规定"证券交易所可以自行支配的各项费用收入，应当首先用于保证其证券交易场所和设施的正常运行并逐步改善。证券交易所的积累归会员所有，其权益由会员共同享有，在其存续期间，不得将其积累分配给会员"。2005 年修订的《证券法》对证券交易所的态度发生了明显变化，不再要求证券交易所"不以营利为目的"，也不再强求证券交易所只有会员制一种形式。2005 年《证券法》第一百零二条规定"证券交易所是提供证券集中交易场所和设施，组织和监管证券交易，实行自律管理的法人"，第一百零五条规定"证券交易所可以自行支配的各项费用收入，应当首先用于保证其证券交易场所和设施的正常运行并逐步改善。实行会员制的证券交易所的财产积累归会员所有，其权益由会员共同享有，在其存续期间，不得将其积累分配给会员"。我国现行《证券法》在"不以营利为目的"和证券交易所的属性上承继了 2005 年《证券法》的内容，并体现在现行《证券法》的第九十六条和第一百零一条上。删除"不以营利为目的"，是因为"（1）不以营利为目的不是证券交易所的本质特点，证券交易所的设立在本质上是组织市场、监督交易、实行自律管理；（2）公司制证券交易所是否以营利为目的，仍值得讨论。在国外，证券交易所上市成为上市公司是一种发展趋势，对于上市公司是否以营利为目的，很多人持不同看法。放弃'不以营利为目的'的提法，为证券交易所的未来组织形式留有余地"。[①] 而现行《证券法》在 1999 年《证券法》"证券交易所的积累归会员所有"之前增加了"实行会员制的"。这就给我国证券交易所采取公司制留足了法律空间，意味着我国证券交易所既可以采取会员制，也可以采取公司制。

我国目前沪深证券交易所的会员制，在《证券法》层面并不涉及"不以营利为目的"的限制，但沪深证券交易所是事业单位法人，不以营利为目的仍然适用于沪深证券交易所。在实际运营过程中，虽不以营利为目的，但沪深交易所每天的盈利却十分可观。或许有人认为只要不是以营利为目的，实际盈利及盈利多少是两回事，实际盈利多少也无关紧要。但实际情况却形成了沪深两家证券交易所作为不以营利为目的事业单位却有大量的盈利这一奇怪的现象。

---

① 参见徐明，黄来纪. 新证券法解读［M］. 上海：上海社会科学院出版社，2005。

#### 四、市场层次与市场板块

新三板和沪深证券交易所都是多层次市场，但有所不同。新三板的多层次叫"层"，沪深证券交易所的多层次叫"板"，其实有点错位，还有点混乱。因为新三板的"板"和沪深证券交易所的"板"并不是同一个层面，是不对等的。新三板是个俗称，针对的是原有的三板或者叫老三板。在法律上新三板是证券交易场所，我国《证券法》将其规定为"国务院批准的其他全国性证券交易场所"，它对应的是"全国性证券交易场所"，即《证券法》中所规定的"证券交易所"，在这里"场所"和"所"是对应的，也是对等的。因此，尽管沪深证券交易所的多层次市场中有若干"板"，但这里所称的"板"并不等同于新三板的"板"，它们只是一个交易场所中的某一部分，并不是整个交易场所的全部。实际上，沪深证券交易所的"板"对应的是新三板中的"层"。因为，新三板作为一个市场已经约定俗成为"板"了，在这个市场下面的细分就很难再叫"板"了，否则同一市场下有很多的"板"，"板"与"板"的意思又不同，就会引起不必要的误会。而沪深证券交易所的"板"的称谓似乎也约定俗成，这是因为沪深证券交易所的主板、中小板和创业板的形成均早于新三板，从境外主要资本市场看，其场内的多层次均以"板"称谓，科创板尽管后于新三板，但在整个交易所的市场内前有若干"板"的情况下是不可能另行叫法的，那样会更加混乱。

新三板市场的多层次由基础层、创新层和精选层构成，上海证券交易所的多层次由主板和科创板构成，深圳证券交易所的多层次由主板、中小企业板和创业板构成。这些层次和板块均是根据市场发展的需要和各自的定位所形成的。新三板的基础层、创新层和精选层在入层标准、调层情形、公司治理、信息披露、投资者适当性等方面均有不同的要求，而沪深证券交易所的不同板块差异性也是不同的。不同的板块在行业要求、公司治理、信息披露、监管标准等方面也有不同的要求。

#### 五、发行上市交易

新三板和沪深证券交易所在发行、上市、交易方面存在着差异。新三板市场的发行采取的是准注册制下的核准制，即具体的发行由全国股转公司履行自律管理审核，再由中国证监会履行核准程序。在发行方式上，进入精选层的挂牌公司采取的是向不特定合格投资者公开发行，这种方式与沪深证券交易所的IPO方式一致。但基础层和进入创新层公司的发行主要采取定向发行的方式，包括超过200人的定向发行和不超过200人的定向发行；在发行类型上，新三板的发行既有公开发行，也有非公开发行；既有主办发行即由证券经营机构承办发行，也有自办发行；既有挂牌后发行，也有挂牌同时发行等，形式多样、内容丰富。在发行审核上，上海证券交易所主板，深圳证券交易所主板、中小板采取核准制方式，由中国证监会进行IPO的核准审核。而科创板、创业板发行采取的是注册制，分别由沪深证券交易所具体审核，由中国证监会进行注册①。沪深证券交易所的发行在首次申请进入证券交易所上市时，均是公开发行，在二次发行时既可以采取公开发行的方式，也可以采取非公开发行的方式，但没有自办发行的形式。

在上市方面，新三板的三个层面均使用了"挂牌"的概念，而沪深证券交易所使用了"上市"的概念，由此将发行人在证券交易所上市称为上市公司。在法律上，我国《证券法》对在新三板市场交易的公司并没有使用"挂牌公司"的概念，而是多处②使用了"股票在国务院批准的其他全国性证券交易场所交易的公司"，与上市公司并列。这一规定是较为严谨的。法律既要将在证券交易所上市的上市公司和在其他全国性证券场所交易的公司区别开来，但又慎用挂牌和挂牌公司的概念，因而使用了较为拗口的文字、较长的表述，其目的就在于用挂牌和挂牌公司无法准确表达这些公司在新三板市场交易的性质。因为在本质上挂牌和上市、挂牌公司和上市公司到底有何区别的确很难回答。

---

① 刚刚修改通过的新《证券法》规定，公开发行证券必须符合法律、行政法规规定的条件，并依法报经国务院证券监督管理机构或者国务院授权的部门注册。证券发行注册制的具体范围、实施步骤，由国务院规定。因此，目前在新《证券法》还未正式实施，国务院还未出台具体办法的情况下，采取核准制尚可。但在不久的将来，无论新三板还是沪深证券交易所都将统一实行公开发行注册制。

② 《证券法》分别在第三章"证券的交易"第四十四条，第五章"信息披露"第七十九条、第八十条，第十三章"法律责任"第一百八十九条等多条条款规定了"上市公司、股票在国务院批准的其他全国性证券交易场所交易的公司……"内容。

在文字上，挂牌和上市都是一个"时点"的概念，是一个动作。在特定的时点、经过这个动作，如上市仪式、挂牌仪式，发行人的股票就可以正式在证券交易场所进行交易了。而这个时点和动作在本质上是没有区别的。从境外资本市场实践看，并没有刻意去区分挂牌还是上市，有的称为挂牌，有的称为上市，也有的称为挂牌上市，并且习惯性地将在交易场所内的已经交易的公司称作上市公司或挂牌公司。但是，我国的法律对上市公司却赋予了特定的含义，在相关法律中将在证券交易所上市的公司称为上市公司，并赋予了上市公司特定的权利、义务和法律责任，比如《证券法》中关于收购的规定，只针对上市公司，并没有针对在新三板交易的公司，其权利、义务和责任只能是上市公司。

新三板的交易方式和沪深证券交易所的交易方式存在着较大的差异性。虽然它们都是集中交易，但在具体的交易方式上，新三板市场采取了多种交易方式，既有连续竞价，也有集合竞价，还有做市交易。新三板在精选层实行连续竞价，在基础层、创新层实行集合竞价辅之以做市商做市交易，并且两个层面的集合竞价的频次是不同的。而沪深交易所均采取连续竞价的方式，科创板在连续竞价的前提下可以采取做市商做市交易。①

### 六、本土化与国际化

新三板市场是一个本土化的市场，而沪深证券交易所是一个国际化因素较强的市场。新三板成立于 2013 年 1 月，仅有短短的 7 年多历史，还是年轻的证券交易场所，基本没有开展国际化业务。目前，新三板市场有了一定的国际化因素，比如在公司的拓展上，新三板市场和香港证券市场有了业务联系。全国股转公司于 2018 年和香港交易所签订了合作备忘录，在新三板挂牌的公司可以同时赴香港联交所上市，形成 3 + H 的合作模式，新三板的公司同时为香港联交所市场的上市公司。此外，新三板也正在积极推动机构投资者 QFII、RQFII 进入新三板市场进行投资，正在积极推动全国股转公司成为世界交易所联合会

---

① 关于交易制度将在本书第十二章"新三板的交易制度"第四节中详述，这里略。

（WFE）的正式会员等，这些都是新三板市场国际化的一部分，但在总体上，新三板市场还是一个本土化的市场，国际化极其有限。新三板的主要市场要素均为本土化，近 9000 家挂牌公司为境内公司，新三板的投资者也为境内投资者，中介机构证券公司等也为境内机构，新三板市场产品均为境内产品，新三板市场交易也未和境外市场互联互通，新三板市场国际化任重道远。

反观沪深证券交易所，其国际化历史悠久，早在沪深交易所市场形成不久就有了 B 股上市公司或者 A 股同时具有 B 股的上市公司，允许境外投资者投资境内 B 股股票，之后又有 A＋H 股公司，境内上市公司可以同时在香港证券市场发行 H 股，允许境外机构投资 A 股市场，境外证券公司和境内证券公司合资进入中国证券市场，实行和香港互联互通的沪港通、深港通、沪伦通，在境外设立证券交易所，比如上海证券交易所和德国交易所集团成立中欧证券交易所，境内公司赴中欧证券交易所上市，设立"一带一路"交易所联盟，参加世界交易所联合会。这其中上海证券交易所不但为世界交易所联合会董事会成员，还当选为该联合会的主席单位，参加东南亚证券交易所联合会、国际证监会组织（IOSCO）等国际组织，在这些组织中发挥着积极作用，分别与数十家境外证券交易所签订合作备忘录，大面积和境外证券监管机构、证券交易所、境外中介机构、境外机构投资者进行人员交流、互访、培训、学习，组织和参加各种国际会议，宣传推介我国资本市场等。沪深证券交易所经过多年的努力，在发行、上市、交易等方面，在产品互挂、市场互联互通、投资者的介入、国际机构间的合作与交流等方面取得了巨大的成就，"请进来""走出去"成绩显著，沪深交易所已经成为具有国际影响力的国际化程度较高的世界主要交易所。

# 第七章　新三板与区域性股权市场

## 第一节　区域性股权市场概述

### 一、区域性股权市场的沿革

区域性股权市场是为其所在省级行政区域内中小微企业证券非公开发行、转让及相关活动提供设施与服务的场所，是我国多层次资本市场的重要组成部分，是地方人民政府扶持中小微企业政策措施的综合运用平台。它对促进企业特别是中小微企业股权转让和融资，鼓励科技创新和激活民间资本，加强对实体经济的支持具有积极作用。我国《证券法》确定了区域性股权市场的地位，该法第九十八条明确规定"按照国务院规定设立的区域性股权市场为非公开发行证券的发行、转让提供场所和设施，具体管理办法由国务院规定"。

在 20 世纪 90 年代初期，以沪深交易所的成立为标志，拉开了我国资本市场的大幕，资本市场不断发展，日益壮大，取得了巨大的成就。在发展证券交易所的同时，我国地方性证券交易市场也和沪深证券交易所一样纷纷成立并积极运营，区域性股权市场随着证券交易所的发展壮大也在发展壮大。20 世纪 90 年代初期，经济较为发达的东部和中部地区均成立了地方证券交易中心，一时间全国各地成立了 20 多家区域性证券交易场所，部分东部沿海省份在一省范围内成立了 2 家证券交易场所，如辽宁省的沈阳证券交易中心、大连证券交易中心，山东省的山东证券交易中心、青岛证券交易中心，浙江省的浙江证券交易中心、宁波证券交易中心，福建省的福建证券交易中心、汕头证券交易中心等。这些证券交易中心的业务覆盖面极其广泛，跨省跨区域从事各种证券交易业务。有的证券交易中心还连接了证券交易所的行情，实现与证券交易所的互联互通。随着地方证券交易中心的业务发展，其影响力也逐步增强，远远超出了区域性证券市场的范围，其中以武汉、天津等证券交易中心最为突出。以武汉证券交易中心为例，该证券交易中心于 1992 年 4 月 17 日成立，实行会员制组织形式，是不以营利为目的的事业单位法人，其会员有甲类会员和乙类会员两类。该证券交易中心的会员大会为最高权力机构，监事会为监督机构，理事会为会员大会闭会期间的常设权力机构，总经理为法定代表人。该中心为有价证券的集中交易提供场所、设备及其他服务，在交割方式上实行分散交割与集中结算相结合。该证券交易中心有交易席位 704 个，会员最多时达 700 家，其中异地会员占 80%，遍布全国各地，开展的业务主要是提供股票交易、国债现货交易、国债期货交易、国债回购，有来自全国各地的 11 只基金挂牌，基金上市规模达 4.5 亿元。1999 年，根据国务院的要求，武汉证券交易中心正式关闭。

由于各地证券交易中心竞争较为激烈，业务拓展迅速，许多证券交易中心业务覆盖面超出了本省区域范围，个别证券交易中心还试图将交易中心升格为证券交易所，导致各证券交易中心的局面相当混乱，尤其是当时一些证券交易中心的国债业务量特别庞大，如武汉证券交易中心、天津证券交易中心等，使证券交易中心的风险凸显。1995 年 2 月 23 日上海证券交易所 "327" 国债期货事件爆发，形成了我国证券市场重大风险事件，连带波及地方证券交易中心，许多地方证券交易中心违法违规事件频发，地方证券交易中心债权债务问题越来越严重，治理整顿证券交易中心变得越来越必要。在全力处理各证券交易中心的债权债务及其他遗留问题的同时，1998 年 3 月 25 日，国务院办公厅发布了《清理整顿场外非法股票交易的方案》（国发办〔1998〕10 号）。该文件指出，"近年来，一些地区未经国务院批准，擅自设立产权交易所（中心）、证券交易中心和证券交易自动报价系统等机构，从事非上市公司股票、股权证等股权类证券（以下简称股票）的场外非法交易活动。这种行为严重违反了《公司法》《股票发行与交易管理暂行条例》和国务院的有关规定，扰乱了证券市场的正常秩序，隐藏着很大的金融风险，极易诱发影响社会稳定的事端。为整顿金融秩序，防范金融风险，保持社会安定，促进证券市场健康发展，党中央、国务院决定，彻底清理和纠正各类证券交易中心和报价系统非法进行的股票、基金等上市交易活动，严禁各地产权交易机构变相进行股票上市交易"。同时该文件对清理整顿提出四个方面的要求①。1998 年 9 月 10 日，国务院办公厅又发布了《转发证监会清理整顿证券交易中心方案》（国发办〔1998〕135 号），对全国 26 家地方证券交易中心进行清理整顿。该方案对各地证券交易中心的清理整顿作出了具体规定，包括清理整顿的对象和范围、清理整顿工作的指导思想、清理整顿工作的步骤和内容等。

实际上，区域性股权市场的发展是艰难曲折的，其发展的过程也是不断被清理整顿的过程。中央对区域性股权市场的发展极其重视，但因为发展过程中问题较多，对区域性股权市场的清理整顿从未停止过。

2011 年 11 月 11 日，国务院颁布了《关于清理整顿各类交易场所切实防范金融风险的决定》（国发〔2011〕38 号）。该文件指出："近年来，一些地区为推进权益（如股权、产权等）和商品市场发展，陆续批准设立了一些从事产权交易、文化艺术品交易和大宗商品中远期交易等各种类型的交易场所（以下简称交易场所）。由于缺乏规范管理，在交易场所设立和交易活动中违法违规问题日益突出，风险不断暴露，引起了社会广泛关注"。该文件要求各省、自治

---

① 四个方面要求的具体内容：(1) 清理整顿场外非法股票交易工作政策性强、敏感度高、涉及面广，事关维护正常的金融秩序和保持社会安定的大局。有关地方人民政府和国务院有关部门要予以高度重视，按照党中央、国务院的统一部署和方案要求，统一思想，加强领导，精心组织，审慎处理，内紧外松，分步实施，保持稳定，认真落实。国务院有关部门要积极配合证监会和有关地方人民政府进行清理整顿工作。(2) 各省（自治区、直辖市）人民政府要由主要领导同志负责，指定专门机构，彻底清理整顿本地区场外非法股票交易活动，并做好有关善后工作。有关地区清理整顿工作要在证监会的统一组织、指导、协调、督促下，积极稳妥地进行。(3) 证监会和国务院有关部门要密切配合，加强对清理整顿工作的领导、组织和协调，及时解决工作中出现的问题，遇到重大问题要及时报告国务院。清理整顿工作结束后，证监会要组织力量，对各地清理整顿工作进行检查和验收，并将整顿结果报告国务院。(4) 有关地方人民政府和国务院有关部门要坚决执行党中央、国务院的决定，按期完成清理整顿场外非法股票交易任务。对在清理整顿工作中发现和暴露的违法违纪行为，要彻底清查，依法从严惩处，并追究有关责任人的责任。该文件同附上了清理整顿场外非法股票交易的具体方案。方案对清理整顿的对象和范围、清理整顿工作的原则、清理整顿的政策措施、清理整顿的实施步骤、清理整顿工作的要求等做了具体的规定。

区、直辖市、国务院各部委、各直属机构要高度重视各交易场所违法交易活动蕴藏的风险，建立分工明确、密切协作的工作机制，健全管理制度、严格管理程序，稳妥推进清理整顿工作。①

---

① 《关于清理整顿各类交易场所切实防范金融风险的决定》的具体内容：（1）高度重视各类交易场所违法交易活动蕴藏的风险。交易场所是为所有市场参与者提供平等、透明交易机会，进行有序交易的平台，具有较强的社会性和公开性，需要依法规范管理，确保安全运行。其中，证券和期货交易更是具有特殊的金融属性和风险属性，直接关系到经济金融安全和社会稳定，必须在经批准的特定交易场所，遵循严格的管理制度规范进行。目前，一些交易场所未经批准违法开展证券期货交易活动；有的交易场所管理不规范，存在严重投机和价格操纵行为；个别交易场所股东直接参与买卖，甚至发生管理人员侵吞客户资金、经营者卷款逃跑等问题。这些问题如发展蔓延下去，极易引发系统性、区域性金融风险，甚至影响社会稳定，必须及早采取措施坚决予以纠正。各地人民政府和国务院有关部门要统一认识，高度重视各类交易场所存在的违法违规问题，从维护市场秩序和社会稳定的大局出发，切实做好清理整顿各类交易场所和规范市场秩序的各项工作。各类交易场所要建立健全规章制度，严格遵守信息披露、公平交易和风险管理等各项规定。建立与风险承受能力、投资知识和经验相适应的投资者管理制度，提高投资者风险意识和辨别能力，切实保护投资者合法权益。（2）建立分工明确、密切协作的工作机制。为加强对清理整顿交易场所和规范市场秩序工作的组织领导，形成既有分工又相互配合的监管机制，建立由证监会牵头，有关部门参加的"清理整顿各类交易场所部际联席会议"（以下简称联席会议）制度。联席会议的主要任务是，统筹协调有关部门和省级人民政府清理整顿违法证券期货交易工作，督导建立对各类交易场所和交易产品的规范管理制度，完成国务院交办的其他事项。联席会议日常办事机构设在证监会。联席会议不代替国务院有关部门和省级人民政府的监管职责。对经国务院或国务院金融管理部门批准设立从事金融产品交易的交易场所，由国务院金融管理部门负责日常监管。其他交易场所均由省级人民政府按照属地管理原则负责监管，并切实做好统计监测、违规处理和风险处置工作。联席会议及相关部门和省级人民政府要及时沟通情况，加强协调配合，齐心协力做好各类交易场所清理整顿和规范工作。（3）健全管理制度、严格管理程序。自本决定下发之日起，除依法设立的证券交易所或国务院批准的从事金融产品交易的交易场所外，任何交易场所均不得将任何权益拆分为均等份额公开发行，不得采取集中竞价、做市商等集中交易方式进行交易；不得将权益按照标准化交易单位持续挂牌交易，任何投资者买入后卖出或卖出后买入同一交易品种的时间间隔不得少于5个交易日；除法律、行政法规另有规定外，权益持有人累计不得超过200人。除依法经国务院或国务院期货监管机构批准设立从事期货交易的交易场所外，任何单位一律不得以集中竞价、电子撮合、匿名交易、做市商等集中交易方式进行标准化合约交易。从事保险、信贷、黄金等金融产品交易的交易场所，必须经国务院相关金融管理部门批准设立。为规范交易场所名称，凡使用"交易所"字样的交易场所，除经国务院或国务院金融管理部门批准的外，必须报省级人民政府批准；省级人民政府批准前，应征求联席会议意见。未按上述规定批准设立或违反上述规定在名称中使用"交易所"字样的交易场所，工商部门不得为其办理工商登记。（4）稳妥推进清理整顿工作。各省级人民政府要立即成立领导小组，建立工作机制，根据法律、行政法规和本决定的要求，按照属地管理原则，对本地区各类交易场所，进行一次集中清理整顿，其中重点是坚决纠正违法证券期货交易活动，并采取有效措施确保投资者资金安全和社会稳定。对从事违法证券期货交易活动的交易场所，严禁以任何方式扩大业务范围，严禁新增交易品种，严禁新增投资者，并限期取消或结束交易活动；未经批准在交易场所名称中使用"交易所"字样的交易场所，应限期清理规范。清理整顿期间，不得设立新的开展标准化产品或合约交易的交易场所。各省级人民政府要尽快制订清理整顿工作方案，于2011年12月底前报国务院备案。联席会议要切实负起责任，加强组织指导和督促检查，切实推动清理整顿工作有效、有序开展。商务部要在联席会议工作机制下，负责对大宗商品中远期交易市场清理整顿工作的监督、检查和指导，抓紧制定大宗商品交易市场管理办法，确保大宗商品中远期交易市场有序回归现货市场。联席会议各有关部门要按照职责分工，加强沟通，相互配合，相互支持，尽职尽责做好工作。金融机构不得为违法证券期货交易活动提供承销、开户、托管、资金划转、代理买卖、投资咨询、保险等服务；已提供服务的金融机构，要及时开展自查自清，做好善后工作。

2012 年 7 月 12 日，国务院办公厅颁布了《关于清理整顿各类交易场所的实施意见》（国办发〔2012〕37 号）文件。该文件指出："规范发展区域性股权市场是完善多层次资本市场体系的重要举措，在推进供给侧结构性改革、促进大众创业万众创新、服务创新驱动发展战略、降低企业杠杆率等方面具有重要意义。"该文件要求相关单位全面把握清理整顿范围、准确运用清理整顿政策界限、认真落实清理整顿工作安排、切实贯彻清理整顿工作要求。①

---

① 《关于清理整顿各类交易场所的实施意见》的具体内容如下：准确适用清理整顿政策界限：违反下列规定之一的交易场所及其分支机构，应予以清理整顿。（1）不得将任何权益拆分为均等份额公开发行。任何交易场所利用其服务与设施，将权益拆分为均等份额后发售给投资者，即属于"均等份额公开发行"。股份公司股份公开发行适用《公司法》《证券法》相关规定。（2）不得采取集中交易方式进行交易。本意见所称的"集中交易方式"包括集合竞价、连续竞价、电子撮合、匿名交易、做市商等交易方式，但协议转让、依法进行的拍卖不在此列。（3）不得将权益按照标准化交易单位持续挂牌交易。本意见所称的"标准化交易单位"是指将股权以外的其他权益设定最小交易单位，并以最小交易单位或其整数倍进行交易。"持续挂牌交易"是指在买入后 5 个交易日内挂牌卖出同一交易品种或在卖出后 5 个交易日内挂牌买入同一交易品种。（4）权益持有人累计不得超过 200 人。除法律、行政法规另有规定外，任何权益在其存续期间，无论是在发行还是转让环节，其实际持有人累计不得超过 200 人，以信托、委托代理等方式代持的，按实际持有人数计算。（5）不得以集中交易方式进行标准化合约交易。本意见所称的"标准化合约"包括两种情形：一种是由交易场所统一制定，除价格外其他条款固定，规定在将来某一时间和地点交割一定数量标的物的合约；另一种是由交易场所统一制定，规定买方有权在将来某一时间以特定价格买入或者卖出约定标的物的合约。（6）未经国务院相关金融管理部门批准，不得设立从事保险、信贷、黄金等金融产品交易的交易场所，其他任何交易场所也不得从事保险、信贷、黄金等金融产品交易。商业银行、证券公司、期货公司、保险公司、信托投资公司等金融机构不得为违反上述规定的交易场所提供承销、开户、托管、资产划转、代理买卖、投资咨询、保险等服务；已提供服务的金融机构，要按照相关金融管理部门的要求开展自查自清，并做好善后工作。认真落实清理整顿工作安排：（1）排查甄别。各省级人民政府要按照国发〔2011〕38 号文件和本意见要求，组织对本地区各类交易场所的交易品种、交易方式、投资者人数等是否违反规定，以及风险状况进行认真排查甄别。对违反国发〔2011〕38 号文件规定的交易场所，严禁新增交易品种。（2）整改规范。各类交易场所对自身存在问题纠正不及时、不到位的，有关省级人民政府要按照国发〔2011〕38 号文件及本意见的要求，落实监管责任，对问题交易场所采取整改措施。交易规则违反国发〔2011〕38 号文件规定的，不得继续交易；已暂停交易的，不得恢复交易，并依据相关政策规定修改交易规则，报本省（自治区、直辖市）清理整顿工作领导小组批准。交易产品违反国发〔2011〕38 号文件规定的，要取消违规交易产品并处理好善后问题；权益持有人累计超过 200 人的，要予以清理。（3）检查验收。各省级人民政府应当组织对各类交易场所整改规范情况进行检查验收。重点核查交易场所章程、交易规则、交易品种、交易方式、投资者适当性、管理制度是否符合国发〔2011〕38 号文件和本意见的规定，交易信息系统是否符合安全稳定性要求等。（4）分类处置。各省级人民政府要对交易场所进行分类处置，该关闭的要坚决关闭，该整改的要认真整改，该规范的要切实规范。对确有必要保留的，要按照国发〔2011〕38 号文件和本意见的要求履行相应审批程序。对于拒不整改、无正当理由逾期未完成整改的，或继续从事违法证券、期货交易的交易场所，各省级人民政府要依法依规坚决予以关闭或取缔。在清理整顿过程中，各省级人民政府要采取有效措施确保投资者

2017年1月26日，国务院办公厅颁布了《国务院办公厅关于规范发展区域性股权市场的通知》（国办发〔2017〕11号）。该通知指出："规范发展区域性股权市场是完善多层次资本市场体系的重要举措，在推进供给侧结构性改革、促进大众创业万众创新、服务创新驱动发展战略、降低企业杠杆率等方面具有重要意义。"该通知对区域性股权市场的定位、区域性股权市场应遵守的规则制度、区域性股权市场合格投资者、区域性股权市场的信息系统、区域性

---

（续）资金安全和社会稳定；对涉嫌犯罪的，要移送司法机关，依法追究有关人员的法律责任。各省级人民政府要在清理整顿工作基本完成后，对清理整顿工作过程、政策措施、验收结果、日常监管和风险处置等情况进行全面总结，并书面报告清理整顿各类交易场所部际联席会议（以下简称联席会议）。（1）把握各类交易场所设立原则。各省级人民政府应按照"总量控制、合理布局、审慎审批"的原则，统筹规划各类交易场所的数量规模和区域分布，制定交易场所品种结构规划和审查标准，审慎批准设立交易场所，使交易场所的设立与监管能力及实体经济发展水平相协调。（2）严格规范交易场所设立审批。①凡新设交易所的，除经国务院或国务院金融管理部门批准的以外，必须报省级人民政府批准；省级人民政府批准前，应取得联席会议的书面反馈意见。②清理整顿前已设立运营的交易所，应当按照下列情形分别处理：一是省级人民政府批准设立的交易所，确有必要保留，且未违反国发〔2011〕38号文件和本意见规定的，应经省级人民政府确认；违反国发〔2011〕38号文件和本意见规定的，应予清理整顿并经省级人民政府组织检查验收，验收通过后方可继续运营。各省级人民政府应当将上述两类交易所名单分别报联席会议备案。二是未经省级人民政府批准设立的交易所，清理整顿并验收通过后，拟继续保留的，应按照新设交易场所的要求履行相关审批程序。省级人民政府批准前，应取得联席会议的书面反馈意见。三是历史形成的从事车辆、房地产等实物交易的交易所，未从事违反国发〔2011〕38号文件和本意见规定，名称中拟继续使用"交易所"字样的，由省级人民政府根据实际情况处理，并将交易所名单报联席会议备案。③从事权益类交易、大宗商品中远期交易以及其他标准化合约交易的交易场所，原则上不得设立分支机构开展经营活动。确有必要设立的，应当分别经该交易场所所在地省级人民政府及拟设分支机构所在地省级人民政府批准，并按照属地监管原则，由相应省级人民政府负责监管。凡未经省级人民政府批准已设立运营的经营性分支机构，要按照上述要求履行审批程序。违反上述规定的，各地工商行政管理部门不得为分支机构办理工商登记，并按照工商管理相关规定进行处理。名称中未使用"交易所"字样的各类交易场所的监管办法，由各省级人民政府制定。切实贯彻清理整顿工作要求：（1）统一政策标准。各省级人民政府在开展清理整顿工作中，要严格按照国务院、联席会议及有关部门的要求，统一政策标准，准确把握政策界限。实际执行中遇到疑难问题或对相关政策把握不准的，要及时上报联席会议。（2）防范化解风险。各省级人民政府在清理整顿工作中，要制定完善风险处置预案，认真排查矛盾纠纷和风险隐患，及时掌握市场动向，做好信访投诉受理和处置工作。要加强与司法机关的协调配合，严肃查处挪用客户资金、诈骗等涉嫌违法犯罪行为，妥善处置突发事件，维护投资者合法权益，防范和化解金融风险，维护社会稳定。（3）落实监管责任。各省级人民政府要制定本地区各类交易场所监管制度，明确各类交易场所监管机构和职能，加强日常监管，建立长效机制，持续做好各类交易场所统计监测、违规处理、风险处置等工作。相关省级人民政府要加强沟通配合和信息共享。联席会议成员单位和国务院相关部门要做好监督检查和指导工作。

股权市场的业务范围等八个方面进行了规定。①

2017 年 5 月 3 日，证监会发布《区域性股权市场监督管理试行办法》，自 2017 年 7 月 1 日起施行。出台该办法是落实《国务院办公厅关于规范发展区域性股权市场的通知》，统一区域性股权市场业务及监管规则的需要，对于完善多层次资本市场体系，推进供给侧结构性改革、促进大众创业万众创新、服务

---

① 该通知八个方面的具体内容：（1）区域性股权市场是主要服务于所在省级行政区域内中小微企业的私募股权市场，是多层次资本市场体系的重要组成部分，是地方人民政府扶持中小微企业政策措施的综合运用平台。要处理好监管与发展的关系，按照既有利于规范又有利于发展的要求，积极稳妥推进区域性股权市场规范发展，防范和化解金融风险，有序扩大和更加便利中小微企业融资。（2）区域性股权市场由所在地省级人民政府按规定实施监管，并承担相应风险处置责任。证监会要依法依规履职尽责，加强对省级人民政府开展区域性股权市场监管工作的指导、协调和监督。省级人民政府要根据相关金融政策法规，在职责范围内制定具体实施细则和操作办法，建立健全监管机制，指定具体部门承担日常监管职责，不断提升监管能力，依法查处违法违规行为。证监会负责制定统一的区域性股权市场业务及监管规则，对市场规范运作情况进行监督检查，对可能出现的金融风险进行预警提示和处置督导。证监会要对省级人民政府的监管能力和条件进行审慎评估，加强监管培训，采取有效措施，促使地方监管能力与市场发展状况相适应。证监会等国务院有关部门和省级人民政府要加强监管协同，防止监管空白和监管套利，严厉打击各类违法违规行为，维护市场秩序，切实保护投资者合法权益，防范和化解金融风险，促进区域性股权市场健康稳定发展。（3）区域性股权市场运营机构（以下简称运营机构）负责组织区域性股权市场的活动，对市场参与者进行自律管理，保障市场规范稳定运行。运营机构名单由省级人民政府实施管理并予以公告，同时向证监会备案。本通知印发前，省、自治区、直辖市、计划单列市行政区域内已设立运营机构的，不再设立；尚未设立运营机构的，可设立一家；已设立两家及以上运营机构的，省级人民政府要积极稳妥推动整合为一家，证监会要予以指导督促。（4）区域性股权市场的各项活动应遵守法律法规和证监会制定的业务及监管规则。在区域性股权市场发行或转让证券的，限于股票、可转换为股票的公司债券以及国务院有关部门按程序认可的其他证券，不得违规发行或转让私募债券；不得采用广告、公开劝诱等公开或变相公开方式发行证券，不得以任何形式非法集资；不得采取集中竞价、做市商等集中交易方式进行证券转让，投资者买入后卖出或卖出后买入同一证券的时间间隔不得少于五个交易日；除法律、行政法规另有规定外，单只证券持有人累计不得超过法律、行政法规规定的私募证券持有人数量上限；证券持有人名册和登记过户记录必须真实、准确、完整，不得隐匿、伪造、篡改或毁损。在区域性股权市场进行有限责任公司股权融资或转让的，不得违反本通知相关规定。（5）区域性股权市场实行合格投资者制度。合格投资者应是依法设立且具备一定条件的法人机构、合伙企业，金融机构依法管理的投资性计划，以及具备较强风险承受能力且金融资产不低于五十万元人民币的自然人。不得通过拆分、代持等方式变相突破合格投资者标准或单只私募证券持有人数量上限。鼓励支持区域性股权市场采取措施，吸引所在省级行政区域内的合格投资者参与。（6）区域性股权市场的信息系统应符合有关法律法规和证监会制定的信息技术管理规范。运营机构及开立投资者账户、办理登记结算业务的有关机构应按照规定向所在地省级人民政府和证监会报送信息，并将有关信息系统与证监会指定的监管信息系统进行对接。（7）区域性股权市场不得为所在省级行政区域外的企业私募证券或股权的融资、转让提供服务。对不符合本条规定的区域性股权市场，省级人民政府要按规定限期清理，妥善解决跨区域经营问题。运营机构所在地和企业所在地省级人民政府要签订协议，明确清理过程中的监管责任，防范和化解可能产生的风险。（8）国务院有关部门和地方人民政府要在职责范围内采取必要措施，为区域性股权市场规范健康发展创造良好环境，逐步建成融资功能完备、服务方式灵活、运行安全规范、投资者合法权益得到充分保护的区域性股权市场。国务院有关部门出台相关政策措施，可选择运行安全规范、具有较强风险管理能力的区域性股权市场先行先试。

创新驱动发展战略、降低企业杠杆率等具有积极意义。该办法在制定过程中，遵循了规范与发展并举的总体思路，注意处理好监管与发展的关系，按照既有利于规范，又有利于发展的要求，既坚持基本行为底线，又积极创造良好的发展环境。该办法明确界定中央和地方监管职责，充分发挥中央和地方两个积极性，有利于完善监管协同机制，防止监管空白和监管套利，严厉打击各类违法违规行为，保护投资者合法权益，防范和化解金融风险，促进区域性股权市场健康稳定发展。①

2018 年 11 月 1 日，国务院清理整顿各类交易场所部际联席会议办公室发布了《关于稳妥处理地方交易场所遗留问题和风险的意见》，该意见是根据各类交易场所清理整顿工作的总体形势和面临的主要问题，为了贯彻落实党中央、国务院防控金融风险、维护国家金融安全和社会稳定的决策部署，推动解决地方交易场所清理整顿遗留问题而制定的。该意见要求各相关单位要切实提高对处理遗留工作政治属性的认识、稳妥解决邮币卡类交易场所的遗留问题、妥善处理金融资产类交易场所风险隐患、有序撤并大宗商品交易场所等。

2019 年 1 月 29 日，国务院清理整顿各类交易场所部际联席会议办公室发布了《关于三年攻坚战期间地方交易场所清理整顿有关问题的通知》（清整办〔2109〕35 号），从八个方面进行了详细的规定，即交易场所总体规划、交易场所撤销关闭、交易场所整合及新设、已批筹交易场所开业、已停业交易场所恢复交易、金融资产类交易场所存量化解、金融资产类交易场所业务范围和定性、交易场所数据报送等问题。

------

① 该办法共 6 章，53 条，主要做了以下制度安排：一是总则。明确了办法的立法目的和适用范围，根据《国务院办公厅关于规范发展区域性股权市场的通知》对省级人民政府和证监会的职责分工做了细化，对区域性股权市场运营机构（以下简称运营机构）的职责和条件以及名单管理等做了规定。二是证券发行与转让。明确了区域性股权市场证券发行、证券转让的条件和程序，建立了合格投资者标准及穿透核查制度，对信息披露提出了基本要求。三是账户管理与登记结算。明确开立证券账户的机构及其审查义务，建立了投资者资金管理制度，对证券的登记、存管、结算的办理机构和相关制度做了规定。四是中介服务。明确了运营机构可开展的中介业务范围及其应承担的义务，对区域性股权市场不得跨区域经营，可以与证券交易所、全国中小企业股份转让系统等建立合作机制等做了规定。五是市场自律。明确了区域性股权市场的信息系统建设、信息报送的要求，运营机构制定的业务操作细则和自律管理规则应当符合规定并备案，依法履行自律管理职责、处理好投资者投诉、防范化解市场风险。六是监督管理。明确了现场检查可采取的措施，对行政处罚、监管措施、市场禁入、诚信监管等作出了规定，为监管执法提供依据。

2019年12月27日，新《证券法》从立法的高度对我国区域性股权市场进行了规定，虽然仅有一条规定，但意义重大。这是我国法律首次对区域性股权市场的肯定，使我国区域性股权市场有了法律地位。

由于资本市场对于地方经济发展具有很大的促进作用，各地政府都极其重视资本市场的发展，建立地方证券交易场所，形成市场要素，聚集资本、促进融资、优化资源配置、实现资本的流动和价格发现，对服务实体经济、增强地方经济发展和竞争力具有极大意义。因此，各地方政府均大力支持和发展区域性股权市场。但在这一过程中，如何把握好、规范好区域性股权市场确实需要各个方面的共同努力，也需要中央的统一政策予以指导和规范。由于地方政府发展区域性股权市场的主观能动性，加上各方利益的驱使，多年来，区域性股权市场几乎形成了迅速发展壮大、在发展过程中又出现了这样那样的问题、出现了问题再加以清理整顿、清理整顿之后又迅速发展的循环往复的怪圈。因此，要彻底清理整顿好区域性股权市场，还需要花更多的力气在法律、制度、监管、资源等各方面进行不断的整合。从我国区域性股权市场的发展进程看，虽然区域性股权市场具有了《证券法》法律地位，但由于区域性股权市场的复杂性及产生的一系列乱象，我国《证券法》无法更进一步地规定区域性股权市场，而只能由国务院在实践中不断探索并逐步完善具体规定。

**二、区域性股权市场的模式和功能**

（一）区域性股权市场的模式

1. 地方政府主导模式

这一模式是以地方政府为主导的事业单位模式，主要由地方政府通过各种方式发起设立，组建由地方政府自己完全掌控的股权交易中心。由于证券交易所的影响力和居于资本市场的核心地位，一些地方政府还邀请证券交易所参与地方股权交易中心的建设。在一段时间内，证券交易所投资入股，以股东的身份参与区域性股权市场的管理。比如浙江股权交易中心和上海股权托管交易中心，不但由浙江省和上海市政府管理，上海证券交易所也参与这两家中心的管理工作。浙江股权交易中心由浙江省金融市场投资者有限公司、上海证券交易所全资子公司上证所信息网络有限公司与温州果子投资集团等共同组建，三者持股比例分别为40%、20%、20%，上海证券交易所直接参与管理，委派中层干部担任该中心的高管。上海股权托管交易中心的股份中有29%的股份是由上海证券交易所拥有，使上海证券交易所成为上海股权托管交易中心的第二大股东，直接参与对该中心的管理，上海证券交易所的中层干部也兼任该中心的高管。

2. 产权交易机构主导模式

这一模式主要由地方产权交易中心或者股权托管中心、产权交易所等地方产权交易机构主导。比如天津股权交易所就是天津产权交易中心主导成立的，武汉股权托管交易中心是由武汉光谷联合产权交易所发起设立的，福建海峡股权交易所是由福建产权交易中心发起的。

3. 地方国企主导模式

这一模式主要由地方国有企业控制区域性股权市场。比如上海股权托管交易中心是在上海联合产权交易所的股权托管中心基础上成立的，并由上海国际集团通过增资扩股形成控股的。由于地方国资由属地的国有资产管理部门管理，而地方国企也属于地方政府，地方政府对地方国企具有绝对的话语权，因而这种模式在形式上表现为地方国企主导，但实际上仍然由地方政府主导，只不过这种主导较为间接，它是由地方国企的主管部门即地方国资委或者金融管理部门通过对地方国企的控制来实现的。

4. 证券公司主导模式

这一模式由证券公司对区域性股权市场进行控制并参与直接管理。自2012年8月中国证监会发布《关于规范证券公司参与区域性股权交易市场的指导意见（试行）》（证监会公告〔2012〕20号）以来，证券公司参与区域性股权市场快速发展，许多证券公司纷纷抓住机会，控股和参股地方股权交易中心，这种模式也较为普遍。比如江苏股权交易中心由华泰证券公司、东吴证券公司、南京证券公司、国联证券公司、东海证券公司5家公司进行投资入股。其中，华泰证券公司持股达到52%形成控股，其他4家证券公司则等比例地持股12%。江苏股权交易中心由5家证券公司100%的持股；前海股权交易中心前身为深圳联合产权交易所，之后中信证券公司、国信证券公司、安信证券公司通过增资扩股，深圳联合产权交易所退出从而由这3家大型券商主导。3家证券公司对前海股权交易中心的持股比例分别为中信证券公司27.02%，国信证券公司22.52%，安信证券公司18.01%，3家证券公司的持股共计达到67.55%，形成了对该中心的绝对控股。除此之外，一些证券公司参与区域性股市场并未达到绝对控股的程度，但由于其专业性和影响力，其在区域性股权市场仍有相当大的话语权。浙江股权交易中心由浙商证券持股10%、财通证券持股10%；福建海峡股权交易中心由兴业证券公司持股18.42%；辽宁股权交易中心由大通证券公司和中天证券公司分别持有10%、4%股份；北京股权交易中心由中信建投证券公司、银河证券公司、首创证券公司分别持有10%、10%、5%股份等，它们都在区域性股权市场建设中发挥了积极的作用。[①]

（二）区域性股权市场的功能

1. 挂牌

企业符合区域性股权市场的相关挂牌条件的可以在该市场挂牌。区域性股权交易中心均制定了相关的挂牌制度，促进并规范企业到区域性股权市场挂牌。合适的挂牌条件以及完善的挂牌制度吸引了大量的企业资源。对于区域性股权市场来说，吸引企业挂牌是其最基本的业务。对于挂牌条件，中国证监会的相关规定并未做具体要求，而在制度设计上，区域性股权交易中心以吸引企业挂牌为目的，对挂牌条件的规定总体较为简单，一般要求公司股权关系清晰、公司治理健全、能够公开相关信息、主要人员无与经济关联的犯罪记录等即可。在挂牌公司类型上不仅仅局限于股份有限公司，也包括有限责任公司。实践中，区域性股权市场的挂牌公司绝大多数是有限责任公司且规模较小的中小微企业。目前，区域性股权市场的挂牌公司家数众多，各区域性股权市场挂牌公司少则上千家，多则上万家，这些公司规模较小，小的注册资本仅仅数百万元。

---

[①] 参见上海证券交易所—申银万国证券研究所联合课题组，课题主持人为蒋健蓉、曾刚，课题组成员为钱康宁、龚芳、刘贝：《区域性场外市场挂牌、融资、转让、登记制度及交易所支持区域性市场发展措施》，《上证联合研究计划》，2014年，第24期课题报告。

2. 融资

融资服务是区域性股权市场吸引企业的根本所在。高效的融资方式以及相对较低的融资成本是吸引企业挂牌的根本所在。目前，对区域性股权市场的融资中国证监会有专门的规定。对企业在股权融资和债券融资方面进行了不同的规定、提出了不同的要求。《区域性股权市场监督管理试行办法》第十条规定了股权融资的条件，即"企业在区域性股权市场发行股票，应当符合下列条件：（一）有符合《中华人民共和国公司法》规定的治理结构；（二）最近一个会计年度的财务会计报告无虚假记载；（三）没有处于持续状态的重大违法行为；（四）法律、行政法规和中国证监会规定的其他条件"，第十一条规定了债券融资的条件，即"企业在区域性股权市场发行可转换为股票的公司债券，应当符合下列条件：（一）本办法第十条规定的条件；（二）债券募集说明书中有具体的公司债券转换为股票的办法；（三）本公司已发行的公司债券或者其他债务没有处于持续状态的违约或者迟延支付本息的情形；（四）法律、行政法规和中国证监会规定的其他条件"。

3. 转让

转让制度对于区域性股权市场也很重要。良好的转让制度可以提高区域性股权市场的流动性，降低投资风险。各个区域性股权市场都对挂牌公司股份的转让制定了相关的业务规则，鼓励挂牌公司股份转让。但总体上，由于区域性股权市场是场外市场，在该市场中的挂牌公司股份转让受到较为严格的制约，流动性受到了一定的影响。这一转让不但对企业的条件做了限制，而且对转让的方式也做了严格的限制，不得采取连续竞价、集合竞价和做市方式转让，且每5个交易日才能进行一次性转让。

4. 转板

转板即区域性股权市场的挂牌公司经过一定时期的培育，达到了新三板市场或者沪深证券交易市场挂牌上市标准，该公司谋求在全国性的证券交易场所发行股票挂牌上市。转板是区域性股权市场的一项重要工作，也是资本市场多层次建设中的重要一环，借助转板服务，区域性股权市场可以发展成为中小微企业的孵化器，培育更多更好的优质企业到新三板市场或沪深证券市场发行上市，使挂牌企业在其他市场上实现更大的融资、更好的交易，进而在整体上提高资本市场资源的优化和配置效率。

5. 登记托管结算

由于区域性股权市场不像全国性证券交易场所必须根据法律规定实行统一登记结算，它可以各自决定登记结算机构。一般来说，各区域性股权市场均由股权交易中心负责挂牌公司的登记托管结算业务。这一制度有利于降低区域性股权市场信息不对称，提高市场的交易效率，便于市场参与者及时了解市场最新的转让信息，更有利于在很大程度上保护转让证券和资金的安全，保障转让正常进行。

6. 其他服务

除了上述 5 项业务之外，区域性股权市场还有其他一些服务工作，为挂牌公司、投资者和中介机构等市场参与者提供服务。根据中国证监会的相关规定，区域性股权市场的运营机构即股权交易中心可以自行开展下列业务活动：其一，为参与本市场的企业提供改制辅导、管理培训、管理咨询、财务顾问服务；其二，为证券的非公开发行组织合格投资者进行路演推介或者其他促成投融资需求对接的活动；其三，为合格投资者提供企业研究报告和尽职调查信息；其四，为在本市场开户的合格投资者买卖证券提供居间介绍服务；其五，与商业银行、小额贷款公司等开展业务合作，支持其为参与本市场的企业提供融资服务；其六，中国证监会规定的其他业务。

## 第二节  新三板与区域性股权市场的相同性[①]

在理论界和实务界，新三板市场在很长一段时间内被认为和区域性股权市

---

[①] 在论述新三板与区域性股权市场的相同性与差异性时，由于对新三板的属性在本书第六章"新三板与证券交易所"中做了充分的论述，在本节中对新三板与区域性股权市场中涉及新三板属性的论述可以参看和比照，这里略。

场同属一类。在论述我国多层次资本市场时，许多人将沪深证券交易所作为一类，而将新三板市场和区域性股权市场作为另一类。其实，这是新三板市场本身在发展过程中出现的问题。时至今日，随着新三板市场情况发生变化、新三板功能的不断丰富和完善、新三板法律地位的不断提高，人们对新三板的认识也发生了改变。新三板不同于区域性股权市场是毫无疑问的，彼此的差异性也十分明显。但作为我国多层次资本市场的组成部分，新三板和区域性股权市场是否具有共同的属性？我们认为，这一共同的属性应该存在，新三板和区域性股权市场的相同性体现在以下三个方面。

## 一、公开市场

新三板市场和区域性股权市场都是公开市场，包括制度公开、监管公开以及发行公开、挂牌公开、证券交易公开、信息披露公开等。新三板是公开市场在前面已经做了充分的论述。区域性股权市场之所以是公开市场，是因为它同样在上述方面进行了公开。

区域性股权市场的制度是公开的。作为一个市场，订立市场制度和业务规则是区域性股权市场得以正常运转的基础和前提，如果这些制度和业务规则不对外公开，也就无法使市场正常运营。从全国各区域性股权市场看，每一个区域性股权市场都有完备的制度和业务规则。这些制度和规则既涉及证券的发行、证券的挂牌、证券的转让、证券的登记结算，也涉及系统运行、信息披露、自律监管和内部管理等。这些制度都在各区域性股权市场通过其官网或其他途径对外公开。

对区域性股权市场是否是公开市场，需要讨论的一个问题是区域性股权市场发行的证券不得采取公开发行的方式，这是我国《证券法》和中国证监会有关规范性文件所规定的。区域性股权市场如果是公开市场，是否和这一规定相冲突？我们认为两者之间是不矛盾的。这是因为公开发行和发行公开是两个不同的概念。

公开发行有严格的法律界定，它针对的是发行对象。在立法上主要考虑的是发行对象的人数是否涉众，从而决定对这样一种发行行为采取什么样的态度。综观各国证券立法，对证券的发行因不同的发行方式所采取的立法态度是不同的。[①] "一般而言，对非公开发行较为宽松，不审核或者审核较为宽松，不需要公权力介入，或者介入的力度较轻；对公开发行较为严格，审核较为严厉，公开发行需要公权力介入，而且介入程度较深。公开发行股份之所以需要国家权力介入，进行严格的审核，是由其发行特点所决定的"。[②] 公开发行与非公开发行相比，其特点非常明显。公开发行涉众性强。它面向的是不特定的社会公众，即使是特定对象，其发行对象的人数众多；公开发行利害关系重大。公开发行证券由于其发行的数量必须达到法定比例，其所筹集的资金往往是亿元以上甚至更高，投融资双方涉及的经济利益重大。公开发行博弈程度高。公开发行证券的过程就是投融资双方对证券发行的价格等进行充分博弈的过程。正因为如此，公开发行活动需要国家公权力介入，对发行人的情况进行审核，要求发行人充分揭示企业情况，进行全面的信息披露，让投资者充分了解和掌握发行人的各种信息，以决定投资并进行充分的价格博弈。公开发行毫无疑问其发行过程是要公开的，但不仅仅是发行过程公开，还要经过严格的审核或者注册。

发行公开主要针对的是发行过程，而不是发行对象。它要求在发行过程中将发行情况披露，使发行在非隐蔽的状态下进行。对于特定对象的发行法律并不禁止甚至鼓励其发行过程公开，以保持市场的透明度。这是因为即使是非公开发行，对发行人和投资者来说也是重大事件，非公开发行虽然只涉及特定的少数人，但上市公司或者挂牌公司在一个市场上市或挂牌，还涉及其他未参与非公开发行的投资者，他们应该知晓该公司发生的重大事情。因此，在交易场所内非公开发行一般应予以披露，使投资者知晓。因此，并不因为非公开发行

---

　　[①] 例如，在信息披露方面，公开发行要详细披露与发行相关的各种重大信息，非公开发行却以"信息备忘录"等方式向投资者披露；在发行监管上，公开发行必须要经过严格的监管审核，非公开发行则无须审核；在法律适用上，公开发行要符合证券法律规定的条件和程序，非公开发行法律的要求较少。参见叶林. 证券法［M］. 北京：中国人民大学出版社，2009。

　　[②] 参见徐聪. 注册制下的存量股流通：转让还是转售［M］//黄红元，徐明. 证券法苑（第十五卷）. 北京：法律出版社，2015。

而否定区域性股权市场是公开市场。

## 二、独立市场

区域性股权市场是独立市场。这是因为这一市场具备了作为一个独立市场的全部要素，它有独立的规则体系、独立的技术系统、独立的市场要素、独立的管理组织。

### （一）独立的规则体系

中国证监会颁布的《区域性股权市场监督管理试行办法》第三十六条规定"运营机构、办理登记结算业务的机构制定的业务操作细则和自律管理规则，应当符合法律、行政法规、中国证监会规章和规范性文件、有关省级人民政府的监管细则等规定，并报地方金融监管部门和中国证监会派出机构备案"，从这条规定可以看出，设立区域性股权市场必须制定业务操作细则和自律管理规则，这些细则和规则不但要符合有关规定，而且要报监管机构备案。所以每个区域性股权市场当然有自己独立的规则体系。

### （二）独立的技术系统

在区域性股权市场主要是信息系统。《区域性股权市场监督管理试行办法》对此也提出了具体的要求。该办法第二十一条第二款规定"运营机构应当建立信息披露网络平台，供信息披露义务人按照规定披露信息"。区域性股权市场还有自己的行情和挂牌展示系统，将挂牌公司的基本情况和股权转让情况揭示出来。

### （三）独立的市场要素

区域性股权市场具备了挂牌公司、投资者和中介机构市场三要素。区域性股权市场的挂牌公司主要是中小微企业。区域性股权市场正是为这些中小微企业的证券非公开发行、转让及相关活动提供设施与服务的场所。从各省、自治区、直辖市的区域性股权市场实际情况看，每个市场挂牌公司的数量少则上千家，多则上万家。这些公司成分较为复杂，但绝大多数是民营小微企业，股份制企业较少，大多数是有限公司。其中，有些经济比较发达的地区，在中国证监会发布《区域性股权市场监督管理试行办法》之前，就已经接受了本区域之外其他省份的公司在其市场挂牌。投资者是区域性股权市场的基本要素。根据有关规定，区域性股权市场的投资者有一定的投资者门槛要求，只有满足了投资者适当性要求成为合格投资者，才能进入区域性股权市场，参与区域性股权市场证券发行和股权转让活动。区域性股权市场合格投资者的类型有以下几种：合格投资者，应当具有较强的风险识别和承受能力，并符合下列条件之一：（1）证券公司、期货公司、基金管理公司及其子公司、商业银行、保险公司、信托公司、财务公司等依法经批准设立的金融机构，以及依法备案或者登记的证券公司子公司、期货公司子公司、私募基金管理人；（2）证券公司资产管理产品、基金管理公司及其子公司产品、期货公司资产管理产品、银行理财产品、保险产品、信托产品等金融机构依法管理的投资性计划；（3）社会保障基金，企业年金等养老基金，慈善基金等社会公益基金，以及依法备案的私募基金；（4）依法设立且净资产不低于一定指标的法人或者其他组织；（5）在一定时期内拥有符合中国证监会规定的金融资产价值不低于 50 万元，且具有 2 年以上金融产品投资经历或者 2 年以上金融行业及相关工作经历的自然人。区域性股权市场对中介机构没有特别的限制，但要求中介机构及其业务人员在区域性股权市场从事相关业务活动的，应当诚实守信、勤勉尽责，遵守法律、行政法规、中国证监会和有关省级人民政府规定等，遵守行业规范，对其业务行为承担责任。与全国性证券交易场所不同的是，区域性股权市场的营运机构本身也可以参与到中介机构的相关业务中①，相关规定仅仅要求营运机构在从事这些业务时要防止利益冲突。

（四）独立的管理组织

根据有关规定，区域性股权市场的运营机构必须具备一定的组织体系和专业人才，具备一定的监管能力方能运营市场，应当具备下列条件：（1）依法设

---

① 这些业务主要为六方面：（1）为参与本市场的企业提供改制辅导、管理培训、管理咨询、财务顾问服务；（2）为证券的非公开发行组织合格投资者进行路演推介或者其他促成投融资需求对接的活动；（3）为合格投资者提供企业研究报告和尽职调查信息；（4）为在本市场开户的合格投资者买卖证券提供居间介绍服务；（5）与商业银行、小额贷款公司等开展业务合作，支持其为参与本市场的企业提供融资服务；（6）中国证监会规定的其他业务。

立的法人；（2）开展业务活动所必需的营业场所、业务设施、营运资金、专业人员；（3）健全的法人治理结构；（4）完善的风险管理与内部控制制度；（5）法律、行政法规和中国证监会规定的其他条件。

### 三、多层次市场

新三板市场的多层次体现在基础层、创新层和精选层三个层次上。而区域性股权市场的多层次因各个区域性股权市场的不同而有所区别，但总体上在一个区域性股权市场内基本都有自己不同的板块和层次。比如齐鲁股权交易中心在完善挂牌交易、托管发布、综合展示三大市场平台基础上，将挂牌交易平台细分为"精选板""成长板"和"众创板"，为不同类型、不同发展阶段企业提供专业化、个性化服务。其中，精选板主要面向资产、收入达到一定规模且具有持续盈利能力的企业及具有成长性、核心技术的高科技企业；成长板面向成长型企业，无财务指标及成立时间限制，要求企业具有持续盈利能力。当企业发展稳定并达到精选市场要求时，可转板至精选板；众创板面向山东高新技术园区和创业孵化园区的种子期、成长期的科技创新型企业，引导社会资本、创业投资、天使投资基金等优先对接。上海股权交易托管中心有自己的 E 板、Q 板、N 板。E 板是非上市股份有限公司股份转让系统的别称，取自 Exchange（转让）的首字母"E"。E 板仅限于已完成股份改制的企业，E 板相比 Q 板的最大优势是企业能得到更高的股权融资额度；Q 板主要是为了帮助那些还在起步阶段或是创业期的小微企业，同时也为了兼顾其他阶段的企业。为了控制风险，Q 板主要是提供一个报价系统，主要的交易方式以线下为主，上海股权交易托管中心会帮助企业和投融资各方进行对接。Q 板、E 板是一种适合中小型企业的融资方式，可为挂牌企业提供包括信息披露、股权融资、债权融资、收购兼并、挂牌专业指导等服务。挂牌后，企业股份可在上海股权交易托管中心自由转让流通。区别于主板、创业板、新三板等资本市场，Q 板、E 板主要服务于起步期、初创期、成长期的企业，对于企业营业收入、净利润、现金流量等财务指标没有太严格的要求，而侧重于关注投资者利益的保护，强调企业的规范运作情况、成长性及未来发展前景；N 板（new 板）即"四新板"。"四新"即新产业、新业态、新模式、新技术，"四新板"的宗旨是服务于"四新"企业，即通过上海股权交易托管中心"四新板"这个平台，实现资本市场与实体经济的对接，促进"四新"企业、产业转型升级企业发展，解决科技型中小企业融资难问题。

## 第三节　新三板与区域性股权市场的差异性

### 一、全国性市场与地方性市场

新三板市场是全国性市场，区域性股权市场是地方性市场。顾名思义，区域性表明是某一地区，不是全国的含义。区域性股权市场是如何休现的呢？

一是新三板的设立是由国务院批准的，区域性股权市场的设立是由地方政府批准的。区域性股权市场由省级地方政府批准设立。在清理整顿之前，许多省级人民政府在其区域范围内批准设立了多家地方股权市场。比如广东省曾经有四家股权市场同时存在，[①] 但目前中国证监会明文规定每个省级和计划单列市只能允许一家区域性股权市场存在。因此业已存在的多家区域性股权市场必须清理整顿。国务院办公厅《关于规范发展区域性股权市场的通知》（国办发〔2017〕11号）明确要求"区域性股权市场运营机构（以下简称运营机构）负责组织区域性股权市场的活动，对市场参与者进行自律管理，保障市场规范稳定运行。运营机构名单由省级人民政府实施管理并予以公告，同时向证监会备案。本通知印发前，省、自治区、直辖市、计划单列市行政区域内已设立运营机构的，不再设立；尚未设立运营机构的，可设立一家；已设立两家及以上运营机构的，省级人民政府要积极稳妥推动整合为一家，证监会要予以指导督促"。

二是新三板市场是由国务院证券监督管理机构监督管理的，区域性股权市场是由地方政府监督管理的。《区域性股权市场监督管理试行办法》第五条明

---

① 根据《证券时报》旗下的"券商中国"公众号的调查，全国有40家此类交易平台。它们游离于"一行三会"的中央金融监管体系之外，一般由地方政府批准设立和监管，实力当然也参差不齐。参见缪因知.区域性股权交易中心是否过来了？[N]. 证券时报，2017 - 01 - 03。

确规定："省级人民政府依法对区域性股权市场进行监督管理，负责风险处置。省级人民政府指定地方金融监管部门承担对区域性股权市场的日常监督管理职责，依法查处违法违规行为，组织开展风险防范、处置工作。省级人民政府根据法律、行政法规、国务院有关规定和本办法，制定区域性股权市场监督管理的实施细则和操作办法。"

三是新三板市场的规则在全国范围内适用，区域性股权市场的规则只能在本区域性市场适用。区域性股权市场的规则由区域性股权市场的营运机构股权交易中心制定，制定后必须报省级人民政府金融管理部门备案。无论是发行、挂牌、转让、结算，还是监督管理、组织运营、自我管理等，都只能涉及本区域内的业务活动和管理活动，不涉及区域外的市场，更不能涉及全国。

四是新三板市场的业务可以在全国范围内开展，区域性股权市场的业务只能在本区域范围内开展。区域性股权市场的企业资源、挂牌公司以及因此涉及的各种业务都只能在本区域范围内开展，这些企业必须是本区域内的企业，在该市场挂牌的公司也必须是本区域内的公司。根据国家有关规定，区域性股权市场是为其所在省级行政区域内中小微企业证券非公开发行、转让及相关活动提供设施与服务的场所。区域性股权市场运营机构负责组织区域性股权市场的活动，对市场参与者进行自律管理。区域性股权市场应当作为地方人民政府扶持中小微企业政策措施的综合运用平台，为地方人民政府市场化运用贴息、投资等资金扶持中小微企业发展提供服务，不得为其所在省级行政区域外企业证券的发行、转让或者登记存管提供服务。尽管少数区域性股权市场还存在本区域外的公司在该区域挂牌转让，但那是在中国证监会《区域性股权市场监督管理试行办法》颁布之前形成的，属于遗留问题，应该逐步加以解决。

五是新三板市场的运营机构全国股转公司隶属于国务院证券监督管理机构，区域性股权市场营运机构大多数隶属于地方人民政府。在具体隶属上，区域性股权市场营运机构（大多数名称为股权交易中心，也有的称作股权交易托管中心）有的隶属于地方国资管理部门，有的隶属于地方金融管理部门。也有少数区域性股权市场的营运机构可以由证券公司入股，但大多数只是参股，在对区域性股权市场进行规范之前也有的证券公司控股区域性股权市场营运机构，但这一情况在逐步减少。

## 二、场内市场与场外市场

新三板市场是场内市场，区域性股权市场是场外市场。从以下七个方面可以看出。

一是新三板市场采取的是集中竞价撮合成交的证券交易系统，区域性股权市场没有集中竞价撮合成交的证券交易系统。区域性股权市场之所以不是场内市场，并不是因为它们没有固定的场所，也不是因为它们没有电子系统，而是它们均不具有集中竞价撮合成交的证券交易功能。这些场所虽能集中报价，且大多数是采取电子报价的形式，但它们都不能采取集中竞价撮合成交，只能采取单笔逐个协议成交方式。

二是区域性股权市场产品标准化程度不高。新三板市场的产品标准化程度高，区域性股权市场产品标准化程度低。区域性股权市场很多是线上报价，线下成交。许多产品是一对一、手拉手协议转让的，因而其标准化程度不高。国务院办公厅《关于清理整顿各类交易场所的实施意见》（国办发〔2012〕37号）中明确规定地方各类交易场所"不得以集中交易方式进行标准化合约交易。本意见所称的'标准化合约'包括两种情形：一种是由交易场所统一制定，除价格外其他条款固定，规定在将来某一时间和地点交割一定数量标的物的合约；另一种是由交易场所统一制定，规定买方有权在将来某一时间以特定价格买入或者卖出约定标的物的合约"。

三是区域性股权市场规则不统一，也不够严密细致。新三板市场规则统一、细致、严密，区域性股权市场规则统一程度低、内容少。不但各区域性股权市场之间的各种业务规则不尽相同和统一，就区域性股权市场内部的规则来看也不尽统一。由于区域性股权市场内部板块的设置没有场内市场严格、业务规则的形成不如场内市场严格，业务规则的统一性有时很难做到，全国数十家区域性股权市场的业务规则很难整齐划一。综观各区域性股权市场的业务规则，总体是较少的，而新三板市场的业务规则较为统一、细致和严密，其规则的制定具有严格的要求，不是随意和毫无逻辑的。一个产品的出台，规则一般先要到位，其产品的发行、上市、交易、清算交割都有制度和规则上的安排。在场内市场，除了基本业务规则外，还有多种层次的规则体系，为补充基本业务规则，使市场的投资者和参与者更便于操作，还有大量的业务细则、业务指南、业务指引、业务操作规程等加以细化，新三板市场业务规则由国家制定以及全国股转公司制定，数量多达百余个。

四是区域性股权市场的市场公开透明度较低。新三板市场公开透明，区域性股权市场公开程度低。场外市场与场内市场相比较，信息披露的密集程度、细致程度、内容的广度都较为逊色。信息披露是场内市场的重要体现，从新三板和区域性股权市场的信息披露上看，两者差异极大。无论是新三板市场本身的规章，还是市场推出的产品；无论是挂牌公司，还是中介机构，其公开、透明的程度都很高。新三板市场均要求它们公开透明，以便让投资者和市场参与者知晓并以此对其投资行为进行决策。对于挂牌公司而言，公开透明就要求其不断披露定期报告包括年报、中报和临时报告，对中介机构而言，其在发行保荐承销过程中也要不断地公开其相关的文件；而区域性股权市场尽管对信息披露有所要求，但在上述方面显然不如新三板市场。

五是区域性股权市场风险较大。新三板市场风险程度较低，区域性股权市场防范风险能力较弱。由于区域性股权市场在市场产品的标准化、规则制度的统一严密、市场的公开透明、监管严格和处罚严厉程度方面较之于新三板市场都有所差距，自然使区域性股权市场的风险要大于新三板市场。而场外市场的风险大于场内市场是被国内外市场所证明的。美国"两房风险事件"的发生就是场外市场在市场公开透明、非标准化产品和监管方面做得不够的情况下发生。我国目前大量的金融风险是场外市场引起的，如互联网金融、P2P公司、各种理财产品等。

六是区域性股权市场的登记存管结算不统一。新三板市场登记存管结算统一，区域性股权市场的登记存管结算较为分散。《区域性股权市场监督管理试行办法》第二十五条规定"区域性股权市场的登记结算业务，应当由运营机构或者中国证监会认可的登记结算机构办理。在区域性股权市场内发行、转让的证券，应当在办理登记结算业务的机构集中存管和登记。办理登记结算业务的机构应当根据证券登记结算的结果，确认证券持有人持有证券的事实，提供证券持有人登记资料"，第二十六条规定"办理登记结算业务的机构应当按照规定办理证券账户开立、变更、注销和证券登记、结算，保证证券持有人名册和登记过户记录真实、准确、完整，证券和资金的清算交收有序进行。办理登记结算业务的机构不得挪用投资者的证券。办理登记结算业务的机构与中国证券登记结算有限责任公司应当建立证券账户对接机制，将区域性股权市场证券账户纳入资本市场统一证券账户体系"。可见，区域性股权市场的登记结算机构是不统一的。而沪深证券交易所、新三板必须将其场所内证券登记存管清算交收统一集中在中国结算。我国《证券法》第一百四十八条明确规定"在证券交易所和国务院批准的其他全国性证券交易场所交易的证券的登记结算，应当采取全国集中统一的运营方式"，该条第二款又规定"前款规定以外的证券，其登记、结算可以委托证券登记结算机构或者其他依法从事证券登记、结算业务的机构办理"。第一百五十条规定"在证券交易所或者国务院批准的其他全国性证券交易场所交易的证券，应当全部存管在证券登记结算机构。证券登记结算机构不得挪用客户的证券"。

七是区域性股权市场监管较弱、处罚较轻。新三板监管严厉、处罚较重，区域性股权市场监管和处罚均较弱。区域性股权市场尽管也有监管和处罚，但监管处罚弱于场内市场。新《证券法》对场内市场的监管十分严格，处罚也很重。对证券交易所、新三板市场的内幕交易、操纵市场、欺诈客户等违法违规的处罚都做了明确的规定，所涉及的法律责任不但有民事法律责任、行政责任，更有刑事责任。且处罚的力度较修改前的《证券法》有了大幅度的提高，对违法违规者进行威慑和处罚。而区域性股权市场涉及的相关法律责任并不在《证券法》规定的范围内。

### 三、公募市场与私募市场

新三板市场是公开发行市场，区域性股权市场是非公开发行市场，两者公募市场和私募市场的区别十分明显。

一是在发行对象和人数上。公开发行的对象是不特定的投资者，或者是超过一定人数的特定投资者，在我国为 200 人以上的特定投资者；而非公开发行不得向不特定投资者发行证券，对特定对象发行证券，其人数也不得超出 200 人。《区域性股权市场监督管理试行办法》第二条规定"在区域性股权市场非公开发行、转让中小微企业股票、可转换为股票的公司债券和国务院有关部门认可的其他证券，以及相关活动，适用本办法"，第三条规定"区域性股权市场是为其所在省级行政区域内中小微企业证券非公开发行、转让及相关活动提供设施与服务的场所"，第十三条规定"在区域性股权市场发行证券，应当向合格投资者发行。单只证券持有人数量累计不得超过 200 人，法律、行政法规另有规定的除外"，《国务院办公厅关于规范发展区域性股权市场的通知》（国办发〔2017〕11 号）也规定"区域性股权市场的各项活动应遵守法律法规和证监会制定的业务及监管规则。在区域性股权市场发行或转让证券的，限于股票、可转换为股票的公司债券以及国务院有关部门按程序认可的其他证券，不得违规发行或转让私募债券；不得采用广告、公开劝诱等公开或变相公开方式发行证券，不得以任何形式非法集资"。

二是在发行条件上。公开发行的条件有严格的规定，且发行条件比非公开发行的门槛要高。在我国，公开发行的条件在《证券法》中有所规定，《证券法》第十二条对股票的首次公开发行及公开发行存托凭证进行了规定，首次公开发行股票应当符合五个方面的条件，而公开发行存托凭证应当符合首次公开发行新股的条件以及国务院证券监督管理机构规定的其他条件；对公开发行债券，我国《证券法》第十五条规定了三个方面的条件。不仅如此，公开发行的证券一般均在场内市场上市或挂牌，因此，公开发行的证券不但要符合公开发行的条件，还要符合上市或挂牌市场的上市条件或挂牌条件，这些条件比较严格。而非公开发行的条件要低于公开发行条件，上市或者挂牌条件也比公开发行条件低。

三是在中介机构的履职尽职上。公开发行要求发行人必须聘请证券公司担任保荐人，由其进行保荐。保荐人应对发行人的情况进行尽职调查，履行保荐责任。发行人在发售证券时还必须聘请证券公司担任承销商，由承销商负责销售发行证券。此外，公开发行证券还必须聘请会计师事务所对发行人进行审计，出具审计报告；聘请律师事务所对发行人相关法律事务进行审核，出具法律意见书。这些都是法律上的强制性规定，而区域性股权市场的非公开发行并不对此做强行要求。

四是在审核方式上。公开发行的审核方式要严于非公开发行的审核方式。公开发行一般要经过场内市场的自律管理审核，还要经过国务院证券监督管理机构核准或者注册。按照《证券法》的规定，公开发行的证券应当经中国证监会注册，而证券交易所和全国股转公司的自律管理审核，程序极其严格，审核极其细致，采取的是刨根问底式的方式，将发行人的各种情况和可能存在的问题均通过不断的提问揭示出来。公开发行的证券不但在证券交易所或全国股转公司的职能部门进行仔细审核，还要经过上市委员会或挂牌委员会审议是否可以公开发行，并由中国证监会审核后出具予以注册或者核准的决定书。而区域性股权市场的非公开发行，在审核方式和审核程序上要简单得多。

五是在信息披露的详略程度上。公开发行的信息披露严格、全面、完整，而非公开发行的信息披露相对简单。尽管公开发行和非公开发行均要对发行文件进行披露，但两者的区别还是明显的。公开发行的信息披露在内容和形式上都有着极其严格的规定。《证券法》对公开发行信息披露的内容要求严格，即使是发行人报送的申请文件等都做了严格的规定。比如《证券法》第十三条规定"公司公开发行新股，应当报送募股申请和下列文件：（一）公司营业执照；（二）公司章程；（三）股东大会决议；（四）招股说明书或者其他公开发行募集文件；（五）财务会计报告；（六）代收股款银行的名称及地址"。非但如此，中国证监会对公开发行的报送文件和信息披露还规定了一系列准则和格式指引，证券交易所、全国股转公司对公开发行涉及的文件报送和信息披露也做了详细的规定，对这些规定，发行人及相关当事人都应当遵照执行。区域性股权市场非公开发行相关文件报送和信息披露的要求大大低于公开发行的相关要求，只是要求证券发行人应当披露招股说明书、债券募集说明书，并且应当按照规定和协议约定，真实、准确、完整地向投资者披露信息，不得有虚假记载、误导性陈述或者重大遗漏。对如何披露、披露到何种程度、采取什么样的披露方式和披露内容等不但没有《证券法》上的规定，中国证监会也没有对其进行规定。

六是在交易方式上。公开发行的证券在证券上市或挂牌以后，采取的是交易的方式，而非公开发行的证券在证券上市或挂牌以后，采取的是转让的方式。我国《证券法》第三十七条第一款规定"公开发行的证券，应当在依法设立的证券交易所上市交易或者在国务院批准的其他全国性证券交易场所交易"，第二款规定"非公开发行的证券，可以在证券交易所、国务院批准的其他全国性证券交易场所、按照国务院规定设立的区域性股权市场转让"。可见，法律上将公开发行和非公开发行在二级市场的买卖做了区分。公开发行的证券买卖是交易，而非公开发行的证券买卖是转让。

在《证券法》上，证券的"交易"和证券的"转让"有何区别呢？我们认为，两者之间的区别在于：其一，证券的属性不同。能够交易的证券在属性上是公开发行的证券，而进行转让的证券在属性上是非公开发行的证券。所以在私募市场，证券的买卖是不能称为证券交易的。我国《证券法》及中国证监会的部门规章、规范性文件里涉及区域性股权市场使用的都是"转让"一词，而对新三板市场使用的是"交易"一词，即"股票在国务院批准的其他全国性证券交易场所交易"的表述。在《证券法》对证券交易所市场和新三板市场使用了"交易"一词的同时，也使用了"转让"一词，但在使用的法律语境上是不同的。《证券法》对证券交易所、新三板市场的股票买卖所使用的是"应当"在这些场所"交易"，而在使用"转让"一词时，使用的是"可以"。这表明了立法者的用意和态度，意味着证券交易所、新三板市场证券的买卖以交易为主，表明这些市场是以公开发行为主的市场，但这些市场并不排斥非公开发行的方式。实际上，这样的规定符合国际上的普遍做法，在一个公开发行的市场，私募的方式并不被完全排除。上市公司出于商业、便利性及效率等考虑，常常会采取私募方式再融资。其二，证券买卖的方式不同。证券"交易"，交易场所的属性更强力，一般是通过交易场所的交易系统进行的，具有集中性。这种方式往往不是一对一的协议形式，也不是非标准式的，而且通过证券交易场所的交易规则进行撮合买卖成交的，法律约束力更加强烈。正因为如此，我国《证券法》第一百一十七条规定"按照依法制定的交易规则进行的交易，不得改变其交易结果"。证券"转让"，交易场所的属性则较低，未必是要通过交易系统进行，不具有集中性。这种方式往往可以在系统内进行，但许多情况下是一对一的协议形式，它的非标准化程度较强。一对一的协议形式或者系统外的买卖方式，法律上的涉他性较弱，从这一角度看，它不一定涉及整个市场秩序，法律上的约束不如"交易"那么强烈。其三，在证券买卖主体的侧重点上不同。证券的"交易"更加强调二级市场的属性，侧重点是投资者双方以及证券在二级市场的流动性，更多的是《证券法》上的含义；而证券的"转让"更强调一级市场的属性，兼有二级市场的含义，侧重点是股东的身份，是股东将股份出售予他人，比如我们在论述限售时，针对的主要是限售股的股东，强调的对股份转让的限制，而不称作对股份交易的限制，因而更具有《公司法》的含义。

### 四、集中市场与非集中市场

新三板市场是集中市场，区域性股权市场是非集中市场。集中市场主要体现在证券的交易方式上。以交易方式是否集中决定是否为集中市场还非集中市场。新三板作为集中市场是被我国《证券法》所肯定的。我国《证券法》第九十六条明确规定"证券交易所、国务院批准的其他全国性证券交易场所为证券集中交易提供场所和设施，组织和监督证券交易，实行自律管理，依法登记，取得法人资格"。新三板在实践中采取的就是集中交易的方式，具体的方式有连续竞价、集中竞价和做市商交易三种。而区域性股权市场却不能采取集中交易的方式。《区域性股权市场监督管理试行办法》第十七条明确规定，在区域性股权市场转让证券的，不得采取集中竞价、连续竞价、做市商等集中交易方式。投资者在区域性股权市场买入后卖出或者卖出后买入同一证券的时间间隔不得少于 5 个交易日。区域性股权市场的这样规定意味着其市场并不是一个以交易为主要目的的市场，其证券交易的功能是弱化的、市场的价格发现功能不足、证券的定价很难、市场的流动性受到影响。

集中市场是否一定是竞价的市场？1999 年《证券法》将此联系在一起，规定证券交易所必须是集中竞价的市场。该法第九十五条规定"证券交易所是提供证券集中竞价交易场所的不以营利为目的的法人"，该条规定要求在集中的证券交易场所必须采取竞价的方式。但 2005 年修改实施的《证券法》对此进行了修正。该法第一百零二条规定"证券交易所是为证券集中交易提供场所和设施，组织和监督证券交易，实行自律管理的法人"，删除了"证券集中竞价交易"中的"竞价"两字。这样的删减是有道理的。因为竞价只是证券集中交易的一种方式。在实践中，境外证券交易所采取的都是集中的证券交易方式，它是场内市场很重要的标志。但集中交易在具体方式上并不一定要采取竞价的形式，还存在其他的形式。采取什么样的交易方式应该由证券交易所根据自己的实际情况决定，如果在《证券法》中将其规定，不利于证券交易所的发展创新。如果在立法上规定这种方式，则证券交易场所只是证券集中竞价的场所，只能采取集中竞价的交易方式，无论是集合竞价还是连续竞价，都只能是单一的证券交易方式。但实际上证券市场上集中交易方式并不止竞价一种方式。因此，各国证券立法均没有对集中交易的具体方式作出限制。比如大宗交易制度、做市商制度、混合交易制度等，在集中交易市场均能很好地发挥作用。从目前我国资本市场的实践看，上海证券交易所在实行竞价包括连续竞价和集合竞价的基础上，在科创板同时实施竞价交易和做市商交易，而新三板市场作为集中交易的市场，也实施了连续竞价、集合竞价和做市商制度，并在积极研究推出混合交易制度。

# 第八章　新三板与其他资本市场

新三板的制度设计充满着中国资本市场特色。在我国多层次资本市场中，新三板起着承上启下的作用，对上连接沪深证券交易所，对下连通区域性股权市场，它处于我国资本市场的中间地带，对服务于实体经济尤其是创新型、创业型民营中小企业发挥着极其重要的作用。新三板与我国资本市场的其他层次既有联系也有区别，它与沪深证券交易所既有相同性也有差异性，与区域性股权市场也有一致性更有较大的差别。但是，除了和沪深证券交易所及区域性股权市场的联系之外，新三板市场同其他资本市场是否有联系？答案是肯定的。新三板市场与境外资本市场、老三板市场、衍生品市场都有着这样或那样的联系，有必要加以厘清。

## 第一节　新三板与香港资本市场

资本市场国际化是我国资本市场的发展方向，在这方面，沪深证券交易所已经做了不少的探索，取得了很大的成绩。与之相比，新三板市场的国际化刚刚开始，任重道远，但也有了良好的开端。目前，新三板和境外资本市场有关联的主要是和香港交易及结算所实施了新三板挂牌公司和香港证券市场 H 股公司可以同时在香港证券市场和新三板市场相互挂牌/上市（以下简称挂牌上市），即所谓 3 + H 模式。

新三板市场和香港证券市场相互挂牌上市涉及内地和香港市场的证券发

行、上市、交易、并购重组、公司治理、信息披露、监管等一系列问题。由于沪深证券交易所和香港证券市场有多年的密切联系，A＋H股公司、沪港通、深港通等也运行多年，内地证券市场不但在发行上市方面，在证券的交易、结算等方面也有成熟的经验，中国证监会、沪深证券交易所，均和香港证监会、香港交易所等保持着密切的联系，内地市场和香港市场在上述各方面均有较为完整的规则体系，两地市场的投资者通过沪港通、深港通，也熟悉彼此的市场和制度规则。这就使新三板市场和香港证券市场相互挂牌上市具有很好的经验借鉴。两地市场的相互挂牌上市相比两地市场交易层面的互联互通要简单得多，挂牌或上市公司只需遵守对方市场的相关规则，接受对方监管机构的监管，不涉及规则和技术层面的改动。因此，全国股转公司与香港交易所并未制定太多的规则，主要涉及的是相关合作和监管协作的事宜，体现在签订的《全国股转公司与香港交易及结算所公司合作谅解备忘录》（以下简称《备忘录》）以及相关股票停复牌的安排上。在此，仅就《备忘录》、挂牌公司发行H股[①]、相互挂牌上市停复牌安排做进一步介绍。

**一、合作谅解备忘录**

为切实解决新三板挂牌公司与H股公司双向挂牌上市融资需求，建立全国股转公司与香港交易所之间信息披露、沟通协调等合作机制，2018年4月21日，全国股转公司与香港交易所（以下简称两所）在北京签署了《备忘录》。《备忘录》的签署打通了全国股转公司与境外市场的联系渠道，开辟了全国股转公司对外开放的可行路径。两所在《备忘录》框架下加强沟通对接，建立监管协作安排，充分发挥交易场所一线监管职责，切实保护两地投资者合法权益。根据《备忘录》，两所可以以多种方式开展人员交流合作，全国股转公司可借此学习境外发达资本市场的先进理念和成功经验，不断完善市场功能。《备忘录》共计12条，包括目的和原则、合作范围、保密、联系人、费用、免责、遵守国家法律及双边安排、磋商及争议解决机制、效率及生效日期、授

---

① 相关上市公司在新三板市场挂牌的条件和程序与内地公司相同，没有特殊要求，不存在差异。这些条件和程序均在本书第十章"新三板的挂牌制度"中详述，这里略。

权、转让、修订，主要内容如下。

1. 宗旨。鉴于内地和香港的金融市场之间的合作关系日趋密切，有必要在符合两地相关法律规定的情况下建立起双方的长效合作机制，以满足两个交易场所挂牌上市公司相关需求，促进两地市场公平、公正、公开、有序运行。

2. 目的和原则。《备忘录》的目的是通过建立双方的联系沟通渠道，促进双方互相了解、搭建并完善监管和技术信息等方面的沟通合作框架。《备忘录》是双方合作的基础，《备忘录》不对第三方创设权利，也不影响双方各自与其他方订立的其他《备忘录》项下的安排。《备忘录》内容或双方在《备忘录》范围内开展的合作不得违反内地与香港有关法律法规及其他规范性文件、内地与香港签订各项协议的相关安排及双方的业务规则。

3. 合作范围。双方根据各自的法律条例、业务规则的要求并在监管机构允许的范围内，欢迎对方符合条件的挂牌上市公司在本市场挂牌上市，并在《备忘录》框架下，加强监管协调工作，以促使两地投资者公平得到充分、准确、及时的信息。任何一方将不时或在对方要求时尽合理努力交换或提供披露方认为对方感兴趣或对其有用的信息。

为增进对彼此市场的理解，双方根据需要共同举办培训、互派人员赴对方借调。双方应确保借调员工遵守对方的内部规则与相关要求。如发生借调，则双方应各自负责自己员工调派往对方工作期间的一切薪酬、旅费、住宿或其他实付开支。双方应加强投资者教育，合作开展相关活动。双方之间若因本备忘录而出现其他合作机会，双方将按两方协议的条款细则另定有关合作安排的协议。

4. 遵守国家法律及双边安排。《备忘录》任何条款出现下列情形之一的，则概不得应用该条款：违反内地和香港不时生效的法律或规例或指令；有关合作违反定约双方任何一方所在地适用的法律法规；违反内地与香港已签署或可能不时签署的双边安排。

5. 磋商及争议解决机制。双方可就《备忘录》的任何条款所产生的歧义进行磋商。双方可在任何时候就某项请求或建议的请求进行磋商。在法律、法规或者实际情况发生变更而影响本备忘录的执行时，双方可以进行磋商并修改本备忘录的条款。

《备忘录》是两地市场相互挂牌上市的基本文件和框架性文件，是对涉及两所、两个市场及两个类型的公司相互挂牌上市等基本问题的一个整体的安排，是两所从事该项业务的前提。

**二、挂牌公司发行 H 股**

1. 挂牌公司可以到境外发行股票并在香港联交所上市即发行 H 股，无须在新三板终止挂牌。挂牌公司可以结合自身业务发展规划，充分利用境内外两个市场进行资本运作，实现与境外资本的对接。

2. 挂牌公司发行 H 股应当遵守《国务院关于股份有限公司境外募集股份及上市的特别规定》及中国证监会相关规定，全国股转公司不设前置审查程序及特别条件。

3. 挂牌公司申请发行 H 股，应当按照《全国中小企业股份转让系统挂牌公司信息披露细则》的相关要求，在全国股转公司指定信息披露平台及时披露相关重大信息，包括董事会决议、股东大会决议、中国证监会受理申请材料、向香港联交所提交申请材料、中国证监会核准情况、香港联交所聆讯情况、刊发招股说明书、完成股票发行和上市及其他对股票转让价格可能产生较大影响的信息。

4. 挂牌公司在筹划申请发行 H 股期间应当履行信息保密义务，原则上无须申请暂停转让。挂牌公司如存在两种特殊情形时，应当及时申请暂停转让，直至按规定披露或相关情形消除后恢复转让。

5. 挂牌公司申请发行 H 股应当按照中国证监会、全国股转公司及香港联交所的相关规定，修订公司章程。

6. 发行 H 股的挂牌公司在香港联交所披露的文件应当在全国股转公司指定信息披露平台同步披露。

7. 申请发行 H 股的挂牌公司应当参照《企业会计准则解释第 2 号》关于同时发行 A 股与 H 股的上市公司运用会计政策及会计估计的相关规定。因会计处理不同导致两地信息披露产生差异的，挂牌公司应当在全国股转公司指定信息披露平台予以披露并解释说明。

8. 主办券商对挂牌公司履行持续督导职责，对于挂牌公司根据香港联交所规则要求披露的信息，主办券商应当督导挂牌公司在全国股转公司指定信息披露平台同步披露，并对前述披露文件内容的一致性进行审查。

### 三、挂牌上市公司停复牌

由于两地的交易制度和交易时间存在着差异，同时挂牌上市公司的信息披露如何保持一致，以及如何协调停复牌尤其是交易中的停复牌，成为两所监管协作的重要内容。为此，两所签订了《关于两地同时挂牌上市公司停复牌安排》，就两地同时挂牌上市公司因未披露重大信息情形下同步采取停牌措施进行了规定，这一安排主要内容包括三个方面：一是有关两地同时挂牌上市公司停牌原则；二是两地同步执行停牌措施的具体安排；三是两地协同复牌的安排。

（一）同时停牌的原则

停牌的原则有下面五种情形，即（1）双方均认为应尽量减少盘中停牌，促进挂牌上市公司及时披露信息，以达到维持公平及持续的交易市场的目标。（2）为了维持一个公平、资讯流通及有秩序的市场，如两地同时挂牌上市公司有任何未披露的内幕消息或重大消息，双方致力确保挂牌上市公司的证券在两地同步实施停牌，并就停牌原因在两地披露一致的信息。（3）除存在未披露内幕消息或重大消息的情形以外，根据双方各自的规则，在某些特定情形下，仅在其中一个市场停牌而无须在另一个市场停牌。（4）当挂牌上市公司停牌的原因消除后，其证券交易预期会在两地同步复牌。然而挂牌上市公司可能在一些特殊情况下，即除未公布内幕消息或导致盘中停牌的原因外，基于当地其他停牌规则的要求，仍需在其中一个市场持续停牌。在前述情况下，挂牌上市公司必须在公告内披露在该市场持续停牌的原因。（5）挂牌上市公司在全国股转公司采用做市转让方式的，因做市商系统故障导致其股票履行开盘报价义务的做市商不足两家，全国股转公司对挂牌上市公司股票实施临时停牌的，香港联交所对挂牌上市公司不实施临时停牌。除上述情形之外，两所根据自身规则决定实施盘中停牌的，两地须同步实施停牌。

（二）同时停牌的具体安排

1. 总体要求。（1）当一方注意到可能导致两地同时挂牌上市公司停牌的情况出现时①，其指定联系人员会尽快致电通知另一方的指定联系人员。因挂牌上市公司做市商系统故障而临时停牌的，全国股转公司应及时通知香港联交所。（2）一般情况下，挂牌上市公司应在停牌前向交易场所提供书面申请，该申请应说明申请停牌的原因②。（3）两所会讨论并同意在个别情况下是否需要实施停牌；也会按照各自规则及程序采取进一步措施包括进一步查询及与挂牌上市公司商议。（4）两所的指定联系人员会通过电话与对方确认停牌详情，包括：挂牌上市公司的名称；停牌日期及时间，如实施盘中停牌，经两所同意的停牌时间一般应为该电话确认后的五分钟内；经两所确认向市场发布的停牌原因。（5）上述电话通话后，两所各自的指定联系人员也同时应以电邮确认停牌详情。两所即依此执行停牌。（6）任何经同意的停牌情况有变比如延迟实施停牌时间，两所的指定联系人员必须马上联系另一方。

2. 具体停牌时间安排。两所预先同意停牌的时间：一是在情况许可下，应在下一交易时段开始前两地同步实施停牌；二是如实施盘中停牌的，应于经两所同意的时间在两地同步执行。对于非交易时间内的停牌，两所预先协商同意后，即可在下一交易时段进行停牌操作，相对较为简单，但对于交易中的停牌即盘中实施停盘，由于两地市场交易时间并不完全一致，导致盘中停牌则较为

---

① 在全国股转公司规则层面，证券停牌可以由挂牌公司申请或全国股转公司根据停复牌规则对挂牌公司实施；实践中均采用由挂牌公司申请的方式实施。在香港，证券停牌可以是由上市公司自行申请，或因香港联交所就上市公司的证券股价或成交量的异常波动对上市公司进行查询，或因可能构成虚假市场的其他事宜所导致。香港证监会及香港联交所也可指令对上市公司实施停牌。

② 香港联交所一般会先与上市公司口头确认停牌细节（包括停牌原因），并要求其提交书面申请。按现时程序，如果上市公司无法在经同意的停牌时间前提交书面申请，香港联交所仍可依据上市公司的口头申请（及在提交书面申请前）实施停牌。全国股转公司方面，挂牌公司一般通过主办券商在 BPM 系统申请停牌；对于重大资产重组或者重大事项，挂牌公司直接通过传真机申请停牌。在紧急停牌（盘中停牌）情形下，挂牌公司一般先口头申请，全国股转公司核实并确认之后，要求挂牌公司提交书面申请，实施盘中停牌。

复杂。具体分为开市前竞价、前市、后市三个交易时段。实施停牌后，全国股转公司督促挂牌上市公司尽快发布停牌公告，香港联交所尽快（一般应在停牌后的五分钟内）发布有关挂牌上市公司的停牌时间及原因。

| 时段分类 | 停牌时间 | |
| --- | --- | --- |
| | 全国股转公司 | 香港联交所 |
| 开市前竞价时段 | 9：15 至 9：30① | 9：00 至 9：30 |
| 9：00 至 9：15 | 开市起停牌 | 显示香港停牌的实际时间 |
| 9：15 至 9：30 | 新三板停牌的实际时间 | 显示香港停牌的实际时间② |
| 上午交易时段 | 9：30 至 11：30 | 9：30 至 12：00 |
| 9：30 至 11：30 | 两所同意的停牌时间③ | |
| 11：30 至 12：00 | 13：00④ | 显示香港停牌的实际时间 |
| 下午交易时段 | 13：00 至 15：30 | 13：00 至 16：00 |
| 13：00 至 15：30 | 两所同意的停牌时间 | |
| 15：30 至 16：00 | 第二天开市起停牌⑤ | 显示香港停牌的实际时间 |

对于停牌的信息披露，两所采取不同的方法。香港联交所将使用的停牌原因为，内幕消息未公告（Pending Release of Inside Information）⑥。此外，挂牌上市公司须在香港联交所网站刊发公告披露其停牌原因，两地公告的内容应当一致；而全国股转公司不发布挂牌公司停牌公告，由挂牌公司披露停牌公告。

---

① 与香港联交所不同，全国股转公司市场接受会员竞价交易申报（开市）时间为9：15。所有于9：15前（包括9：00至9：15时段）实施停牌的证券，于全国股转公司网站显示的停牌时间为9：15，即当日开市起停牌。

② 于9：20至9：30实施停牌的证券，香港联交所网站显示的停牌时间为9：30。

③ 全国股转公司与香港联交所将尽力按照双方商定的时间实施停牌。

④ 全国股转公司市场上午交易时段于11：30结束。11：30至下午交易时段开始时13：00实施的停牌，全国股转公司网站显示的停牌时间为13：00。

⑤ 全国股转公司市场下午交易时段于15：30结束，若挂牌上市公司未能在下一个交易日在香港联交所复牌，全国股转公司则会在下一交易日的上午交易时段开始时实施停牌。

⑥ 除因做市商不足两家而停牌的以外，全国股转公司不发布挂牌公司停牌的公告。根据相关安排，在做市商不足两家的情形下，香港联交所对挂牌上市公司不实施停牌，因此在两地同步停牌的情形下，全国股转公司不发布停牌公告，而由挂牌上市公司披露公告。

（三）复牌安排

1. 全国股转公司设定的公告刊发时段为 15：30 至 20：00，而香港联交所设定的公告刊发时段为 6：00 至 8：30、12：00 至 12：30 及 16：30 至 23：00。挂牌上市公司须在两个交易所均为公告刊发时段的期间于两地同步刊发公告。

2. 当一方注意到两地同时挂牌上市公司将于其市场刊发公告并复牌，其指定联系人员会尽快致电通知另一方的指定联系人员。

3. 两所各自的指定联系人员须与对方确认：该挂牌上市公司的证券将在两地市场同步发布公告后，在两地同步复牌；或该挂牌上市公司的证券将仅于其中一个市场复牌，在另一市场则基于其他原因持续停牌。

4. 任何经同意的复牌情况有变比如提前实施复牌，该所的指定联系人员必须马上联系另一方。

**四、两地同时挂牌上市的现状**

（一）3＋H 积极性

截至 2019 年 12 月 31 日，新三板市场有上海君实生物医药科技股份有限公司（以下简称君实生物）、辽宁成大生物股份有限公司（以下简称成大生物）、上海盛世大联汽车服务股份有限公司（以下简称盛世大联）、河南盛源能源科技股份有限公司（以下简称盛源科技）、江苏特斯信息科技股份有限公司（以下简称赛特斯）5 家挂牌公司正式向中国证监会申报发行 H 股，其中 4 家获得了中国证监会行政许可，赛特斯撤回了申报。君实生物成功发行 H 股，盛世大联、盛源科技 2 家公司 H 股发行工作推动较慢，成大生物已经终止 H 股的发行。此外，还有 9 家新三板挂牌公司披露过拟发行 H 股①的公告，但截至 2019 年 12 月 31 日均未向证监会申报。

君实生物是一家生物制药公司，致力于创新药物的发现和开发，以及在全球范围内的临床研发及商业化，2012 年 12 月 27 日在上海市工商局登记成立，2015 年 8 月 13 日挂牌新三板，证券代码为 833330，属于新三板市场基础层公

---

① 如易销科技、泽生科技、伊赛牛肉等。

司，采取做市交易方式，主办券商为中金公司，所属行业为医药制造业，主要从事生物医药的研发，并提供相关的技术开发、技术咨询、技术转让、技术服务。公司共发行 H 股 158910000 股，募集资金约 29.44 亿港元，于 2018 年 12 月 24 日在香港联交所主板挂牌并上市交易。[①]

成大生物以引进国际领先的疫苗生产技术平台为契机，于 2002 年 6 月在沈阳成立。致力于研发、生产和推广"国际水平、国内领先"的生物制品，把公司建成备受行业尊敬的、有重要影响力的企业，目前有 4000 多万剂人用狂犬病疫苗和 1000 多万剂人用乙脑灭活疫苗的生产能力。主营业务为单克隆抗体药物的研发与产业化。2014 年 12 月 31 日挂牌新三板，证券代码为 831550，属于新三板市场创新层公司，采取做市交易方式，主办券商为招商证券，所属行业为医药制造业。2018 年 11 月 23 日取得证监会发行 H 股的批复，由于市场环境变化，2019 年 7 月 30 日终止发行 H 股事宜。

盛世大联成立于 2007 年 5 月，是国内领先的一站式互联网汽车服务平台。公司秉承阳光诚信、客户第一、创造价值、共同成长的经营理念，将员工和合作伙伴作为根本，以诚信立足行业，以服务求得发展，以专业和创新提升竞争力。盛世大联于 2014 年 12 月 31 日挂牌新三板，证券代码为 831566，属于新三板市场创新层公司，采取竞价交易方式，主办券商为兴业证券，属于保险业，代理销售保险产品，代理收取保险费，代理相关保险业务的损失、勘查和理赔。2018 年 12 月 17 日取得证监会发行 H 股的批复，截至 2019 年 12 月 31 日，公司正在推进发行 H 股的相关事宜。

盛源科技按照国家法律法规，采用规范化的股份公司运作模式，以诚实信用为基础，以合法经营为原则，发挥股份制的经营优势，不断提高公司经营管理水平，促进公司全面发展，做专、做强、做长。努力使全体股东的投资安全、增值，获得满意的收益，并创造良好的社会效益。经营范围为顺丁烯二酸

---

① 君实生物自挂牌新三板后，累计进行 6 次定向增发，募资 16 亿元。2020 年 5 月 8 日，君实生物在新三板终止挂牌。2020 年 7 月 15 日，君实生物正式登陆上交所科创板，股票代码为 688180。目前，君实生物已由 3 + H 模式转换成 A + H 模式。

酐的生产销售；货物的进出口业务。盛源科技于 2015 年 11 月 30 日挂牌新三板，证券代码为 834408，属于新三板市场基础层公司，采取竞价交易方式，主办券商为东莞证券，属于化学产品制造业。2019 年 6 月 5 日，取得证监会核准发行 H 股的批复，截至 2019 年 12 月 31 日，公司正在推进发行 H 股的相关事宜。

赛特斯于 2008 年 3 月 3 日成立，经营范围为软件产品研究、设计、开发、制造和相关配套服务等，公司主要业务为电信运营商、广电系统、政府机构、企业及家庭个人用户提供覆盖云、网、端的信息通信整体解决方案。该公司于 2015 年 7 月 22 日挂牌新三板，证券代码为 832800，属于新三板市场创新层公司，采取竞价交易方式，主办券商为东兴证券，属于软件和信息技术服务业。2018 年 10 月 29 日，证监会受理其发行 H 股的申请，因市场环境变化，2019 年 4 月 1 日赛特斯终止发行 H 股事宜。

从上述情况可以看出，两地实行同时挂牌上市制度以来，新三板挂牌公司申请发行 H 股并赴香港证券市场上市并不积极和踊跃，近 2 年时间只有 5 家挂牌公司申请赴香港联交所上市，截至 2019 年 12 月 31 日，5 家新三板挂牌公司中仅有 1 家公司在香港发行 H 股并成功上市，另 2 家公司仍然没有实施发行工作，而剩余的两家公司 1 家撤回、1 家终止，充分说明新三板挂牌公司发行 H 股意愿较弱。

（二）具体原因分析

1. 港股综合融资成本高

一是港股 IPO 融资能力减弱。2018 年 5 月，香港联交所推行 25 年来最重大的一次上市改革，随后 IPO 数量出现爆发式增长，2018 年全年共有 218 家公司上市，其中主板 H 股共募资 1088.79 亿港元。但 2019 年市场出现显著回落，截至 12 月 31 日，2019 年共有 183 家公司上市，同比下降 16.1%，其中主板 H 股共募资 496.85 亿港元，同比下降 54.37%。由此可见，2019 年港股 IPO 融资能力显著降低。而新三板公司筹划发行 H 股集中在 3＋H 模式推出后的五六个月内，经过一系列的运作后，其筹资询价时点落在了港股 IPO 融资回落的区间内。经了解，部分挂牌公司反映存在询价过低等情况。此外，2019 年以来港股 IPO 集资额排名前 5 的公司合计集资额占比超过 50%，大于剩余的 100 多只个股的合计融资额。由此可见，港股 IPO 融资集中在少数规模较大的个股上，而中小规模个股的融资能力较差，新三板拟发行 H 股的公司规模属于中等水平，其发行 H 股的融资能力有限。

二是港股市场流动性差。近年来，港股流动性表现较差，相关新闻媒体报道称港股 IPO "10 只新股 9 只废"，即 10 只新股中有 9 只新股成交量低。截至 2019 年底，香港联交所平均每日成交额排名全球第 9 位，其年度成交量相对市值的比率在主要交易所中仅排名第 14 位。例如，从成交额来看，12 月 31 日截至当日收盘，2019 年上市的个股中，有 27 只个股日成交额低于 5 万港元，占比为 15%。其中，海天地悦旅等 6 只股票全天无成交，还有 1 只市值高达 34 亿港元的成都高速全天仅成交 4120 港元。全天成交额在 100 万港元以下的有 79 只，占比为 43%。截至 12 月 31 日，新上市的 183 只个股中，12 月以来日均成交额在 100 万港元以下的有 62 只，占比为 34%。香港中小盘公司成交不活跃、换手率低，部分拟发行 H 股的新三板公司也逐步意识到赴港上市后，其股票流动性的改善有限。

三是港股市盈率低于内地市场。根据 2009—2019 年市盈率统计情况，总体上内地市场的市盈率明显高于香港市场，市盈率的差异导致挂牌公司在香港上市时的估值低于内地市场，因此其融资的金额低于挂牌公司的预期，或者在融资金额与内地相同的情况下，需发行更多的股票，分散公司的股权，因此限制了挂牌公司的积极性。以君实生物为例，其港股价格一直低于新三板股价。

四是赴港上市成本较高。赴港上市成本主要包括上市成本和合规成本，整体看来，香港市场各项成本均高于新三板市场。就上市成本而言，香港上市成本主要包括中介机构的费用，总费用根据首次发行规模的大小会有差异，公司需将 5% 至 30% 的募集资金作为发行成本，其中标准的承销费用为募集资金的 1.5% 至 4.0%。挂牌公司在香港上市的一大难点是发行，在配售和零售方面一旦销售不足额，则发行失败。这意味着公司需要寻找销售能力较强的券商，但这些机构的收费会更高，进一步增加挂牌公司赴港上市费用；就合规方面而言，香港市场具有以下特点：其一，信息披露及公司治理等方面要求更严格，且两地市场同步披露增加了成本；其二，香港市场违规违法的惩戒措施更加严厉；其三，香港和内地使用的会计准则也不同，增加了相关审计成本。

2. H 股"全流通"预期加强

发行 H 股的公司，如内资股无法实现 A 股上市，则会出现 H 股与内资股股权分置的情况，即仅有 H 股可以流通，内资股只能通过协议转让的方式进行变动。这会导致 H 股公司内资股的估值偏差、股东股份无法实现正常变现以及公司控股股东漠视 H 股市场表现等诸多问题。发行 H 股的此种弊端也倒逼一些企业采取红筹上市的方式，间接实现股份的全流通，但红筹上市模式存在一定风险且成本较高。3 + H 模式在一定程度上解决了该问题，实现了 H 股公司内资股继续在新三板市场挂牌转让。

但如果 H 股可以实现全流通，则上述内资股无法流通的问题将得到解决，和3 + H 模式形成竞争。2017 年 12 月，中国证监会发布了《开展 H 股"全流通"试点相关事宜答记者问》，自此，H 股"全流通"试点开始，先后共有联想控股、中航科工和威高股份三家公司实现 H 股"全流通"，但该制度推进速度仍然较慢，不过随着试点的逐步成熟，H 股"全流通"将逐步走向全面推开。2019 年 6 月以来，中国证监会领导在公开场合多次表示中国证监会正积极开展全面推开 H 股"全流通"的各项准备工作，并将尽快发布相关工作指引。随着 H 股"全流通"的预期逐步加强，在一定程度上减弱了新三板公司发行 H 股的积极性。

3. 科创板的分流作用

科创板的上市条件与香港联交所类似，均采取"市值 +"的标准。经比对，科创板与港股主板市场的上市条件在不同维度上强弱不一，即部分标准上科创板更严，而部分标准上港股主板则更严，但科创板在融资能力、市盈率及流动性上远高于港股主板。其中，科创板同样允许尚未盈利的生物医药公司上市，与香港联交所修订的上市新规所明确的未盈利生物企业上市要求形成有力竞争。香港联交所披露，实行新政以来共有 9 家生物科技公司上市。而科创板 2019 年 3 月开板以来，共有 52 家医药制造类企业申请上市，其中 19 家已发行。科创板对生物科技公司的吸引力明显高于香港联交所。此外，部分新三板公司是上市公司的子公司（以成大生物为典型），前期选择发行 H 股的主要原因为内地缺乏上市公司分拆子公司上市的政策支持，而科创板已明确允许上市公司分拆子公司上市。这项政策减弱了部分上市公司的挂牌子公司发行 H 股的意愿。截至 2019 年 12 月 31 日，科创板已受理企业达到 205 家，来自新三板的企业有 61 家，占比超过 29.76%，科创板对 3 + H 模式形成较强的分流作用。前述已向证监会申请发行 H 股的公司中已有 2 家（盛世大联、赛特斯）明确披露考虑拟申请科创板上市。

4. 深化新三板和创业板改革的预期

在新三板挂牌公司中，部分公司希望能便捷快速融资，也有部分公司希望增加公司股票的流动性。一方面在新三板公司全面深化改革之前，新三板市场功能弱化，一些公司对新三板改革抱有希望，它们在等待着新三板改革的春风。2019 年 10 月 25 日，中国证监会宣布全面深化新三板改革，许多新三板公司真切地看到了希望，尤其是新三板市场设置精选层、连续竞价交易、转板制度和沪深交易所上市公司全面对接，使许多新三板挂牌公司看到了希望，许多公司纷纷表示要在新三板市场公开发行股票并在精选层挂牌。另一方面深圳证券交易所的创业板改革业已提上了议事日程，2019 年中央经济工作会议和中国证监会 2020 年工作部署中都明确提出要推进创业板改革并实行注册制。创业板的注册制是以科创板为榜样的，而科创板的融资能力和财富效应，对于新三板挂牌公司具有很大的吸引力。因此，一些新三板挂牌公司对创业板的注册制改革充满着预期。

综上所述，香港证券市场 2019 年以来出现了融资能力减弱、IPO 成本高、流动性表现不尽如人意的情况，新三板改革和创业板注册制等综合因素也导致其对新三板挂牌公司发行 H 股的吸引力减弱，H 股"全流通"预期的加强使部分公司处于观望状态，此外，科创板的推出对港股市场构成了较强的分流效应。笔者认为，上述多重因素导致了挂牌公司发行 H 股的意愿降低。

## 第二节 新三板与老三板①

### 一、老三板的基本情况

为妥善解决原在 STAQ、NET 系统挂牌公司流通股的转让问题，2001 年 6 月经中国证监会批准，代办股份转让系统成立，为两网公司提供股份转让服务。随着上市公司退市制度的建立，为解决退市公司的股份转让问题，2002 年 8 月代办股份转让系统也开始为退市公司提供股份转让服务，至此形成了两网公司及退市公司的股份流通市场，俗称"老三板"市场。

2013 年，全国股转公司正式运营，代办股份转让系统的 52 家老三板公司整体平移至新三板市场，其中两网公司 8 家，退市公司 44 家。全国股转公司成立以来，已承接 14 家退市公司。截至 2019 年 12 月 31 日，老三板共有 64 家公司，其中两网公司 7 家，退市公司 57 家（含 3 家纯 B 股公司及 5 家 A＋B 股公司）。57 家退市公司中，2 家公司为主动退市，3 家公司因未按时披露定期报告而强制退市，2 家公司因重大违法而强制退市，其余 50 家公司因连续亏损等财务状况不达标而强制退市。经过 7 年多的发展，老三板公司在新三板市场在市场定位、监管情况、投资者人数、生产经营、公司治理、信息披露、停牌重组、券商督导、公司未来发展等方面均发生了较多的变化。

在市场定位上，老三板设立之初主要是为了满足老三板投资者的转让需求，仅为公司提供基本信息披露和股票转让功能，并不附带融资、重组等其他资本市场功能。全国股转公司在整体承接原证券代办股份转让系统挂牌的老三板公司时，延续了原代办股份转让系统的制度规则，仅满足其信息披露和股票转让需求。中国证监会《关于改革完善并严格实施上市公司退市制度的若干意

---

① 关于老三板起源的详细介绍可参见本书第一章第二节"老三板代办系统"。

见》（以下简称《退市意见》）、《非上市公众公司重大资产重组管理办法》（以下简称《重组办法》）的公布实施，明确了退市公司重新上市的制度安排，使公司和投资者的预期发生了变化，老三板市场的主要矛盾发生了变化，但是信息披露、股票转让等方面的监管依然沿用原有制度，相关风险和问题逐渐凸显出来。

在监管依据上，《全国中小企业股份转让系统有限责任公司管理暂行办法》第三十四条规定，两网公司及退市公司，由全国股转公司负责监督管理。2013年，全国股转公司按要求承接了 52 家老三板公司，但是双方之间并未签署挂牌协议。在法律关系上，全国股转公司的监管行为是基于行政委托而对上述老三板公司进行监管，但是在行政规范层面未明确老三板公司的非上市挂牌公司性质以及对其进行监管的行政规范。

2013 年之后，全国股转公司逐渐与承接的新退市公司签署了挂牌协议，明确了实施自律监管的依据，但是自律规则沿用了代办股份转让系统时期的规定，已经不能适应老三板的发展变化，如不披露定期报告、不产生停牌、摘牌等的法律后果，只是调整每周的股票交易频次；停复牌规定原则化，预留给公司的自由裁量空间过大；破产重整的司法程序与重大资产重组的衔接不顺畅，由此导致标的资产已经过户、但未履行重组程序的情形，使得重组的规则不能得到有效执行。

在投资者方面，老三板的投资者人数不断增加，且以个人投资者为主。基于历史延续性，老三板未实行投资者适当性制度，同时由于退市公司数量不断增加，投资者人数也不断增加。2014 年底，已经在中国结算完成确权且持有公司股票的投资者约 46.12 万人；2019 年 12 月底，投资者人数已增长至 133.04 万人，其中持有老三板公司股票的投资者约 94.42 万人。在投资者类型方面，有机构投资者 2.07 万户，占投资者总数的 1.55%，有个人投资者 130.97 万户，占投资者总数的 98.45%；在投资者年龄分布上，40～70 岁年龄段占个人投资者总数的 77.27%；在地域分布上，投资者分布前 5 位的省份分别为上海、广东、江苏、浙江、四川，合计占 47.08%。

在生产经营情况方面①，部分公司通过破产重整逐渐恢复经营能力。根据43家公司披露的2018年年报的情况，有24家公司净资产为负，处于资不抵债的状态；净利润的平均数为－9430.88万元，最大值为48150.23万元，最小值为－225849.18万元。其中，净利润大于1000万元的公司有14家，净利润为正但小于1000万元的有6家，净利润为负的有23家。20家净利润为正的公司中，有16家公司实施了破产重整，有15家公司实际控制人发生了变更，实际控制人变更之后均置入了部分经营性资产或者运用其拥有的资源使公司逐渐恢复生产经营能力。

公司在资产状况、员工人数等方面呈两极化趋势。根据问卷调查和主办券商核查情况，有30家公司的主要资产能够正常运营，有25家公司的主要资产已被冻结查封，有7家公司由于失联、股东争议、人员离职等原因无法掌握公司资产状况。有4家老三板公司在工商登记系统中显示营业执照处于吊销状态，有1家公司在工商登记系统中显示"迁出"。在员工人数方面，人数在1000人以上的公司有5家，50~200人及200~1000人的公司均有9家，10~50人的公司有17家，10人以下的公司有16家。

可见，老三板公司经营能力先天不足。根据《退市意见》，上市公司一般因盈利能力、持续经营能力较差，或存在欺诈发行、信息披露重大违规及其他领域的重大违法行为等情形被强制退市。据统计，有50家退市公司因连续亏损等财务状况不达标而被强制退市。因此，大部分退市公司在进入全国股转公司挂牌转让时生产经营已经出现异常，生产经营能力存在缺陷。

在公司治理方面。约半数公司存在股权分置问题，股权分置现象仍然突出。57家退市公司中，有41家公司由于退市时间较早，未在上市阶段解决流通股与非流通股的股权分置问题。自2015年以来，部分退市公司开始启动实施股权分置改革，目前共有14家公司在老三板完成股权分置改革。但是，仍有27家退市公司未完成股权分置改革，占退市公司总数的47.37%。7家两网公

---

① 为摸清老三板公司的整体状况，全国股转公司于2019年3月和6月通过问卷调查、要求主办券商核查以及会同证监局现场检查等方式了解公司的生产经营、公司治理、信息披露等情况。

司非流通股均未在中国结算办理登记，各家公司分别采取将股票委托第三方市场机构或自行管理等方式进行存管。由于股权代持、继承、时间久远等原因，对股份实施确权的难度较大。

老三板公司治理状况也存在不均衡问题，部分公司"三会"运作失灵。根据有数据的49家公司的情况，公司董事会平均人数为7人，董事会人数最多的有12人，最少的有4人；有33家公司设立了独立董事，占比为67.35%，独立董事最多的有4人，最少的有1人。在"三会"运作方面，有43家公司能够正常召开股东大会、董事会、监事会，其余公司"三会"运作异常。大部分公司召开"三会"审议的事项大多限于审议定期报告、董事会或者监事会等事项，较少审议生产经营的相关事项。

在信息披露方面。部分公司不能履行信息披露义务，信息披露质量有待提高。经统计，披露2018年年报的老三板公司有43家，占公司总数的69.35%，其中，有20家公司被出具了标准无保留意见，有9家公司被出具了带强调事项段的无保留意见，有4家公司被出具了保留意见，有1家公司被出具了否定意见，有9家公司被出具了无法表示意见。披露2019年一季报、半年报和三季报的公司分别有39家、41家、39家，能够同时披露上述定期报告的公司有36家。临时报告方面，大部分公司披露的临时公告基本局限于董事、监事或者高级管理人员变更、重整情况或者重组情况等方面，较少涉及生产经营方面的内容。

在停牌重组方面，《退市意见》《重组办法》和《非上市公众公司收购管理办法》（以下简称《收购办法》）实施后，部分老三板公司开始通过破产重整嵌套实施并购重组，并陆续停牌。截至2019年12月31日，共有12家公司完成了重大资产重组，其中由中国证监会核准4单，全国股转公司备案8单；共有28家公司因破产重整、重组等原因处于停牌状态，其中破产重整的9家、重大资产重组的8家、股权分置改革的4家、吊销营业执照的4家、申请重新上市的3家，占公司总数的42.42%。根据《全国中小企业股份转让系统两网公司及退市公司信息披露暂行办法》，发生影响公司股票转让的重大事件时停牌，规定相对原则化；同时也由于公司历史负担较重、员工人数少以及历史资料不完整等原因，破产重整等工作推进较慢，公司停牌时间较长，其中停牌时间在 1 年以内的公司有 2 家，其余公司均已停牌超过 1 年，甚至有公司自 2013 年 1 月 9 日停牌，至今已有 7 年多时间。

在主办券商督导方面。现有制度层面未明确老三板实行主办券商制度，实践中为便于监管，在老三板公司更换主办券商时或者新增退市公司申请挂牌时，有 37 家公司与主办券商签署了持续督导协议，其余 27 家老三板公司则未与主办券商签署持续督导协议。该类未签署持续督导协议的公司，均属于早期退市的公司，其主办券商大部分属于指定接管办理相关业务，开展督导工作缺少制度层面的依据，也没有合同基础。除此以外，老三板公司情况复杂，多数券商无督导费收入，督导积极性不高

在公司未来发展方面，多数公司认为自身发展阶段与新三板市场不相匹配，对于在新三板挂牌转让的意愿不高。根据问卷调查，有 30 家公司仅有重新上市意向，无新三板挂牌意向，占比约为 52%；有 14 家公司同时具有重新上市及新三板挂牌意向，占比约为 24%；有 13 家公司既无重新上市意向，也无新三板挂牌意向，占比约为 24%。在影响公司在新三板挂牌转让意愿的因素中，有 28 家公司认为企业自身的发展阶段问题是主要原因，有 13 家公司认为交易方式不先进，有 11 家公司认为融资方式与功能有待健全，有 9 家公司认为投资者门槛过高，其他公司认为分层制度有待完善等。

## 二、老三板存在的困境

老三板市场同时存在于新三板市场是有较大问题的。不但在逻辑和法律上说不通，在监管和实际操作上也很难。

### （一）基本逻辑

证券交易场所的存在应该有自身存在的逻辑，它应该是一个统一的市场，具有相同的属性，适用统一的法律、法规和该场所自律规则。在证券交易场所中，无论是公开发行的证券还是非公开发行的证券，尽管在具体适用的情形和具体条件上有所差别，适用的对象有所不同，但对发行人而言都应当具有相同

的法律和规则体系。一般情况下，在一个市场发行证券，经过发行后都在同一市场上市并进行交易，市场应当发行自己的证券并将这一证券在本市场上市交易，这是市场存在的基本逻辑。如果这一市场不发行证券，而仅是接受其他市场发行的证券，这一市场是很难有生命力的。这是因为其他市场并不可能只发行证券并将发行的证券送往其他证券市场上市交易，而本市场只发行而不进行交易。如果是这样，这个市场也就不成为市场了。这是因为，证券上市交易是证券市场存在的必要前提，也是证券市场最主要和最基本的特征。一方面，只发行不上市交易不符合证券市场的经济逻辑。证券交易场所的营业收入，很大一部分甚至是绝大部分来自投资者证券交易的交易经手费等相关费用，而证券的发行费用被证券公司等中介机构收取，证券的上市初费和年费的收取对于证券交易场所而言非常有限，如果没有交易费用，证券交易场所连维持营运都很困难。另一方面，设立证券交易系统对于证券市场的运营者并不困难，在科技如此发达的今天，市场交易所必须具有的营运设备并不复杂，很容易建立。与建立市场的设备所花费的资源相比较，长年累月的交易费用所获取的收益远远高于系统建设费用，因此在能够交易的情况下，只发行不交易在经济上也是不合逻辑的。除非法律规定不允许证券市场从事证券交易活动，但这样的法律在世界各国绝无仅有，即使有也并不针对证券交易场所，因为如果针对证券交易场所，这一市场在本质上就不是证券交易场所。

其实，一个证券市场接受其他市场转来上市的证券在国际资本市场较为常见，如多地上市、第二上市、转板、发行存托凭证等。这些工具的使用对上市或者挂牌公司有很大的好处。但这些工具的使用对一个市场而言不是唯一的，且不能成为这一市场的主要工具。

老三板存在于新三板市场在逻辑上的问题在于，老三板公司的股票既不在新三板市场发行也不在新三板市场挂牌上市，但却在新三板市场交易，无论是两网公司的股票还是从沪深证券交易所退市的公司股票在新三板市场交易并形成自己特有的老三板市场。一个证券交易场所形成两个完全不同属性、彼此互不联系的市场，无论如何是说不通的。让一个不在自己市场发行，又不同国际通行的公司多地上市、第二上市、转板上市、衍生品上市等，并不是证券交易场所市场化的做法，不是一个证券市场的应有之义。

（二）规则依据

老三板公司不是新三板的挂牌公司，因而新三板的规则体系很难适用于这些公司。在法律上，一个证券交易市场所制定的业务规则应当用于规范和约束其市场的参与者，包括发行人、上市公司或者挂牌公司、中介机构和投资者，为市场参与者提供各种业务指引，便于市场参与者参与市场的各种活动，为市场参与者提供服务。从新三板的规则体系看，众多的市场业务规则无不针对新三板的市场参与者及它们在新三板市场的各种活动和行为。这些业务规则包括证券的发行、挂牌上市、证券交易、技术安排、存管结算，上市公司、挂牌公司、证券中介机构、投资者等各个方面。《证券法》第一百一十五条规定"证券交易所依照法律、行政法规和国务院证券监督管理机构的规定，制定上市规则、交易规则、会员管理规则和其他有关业务规则，并报国务院证券监督管理机构批准，在证券交易所从事证券交易，应当遵守证券交易所依法制定的业务规则。违反业务规则的，由证券交易所给予纪律处分或者采取其他自律监管措施"。《证券法》规定的这些业务规则是证券交易场所组织和监督证券市场进行交易、实行自律管理的规章制度。除了证券交易场所的章程之外，上市规则、交易规则、会员管理规则是证券交易场所最基本和最核心的业务规则。实际上，证券交易场所章程、上市规则、交易规则、会员管理规则，以及基于上述规则衍生出的细则、办法、规定、指南、指引、通知等，构成了证券交易场所的不同规则层次，形成了证券交易场所的业务体系。上市规则规范的是发行人在发行证券后，证券上市及上市后的相关行为；交易规则是证券市场交易行为的准则；会员管理规则是对证券公司作为证券交易场所的会员管理的基本准则，其他业务规则则是除上述规则之外的，这些规则涵盖不了的，但确实需要相关规则加以规范的规则。但无论什么样的业务规则，证券交易场所的业务规则都是用来规范该场所内的市场参与者，而不是用来规范其他证券交易场所，更不可能用来规范约束和这一场所毫无关系的相关公司和投资者，这也不是证券法律、国务院行政法规、监管部门的部门规章的立法本意。

（三）自律监管

对老三板公司的监管，全国股转公司颁布过相关的办法和业务指南①。《全国中小企业股份转让系统两网公司及退市公司股票转让暂行办法》（以下简称《转让暂行办法》）、《全国中小企业股份转让系统两网公司及退市公司信息披露暂行办法》（以下简称《披露暂行办法》），规定了老三板公司在新三板市场转让的基本做法以及信息披露的基本要求。《转让暂行办法》共41条，侧重的是如何使这些公司在新三板市场进行股份转让，而《披露暂行办法》共计92条，较为详细地规定了老三板公司涉及的信息披露等基本问题。两个业务指南更多的是规定相关当事人及全国股转公司具体的工作程序和工作要求。从这些制度看，两个办法是基本业务规则，大多数规定的是服务的内容，但也涉及自律监管，而业务指南基本不涉及监管问题。对于新三板市场的自律监管机构全国股转公司能否实行自律监管权，全国股转公司给出了明确的规定。全国股转公司在《关于原代办股份转让系统挂牌的两网公司及交易所市场退市公司相关制度过渡安排有关事项的通知》（2013年2月8日发布股转系统公告〔2013〕第5号）中指出"根据中国证监会发布实施的《非上市公众公司监管管理办法》《全国中小企业股份转让系统两网公司及退市公司股票转让暂行办法》《全国中小企业股份转让系统业务规则（试行）》，两网公司和退市公司将纳入中国证监会非上市公众公司监管范围和全国中小企业股份转让系统有限公司自律监管范围"。这一通知明确了全国股转公司的自律监管权，也明确了这一自律监管权的依据，即来自中国证监会的部门规章和全国股转公司自己的规定。

自律监管机构自己给自己设定自律监管权，在法律和逻辑上是没有根据的。全国股转公司监管老三板的权力来源自然是中国证监会的部门规章，即根据中国证监会发布实施的《非上市公众公司监管管理办法》而获得的授权来行

---

① 关于老三板公司的制度性安排，全国股转公司颁布了相关文件，主要包括《全国中小企业股份转让系统两网公司及退市公司股票转让暂行办法》《全国中小企业股份转让系统两网公司及退市公司信息披露暂行办法》《全国中小企业股份转让系统退市公司股票挂牌业务指南》《全国中小企业股份转让系统两网公司及退市公司股票分类转让变更业务指南》等。

使自律监管权。

中国证监会是国务院证券监督管理机构，其行使的监管权力自然是行政权。有两个问题需要讨论，一是行政机关能否授权他人行使行政权力？二是具体到对老三板的监管，中国证监会能否授权全国股转公司对老三板行使监管权？行使的是什么性质的监管权力？

在我国，行政机关授权其他机构行使相关权力是有严格法律规定的。我国《行政许可法》第二十二条规定"行政许可由具有行政许可权的行政机关在其法定职权范围内实施"，第二十三条规定"法律、法规授权的具有管理公共事务职能的组织，在法定授权范围内，以自己的名义实施行政许可。被授权的组织适用本法有关行政机关的规定"，第二十四条规定"行政机关在其法定职权范围内，依照法律、法规、规章的规定，可以委托其他行政机关实施行政许可。委托机关应当将受委托行政机关和受委托实施行政许可的内容予以公告。委托行政机关对受委托行政机关实施行政许可的行为应当负责监督，并对该行为的后果承担法律责任。受委托行政机关在委托范围内，以委托行政机关名义实施行政许可；不得再委托其他组织或者个人实施行政许可"。从这些规定可以看出，中国证监会行使行政许可权应在其法定职责范围内，而其他被行政授权的组织所获得的行政授权的来源只能是法律、法规，且授权的对象是具有管理公共事务职能的组织。这就意味着，全国股转公司根据中国证监会的《非公办法》获得监管授权存在疑问。这是因为这一管理办法既不是法律，也不是法规，它只是部门规章，而全国股转公司是否是具有公共管理事务职能的组织也值得讨论。全国股转公司对老三板的监管权显然不是中国证监会的委托授权，行政机关是无法将行政权力委托给具有公司性质的组织行使的。退一步说，即使委托成立，全国股转公司作为受委托人，行使的是行政权而且还应以中国证监会的名义行使这种权力，也不存在自己制定的相关管理办法。

笔者认为，证券交易场所的运营机构证券交易所和全国股转公司作为自律监管机构监管证券交易场所，其自律监管权来自两个方面，一方面是法律授权，另一方面来自合约。就法律授权而言，《证券法》多处就全国性证券交易场所的自律监管权作出了规定。《证券法》在"证券交易场所"一章对此有专门规定，比如该法第九十六条规定"证券交易所、国务院批准的其他全国性证券交易场所为证券集中交易提供场所和设施，组织和监督证券交易，实行自律管理，依法登记，取得法人资格"。《证券法》还对证券交易所的各种自律监管权用多条条款进行了详细的规定，也对国务院批准的其他全国性证券交易场所的自律监管权采取授权的办法由国务院以行政法规的形式加以详细规定。可见，依法实行自律监管是证券交易所和国务院批准的其他全国性证券交易场所的重要依据。就合约而言，证券交易市场的参与者进入证券市场参与证券上市和交易活动，除了法律法规规定的各种要求外，还应当遵守证券交易场所的各种业务规则和规定。它们必须自愿接受证券交易所和国务院批准的其他全国性证券交易场所的监管。就上市公司或挂牌公司而言，这些公司在上市或挂牌时应当和证券交易场所签订上市协议或挂牌协议，明确上市公司和挂牌公司愿意遵守证券交易场所的上市规则、挂牌规则等各种规则，服从自律监管机构的监管。就会员公司或证券公司而言，它们成为证券交易所的会员或者国务院批准的其他全国性证券交易场所的主办券商时，也应当表明愿意遵守证券交易场所的会员管理规则、主办券商相关管理规则和其他业务规则。投资者进入证券交易场所同样如此，应当按照证券交易场所适当性管理的要求，服从证券交易场所的自律监管。因此，这些行为实际上是市场参与者同自律监管机构之间的合意，具有契约性质。

（四）市场割裂

老三板存在于新三板市场中，老三板公司和投资者对新三板而言既没有法律上的依据，也无契约上的来源，证券交易场所作为自律监管机构监管老三板的公司和投资者就很难找到适当的监管依据。在实践中，由于上述原因，对于老三板公司和投资者，新三板自律管理机构均处于十分尴尬的地位，使老三板在新三板市场中处于割裂的状态。

一是市场割裂。老三板尽管在新三板市场中，但老三板公司、投资者和新三板公司、投资者等是完全分开的，彼此之间互无交接。二是规则割裂。新三板市场有着非常完备的规则，这些规则均适用于新三板，因而在业务规则层面，新三板市场并不包括老三板公司和市场参与者。三是公司割裂。老三板公司是两网公司和沪深证券交易所退市公司，不是新三板的挂牌公司，无法享受到挂牌公司在新三板的相关制度红利，无法在新三板融资、并购重组等。老三板公司和新三板公司彼此也互不相干。四是交易割裂。新三板市场的交易方式和老三板公司不同，彼此之间没有联系。新三板市场无论是基础层、创新层还是精选层，其挂牌公司都采取集中竞价和连续竞价的方式。而老三板公司交易当天是无法交易的，每5天或者每3天交易1次，少数的1天交易1次。五是投资者割裂。新三板的投资者不能买卖老三板公司的股票，而老三板的投资者也不能买卖新三板挂牌公司的股票。六是纪律处分割裂。由于对老三板公司在监管上缺乏一定的依据，对老三板市场的公司和投资者涉嫌的违法违规如何处理就变得较为困难，而新三板挂牌公司和投资者违法违规违纪的处理依据充足，全国股转公司的公司监管部门、纪律处分部门和纪律处分专门委员会都有相应的规则和法律依据加以处理。

老三板市场是历史问题，应当加以解决。但现在的问题是这一问题很难一时解决。其原因不但是老三板的许多公司情况较差、问题复杂，而且老三板市场还有扩大的趋势。随着沪深证券交易所市场监管越来越严，退市的力度也越来越大。每年都有一些退市公司退到新三板市场，使新三板市场的退市公司越来越多。这些公司的市值、经营规模、资产总量、投资者人数均较大，大多数超过新三板挂牌公司的规模，如果没有一个很好的解决办法，新三板市场的老三板成分将越来越大，新三板作为国务院批准的其他全国性证券交易场所的立法意图和新三板服务于创新型、创业型民营中小企业的初衷就会打折扣。

尤其严重的是，在沪深证券交易所的退市公司中，有些并非由于市场化的指标如持续经营能力、盈利能力、股权分散度、交易量和股票价格等原因退市，而是重大违法行为导致的退市。这些重大违法公司在新三板市场，形成了法律和理论上的悖论。新三板市场是根据法律，由国务院批准设立的全国性合法市场，其市场的参与者必须合法，这是基本前提，挂牌公司、中介机构、投资者必须具有合法的身份，进行合法的证券发行和交易行为。但新三板市场却存在着有重大违法行为的公司，并允许投资者交易，这不得不说是个奇怪的现象。

### 三、老三板的出路

#### （一）总体考虑

老三板面临的问题是有目共睹的，监管者对老三板的问题应该也十分清楚，笔者认为，监管者目前所采取的办法是不得已而为之，不采取这些办法可能会导致更多的问题，监管者也在尽力寻求更好的办法来解决老三板的这些问题。作为遗留问题，解决老三板的问题不可能一挥而就。实际上，解决老三板的问题也面临许多实际困难。

一是老三板的公司中，两网公司都是历史遗留问题，拖至今日都是一些比较难以解决的难题。这些公司在经营上遇到了很大的困难。有的已经很难经营下去了，有的勉强经营但严重亏损，有的人员不整甚至成为空壳公司，有的很难保证信息披露。这些公司却有着许多投资者，他们早期投入较多，现在却没有着落。

二是老三板中的退市公司经营等情况不佳。这些在沪深交易所退市的公司分成三类。第一类是持续严重亏损。尽管 2019 年 12 月修订的新《证券法》第四十八条规定"上市交易的证券，有证券交易所规定的终止上市情形的，由证券交易所按照业务规则终止其上市交易"，将退市的决定权赋予了证券交易所，但在此之前，按照 2005 年《证券法》的规定，上市公司最近三年连续亏损，在其后一个年度内未能恢复盈利的，就应该退市。因此，在沪深证券交易所的退市公司中这一类公司占大多数，新三板市场中这类退市公司也占大多数。第二类为不符合维持上市规则中股票上市交易的市场指标，比如上市公司股本总额、股权分散度、股票价格、股票的交易量等而导致退市的。第三类为因重大违法违规行为被证券交易所直接退市的①。三类公司都存在着情况不同的各种

---

① 《深圳证券交易所上市公司重大违法强制退市实施办法》第二条规定"本办法所称重大违法强制退市，包括下列情形：（一）上市公司存在欺诈发行、重大信息披露违法或者其他严重损害证券市场秩序的重大违法行为，且严重影响上市地位，其股票应当被终止上市的情形；（二）上市公司存在涉及国家安全、公共安全、生态安全、生产安全和公众健康安全等领域的违法行为，情节恶劣，严重损害国家利益、社会公共利益，或者严重影响上市地位，其股票应当被终止上市的情形"，上海证券交易所也同样就此做了规定。

问题，尤其是第三类问题较为严重，对投资者带来的伤害最大。

三是退市公司人员较多、情况复杂，尤其是涉及众多的中小投资者。退市公司由于前身是上市公司，其公开发行的股票较为分散，公司中的中小投资者众多。退到新三板的退市公司中小投资者人数少则数千人，多则几万人甚至更多。这些投资者由于公司退市而深陷其中，所持有的股票损失惨重，大量的中小投资者无辜受害。尽管是他们自己的投资决策，但当他们面临巨大的损失，却又无法挽回时，他们中的一些人就会非理性对待，投诉、信访、维权。对退市公司来说，处理不好极易形成社会问题，对社会稳定造成影响。

基于上述种种原因，如何妥善地处理两网公司等历史遗留问题，安排退市公司的出路，的确是件不容易的事。按照市场化的原则，公司一旦退市，就不是上市公司或者挂牌公司，它就是一般的股份公司，应当按照《公司法》的规定安排相关事宜。对于这样的公司，在境外资本市场，证券监管机构和自律管理机构不必干预，按照市场化规则，依据相关法律办事即可。但是在我国，这一情况就变得复杂，不寻找一个较好的解决办法就不利于资本市场的健康稳定发展，也不利于保护投资者尤其是广大中小投资者的利益。因此，在按照有关法律处理退市公司的情况下，尽量保护退市公司广大中小投资者的交易权，使他们的受损程度尽量降低，是监管部门维护社会稳定，保护中小投资者的重要手段。正是基于这样的出发点，退市公司没有一退到底，监管者也没有撒手不管，才出现了将退市公司再次转到另外的市场继续交易的情况，形成了所谓的在一个证券交易场所充满着另一个证券交易场所大量退市公司的情况。笔者认为，这是监管者对投资者尤其是中小投资者保护的有力举措，也是对投资者认真负责的表现，值得肯定。

但是，采取这样的措施，前述的新三板市场本身的问题接踵而来，老三板在新三板市场的问题不但不能解决，反而会越来越侵蚀新三板市场，使新三板市场逐渐失去其设立的目的和意义，更使新三板市场形成了场内市场和场外市场不分，上市挂牌公司和退市公司不分的局面，因而这一问题应尽快解决。

（二）基本思路

如何解决老三板在新三板市场的问题，寻找出老三板在新三板市场的出路，笔者认为总体思路主要分为两个方面：一方面，对于老三板公司中情况较好的公司，如果符合新三板挂牌条件，或者符合证券交易所重新上市条件，老三板公司又愿意的，可以申请在新三板挂牌或者在沪深证券交易所重新上市；另一方面，对于那些没有出路的只能留在老三板市场中的公司，将该老三板公司从新三板市场分离出来，由独立的机构或部门为其提供专门的服务。

1. 申请挂牌或重新上市

一是申请挂牌。即符合新三板挂牌条件的公司进入新三板挂牌，成为新三板挂牌公司。

在老三板公司中，有些公司是因为不符合沪深证券交易所的市场标准，有些是因为不符合持续盈利标准退市的。沪深交易所维持上市的标准并不完全等同于新三板市场的挂牌标准，在具体的上市和挂牌标准上，新三板的挂牌标准在市场指标上要低于沪深证券交易所的，能够和沪深交易所上市标准对接的，主要是新三板精选层的入层标准，基础层和创新层的挂牌标准要低于沪深证券交易所的上市标准。老三板中从沪深证券交易所退市的公司，除因重大违法被强制退市的，一些公司按照新三板的挂牌标准尤其是基础层的标准是能够满足甚至大大超出的。对于因持续亏损被强制退市的沪深证券交易所上市公司，在新三板挂牌也存在可能性，在《证券法》对公开发行及上市标准有关持续盈利要求降低只要求发行人具有持续经营能力的情况下，新三板市场挂牌标准在这方面的要求就大为降低，亏损的退市公司是完全可以在新三板挂牌的。何况新三板对亏损公司的挂牌并无要求，也不形成障碍。因此，只要老三板公司愿意，这些公司是完全可以申请在新三板挂牌的。

但是，老三板符合条件的公司愿意申请在新三板挂牌吗？这需要这些公司的管理层决策。笔者认为，在新三板全面深化改革之前，这种可能性较小，公司申请挂牌的意愿不强。这是因为，公司申请上市或者挂牌的意义在于能够顺利地发行股票并成功募集资金、上市或挂牌进入证券交易场所能够顺利进行交易，公司的价值能够被发掘，公司股票的价格能够被发现，公司能在资本市场实现资源优化配置，公司的股票具有一定的流动性，能够具有良好的市场预期和退出机制，从而实现实体经济和资本市场的有效结合。新三板市场在 2019 年 10 月 25 日全面深化改革前，这些基本功能不尽理想，市场功能显现不足，在出现了大量挂牌公司摘牌的情况下，老三板公司申请挂牌的意愿不足。但是在全面深化新三板改革后，新三板市场发生了深刻的变化，市场功能逐步得到了恢复，一系列改革措施使新三板市场日渐活跃，尤其是精选层、转板机制和连续竞价等使新三板市场成为一个真正的证券交易市场，老三板公司符合新三板挂牌条件的挂牌意愿就会有所改变，因而可以考虑让这些公司在新三板挂牌交易。

　　老三板公司在新三板挂牌交易，老三板原有的投资者怎么办？因为一旦成为新三板挂牌公司，就应当完全遵守新三板的各项业务规则。在新三板市场上，对投资者是有适当性管理的，必须符合一定的投资者准入门槛方可从事挂牌公司的证券买卖。根据新三板业务规则，基础层的投资者必须具有 200 万元的证券资产，创新层的投资者必须具有 150 万元的证券资产，精选层的投资者必须具有 100 万元的证券资产。而老三板公司的投资者并没有这样的限制。一旦成为挂牌公司，老三板的这些投资者就成为受限投资者，这些投资者不能出售其持有的股票，新三板市场的其他投资者也就无法买卖老三板公司的股票。老三板公司尤其是退市公司，其股本总额较大、投资者众多，这一问题不解决，一方面使老三板公司挂牌的意义大打折扣，老三板的遗留问题还是得不到解决；另一方面也会形成新三板市场的"公司分置"或"股权分置"，而要让退市公司中人数众多的中小投资者均具有百万元以上的证券资产，达到新三板投资者门槛是困难的。因此，让老三板公司挂牌新三板市场想法很好，但操作起来有困难。

　　二是重新上市。即在沪深证券交易所重新上市成为上市公司。这一出路对于老三板公司来说是非常愿意的，它能使这些公司完成质的飞跃。但在实践中，老三板公司在沪深证券交易所重新上市比其在新三板挂牌难度更大。虽然并不排除极个别的质优公司因行业周期性或其他原因退市后经过努力重新上市，但绝大多数老三板公司在沪深证券交易所重新上市的可能性极小①。这是因为沪深证券交易所重新上市的标准是极其严格的，② 老三板的两网公司离沪深证券交易所的上市标准相去甚远，而那些退市公司本身就是因为无法达到维持上市标准被退市的，再让其重新上市，不亚于发行人 IPO 的标准。对证券交

---

① 2018 年 6 月 4 日，上交所退市公司中国长江航运集团南京油运股份有限公司（以下简称长航油运）和深交所退市公司创智信息科技股份有限公司（以下简称创智科技）纷纷发布公告称，长航油运向上交所提交了重新上市的申请材料，创智科技将向深交所申请恢复审核重新上市。长航油运相关负责人表示，自 2014 年 6 月退市后，在主营业务没有发生变化、实际控制权没有发生变更、经营管理层没有发生重大变动的情况下，通过自身消解债务负担，改善经营结构，恢复了盈利能力和持续经营能力，具备了重新上市申请条件。11 月 2 日，新三板挂牌公司长航油运发布公告称，收到上海证券交易所重新上市交易的通知。长航油运成为中国首例也是唯一的 A 股重新上市公司，而创智科技重新上市并未成功。

② 《上海证券交易所退市公司重新上市实施办法（2018 年 11 月修订）》第八条规定 "本所上市公司的股票被终止上市后，其终止上市情形已消除，且同时符合《上市规则》规定的下列条件的，可以向本所申请重新上市：（一）公司股本总额不少于人民币 5000 万元；（二）社会公众股持有的股份占公司股份总数的比例为 25% 以上；公司股本总额超过人民币 4 亿元的，社会公众股持有的股份占公司股份总数的比例为 10% 以上；（三）公司及董事、监事、高级管理人员最近 3 年无重大违法行为，财务会计报告无虚假记载；（四）最近 3 个会计年度净利润均为正数且累计超过人民币 3000 万元，净利润以扣除非经常性损益前后较低者为计算依据；（五）最近 3 个会计年度经营活动产生的现金流量净额累计超过人民币 5000 万元；或者最近 3 个会计年度营业收入累计超过人民币 3 亿元；（六）最近 1 个会计年度经审计的期末净资产为正值；（七）最近 3 个会计年度的财务会计报告均被会计师事务所出具标准无保留意见的审计报告；（八）最近 3 年公司主营业务没有发生重大变化，董事、高级管理人员没有发生重大变化，实际控制人没有发生变更；（九）保荐机构经核查后发表明确意见，认为公司具备持续经营能力；（十）保荐机构经核查后发表明确意见，认为公司具备健全的公司治理结构、运作规范、无重大内控缺陷；（十一）本所规定的其他条件"。《深圳证券交易所退市公司重新上市实施办法（2018 年 11 月修订）》：第八条规定 "上市公司在其股票终止上市后，其终止上市情形已消除，且同时符合《上市规则》规定的下列条件的，可以向本所申请重新上市：（一）公司股本总额不少于人民币五千万元；（二）社会公众持有的股份占公司股份总数的比例为 25% 以上；公司股本总额超过人民币四亿元的，社会公众持有的股份占公司股份总数的比例为 10% 以上；（三）最近三年公司无重大违法行为，财务会计报告无虚假记载；（四）公司最近三个会计年度的财务会计报告未被出具保留意见、无法表示意见或者否定意见的审计报告；（五）公司最近三个会计年度经审计的净利润均为正值且累计超过人民币三千万元（净利润以扣除非经常性损益前后较低者为计算依据）；（六）公司最近三个会计年度经营活动产生的现金流量净额累计超过人民币五千万元；或者公司最近三个会计年度营业收入累计超过人民币三亿元；（七）公司最近一个会计年度经审计的期末净资产为正值；（八）公司最近三年主营业务未发生重大变化；（九）公司最近三年董事、高级管理人员未发生重大变化；（十）公司最近三年实际控制人未发生变更；（十一）公司具备持续经营能力；（十二）具备健全的公司治理结构和内部控制制度且运作规范；（十三）公司董事、监事、高级管理人员具备法律、行政法规、部门规章、规范性文件、本所有关规定及公司章程规定的任职资格，且不存在影响其任职的情形；（十四）本所要求的其他条件。前款第（十三）项所称 '影响其任职的情形'，包括：被中国证监会采取证券市场禁入措施尚在禁入期的；最近三十六个月内受到中国证监会行政处罚，或者最近十二个月内受到证券交易所公开谴责；因涉嫌犯罪被司法机关立案侦查或者涉嫌违法违规被中国证监会立案调查，尚未有明确结论意见等情形。公司因触及欺诈发行强制退市情形，其股票被强制终止上市的，不得申请重新上市"。

易所来说，无论什么样的企业，无论采取什么样的方式包括 IPO、转板上市、重新上市，在同一板块下，其上市标准应该是相同的，不因这些方式的不同而有所差异，否则就会出现在同一个市场、同一个板块不同上市标准，这在法律和逻辑上是行不通的，在实践中也有很多问题。

可以看出，无论采取挂牌或是重新上市，以此谋求老三板公司的出路实际上不太现实，即使有可能性，也只是极少数公司，并不能完全解决老三板公司的问题。

2. 成立独立机构或部门为其服务

解决老三板出路的第二个思路，即将老三板和新三板分离，使新三板市场成为一个真正意义上的全国性证券交易场所，满足《证券法》对新三板提出的法律要求以及国务院证券监督机构对新三板市场的监管要求，让新三板不再带着问题，真正发挥市场上的融资、并购、交易等基本功能，实现新三板服务于民营中小企业；同时又能很好地解决老三板公司的相关问题，使老三板能够明晰其未来发展的道路。在具体方向上可以从以下几个方面予以考虑。

一是在中国证监会的指导下成立独立的机构，专门负责老三板相关业务。这样的考虑是因为，尽管老三板中的两网公司并不太多，但退市公司会越来越多，如果加上新三板市场的摘牌公司（相当于证券交易所的退市公司），老三板公司的数量并不在少数。这些公司退出全国性证券交易场所后，仍然有数量庞大的投资者并且绝大多数是中小投资者，必须给这些公司一定的出路；另外它们仍然是公众公司，必须接受中国证监会的监管，这些公司仍然有大量的业务需要予以安排和帮助，如证券的存管、股票的转让、买卖的结算、公司经营情况的展示、在转让过程的信息披露、公司的重新上市等各种事务。

老三板公司来自全国各地，其投资者也来自全国各地，曾经为老三板服务的中介机构同样来自全国各地。因而，为老三板提供服务的不可能是区域性股权市场，这些区域性股权市场要接纳老三板公司，为它们提供服务没有法律上的依据也不具备这样的能力，即使少数地方具备这样的能力，提供这样的服务，也很难做到区域性股权市场间的平衡。

二是在中国证监会的指导下，将老三板业务纳入中证机构间报价系统股份有限公司。中证机构间报价系统股份有限公司（以下简称中证报价）是于2014年8月，由中证资本市场发展监测中心在中国证监会、中国证券业协会统一指导下，搭建的机构间市场即机构间私募产品报价与服务系统（以下简称报价系统）。该报价系统是指依据证券业协会制定的相关办法为报价系统参与人（以下简称参与人）提供私募产品报价、发行、转让及相关服务的专业化电子平台。通过报价系统建设和线下促进投融资双方对接，促进私募市场发展，服务实体经济。该报价系统定位为私募市场、机构间市场、互联互通市场、互联网市场。其一，定位于私募市场，服务于私募产品的报价、发行和转让，是私募市场的基础设施。按照严格区分公募和私募的原则，报价系统中产品的发行、转让均坚守私募底线，遵循相关法律法规在宣传推介、投资者适当性和持有人数量等方面的规定。其二，定位于机构间市场，是指参与人为证券公司、基金公司、期货公司、私募基金等金融机构和专业投资机构，不直接对个人投资者开放。其三，定位于互联互通市场，是指报价系统不取代证券公司单个柜台市场或区域性股权交易市场，而是通过搭建一个安全、高效的信息互联和报价、发行与转让平台，在助推柜台市场和区域性股权交易市场发展的同时，汇集产品、报价、成交等方面的私募市场信息数据。在自愿的基础上，柜台市场、区域性股权交易市场和全国性证券交易场所私募业务平台等私募市场可以与报价系统互联互通。其四，定位于互联网市场，是指报价系统以服务市场参与人、便利市场参与人为目的，具有以下特色：第一，全网运营。报价系统采用先进的互联网技术，支持网上信息发布、网上发行、网上签约、网上报价转让等。第二，自主开放。证券公司柜台市场发行、转让的产品，都可以将报价系统作为支持平台。只要建立开放的信息系统接口，各类私募市场都可以与报价系统连通。第三，全时空。报价系统实行每周7天、每天24小时不间断运行，并提供互联网、移动设备等多介质、多途径的参与路径和工具，可实现市场业务活动的移动化、泛在化，摆脱时空的限制。同时，报价系统将与证联网进行系统对接①，尽可能地使用证联网作为通信网络。

中证报价的这几种定位、功能与老三板的性质具有一定的相似性，与为老三板提供服务具有一定的吻合度。因此，可以进一步扩充该报价系统的功能，发挥中介机构的作用，更好地解决老三板的问题。

三是在全国股转公司范围内，设立新的机构专司老三板的相关业务，为老三板提供专业服务。这种方法相对较为简单，但在业务上使新三板和老三板充分隔离。全国股转公司设立子公司，利用其所具有的人力、物力、财力，以及对现有老三板的服务经验和专业优势，通过子公司的技术力量，开发相关系统，为老三板公司的股份转让等提供服务。

四是在全国股转公司范围内，设立新的独立部门从事老三板的相关业务，为老三板提供专门的服务。这种方式更加简便易行，目的是使新三板和老三板在业务上隔离开来，摆脱全国股转公司在对老三板监管上的困惑，但这一方案相对于前三种，分割得并不十分彻底。

上述四个方向，都使老三板游离于新三板市场，既解决老三板之于新三板的困惑，又使老三板得到更加全面细致的服务。那么，老三板需要得到的服务有哪些呢？笔者认为主要有以下几个方面。

一是老三板股票的登记存管。老三板公司是退市公司和两网公司，其股票的登记存管法律没有强制规定于统一的证券登记结算机构。这些公司的股票不是《证券法》中的全国性证券交易场所交易的股票，因而可以在其他机构登记存管结算。对于新设的服务于老三板的机构来说，它可以采取两种办法解决这一问题。如果全国统一的证券登记结算机构愿意接受老三板公司的业务，可以委托其登记存管结算；如果不愿意接受，这一机构在有能力的情况下自己接受

---

① 证联网具有一点接入多方通信等特点，将促进监管转型，能够提高市场效率，提升信息安全保障水平。证联网作为证券行业第一张全国骨干网，由证监会总体协调，9家行业核心单位（深圳证券交易所、上海期货交易所、大连商品交易所、郑州商品交易所、中国金融期货交易所、中国期货保证金监控中心公司、上海证券通信有限责任公司、深圳证券通信有限公司、中证信息技术服务有限责任公司）共同承建。整个网络有3个核心节点和6个骨干节点作为核心骨干网，将接入所有证券行业核心机构、券商、基金、期货公司，以及几十家大型银行。

这种业务，后者寻找有能力的证券经营机构进行登记存管和结算。

二是老三板股票的转让。建立老三板公司股票代办转让系统，为老三板公司的股票在系统上报价，并定期实施转让。比如每周提供一次转让服务，并一次性为买卖双方实现股份的转让。

三是老三板公司的信息披露。为投资者提供必要的信息服务。投资者要买卖老三板公司股票，必然要对老三板公司有所了解，老三板公司必须进行信息披露，这些披露足以反映老三板公司的真实情况和必要情况，以使投资者能够决策。

四是老三板清算交收。在投资者买卖成交后，寻找清算交收机构或者自己为买卖双方实现交收。

五是其他服务项目。包括为老三板公司经营提供帮助等。

由于老三板公司是历史遗留问题公司和沪深证券交易所退市公司、新三板摘牌公司，这些业务对于新设机构具有一定的挑战性，新设机构在从事服务时，必须有自己的业务规则，帮助老三板公司按照业务规则和业务指引办事。

必须指出的是，尽管老三板市场是一些问题公司和退市公司，但它们仍然是股份公司，其中绝大多数是非上市非挂牌的公众公司，是我国资本市场的一部分，应当受到监管和约束。中国证监会有权对其行使监管权监管老三板市场，以保护老三板市场投资者尤其是中小投资者的合法权益，促进老三板市场健康稳定发展。

## 第三节　新三板与衍生品市场

### 一、基本情况

众所周知，衍生品市场和现货市场具有密切的关联性，它是在现货市场的基础上发展起来的。衍生品的基础是证券，有了基础证券，才会有衍生产品。而基础证券的优劣、现货市场的好坏对于衍生品及衍生品市场来说至关重要。一般情况下，一个好的衍生产品需要其基础产品具有品种数量多、市值大、投资者投资活跃、交易量大、流动性强等特点。从沪深证券交易所的衍生品市场情况看，这一特点较为明显。沪市的上证50ETF就是比较活跃的衍生产品，该衍生产品是上海证券交易所第一只ETF产品，也是我国资本市场第一只ETF产品。由于该产品选择的是上海证券交易所市值排名前50只股票，并以此为基础开发的证券衍生品种。这些股票在市值、业绩、投资者数量、交易量和流动性等方面均表现极好，该衍生产品一直备受市场青睐，多年来，在沪深证券交易所的衍生品市场，在众多的ETF产品中，上证50ETF始终是一个很受欢迎的主流产品。在市场表现、交易量和交易活跃度方面均名列前茅。ETF产品如此，沪深证券交所的国债期货产品、期权产品包括基于个股的期权产品也是如此。

衍生品市场在新三板市场并不发达，这是由新三板市场的情况和具体特点所决定的。

从新三板挂牌公司看，公司普遍较小。从2019年新三板挂牌公司数量看，有近9000家，虽然数量上远远多于沪深交易所上市公司的总和（近4000家），但其公司的规模要远远小于沪深证券交易所市场。它们在总市值、总资产、净资产、营业收入、利润等各方面差距巨大。以2019年上述指标相比较，上海证券交易所市场分别为355519.71亿元、2251111.41亿元、309857.85亿元、339914.32亿元、39598.74亿元；深圳证券交易所市场分别为237414.87亿元、305370.32亿元、99016.48亿元、119784.14亿元、8914.88亿元；新三板市场分别为29399.60亿元、27492.09亿元、11982.16亿元、7973.63亿元、393.10亿元。新三板市场的上述数据仅仅分别是上海证券交易所市场的8.27%、1.22%、3.87%、2.35%、0.99%；仅仅分别是深圳证券交易所市场的12.38%、9.00%、12.10%、6.66%、4.41%；而从上市公司平均市值、总资产、净资产、营业收入、净利润看上海证券交易所分别为226.16亿元、1432.00亿元、197.11亿元、216.23亿元、25.19亿元；深圳证券交易所市场分别为107.67亿元、138.49亿元、44.91亿元、54.32亿元、4.04亿元；新三板市场分别为3.28亿元、3.07亿元、1.34亿元、0.89亿元、0.04亿元。新三板市场的上述数据仅仅分别是上海证券交易所市场的 1.45%、0.21%、0.68%、0.41%、0.17%；仅仅分别是深圳证券交易所市场的3.05%、2.22%、2.98%、1.64%、1.09%。

从新三板市场的融资情况来看，新三板市场与沪深证券交易所市场相比在首次融资、再次融资和并购重组融资方面均差距巨大。以2019年数据相比较，上海证券交易所市场分别为1843.93亿元、2986.43亿元、11976.44亿元；深圳证券交易所市场分别为645.88亿元、4146.00亿元、8007.39亿元；新三板市场的融资和并购重组金额分别为264.63亿元、121.12亿元。新三板市场的上述数据仅仅分别是上海证券交易所市场的8.86%、1.01%；仅仅分别是深圳证券交易所市场的6.38%、1.51%；而从沪深上市公司平均首次融资、再融资、资产重组融资看，上海证券交易所分别为14.99亿元、15.47亿元、5.45亿元；深圳证券交易所市场分别为8.28亿元、27.46亿元、10.62亿元；新三板市场的融资和并购重组金额分别为0.42亿元、0.71亿元。新三板市场的上述数据仅仅分别是上海证券交易所市场的2.71%、13.03%；仅仅分别是深圳证券交易所市场的1.53%、6.69%。

从新三板市场的交易量情况看，新三板的交易量过小。以2019年数据相比较，上海证券交易所总交易量和平均每只股票交易量分别为543844.00亿元、336.75亿元；深圳证券交易所市场分别为730314.79亿元、325.74亿元；新三板市场分别为825.69亿元、0.17亿元。新三板市场的上述数据仅仅分别是上海证券交易所市场的0.15%、0.05%；分别是深圳证券交易所市场的0.11%、0.05%；而从沪深证券市场的日均交易量和平均每只股票日均交易量看，上海证券交易所分别为2228.87亿元、1.38亿元；深圳证券交易所市场分别为2993.09亿元、1.34亿元；新三板市场分别为3.38亿元、6.95万元。新三板市场的上述数据仅仅分别是上海证券交易所市场的0.15%、0.05%；分别是深圳证券交易所市场的0.11%、0.05%。

从新三板的交易方式看，绝大多数采取的集合竞价，极少数采取的是连续竞价，绝大多数挂牌公司股票交易的连续性受到限制。与沪深证券交易所市场所有上市公司采取的连续竞价方式相比差异巨大。新三板市场的衍生产品的形成受到了制约。

从新三板市场投资者数量看，新三板市场的合格投资者数量与沪深证券市场相比较极其有限。截至 2019 年 12 月 31 日，新三板市场投资者为 44.62 万户，其中受限投资者为 21.34 万户[①]，合格投资者为 23.28 万户，同期上海证券市场的投资者股票账户数量为 2.36 亿户，其中主板的投资者股票账户数为 2.31 亿户，科创板的投资者股票账户数为 464.70 万户。新三板市场的投资者股票账户数仅为上海证券市场投资者的 0.19%。

可以看出，新三板市场挂牌公司在总市值、总资产、净资产、营业收入、利润以及首次融资、再次融资、并购重组融资等方面的能力均较为有限，市场的产品品种不多，投资者数量相对有限，买卖活跃度不高、证券交易量不大、市场的流动性不强。这些因素制约了新三板市场衍生产品的发展。

由于新三板全面深化改革，2020 年新三板的市场功能得到了恢复，在上述几个方面尽管和沪深市场相比还存在着一定差距，但市场环境的改善使新三板市场从事衍生产品的开发有了一定的基础，尤其是机构投资者包括公募基金、境外合格投资者（QFII、RQFII）可以进入新三板市场投资，以及其他长期资金机构比如保险资金、养老基金、社保基金、企业年金等特大型资金正在积极推动进入新三板市场，更加强了新三板市场衍生产品的市场需求。笔者认为，新三板市场发展衍生产品已经具备了一定的基础，同时也有一定的市场需求，应该积极地研究和开发。

在资本市场上，衍生产品的品种是丰富复杂的，而衍生产品又具有风险性大、杠杆程度高、博弈性强等特点。新三板市场的衍生产品的开发要有一个循序渐进的过程，在控制风险的前提下，从低风险到高风险，从简单到复杂逐步推进。笔者认为，目前新三板市场的衍生产品开发应该围绕着新三板指数进行。

---

[①]　公司挂牌时的股东、通过定向发行持有公司股份的股东等，如不符合其所持股票市场层级对应的投资者准入条件的，只能买卖其持有或曾持有的挂牌公司股票。

## 二、新三板指数

截至 2019 年底，新三板市场分三批共发行 10 只指数，规模类指数 3 只，主题类指数 7 只。其中，首批指数 2 只，为三板成分指数（以下简称三板成指）和三板做市指数（以下简称三板做市），于 2015 年 3 月 18 日正式运行，均为表征市场的规模类指数；第二批指数 5 只，于 2019 年 1 月 14 日正式运行，包括表征创新层的规模类指数即创新成分指数（以下简称创新成指），以及体现三板市场特征、代表民营经济发展方向的主题指数三板龙头指数（以下简称三板龙头）、三板制造指数（以下简称三板制造）、三板服务指数（以下简称三板服务）、三板医药指数（以下简称三板医药）；第三批指数 3 只，于 2019 年 4 月 22 日正式运行，为第二批主题指数代表性的延伸，包括三板消费指数（以下简称三板消费）、三板研发指数（以下简称三板研发）、三板活跃指数（以下简称三板活跃）。

（一）首批指数编制

1. 必要性和可行性分析

第一，首批指数的编制十分必要。新三板市场从 2013 年成立以来，挂牌公司增长迅猛，市场规模迅速扩大，经过近一年的发展，新三板市场具有编制指数的客观需求。市场规模的迅速扩大，一方面为指数的开发提供了市场基础，另一方面对指数及指数产品的需求增强。

一是对市场表征工具的需求。随着市场规模的扩大，市场影响力和关注度显著提升，需要有指数类的表征工具，代表市场总体股价趋势、反映典型挂牌公司特征，便于市场宣传、提升市场形象，利于投资者关注和跟踪。

二是对市场投资工具的需求。鉴于市场整体交易活跃度有限，难以满足大额资金对流动性的要求，且交易比较活跃和具有代表性的挂牌公司比较分散，跟踪关注和挑选的成本较高，指数产品则可以在一定程度上缓解流动性问题，样本股又便于追踪和复制，为机构投资者投资市场提供便利。

第二，首批指数的编制十分可行。主要从市场规模、流动性、波动性以及指数试算结果四个方面考察指数编制的可行性。

一是市场规模。截至 2014 年末，有挂牌公司 1572 家，流通市值为 1652.03 亿元，覆盖了所有门类行业，市场上有成交股票 591 只，其中每日有成交股票增至 180 只。挂牌公司经营规模、行业地域分布的多样性，为编制指数提供了必要的规模基础。

二是市场流动性。2014 年 8 月做市业务正式运营以来，挂牌公司成交活跃程度持续提高。从换手率看，2014 年季度换手率分别为 1.43%、3.91%、6.74% 和 7.59%，合计达到 19.67%，是 2013 年换手率的 4.4 倍。尤其是做市转让股票成交活跃度较好，在 2014 年 9 月至 12 月的 82 个交易日内，全部做市股票均有成交，成交天数占比在 80% 以上的有 77 只，占做市股票只数的 63.11%。从成交频率看，做市业务正式运营以来，成交频率明显提升，2014 年 1 月至 7 月股票成交笔数合计 3415 笔，8 月为 9821 笔，12 月达到 32939 笔，12 月日均成交笔数约为 1432 笔。按全天 4 个小时交易时间计算，平均每 10 秒就会发生一笔交易，这为形成相对连续的指数价格曲线提供了基础。

三是市场波动性。股票交易价格波动过大容易造成指数价格曲线的跳跃。从成交股票价格波动情况来看，做市股票价格波动表现较为平稳，绝大多数做市股票的日内涨跌幅在 2% 之内。2014 年 12 月 223 只有成交协议转让股票中，143 只股票价格波动幅度小于 20%，占比为 64%，协议转让股票成交价格日趋平稳。

四是指数试算结果。以做市业务 2014 年 8 月 25 日正式运营后的交易数据为基础，分别模拟全市场（协议＋做市）指数及做市指数（均为收盘点位）。从试算结果来看，做市指数表现较为突出，特别是 11 月之后，呈稳定上升趋势。试算结果基本已形成能够代表市场的连续价格曲线。

2. 首批指数编制的相关考虑

第一，市场特点考虑。一是挂牌公司规模及股本小，股票流动性不足。挂牌公司平均股本规模较小，股东人数少，可流通股份比例很低。截至 2014 年末，挂牌公司股票合计 1572 只，尚有 981 只股票未发生过成交（均为协议转让方式），其中 497 只因股改未满一年，无可流通股份。二是市场存在不同股票转让方式，交易特征差异较大。协议转让股票存在"拉手"成交现象，使股票价格容易出现剧烈波动，如有些股票协议成交价格由几十元、几百元跌至 1 元甚至 1 分钱，成交效率也较低，有 1450 只股票每日成交笔数不到 400 笔；而做市转让股票由于做市商主动提供流动性供给，成交价格相对平稳，绝大多数股票做市后日内涨跌幅均在 2% 以内，成交较为频繁，有 122 只股票每日成交笔数在 1000 笔左右。但做市股票只数较少，做市股票数量仅占挂牌股票总数量的 7.76%，其总股本也仅占全市场总股本的不到 9.39%。三是行业分布较为集中，个股权重集中度高。信息技术、工业、原材料、非日常生活消费品等行业挂牌公司占全部挂牌公司数量的 80%，市值占比超过 70%；按流通股本加权，前十大权重公司权重占比超过 33%，其中，权重最大的公司九鼎投资占比达 13.5%。

第二，推出指数考虑。结合市场特点以及不同交易方式下指数编制试算结果，新三板市场首批推出两只指数：一是全市场成分指数三板成指。兼顾协议交易方式和做市交易方式，采用收盘指数，即静态指数的形式，每日收市后发布，选择代表性较强的样本股，作为市场的整体表征。该指数不局限交易方式，便于投资者立足市场整体，跨交易方式选取挂牌公司作为投资标的。二是做市股票指数三板做市。从采取做市交易方式的股票中选择样本股，编制实时价格指数。由于做市股票成交频度较高，交易较为连续，已具备编制实时价格指数的条件，且模拟收益也优于协议方式，市场投资者关注度更高，更具投资性，因此，推出做市股票指数更符合市场需求。

三板成指的主要功能特点：一是市场代表性较强，市场覆盖面较广，包含协议、做市、竞价等不同转让方式股票，能够反映市场股票的总体价格变化情况；二是协议转让股票占比高，成交价格公允性较差，价格不连续易造成实时指数波动较大，因此采取静态收盘指数形式。

三板做市的主要功能特点：一是做市股票价格较为公允，指数运行相对更为平稳有效，有利于市场投资者作为投资标尺；二是做市股票较少，覆盖全市场比例较低，预计未来采用做市转让方式的股票会不断增加，将在市场中占有较大比重；三是有利于引导挂牌公司变更做市转让方式，提升市场流动性。

第三，指数设计考虑。一是成分股数量确定方面采用市值覆盖标准，不固定样本数。挂牌公司数量增长较快，如果以当时的市场容量确定样本数量，很可能未来难以覆盖市场情况，影响市场表征性。作为首批推出的指数，更容易受到市场关注，如果市场表征性不好，后续会影响投资者的投资效率以及对市场的正确评价，市值覆盖比例在85%左右，基本覆盖市场大、中盘股票，待市场成熟之后，样本股数量和市值变化会相对稳定。此外，由于无成交记录股票不能真实反映市场交易状况，因此明确不纳入无成交记录股票。截至2014年末，市场上有成交的股票有591只，另有981只股票从未有过成交。二是样本股选取标准，综合考虑市值及股票流动性，并采用行业匹配，设置权重约束。沪深交易所的股票指数选样方法综合考虑了市值与交易活跃度两大因素，如沪深300指数先按成交金额、再按总市值大小排名确定样本股。目前主要指数商和证券交易所（包括MSCI、FTSE在内）都采用基于深度的方法构建流动性规则，通过成交量、成交金额来对股票进行流动性评价，采用过去一段时间的日均值，能够降低极值影响。除此之外，单个行业设置25%权重上限，个股设置5%的上限，并保证每个二级行业下至少有一家公司。采用行业匹配、设置权重约束，主要是为了避免因为行业分布不均，某家挂牌公司或某个行业体量较大，而影响整个指数的表征功能。只采用总市值指标选样，行业中市值偏大的公司较多入选更多的样本，通过行业匹配，指数成分股的样本数量分布基本与全市场一致，更能够表征市场特性。以九鼎投资为例，其初始权重为12.95%，其对指数的影响类似于中国石油对于上证指数的影响。为了避免单只股票权重过高，设置了5%的权重上限，如果设置上限为10%，未来新三板市值大的公司出现较多时，如出现多只股票均为10%权重的情况，对指数的抗操纵性影响较大，另外，新三板市场本身也是立足于服务中小微企业，所以设置比较严格的权重上限5%。根据相关性检验结果，引入行业匹配及权重后，样本股行业市值分布与市场总体行业市值分布的相关性在95%左右，对市场整体表征功能影响不大。三是指数样本股调整时间，按季度进行调整。由于市场规模发展较快，指数表征功能需要及时更新样本股，因此按照季度更新，每年 3 月、6 月、9 月、12 月的第二个星期五收盘后的下一个交易日作为样本股调整时间。四是基期的确定，以 2014 年 12 月 31 日作为基期，跨方式成分指数回溯到 2014 年 5 月 19 日，做市股票指数回溯到 2014 年 8 月 25 日。这是因为 2014 年 5 月 19 日，新三板交易系统正式运营，交易数据相对比较完整；2014 年 8 月 25 日，做市业务正式运营，股票交投活跃程度大幅提高，为指数编制提供了较好的基础条件。

（二）第二批指数编制

1. 第二批指数体系构建背景

新三板市场发展至 2018 年末，集聚了超过万家挂牌企业，其中不乏一批业绩好、增速快、产业新、创新能力强、市场认可度高的优质企业，但由于挂牌公司数量多、市场投研力量缺乏，造成投资者发掘优质企业难度较大。为提高优质企业辨识度，降低市场信息搜集成本，便利投资者聚焦新三板优质企业群体，引导和促进投资，全国股转公司从上述五个维度出发，构建差异化指数体系，包括以下指数系列。

一是分层指数系列。基于市场分层情况，在三板成指的基础上增设创新成指、精选成指。此外，筛选创新层和精选层市值较大和成交活跃的股票，构建具有投资性的创新层指数和精选层指数。

二是投资者认可度指数系列。目前，新三板存在一批投资者认可的公司，表现为融资能力强或二级市场流动性高或估值水平高，基于融资规模、成交金额、市值规模三个指标，分别构建融资能力指数、成交活跃指数、市值规模指数。

三是特色产业指数系列。新三板挂牌公司产业结构与上市公司相比，具有先进制造和新兴现代服务业占比高、业态新、细分领域龙头多等特点，并形成生物医药、互联网、新兴消费等特色优势产业。从挂牌公司的产业结构出发，综合考量国家产业发展导向，构建制造业、服务业、行业龙头三类指数。其中，制造业指数选样指标为营业收入、研发费用、研发强度，服务类指数选样指标为营业收入、研发强度，行业龙头指数以门类行业的企业规模为选样标准。

四是创新能力指数系列。研发创新能力较强是新三板挂牌公司的突出特征，也是新三板服务创新型企业的体现。选取市场公认的衡量企业创新能力的研发投入和研发强度指标，分别构建研发投入指数和研发强度指数。

五是经营状况指数系列。新三板挂牌企业数量多，发展阶段各不相同。为满足不同风险偏好的投资者的投资需求，将企业划分为暂未盈利但市场认可度高的、快速成长的和收入净利润现金流稳定的三类，分别构建未来指数、成长指数和规模稳健指数。其中，未来指数选样指标为融资规模、市值和净利润，成长指数选样指标为营收规模和增速，规模稳健指数选样指标为营收规模、净利润和经营性现金流。

2. 第二批指数体系构建特征

第二批指数所选样本多为细分领域龙头企业，具有典型市场代表性。整体而言，该指数体系筛选出了不同领域的龙头企业。一是样本企业规模大，筛选的 1081 家样本股总市值规模为 9383.30 亿元，占市场整体水平的 26.54%，有成交股票的市值中值为 4.67 亿元，是市场有成交股票中值水平的 2.85 倍。二是实现行业全覆盖，多为头部企业，样本股覆盖了管理型门类 17 个行业（剔除金融业），经营业绩突出，2017 年分别实现营业收入和净利润 7768.17 亿元和 403.74 亿元，分别占市场整体水平的 38.47% 和 34.56%。三是具有突出创新能力的 117 家亏损企业入选样本股，此类企业主要集中在生物医药、新能源、互联网技术等战略性新兴领域。

各指数系列差异化明显，能够满足多元化投资需求。一是不同维度的指数样本之间重合率低，市场认可度指数系列、经营指数系列、创新能力指数系列、产业指数系列之间的样本重合率约为 32%，而子指数样本之间重合率在 5%~20%。二是走势差异化特征明显，虽然市场整体处于下跌的态势下，构建出的指数仍然形成了不同走势，并且除融资 100 指数外，其余指数相对于三板做市指数有较高的超额收益率，其中，大消费 200 指数 2018 年以来收益率为正。指数体系整体满足投资者多维度的跟踪需求。

指数构建兼顾了不同层次、转让方式、活跃度等多种维度。从市场分层看，1081 只样本股中基础层 534 只，占比为 49.40%，创新层 547 只，占比为 50.60%，创新层样本占创新层股票总数的 57.92%；从转让方式看，做市股票 290 只，占比为 26.83%，集合竞价股票 791 只，占比为 73.17%，其中基础层集合竞价股票 458 只；从活跃度看，样本股中涵盖无成交、成交稀疏和成交活跃的股票，有 251 只股票 2018 年以来盘中无成交，盘中成交股票中有 449 只股票仅 10 天有盘中成交，另有 179 只股票盘中成交天数在 100 天以上，所构建的指数中，创新层指数、市场认可度指数系列的成分股交易最活跃，其次为经营状况指数系列、创新能力指数系列，而产业指数系列样本日均成交量最低。

3. 第二批推出指数的考虑

一是创新层于 2016 年推出，创新层指数的编制方案已基本成熟，并已内部试运行，具备推出的各项条件。二是融资、交易活跃度和市值是投资者参与产生的客观投资结果，但当下市场认可度指数难以覆盖符合国家产业发展方向的产业集聚，因此暂不考虑推出。三是分行业投资是市场主流投资理念，高技术制造、高技术服务和医药行业为新三板市场特色产业，能够体现新三板创新创业特征，因此综合考虑下同时推出各行业龙头指数（剔除金融）、高技术制造业、高技术服务业、医药行业指数。四是目前市场难以用统一、客观的指标体系度量企业的发展阶段，且经审计的年度财务数据本身具有一定滞后性，难以保证处于高速发展阶段的中小企业短期内的经营状况不发生变化，因此，暂不考虑推出经营状况指数。

第二批指数的设计充分考虑了指数专家委员会的建议。指数专家委员会在两大方面提出了建议。一是指数体系的构建思路应当是"立足现状，分步推进"。在指数体系构建的初期，应当立足于当下的市场环境，编制方案相对简洁明了，在市场逐步发展后，再拓展丰富指数体系。对于表征型指数，以展示优质企业为目的，暂时不考虑流动性，此类指数可尽快推出，以满足投资者筛选优质企业的需求。二是明确第二批主题指数的核心作用是让市场更好地了解民营企业、中小企业，提高市场流动性，促进民营企业、中小企业健康发展；将第二批主题指数的样本空间进一步聚焦在民营企业上，突出新三板以民营企业为主的市场特色，进一步支持民营企业的发展。

第二批指数还进行了指数创新设置，也体现为两个方面：一是将无成交股票纳入样本股进行展示，暂不纳入指数计算，当此类股票出现成交形成收盘价之后再按相关规定纳入指数计算。展示由于各种原因没有成交但在各行业处于领先地位的挂牌公司股票，有利于促进和引导市场投资。二是根据各行业特征和样本空间数量设定不同的选样标准和样本数量。创新成指选取创新层日均总市值和日均成交金额综合排名靠前的样本股，覆盖总市值85%确定样本数量；三板龙头从17个非金融门类行业中选取营收前三的股票，样本股51只；三板制造选取高技术制造业中盈利和研发综合能力突出的样本股100只；三板服务选取高技术服务业中盈利和研发综合能力突出的样本股200只；三板医药从新三板市场最具特色和代表性的医药产业中选取研发能力强的样本股50只。

（三）第三批指数编制

1. 第三批指数构建背景

第二批指数发布后总体运行平稳，样本股成交逐步活跃，成交面进一步扩大，样本股引领效应初显，市场板块估值差异化渐显，市场关注度显著提升，《中国证券报》《证券日报》《中国基金报》等主流财经媒体给予了相关报道，安信证券、申万宏源等新三板业务团队开展了持续跟踪分析，新三板明星企业作为首批入选指数的样本股第一时间在企业官微发布相关信息，为指数体系的扩充奠定了良好的市场基础。

2. 第三批推出的指数选择

基于市场重点关注方向，第三批指数在第二批主题指数代表性上进行拓展和延伸：一是在民营产业系列指数基础上进一步延伸产业范围，完善指数体系，纳入目前市场上热度较高的消费产业；二是支持国家科创政策导向，聚焦科技创新与研发能力，编制挂牌公司创新研发系列指数；三是试点具备可投资基础的指数编制，强化流动性指标设置，关注指数走势、样本股变化，估算市场容量，为下一步市场改革做铺垫。

3. 第三批指数编制的主要特征

三板消费以消费产业为样本空间，从毛利率排名前50%的股票中选取营业收入排名靠前的200只作为样本股，是第二批民营产业系列指数的进一步拓展。三板消费涉及产业如医美、健康增值服务、K12教育、职业培训、影视娱乐、居住服务、互联网零售等新兴领域，在消费升级的大背景下，处于快速成长阶段，样本股兼具产值规模大与附加值高的特点。首批样本股2017年平均营业收入为2.92亿元，是全市场的1.68倍，平均毛利率为43.66%，较全市场高18.75个百分点。

三板研发以表征市场非金融行业高研发投入股票为目标，在剔除研发费用与营业收入比值小于3%的股票后，选取研发费用排名靠前的100只作为样本股。三板研发样本股分布集中，创新驱动特征突出。首批样本股九成公司分布在制造业和信息技术业两个门类行业；67%属于高技术产业，较全市场高29个百分点；2017年平均研发费用为7731万元，是全市场的14.78倍；研发费用增速为31.28%，较全市场高8.39个百分点。

三板活跃强化流动性指标设置，以非金融行业股票的成交和市值综合排序为选样标准，突出展示具备一定市值规模、交易活跃的50只股票。三板活跃样本股集中了一批市值规模较大、经营较稳健、投资者交投参与度较高、市场认可度较高的股票。首批样本股试算平均总市值为31.54亿元，是市场平均水平的10倍；营收规模为28.79亿元，是市场平均水平的15.6倍；净利润规模为1.89亿元，是市场平均水平的17.6倍；成立年限中值为14.91年，较全市场高3.03年；88%的样本股（44家）有过股票发行，合计融资500.24亿元；样本股贡献全市场五成以上盘中成交。

（四）精选层指数编制

精选层指数的编制是以一定数量的挂牌公司为基础的，在精选层正式开层之初，由于不会有很多的挂牌公司通过公开发行进入精选层，精选层公司的数量是一个逐步积累的过程，因而精选层指数的编制也是一个循序渐进的过程。当精选层公司股票样本积累到足够多的时候，编制精选层指数就有了可行性。在精选层公司的挂牌被纳入三板成指的同时，精选层本身编制独立的指数也变得十分的必要。这是因为精选层在新三板市场中具有较强的独立性，和基础层、创新层具有较大的差异性，精选层在发行制度、交易制度、公司质量、信息披露、监管安排等诸多方面更加接近于沪深证券市场，其挂牌公司对标沪深上市公司，尤其是转板制度使精选层和沪深证券市场关联度更加高。没有独立的指数，就无法很好地表征精选层挂牌公司的特点，更使投资者尤其是公募基金等机构投资者无法很好地参与精选层的投资。

在理论上，精选层可以编制多种形式的指数，这是因为精选层的挂牌公司本身具有多样性，行业覆盖面很广。因此在精选层市场成熟时，既可以编制规模指数，也可以编制行业指数，还可以编制主题指数，考虑到与创新层、基础层以及沪深市场上市公司的关联性，既可以编制与创新层、基础层的跨层次指数，还可以与沪市比如与科创板、深市比如与创业板以及沪深市场比如科创板和创业板场编制跨市场的指数，如果条件成熟，还可以考虑和境外市场一起共同编制跨境指数比如和香港证券市场等。

但是上述想法只是精选层未来发展的方向，目前还不具备这样的条件。笔者认为随着精选层挂牌公司积累增多，应当考虑编制精选100指数。编制这一指数的目的是将新三板市场最具代表性、最具影响力和最具流动性的挂牌公司揭示出来，在新三板市场起到龙头和表率作用，增加精选层市场和沪深市场科创板、创业板的可比性和联动性，同时也为新三板市场开发衍生产品提供基础性工具，在此基础上可以开发精选100指数的ETF、指数期货和指数期权，丰富新三板市场投资工具和避险工具，为投资者包括公募基金等机构投资者提供投资产品、投资渠道，丰富投资手段。

精选100指数是根据科学客观的方法，挑选精选层市场规模大、流动性好的最具代表性的100只股票组成样本股，以便综合反映新三板市场最具市场影响力的一批龙头企业的整体状况。

在样本空间上，精选 100 指数为精选层市场挂牌公司前 100 名股票。选取的标准主要考虑规模和流动性两个因素。在具体的选样方法上采取以总市值、成交金额对股票进行排名，取排名前 100 位的股票组成样本。

在指数计算方面，精选 100 指数采用派许加权方法，[①] 以样本股的调整股本数为权数进行加权计算。计算公式为：报告期指数＝报告期成分股的调整市值/基期×100。其中，调整市值＝市价×调整股数。

精选 100 指数在出现下列情况时是需要修正的，这些情况主要包括：（1）除息。凡有成分股除息（分红派息），指数不予修正，任其自然回落。（2）除权。凡有成分股送股或配股，在成分股的除权基准日前修正指数。修正后调整市值＝除权报价×除权后的股本数＋修正前调整市值（不含除权股票）。（3）停牌。当某一成分股停牌时，取其最后成交价计算指数，直至复牌。（4）摘牌。凡有成分股摘牌，在其摘牌日前进行指数修正。（5）股本变动。凡有成分股发生其他股本变动（如增发新股、配股等引起的流通股本增加），在成分股的股本变动日前修正指数。

出现上述情况时，精选 100 指数需要进行修正。当成分股名单发生变化或成分股的股本结构发生变化或成分股的调整市值出现非交易因素的变动时，应当采用"除数修正法"修正原固定除数，以保证指数的连续性。修正公式：修正前的调整市值/原除数＝修正后的调整市值/新除数。其中，修正后的调整市值＝修正前的调整市值＋新增（减）调整市值；由此公式得出新除数（修正后的除数，又称新基期），并据此计算以后的指数。

精选 100 指数依据样本稳定性和动态跟踪相结合的原则，每半年调整一次成分股，特殊情况下也可能对样本进行临时调整。每次调整的比例一般不超过10%。样本调整设置缓冲区，排名在 90 名之前的新样本优先进入，排名在 110 名之前的老样本优先保留。

---

① 派许加权，又称派许加权指数（Paasche Index），采用计算期发行量或成交量作为权数。其适用性较强，使用广泛，很多著名股价指数，如标准普尔指数等都采用这一方法。

## 三、ETF

### （一）ETF 发展概况

ETF 全称为 Exchange Trade Fund，即交易型开放式指数基金，又称交易所交易基金，是指一种在交易所上市的、基金份额可变的开放式基金。开放式基金是指基金发起人在设立基金时，基金单位或者股份总规模不固定，可视投资者的需求，随时向投资者出售基金单位或者股份，并可以应投资者的要求赎回发行在外的基金单位或者股份的一种基金运作方式。投资者既可以通过基金销售机构买基金使基金资产和规模由此相应增加，也可以将所持有的基金份额卖给基金并收回现金使基金资产和规模相应减少。它和封闭式基金[①]共同构成了基金的两种运作方式[②]。ETF 结合了封闭式基金和开放式基金的运作特点，投资者既可以向基金管理公司申购或者赎回基金份额，又可以像封闭式基金一样在二级市场上按市场价格买卖 ETF 份额。其产品主要包括股票类 EFT、债券类 ETF、商品类 ETF、货币类 ETF、黄金类 ETF 等。这些产品既可以是单市场的，也可以是跨市场和跨境的 ETF。

ETF 作为一种成熟的衍生产品为全球资本市场普遍运用。1975 年全球第一只指数基金诞生，1993 年美国第一只 ETF 推出，自此拉开了 ETF 和指数基金大发展的序幕。截至 2018 年底，全球 ETF 资产规模达 4.7 万亿美元，其中美国市场占比为 71%，约为 3.4 万亿美元。美国市场最新的 ETF 规模已经突破4.2 万亿美元。2019 年增长近 7000 亿美元。ETF 的蓬勃发展促进了美国资本市

---

　　① 封闭式基金（Closed - end Funds），是指基金发行总额和发行期在设立时已确定，在发行完毕后的规定期限内发行总额固定不变的证券投资基金。封闭式基金的投资者在基金存续期间内不能向发行机构赎回基金份额，基金份额的变现必须通过证券交易场所上市交易。基金单位的流通采取在证券交易所上市的办法，投资者日后买卖基金单位，都必须通过证券经纪商在二级市场上进行竞价交易。

　　② 开放式基金和封闭式基金的区别：（1）基金期限和规模不固定。封闭式基金有固定的存续期，其间基金规模固定；开放式基金无固定存续期，规模因投资者的申购、赎回可以随时变动。（2）不上市交易。封闭式基金在证券交易场所上市交易，而开放式基金在销售机构的营业所申购及赎回，不上市交易。（3）价格由净值决定。封闭式基金的交易价格主要受市场供求关系的影响，往往低于基金资产净值；而开放式基金的申购、赎回价格则以每日公布的基金单位资产净值加、减一定的手续费计算，因此能一目了然地反映其投资价值。（4）管理要求高。开放式基金随时面临赎回压力，须更注重流动性等风险管理，要求基金管理人具有更高的投资管理水平。

场的繁荣与稳定。[①]

我国资本市场对 ETF 的运用也较为广泛。中国境内 ETF 目前已经超过 200 只，规模从最初的 54 亿元发展到超过 7500 亿元，品种从最初的一个单一市场 ETF 发展到覆盖沪深两个市场股票、商品、债券、货币、黄金等不同资产类别，所跟踪指数类别包含了宽基、主题、行业、策略、风格等各大类别，ETF 投资市场覆盖了中国内地、中国香港、日本、美国、德国等不同时区的国家和地区，ETF 持有人从最初的 5 万人发展到今天超过 260 万人。[②]

尽管我国境内 ETF 市场发展很快，但和欧美发达国家资本市场相比较尤其是和美国相比较还存在着很大的差距。我国境内 ETF 市场还处于起步阶段，发展空间巨大。这是因为一是与海外相比，境内 ETF 数量不多、规模较小。截至 2019 年 12 月，美国 ETF 共有 2337 只，合计规模超过 4.4 万亿美元，而中国境内 ETF 规模为 7120.05 亿元，仅占美国 ETF 市场规模的 2.3%。二是 A 股作为全球第二大股票市场，股票型 ETF 仅占沪深市场 A 股总市值的不到 1%，而美国股票市场 ETF 总市值占比超过 8%。三是截至 2019 年 12 月，我国境内公募基金规模突破 14 万亿元，其中 ETF 仅占 4.8%，同期美国市场 ETF 占公募基金总规模的比例超过 20%。

就股票 ETF 而言，我国境内 ETF 产品从横向看，涵盖单市场、跨市场以及跨境 ETF；从纵向看，涵盖了规模指数、行业指数、主体指数、投资风格和全球指数 ETF。单市场 ETF 的代表为上证 50ETF，它仅仅投资单个市场指数对应的一篮子股票，即上证 50 指数中的 50 只股票；跨市场 ETF 的代表为沪深 300ETF，它是以跨沪深两个市场的市场指数即沪深 300 指数为跟踪目标，其成分证券包括上交所和深交所上市的 300 只股票的指数；跨境 ETF 的代表为恒指 ETF，它是以香港证券市场股票构成的恒生指数为跟踪的，在境内证券交易所上市的 ETF。规模指数 ETF 又分大盘指数和中小盘指数，大盘指数以深圳 100ETF 为代表，中小盘指数以中盘 ETF、中小盘 ETF 为代表；行业指数有消

---

① 参见周松林. 指数化投资成为必然趋势　ETF 发展迎来黄金期［N］. 中国证券报, 2020 – 02 – 06。
② 同注释①。

费行业的消费 ETF、医药行业的医药 ETF、能源行业的能源 ETF、金融行业的金融地产 ETF；主题指数 ETF 涵盖了不同的主题，如民营 ETF、央企 ETF、国企 ETF、周期 ETF、非周期 ETF 等；全球指数 ETF 包括恒生指数的恒生 ETF、标准普尔指数的标普 500ETF、恒生 H 股 ETF 等；投资风格 ETF 则按照成长型、价值型等投资风格分类。

目前，我国境内 ETF 发展势头良好，尤其机构投资者越来越重视资产配置，使 ETF 的发展有了更大的机遇。2017 年以来，以上证 50 指数为代表的低估值蓝筹股表现突出，逐步吸引了机构投资者和个人投资者对部分宽基 ETF 的关注，尤其是 2018 年 6 月，A 股正式纳入 MSCI 新兴市场指数，从投资理念、资金供给方面更加有利于上证 50 指数、沪深 300 指数等部分宽基指数。在强监管、金融去杠杆的大背景下，ETF 简单透明的特征，更加得到了监管者和投资者的高度认可；分级基金受到严监管之后[①]，部分交易型投资者更愿意转投 ETF；FOF 的快速发展[②]，特别是一些基金公司专户的 FOF 产品，已经开始配置指数产品等。一系列的因素使 ETF 迎来了很好的发展机遇，我国境内的 ETF 处于快速发展阶段。

（二）新三板 ETF 总体考虑

1. 必要性分析

新三板为什么要开发 ETF 产品？是因为 ETF 产品自身的优势，在一个市场初试衍生产品的时候是较为适合的。它的优势体现在以下几个方面。

一是交易便利、机制灵活。ETF 可以在交易时间内随时买卖或者申购赎回，对投资者来说体现了极大的便利性。申购是指用一篮子指数成分股股票换取一定数额的 ETF 基金份额。赎回则相反，是指用一定数额的 ETF 份额换取一

---

① 分级基金（Structured Fund）又叫结构型基金，是指在一个投资组合下，通过对基金收益或净资产的分解，形成两级（或多级）风险收益表现有一定差异化基金份额的基金品种。它的主要特点是将基金产品分为两类或多类份额，并分别给予不同的收益分配。分级基金各个子基金的净值与份额占比的乘积之和等于母基金的净值。

② 基金中的基金（Fund of Funds，FOF）与开放式基金最大的区别在于基金中的基金是以基金为投资标的，而开放式基金是以股票、债券等有价证券为投资标的。它通过专业机构对基金进行筛选，帮助投资者优化基金投资效果。

篮子指数成分股股票。ETF 的基金管理人每日开市前会根据基金资产净值、投资组合以及标的指数的成分股情况，公布"实物申购与赎回"清单，即一篮子股票档案文件。投资人可依据清单内容，将成分股票交付 ETF 的基金管理人而取得"实物申购基数"或其整数倍的 ETF；这一过程将创造出新的 ETF，使 ETF 在外流通量增加，称为实物申购。实物赎回则是与之相反的程序，使 ETF 在外流通量减少，也就是投资人将"实物申购基数"或其整数倍的 ETF 转换成实物申购赎回清单的成分股票的流程。ETF 的实物申购与赎回只能以实物交付，只有在个别情况下，例如一篮子股票的成分股因停牌等原因无法从二级市场直接购买，可以有条件地允许部分成分股采用现金替代的方式。[①] 以上证 50ETF 申购赎回为例，其申购赎回的最小单位为 100 万份 ETF，投资者在申购时，可用其持有的一篮子股票，即上证 50 指数中的 50 只成分股股票等值换取 100 万份 ETF 基金份额。投资者在赎回时，可用其持有的 100 万份 ETF 基金份额等值换取上证 50 指数中的 50 只成分股股票。所以 ETF 的申购人在申购赎回的过程中，手中必须持有实物。这就意味着要申购 ETF 的申购人，就应该有一篮子股票，买入股票并持有是申购的前提，否则申购人也就无法用持有的股票换取 ETF 基金份额；同理，赎回人要赎回一篮子指数成分股股票，也应该有 ETF 基金份额，否则赎回人也就无法用基金份额换取一篮子股票，因此对申购赎回而言，只有买卖实物证券（一篮子股票和 ETF 基金份额）后才能进行申购赎回。

买卖证券、申购赎回这样的流程是非常简便的，且能在很短的时间内完成，因而非常简便，机制也很灵活。ETF 具有双重交易机制的特点。投资者既

---

① 现金替代是指在申购赎回过程中，投资人按基金合同和招募说明书规定的原则，用于替代组合证券中部分证券的一定数量的现金。一般情况下，现金替代有三种类型，即禁止现金替代、可以现金替代和必须现金替代。禁止现金替代是指在申购赎回基金份额时，该成分证券不允许使用现金作为替代。可以现金替代是指在申购赎回基金份额时，该成分证券允许使用现金作为全部或者部分该成分证券的替代。其使用情形为，出于证券停牌等原因导致投资人无法在申购时买入证券或者基金管理人认为可以使用的其他情形。必须现金替代是指在申购赎回基金份额时，该成分证券必须使用现金作为替代。必须现金替代的证券一般是由于标的指数调整将被剔除的成分证券以及处于停牌的股票，或者出于保护基金持有人利益等目的，基金管理人认为有必要实行必须现金替代的成分证券。

可以在一级市场进行申购、赎回，也可以在二级市场进行买卖。投资者可以用一篮子成分股（在特别情况下部分成分股股票也有可能用现金替代）通过代理券商换成 ETF 份额，从而成为 ETF 份额持有人，也可以将 ETF 份额换成成分股股票。

在 ETF 上市之后，投资者也可以在二级市场上买卖 ETF 份额，操作方式类似买卖股票，要求投资者拥有证券账户。一般情况下，会有参与 ETF 份额发行的证券公司进行做市，为市场提供流动性。

二是高度分散、透明。由于 ETF 是一揽子证券的组合，由许许多多的股票等证券构成，从风险的角度看，要远远小于个股的风险。在一篮子股票中，某些股票下跌，但另一些股票也可能上涨，其本身可能对冲风险。对于依据综合性股票指数开发的 ETF 更是如此，比如上证 50ETF、沪深 300ETF，这些 ETF 的成分股分别是上交所市场上市公司中的前 50 只市值最大的股票和沪深证券市场中选取 300 只 A 股作为样本（其中沪市有 179 只，深市有 121 只，样本选择标准为规模大、流动性好的股票，沪深 300 指数样本覆盖了沪深市场六成左右的市值，具有良好的市场代表性），它们都具有较好的分散性。即使是行业指数及其他主题型指数，其指数的编制必须具有一定的股票数量和一定的市值规模。因此，ETF 一篮子股票具有相当的股票只数，与投资者投资个股的风险相比，明显要小很多。投资者买卖个股，所遇到的风险可能是百分之百，一旦出现风险，由于不存在篮子中的其他股票的对冲工具，其风险往往无法避免或者减轻。因此，ETF 的低风险特征是非常明显的。此外，由于 ETF 是基于绑定一篮子股票并且一篮子股票就是某种指数的成分股，因而具有较强的透明度。一旦购买了 ETF 就意味着其购买了某一指数的所有成分股股票或者和指数的成分股绑定了。这些成分股在市场上是完全透明的，股票指数也在各个行情显示的范围内，市场和其他投资者均能知晓。ETF 投资者无论是申购赎回还是在二级市场买卖，都具有较强的透明度。

三是成本低、定价效率高。与主动型投资基金相比较，ETF 的管理费用相对较低。我国目前 ETF 产品的管理费率一般为 0.5%，托管费率为 0.1%。总的范围在 0.15% ~ 0.6%。而主动型管理基金的管理费率一般为 1.5%，托管费率一般为 0.3%，ETF 的管理费率和托管费率为主动型基金管理费用的 1/3 左右。在 ETF 的定价效率上，ETF 兼具有做市商机制和套利机制。做市商能够为市场提供一定的流动性，而套利机制会使投资者有获得额外利益的机会。套利机制是指当 ETF 的市场价格低于 ETF 的净值时，存在折价套利的机会；当 ETF 的市场价格高于 ETF 的净值时，存在溢价套利的机会，从而促进定价合理化。ETF 的套利机制可以使 ETF 二级市场交易价格与基金净值之间的差价被不断平抑，投资者的套利行为又将减少套利空间，即减小一二级市场之间的净值差异。

当 ETF 出现折价交易时，即二级市场交易价格低于基金净值时，投资者可在二级市场买入 ETF，在一级市场赎回相应数量的 ETF 份额，卖出 ETF 的一揽子股票。在不考虑相关费用的情况下，投资者能够获取套利收益。投资者的持续套利行为会使 ETF 一二级市场价格趋于一致，直到套利机会消失。当 ETF 出现溢价交易时，即二级市场交易价格高于其基金净值时，ETF 一级市场的参与者可以买入与 ETF 构成相同的一篮子股票，在一级市场申购 ETF，同时在交易所卖出相应的 ETF 份额。这样在不考虑相关费用的情况下，投资者就可以获取基金二级市场交易价格与基金净值差额这一套利收益，ETF 二级市场交易价格下降，直至 ETF 一二级市场价格趋于一致，套利机会消失。

四是风险小、工具性强。除了前述 ETF 具有较高的分散度，能够降低投资者的风险之外，ETF 还是一个投资风格偏离度风险较小的衍生产品。ETF 作为一个被动型的指数基金，基金经理根据指数成分股的构成被动地决定所投资的股票，投资股票的权重也跟指数的成分股权重保持一致。指数基金的投资目标是追踪指数，最小化跟踪偏离度和跟踪误差。这一误差一般在 0.5% 以下，从投资方法、投资目标以及实际的跟踪误差来看，ETF 投资者风格偏离风险较小。此外，ETF 的工具性较强，它可以用来作为一种股权管理与减持的工具。上市公司股东可以通过股票换购的方式认购 ETF 份额，避开出售特定股票导致的利益冲突，减少股东减持对市场的冲击和波动，降低社会舆论对上市公司和公司股东的影响。

2. 可行性分析

新三板如何开发 ETF？既然 ETF 具有那么多优势，是资本市场普遍使用的衍生工具。新三板作为我国和沪深证券交易所有极大相似性的全国性证券交易场所，开发 ETF 产品理所当然。那么新三板是否具有开发 ETF 产品的条件？又如何开发 ETF 产品呢？

笔者认为，在新三板精选层市场开发 ETF 是可行的。这是因为精选层具备了开发 ETF 产品的基本条件。精选层采取公开发行，保荐、承销，连续竞价，向沪深市场转板，投资者适当性门槛的适度，机构投资者包括公募基金入市，QFII、RQFII 入市和保险资金、社保基金、养老基金等长期资金进入精选层等制度。精选层挂牌公司对标沪深交易所上市公司，其公司的经营、公司的财务状况、公司治理能力等相似于上市公司，精选层挂牌公司的信息披露极其严格，对投资者的保护等相对比较到位，监管部门对精选层挂牌公司的监管非常严格，追责力度较大。

如前所述，ETF 产品的开发需要具有品种数量多、挂牌公司质量相对较好、市值较大、投资者人数较多、投资者买卖活跃、交易连续性、交易量大、流动性强等基本条件，而这些条件在精选层中均能得到满足。

不同于精选层的是，新三板基础层和创新层由于没有实现连续竞价，市场交易时断时续，买卖无法随时转换，因而无法实现 ETF 所具有的基本功能，使投资者无法随时在一级市场申购赎回和在二级市场随时买卖。基础层、创新层在流动性、投资者门槛、公司质量等方面还有待进一步提高，最为关键的是基础层、创新层不允许公募基金等机构投资者进入，基金公司无法在这两个层面开发 ETF 产品。因而基础层、创新层目前还暂不具备开发 ETF 产品的条件。另外，精选层市场有需求。新三板精选层市场在功能上几乎等同于证券交易所市场，证券交易所具有的属性和特征，在精选层市场几乎都有所体现。因此，ETF 产品这一全球证券交易所最为普遍的衍生产品，在精选层市场当然具有很大的需求。参与这一市场的投资者也希望使用这种工具实现多元化的投资。当精选层市场的挂牌公司达到一定的规模，足以编制精选层指数时，基金公司也有动力去开发这种产品。

（三）精选层跨市场 ETF

跨市场模式以沪深市场为主，加入精选层公司股票，开发具有相似属性的 ETF 产品。

这种模式在精选层设立之初，因挂牌公司较少，精选层无法编制独立的指数，且公募基金等机构投资者进入精选层需要有较好的投资工具吸引基金投资者。为了控制风险，将精选层中的一些股票经过选择，并择取沪深上市公司股票，或者选择精选层挂牌公司股票和沪市上市公司股票，或者精选层挂牌公司股票和深市上市公司股票一起开发 ETF 产品。

一种情况是利用目前沪深市场的现有指数，加入精选层公司的股票，使沪深市场的现有指数能够涵盖精选层公司的股票。基于这些指数开发的 ETF 产品自然也就包含了精选层公司股票。由于精选层在发行、交易制度和其他方面包括信息披露停复牌制度等，和沪深交易所没有差别，并且三个交易场所存在着监管协作，这些 ETF 产品的开发在技术上不存在根本的障碍。这里要考虑的是股票交易的结算问题。尽管新三板、沪深交易市场均在统一的证券登记结算机构进行证券登记清算交收，却在中国结算之下的三个不同的分支机构即中国结算北京分公司、上海分公司、深圳分公司进行，需要三家分支机构合作和协调。

实际上，这种模式已经在上海证券市场存在了，即沪市"中国战略性新兴产业成分指数"将新三板股票纳入其中。该指数是以具有代表性的 100 家上市公司作为成分股设计的。这些公司在节能环保、新一代信息技术产品、生物产业、高端装备制造业、新能源产业、新材料产业、新能源汽车、数字创意产业、高技术服务业等领域具有代表性。该指数采取自由流通股本加权方式，以反映中国战略性新兴产业上市公司的走势。在样本空间上由中国战略性新兴产业综合指数样本股和开放式公募基金可投资的其他标的构成；在选样方法上采取了在样本空间内，选取属于节能环保、新一代信息技术产品、生物产业、高端装备制造业、新能源产业、新材料产业、新能源汽车、数字创意产业、高技术服务业等产业的上市公司股票进入战略性新兴产业主题，并将上述股票按照最近一年日均总市值、最近一年日均成交金额、营业收入增长率、净利润收益率排名由高到低选取 100 只股票构成该指数成分股。这种由高到低的排名同时要依据权重加权得到综合指标，并最终以综合指标的前 100 名上市公司股票作为指数样本股。

新三板挂牌公司中的战略性新兴行业且在创新层挂牌的公司股票有的是被纳入新兴产业综合指数中，而中国战略性新兴产业成分指数的样本空间中本身就包含了新兴产业综合指数的。按照该指数的样本空间和选样方法进行筛选，以沪深主板市场行业估值对新三板行业估值进行调整的三种情况，即不做估值调整（第一种情况）、以 PETTM[①] 为参照调整估值（第二种情况）、以 PBLF[②] 为参照调整估值（第三种情况），并对新三板股票做流动调整的七种情形，即不做流动性调整（第一种情形）、流动性调整分别为 50 倍（第二种情形）、100 倍（第三种情形）、200 倍（第四种情形）、500 倍（第五种情形）、800 倍（第六种情形）、1000 倍（第七种情形）为纵横坐标。以 2019 年 6 月的数据，中国战略性新兴产业成分指数纳入的新三板市场股票只数按三种情况、七种情形统计分别为：在不做流动性调整（第一种情形）时，三种情况下均为零；流动性调整为 50 倍（第二种情形）时，三种情况下均为 1 只股票；流动性调整为 100 倍（第三种情形）时，第一种、第三种情况下均为 2 只股票，第二种情况下为 3 只股票；而余下四种情形，即流动性调整倍数分别为 200 倍、500 倍、800 倍、1000 倍时，三种情况下分别为 2 只股票、3 只股票、3 只股票。[③]

由于中国战略性新兴产业成分指数纳入新三板挂牌公司股票，可以设立基

---

① 即滚动市盈率，一般是指在一定的考察期内（一般是连续 12 个月/4 个财季）的市盈率。TTM（Trailing Twelve Months），是股票投资、财务分析中的一个专业术语。TTM，字面意思是滚动 12 个月，即为截至目前的、最近的连续 12 个月。通常，TTM 用于财务报表分析，以最近的 12 个月（或者最近 4 个季度）作为一个周期，进行分析、比较。TTM 常用于和上一个 12 个月周期进行对比，从而得出一种趋势。

② 即净资产以最新公告为准。

③ 上述数据来自 Wind，统计期间为 2019 年 6 月。

于这一指数的 ETF。除此之外，还可以开发在沪深市场其他具有代表性的和新三板尤其精选层股票匹配的指数 ETF 产品。笔者认为，中证 500、中证 1000 指数和新三板具有一定的相似性，以此开发的 ETF 产品，可以纳入部分新三板挂牌公司股票。

在沪深市场众多的综合性指数中，能够反映资本市场一批中小市值公司的股票价格表现的主要有中证 500 指数和中证 1000 指数。这两只股票指数都是跨市场指数，且和新三板市场挂牌公司的中小市值公司有一定的相似性。因此，将新三板精选层中的某些挂牌公司股票纳入其中，以此为基础形成的 ETF 即中证 500ETF、中证 1000ETF 突破了原有的成分股，一篮子股票中就有了精选层挂牌公司股票，使这两只 ETF 变成跨沪市深市和新三板市场。

中证 500 指数是由全部 A 股中剔除沪深 300 指数成分股及总市值排名前 300 名的股票后，总市值排名前 500 名的股票组成。中证指数 500 在选样的范围上主要具备两个条件：其一，非创业板股票且上市时间超过一个季度，除非该股票自上市以来日均 A 股总市值在全部沪深 A 股（非创业板股票）中排在前 30 位。创业板股票的上市时间超过三年。其二，非 ST 股票、＊ST 股票、非暂停上市股票。在该指数的选取方法上也要符合三个条件：其一，在样本空间中剔除沪深 300 指数样本股及最近一年日均总市值排名前 300 名的股票；其二，将剩余股票按照最近一年日均成交金额由高到低排名，剔除排名后 20% 的股票；其三，将剩余股票按照最近一年日均总市值由高到低进行排名，选取排在前 500 名的股票组成中证 500 指数样本股。

中证 1000 指数是由全部 A 股中剔除中证 800 指数成分股后，规模偏小且流动性较好的 1000 只股票组成。主要反映国内资本市场中一批小市值公司的股票价格表现情况。中证 1000 指数在选样的范围上主要具备两个条件：其一，上市时间超过一个季度，除非该股票自上市以来的日均 A 股总市值在全部沪深 A 股中排在前 30 名；其二，不含 ST 股票、＊ST 股票、暂停上市股票。在该指数的选取方法上也要符合三个条件：其一，在样本空间中剔除中证 800 指数样本股及最近一年日均总市值排名前 300 名的股票；其二，将样本空间股票按照最近一年日均成交金额由高到低排名，剔除排名后 20% 的股票；其三，将剩余股票按照最近一年日均总市值由高到低进行排名，选取排在前 1000 名的股票组成中证 1000 指数样本股。

在这两只指数中，假设将新三板市场中的挂牌公司考虑进去，按照这两只指数的样本空间和选样方法进行筛选，以沪深市场主板行业估值对新三板行业估值进行调整，按照调整的三种情况、七种情形（与中国战略性新兴产业成分指数纳入新三板市场股票的指标和方法完全相同），以 2019 年 6 月的数据，将中证 500 指数、中证 1000 指数纳入新三板市场股票。中证 500 指数纳入的新三板市场股票以三种行业估值和流动性情况统计分别为 11 只、4 只、8 只，而中证 1000 指数纳入的新三板市场股票分别为 22 只、21 只、37 只[1]。

以上可以看出，两指数纳入的新三板股票并不多，但对新三板挂牌公司股票而言，是个不错的开始，公募基金可以以此开发新三板市场 ETF。在新三板市场初期的衍生品市场不失为一种权宜之计，等到新三板市场趋于成熟时，再开发和丰富自己独立的 ETF 产品。

（四）精选层单市场 ETF

股票类的 ETF 产品是以股票指数为基数的。在新三板市场精选层的挂牌公司形成一定规模以后，精选层指数的编制就具备了一定的基础。综合各方面考虑，如前所述，新三板精选层编制精选 100 股票指数，在此基础上就可以编制精选 100ETF 产品了。精选 100ETF 是新三板市场独立的 ETF 产品，它的编制涉及以下几个方面。

1. 独立的精选层指数

开发精选层 100ETF 的基本前提是编制独立的股票指数，即精选 100 股票指数。该指数由精选层挂牌公司前 100 家公司的股票作为成分股。精选 100ETF 就是以该指数作为前提开发的。[2]

---

[1] 上述数据来自 Wind，统计期间为 2019 年 6 月。
[2] 精选 100 指数的具体编制方法已在本节中详细论述，这里不再赘述。

2. 精选100ETF的参与人

ETF产品参与人较为复杂，作为衍生产品所涉及的关系可谓方方面面，它们都和ETF产品有或多或少的关系，也或多或少地参与到ETF产品中去。对于精选100ETF产品而言，涉及的参与人，大致分为ETF当事人、关联人、中介机构、监管机构等。

一是精选100ETF当事人。即ETF基金份额持有人。它是ETF基金投资者，ETF基金的出资人、基金资产的所有者和基金投资回报的受益人。ETF基金持有人的基本权利包括对基金收益的享有权、对基金单位的转让权和一定程度上对基金经营的决策权。在不同组织形态的基金中，其对基金决策的影响渠道是不同的。在公司型基金中，基金持有人通过股东大会选举产生基金公司的董事会来负责公司的决策，而在契约型基金中，基金的持有人只能通过召开持有人大会对基金的重大事项进行决议，而对基金在投资方面的决策一般不能有直接的影响。按照法规的规定，我国的基金持有人享有以下权利：A. 出席或委派代表出席基金持有人大会；B. 取得基金收益；C. 监督基金经营情况，获得基金业务及财务状况方面的资料；D. 申购、赎回或者转让基金单位；E. 取得基金清算后的剩余资产；F. 基金契约规定的其他权利。基金持有人的义务包括：A. 遵守基金契约；B. 交纳基金认购款项及规定的费用；C. 承担基金亏损或者终止的有限责任；D. 不从事任何有损基金及其他基金持有人利益的行为。

二是精选100ETF关联人。主要包括基金管理人、基金托管人和基金登记结算机构。基金管理人依法募集基金、办理或者委托其他机构代为办理基金份额的发售、申购、赎回和登记事宜；进行基金的投资分析、决策，以专业化的经营方式管理和运作基金财产。基金托管人依法安全保管所收到的基金的全部资产。这些基金资产应当独立于基金管理人、基金托管人的自有资产。基金托管人应当为基金设立独立的账户，与基金托管人的其他业务和其他基金的托管业务实行严格的分账管理。基金托管人开设银行账户的应当以基金托管人名义在其营业机构开设基金托管专户，保管基金的银行存款。基金托管人应当以基金托管人和本基金联名的方式在中国证券登记结算有限公司开设证券账户。基金登记结算机构为中国证券登记结算有限责任公司，它负责基金证券事宜，并对基金的申购、赎回、买卖等进行清算交收等。

三是精选100ETF中介机构。包括精选100ETF基金份额销售机构、会计师事务所、律师事务所等机构。基金份额销售机构一般包括在一级市场进行申购赎回的代理券商即一级交易商以及在二级市场进行交易的交易代理商。一般情况下，二级市场交易代理商包括具有经纪业务资格的证券经营机构。会计师事务所和律师事务所是为精选100ETF基金的交易提供监督监察的机构。前者主要负责进行ETF产品的审计和清算等工作；后者通常主要针对ETF产品的重要事项出具法律意见书等。

四是精选100ETF监管机构。主要为中国证监会、全国股转公司和其他监管机构。中国证监会对基金进行全面的监管，由中国证监会基金机构部具体监管；全国股转公司作为新三板市场的组织者和管理者负责基金在新三板市场交易的监督；中国银保监会负责对基金托管银行进行监管。

3. 精选100ETF的开发运营

一是产品的开发。精选100ETF是由基金公司开发的。基金公司首先要对所要开发的产品进行深入的研究，并提出该产品的具体方案。方案主要包括精选100指数的相关情况，产品托管人、费率等内容。初步方案获通过后，由负责开发的基金公司进行立项，之后需要进一步的论证。ETF方案的必要性、可行性要与公司内部投研机构、销售部门沟通，还要与外部单位的托管银行、指数公司等进行论证，确认该产品的具体细节，获得通过后方能立项。立项完成后，还应履行内部决策程序，并与指数公司签订指数协议。目前新三板公司的指数开发主要由中证指数公司进行。这些程序完成后，还需获得全国股转公司和中国结算的无异议函，基金管理公司应准备申请文件等，向中国证监会基金机构部申请获得准许，精选100ETF的开发程序即告完成。除此之外，在产品发行上市前还需完成签订上市协议、注册登记协议等步骤，确定认购时间、认购方式，明确上市时间等相关事宜。

二是产品的发行。一般采取两种发行方式：其一是种子基金模式。这一模式为国际上较为普遍的方式。在种子基金模式下，基金发起人与证券公司共同出资购买相应的成分股，并在上市日之前转换成相应的 ETF 份额，而这些出资机构将会承担做市商的角色，向市场提供双向买卖报价，以此提升市场流动性。其二是 IPO 模式。这种模式比较少见，如南非的 SATRIX40、香港盈富基金等。该模式下，ETF 基金所募集的资金必须转为目标指数即精选 100 指数的成分股股票，且其基金份额的发行定价也必须根据实际建仓成本来确定。

三是产品的上市交易。需经过投资者的认购、上市、申购赎回、买卖交易。

精选 100ETF 的认购可以采取三种方式，即网上现金认购、网下现金认购和网下证券组合认购方式。网上现金认购是指投资者通过发售代理机构用全国股转公司网上系统以现金进行的认购；网下现金认购是指投资者通过基金管理人及其指定的发售代理机构以现金进行的认购；网下证券组合认购是指投资者的发售代理机构以在精选层市场交易的一篮子股票进行的认购。发售 ETF 基金，还需要基金管理人制定股票认购清单并进行公告，认购清单上包含着截至发售公告发布前精选 100 指数的最新成分股股票，以及发售公告发布前该指数编制机构已公布的拟调入指数的成分股。

申请精选 100ETF 在新三板上市应当向全国股转公司申请，符合全国股转公司的相关规定即可在新三板上市交易。一般来说，ETF 在证券市场上市交易的基本条件为基金募集的金额不低于该场所规定的最低金额，基金份额持有人的人数不低于该场所规定的最低人数。许多市场将这一最低标准分别规定为 2 亿元和 1000 人。在基金份额上市后，基金管理人在每一个交易日开始前向全国股转公司提供当日的申购赎回清单。基金管理人或基金管理人委托的机构在开市后根据申购赎回清单和一篮子股票中各只股票的实时成交数据计算基金份额参考净值（IOPV），并将结果向全国股转公司发送，由全国股转公司发布。

精选 100ETF 是新三板市场的产品，作为单市场基金要比跨市场、跨境 ETF 基金简单，在申购赎回上采取实物申购赎回为主，允许部分现金替代。申购赎回对价包括一篮子股票、现金替代、现金差额和现金对价。单市场的申购赎回效率较高，可以采取 T + 0 回转交易。

四是产品的信息披露。精选 100ETF 的信息披露包括披露基金净值、基金投资组合公告、季度报告、半年度报告、年报、申购赎回清单、基金份额参考净值等。申购赎回清单需在每个交易日开市前通过全国股转公司或者其他渠道公布，而基金份额参考净值是全国股转公司在 ETF 交易过程中实时计算公布的，以供投资者在进行买卖、套利决策时参考。基金份额参考净值 = （申购赎回清单中必须用现金替代的替代金额 + 申购赎回清单中可以用现金替代成分股的数量与最新成交价相乘之和 + 申购赎回清单中的预估现金差额）/最小申购赎回单位对应的基金份额。

五是产品的监管。精选 100ETF 产品必须接受监管机构的监督。该 ETF 产品的基金持有人、基金管理人、基金托管人等相关当事人应受到中国证监会等监管机构的监管，同时也要受到全国股转公司的自律管理和登记结算机构的业务管理。除了中国证监会的监管外，全国股转公司和中国结算发布了一系列业务规则，这些规则也包括对精选 100ETF 基金产品的业务规则，对精选 100ETF 的发行、上市、申购赎回、交易、信息披露进行了规范，以保证 ETF 基金在新三板的正常运营。

**四、未来展望**

除了 ETF 衍生产品外，资本市场的衍生产品还有个股期权、个股期货，股指期权、股指期货，ETF 期权等。对于新三板市场来说，这些衍生产品是否均适合呢？笔者认为，由于新三板的特点和市场本身情况，目前的基础条件还较为薄弱，新三板市场挂牌公司以中小企业为主，市值总体偏小，尽管有了精选层，可以公开发行和连续竞价，但绝大部分企业均受发行制度和交易制度的制约，挂牌公司的股权集中度普遍较为集中，个股成交量不大，股票的流通性和抗操纵性不强，短期内还缺少发展衍生产品的优质标的，研发条件整体不够成熟。衍生产品的开发所要考虑的必要因素即标的的流动性和抗风险能力，在新三板市场上还未完全得到解决。因此，在短期内，除 ETF 产品外，其他类型的衍生产品的开发，在新三板市场还不成熟。

从长远看，提供流动性是交易市场的核心功能之一。理论实践均已证明，没有流动性，证券交易市场就失去了活力，不但是衍生产品，就是现货产品也很难有生存的基础。衍生产品的开发一方面要靠流动性支撑，另一方面也会对现货市场的流动性提供帮助，它是成熟市场必备的风险管理工具。因此，新三板市场开发衍生产品不仅有助于改善市场流动性，还有助于深化市场功能、提高市场定价效率、优化投资者结构，是完善市场产品体系的必要改革举措和发展方向。

因此，新三板市场开发衍生产品是新三板市场本身发展的需要，新三板市场衍生产品的开发要随着市场的发展和市场基础的加强，渐进式地加以考虑。在发展的思路上，新三板市场衍生产品可以按照先易后难，在风险可控的前提下"先线性产品，后非线性产品""先个股产品，后指数产品""先在精选层开发，后在创新层和基础层开发"的路径进行。

第三篇

# 新三板的市场制度

# 第九章　新三板的发行制度

## 第一节　发行制度概述

### 一、概念和分类

　　证券发行制度是指为规范证券发行人及相关当事人在发行证券过程中的行为所涉及的一系列法律、法规、部门规章和自律管理规则等的总称。证券发行制度旨在规范证券发行各方当事人的证券发行活动。证券发行是指证券发行人以筹集资金为目的，在证券发行市场依法向投资者发售证券的行为。我国现行《证券法》对证券发行进行了专章规定，该法第二章第九条至第三十四条分别对证券公开发行的条件、审核方式、证券发行的种类、股份有限公司的设立、首次公开发行的条件、发行新股需要申报的文件、招股说明书和募集文件、公司债券公开发行的条件及报送文件、发行证券的审核机构、注册机构、注册程序、注册时间、注册和不予注册的结果、发行证券的信息披露、证券销售及其方式、公开发行股票的价格、发行失败的后果等均做了较为详细的规定。这些规定是我国证券发行最为基本的法律规定。以此为基础并按照这些规定，我国相关行政法规和国务院证券监督管理机构及其他有权部门规定了一系列证券发行的部门规章和规范性文件，证券交易场所等自律监管机构、证券业行业管理部门规定了一系列业务规则，构成了我国证券发行的制度体系。

证券发行制度是我国资本市场最为重要的制度，证券发行行为也是资本市场最为重要的行为。证券发行是多姿多彩的，在发行方式上主要包括公开发行和非公开发行。其中又以股票的公开发行最为典型、最为普遍，涉及的法律关系也最为复杂。因此，我国《证券法》着重规定了股票的公开发行，对债券的发行规定得并不多，对非公开发行规定得更少。

我国《证券法》对公开发行的定义未做明确规定，在《证券法》颁布之前，我国的行政法规对公开发行却有所界定。1993年国务院颁布的《股票发行与交易管理暂行条例》第八十一条规定"公开发行是发行人通过证券经营机构向发行人以外的社会公众就发行人的股票作出的要约邀请、邀约或者销售行为"。我国《证券法》虽然没有直接规定公开发行的定义，但在具体条文中将公开发行的情形进行了规定，该法第九条第二款规定"有下列情形之一的，为公开发行：（一）向不特定对象发行证券；（二）向特定对象发行证券累计超过二百人，但依法实施员工持股计划的员工人数不计算在内；（三）法律、行政法规规定的其他发行行为"。可见。按照现行《证券法》的规定，公开发行和非公开发行的判断标准是发行对象的不同，其中最重要的判断是是否具有社会公众性。不特定对象和超过一定人数的对象均涉及投资者的公众性。因此，尽管《证券法》对公开发行未做明确定义，但从《证券法》规定的公开发行具体条件上可以看出，1993年《股票发行与交易管理暂行条例》规定的公开发行的定义和《证券法》关于公开发行的规定是一致的，都强调了社会公众性。

社会公众性是区别公开发行与非公开发行的标准，在现行《证券法》中，将社会公众性界定为"不特定对象"或者"200人"以上。对于前者由于是"不特定对象"，而我国资本市场投资者众多，成为公开发行的发行对象，具有社会公众性是毫无疑问的。但200人的标准是否就意味着社会公众性呢？在我国1999年的《证券法》中并没有这样的界定，该法第十条规定"公开发行证券，必须符合法律、行政法规规定的条件，并依法报经国务院证券监督管理机构或者国务院授权的部门核准或者审批；未经依法核准或者审批，任何单位和个人不得向社会公开发行证券"，第十一条规定"公开发行股票，必须依照公司法规定的条件，报经国务院证券监督管理机构核准。发行人必须向国务院证券监督管理机构提交公司法规定的申请文件和国务院证券监督管理机构规定的有关文件"，该两条规定可以看出，对公开发行证券的条件均规定了必须按照有关法律法规等执行，对股票公开发行的条件还收窄到《公司法》规定的范围。1999年《证券法》对公开发行的公众性未规定具体的人数，直到2005年《证券法》的修订，才对具体人数进行了规定。该法第十条规定"有下列情形之一的，为公开发行：（一）向不特定对象发行证券的；（二）向特定对象发行证券累计超过二百人的；（三）法律、行政法规规定的其他发行行为"。现行《证券法》沿袭了2005年《证券法》第十条的规定，在公开发行公众性的要求上做了一些例外，即对"依法实施员工持股计划的员工人数"做了但书规定，将其不计算在200人的人数范围内。

对200人的规定是否合理？也有不同的看法。一般认为200人的规定来自旧有的相关部门规章。2002年中国人民银行颁布的《信托投资公司资金信托管理暂行办法》中对资金信托业务中信托合同数量的限制被认为是200人的起初来源。该办法第六条规定"信托投资公司集合管理、运用、处分信托资金时，接受委托人的资金信托合同不得超过200份（含200份），每份合同金额不得低于人民币5万元（含5万元）"。但在2005年《证券法》采纳了这一规定后，中国银监会在其部门规章并没有采用200人的规定，2007年中国银监会颁布的《信托投资公司资金信托管理办法》废止了2002年的暂行办法，该办法第五条规定"信托公司设立信托计划，应当符合以下要求：……（三）单个信托计划的自然人人数不得超过50人，但单笔委托金额在300万元以上的自然人投资者和合格机构投资者数量不受限制"。在随后的执行中。中国证监会还对定向的非公开发行依据特定的发行人的特定身份作出了更加严格的规定，将其人数限制在35人之内。2013年，中国证监会《非公办法》第三十九条规定，公司确定发行对象时，发行对象是公司的董事、监事、高级管理人员、核心员工以及符合投资者适当性管理规定的自然人投资者、法人投资者及其他经济组织时，投资者合计不得超过 35 名。① 但在 2019 年，中国证监会对《非公办法》的内容进行了修订，其中优化了定向发行制度，放开挂牌公司定向发行 35 人限制，② 只是强调非挂牌的公众公司仍然要遵照 35 人的限制。

可见，上述规定虽只是部门规章，但也说明对证券的发行或者类似于证券的发行还存在着不同于 200 人规定的情况。银行业的信托计划设立时在涉众性以及投资者利害关系上应该具有同证券的发行相同的逻辑，却采取了较为严格的规定，而对新三板挂牌公司的定向发行 35 人的限制显得更为严格。

法律和部门规章对 200 人、50 人、35 人在发行时的规定到底合理不合理恐怕很难说得清。③ 为什么一定是 200 人而不是 150 人或者 250 人？没有人能准确地说出依据。但是，从法律逻辑和我国资本市场的实际情况看，证券发行对投资者的公众性要求是必需的，没有具体的人数规定，在实践中很难操作。一方面我国是一个以中小投资者为主的市场，中小投资者数量巨大；另一方面又有大量的企业需要获得资本市场的融资支持。将公开发行对象的投资者人数定得过少，对企业来说动辄就要采取公开发行的方式，其融资的效力大为降低，而将投资者人数定得过多，则给非公开发行留下了很大的空间，形成变相的公开发行，对投资者的保护不利。既然历史上沿用了 200 人的概念，而且对于定向发行而言，200 人的确是个不小的数字，在我国资本市场投资者众多的情况下，

---

① 2013 年《非公办法》第三十九条规定"本办法所称定向发行包括向特定对象发行股票导致股东累计超过 200 人，以及股东人数超过 200 人的公众公司向特定对象发行股票两种情形。前款所称特定对象的范围包括下列机构或者自然人：（一）公司股东；（二）公司的董事、监事、高级管理人员、核心员工；（三）符合投资者适当性管理规定的自然人投资者、法人投资者及其他经济组织。公司确定发行对象时，符合本条第二款第（二）项、第（三）项规定的投资者合计不得超过 35 名。核心员工的认定，应当由公司董事会提名，并向全体员工公示和征求意见，由监事会发表明确意见后，经股东大会审议批准。投资者适当性管理规定由中国证监会另行制定"。

② 2019 年《非公办法》第四十二条规定"本办法所称定向发行包括向特定对象发行股票导致股东累计超过 200 人，以及公众公司向特定对象不超过 200 人发行股票两种情形。前款所称特定对象的范围包括下列机构或者自然人：（一）公司股东；（二）公司的董事、监事、高级管理人员、核心员工；（三）符合投资者适当性管理规定的自然人投资者、法人投资者及其他经济组织。股票未公开转让的公司确定发行对象时，符合本条第二款第（三）项规定的投资者合计不得超过 35 名。核心员工的认定，应当由公司董事会提名，并向全体员工公示和征求意见，由监事会发表明确意见后，经股东大会审议批准。投资者适当性管理规定由中国证监会另行制定"。

③ 有人认为《非上市公众公司监督管理办法》规定的 35 人限制来源于美国《证券法》D 规则 506 条款，即要求最终购买人的获许投资者资格、成熟投资者的 35 人限制。

的确给非公开发行的发行人留下了一定的空间，因此《证券法》继续沿用这一数字也不可厚非。而信托资产计划从200人降低到50人的门槛，新修改的《非公办法》取消挂牌公司的35人限制，的确是根据我国金融市场的实际情况所进行的修改，具有一定的法律逻辑性。

从风险控制的角度看，场内市场要比场外市场风险小。这是因为场内市场监管严格、公开透明、产品标准、风险识别度高、控制手段多。因此，对信托公司资金信托计划而言，这一场外市场产品风险当然要比资本市场证券公开发行高，信托机构开发的资金信托计划产品也和公开发行的公众性相同，让较多的投资者参与其中，无疑会加重了投资者的风险。200人对于信托计划而言是极为宽松的。多年来，理财产品、信托产品等风险频发也证实了其高风险性。因此，将2002年规定的200人标准进行严格限制，调低到50人以内是非常正确的。而2019年修改的《非公办法》第四十二条将挂牌公司定向发行35人取消，只规定非上市非挂牌公众公司的定向发行必须受到发行对象不超过35人的限制，也是与时俱进，不但符合实际情况，更适应了现行《证券法》的规定。2019年修改的《证券法》进一步明确了国务院批准的其他全国性证券交易场所的法律地位，规定它为公开的场内交易场所，也是集中的证券交易场所，在相似性上与证券交易所没有本质的区别。在全国性证券交易场所公开发行股票进行交易的同时，现行《证券法》也允许非公开发行的股票在这一场所转让。但《证券法》只规定了定向发行的200人以下的情形，并没有进一步限制具体的人数，更没有将人数限定在35人这一极小的范围内。我们理解，在新《证券法》出台前，由于《证券法》对新三板市场的法律定位并未明确，是场内市场还是场外市场，是公开市场还是半公开或者非公开市场，法律上没有规定，实践中由于新三板市场起源于中关村科技园区，一开始的确是场外市场，导致在相当长的一段时间内，人们对新三板的认识不一。而人们对场外市场和非公开市场的高风险认知是较为一致的，因此必须严格监管。将新三板市场非公开的定向发行限定在35人之内是为了更好地防范风险，保护投资者的合法权益。因此，原有的《非公办法》对35人所做的限定是可以理解的。2019年修订的《非公办法》取消了新三板市场非公开定向发行的 35 人限制，将 35 人的限制移至非上市非新三板市场挂牌的公众公司是进一步加强对场外市场公众公司的严格约束，无疑是正确的。

对公开发行和非公开发行的区别，归根结底是基于对投资者的保护。我国《证券法》对不特定对象和 200 人以上的规定，实质上也是为投资者尤其是中小投资者考虑。由于公开发行的涉众性、信息的不对称性和利害关系重大性，法律对公开发行的严格程度要远远超过非公开发行。相比非公开发行，投资者的参与面是非常广泛的，资本市场的投资者均可购买公开发行的股票，而非公开发行却是一定范围内的投资者购买发行人发行的股票；在信息知晓方面，由于公开发行的投资者完全是局外人，他们对发行人的知晓情况非常有限，只是通过发行人及中介机构的信息披露获得，必须紧紧依靠发行人的信息披露，因而信息是不对称的。而非公开发行则不一样，由于不得采取广告、劝诱等方式，发行人不得不主动地点对点地寻找投资者，因而非公开发行往往是在熟人中、在圈子里寻找买受人，这些投资者相对公开发行投资者对发行人的熟悉程度要高得多，信息也较为对称，投资者的风险相对要小得多。正因为如此，公开发行风险对投资者利害关系重大、风险较大，法律和监管严格也在情理之中。

各个国家的证券法律制度和监管部门对公开发行和非公开发行的态度大致相同。就美国来看，尽管没有我国《证券法》200 人的规定，也没有完全以人数多少作为判断依据，但对私募和公募发行证券的态度是不相同的。从美国《1933 年证券法》有关证券销售或转让的规定，即看出这一点。《1933 年证券法》第 5 部分①规定的主要内容为，所有证券买卖必须向美国证监会登记，除非符合登记豁免的一些条件。若公开销售限制类股票或控制类股票（发行人关联董事或大股东等持有的股份），需要取得本次公开销售可以豁免登记的证明。《1933 年证券法》144 规则②规定的主要内容为，限制性股票持有人持有股票在

---

① 美国《1933 年证券法》第 5 条，《美国法典注释》15 §77e，原版法规参见于 Westlaw 法律数据库。
② 美国《1933 年证券法》第 144 条，《联邦法典》17 §230.144，原版法规参见于 Westlaw 法律数据库。

1年之内的，不能公开出售；在2年以上的，可以自由出售；在1年和2年之间的，需要满足一定的条件才能出售。当满足下列条件时，可以取得豁免登记，允许向公众销售限制类或控制类证券。（1）持有期限制：持有须满1年，从股票款全部交清之日算起；（2）发行人（公司）限制：发行人必须充分及时地披露信息，如月报、年报的定期披露；（3）数量限制：出售的股票数量不高于发行人发行的所有可流通股票的1%，或股票在过去4周的周平均交易量；（4）必须在经纪人或者做市商按照正常交易程序交易，交易时须签署"卖方信函"确认该交易满足144规则的规定；（5）出售后须向美国证监会报送144表格，但3个月内出售数量在500股或出售额在10000美元以下的除外。（6）转让代理商必须把股票证书上限制性的标志去掉。美国《证券法》不但对股票的销售和转让做了一定情形下的限制，而且区分了发行人和转售人不同的身份，即限制性发行人、持有人和非限制类发行人、持有人。除此之外，美国《证券法》D条例规则501条款相关获许投资者的规定，将投资者区分为一般投资者和获许投资者。可以看出，美国《证券法》从出售人和买受人两个方面将公开发行和非公开发行做了区分。

在传统上，美国是个高度市场化的国家，美国证券发行制度应该是自由的，公司发行证券是公司自治的行为，历史上并无太多的管制。美国《1933年证券法》第5部分和144条规定是在1929年大股灾之后痛定思痛所建立的各种保护公众投资者的法律和规则中最具实际意义的规定。隶属于美国《1933年证券法》的附属规则。该条例和其他配套法规一起为世界上最稳定的、最优良的资本市场打下了基础。① 在这之后，美国政府加强了对资本市场的干预，《1934年证券交易法》颁布后，美国设立了证监会并赋予了其强有力的监管权力。对公开发行和非公开发行所采用的标准也较为严格，以受要约人数和对象范围的可确定性进行界定。但这一过程中，投资者、美国证监会及法院在法律适用和执行中一直存在着博弈，试图将公权力对市场主体自治权利的干预限制在必要

---

① 参见徐聪. 我国上市公司分拆上市法律制度研究 [M] 上海：上海交通大学出版社，2019。

和有限的范围内，以实现以市场为导向的目标。在公开发行和非公开发行的认定标准上，美国的实践也在不断地变化。从最开始的以受要约人和对象范围的确定性来界定，到 Ralston Purina 案以受要约是否能自我保护来界定，再到美国《1933 年证券法》D 条例规则 506 条款要求以最终购买人的获许投资者资格、成熟投资者的 35 人人数限制以及禁止公开劝诱来界定，直到最后 JOBS 法案取消公开劝诱禁止，仅以实际购买人的获许投资者资格来界定。这一过程的变化，可以看出其立法目的、监管目标的变化，展现了制度演变背后的逻辑，由此确定了公开发行和非公开发行的界限，确定了豁免规则的适用，也看出了美国证券法律和监管者区别公开发行和非公开发行的逻辑和标准在于，证券发行过程中的投资者是否需要保护以及保护到何种程度，因而最终是以保护投资者为目的的。

综上可以看出，尽管各国在公开发行和非公开发行的具体规定上不尽相同，方式方法也不一样，但出发点和最终目的是一样的，对公开发行要求的较为严格，对公开发行的投资者保护更加全面。

**二、发行制度的演变**

20 世纪 90 年代初期，随着沪深证券交易所的相继成立，诞生了中国资本市场。初期的资本市场由于没有国家统一的证券监督管理机构，股票等证券的发行是由地方证券管理部门和沪深证券交易所实质审核和监管的。1992 年深圳"8·10"事件后，① 同年 10 月，国务院证券委员会和中国证券监督管理委员会成立，标志着全国证券市场统一管理的形成，1993 年，证券市场建立了全国统一的股票发行审核制度。时至今日，我国股票发行制度经历了审批制、核准制和注册制三个阶段，由行政化逐步向市场化方向发展。

---

① 1992 年 8 月 10 日，深圳"1992 股票认购证"第四次摇号。当时预发认购表 500 万张，每人凭身份证可购表 1 张，时称有"百万人争购"，不到半天的时间，抽签表全部售完，人们难以置信。秩序就在人们的质疑中开始混乱，并发生冲突。这天傍晚，数千名没有买到抽签表的股民在深南中路打出反腐败和要求公正的标语，并形成对深圳市政府和人民银行围攻的局面，酿成"8·10 事件"。深圳市政府当夜紧急协商，决定增发 500 万张新股认购兑换表，事态慢慢得到平息。1992 年 10 月末，也就是"8·10 事件"发生两个月后，国务院证券委员会和中国证券监督管理委员会成立，标志着全国证券市场统一管理的形成，负责证券市场管理，保护投资者合法权益。

（一）审批制阶段

这是我国发行制度的第一阶段（1993—2000 年）。这一阶段的基本特点是发行制度由行政主导，由中国证监会对股票发行实行行政审核批准。又分为两个具体阶段，即初期的额度管理制阶段和后期的指标管理制阶段。

1. 额度管理制阶段

这一阶段（1993—1995 年）的主要特点是"总额控制、地方部委分配"，即股票发行实行总额度控制，每年由中国证监会确定股票发行的总额度，地方政府和国家部委根据获得的额度分配给所属企业并以此公开发行股票。

额度制审批的依据为行政法规，即 1993 年 4 月 25 日国务院颁布的《股票发行与交易管理暂行条例》（以下简称《发行条例》）。《发行条例》是我国第一部关于股票发行与交易的行政法规，是当时证券市场的基本法，《发行条例》对我国证券市场的基本制度、运作和管理进行了较全面的规定。其中对股票的发行和审批方式做了明确的规定。《发行条例》第十二条规定"申请公开发行股票，按照下列程序办理：（一）申请人聘请会计师事务所、资产评估机构、律师事务所等专业性机构，对其资信、资产、财务状况进行审定、评估和就有关事项出具法律意见书后，按照隶属关系，分别向省、自治区、直辖市、计划单列市人民政府（以下简称地方政府）或者中央企业主管部门提出公开发行股票的申请；（二）在国家下达的发行规模内，地方政府对地方企业的发行申请进行审批，中央企业主管部门在与申请人所在地地方政府协商后对中央企业的发行申请进行审批；地方政府、中央企业主管部门应当自收到发行申请之日起三十个工作日内作出审批决定，并抄报证券委；（三）被批准的发行申请，送证监会复审；证监会应当自收到复审申请之日起二十个工作日内出具复审意见书，并将复审意见书抄报证券委；经证监会复审同意的，申请人应当向证券交易所上市委员会提申请，经上市委员会同意接受上市，方可发行股票"。

根据《发行条例》的规定，在实际操作中，每年的股票发行额度由中国证监会根据经济发展和市场供求的具体情况确定当年股票发行总规模（总额度和指标），经国务院批准后，下达给国家计划委员会，由国家计划委员会根据地方政府和行业在国民经济发展中的地位和需要进一步将总额度分配到地方政府和国家有关部委，并由它们在各自的发行额度内推荐预选企业。

在具体程序上，根据《发行条例》的规定，被推荐的企业需要经过两级行政审批，即初审和复审。初审由获得额度的企业向其所在地地方政府或国家主管部委提交额度申请获得审核批准；复审由地方政府或国家部委批准后再报送证监会审核。证监会对企业的质量、前景进行实质审查，并对发行股票的规模、价格、发行方式、时间等作出安排。额度是以股票面值计算的，在溢价发行条件下，实际筹资额远大于计划额度，在这个阶段共确定了 105 亿元发行额度，共有 200 多家企业发行，筹资 400 多亿元。

2. 指标管理制阶段

这一阶段（1996—2000 年）的主要特点为"总量控制、限报家数"，即在股票发行总规模的前提下对股票发行家数进行控制，每年确定股票发行的总家数并以此公开发行股票。

指标制审批的依据为行政法规和部门规章。行政法规仍然为《发行条例》，该条例规定股票发行实行规模控制；部门规章主要为，1996 年 10 月 2 日，国务院办公厅批转的国务院证券委员会公布的《关于 1996 年全国证券期货工作安排意见》。该安排意见在第四部分明确规定要"改进新股发行管理办法，做好新股发行上市工作。对 1995 年下达的股票发行计划中未发行上市部分，要继续做好发行工作。今后下达新股发行计划，改为'总量控制，限报家数'的管理办法，即由国家计委、证券委共同制定股票发行总规模，证监会在确定的总规模内，根据市场情况向各地区、各部门下达发行企业个数，并对企业进行审核"。根据这一规定，地方政府和国家部委在获得指标后，在指标内推荐预选企业，证券监管部门对符合条件的预选企业同意其上报发行股票正式申报材料并审核。1997 年，中国证监会下发了《关于做好 1997 年股票发行工作的通知》，同时增加了拟发行股票公司预选材料审核的程序，由中国证监会对地方政府或国家部委推荐的企业进行预选，改变了两级行政审批下单纯由地方推荐企业的做法，开始了对企业的事前审核。1996 年、1997 年分别确定了 150 亿股和 300 亿股的发行量，共有 700 多家企业发行，筹资 4000 多亿元。1998 年、1999 年、2000 年分别发行了 81.37 亿股、86.87 亿股、122.17 亿股，分别完成 111 家、100 家、143 家发行，分别募资 412.22 亿元、505.54 亿元、862.56 亿元，合计 1780 亿元。

额度制改为家数控制主要是针对额度之下，各地方政府和国家部委在额度有限的情况下，为了使更多的企业发行上市，在股票发行额度供不应求的情况下，将额度分散拆小给更多的企业，从而使每家企业发行股份过小，大中型企业发行获得额度的机会相对较小。

（二）核准制阶段

这是我国发行制度的第二阶段（2001—2019 年）。这一阶段的基本特点是发行制度尽管仍由行政主导，由中国证监会对股票发行实行行政审核批准，但行政对股票发行干预的力度减少，一方面中国证监会设立股票发行审核委员会，依照专业力量对股票发行进行审核；另一方面强化了信息披露在股票发行审核中的重要性，并加大了中介机构的责任。又分为两个具体阶段，即初期的通道制和后期的保荐制两个阶段。

1. 通道制阶段

这一阶段（2001—2003 年）的主要特点是给予具有主承销资格的证券公司推荐一定数量的企业公开发行股票的渠道。在赋予证券公司推荐企业发行上市权力的同时，减少行政机构的干预，强化证券公司的风险意识，让其承担应有的责任。

通道制核准的依据为法律和部门规章。1999 年 7 月 1 日，我国第一部《证券法》确立了核准制的法律地位。《证券法》第十一条规定"公开发行股票，必须依照公司法规定的条件，报经国务院证券监督管理机构核准。发行人必须向国务院证券监督管理机构提交公司法规定的申请文件和国务院证券监督管理机构规定的有关文件"，第十四条规定"国务院证券监督管理机构设立发行审核委员会，依法审核股票发行申请。发行审核委员会由国务院证券监督管理机构的专业人员和所聘请的该机构外的有关专家组成，以投票方式对股票发行申请进行表决，提出审核意见。发行审核委员会的具体组成办法、组成人员任期、工作程序由国务院证券监督管理机构制定，报国务院批准"。中国证监会以此为依据，陆续制定了一系列与《证券法》相配套的部门规章和规范性文件，使《证券法》规定的股票发行核准制能够贯彻实施。1999年9月16日，中国证监会推出了股票发行核准制实施细则，之后又陆续出台了《中国证监会股票发行审核委员会条例》《中国证监会股票发行核准程序》《股票发行上市辅导工作暂行办法》等，构建了股票发行核准制的基本框架。2001年3月17日，证监会宣布取消股票发行审批制，正式实施股票发行核准制下的"通道制"。

2001年3月29日，中国证券业协会对"通道制"作出了具体解释：每家证券公司一次只能推荐一定数量的企业申请发行股票，由证券公司将拟推荐企业逐一排队，按序推荐。所推荐企业每核准一家才能再报一家，即"过会一家，递增一家"（2001年6月24日又调整为"每公开发行一家才能再报一家"，即"发行一家，递增一家"），具有主承销资格的证券公司拥有的通道数量最多8条，最少2条。到2005年1月1日"通道制"被废除时，全国83家证券公司一共拥有318条通道。

通道制的具体程序为，由拟发行人与有资格的证券公司签订辅导（保荐）协议，报中国证监会当地派出机构备案；签订协议后，每两个月上报一次辅导材料，辅导时间为期1年；辅导期满，拟发行人提出发行申请，证券公司依法予以推荐（保荐）；中国证监会职能部门进行合规性初审后，提交发行审核委员会审核，经发审委专家投票表决，最终经中国证监会核准后，决定其是否具有发行资格。

通道制以强制性信息披露为核心，旨在强化中介机构的责任，减少行政干预，改变了由行政机制遴选和推荐发行人的做法，使证券公司在一定程度上承担起股票发行的风险，同时也获得了遴选和推荐股票发行人的权利。

2. 保荐制阶段

这一阶段（2004—2019年）的主要特点是注重和强调保荐机构和保荐代表人的责任，实施保荐机构和保荐代表人的双重责任机制，以及保荐机构和发行人的连带责任机制。

保荐制核准的依据为法律和部门规章。1999 年的《证券法》和 2005 年修订的《证券法》都对股票发行核准制进行了规定。2003 年 12 月，中国证监会制定了《证券发行上市保荐制度暂行办法》（以下简称《保荐办法》），成为保荐制的直接依据。该办法 2004 年 2 月 1 日施行，共 7 章 76 条，分别为总则、保荐机构和保荐代表人的注册登记、保荐机构的职责、保荐工作规程、保荐工作的协调、监管措施和法律责任、附则。

我国的保荐制度是指有资格的保荐人推荐符合条件的公司公开发行证券和上市，并对所推荐的发行人的信息披露质量和所做承诺提供持续训示、督促、辅导、指导和信用担保的制度。其主要内容包括：建立保荐机构和保荐代表人的注册登记管理制度；明确保荐期限；分清保荐责任；引进持续信用监管和"冷淡对待"的监管措施四方面。根据《保荐办法》的规定，保荐机构的职责主要体现在六方面。

一是推荐职责。其一，推荐。保荐机构应当尽职推荐发行人证券发行上市。发行人证券上市后，保荐机构应当持续督导发行人履行规范运作、信守承诺、信息披露等义务。其二，推荐承诺。保荐机构应当在推荐文件中就下列事项作出承诺：有充分理由确信发行人符合《保荐办法》规定的要求，且其证券适合在证券交易所上市、交易；有充分理由确信发行人申请文件和公开发行募集文件不存在虚假记载、误导性陈述或者重大遗漏；有充分理由确信发行人及其董事在公开发行募集文件中表达意见的依据充分合理；有充分理由确信与其他中介机构发表的意见不存在实质性差异；保证所指定的保荐代表人及本保荐机构的相关人员已勤勉尽责，对发行人申请文件进行了尽职调查、审慎核查；保证推荐文件、与履行保荐职责有关的其他文件不存在虚假记载、误导性陈述或者重大遗漏；保证对发行人提供的专业服务和出具的专业意见符合法律、行政法规、中国证监会的规定和行业规范；自愿接受中国证监会依照《保荐办法》采取的监管措施；中国证监会规定的其他事项。其三，推荐书。保荐机构推荐发行人证券上市，应当向证券交易所提交推荐书及证券交易所上市规则所要求的相关文件，并报中国证监会备案。推荐书应当载明《保荐办法》规定的承诺事项、对发行人持续督导工作的安排以及证券交易所要求的其他事项。

二是辅导职责。其一，发行前辅导。保荐机构在推荐发行人首次公开发行股票前，应当按照中国证监会的规定对发行人进行辅导；保荐机构推荐其他机构辅导的发行人首次公开发行股票的，应当在推荐前对发行人至少再辅导 6 个月。其二，辅导要求。发行人经辅导符合下列要求的，保荐机构方可推荐其股票发行上市：符合证券公开发行上市的条件和有关规定，具备持续发展能力；与发起人、大股东、实际控制人之间在业务、资产、人员、机构、财务等方面相互独立，不存在同业竞争、显失公允的关联交易以及影响发行人独立运作的其他行为；公司治理、财务和会计制度等不存在可能妨碍持续规范运作的重大缺陷；高管人员已掌握进入证券市场所必备的法律、行政法规和相关知识，知悉上市公司及其高管人员的法定义务和责任，具备足够的诚信水准和管理上市公司的能力及经验；中国证监会规定的其他要求。

三是尽调职责。保荐机构对发行人公开发行募集文件中无中介机构及其签名人员专业意见支持的内容，应当进行充分、广泛、合理的调查，对发行人提供的资料和披露的内容进行独立判断，并有充分理由确信所做的判断与发行人公开发行募集文件的内容不存在实质性差异。

四是核查职责。保荐机构对发行人公开发行募集文件中有中介机构及其签名人员出具专业意见的内容，应当进行审慎核查，对发行人提供的资料和披露的内容进行独立判断。保荐机构所做的判断与中介机构的专业意见存在重大差异的，应当对有关事项进行调查、复核，并可聘请其他中介机构提供专业服务。

五是配合职责。保荐机构提交推荐文件后，应当主动配合中国证监会的审核，并承担下列工作：组织发行人及其中介机构对中国证监会的意见进行答复；按照中国证监会的要求对涉及本次证券发行上市的特定事项进行尽职调查或者核查；指定保荐代表人与中国证监会进行专业沟通；中国证监会规定的其他工作。

六是持续辅导职责。其一，辅导内容和重点。督导发行人有效执行并完善防止大股东、其他关联方违规占用发行人资源的制度；督导发行人有效执行并完善防止高管人员利用职务便利损害发行人利益的内控制度；督导发行人有效执行并完善保障关联交易公允性和合规性的制度，并对关联交易发表意见；督导发行人履行信息披露的义务，审阅信息披露文件及向中国证监会、证券交易所提交的其他文件；持续关注发行人募集资金的使用、投资项目的实施等承诺事项；持续关注发行人为他人提供担保等事项，并发表意见；中国证监会规定及保荐协议约定的其他工作。其二，辅导期限。首次公开发行股票的，持续督导的期间为证券上市当年剩余时间及其后 2 个完整会计年度；上市公司发行新股、可转换公司债券的，持续督导的期间为证券上市当年剩余时间及其后 1 个完整会计年度。持续督导的期间自证券上市之日起计算。其三，辅导其他事项。持续督导期届满，如有尚未完结的保荐工作，保荐机构应当继续完成。保荐机构在尽职推荐期间、持续督导期间未勤勉尽责的，持续督导期届满，保荐机构仍应承担相应的责任。

（三）注册制阶段

这一阶段（2018 年 11 月至今）的特点是发行制度进一步市场化，行政化干预大幅减少；发行审核以信息披露为中心，重心下移由证券交易场所负责具体的发行审核，中国证监会负责股票发行注册。又分两个阶段，即试点阶段和实行阶段。

1. 试点阶段

这一阶段（2018 年 11 月至 2020 年 2 月）的基本特点是对注册制的实行进行探索和试验，在小范围内进行注册制，获得成功经验后，为全面推行注册制打好基础。

2018 年 11 月 5 日，国家主席习近平在首届中国国际进口博览会上宣布将在上海证券交易所设立科创板并试点注册制。经过一年多的努力，2019 年 7 月 22 日科创板试点注册制在上交所正式推出。

在上交所科创板试点注册制的依据为全国人大常委会的两次授权。第一次授权：2015 年 12 月 27 日，第十二届全国人民代表大会常务委员会第十八次会议审议通过《关于授权国务院在实施股票发行注册制改革中调整适用〈中华人民共和国证券法〉有关规定的决定（草案）》的议案，明确授权国务院可以根据股票发行注册制改革的要求，调整适用现行《证券法》关于股票核准制的规定，对注册制改革的具体制度作出专门安排。这一决定的正式通过，解决了试点注册制的法律依据问题，标志着推进股票发行注册制改革具有了明确的法律依据。第二次授权：2018 年 2 月 24 日，第十二届全国人大常委会第三十三次会议决定，2015 年 12 月 27 日第十二届全国人大常委会第十八次会议授权国务院在实施股票发行注册制改革中调整适用《中华人民共和国证券法》有关规定的决定施行期限届满后，期限延长 2 年至 2020 年 2 月 29 日。该决定指出，国务院应当及时总结实践经验，于延长期满前，提出修改法律相关规定的意见。2019 年 12 月 27 日，修改后的《证券法》颁布，对公开发行注册制进行了全面规定，并自 2020 年 3 月 1 日起正式实施。

中国证监会相关部门规章主要有《科创板首次公开发行股票注册管理办法（试行）》（以下简称《注册管理办法》）和《科创板上市公司持续监管办法（试行）》（以下简称《持续监管办法》），于 2019 年 3 月 1 日正式发布并实施。

《注册管理办法》共 8 章 81 条。主要有以下六方面内容：一是明确科创板试点注册制的总体原则，规定股票发行适用注册制。二是以信息披露为中心，精简优化现行发行条件，突出重大性原则并强调风险防控。三是对科创板股票发行上市审核流程作出制度安排，实现受理和审核全流程电子化，全流程重要节点均对社会公开，提高审核效率，减轻企业负担。四是强化信息披露要求，压实市场主体责任，严格落实发行人等相关主体在信息披露方面的责任，并针对科创板企业特点，制定差异化的信息披露规则。五是明确科创板企业新股发行价格通过向符合条件的网下投资者询价确定。六是建立全流程监管体系，对违法违规行为负有责任的发行人及其控股股东、实际控制人、保荐人、证券服务机构以及相关责任人员加大追责力度。

《持续监管办法》共 9 章 36 条。主要有以下八方面内容：一是明确适用原则。科创板上市公司（以下简称科创公司）应适用上市公司持续监管的一般规定，《持续监管办法》与证监会其他相关规定不一致的，适用《持续监管办法》。二是明确科创公司的公司治理相关要求，尤其是存在特别表决权股份的科创公司的章程规定和信息披露。三是建立具有针对性的信息披露制度，强化行业信息和经营风险的披露，提升信息披露制度的弹性和包容度。四是制定宽严结合的股份减持制度。适当延长上市时未盈利企业有关股东的股份锁定期，适当延长核心技术团队的股份锁定期；授权上交所对股东减持的方式、程序、价格、比例及后续转让等事项予以细化。五是完善重大资产重组制度。科创公司并购重组由上交所审核，涉及发行股票的，实施注册制；规定重大资产重组标的公司须符合科创板对行业、技术的要求，并与现有主业具备协同效应。六是股权激励制度。增加了可以成为激励对象的人员范围，放宽限制性股票的价格限制等。七是建立严格的退市制度。根据科创板的特点，优化完善财务类、交易类、规范类等退市标准，取消暂停上市、恢复上市和重新上市环节。八是对分拆上市、募集资金使用、控股股东股权质押和法律责任等方面作出了规定。此外，中国证监会还制定了《公开发行证券的公司信息披露内容与格式准则第 41 号——科创板公司招股说明书》和《公开发行证券的公司信息披露内容与格式准则第 42 号——首次公开发行股票并在科创板上市申请文件》。

在科创板创设初期，其业务规则主要有《上海证券交易所科创板股票发行上市审核规则》《上海证券交易所科创板股票上市委员会管理办法》《上海证券交易所科技创新咨询委员会工作规则》《上海证券交易所科创板股票发行与承销实施办法》《上海证券交易所科创板股票上市规则》《上海证券交易所科创板股票交易特别规定》6 项主要业务规则，之后又补充了《上海证券交易所科创板上市公司证券发行上市审核规则》《上海证券交易所科创板股票公开发行自律委员会工作规则》《上海证券交易所科创板上市公司重大资产重组审核规则》3 项业务规则。这些业务规则，是依据《关于在上海证券交易所设立科创板并试点注册制的实施意见》以及中国证监会相关规章等上位制度制定的，形成了交易所层面设立科创板并试点注册制改革中的业务规则体系，明确了科创板股票发行、上市、交易、信息披露、退市和投资者保护等各个环节的主要制度安排，确立了交易所试点注册制下发行上市审核的基本理念、标准、机制和程序。此外，上交所还发布了 6 项配套指引，包括《上海证券交易所科创板股票发行上市申请文件受理指引》《上海证券交易所科创板上市保荐书内容与格式指引》《上海证券交易所科创板股票发行与承销业务指引》《上海证券交易所上市公司内幕信息知情人报送指引》《上海证券交易所、中国证券登记结算有限责任公司科创板上市公司股东以向特定机构投资者询价转让和配售方式减持股份业务指引》《上海证券交易所科创板股票盘后固定价格交易指引》。

2. 实行阶段

这一阶段（2020 年 3 月 1 日至今）的特点为证券公开发行全面实行注册制。注册制由上交所科创板试点全面推向全国性证券交易场所。

注册制实行的法律依据为现行《证券法》。《证券法》第二章"证券发行"第九条、第十八条、第二十一条、第二十二条、第二十三条、第二十四条共计 6 条涉及注册制的规定。这些规定全面推行了注册制，首次明确了公司发行新股、上市公司发行新股以及存托凭证、公司债券等证券的公开发行均实行注册制，同时授权国务院对注册制的具体范围、实施步骤进行规定，为不同品种、不同板块分步实施注册制提供了法律依据。从《证券法》第二章第六条关于注册制的规定看，主要是对注册的证券范围、注册机构、注册申请审核机构、注册程序及效力进行了规定。

一是注册的证券范围。应为股票、公司债券和存托凭证。根据《证券法》第九条第一款的规定，只要是公开发行的证券，就应当进行注册。哪些属于公开发行的证券呢？这涉及《证券法》对"公开发行的证券"的界定。现行《证券法》第二条第一款规定"在中华人民共和国境内，股票、公司债券、存托凭证和国务院依法认定的其他证券的发行和交易，适用本法；本法未规定的，适用《中华人民共和国公司法》和其他法律、行政法规的规定"，第二款规定"政府债券、证券投资基金份额的上市交易，适用本法；其他法律、行政法规另有规定的，适用其规定"，第三款规定"资产支持证券、资产管理产品发行、交易的管理办法，由国务院依照本法的原则规定"。这一条的 3 个条款规定了 3 种情形的证券，但是否都属于"公开发行的证券"或者是严格意义上的"证券"呢？

我们认为，第一款所规定的股票、公司债券、存托凭证毫无疑问为严格意义上的证券，公开发行的证券当然包括了这三种证券。存托凭证之所以属于证券，是因为它本身就是股票的一种替代形式，它是基于股票而产生的证券，具有股票的属性。我国《证券法》也将其纳入股票的范畴，将其视为股票公开发行的一种，并规定了存托凭证的公开发行。《证券法》第十二条是对公司首次公开发行新股应当符合的条件进行的规定。该条最后一款规定"公开发行存托凭证的，应当符合首次公开发行新股的条件以及国务院证券监督管理机构规定的其他条件"。可以看出，对存托凭证，《证券法》将视为股票的范畴，在发行条件上首先要等同于首次公开发行新股的条件，还因为存在凭证是基于股票而形成的证券，在条件上比首次公开发行新股更加严格。

《证券法》第二条第二款规定的"政府债券、证券投资基金份额"尽管是广义上的证券，由于其所具有的特殊性，《证券法》却将其排除在公开发行的范围之外，只有涉及"上市交易"才适用《证券法》的规定。第三款规定的资产支持证券、资产管理产品等，并不是典型和严格意义上的证券。所谓资产支持证券是由受托机构发行的、代表特定目的信托的信托受益权份额。受托机构以信托财产为限向投资机构承担支付资产支持证券收益的义务，其支付基本来源于支持证券的资产池产生的现金流。而资产管理产品实际上是基金公司或证券公司向特定客户募集资金或者接受特定客户财产委托担任资产管理人，由托管机构担任资产托管人，为资产委托人的利益，运用委托财产进行投资的一种标准化金融产品。它们在发行和交易方面和《证券法》规定的公开发行差异较大，所以《证券法》并未对其进行规定，而是规定由国务院依照本法原则进行规定。

二是注册机构。即中国证监会或者国务院授权的部门。《证券法》第九条第一款规定"公开发行证券，必须符合法律、行政法规规定的条件，并依法报经国务院证券监督管理机构或者国务院授权的部门注册。未经依法注册，任何单位和个人不得公开发行证券。证券发行注册制的具体范围、实施步骤，由国务院规定"。可见，公开发行证券的注册机构是中国证监会或者国务院的其他部委。在实践中，股票和存托凭证的公开发行由中国证监会注册。债券的公开发行由于管理体制的原因，目前并非完全由中国证监会管理，因而存在着由国务院授权的其他部门注册的可能性。

三是审核机构。即全国性证券交易场所。《证券法》第二十一条第二款规定"按照国务院的规定，证券交易所等可以审核公开发行证券申请，判断发行人是否符合发行条件、信息披露要求，督促发行人完善信息披露内容"。可以看出，证券交易所是发行人注册申请的具体审核机构。

在《证券法》的规定中，除了证券交易所之外，还存在着国务院批准的其他全国性证券交易场所和区域性股权市场两种情况，它们也涉及证券的发行，是否可以成为注册申请的具体审核机构？我们认为，区域性股权市场是无法成为注册申请的具体审核机构的。这是因为区域性股权市场是非公开市场，不得进行证券的公开发行。而注册制的前提是证券的公开发行，因而在《证券法》中排除了区域性股权市场成为注册制的审核机构。

国务院批准的其他全国性证券交易场所应当成为注册申请的审核机构。原因有三点：其一，国务院批准的其他全国性证券交易场所是公开市场，可以进行证券的公开发行。其二，《证券法》在规定证券交易所为注册申请审核机构的同时，也为国务院批准的其他全国性证券场所成为注册申请的审核机构留足了空间。该法第二十一条规定"按照国务院的规定，证券交易所等可以审核公开发行证券申请"，其中规定的"等"字，就为国务院批准的其他全国性证券交易场所审核注册申请提供了法律依据。其三，在实践中，国务院批准的其他全国性证券交易场所也一直对核准制下的证券发行进行实质性的审核。目前，国务院批准的其他全国性证券交易场所是指全国股转公司，自2013年成立以来，全国股转公司对挂牌公司的证券发行进行审核，并由中国证监会核准，实际上具有一定形式上的注册申请审核的雏形。

四是注册程序及效力。其一，文件的报送。《证券法》第十八条规定"发行人依法申请公开发行证券所报送的申请文件的格式、报送方式，由依法负责注册的机构或者部门规定"。目前，中国证监会对申请人申请文件的报送有具体的规定。中国证监会制定了《注册管理办法》《公开发行证券的公司信息披露内容与格式准则第 41 号——科创板公司招股说明书》和《公开发行证券的公司信息披露内容与格式准则第 42 号——首次公开发行股票并在科创板上市申请文件》等。其二，受理及注册。即国务院证券监督管理机构或者国务院授权的部门应当自受理证券发行申请文件之日起 3 个月内，依照法定条件和法定程序作出予以注册或者不予注册的决定，发行人根据要求补充、修改发行申请文件的时间不计算在内。不予注册的，应当说明理由。其三，公开发行前公告。证券发行申请经注册后，发行人应当依照法律、行政法规的规定，在证券公开发行前公告公开发行募集文件，并将该文件置备于指定场所供公众查阅。发行证券的信息依法公开前，任何知情人不得公开或者泄露该信息。发行人不得在公告公开发行募集文件前发行证券。其四，注册撤销及后果。即国务院证券监督管理机构或者国务院授权的部门对已作出的证券发行注册的决定，发现不符合法定条件或者法定程序，尚未发行证券的，应当予以撤销，停止发行。已经发行尚未上市的，撤销发行注册决定，发行人应当按照发行价并加算银行同期存款利息返还证券持有人；发行人的控股股东、实际控制人以及保荐人，应当与发行人承担连带责任，但是能够证明自己没有过错的除外。股票的发行人在招股说明书等证券发行文件中隐瞒重要事实或者编造重大虚假内容，已经发行并上市的，国务院证券监督管理机构可以责令发行人回购证券，或者责令负有责任的控股股东、实际控制人买回证券。

### 三、发行制度的比较

审批制、核准制和注册制是我国股票发行的三种审核制度。三种制度随着我国证券市场的发展变化而有所变化。它们之间有联系，但更多的是区别。从联系方面看，由于后一种制度是由前一种制度演变而来的，在初期的时候未必能完全摆脱前一种审核制度的理念和审核逻辑，在审核内容上也有些交叉。但三种审核制度主要的还在于它们之间的区别。

（一）审核目的和理念

在审核目的和理念上，区别在于将证券市场打造成精品商店还是百货商店。对审批制而言，一方面，审批制在很大程度上，是行政监管部门将证券市场的企业作为优等生看待，认为拟发行的公司应该是好公司才能具备条件，有资格进入资本市场成为上市公司或挂牌公司。它们认为资本市场应该是精品商店，陈列在这个商店的都是精品。正是因为这样的理念，在发行人进入市场前，它们必须要审核，看看它们到底是否是精品，以决定是否让其进入精品商店。另一方面，从投资者和中介机构看，行政监管部门又认为投资者是证券市场的弱势群体，尤其在我国资本市场中小投资者占据绝大多数的情况下，对投资者的保护显得更为重要，而中介机构在证券发行过程中由于角色的关系，和发行人利益一致。因此，要对发行人进行严格的把关，将好企业选出来，对市场和投资者负责。对注册制而言，行政监管者认为，证券市场应该是个百货商店，应该有各式各样的产品，不应都是精品产品。投资者可以根据自己的情况和爱好进行选择，而监管者在审核中要做的就是让发行人和中介机构将这一产品的情况、性能等如实告诉市场和投资者，进行充分的信息披露，充分地揭示风险，让他们在充分了解的情况下选择自己看中的产品，并对自己的选择负责。监管部门在审核过程中不对产品进行实质性的判断。核准制是介于审批制和注册制之间的，既有行政审批的色彩，又有市场决定的色彩。有时候行政审核的多一些，有时候市场色彩多一些。

（二）实施依据

审批制、核准制和注册制三种审核制度的依据分别为 1993 年《股票发行与交易管理暂行条例》、1999 年《证券法》和 2020 年《证券法》。

1993 年 4 月 22 日，国务院颁布《股票发行与交易管理暂行条例》，该条例共计 9 章 84 条，分为总则，股票的发行，股票的交易，上市公司的收购，保管、清算和过户，上市公司的信息披露，调查和处罚，争议的仲裁，附则。其中，第二章第十二条第二款对股票发行额度制进行了规定。即"在国家下达的发行规模内，地方政府对地方企业的发行申请进行审批，中央企业主管部门在与申请人所在地地方政府协商后对中央企业的发行申请进行审批；地方政府、中央企业主管部门应当自收到发行申请之日起三十个工作日内作出审批决定，并抄报证券委"。在我国《证券法》出台前，该发行条例实际上起到了《证券法》的作用和效果，对于证券的一级市场和二级市场进行了全面和较为详细的规定。

1999 年《证券法》是我国第一部全面规定资本市场的法律。该法共计 12 章 214 条，分别为总则、证券发行、证券交易、上市公司收购、证券交易所、证券公司、证券登记结算机构、证券交易服务机构、证券业协会、证券监督管理机构、法律责任、附则。该法第十一条规定"公开发行股票，必须依照公司法规定的条件，报经国务院证券监督管理机构核准。发行人必须向国务院证券监督管理机构提交公司法规定的申请文件和国务院证券监督管理机构规定的有关文件"，第一次确定了我国股票发行核准制。2005 年《证券法》，第十条规定"公开发行证券，必须符合法律、行政法规规定的条件，并依法报经国务院证券监督管理机构或者国务院授权的部门核准；未经依法核准，任何单位和个人不得公开发行证券"，再次规定了股票发行的核准制。

2020 年 3 月 1 日实施的《证券法》第一次确定了我国股票发行注册制。该法在第二章用 6 条对注册制进行了规定。可以看出，我国证券三大发行制度都是在大的法律制度的背景下产生的，大的制度的产生或者改革都要紧紧依靠证券基本法制度的确定，使法律成为制度确定和制度改革的基础，为改革保驾护航。

（三）市场化程度

三者的市场化程度是不同的。审批制是高度行政化的，市场化程度因素少；核准制的市场化程度一般，既有市场化的成分，也有行政化的成分；注册制市场化程度高。

审批制基本为行政主导，主要由证券监管部门和地方政府、国家部委主导，市场化机构的因素少；核准制以行政主导为主，证券交易所为辅。在发行审核上采取的是中国证监会进行实质性审核，而证券交易所审核为辅。将发行审核和上市审核合并，由发行审核吸收合并上市审核，使上市审核成为象征性的审核，对发行上市不起实质性作用。注册制则相反，以证券交易场所为主导，中国证监会为辅。在发行审核上采取的是证券交易场所进行实质性审核而中国证监会审核为辅。将发行审核和上市审核合并，由上市审核吸收合并发行审核，使发行审核成为象征性的审核，对发行上市不起实质性作用。

（四）发行方式与条件

审批制计划性强，采取额度制和指标制的方式；核准制采取有计划和无计划的方式。在通道制阶段，采取给证券公司通道的方式体现计划性，而后期采取的保荐制，则计划性显得较弱；注册制采取完全的保荐制，由保荐人具体负责推荐公司发行，不体现计划性，它是一种市场化的行为，股票发行根据市场的情况决定。

审批制采取的是政府和行业推荐，具有发行额度或者指标的地方政府、有关国家部委选择企业并向中国证监会推荐；核准制和注册制都是由中介机构即保荐人进行推荐。

审批制要求发行人的质量，由行政机构对发行的条件进行把关，要求企业盈利能力强。除了一般的条件外，还要求企业连续盈利，例如《发行条例》第九条规定"原有企业改组设立股份有限公司申请公司发行股票近三年连续盈利"；核准制的发行条件也将发行人的连续盈利能力作为发行的前提条件，虽然1999年《证券法》没有具体规定发行条件，只规定了"公开发行证券，必须符合法律、行政法规规定的条件，并依法报经国务院证券监管机构批准"，但2005年《证券法》在第十条对发行条件提出了明确要求，即必须"具有持续盈利能力，财务状况良好"；注册制的发行条件相比审批制和核准制要宽松很多，并不要求发行人的持续盈利能力，而是要求企业必须具有持续经营能力。审批制、核准制在企业发行条件上的持续盈利能力和注册制持续经营能力要求的不同，反映了审批制、核准制在理念上和注册制的不同。审批制、核准制强调行政和法律的实质管理，不重视行为个体的自由权和市场化属性。它要求发行人发行证券，不仅要公开全部的、可以供投资人判断的材料，还要符合证券发行的实质性条件，证券监管机构有权依照法律的规定，对发行人提出的申请以及有关材料，进行实质性审查，发行人得到批准后，方能发行证券。而注册制只要信息完全真实，及时公开，市场机制与法律制度健全，证券市场本身会自动作出择优选择。管理者的职责是保证信息公开与禁止信息滥用，不过多用行政和法律干预手段要求发行人经营结果。

## 第二节　新三板的公开发行

我国《证券法》对证券的公开发行规定了两种情形，一种是向不特定对象发行证券，另一种是向特定对象发行证券累计超过 200 人的。新三板的公开发行两种情况都有，即既存在向不特定对象的发行，也存在定向发行超过200 人。[①]

2019 年 10 月 25 日，中国证监会宣布全面深化新三板改革，其中一项最为重要的内容是在新三板市场可以进行向不特定对象发行股票，即新三板市场发行人可以向不特定合格投资者公开发行并在精选层挂牌（以下简称公开发行）。这一规定使新三板自2013 年成立以来只能采取定向发行方式公开发行股票有了重大突破，意义重大。

### 一、公开发行的意义

一是公开发行使新三板市场成为一个完全的真正意义的公开市场。众所周知，融资功能是资本市场的一项基本功能。在一个公开市场上，无论是定向发行还是向不特定对象发行，都是为发行人筹措资金。但这两种方式相比较，向不特定对象发行证券是公开市场适用最普遍的、最重要的发行方式，它也是企业进入证券交易场所成为上市公司的前提。从国际资本市场看，各国普遍重视

---

① 从新三板的实践情况看，其定向发行绝大多数是不超过200 人的发行，因此，新三板的定向发行大多数是非公开发行。为了重点阐述新三板向不特定对象发行这一典型的公开发行，在本部分论述中是将超过200 人的定向发行放入定向发行的内容中论述，这里不再论述。

这种发行方式，将其视为最重要的发行方式。从各国资本市场看，由于向不特定对象公开发行股票涉众性更强、涉及面更广，投资者参与的人数更多，融资规模大，效率高。各个国家普遍规定首次进入资本市场成为上市公司必须采取向不特定对象进行发行。经过这种发行使发行人经过了严格的监管，中介机构的严格推荐、股票发行价格通过路演询价等市场的检验。我国资本市场也是如此，中国证监会和证券交易所都极其重视向不特定对象公开发行股票，规定在首次发行股票并在证券交易所上市时，必须采取这种方式。如果没有向不特定对象发行，公众投资者就很难参与一级市场的活动，而只能参与证券交易市场的买卖。这个市场就不是一个完全的真正的市场。新三板市场向不特定对象公开发行股票，填补了新三板市场只能定向公开发行的空白，使新三板成为一个真正完备的和沪深证券交易所相同的市场。

二是公开发行提高了发行人和投资者的积极性。对发行人来说，向不特定投资者公开发行影响大、融资规模大，中介机构介入程度深，尤其是这种发行方式是发行人成为上市公司的前提。因此，对发行人来说在选择方式上，发行人更愿意采取这种方式发行股票；对投资者而言，一般投资者尤其是中小投资者很难参与定向发行，即使是定向发行超过 200 人的公开发行，但定向发行不得采取广告、劝诱等方式，使这种方式基本上是熟人间的发行。而向不特定的投资者公开发行使中小投资者获得了参与新股发行的机会。根据规定，向不特定对象发行股票必须有中介机构深度参与，对发行人进行保荐、对发行事宜要进行路演、询价等一系列安排，发行人要进行公开全面的信息披露，审核机构也要进行严格的监管等。因此和定向发行相比，投资者所获得的信息更加充分、股票定价更加公允、发行过程更加透明，投资者更有参与的积极性。

三是公开发行使新三板公司转板成为可能。向不特定对象公开发行股票是发行人在证券交易所上市成为上市公司的前提。新三板挂牌公司要转板至沪深证券交易所，由挂牌公司变成上市公司，挂牌公司首先要经过向不特定对象公开发行股票。在新三板全面深化改革前，尽管有的挂牌公司经过了公开发行，但只是定向发行方式的公开发行，不存在向不特定对象公开发行，因此新三板挂牌公司不可能转板到证券交易所变成上市公司。

四是公开发行为新三板市场实现连续竞价打下了基础。向不特定对象公开发行由于面向的是广大的投资者，它与定向发行所不同的是在发行对象上一定要有众多的投资者，否则很难保证发行成功。这是因为定向发行是熟人间的发行，定向发行在发行之前发行对象是确定的，因而并不需要投资者的数量作为基础和保证。而向不特定对象公开发行对投资者没有任何约束，在公开发行时，投资者参与不参与发行活动，买不买公开发行的股票完全是投资者的权利，由投资者自己决定。根据《证券法》的规定，只有公开发行的股票出售达到一定的比例才算发行成功。我国《证券法》第三十三条规定"股票发行采用代销方式、代销期限届满，向投资者出售的股票数量未达到拟公开发行股票数量百分之七十的，为发行失败。发行人应当按照发行价并加算银行同期存款利息返还股票认购人"。即使《证券法》规定了公开发行可以采取包销的形式，但对于作为包销人的证券公司，如果没有足够多的公众投资者作为销售的基础，包销机构也不一定愿意采取这种方式。何况我国《证券法》对包销和代销的期限也做了规定，即《证券法》第三十一条规定的"证券的代销、包销最长不得超过九十日"。

在新三板精选层挂牌公司实行向不特定对象发行证券要求新三板具有较多的公众投资者，导致新三板投资者门槛大为降低。投资者的门槛由原来的500万元降低到了100万元，使投资者人数由原来的20余万人扩大到数百万之众，为新三板在交易机制上实行连续竞价打下了基础。

其实，在交易机制上，新三板的交易规则一直都有连续竞价的规定。全国股转公司2017年12月22日发布的《全国中小企业股份转让系统股票转让细则》（股转系统公告〔2017〕第663号）第十五条规定"竞价转让的方式包括集合竞价和连续竞价两种方式"，"采取集合竞价方式的具体条件由全国股转系统公司另行规定"，这一规定一直没有具体实施，其根本原因在于，当时由于新三板可参与交易的投资者人数较少且挂牌公司有万家的情况下，平均每家挂牌公司的投资者不足百人，在二级市场交易过程中，无法保证挂牌公司股票的连续报价和持续交易，因而不具有实施连续竞价的基础。

## 二、公开发行的依据

新三板实施向不特定合格投资者公开发行股票并在精选层挂牌是新三板全面深化改革最重要的内容，对这一改革，中国证监会和全国股转公司制定了一系列规章制度、规范性文件和自律管理规则。这些制度和我国现有的《证券法》等一起成为公开发行的依据。

（一）法律

1. 公开发行的界定及方式

《证券法》第九条第一款规定"公开发行证券，必须符合法律、行政法规规定的条件，并依法报经国务院证券监督管理机构或者国务院授权的部门注册。未经依法注册，任何单位和个人不得公开发行证券。证券发行注册制的具体范围、实施步骤，由国务院规定"，第二款规定"有下列情形之一的，为公开发行：（一）向不特定对象发行证券；（二）向特定对象发行证券累计超过二百人，但依法实施员工持股计划的员工人数不计算在内；（三）法律、行政法规规定的其他发行行为"，第三款规定"非公开发行证券，不得采用广告、公开劝诱和变相公开方式"。

该条规定实际上对公开发行进行了四方面的界定：一是公开发行必须有法定的条件，即法律、行政法规规定的条件。这一条件的法定地位比较高，只有全国人大制定的法律和国务院制定的行政法规才能对公开发行的条件进行规定，国务院的部门和地方政府无权制定公开发行的条件。之所以对公开发行的条件进行高规格的规定，就是因为公开发行涉及的利害关系重大，涉及广大投资者的合法权益，要使公开发行全国一盘棋，不允许各个部门和各个地方规定，防止为了部门或者地方的利益各行其是，形成不正当的竞争而放松对公开发行条件的规定。二是公开发行必须经过注册。即公开发行必须有相关的机构进行管理，法律将这一机构规定为国务院证券监督管理委员会或者国务院授权的有关部门。表明公开发行的管理部门是国家而不是地方政府。不经过注册和不依法注册是不能够公开发行的。三是公开发行的方式是法定的。《证券法》

规定了公开发行的两种方式，即向不特定对象发行和对累计200人以上的发行。对于第三种方式，《证券法》留下了空间，但也作出了限制，即只允许法律、行政法规规定的其他行为，不允许部门规章和地方性法规对此进行规定。四是对非公开发行进行了禁止，不但要求非公开发行不能采用广告、公开劝诱的方式进行，还将变相公开发行也归属于非公开发行。上述规定都是新三板公开发行所应遵循的基本法律规定。

2. 公开发行的条件

《证券法》第十二条规定了公开发行股票的条件。该法规定"公司首次公开发行新股，应当符合下列条件：（一）具备健全且运行良好的组织机构；（二）具有持续经营能力；（三）最近三年财务会计报告被出具无保留意见审计报告；（四）发行人及其控股股东、实际控制人最近三年不存在贪污、贿赂、侵占财产、挪用财产或者破坏社会主义市场经济秩序的刑事犯罪；（五）经国务院批准的国务院证券监督管理机构规定的其他条件"。

这些条件实际上从两个方面对公开发行提出了要求。一是对公开发行的公司在公司治理中的组织和关键人员方面提出了要求，即发行人不但要求健全的组织机构而且这一机构应当运行良好，公司及公司的控股股东、实际控制人还应当不存在法律规定的刑事犯罪。二是对公开发行的公司在经营和财务状况方面提出了要求。即要求发行人具有持续经营能力且审计报告无问题。与2005年《证券法》不同的是，新《证券法》对发行人经营的要求并不强求公司的盈利能力，而是要求持续经营能力，意味着新三板的公开发行，发行人可以在亏损的情况下进行，但财务审计报告必须能够过关。

对公开发行的条件，《证券法》也留有一定的空间。由于公司的情况千差万别，在特殊情况下，并不仅仅是该条规定的四种条件所能涵盖的，而且这四种情况相对规定得比较宏观和粗犷。所以，《证券法》规定了国务院证券监督管理机构可以根据情况再行制定公开发行的其他条件，不但可以对四种情况以外的条件进行规定，还可以就四种情况的条件本身进行细化。但这些条件的规定不能看作是国家部门的规定。它必须经过国务院的批准，可以视为国家的行为。

3. 公开发行的场所

《证券法》第三十七条第一款规定"公开发行的证券，应当在依法设立的证券交易所上市交易或者在国务院批准的其他全国性证券交易场所交易"，第九十六条第一款规定"证券交易所、国务院批准的其他全国性证券交易场所为证券集中交易提供场所和设施，组织和监督证券交易，实行自律管理，依法登记，取得法人资格"。

该两条规定明确了全国股转公司为公开发行的股票交易场所，也明确了公开发行后股票在新三板市场的交易方式，即向不特定对象公开发行股票在新三板二级市场进行的买卖是交易而不是转让，而交易的方式为集中竞价。集中竞价既可以是集合竞价，也可以是连续竞价。在精选层针对公开发行的股票进行的交易采取的是连续竞价的方式，法律依据是充足的。

（二）部门规章、规范性文件

关于新三板市场向不特定合格投资者公开发行股票并在精选层挂牌的规定，主要集中在中国证监会的部门规章和规范性文件中。

1. 对公开发行进行总括性规定

2019 年 12 月，中国证监会对《非公办法》进行了大幅度修订，增加了发行人向不特定合格投资者公开发行股票的内容，明确规定了在新三板市场可以采取向不特定对象公开发行股票的规定。《非公办法》新增 16 条，即从第五十四条至第六十九条，对公开发行进行了详细的规定。从具体条文看，主要在以下几个方面进行了规定。

一是明确了公开发行及公开发行的条件。《非公办法》第五十四条、第五十五条对此做了明确规定。

二是对发行人进行了明确的规定。《非公办法》第五十六条、第五十七条、第五十八条分别对发行人进行了规定。其中，第五十六条对发行人公开发行所要进行的决策机制进行了规定，要求公开发行股票必须召开公司董事会和股东大会；第五十七条对公开发行股票的公司决策程序和决策方式进行了规定；第五十八条对发行的申请及申请文件提出了要求。

三是对公开发行的审核机构进行了规定。《非公办法》第五十八条、第五十九条、第六十八条等分别对审核机构进行了规定。其中，第五十八条规定了公开发行的审核机构为全国股转公司，核准机构为中国证监会；第五十九条规定了中国证监会在受理后的具体期限内所作出的决定；第六十八条规定了全国股转公司对承销业务的监管等。

四是对公开发行的保荐人进行了规定。《非公办法》第六十条、第六十一条、第六十二条、第六十三条等分别对保荐人进行了规定。第六十条规定了公开发行必须采取保荐人制度；第六十一条规定了保荐人责任的例外情况；第六十二条规定了保荐人的义务和责任；第六十三条规定了保荐人的持续督导期限等。

五是对公开发行的承销商进行了规定。《非公办法》第六十四条、第六十五条、第六十六条、第六十七条、第六十九条等分别对承销商进行了规定。第六十四条规定了承销商的资格、承销方式、战略配售等；第六十五条规定了发行人、承销机构及相关人员的禁止行为；第六十六条规定了公开发行的定价方式，规定了直接定价、竞价和询价三种方式；第六十七条对公开发行的询价对象进行了规定；第六十九条规定了发行人和承销商承销方案的报送方式。

2. 对公开发行作出补充性规定

中国证监会主要通过两个规范性文件对新三板公开发行作出了补充性规定，即中国证监会 2020 年 1 月 17 日发布的《非上市公众公司信息披露内容与格式准则第 11 号——向不特定合格投资者公开发行股票说明书》（中国证监会〔2020〕9 号，以下简称《公开发行说明书》）和《非上市公众公司信息披露内容与格式准则第 12 号——向不特定合格投资者公开发行股票申请文件》（中国证监会〔2020〕10 号，以下简称《公开发行申请文件》）。《公开发行说明书》共分 3 章 12 节，对公开发行说明书的内容和格式进行了细致的规定。即总则；公开发行说明书，包括封面、书脊、扉页、目录、释义，概览，风险因素，发行人基本情况，业务和技术，公司治理，财务会计信息，管理层讨论与分析，募集资金运用，其他重要事项，声明与承诺，备查文件；附则。《公开发行申请文件》主要对申请文件的内容和格式进行了规定，共计八方面，即发行文件；发行人关于发行的申请与授权文件；关于本次发行的自律管理文件；保荐机构关于本次发行的文件；会计师关于本次发行的文件；律师关于本次发行的文件；关于本次发行与募集资金运用的文件；其他文件。

（三）自律规则

针对公开发行，全国股转公司根据法律和中国证监会的规定，在实际操作层面制定了一系列业务规则，形成了新三板市场公开发行较为完备的规则体系。这些规则主要有《全国中小企业股份转让系统股票向不特定合格投资者公开发行并在精选层挂牌规则（试行）》（以下简称《公开发行挂牌规则》）、《全国中小企业股份转让系统股票向不特定合格投资者公开发行保荐业务管理细则（试行）》（以下简称《公开发行保荐细则》）、《全国中小企业股份转让系统精选层挂牌审查细则（试行）》（以下简称《审查细则》）《全国中小企业股份转让系统精选层挂牌细则》（以下简称《挂牌细则》）、《全国中小企业股份转让系统挂牌委员会管理细则（试行）》（以下简称《挂牌委员会细则》）、《全国中小企业股份转让系统股票向不特定合格投资者公开发行与承销管理细则（试行）》（以下简称《发行与承销管理细则》）、《全国中小企业股份转让系统股票向不特定合格投资者公开发行并在精选层挂牌与承销业务实施细则（试行）》（以下简称《承销业务实施细则》）、《全国中小企业股份转让系统精选层挂牌审查问答（一）》（以下简称《审查问答》）。

上述业务规则分为3个层次，即基本业务规则、业务细则和业务指南，和全国股转公司其他相关业务规则构成了公开发行的自律规则体系。其中，最为重要的是《公开发行挂牌规则》，它既承接了中国证监会对新三板市场向不特定合格投资者公开发行的相关部门规章和规范性文件，又统领了全国股转公司有关公开发行的其他业务细则和指南，形成了新三板公开发行的基本业务规则。

1. 公开发行挂牌

《公开发行挂牌规则》共7章65条，分别为总则、一般规定、发行程序、信息披露、募集资金管理、监管措施与违规处分和附则。主要内容如下：

一是对公开发行并在精选层挂牌提出了总体要求。在总则部分，明确了《公开发行挂牌规则》的适用范围；对行政审查与自律审查的管理分工做了原则性规定；对发行人、保荐机构、证券服务机构等相关主体提出了义务性要求；明确了全国股转公司的审查方式、审查目的和工作原则；强调了全国股转公司可对相关主体实施自律管理；同时提醒投资者自担投资风险。

二是对公开发行并在精选层挂牌作出了一般规定。提出了七方面的一般性要求：其一，发行主体应当为在全国股转公司连续挂牌满12个月的创新层公司。主要考虑创新层公司整体上财务更为稳健、公司治理更为完善、信息披露更为规范；同时，要求连续挂牌满12个月有利于发行人接受市场规范和检验，防控发行风险。其二，发行人应符合《非公办法》规定的公开发行股票的相关要求，还应当符合《分层管理办法》规定的进入精选层的相关要求，且不存在相关负面清单情形。其三，发行对象应当为已开通新三板精选层交易权限的合格投资者，资产规模、投资年限等应当符合投资者适当性管理规定的具体要求。其四，公司申请股票公开发行并在精选层挂牌的，应当聘请证券公司保荐承销，其中保荐机构应当由发行人主办券商或主办券商子公司担任。其五，公司申请股票公开发行并在精选层挂牌的，应当及时办理股票停复牌手续，并做好内幕信息知情人登记与报备工作，具体要求由相关业务指南规定。其六，对控股股东、实际控制人及其亲属以及持股10%以上股东、战略投资者所持股票提出限售要求。其七，要求发行人在中国证监会作出核准决定及公司披露招股文件前，不得采取任何公开或变相公开方式进行股票推介活动。

三是对公开发行并在精选层挂牌进行了程序上的规定。有六方面的程序性安排。其一，公司决策。要求发行人在申报前履行董事会及股东大会审议程序，并明确了股东大会决议的具体内容。其二，申报审查。明确了申报受理、职能部门审查、挂牌委员会审议以及审查期限的要求。同时，为明确市场预期，配套审查细则将详细规定中止自律审查、终止自律审查的具体情形。其三，发行承销。明确了发行定价可选择直接定价、竞价、询价三种方式；规定投资者应当按照发行人和主承销商的要求全额缴付申购资金或缴付一定比例的申购资金作为保证金；明确了比例配售原则；对战略配售、超额配售选择权进行了原则性规定。其四，入层调整。挂牌公司发行后市值、股东人数、公众股东持股比例等达到进入精选层条件的，全国股转公司将发行人纳入精选层管理。其五，中止发行与发行失败。要求出现中止发行或发行失败等情形的，做好投资者退款安排。其六，申报间隔。设置冷静期，要求出现审查不同意、不予核准等情形的，发行人应当于相关自律审查决定或审核决定作出日起 6 个月后方可再次提交申请文件。

四是对公开发行并在精选层挂牌所涉及的信息披露进行了规定。其一，明确了信息披露原则。一方面，要求相关主体按照中国证监会及全国股转公司的要求履行信息披露义务。另一方面，明确了在全国股转公司网站设立的专区预先披露公开发行说明书等文件的相关要求。其二，明确了重要节点的披露安排。分别明确了董事会与股东大会审议、申报受理、挂牌委员会审议、自律审查进程、核准受理、核准进程、定价配售、进入精选层、中止发行或发行失败等节点的信息披露要求。

五是对公开发行并在精选层挂牌涉及的募集资金管理进行了规定。为规范发行募集资金管理，引导发行人合法合规使用募集资金，保护投资者权益，从内控制度、专户存储、禁止性投向、用途变更与置换、定期核查等方面，对公开发行募集资金用途、使用原则及存管等作出相应规定。

六是对公开发行并在精选层挂牌涉及的违规处理进行了规定。明确了全国股转公司可以采取的自律监管措施和纪律处分类型。同时，区分违规行为的危害性，列举了一般违规行为和重大违规行为，对于一般违规行为原则上采取自律监管措施，情节严重的采取纪律处分；对于重大违规行为直接采取纪律处分。此外，规定了线索移交机制，以形成自律监管与行政监管的合力。

2. 公开发行保荐

《公开发行保荐细则》共 6 章 55 条，包括总则、股票公开发行保荐工作、持续督导工作、工作规程、监管措施和违规处分、附则。主要内容如下：

一是明确保荐机构和保荐代表人范围及职责。规定了从事全国股转系统保荐业务的机构及人员范围、基本职责、执业要求，以及归位尽责原则。其一，在全国股转系统开展股票公开发行保荐业务的机构，除了具备保荐机构资格外，还应当是在全国股转公司备案的主办券商。主办券商不具备保荐机构资格的，可以由其控股的承销保荐子公司开展保荐业务。其二，要求为发行人提供保荐服务和主办券商持续督导服务的证券公司应当为同一家机构，或存在控制关系。其三，明确保荐机构与发行人等市场主体之间的归位尽责要求。一方面，要求发行人及其控股股东、实际控制人、董事、监事、高级管理人员、证券服务机构及其签字人员等配合保荐机构及其保荐代表人履行保荐职责，并承担相应责任。另一方面，明确了保荐机构及其保荐代表人履行保荐职责，不能减轻或免除发行人及其董事、监事、高级管理人员、证券服务机构及其签字人员的责任。

二是明确股票公开发行保荐工作有关要求。对保荐机构开展股票公开发行保荐工作进行了规范。其一，按照保荐工作程序，对保荐协议签署及报备、指定保荐代表人及项目协办人、尽职调查、内部核查、提交发行保荐文件、提交股票在精选层挂牌推荐文件、配合监管机构审核工作等业务环节进行了规定。其二，明确发行人按照《公开发行保荐细则》公开发行股票并在精选层挂牌的，应由保荐机构进行辅导，并由发行人所在地证监局验收。其三，明确保荐协议应当约定保荐机构履行职责应当享有的7项基本权利，以及发行人4项基本配合义务。其四，根据监管实践工作需要，对擅自改动已提交文件的行为做了禁止性规定。

三是明确持续督导工作要求。对保荐机构开展持续督导工作进行了规范。其一，明确了持续督导工作的基本要求和主要内容。要求保荐机构针对发行人的具体情况，制订持续督导工作计划和实施方案，督导发行人履行信息披露、信守承诺和规范运作等义务。其二，明确了保荐机构的具体持续督导职责。主要包括事前审阅发行人信息披露资料等文件，督促发行人履行信披义务，发布风险揭示公告，持续关注承诺事项，对发行人发生的关联交易、对外担保等事项发表意见、开展专项现场核查并披露报告，向监管机构报告发行人重大违法违规行为及其他重大事项等。其三，规范了持续督导工作方式及程序。明确了事前审阅文件、发表意见、发布风险揭示公告、开展专项现场核查、向股转公司提交报告的有关程序和要求。其四，明确了保荐机构与主办券商持续督导职责划分、衔接机制，并区分了追责标准。其五，规定了持续督导期限及延长督导期限的情形。保荐督导期间为股票公开发行完成后当年剩余时间及其后2个完整会计年度；对于发行人存在重大风险或受到中国证监会行政处罚、全国股转公司公开谴责等情形的，可视情况延长持续督导期限。

四是明确保荐业务工作规程。明确了全国股转公司对保荐业务管理的基本要求。其一，要求保荐机构建立适应新三板市场特点的保荐业务内控机制。对于主办券商与保荐机构存在控制关系且为其提供业务支持的，应符合中国证监会有关规定，且二者之间应建立健全必要的风险隔离机制。其二，要求保荐机构建立与全国股转公司的保荐业务日常联络机制。其三，明确了终止保荐协议、变更保荐机构要求。刊登股票发行募集文件至保荐督导工作结束期间，除发行人因再次申请股票公开发行另行聘请保荐机构，或保荐机构被中国证监会撤销保荐机构资格，或发行人被调整出精选层三种情形以外，保荐机构和发行人不得终止保荐协议。其四，明确了保荐代表人变更要求。股票公开发行后，除非保荐代表人离职或者被撤销保荐代表人资格，保荐机构不得更换保荐代表人。其五，规定了保荐协议签署及终止、保荐代表人变更、保荐工作总结等报备报告制度。

五是明确保荐业务日常监管及违规处分制度。规定了全国股转公司对保荐业务日常监管及违规处分制度。其一，明确了全国股转公司可通过现场或非现场检查等方式，对保荐业务进行自律管理，保荐机构及其保荐代表人应当积极配合检查。其二，明确了全国股转公司对保荐机构、保荐代表人、发行人、证券服务机构等相关主体予以追责的各类违规情形及监管措施。其三，明确了监管协作机制，全国股转公司发现相关主体涉嫌违反法律法规和中国证监会相关规定的，应当向中国证监会报告。

3. 公开发行审查

《审查细则》以审查为主线，从一般程序到特殊情形处理，对自律审查工作进行系统性规定，共计6章46条，具体包括总则、申请与受理、审查内容与方式、审查程序、特殊情形处理、附则。主要内容包括：

第一，总则。总则突出审查权力监督与制约，增加"审查监督"，构建审查制度框架。一是明确规则定位，确定适用范围。二是依据《非公办法》关于发行人提交全国股转公司自律监管意见的规定，明确全国股转公司先对股票在精选层挂牌进行自律审查，审查通过后出具自律监管意见，代挂牌公司报请中国证监会履行公开发行核准程序。三是明确以信息披露审查为中心的审查理念和依法合规、公开透明、便捷高效的工作原则。四是明确全国股转公司对挂牌公司、保荐机构、证券服务机构及相关人员的自律管理职责。五是明确审查方式电子化，公开审查进度等信息，建立审查监督机制。六是明确全国股转公司自律审查结果的效力，提醒投资者自担风险。

第二，申请与受理。一是建立申请前的沟通咨询机制，解决申报前的重大疑难、无先例事项等涉及业务规则理解与适用问题。二是明确申请方式，强调受理即担责。三是明确受理审查时限，规定了受理、不予受理及退回补正三种处理方式及其适用情形。四是受理即披露。受理当日，精选层挂牌推荐书等预先披露的相关文件在符合《证券法》规定的信息披露平台披露。

第三，审查内容与方式。审查内容为股票在精选层挂牌的条件及相应信息披露要求，强调保荐机构、证券服务机构的核查要求，并以市场化理念为指导，着重突出了信息披露审查的关注内容与要求。审查工作主要通过提出问询的方式开展。通过回复问询，挂牌公司及其保荐机构、证券服务机构解释和说明相关问题，补充核查相关事项，补充提供新的证据或材料，修改或更新信息披露内容，提升信息披露质量。

第四，审查的一般程序。其一，明确审查问询时限。首轮为20个交易日，多轮为10个交易日；回复时限为20个交易日，特殊情况下经说明后可申请延长20个交易日。其二，明确审查问询与挂牌委员会审议的衔接程序。审查机构认为无须进一步问询时，出具审查报告并提交至挂牌委员会审议。其三，参考科创板，丰富审查手段，建立约见问询、调阅资料、检查抽查的机制。其四，回应市场主体需求，规范审查机制。例如，规范审查沟通机制，解决沟通障碍；明确挂牌公司可以因国家秘密、商业秘密等特殊原因不予披露相关信息，但应当说明未按照规定进行披露的原因。

第五，挂牌委员会审议。全国股转公司设立挂牌委员会，召开会议对审查机构的审查报告及挂牌公司申请文件进行审议，合议形成通过或不通过的意见。如存在尚待核实的重大问题，无法形成审议意见的，经会议合议，可以暂缓审议，发回审查机构继续审查。

第六，监管意见。由全国股转公司出具自律监管意见或者作出终止精选层挂牌审查的决定。一是明确全国股转公司审查决定的类型，包括向中国证监会提交的自律监管意见以及终止精选层挂牌审查的决定两种。二是明确全国股转公司审查时限为 2 个月，自受理之日起算，但挂牌公司及其保荐机构、证券服务机构回复审查问询、落实挂牌委员会意见、全国股转公司中止自律审查、请示有权机关、实施检查等情形不计算在内。

第七，报送自律监管意见。一是明确报送中国证监会履行发行核准程序的要求。全国股转公司出具自律监管意见后，根据挂牌公司的委托向中国证监会报送申请文件，同时报送相关审查资料。二是明确报送阶段的披露要求。报送时，更新后的精选层挂牌推荐书等披露文件在符合《证券法》规定的信息披露平台披露。

第八，特殊情形处理。关于重大事项处理程序，一是明确挂牌公司及其保荐机构的重大事项报告义务。挂牌公司及其保荐机构应当及时向全国股转公司报告重大事项，更新精选层挂牌申请文件。保荐机构、证券服务机构履行尽职调查职责，提交核查意见。二是规范各阶段的重大事项处理程序。对于报送中国证监会前发生的重大事项，审查机构及时审查并视情况问询。已经挂牌委员会审议的，审查机构审查决定是否重新提交挂牌委员会审议。

第九，审查中止与终止。明确自律审查中止与终止的情形。对于由于挂牌公司的保荐机构、证券服务机构及其人员的原因中止精选层挂牌审查的，要求在一定期限内对挂牌公司重新进行尽职调查并出具复核报告。

第十，复审与复核。考虑到终止精选层挂牌审查决定对挂牌公司影响较大，增加挂牌公司对终止精选层挂牌审查决定申请复审的权利，由挂牌委员会进行复审。同时，与全国股转公司复核工作机制相衔接，挂牌公司对复审处理决定仍有异议的，可再申请复核。

4. 挂牌委员会

《挂牌委员会细则》是一部兼具实体性和程序性特征的综合性规则，旨在明确挂牌委组成、职责和委员履职要求，规范挂牌委运行机制和监督管理机制。《挂牌委员会细则》共6章50条，主要内容如下：

一是总则。规定了适用范围、挂牌委工作原则、设立主体与监督主体。

二是挂牌委的组成。包括人员构成、任期与连任、选聘条件、选聘程序和解聘情形，并规定了挂牌委秘书处办理挂牌委的日常事务。

三是挂牌委的职责与权利。规定了挂牌委的审议事项、挂牌委及挂牌委委员的职责与权利，以及挂牌委秘书处的职责。

四是挂牌委工作程序。规定了会议机制和会议程序，包括一般规定、普通程序与简易程序以及其他会议程序。

五是挂牌委纪律与监督。规定了委员的工作纪律、回避要求，以及挂牌委的考核管理、监督机制和相应的违纪处理措施等。

六是附则。规定了解释主体和生效日期。

5. 承销管理

《发行与承销管理细则》共计6章69条。具体包括总则、定价与配售、股票承销、信息披露、监管措施和违规处分、附则，主要内容如下：

一是结合中小企业需求和新三板市场实际，完善公开发行机制。其一，允许选择直接定价、竞价或询价方式确定发行价格。新三板市场公司较为多元，在发展阶段、经营规模、股本规模、融资需求等方面呈现明显差异，为提高发行效率、实现市场化定价，《发行与承销管理细则》赋予发行人与主承销商更多自主权，允许其根据发行人基本情况和市场环境等，合理选择定价方式。其二，网上发行采用比例配售。充分考虑中小投资者的参与意愿，对于参与网上发行的投资者，按照其有效申购数量和本次股票发行总量计算获得配售股票的数量，较大程度上实现"申者有其股"，提升投资者申购效率和获配范围。

二是增加制度灵活性，满足市场参与各方需求。其一，降低战略配售要求，丰富战略配售范围。为充分发挥战略配售对发行人投资价值的认可引导效应，引入市场稳定增量资金，《发行与承销管理细则》允许发行人引入战略投资者，规定"公开发行股票数量不足5000万股的，战略投资者获得配售的股票总量不得超过本次公开发行股票数量的20%。公开发行股票数量在5000万股以上的，战略投资者获得配售的股票总量原则上不得超过本次公开发行股票数量的30%，超过的应当在发行方案中充分说明理由"。同时，《发行与承销管理细则》允许发行人高级管理人员和核心员工通过专项资产管理计划、员工持股计划等参与战略配售，促进挂牌公司经营管理稳定。其二，设置超额配售选择权。新三板采用市场化定价机制，引入超额配售选择权稳定后市价格具有必要性。《发行与承销管理细则》允许主承销商与发行人协商确定采用超额配售选择权，采用超额配售选择权发行股票数量不得超过公开发行股票数量的15%。

三是强化信息披露，兼顾新老投资者权益保护。其一，明确发行全流程的信息披露要求。《发行与承销管理细则》在借鉴国内股票公开发行承销经验的基础上，就直接定价、竞价、询价不同制度特征制定了针对性信息披露要求，明确了发行承销各个环节的信息披露规范。通过明确信息披露要求，保证信息披露的真实性、准确性、完整性。其二，加强老股东权益保护。新三板挂牌公司在公开发行股票前，已在新三板市场公开转让股票，为保护老股东权益，《发行与承销管理细则》明确，发行价格超出发行人股东大会决议确定的发行价格区间或低于其股东大会决议确定的发行底价的，应当中止发行。针对精选层挂牌公司公开发行股票，规定发行价格应参考发行人发行前一定期间的交易价格确定，同时允许全部或部分优先向原股东配售，优先配售比例应当在发行公告中披露。其三，注重投资者利益保护。首先，为加强发行风险预先揭示，《发行与承销管理细则》明确挂牌公司股票公开发行并在精选层挂牌的，发行价格较发行人历史交易价格（本次公开发行申请前6个月内最近20个有成交记录的交易日的平均收盘价格）或历史发行价格（本次公开发行申请前1年内历次股票发行价格）高1倍的、超过网下投资者剔除最高报价部分后全部有效报价的中位数或加权平均数的，发行人和主承销商应当在申购日至少1周前发布投资风险特别公告，并在公告中充分说明差异较大的原因及合理性。其次，《发行与承销管理细则》要求发行人和主承销商事先约定中止发行和发行失败的情形及安排，并在发行公告中予以披露；同时在发行过程中充分披露定价依据、配售结果、战略投资者的选择标准等，应当保证投资者充分的知情权，防范利益输送等风险，保护投资者权益；询价方式下，网下申购不足的，应中止发行，保护中小投资者利益。

四是强化自律管理，维护市场秩序。其一，明确自律管理职责与范围。全国股转公司对股票发行与承销过程实施自律管理，对发行人、证券公司、证券服务机构、投资者及其直接负责的主管人员和其他直接责任人员的行为进行监管，发行承销行为涉嫌违法违规或存在异常情形的，全国股转公司可要求发行人和承销商暂停、暂缓或中止发行。其二，强化全流程监管，明确违规情形。明确发行承销过程中采取自律监管措施和纪律处分的违规行为类型，对发行承销过程中的常见违规行为及处罚做到有法可依，提高管理效率，提升管理透明度，并通过上报中国证监会和通报证券业协会等机制，形成监管协同，有效保障投资者合法权益，维护市场秩序。

6. 承销业务实施

《承销业务实施细则》共计6章47条。包括总则、一般规定、定价与申购流程、资金交收与股份登记、法律责任与监管、附则。具体内容如下：

一是建立询价约束机制，引导投资者理性报价。其一，明确了网下投资者的资格要求。要求网下投资者应于询价初始日前一日12：00前在中国证券业协会完成注册，并开通全国股转系统精选层交易权限。其二，通过询价过程管理引导价格趋于合理。规定了网下投资者管理的配售对象参与询价，应使用一个证券账户申报一次。对同一只股票使用多个证券账户申报，或者使用同一证券账户申报多次的，以最后一笔申报为准；要求同一网下投资者全部报价中的不同拟申购价格不得超过 3 个，最高价格与最低价格的差额不得超过最低价格的 20%。其三，通过申报限制促进理性报价。询价方式下，要求提供有效报价的网下投资者管理的配售对象应参与申购，其申购股数不得低于询价时填报的拟申购股数。规定已参与网下发行的配售对象及其关联账户，不得再参与网上申购。

二是设定申购规则，优化发行结果。其一，规定了申购需足额缴款。规定了投资者申购时应将申购资金足额存入其在证券公司开立的资金账户，证券公司应确保其有足额的申购资金；明确了申购资金不足时的处理方式及自律监管措施；规定了战略投资者的最晚缴款时间。其二，设置了网上投资者申购比例上限。网上投资者进行申购时，申购股数不得超过网上初始发行量的 5%。规定申购比例上限，可以避免出现少数投资者凭借资金优势获配全部股票的情形，从而尽可能保证发行的公平性，同时考虑到比例设置对投资者人数及发行成功率的影响，将比例设定在 5%。

三是明确发行流程，增强过程可控性。其一，规定了三种定价方式下的定价与申购流程。在定价与申购流程部分，明确了询价、竞价及直接定价三种定价方式下的具体流程，便于主承销商和发行人执行；规定了定价及申购过程中的关键环节，譬如要求主承销商在询价及申购前填写相关信息，按时上传网下配售结果等。其二，明确了资金交收与股份登记的具体安排。规定了资金交收的日期、流程，资金解冻及划转的具体安排，以及股份登记的办理方式；明确了结算参与人的义务及应承担的责任，以及股份登记环节主承销商及发行人的责任。

四是规范超额配售行为，防范业务风险。其一，规定行使超额配售选择权的资金来源及资金存放。采用超额配售选择权的，获授权的主承销商应当开立专用账户，使用超额配售股票募集的资金买入股票。获授权的主承销商在发行人股票在精选层挂牌之日起 30 个自然日内，不得使用该账户资金外的其他资金或者通过他人账户交易发行人股票。其二，明确超额股票交付及资金划付的规定。主承销商应根据超额配售选择权的行使情况在规定时间内向投资者交付股票，向发行人划付相应资金。

五是明确监管依据，规范市场主体行为。证券公司违反《承销业务实施细则》的，全国股转公司视情节轻重对其采取自律监管措施或纪律处分。参与登记结算业务的发行人、投资者、结算参与人等主体违反《承销业务实施细则》的，中国结算视情节轻重可采取相应的自律管理措施，并按照相关规定记入诚信档案。

7. 审查问答

《审查问答》共 28 条，主要内容如下：

一是与申报及进层条件相关的问答 6 条。主要对申报过程中可能遇到的困惑进行提前释疑，如明确多套精选层进入标准如何选择适用，申报后的变更程序要求等；对精选层进入标准中的市值、研发投入、经营稳定性、持续经营能力、重大违法行为等条件，明确具体的披露、核查及监管要求。

二是与发行主体相关的问答 3 条。主要对新三板公开发行业务规则涉及的主要资产和核心技术的权属、主要股东所持股份的权属、行业限制等要求进行细化说明，进一步明确核查和信息披露要求。

三是与挂牌公司常见重点关注问题相关的问答 19 条。其一，对市场普遍关注的"财务信息质量"提出具体的披露及监管要求；其二，对与条件密切相关的同业竞争和关联交易事项的监管与核查要求予以明确；其三，从持续经营及盈利能力、经营稳定性出发，对挂牌公司普遍存在的客户集中度较高情形提出了具体的核查及监管要求；其四，细化重大事项报告情形、引导发行人规范公司治理；其五，对新三板挂牌审查、公司监管以及 IPO 和科创板审查中存在的典型且具有普遍适用性问题，进行核查引导，如业绩下滑、承诺履行、政府补助、税收优惠、现金交易、境外销售、第三方回款、公司治理、上市公司子公司、共同投资、重大事项、分红及转增股本、第三方数据、豁免披露以及特殊经营模式等。

### 三、发行人与发行对象

（一）发行人

发行人应当是在新三板连续挂牌满 12 个月的创新层挂牌公司。这是公开发行的发行人需要满足的基本条件。包含两层意思。

一是发行人必须是新三板创新层挂牌公司。这就意味着基础层挂牌公司是无法成为发行人向不特定合格投资者公开发行股票并在精选层挂牌的，也排除了还未在新三板挂牌的公司直接通过公开发行在精选层挂牌。这一考虑的主要原因在于，新三板存在海量挂牌公司且公司差异较大、参差不齐的现实情况。而通过公开发行进入精选层挂牌的公司应该是质量得到保证，能够比照和对标上市公司的。由于精选层挂牌公司存在转板的可能性，而转板实际上是在经过向不特定合格投资者公开发行，并不需要再进行 IPO 的情况下挂牌公司直接进入沪深证券交易所上市，成为上市公司，因此，对挂牌公司质量的要求就非常重要。发行人只能是创新层挂牌公司，尤其公开发行不允许基础层挂牌公司公开发行。

二是必须是在新三板连续挂牌满一年的公司。这里需要说明的是，在新三板连续挂牌满一年并不要求在创新层连续挂牌满一年，而是将基础层和创新层公司在新三板挂牌的时间加总为一年。尽管挂牌公司在创新层不满一年，只要在新三板市场连续挂牌满一年即可成为发行人公开发行证券。要求连续挂牌满一年的发行人门槛意义重大。对挂牌公司而言经过了完整的经营和运作，公司的经营和财务有了完整的年度；对监管机构来说，各种法律和自律管理规则的要求均可得到实现，挂牌公司经过了完整的公司治理程序，如召开董事会、年度股东大会，进行了季报、中报和年报的信息披露等；对于投资者来说，可以通过挂牌公司充分的信息披露，全面地了解挂牌公司的经营、公司治理和信息披露的情况，以使投资者更科学合理地进行投资决策等。

根据相关法律法规和自律管理规则的规定，发行人公开发行股票具有一定的职责。具体职责体现在以下七方面。

一是诚信守法。发行人应当诚实守信，在发行活动中必须遵守法律法规和自律管理规则的规定，依法充分披露投资者价值判断和投资决策所必需的信息，所披露信息必须真实、准确、完整，不得有虚假记载、误导性陈述或者重大遗漏。

二是符合发行条件。即必须符合我国《证券法》第十二条，《非公办法》第五十五条，《公开发行挂牌规则》第十二条以及《分层管理办法》规定的精选层市值、财务条件等要求。

三是聘请中介机构。发行人应当聘请其主办券商担任保荐机构。主办券商不具有保荐机构资格的，发行人应当聘请具有证券承销业务资格的主办券商或其子公司作为承销机构。发行人还应当聘请会计师事务所、律师事务所负责财务审计和法律事务。

四是履行法定程序。发行人应当就公开发行事宜召开董事会和股东大会。发行人董事会应当就股票公开发行并在精选层挂牌的具体方案、募集资金使用的可行性及其他必须明确的事项作出决议，并提请股东大会批准。股东大会就股票公开发行并在精选层挂牌作出决议。

五是申请接受审核。发行人申请股票在精选层挂牌，应当经全国股转公司自律审查，并报中国证监会履行发行核准程序。

六是履行信息披露。发行人应当履行法律、法规、部门规章和自律规则规定的信息披露义务，如董事会、股东大会公告、预先披露申请文件、公开发行说明书、受理通知、保荐书、财务报告、法律意见书、发行结果公告等。

七是管理募集资金。对于发行人公开发行所募集的资金，对募集的资金应当进行管理，如应当建立募集资金存储、使用、监管和责任追究的内部制度，明确募集资金使用的分级审批权限、决策程序、风险防控措施和信息披露要求；募集资金应当存放于募集资金专项账户，该账户不得存放非募集资金或用作其他用途。发行人应当与保荐机构、存放募集资金的商业银行签订三方监管协议等。

（二）发行对象

公开发行的对象为新三板市场的不特定合格投资者。由于新三板有基础层、创新层和精选层三个板块，三个板块具有较大的差异性，风险程度也不一样。对投资者的准入门槛也进行了差异化的安排。在投资者进入不同板块的资产要求上，基础层的门槛为200万元、创新层的门槛为150万元、精选层的门槛为100万元。因此，公开发行的对象是具有100万元资产的新三板不特定合格投资者。《全国中小企业股份转让系统投资者适当性管理办法》第四条规定"投资者申请参与精选层股票发行和交易应当符合下列条件：（一）实收资本或实收股本总额100万元人民币以上的法人机构；（二）实缴出资总额100万元人民币以上的合伙企业；（三）申请权限开通前10个交易日，本人名下证券账户和资金账户内的资产日均人民币100万元以上（不含该投资者通过融资融券融入的资金和证券），且具有本办法第七条规定的投资经历、工作经历或任职经历的自然人投资者。投资者参与挂牌公司股票向不特定合格投资者公开发行并在精选层挂牌的申购，应当符合本条前款规定"。

**四、发行条件与入层条件**

公开发行与入层的条件为法律、中国证监会规定的发行条件和全国股转公司规定的入层条件。

（一）法律规定的发行条件

《证券法》第十二条规定了公开发行股票的条件。该法规定"公司首次公开发行新股，应当符合下列条件：（一）具备健全且运行良好组织机构；（二）具有持续经营能力；（三）最近三个财务会计报告被出具无保留意见审计报告；（四）发行人及其控股股东、实际控制人最近三年不存在贪污、贿赂、侵占财或者破坏社会主义市场经济秩序的刑事犯罪；（五）经国务院批准的国务院证券监督管理机构规定的其他条件"。

必须指出的是，《证券法》规定的公开发行条件针对的是一般的公开发行，不仅仅是新三板市场发行人向不特定合格投资者公开发行股票所要具备的条件，在沪深证券市场发行人公开发行新股也要遵守这样的规定，符合这样的条件方可公开发行新股。

（二）部门规章规定的发行条件

《非公办法》第五十五条规定"公司申请公开发行，应当符合以下条件：（一）具备健全且运行良好的组织机构；（二）具有持续盈利能力，财务状况良好，最近3年财务会计文件无虚假记载；（三）依法规范经营，最近3年内，公司及其控股股东、实际控制人不存在贪污、贿赂、侵占财产、挪用财产或者破坏社会主义市场经济秩序的刑事犯罪，不存在欺诈发行、重大信息披露违法或者其他涉及国家安全、公共安全、生态安全、生产安全、公众健康安全等领域的重大违法行为，最近12个月内未受到中国行政处罚"。

相比《证券法》关于首次公开发行新股的4个条件，《非公办法》规定的公开发行条件并不完全相同。《证券法》的4个条件中第2个、第3个条件在《非公办法》中合并成1个条件。《证券法》中的第1个条件和《非公办法》中的第1个条件是相同的，《证券法》中的第4个条件和《非公办法》中的第3个条件也大同小异，只不过《非公办法》将《证券法》中的第4个条件进一步细化和明确，提出了具体的期限要求，即最近3年内和最近12个月内。差异比较大的、有实质性改变的是《非公办法》的第2个条件是对《证券法》中的第2个、第3个条件的实质性改变，即《证券法》规定首次公开发行的股票，发行人具有持续经营能力和最近3个财务会计报告被出具无保留意见审计报告即可，而《非公办法》则要求公开发行的发行人必须具有持续盈利能力，财务状况良好，最近3年财务会计文件无虚假记载。两者的差异在于《证券法》要求发行人具有持续经营能力，《非公办法》要求发行人具有持续盈利能力；《证券法》要求发行人最近3个财务会计报告被出具无保留意见审计报告，而《非公办法》要求发行人最近3年财务会计文件无虚假记载。

"持续经营能力"和"持续盈利能力"是不同的。前者允许发行人在亏损的状况下公开发行。因而，这一发行条件较为宽容，即使发行人经营状况不佳，公司没有盈利，但只要公司能够正常经营，并且能够持续地经营下去，就符合公开发行的条件；后者不允许发行人在亏损的情况下公开发行股票。因而，这一发行条件是较为严格的。它不但要求发行人盈利而且要求发行人要持续盈利。因此，这一发行条件排除了亏损企业和盈利能力不稳定的公司成为发行人，只有赚钱的公司才能公开发行股票。

"无保留意见审计报告"和"财务会计文件无虚假记载"也是不同的。无保留意见审计报告是指审计人员对被审计单位的会计报表，依照独立审计准则的要求进行审查后，确认被审计单位采用的会计处理方法遵循了会计准则及有关规定。会计报表反映的内容符合被审计单位的实际情况；会计报表内容完整，表达清楚，无重要遗漏；报表项目的分类和编制方法符合规定要求，因而对被审计单位的会计报表无保留地表示满意。而财务会计文件无虚假记载则是对发行人财务状况真假与否的实质性判断，其严格程度要高于无保留意见审计报告。

可见，《非公办法》规定的公开发行股票的发行人的条件要严于《证券法》中公开发行的发行人的条件。《非公办法》是否违背了《证券法》的规定，是否扩大了《证券法》的条件范围？

答案是肯定的。《非公办法》是中国证监会制定的部门规章，是低于《证券法》的下位法。一般来说，下位法可以就上位法规定的内容进行细化和补充，使上位法的规定变得可操作，但下位法不能违反上位法的规定，扩大上位法规定的内容，更不能对上位法规定的内容进行实质性的改变。《非公办法》在发行人条件中要求"持续盈利"就是对《证券法》中"持续经营能力"进行了实质性的改变，这一规定使《证券法》中的发行人范围缩小了，排除了在《证券法》中可以发行的亏损企业公开发行的可能性。而"财务会计文件无虚假记载"则在《证券法》的基础上，加重了审计机构的责任。

为什么会出现这样的不一致，使《非公办法》和《证券法》之间存在冲突？我们认为，并不是《非公办法》的疏漏。其原因在于，《证券法》的修订在《非公办法》修订出台之后。在2019年12月27日，新《证券法》颁布前，《非公办法》的修改就已经出台。2005年《证券法》在公开发行的条件中规定的就是"持续盈利能力"和"财务会计文件无虚假记载"。2005年《证券法》第十三条规定"公司公开发行新股，应当符合下列条件：（一）具备健全且运行良好组织机构；（二）具有持续盈利能力，财务状况良好；（三）最近三年财务会计文件无虚假记载，无其他重大违法行为；（四）经国务院批准的国务院证券监督管理机构规定的其他条件"。如果《非公办法》在新《证券法》未出台前超前地按照新《证券法》的规定条件列明，在当时便违反了现行的《证券法》，使《非公办法》与《证券法》矛盾，下位法违反了上位法的规定。因此，《非公办法》遵守了2005年《证券法》的规定，不存在违法，如果不那样做反而违反了当时的《证券法》。而新《证券法》颁布后，于2020年3月1日实施。在未正式实施前，2005年《证券法》仍然有效。《非公办法》于2019年12月20日修改实施，在新《证券法》生效前的2个多月里，如果不按照2005年《证券法》规定的公开发行条件执行，则既涉及下位法的违法，又使《非公办法》在公开发行条件上处于真空的无法实施期。我们认为，在新《证券法》实施后，由于《非公办法》与《证券法》不一致，《非公办法》应当及时修改。

（三）自律规则规定的入层条件

全国股转公司业务规则并未对新三板挂牌公司向不特定合格投资者公开发行的条件进行规定。这是因为公开发行的条件并不是证券交易场所业务规则的职责范围。公开发行所涉事宜始终是国务院证券监督管理机构的职责。无论是审批制、核准制还是注册制均是如此。证券交易场所要管辖的是证券在公开发行后在证券交易场所上市或者挂牌。各证券交易场所就公开发行后的上市公司或挂牌公司以及其公开发行的股票进入证券交易场所进行管理，一般通过证券交易场所的上市规则和挂牌规则等进行管理。证券交易场所对股票上市和挂牌条件进行规定。符合规定条件的，发行人则有可能成为上市公司或挂牌公司。

但是，公开发行后要进入证券交易场所进行交易，就必须和证券交易场所的上市条件或挂牌条件紧密相连。如果不符合上市条件或挂牌条件，公开发行就不可能进行。公开发行不但要满足发行条件，在一定程度上还要满足上市条件或挂牌条件。正因为如此，中国证监会在制定首次公开发行股票的相关规定时，也同时将在交易所的上市一并规定其中。比如中国证监会制定的《首次公开发行股票并上市管理办法》《首次公开发行股票并在创业板上市管理办法》《首次公开发行股票并在科创板上市管理办法》等，均体现了这样的精神。

新三板挂牌公司向不特定合格投资者公开发行股票也同样如此。全国股转公司尽管没有对公开发行股票的条件进行规定，但有类似于沪深证券交易所上市规则的《分层管理办法》。由于新三板的公开发行是在挂牌公司范围内，发行人是创新层的挂牌公司，公开发行成功后，即进入精选层。因此，创新层挂牌公司发行成功后必须要符合精选层的入层条件。入层条件类似于沪深交易所的上市条件，和新三板公开发行紧密相连，实际上也成为新三板公开发行的条件。规则制定上体现了这样的精神，如《全国中小企业股份转让系统股票向不特定合格投资者公开发行并在精选层挂牌规则》。

精选层的入层条件有两大方面的指标：一方面是财务方面，包括市值、利润、营业收入、净资产收益率、研发投入资金、净资产等；另一方面为股本总额、股本结构和股东人数方面的要求。

《分层管理办法》第十五条规定："挂牌公司申请公开发行并进入精选层时，应当符合下列条件之一：（一）市值不低于2亿元，最近两年净利润均不低于1500万元且加权平均净资产收益率平均不低于8%，或者最近一年净利润不低于2500万元且加权平均净资产收益率不低于8%；（二）市值不低于4亿元，最近两年营业收入平均不低于1亿元，且最近一年营业收入增长率不低于30%，最近一年经营活动产生的现金流量净额为正；（三）市值不低于8亿元，最近一年营业收入不低于2亿元，最近两年研发投入合计占最近两年营业收入合计比例不低于8%；（四）市值不低于15亿元，最近两年研发投入合计不低于5000万元。前款所称市值是指以挂牌公司向不特定合格投资者公开发行（以下简称公开发行）价格计算的股票市值"，第十六条规定"挂牌公司完成公开发行并进入精选层时，除应当符合本办法第十五条规定条件外，还应当符合下列条件：（一）最近一年期末净资产不低于5000万元；（二）公开发行的股份不少于100万股，发行对象不少于100人；（三）公开发行后，公司股本总额不少于3000万元；（四）公开发行后，公司股东人数不少于200人，公众股东持股比例不低于公司股本总额的25%；公司股本总额超过4亿元的，公众股东持股比例不低于公司股本总额的10%；（五）中国证监会和全国股转公司规定的其他条件"。该条还对公众股东做了规定，即"公众股东是指除以下股东之外的挂牌公司股东：（一）持有公司10%以上股份的股东及其一致行动人；（二）公司董事、监事、高级管理人员及其关系密切的家庭成员，公司董事、监事、高级管理人员直接或间接控制的法人或者其他组织。关系密切的家庭成员，包括配偶、子女及其配偶、父母及配偶的父母、兄弟姐妹及其配偶、配偶的兄弟姐妹、子女配偶的父母"。

### 五、审核和核准

公开发行的审核和核准机构分别为全国股转公司和中国证监会。全国股转公司是公开发行股票的自律管理机构，对公开发行进行具体的审核，中国证监会是公开发行股票的行政批准机构，经过全国股转公司具体审核后，由其出具自律监管意见，发行人根据全国股转公司的自律监管意见申请中国证监会核准其公开发行股票。

对于首次公开发行并在证券交易所上市，存在两种审核，一种是公开发行的审核，另一种是公开发行后的上市审核。前者是由中国证监会进行公开发行审核，后者是由证券交易所进行发行过后的上市审核。尽管两者审核的重点有所差异，中国证监会审核的重点在于是否符合公开发行的条件，达到公开发行的要求，证券交易所审核的重点在于，公开发行的股票是否符合上市标准在证券交易所上市。但在实践中，由于公开发行并上市针对的是同一个发行人以及同一套申请文件，审核的内容也大同小异，并没有实质性区别。如果由两个机构、两套人马审理相同的当事人和相同的文件内容，不但是对审核资源的浪费，耗费不必要的人力、物力和时间，降低审核效率、增加审核成本，对发行人来说更加不利，还有可能因两套机构人马对相同的发行人的情况、申请材料的内容和对法律、法规、财务及其他情况的理解不同，导致出现不同的结论，从而使本应通过的审核无法通过，对当事人来说也不公平。因此，针对中国证监会的公开发行审核和证券交易所的上市审核，实践中采取了两种审核吸收合并的方式以提高效率、节省资源、降低成本。从多年的实践看，对待拟申请发行上市，在审批制和核准制下，采取的是中国证监会的发行审核吸收合并证券交易所的上市审核。发行上市的审核工作主要由中国证监会承担，具体由中国证监会发行部负责，发行审核委员会审议，中国证监会批准，而证券交易所在发行人公开发行完毕后股票上市对其上市进行审核，由证券交易所上市委员会进行审核，这种审核更多的是象征性和程序性的。在公开发行实行注册制下，发行人申请发行上市，采取的是证券交易所的审核吸收合并了中国证监会的审核。由证券交易所对发行审核进行全面的具体的审核，而中国证监会对股票的公开发行进行注册。在一般情况下，中国证监会的注册主要是以证券交易所的审核为依据的。

在新三板实施向不特定合格投资者公开发行并在精选层挂牌前，新三板的发行挂牌均为定向发行并挂牌，发行审核存在两种情况，一种是定向发行，发行对象超过 200 人的，另一种是定向发行，发行对象不足 200 人的。前者属于《证券法》规定的公开发行，后者属于非公开发行。对于定向公开发行，全国股转公司进行具体的审核，并由中国证监会进行核准，对于定向非公开发行则完全由全国股转公司审核并批准，中国证监会豁免核准。在实际操作中，新三板的发行尽管也存在着两种审核方式，但主要由全国股转公司具体审核，实质为全国股转公司的挂牌审核吸收中国证监会的发行审核。这种情形类似于证券交易所和中国证监会的注册制审核。

与首次公开发行并上市一样，新三板向不特定合格投资者公开发行股票并在精选层挂牌也存在两种审核，即中国证监会的发行审核和全国股转公司挂牌公司进入精选层的审核。在审核方式上，尽管目前采取的是核准制，但根据中国证监会和全国股转公司颁布的相关部门规章和自律规则，全国股转公司实行具体的审核，中国证监会进行的是形式审核，全国股转公司的入层审核吸收了中国证监会的发行审核。一定程度上新三板向不特定合格投资者公开发行股票并在精选层挂牌实行了注册制模式，为《证券法》的公开发行注册制在新三板的实施铺平了道路。

正是因为这样的情况，有关公开发行的规定大多数侧重于审核，对核准的规定则较少。在此，我们注重介绍公开发行的具体审核制度，包括实体和程序性规定。

（一）申请与受理

1. 申请

申请人申请股票在精选层挂牌的，应当委托保荐机构通过审查系统报送精选层挂牌申请文件。申请文件主要有：（1）申请人关于股票在精选层挂牌的申请；（2）保荐机构出具的股票在精选层挂牌推荐书、关于申请人预计市值的分析报告；（3）《非上市公众公司信息披露内容与格式准则第 12 号——向不特定合格投资者公开发行股票申请文件》规定的申请文件；（4）申请人、保荐机构关于本次申报符合受理要求的说明；（5）全国股转公司要求提交的其他文件。

在提交精选层挂牌申请文件前，申请人及其保荐机构可以就重大疑难、重大无先例事项等涉及业务规则理解与适用的问题，向全国股转公司提出书面咨询；确需当面咨询的，应当预约。精选层挂牌申请文件的内容应当真实、准确、完整。

2. 受理

精选层挂牌申请文件一经受理，申请人及其控股股东、实际控制人、董事、监事和高级管理人员，以及保荐机构、证券服务机构及其相关人员即须承担相应的法律责任。

全国股转公司收到精选层挂牌申请文件后，对申请文件的齐备性进行审查，并在 2 个交易日内作出是否受理的决定。申请文件齐备的，出具受理通知；申请文件不齐备的，一次性告知需要补正的事项。补正时限最长不得超过 30 个交易日。多次补正的，补正时间累计计算。申请人补正申请文件的，全国股转公司收到申请文件的时间以申请人最终提交补正文件的时间为准。全国股转公司按照收到申请人申请文件的先后顺序予以受理。

3. 不予受理的情形

（1）精选层挂牌申请文件不齐备且未按要求补正。（2）保荐机构、证券服务机构及其相关人员不具备相关资质；或者因证券违法违规，被中国证监会或全国股转公司采取限制资格、限制业务活动、一定期限内不接受其出具的相关文件等相关措施，尚未解除；或者因挂牌推荐、股票发行、并购重组业务涉嫌违法违规，或其他业务涉嫌违法违规且对市场有重大影响被立案调查、侦查，尚未结案。（3）申请人存在尚未实施完毕的股票发行、重大资产重组、收购、股票回购等情形。（4）全国股转公司规定的其他情形。

（二）审查内容与方式

1. 审查内容

审查的主要内容包括是否符合相关法律、法规、证监会部门规章、规范性文件和全国股转公司业务规则的规定，在精选层挂牌审查中全国股转公司重点关注的事项包括：（1）申请人是否符合《非公办法》的相关规定；（2）申请人是否符合（全国中小企业股份转让系统股票向不特定合格投资者公开发行并在精选层挂牌规则（试行）（以下简称《公开发行规则》）、《分层管理办法》及全国股转公司相关规则规定的进入精选层的要求；（3）保荐机构、证券服务机构出具的文件是否就申请人符合股票在精选层挂牌的要求逐项发表明确意见，且具备充分的理由和依据；（4）精选层挂牌申请文件是否符合中国证监会和全国股转公司的信息披露要求。

2. 关注事项

在信息披露审查中重点关注以下事项：（1）精选层挂牌申请文件及信息披露内容是否达到真实、准确、完整的要求，是否符合中国证监会的有关要求；（2）精选层挂牌申请文件及信息披露内容是否包含对投资者作出投资决策有重大影响的信息，披露程度是否达到投资者作出投资决策所必需的水平，包括但不限于是否充分、全面披露相关规则要求的内容，是否充分揭示可能对申请人符合股票在精选层挂牌的要求产生重大不利影响的所有因素；（3）精选层挂牌申请文件及信息披露内容是否一致、合理和具有内在逻辑性，包括但不限于财务数据是否勾稽合理，是否符合申请人实际情况，财务信息与非财务信息是否相互印证，保荐机构、证券服务机构核查依据是否充分，能否对财务数据的变动或者与同行业可比公众公司存在的差异作出合理解释；（4）精选层挂牌申请文件披露的内容是否简明易懂，是否便于合格投资者阅读和理解，包括但不限于是否使用事实描述性语言，是否言简意赅、通俗易懂、逻辑清晰，是否结合申请人自身特点进行有针对性的信息披露。

3. 审查方式

审查的主要方式是通过问询，督促申请人及其保荐机构、证券服务机构真实、准确、完整地披露信息。全国股转公司可以视情况在审查问询中对申请人、保荐机构及证券服务机构，提出下列要求：（1）解释和说明相关问题；（2）补充核查相关事项；（3）补充提供新的证据或材料；（4）修改或更新信息披露内容。

（三）审查程序与核准程序

1. 全国股转公司职能部门审查

全国股转公司负责公开发行申请文件审查的职能部门为融资并购二部。该部门主要通过多轮询问、面询、检查等方式对申请人及相关当事人就申请文件进行审查。

一是首轮询问。全国股转公司审查机构按照精选层挂牌申请文件受理顺序开始审查，自受理之日起20个交易日内，通过审查系统发出首轮审查问询。

在首轮审查问询发出前，申请人、保荐机构、证券服务机构及其相关人员不得与审查人员接触，不得以任何形式干扰审查工作。

在首轮审查问询发出后，申请人及其保荐机构、证券服务机构对全国股转公司审查问询存在疑问的，可与全国股转公司审查机构进行沟通；确需当面沟通的，应当预约。

申请人及其保荐机构、证券服务机构应当按照审查问询要求进行必要的补充调查和核查，及时、逐项回复审查问询事项，补充或者修改相应精选层挂牌申请文件，在收到审查问询之日起20个交易日内通过审查系统提交回复文件。预计难以在规定的时间内回复的，保荐机构应当及时提交延期回复申请，说明延期理由及具体回复时限，延期一般不超过20个交易日。

申请人及其保荐机构、证券服务机构对全国股转公司审查问询的回复是精选层挂牌申请文件的组成部分，申请人及其保荐机构、证券服务机构应当保证回复的真实、准确、完整。

二是后续询问。全国股转公司认为申请人需要补充披露、解释说明或保荐机构、证券服务机构需要进一步核查的，在收到问询回复之日起 10 个交易日内，继续提出审查问询。

由于国家秘密、商业秘密等特殊原因导致精选层挂牌申请文件中相关信息确实不便披露的，申请人可以不予披露，但应当在申请文件中说明未按照规定进行披露的原因。全国股转公司认为需要披露的，申请人应当披露。

三是约见询问。全国股转公司在精选层挂牌审查过程中，可以根据需要，约见问询申请人的董事、监事、高级管理人员、控股股东、实际控制人以及保荐机构、证券服务机构及其相关人员，调阅申请人、保荐机构、证券服务机构与本次申请相关的资料。

四是检查。全国股转公司在精选层挂牌审查过程中，发现精选层挂牌申请文件存在重大疑问且申请人及其保荐机构、证券服务机构回复中无法作出合理解释的，可以对申请人、保荐机构等主体进行检查。

五是提交报告。全国股转公司审查机构收到问询回复后，认为不需要进一步问询的，出具审查报告并提请挂牌委员会审议。

2. 全国股转公司挂牌委员会审议

挂牌委员会通过召开审议会的形式对申请文件和审查报告进行审议，通过合议形成通过或不通过的审议意见。会议期间，可对申请人及其保荐机构进行现场问询，申请人代表及保荐代表人应当到会接受问询，回答参会委员提出的问题。

申请人存在尚待核实的重大问题，无法形成审议意见的，经会议合议，可以对该股票在精选层挂牌申请暂缓审议。待相关事项核查完毕后，全国股转公司审查机构再次提请挂牌委员会审议。对同一股票在精选层挂牌申请，挂牌委员会只能暂缓审议一次。

3. 全国股转公司意见或决定

全国股转公司结合挂牌委员会审议意见，出具自律监管意见或作出终止精选层挂牌审查的决定。挂牌委员会审议通过但要求申请人补充披露有关信息的，全国股转公司职能部门通知保荐机构组织落实，并对落实情况进行核对，通报参会委员。申请人补充披露相关事项后，全国股转公司出具自律监管意见。

全国股转公司应当在受理精选层挂牌申请文件之日起 2 个月内，出具自律监管意见或作出终止精选层挂牌审查的决定。

申请人及其保荐机构、证券服务机构回复审查问询、落实挂牌委员会意见、全国股转公司中止自律审查、就有关法律、法规规定解释请示有权机关、实施检查等情形，不计算在前款所规定的时限内。

全国股转公司审查通过的，按照《公开发行规则》的规定向中国证监会报送公开发行申请文件，同时报送自律监管意见和相关审查资料。

4. 审查中止、终止

全国股转公司在审查过程中根据相关规定对审查情况作出中止或终止。前者是审查工作的暂时停止，待相关情形消除后，继续进行审查；后者是审查工作的结束，对发行人的申请文件不再进行审查。

关于审查中止，全国股转公司相关业务规则进行了规定，主要有七种情形，只要出现其中任何一种情形，申请人、保荐机构和证券服务机构应当及时报告全国股转公司，全国股转公司即中止精选层挂牌审查：（1）申请人及其控股股东、实际控制人涉嫌贪污、贿赂、侵占财产、挪用财产或者破坏社会主义市场经济秩序的犯罪，或者涉嫌欺诈发行、重大信息披露违法或其他涉及国家安全、公共安全、生态安全、生产安全、公众健康安全等领域的重大违法行为，被立案调查或者被司法机关立案侦查，尚未结案；（2）申请人的保荐机构或者签字保荐代表人、证券服务机构或者相关签字人员因挂牌推荐、股票发行、并购重组业务涉嫌违法违规，或其他业务涉嫌违法违规且对市场有重大影响被中国证监会立案调查，或者被司法机关侦查，尚未结案；（3）申请人的保荐机构、证券服务机构被中国证监会依法采取限制业务活动、责令停业整顿、指定其他机构托管或者接管等监管措施，尚未解除；（4）申请人的签字保荐代表人、证券服务机构相关签字人员被中国证监会依法采取市场禁入、限制证券从业资格等监管措施，尚未解除；（5）保荐机构或者签字保荐代表人、证券服务机构或者相关签字人员，被全国股转公司采取限制、暂停其相关业务的纪律处分，尚未解除；（6）精选层挂牌申请文件中记载的财务资料已过有效期，需要补充提交；（7）申请人及保荐机构主动要求中止审查，理由正当并经全国股转公司同意的；（8）全国股转公司规定的其他情形。

对上述情形，可根据不同情况作出相应规定。出现前述（1）、前述（2）、前述（3）、前述（4）、前述（5）、前述（6）所列情形，申请人、保荐机构和证券服务机构未及时告知全国股转公司，全国股转公司经核实符合中止精选层挂牌审查情形的，将直接中止自律审查。

出现前述（2）、前述（3）、前述（4）、前述（5）情形中止自律审查后，申请人根据规定需要更换保荐机构或者证券服务机构的，更换后的保荐机构或者证券服务机构应当自中止自律审查之日起3个月内完成尽职调查，重新出具相关文件，并对原保荐机构或者证券服务机构出具的文件进行复核，出具复核意见，对差异情况作出说明。申请人根据规定无须更换保荐机构或证券服务机构的，保荐机构或证券服务机构应当及时向全国股转公司出具复核报告。

申请人更换签字保荐代表人或者证券服务机构相关签字人员的，更换后的保荐代表人或者证券服务机构相关人员应当自中止自律审查之日起1个月内，对原保荐代表人或者证券服务机构相关人员签字的文件进行复核，出具复核意见，对差异情况作出说明，保荐机构或者证券服务机构应当及时向全国股转公司出具复核报告。

出现前述（6）、前述（7）情形中止自律审查的，申请人应当在中止自律审查后3个月内补充提交有效文件或者消除主动要求中止自律审查的相关情形。

中止精选层挂牌审查的情形消除后，申请人、保荐机构应当及时告知全国股转公司。全国股转公司经审查确认后，恢复自律审查，并通知申请人及其保荐机构。

恢复自律审查的，审查时限自恢复审查之日起继续计算。但申请人对其财务报告期进行调整达到1个或1个以上会计年度的，审查时限自恢复自律审查之日起重新起算。

关于终止审查，全国股转公司相关业务规则进行了规定，主要有九种情形，只要出现其中任何一种情形，全国股转公司将终止精选层挂牌审查，通知申请人及其保荐机构：（1）申请人撤回申请或者保荐机构撤回保荐；（2）申请人的法人资格终止；（3）精选层挂牌申请文件被认定存在虚假记载、误导性陈述或者重大遗漏；（4）精选层挂牌申请文件内容存在重大缺陷，严重影响投资者理解和全国股转公司自律审查；（5）申请人未在规定时限内回复全国股转公司审查问询或者未对精选层挂牌申请文件作出解释说明、补充修改，且未说明合理理由；（6）中止精选层挂牌审查情形未能在3个月内消除或者未能在规定的时限内完成相关事项；（7）申请人拒绝、阻碍或逃避全国股转公司依法实施的检查；（8）申请人及其关联方以不正当手段严重干扰全国股转公司精选层挂牌审查工作；（9）全国股转公司审查不通过。

5. 中国证监会核准

中国证监会受理申请文件后，依法对公开发行条件、信息披露等进行审核，在20个工作日内作出核准、中止审核、终止审核、不予核准的决定。

（四）复审与复核

1. 复审

申请人对全国股转公司作出的终止精选层挂牌审查决定有异议的，可以在收到终止精选层挂牌审查决定后5个交易日内，向全国股转公司申请复审。但因申请人撤回股票在精选层挂牌申请或者保荐机构撤回保荐而终止自律审查的，申请人不得申请复审。

申请人申请复审的，应当提交下列申请文件：（1）复审申请书；（2）保荐机构就复审事项出具的意见书；（3）律师事务所就复审事项出具的法律意见书；（4）全国股转公司规定的其他文件。

全国股转公司收到复审申请后 20 个交易日内，召开挂牌委员会复审会议，审议复审申请。复审期间，原决定效力不受影响。

挂牌委员会复审会议认为申请复审理由成立的，全国股转公司对股票在精选层挂牌申请重新审查，审查时限自重新审查之日起算，全国股转公司另有规定的除外；复审会议认为申请复审理由不成立的，全国股转公司维持原决定。

对全国股转公司作出的终止精选层挂牌审查决定，申请人只能提出 1 次复审申请。复审决议作出后，申请人不得再次申请复审。

2. 复核

全国股转公司对精选层挂牌申请作出不予受理决定或按照相关规定作出复审决定的，申请人可以在收到相关文件后 5 个交易日内，按照《全国中小企业股份转让系统复核实施细则》的相关规定申请复核。

### 六、保荐机构与保荐代表人

（一）保荐机构与保荐代表人的权利、职责

保荐机构应当为具有保荐机构资格的主办券商。主办券商不具有保荐机构资格的，可以由其控股的具有保荐机构资格的子公司担任保荐机构。为发行人提供保荐服务和主办券商持续督导服务的证券公司应当为同一家机构，或存在控制关系。保荐代表人应当为具有保荐代表人资格的自然人。

保荐机构与保荐代表人的权利：（1）要求发行人按照中国证监会和全国股转公司有关规定和保荐协议约定的方式，及时通报信息；（2）定期或不定期对发行人进行回访，查阅发行人募集资金专项账户资料，以及其他保荐工作需要的发行人材料；（3）列席发行人的股东大会、董事会和监事会；（4）对发行人的信息披露文件及向中国证监会和全国股转公司提交的其他文件进行事前审阅；（5）对发行人存在的可能严重影响公司或者投资者合法权益的事项，以及中国证监会和全国股转公司等有关部门关注事项进行核查，必要时可聘请相关证券服务机构予以配合；（6）按照中国证监会和全国股转公司有关规定，披露专项现场核查报告、发表意见、发布风险揭示公告；（7）中国证监会和全国股转公司规定的其他权利。

保荐机构及其保荐代表人的职责：（1）应当遵守法律法规、部门规章、规范性文件及全国股转公司业务规则，诚实守信、勤勉尽责、公正独立，尽职开展股票公开发行保荐业务；（2）保荐机构及其保荐代表人开展保荐业务，应当切实履行尽职调查、内部核查、辅导、制作和报送文件、信息披露、持续督导等各项职责，配合中国证监会和全国股转公司的审核及日常监管工作；（3）保荐机构、保荐代表人和保荐工作其他参与人员不得通过从事保荐业务牟取任何不正当利益；（4）保荐机构应当指定2名保荐代表人具体负责本次股票公开发行的保荐工作，出具由法定代表人签字的专项授权书，并确保保荐机构有关部门和人员有效分工协作。保荐机构可以指定1名项目协办人。

（二）发行推荐书与挂牌推荐书

1. 发行推荐书

保荐机构推荐发行人股票公开发行的，应当向中国证监会提交发行保荐书、保荐代表人专项授权书以及中国证监会要求的其他与保荐业务有关的文件。发行保荐书应当包括下列内容：（1）逐项说明本次发行是否符合《公司法》《证券法》规定的发行条件和程序；（2）逐项说明本次发行是否符合《非公办法》及中国证监会和全国股转公司有关规定，并载明得出每项结论的查证过程及事实依据；（3）发行人存在的主要风险；（4）对发行人发展前景的评价；（5）保荐机构内部审核程序简介及内核意见；（6）保荐机构与发行人的关联关系；（7）保荐机构按照《保荐办法》及中国证监会和全国股转公司有关规定应当承诺的事项；（8）中国证监会和全国股转公司要求的其他事项。

2. 挂牌推荐书

保荐机构推荐发行人股票在精选层挂牌的，应当向全国股转公司提交股票在精选层挂牌推荐书以及全国股转公司要求的其他文件。

股票在精选层挂牌推荐书应当包括下列内容：（1）发行人概况及本次公开发行情况；（2）逐项说明本次发行的股票是否符合精选层挂牌条件；（3）保荐机构是否存在可能影响公正履行保荐职责的情况；（4）保荐机构按照《保荐办法》及中国证监会和全国股转公司有关规定应当承诺的事项；（5）持续督导期

间的工作安排；（6）保荐机构和相关保荐代表人的联系地址、电话和其他通信方式；（7）保荐机构认为应当说明的其他事项；（8）中国证监会和全国股转公司要求的其他内容。

股票在精选层挂牌推荐书应当由保荐机构的法定代表人（或者授权代表）、保荐业务负责人、内核负责人、保荐代表人和项目协办人签字，注明签署日期并加盖保荐机构公章。

保荐机构提交保荐文件后，应当配合审核工作，履行下列职责：（1）组织发行人、证券服务机构对中国证监会和全国股转公司的意见进行答复；（2）指定保荐代表人与中国证监会和全国股转公司进行沟通，并接受全国股转公司挂牌委员会问询；（3）按照中国证监会和全国股转公司的要求对涉及本次股票公开发行的特定事项进行尽职调查或者核查；（4）中国证监会和全国股转公司规定的其他职责。

3. 持续督导

保荐机构、保荐代表人应当按照中国证监会和全国股转公司的规定，针对发行人的具体情况，制订持续督导工作计划和实施方案，就持续督导工作的主要内容、重点、实施方式、步骤等作出完整、有效的安排。

保荐机构在持续督导期间，应当履行下列职责：（1）事前审阅发行人信息披露文件及向中国证监会和全国股转公司提交的其他文件；（2）督促发行人建立健全并有效执行信息披露制度，发布风险揭示公告；（3）督促发行人或其控股股东、实际控制人信守承诺，持续关注发行人募集资金的专户存储、投资项目的实施等承诺事项；（4）督促发行人建立健全并有效执行公司治理、内部控制等各项制度，包括对发行人发生的关联交易、对外担保、变更募集资金用途，以及其他可能影响持续经营能力、控制权稳定的风险事项发表意见；对发行人发生的资金占用、关联交易显失公允、违规对外担保、违规使用募集资金及其他可能严重影响公司和投资者合法权益的事项开展专项现场核查；就发行人存在的重大违法违规行为和其他重大事项及时向全国股转公司报告；（5）中国证监会和全国股转公司规定或者保荐协议约定的其他职责。

### 七、发行与承销

发行和承销是公开发行极其重要的环节，也是公开发行能否成功的决定性因素，它是发行人、承销商和投资者之间围绕着发行的股票如何定价、如何配售、如何承销进行的一系列活动，是发行人、投资者、承销商之间的博弈，对三者利害关系重大。因此，我国法律法规、部门规章和自律监管规则对发行承销活动均有较为详细的规定，在总体内容上主要涉及定价、配售和承销等。

（一）定价

新三板市场公开发行定价有三种方式，即直接定价、竞价和询价。《发行与承销管理细则》第六条规定"股票公开发行，可以通过发行人和主承销商自主协商直接定价、合格投资者网上竞价或网下询价等方式确定发行价格"。

根据《发行与承销管理细则》的规定，无论采取直接定价、竞价还是询价的方式，三种定价方式都应共同遵守相关的规定，即（1）发行人和主承销商应当在发行方案中说明本次发行采用的定价方式，并在招股文件和发行公告中披露。（2）发行价格应当参考发行前一定期间的交易价格确定。（3）投资者在申购时全额缴付申购资金、缴付申购保证金或以其他方式参与申购。冻结资金产生的利息划入全国股转公司设立的风险基金。（4）网上投资者有效申购总量大于网上发行数量时，根据网上发行数量和有效申购总量的比例计算各投资者获得配售股票的数量。不足100股的部分，汇总后按时间优先原则向每个投资者依次配售100股，直至无剩余股票。（5）公开发行的股票可以全部或部分向原股东优先配售，优先配售比例应当在发行公告中披露。

1. 直接定价

股票公开发行采用直接定价方式的，发行人与主承销商应当结合发行人所属行业、市场情况、同行业公司估值水平等因素审慎确定发行价格，并在招股文件和发行公告中披露。

直接定价在发行方式上只能采取全部向网上投资者发行，不能进行网下询价和配售。如果发行人和主承销商确定的发行价格存在超过历史交易价格或历史发行价格1倍或者超过网下投资者有效报价剔除最高报价部分后的中位数或加权平均数的，应当至少在申购日 1 周前发布投资风险特别公告。

2. 询价

询价发行是股票公开发行的一种最为常见的定价方式。新三板公开发行的相关规则对此进行了较为详细的规定。主要涉及以下几个方面的内容。

一是询价对象。询价对象为符合一定条件的网下投资者。根据《发行与承销管理细则》的规定，具体条件为：第一，必须在中国证券业协会注册、符合中国证券业协会规定条件并已开通新三板精选层交易权限。第二，必须具备丰富的投资经验和良好的定价能力。第三，必须接受中国证券业协会的自律管理，遵守中国证券业协会的自律规则。第四，必须符合发行人和主承销商可以自主协商设置网下投资者的具体条件，并自觉接受主承销商应当对网下投资者是否符合预先披露的条件进行核查，对于不符合条件的投资者，主承销商可以拒绝或剔除其报价。

二是询价对象的权利义务。询价对象一般有以下权利：（1）网下投资者可以自主决定是否报价，主承销商无正当理由不得拒绝。（2）股票发行价格确定后，提供有效报价的网下投资者方可参与申购，网下投资者应当以配售对象为单位进行申购（有效报价是指网下投资者申报的不低于发行人和主承销商确定的发行价格，且未作为最高报价部分被剔除，同时符合发行人和主承销商事先确定并公告的其他条件的报价）。（3）对网下投资者进行分类配售的，同类投资者获得配售的比例应当相同。公开募集方式设立的证券投资基金和其他偏股型资产管理产品、全国社会保障基金、基本养老保险基金、企业年金基金和保险资金的配售比例应当不低于其他投资者。（4）网下投资者可与发行人和主承销商自主约定网下配售股票的持有期限并公开披露。

询价对象一般有以下义务：（1）网下投资者应当按照发行人和主承销商的要求在申购时全额缴付申购资金、缴付申购保证金或以其他方式参与申购。（2）网下投资者应当遵循独立、客观、诚信的原则报价，不得协商报价或者故意压低、抬高价格。（3）参与询价的网下投资者应当以其管理的配售对象为单位进行报价，报价应当包括每股价格和对应的拟申购股数。（4）每个配售对象只能申报 1 个报价，同一网下投资者全部报价中的不同拟申购价格不得超过 3 个。(5) 网下发行与网上发行应同时进行，投资者应当选择参与网下或网上发行，不得同时参与。

三是发行人及承销商的职责。(1) 发行人和主承销商可以自主协商设置网下投资者的具体条件，并预先披露。主承销商应当对网下投资者是否符合预先披露的条件进行核查，对不符合条件的投资者，应当拒绝或剔除其报价。(2) 发行人和主承销商应当剔除拟申购总量中报价最高的部分，并根据剩余报价及拟申购数量协商确定发行价格。剔除部分不得低于所有网下投资者拟申购总量的 5%，因剔除导致拟申购总量不足的，相应部分可不剔除。网下投资者拟申购总量超过网下初始发行量 15 倍的，剔除部分不得低于所有网下投资者拟申购总量的 10%。(3) 发行人和主承销商可以自主协商确定有效报价条件、配售原则和配售方式，并按照事先确定的配售原则在有效申购的网下投资者中确定配售对象。(4) 股票公开发行并在精选层挂牌的，网下初始发行比例应当不低于 60% 且不高于 80%。有战略投资者配售股票安排的，应当在扣除向战略投资者配售部分后确定网上网下发行比例。(5) 网下配售时，发行人和主承销商不得向下列投资者配售股票：其一，发行人及其股东、实际控制人、董事、监事、高级管理人员和其他员工；发行人及其股东、实际控制人、董事、监事、高级管理人员能够直接或间接实施控制、共同控制或施加重大影响的公司，以及该公司控股股东、控股子公司和控股股东控制的其他子公司。其二，主承销商及其持股比例 5% 以上的股东，主承销商的董事、监事、高级管理人员和其他员工；主承销商及其持股比例 5% 以上的股东、董事、监事、高级管理人员能够直接或间接实施控制、共同控制或施加重大影响的公司，以及该公司控股股东、控股子公司和控股股东控制的其他子公司。其三，承销商及其控股股东、董事、监事、高级管理人员和其他员工。其四，上述三项所述人士的关系密切的家庭成员，包括配偶、子女及其配偶、父母及配偶的父母、兄弟姐妹及其配偶、配偶的兄弟姐妹、子女配偶的父母。其五，过去 6 个月内与主承销商存在保荐、承销业务关系的公司及其持股 5% 以上的股东、实际控制人、董事、监事、高级管理人员，或已与主承销商签署保荐、承销业务合同或达成相关意向的公司及其持股5%以上的股东、实际控制人、董事、监事、高级管理人员。其六，其他参与配售可能导致不当行为或不正当利益的自然人、法人和组织。（6）网下投资者有效申购数量低于网下初始发行量的，发行人和主承销商不得将网下发行部分向网上回拨，应当中止发行。网上投资者有效申购数量不足网上初始发行量的，不足部分可以向网下投资者回拨。网上投资者有效申购倍数超过15倍，不超过50倍的，应当从网下向网上回拨，回拨比例为本次公开发行数量的5%；网上投资者有效申购倍数超过50倍的，回拨比例为本次公开发行数量的10%。有战略投资者配售股票安排的，公开发行数量应扣除战略配售数量计算。（7）发行人和主承销商确定的发行价格存在超过历史交易价格或历史发行价格1倍或者超过网下投资者有效报价剔除最高报价部分后的中位数或加权平均数的，应当至少在申购日1周前发布投资风险特别公告。

除此之外，采取询价方式发行的，承销商应当向网下投资者提供投资价值研究报告，投资价值研究报告应当说明估值区间与历史交易价格和历史发行价格的偏离情况及原因（历史交易价格，是指本次申请公开发行前6个月内最近20个有成交的交易日的平均收盘价；历史发行价格，是指本次申请公开发行前1年内历次股票发行的价格）。投资价值研究报告应当符合中国证券业协会的相关规定。

3. 竞价

竞价发行是我国资本市场公开发行股票采取的一种全新的发行方式，所涉及的主要是竞价发行的对象、价格确定原则等。

竞价发行的对象。竞价发行的对象为除了战略投资者以外的所有新三板合格投资者。每个投资者只能申报一次，申报的每股价格不得低于最低申购价格。申购信息应当包括每股价格和对应的拟申购股数。竞价发行全部向网上投资者发行，不进行网下询价和配售。

采取竞价发行的，承销商应当提供投资价值研究报告并公开披露。投资价值研究报告应当符合中国证券业协会的相关规定。投资价值研究报告应当说明估值区间与历史交易价格和历史发行价格的偏离情况及原因。

竞价发行的价格确定机制：主要有两种情况。发行人和主承销商应当在发行公告中披露价格确定机制。

第一种情况是投资者有效申购总量小于或等于网上发行数量且已设置最低申购价格的，发行价格为最低申购价格；未设置最低申购价格的，发行价格为投资者的最低报价。

第二种情况是投资者有效申购总量大于网上发行数量的，发行人和主承销商可以选择下列方式之一确定发行价格：其一，剔除最高报价部分后，将投资者申购报单按照价格从高到低排序计算累计申购数量，当累计申购数量达到网上发行数量或其一定倍数时，对应的最低申购价格为发行价格。剔除部分不得低于拟申购总量的 5%，因剔除导致拟申购总量不足的，相应部分可不剔除。拟申购总量超过网上发行数量 15 倍的，剔除部分不得低于拟申购总量的 10%。报价大于或等于发行价格且未被剔除的投资者为有效报价投资者（报价在上下两个临界价格以内含临界价格的投资者为有效报价投资者）。其二，按照事先确定并公告的方法（加权平均价格或算数平均价格）计算申购报单的基准价格，以 0.01 元为一个价格变动单位向基准价格上下扩大价格区间，直至累计申购数量达到网上发行股票数量或其一定倍数，较低的临界价格为发行价格。

发行人和主承销商可以在竞价申购结束后根据申购情况协商确定剔除比例和累计申购倍数。

投资者有效申购总量小于或等于网上发行数量的，向投资者按有效申购数量配售股票。投资者有效申购总量大于网上发行数量的，向有效报价投资者按比例配售股票。

与沪深证券市场公开发行方式不同的是，新三板市场在定价方式上，除了采取惯常的询价和直接定价方式，还采取了竞价的方式。这一方式给了新三板市场公开发行定价方式上更灵活的选择，是针对新三板挂牌公司情况较为复杂，差异性不同所作出的一种安排。市场人士认为"长期以来，新三板定价机制失灵使绝大多数挂牌公司股价不能反映真正的公允价值。此次新三板全面深化改革细则，对于新三板公开发行股票采用了多种定价方式，不失为新三板挂牌公司找回公允股价的好方法"[1]，"监管层应该是考虑到了新三板挂牌公司的多样性，需要匹配多种定价方式。在市场各方力量的博弈下，挂牌公司公开发行的价格，才能真正贴近企业的公允价值"。[2] 采取竞价"这种方式下，投资者以公开透明的规则竞价新股，在中标价以上的投资人取得新股，成本适中，价格发现能力较强"[3]，"一般而言，因为新三板之前交易不活跃，没有价格参考区间，固定价格方式通常由企业方来确定公开发行的股票价格，容易出现股票定价高于公司公允价值的情况。询价是 A 股和科创板比较主流的公开发行定价方式，但也受市场需求、供求关系等因素扰动，易出现投资者不理性、公开发行股票报价高于企业公允价值的情况。竞价或是新三板公开发行特有的方式，综合反映了市场供求关系和企业价值的基本面"[4]。

（二）战略配售

战略配售是指在新股发行时，发行人将一定比例的新股发售给战略投资者，而战略投资者以一定期间锁定持股为代价获得优先认购一定比例新股的权利，以此来得到其他投资者没有的投资机会。一般认为，战略投资者是指符合国家法律、法规和规定要求、与发行人具有合作关系或合作意向和潜力并愿意按照发行人配售要求与发行人签署战略投资配售协议的法人。

我国在新股发行中引入战略投资者，允许战略投资者在发行人发行新股中参与申购。我国《证券发行承销与管理办法》规定"首次公开发行股票数量在 4 亿股以上的，或者在境内发行存托凭证的，可以向战略投资者配售股票。发行人应当与战略投资者事先签署配售协议。发行人和主承销商应当在发行公告中披露战略投资者的选择标准、向战略投资者配售的股票总量、占本次发行股票的比例以及持有期限等"。

---

① 参见盛波. 新三板公开发行采用三种定价方式 [N]. 上海证券报, 2019 - 11 - 20。
② 参见诸海滨. 新三板公开发行采用三种定价方式 [N]. 上海证券报, 2019 - 11 - 20。
③ 参见刘靖. 新三板公开发行采用三种定价方式 [N]. 上海证券报, 2019 - 11 - 20。
④ 参见诸海滨. 新三板公开发行采用三种定价方式 [N]. 上海证券报, 2019 - 11 - 20。

新三板公开发行所涉及的战略配售内容主要为战略配售投资者的资格、人数、配售比例、战略配售协议、发行人和主承销商的职责、禁止性行为等。

1. 战略配售投资者的资格

（1）应当具备良好的市场声誉和影响力，具有较强的资金实力，认可发行人长期投资价值，并按照最终确定的发行价格认购其承诺认购的发行人股票的投资者；（2）经发行人董事会审议通过，可以通过专项资产管理计划、员工持股计划等参与战略配售的发行人高级管理人员与核心员工。获配的股票数量不得超过本次公开发行股票数量的 10%，且股票持有期限不得少于 12 个月。

专项资产管理计划、员工持股计划的实际支配主体为发行人高级管理人员的，该专项资产管理计划、员工持股计划获配的股份不计入社会公众股东持有的股份；参与本次战略配售的投资者不得参与网上发行与网下发行，但证券投资基金管理人管理的未参与战略配售的证券投资基金除外。

2. 投资者人数及配售比例

股票公开发行并在精选层挂牌的，可以向战略投资者配售股票，战略投资者不得超过 10 名。公开发行股票数量在 5000 万股以上的，战略投资者获得配售的股票总量原则上不得超过本次公开发行股票数量的 30%，超过的应当在发行方案中充分说明理由。公开发行股票数量不足 5000 万股的，战略投资者获得配售的股票总量不得超过本次公开发行股票数量的 20%。

3. 战略配售协议

发行人应当与战略投资者事先签署配售协议。发行人与主承销商应向全国股转公司报备战略配售方案，包括战略投资者名称、承诺认购金额或者股票数量、限售期安排等情况。

战略投资者参与股票配售，应当使用自有资金，不得接受他人委托或者委托他人参与，但以公开方式募集设立、主要投资策略包括投资战略配售股票且以封闭方式运作的证券投资基金除外。

战略投资者本次获得配售的股票持有期限应当不少于 6 个月，持有期自本次发行的股票在精选层挂牌之日起计算。

4. 发行人、主承销商的职责

（1）要遵守法律法规和中国证监会、全国股转公司新三板公开发行关于战略配售的相关规定；（2）发行人与战略投资者签订战略配售协议；（3）主承销商应当对战略投资者的选择标准、配售资格及是否存在《发行与承销管理细则》规定的禁止性情形进行核查、出具专项核查文件并公开披露，要求发行人就核查事项出具承诺函；（4）严格战略配售投资者的资格、人数、配售比例、配售持股锁定期限；（5）及时披露。其一，发行人和主承销商应当在招股文件和发行公告中披露是否采用战略配售方式、战略投资者的选择标准、战略配售股票总量上限、战略投资者名称、承诺认购金额或者股票数量、占本次发行股票数量的比例以及限售期安排等。其二，在发行结果公告中披露最终获配的战略投资者名称、股票数量以及限售期安排等。其三，发行人高级管理人员与核心员工通过专项资产管理计划、员工持股计划等参与本次发行战略配售的，应当在招股文件和发行公告中披露专项资产管理计划、员工持股计划的具体名称、设立时间、募集资金规模、管理人、实际支配主体以及参与人姓名、职务与持有份额等。

此外，发行人和主承销商向战略投资者配售股票的，不得存在以下情形：（1）发行人和主承销商向战略投资者承诺股票在精选层挂牌后股价将上涨，或者股价如未上涨将由发行人购回股票或者给予任何形式的经济补偿；（2）主承销商以承诺对承销费用分成、介绍参与其他发行人战略配售等作为条件引入战略投资者；（3）股票在精选层挂牌后发行人认购发行人战略投资者及其控股子公司管理的证券投资基金；（4）发行人承诺在战略投资者获配股份的限售期内，任命与该战略投资者存在关联关系的人员担任发行人的董事、监事及高级管理人员，但发行人高级管理人员与核心员工设立专项资产管理计划、员工持股计划等参与战略配售的除外；（5）除以公开方式募集设立、主要投资策略包括投资战略配售股票且以封闭方式运作的证券投资基金外，战略投资者使用非自有资金认购发行人股票，或者存在接受其他投资者委托或委托其他投资者参与本次战略配售的情形；（6）其他直接或间接进行利益输送的行为。

（三）超额配售选择权

超额配售选择权又称绿鞋选择权（Green Shoe Option），它是由美国波士顿绿鞋制造公司 1963 年首次公开发行新股时率先使用而得名，它是指发行人授予主承销商的一项选择权，获此授权的主承销商按同一发行价格超额发售不超过包销数额一定比例的股份向投资者增发股票。在增发包销部分的股票上市之日起一定期限内，主承销商有权根据市场情况选择从集中竞价交易市场购买发行人股票，或者要求发行人增发股票，分配给对此超额发售部分提出认购申请的投资者。主承销商在未动用自有资金的情况下，通过行使超额配售选择权，可以平衡市场对该股票的供求，起到稳定市价的作用。一般认为，增发股票的比例以主承销商包销总额的 15% 为宜，超额配售选择权的期限为公开发行股票上市之日起的 30 日内。

中国证监会在股票公开发行中推出了超额配售选择权，并依法对主承销商行使超额配售选择权进行监督管理。超额配售选择权这种发行方式只是对其他发行方式的一种补充，既可用于首次公开发行，也可以用于上市公司增发新股。

新三板《发行与承销管理细则》规定了超额配售选择权，主要内容涉及超额配售选择权的授权、方案、比例、数量、期限、选择权行使、信息披露、记录、备案等。

1. 授权

采用超额配售选择权的，发行人应当授予主承销商超额配售股票并使用超额配售股票募集的资金从二级市场竞价交易购买发行人股票的权利。通过联合主承销商发行股票的，发行人应当授予其中 1 家主承销商超额配售选择权。主承销商与发行人签订的承销协议中，应当明确发行人对主承销商采用超额配售选择权的授权，以及获授权的主承销商的相应责任。

获授权的主承销商，应当勤勉尽责，建立独立的投资决策流程及防火墙制度，严格执行内部控制制度，有效防范利益输送和利益冲突。

2. 方案

发行人和主承销商应当在发行方案中明确并在招股文件中披露超额配售选择权实施方案，包括实施目标、操作策略、可能发生的情形以及预期达到的效果等；在发行公告中披露全额行使超额配售选择权拟发行股票的具体数量。

在超额配售选择权行使期届满或者累计购回股票数量达到采用超额配售选择权发行股票数量限额的 2 个交易日内，发行人与获授权的主承销商应当披露以下情况：（1）超额配售选择权行使期届满或者累计购回股票数量达到采用超额配售选择权发行股票数量限额的日期；（2）超额配售选择权实施情况是否合法、合规，是否符合所披露的有关超额配售选择权的实施方案要求，是否实现预期达到的效果；（3）因行使超额配售选择权而发行的新股数量；如未行使或部分行使，应当说明买入发行人股票的数量及所支付的总金额、平均价格、最高与最低价格；（4）发行人本次筹资总金额；（5）全国股转公司要求披露的其他信息。

3. 比例和期限

采用超额配售选择权发行股票数量不得超过本次公开发行股票数量的 15%。超额配售选择权的期限为发行人股票在精选层挂牌之日起 30 日内。

4. 选择权行使

发行人股票在精选层挂牌之日起 30 日内，获授权的主承销商有权使用超额配售股票募集的资金，以竞价方式从二级市场购买发行人股票，申报买入价格不得高于本次发行的发行价格，获授权的主承销商未购买发行人股票或者购买发行人股票数量未达到全额行使超额配售选择权拟发行股票数量的，可以要求发行人按照超额配售选择权方案以发行价格增发相应数量股票。

以竞价方式购买的发行人股票与要求发行人增发的股票之和，不得超过发行公告中披露的全额行使超额配售选择权拟发行股票数量。主承销商买入的股票不得卖出。

采用超额配售选择权的，获授权的主承销商使用超额配售募集的资金从二级市场购入股票，应当在超额配售选择权行使期届满或者累计购回股票数量达到采用超额配售选择权发行股票数量限额的 5 个交易日内，向发行人支付超额配售股票募集的资金，向同意延期交付股票的投资者交付股票。除购回股票使用的资金及划转给发行人增发股票的资金外的剩余资金，纳入全国股转公司设立的风险基金。

5. 记录与备案

除了超额配售选择权所涉及的内容包括超额配售选择权实施方案、拟发行数量、比例、期限等在招股文件和发行公告等进行信息披露外，还应对超额配售选择权的实施情况进行记录和备案。

根据《发行与承销管理细则》的规定，主承销商应当保存使用超额配售股票募集资金买入股票的完整记录，保存时间不得少于 10 年，记录的内容应当包括以下信息：（1）每次申报买入股票的时间、价格与数量；（2）每次申报买入股票的价格确定情况；（3）买入股票的每笔成交信息，包括成交时间、成交价格、成交数量等。备案的内容：（1）主承销商应当将延期交付股票的协议报全国股转公司和中国结算北京分公司备案；（2）超额配售选择权行使期届满或者累计购回数量达到采用超额配售选择权发行股票数量限额的 10 个交易日内，获授权的主承销商应当将超额配售选择权的实施情况和使用超额配售股票募集资金买入股票的完整记录报全国股转公司备案。

（四）承销

承销是公开发行最为重要的环节，它是公开发行能否成功的决定性因素。我国法律对发行承销非常重视，给予较多的法律规定。现行《证券法》在"证券发行"一章的 25 条（第九条至第三十四条）条文中，有 9 条（第二十六条至第三十四条）专门对承销进行了规定，占比多达 1/3 以上。分别对承销方式、承销协议、承销商的义务和禁止性行为、承销团、承销期限、发行价格、发行失败、备案等进行了规定。新三板公开发行股票在遵守法律法规和证监会的相关规定的基础上，也对承销进行了规定，主要内容有：

1. 承销方式

新三板公开发行承销有代销和包销两种方式。证券代销是指证券公司代发行人发售证券，在证券承销期结束时，将未售出的证券全部退还给发行人的承销方式；证券包销是指证券公司将发行人的证券按照协议全部购入或者在承销期结束时将售后剩余证券全部自行购入的承销方式。

采取何种承销方式是发行人和承销商之间彼此协商的结果。两种承销方式对于发行导致的结果和责任并不一样。采取代销的方式，会直接影响到发行人是否发行成功。由于证券公司作为承销商仅是代为发行人销售，在销售形势不佳的情况下，发行的证券未必能全部售出，可能会导致发行失败，根据我国《证券法》的规定，"股票发行采取代销方式，代销期限届满，向投资者出售的股票数量未达到拟公开发行股票数量的百分之七十的，为发行失败"。一旦发行失败，发行失败的结果由发行人承担，承销商并不担责。而采取包销的方式，则能确保发行成功，当销售情况不佳时，即使公开发行的股票未能全部售出，剩余的股票也由证券公司全部买进。在发售过程中，一般来说，如果销售情况不佳，就会对承销商形成较大的压力，为了让尽量多公开发行的股票能够向投资者出售，证券公司更有动力积极销售，尽量减少将剩余股票变承包下来。

无论采取哪种方式承销，承销商都不得事先预留发行的股票。我国《证券法》第三十一条第二款规定"证券公司在代销、包销期内，对所代销、包销的证券应当保证先行出售给认购人，证券公司不得为本公司预留所代销的证券和预先购入并留存包销的证券"。另外，主承销商实施承销前，应当向全国股转公司报送发行与承销方案。

2. 承销协议

发行人和主承销商应当签订承销协议，在承销协议中界定双方的权利义务关系，约定明确的承销基数。采用包销方式的，应当明确包销责任；采用代销方式的，应当约定发行失败后的处理措施。根据我国法律规定，承销协议应当载明下列事项：（1）当事人的名称、住所及法定代表人姓名；（2）代销、包销证券的种类、数量、金额及发行价格；（3）代销、包销的期限及起止日期；（4）代销、包销的付款方式及日期；（5）代销、包销的费用和结算办法；

（6）违约责任；（7）国务院证券监督管理机构规定的其他事项。

公开发行股票依据法律、行政法规的规定应当由承销团承销的，组成承销团的承销商应当签订承销团协议，由主承销商负责组织承销工作。公开发行股票由两家以上证券公司联合主承销的，所有担任主承销商的证券公司应当共同承担主承销责任，履行相关义务。

承销团成员应当按照承销团协议和承销协议的约定进行承销活动，不得进行虚假承销。

3. 承销商的义务和禁止性行为

我国《证券法》规定了承销商的义务和禁止性行为，即证券公司承销证券，应当对公开发行募集文件的真实性、准确性、完整性进行核查。发现有虚假记载、误导性陈述或者重大遗漏的，不得进行销售活动；已经销售的，必须立即停止销售活动，并采取纠正措施；证券公司在代销、包销期内，对所代销、包销的证券应当保证先行出售给认购人，证券公司不得为本公司预留所代销的证券和预先购入并留存所包销的证券等。

证券公司承销证券，不得有下列行为：（1）进行虚假的或者误导投资者的广告宣传或者其他宣传推介活动；（2）以不正当竞争手段招揽承销业务；（3）其他违反证券承销业务规定的行为。证券公司违反禁止性规定，给其他证券承销机构或者投资者造成损失的，应当依法承担赔偿责任。

（五）发行成功、中止、失败

公开发行完成后，发行人应当聘请符合《证券法》规定的会计师事务所对募集资金进行验证，出具验资报告并报送全国股转公司备案。

发行人和主承销商还应当聘请律师事务所对网下发行过程、配售行为、参与定价与配售的投资者资质条件及其与发行人和承销商的关联关系、资金划拨等事项进行见证，并出具专项法律意见书。

本次公开发行的股票挂牌之日起 10 日内，主承销商应当将专项法律意见书、承销总结报告等文件报送全国股转公司备案。

股票公开发行并在精选层挂牌的，发行人和主承销商应当事先约定中止发行和发行失败的情形及安排，并在发行公告中予以披露。

发行承销过程中出现以下情形之一的，发行人和主承销商应当中止发行：（1）采用询价方式的，有效报价的网下投资者数量不足10家或网下投资者有效申购数量低于网下初始发行量；（2）预计发行后无法满足其在招股文件中选择的股票在精选层挂牌标准；（3）发行价格未在股东大会确定的发行价格区间内或低于股东大会确定的发行底价；（4）发行人和主承销商事先约定并披露的其他情形；（5）全国股转公司认定的其他情形。

中止发行后，发行人和主承销商在发行核准文件有效期内，报经全国股转公司备案，可重新启动发行。

股票中止发行或发行失败涉及投资者资金缴付的，主承销商应当协助发行人将投资者的申购资金加算银行同期存款利息返还投资者。

## 第三节　新三板的定向发行

定向发行是指向特定对象进行的证券发行。自2013年全国股转公司成立以来，新三板市场挂牌公司一直采取的是定向发行的方法，无论是首次发行股票还是再次发行股票，都没有采取向不特定对象发行股票的方式，与沪深证券市场形成了很大的差异。2019年10月25日，中国证监会宣布新三板市场全面深化改革，其中主要内容为新三板市场设立精选层，创新层挂牌公司可以向不特定合格投资者公开发行股票进入精选层。从而使新三板市场发行方式由原来的只有定向发行一种模式变成向不特定对象公开发行和定向发行两种模式。新三板市场具有了《证券法》规定的完整的公开发行方式，使新三板作为国务院批准的其他全国性交易场所与证券交易所的发行方式具有一致性。

即便如此，定向发行在新三板市场仍然具有重要的作用。在新三板的基础层、创新层公司进行的发行股票采取的还是定向发行的方式。而基础层和创新层聚集的是新三板绝大多数公司，因此在大多数情况下，定向发行是新三板发行制度常用的方式。

在新三板市场，定向发行形式多种多样，包括公开的定向发行、非公开的定向发行、挂牌同时发行、自办发行。挂牌同时发行根据发行对象人数的多少既可能属于公开发行的定向发行，也可能属于非公开的定向发行，而自办发行则属于非公开的定向发行。

**一、定向发行的依据**

新三板市场定向发行的依据为法律、法规、中国证监会部门规章和规范性文件、全国股转公司的自律规则。

（一）法律

我国《证券法》在第二章"证券发行"中，对定向公开发行进行了规定，对公开发行和非公开发行进行了界定，并对非公开发行提出了禁止性的规定。《证券法》第九条第二款规定"有下列情形之一的，为公开发行：（一）向不特定对象发行证券；（二）向特定对象发行证券累计超过二百人，但依法实施员工持股计划的员工人数不计算在内；（三）法律、行政法规规定的其他发行行为"，第三款规定"非公开发行证券，不得采用广告、公开劝诱和变相公开方式"。

从这条规定可以看出，一是我国《证券法》对公开发行与非公开发行的界定非常明确，公开发行只存在两种情形，即向不特定对象发行和向特定对象发行超过200人的（不包含依法实施员工持股计划的员工人数）。这就意味着我国《证券法》认可了向不特定对象和向特定对象的发行均可作为公开发行，但对特定对象的公开发行在发行对象的人数上做了规定，必须超过200人才能算作公开发行，不足200人的为非公开发行。二是由此推导出定向发行存在两种情形，一种是发行对象超过200人的公开发行，另一种是发行对象不足200人的非公开发行。三是对非公开方式的定向发行，《证券法》提出了严格的规定，不允许采用广告、公开劝诱和变相公开方式等方式。

（二）部门规章

2019年12月20日修订的《非公办法》在第五章对定向发行进行了专章规定。该章从第四十二条至第五十三条共计12条详细规定了定向发行事宜。其主要内容体现在以下几个方面。

一是对定向发行的种类进行了规定。分别规定了公开定向发行，即定向发行对象超过200人的发行；非公开的定向发行，即定向发行对象人数不足200人的发行；自办发行；授权发行四种定向发行方式。

二是对不同种类的定向发行规定了不同的审核方式。对超过200人的定向发行，采取了较为严格的审核方式，除了全国股转公司进行发行审核外，中国证监会还对这种发行进行核准；对发行对象不足200人的发行则较为宽松，只需全国股转公司审核批准即可，中国证监会豁免批准；对自办发行和授权发行则更为宽松和方便。

三是对定向发行的内部程序进行了规定，要求经过公司董事会和股东大会对发行方案等履行决策程序等。

四是对特定对象的范围，发行人的禁止性行为，发行人的申请文件程序进行了规定。特定对象的范围包括下列机构或者自然人：（1）公司股东；（2）公司的董事、监事、高级管理人员、核心员工；（3）符合投资者适当性管理规定的自然人投资者、法人投资者及其他经济组织。核心员工的认定，应当由公司董事会提名，并向全体员工公示和征求意见，由监事会发表明确意见后，经股东大会审议批准。

五是对监管部门审核定向发行的程序、期限、结果等进行了规定，规定了中国证监会和全国股转公司在定向发行审核中的分工、程序和效力等。

（三）自律规则

全国股转公司制定的《全国中小企业股份转让系统股票定向发行规则》（以下简称《定向发行规则》）和《全国中小企业股份转让系统股票定向发行指南》（以下简称《定向发行指南》）对定向发行进行了具体规定。其中，《定向发行规则》是定向发行的基本业务规则，《定向发行指南》是基于《定向发行规则》的具体操作性规定，是《定向发行规则》的细化。

1.《定向发行规则》

《定向发行规则》共7章67条，包括总则、一般规定、挂牌公司定向发行、申请挂牌公司定向发行、中止自律审查与终止自律审查、监管措施与违规处分及附则。主要内容如下：

（1）取消单次发行新增股东不超过35人的限制。为增加定向发行制度的灵活性，引导挂牌公司优化股权结构，提高公众化程度，同时满足部分企业大额融资需求，根据《非公办法》修订内容，《定向发行规则》取消了单次发行新增股东不得超过35人的限制。

（2）完善发行基本要求。为引导发行主体规范运作，明确市场预期，防范融资风险，根据《非公办法》相关要求，《定向发行规则》修订完善了定向发行的基本要求，发行人存在违规对外担保、资金占用或者其他权益被控股股东、实际控制人严重损害情形的，应当在相关情形已经解除或者消除影响后进行定向发行。

（3）优化发行审查机制。为进一步提高发行效率，借鉴科创板制度设计，《定向发行规则》对发行审查机制进行了优化。

一是优化核准情形定向发行的审查机制。对于定向发行后股东累计超过200人的，发行人应当在股东大会审议通过定向发行事项后，聘请中介机构出具书面意见，并向全国股转公司提交发行申请文件。发行人应当在取得全国股转公司出具的自律监管意见后，向中国证监会申请核准。

二是将豁免核准情形定向发行的事后备案改为事前审查。对于定向发行后股东累计不超过200人的，将中介机构核查并出具意见的时点前移至认购前，并要求发行人在披露定向发行说明书及中介机构意见后，向全国股转公司提交发行申请文件。发行人应当在取得全国股转公司出具的无异议函后，披露认购公告，安排投资者缴款。

（4）完善募集资金监管要求。在审查机制优化的基础上，为进一步降低募集资金沉淀成本，《定向发行规则》允许发行人在验资后使用募集资金。同时，为防范风险，保护投资者合法权益，对于未在规定期限或者预计不能在规定期限内披露最近一期定期报告和最近12个月内发行人及其控股股东、实际控制人存在违法违规行为的，发行人在完成新增股票登记手续后才能使用募集资金。

（5）明确挂牌同时发行监管要求。为满足申请挂牌公司融资需求，丰富企业融资时点选择，《定向发行规则》对挂牌同时发行进行了专章规定。考虑到挂牌同时发行在启动时点等方面的特殊性，在审议程序、信息披露、股份登记等方面做了特殊规定，如挂牌同时发行不得导致控制权变动、发行前后的股票一并登记挂牌等。

（6）明确自办发行机制。为进一步降低企业融资成本，《非公办法》引入自办发行机制，《定向发行规则》对具体制度安排予以进一步明确。对于在一定期间的融资金额和融资比例内，且面向公司实际控制人、前10名股东、董监高、核心员工的发行，发行人无须提供主办券商出具的推荐文件以及律师事务所出具的法律意见书，但是其持续督导券商仍应当协助公司披露发行相关公告，并对定向发行募集资金存管与使用的规范性履行持续督导职责。

自办发行过程中，发行人对发行文件内容的真实性、准确性、完整性负责，全国股转公司如发现发行人及相关主体出具的文件存在不真实、不准确、不完整的情形，将严肃处理。

（7）完善授权发行机制。为满足基础层和创新层公司差异化融资需求，在2018年存量制度改革基础上，《定向发行规则》对授权发行予以明确，并在配套指南中针对基础层和创新层挂牌公司的授权发行额度作出差异化安排。

2. 《定向发行指南》

《定向发行指南》共六部分，包括原则性规定、发行后股东累计不超过200人的定向发行业务流程、发行后股东累计超过200人的定向发行业务流程、申请挂牌公司定向发行业务流程、特殊程序和中止自律审查、终止自律审查与审查或审核决定后终止发行程序。主要内容如下：

一是优化200人以下定向发行具体业务流程。明确了事前审查的具体操作流程；根据董事会决议时发行对象是否确定，分别设定认购缴款环节具体操作流程。

二是新增200人以上定向发行业务流程。明确了自律审查与行政核准的工作衔接机制。包括申请核准环节和反馈回复环节的衔接机制。

三是新增挂牌同时定向发行业务流程。明确了各个业务流程与挂牌公司定向发行的区别和发行后股东是否超过 200 人公司申请挂牌同时定向发行的程序衔接。

四是明确自办发行和授权发行的具体业务流程。明确自办发行业务流程；优化了授权发行机制。

五是细化中止自律审查、终止自律审查及审查或审核决定后终止发行具体业务流程。明确了中止自律审查情形中的发行人报告义务；分别细化了发行人取得无异议函或同意函、核准文件前后，发行人主动终止发行的业务流程。

六是明确定向发行相关计算、认定标准等。

## 二、定向发行的主要内容

### （一）一般规定

定向发行的类型较多，不同类型的定向发行，其内容存在着差异性，但不同类型的定向发行也有需要共同遵守的规定。这些规定作为一般性规定适用于不同类型的定向发行制度。经过对《定向发行规则》等的归纳梳理，有关规定对发行人、发行人的关联人、中介机构、发行对象、审核机构等都提出了一般性规定。这些规定和要求主要体现在如下六方面。

一是对发行人及关联人提出了一般性要求。（1）合法合规性。发行人定向发行应当符合合法规范经营、公司治理、信息披露、发行对象等方面的规定。存在违规对外担保、资金占用或者其他权益被控股股东、实际控制人严重损害情形的，应当在相关情形已经解除或者消除影响后进行定向发行。（2）决策程序。发行人按照相关规定发行股票的，应当严格按照中国证监会和全国股转公司的相关规定，履行内部决议程序和信息披露义务，无须提供主办券商出具的推荐文件以及律师事务所出具的法律意见书。发行人董事会审议定向发行有关事项时，应当不存在尚未完成的股票发行、可转换公司债券发行、重大资产重组和股份回购事宜。（3）发行对象、价格确定。发行人、主办券商选择发行对象、确定发行价格或者发行价格区间，应当遵循公平、公正原则，维护发行人及其股东的合法权益。发行过程中，发行人可以向特定对象推介股票。（4）申请。发行人应当向全国股转公司递交发行申请文件。发行人定向发行后股东累计超过 200 人的，应当在取得全国股转公司出具的自律监管意见后，报中国证监会核准。（5）信息披露。发行人定向发行所披露的信息应当真实、准确、完整，不得有虚假记载、误导性陈述或者重大遗漏。发行人对定向发行文件内容的真实性、准确性、完整性负责。由于国家秘密、商业秘密等特殊原因导致定向发行相关信息确实不便披露的，发行人可以不予披露，但应当在发行相关公告中说明未按照规定进行披露的原因。中国证监会、全国股转公司认为需要披露的，发行人应当披露。发行人在定向发行前存在表决权差异安排的，应当在定向发行说明书等文件中充分披露并特别提示表决权差异安排的具体设置和运行情况等。

二是对发行人的关联人提出了要求。主要为发行人的控股股东、实际控制人、董事、监事、高级管理人员等，《定向发行规则》提出了具体要求：（1）忠实勤勉。发行人的董事、监事、高级管理人员应当忠实、勤勉地履行职责，保证发行人及时、公平地披露信息，所披露的信息真实、准确、完整。发行人控股股东、实际控制人、董事、监事、高级管理人员应当向主办券商、律师事务所、会计师事务所及其他证券服务机构及时提供真实、准确、完整的资料，全面配合相关机构开展尽职调查和其他相关工作。（2）配合义务。发行人的控股股东、实际控制人、董事、监事、高级管理人员、发行对象及其他信息披露义务人，应当按照相关规定及时向发行人提供真实、准确、完整的信息，全面配合发行人履行信息披露义务，不得要求或者协助发行人隐瞒应当披露的信息。发行人及其控股股东、实际控制人、董事、监事、高级管理人员应当向主办券商、律师事务所、会计师事务所及其他证券服务机构及时提供真实、准确、完整的资料，全面配合相关机构开展尽职调查和其他相关工作等。

三是对发行人募集资金的使用提出了特殊要求。《定向发行规则》对发行人募集资金的监管和使用提出了具体要求：（1）募集资金的监管。发行人应当建立募集资金存储、使用、监管和责任追究的内部控制制度，明确募集资金使用的分级审批权限、决策程序、风险防控措施及信息披露要求；发行人募集资金应当存放于募集资金专项账户，该账户不得存放非募集资金或用作其他用途；发行人在验资完成且签订募集资金专户三方监管协议后可以使用募集资金；存在发行人未在规定期限或者预计不能在规定期限内披露最近一期定期报告或者最近 12 个月内，发行人或其控股股东、实际控制人被中国证监会及其派出机构采取行政监管措施、行政处罚，被全国股转公司采取书面形式自律监管措施、纪律处分，被中国证监会立案调查，或者因违法行为被司法机关立案侦查等情况的，在新增股票完成登记前不得使用募集资金。（2）募集资金使用。发行人应当按照定向发行说明书中披露的资金用途使用募集资金；变更资金用途的，应当经发行人董事会、股东大会审议通过，并及时披露募集资金用途变更公告；发行人以自筹资金预先投入定向发行说明书披露的募集资金用途的，可以在募集资金能够使用后，以募集资金置换自筹资金。置换事项应当经发行人董事会审议通过，主办券商应当就发行人前期资金投入的具体情况或安排进行核查并出具专项意见。发行人应当及时披露募集资金置换公告及主办券商专项意见；发行人募集资金应当用于主营业务及相关业务领域，暂时闲置的募集资金可以投资于安全性高、流动性好、可以保障投资本金安全的理财产品。除金融类企业外，募集资金不得用于持有交易性金融资产、其他权益工具投资、其他债权投资或借予他人、委托理财等财务性投资，不得直接或间接投资于以买卖有价证券为主营业务的公司，不得用于股票及其他衍生品种、可转换公司债券等的交易，不得通过质押、委托贷款或其他方式变相改变募集资金用途。（3）募集资金核查。发行人董事会应当每半年对募集资金使用情况进行专项核查，出具核查报告，并在披露年度报告和中期报告时一并披露。主办券商应当每年对募集资金存放和使用情况至少进行 1 次现场核查，出具核查报告，并在发行人披露年度报告时一并披露。

四是对中介机构提出了要求。（1）主办券商应当对发行人的信息披露文件和申请文件进行全面核查，独立作出专业判断，并对定向发行说明书及其所出具文件的真实性、准确性、完整性负责。发行人的持续督导券商负责协助披露发行相关公告，并对募集资金存管与使用的规范性履行持续督导职责。（2）律师事务所、会计师事务所及其他证券服务机构应当审慎履行职责，作出专业判断，并对定向发行说明书中与其专业职责有关的内容及其所出具文件的真实性、准确性、完整性负责。（3）主办券商与发行人选择发行对象、确定发行价格或者发行价格区间，应当遵循公平、公正原则，维护发行人及其股东的合法权益。（4）全国股转公司受理发行人申请文件至新增股票挂牌交易前，出现不符合规定或者其他影响本次发行的重大事项时，主办券商及发行人应当及时向全国股转公司报告；主办券商及其他证券服务机构应当持续履行尽职调查职责，提交书面核查意见等。

五是对发行对象提出了要求。（1）发行对象可以用现金或者非现金资产认购定向发行的股票。以非现金资产认购的，所涉及的资产应当权属清晰、定价公允，且本次交易应当有利于提升发行人资产质量和持续经营能力。（2）发行对象承诺对其认购股票进行限售的，应当按照其承诺办理自愿限售，并予以披露。

六是对审核机构提出了要求。（1）全国股转公司对定向发行相关文件进行自律审查，通过反馈、问询等方式要求发行人及相关主体对有关事项进行解释、说明或者补充披露。（2）全国股转公司对定向发行事项出具的自律审查意见不表明对申请文件及信息披露内容的真实性、准确性、完整性作出保证，也不表明对发行人股票投资价值或者投资者收益作出实质性判断或保证。（3）属于中国证监会核准的定向发行，应按照规定的时间和程序核准。对定向发行事项出具的核准决定不表明对申请文件及信息披露内容的真实性、准确性、完整性作出保证，也不表明对发行人股票投资价值或者投资者收益作出实质性判断或保证。

（二）定向公开发行

定向公开发行是指定向发行的对象发行后累计超过 200 人。根据《证券法》的规定，200 人的计算不包含依法实施员工持股计划的员工人数。根据有关规定，定向公开发行在内容和程序上，主要有以下几个方面。

1. 召开董事会和股东大会

发行人定向公开发行应履行内部决策程序，及时召开董事会和股东大会。

董事会。发行人董事会应当就定向发行有关事项作出决议，并及时披露董事会决议公告和董事会批准的定向发行说明书。

董事会作出定向发行决议应当符合下列规定：（1）发行对象确定的，董事会决议应当明确具体发行对象（是否为关联方）及其认购价格、认购数量或数量上限、现有股东优先认购安排等事项。（2）发行对象未确定的，董事会决议应当明确发行对象的范围、发行价格或发行价格区间、发行对象及发行价格确定办法、发行数量上限和现有股东优先认购安排等事项。（3）发行对象以非现金资产认购发行股票的，董事会决议应当明确交易对手（是否为关联方）、标的资产、作价原则及审计、评估等事项。（4）董事会应当说明本次定向发行募集资金的用途，并对报告期内募集资金的使用情况进行说明。

股东大会。股东大会作出定向发行决议应当符合下列规定：（1）发行人股东大会就定向发行事项作出决议，应当经出席会议的有表决权股东所持表决权的2/3以上审议通过。股东大会审议通过后，发行人应当及时披露股东大会决议公告。（2）股东大会决议应当明确授权董事会办理定向发行有关事项的有效期。有效期最长不超过12个月，期满后发行人决定继续发行股票的，应当重新提请股东大会审议。（3）发行人董事会决议时发行对象确定的，董事、股东参与认购或者与发行对象存在关联关系的，发行人董事会、股东大会就定向发行事项表决时，关联董事或者关联股东应当回避；发行人董事会决议时发行对象未确定的，最终认购对象为发行人的控股股东、实际控制人、董事、持有发行人股票比例在5%以上的股东或者与前述主体存在关联关系的，且董事会、股东大会审议时相关董事、股东未回避表决的，发行人应当按照回避表决要求重新召开董事会或股东大会进行审议。发行人股东大会审议定向发行有关事项时，出席股东大会的全体股东均拟参与认购或者与拟发行对象均存在关联关系的，可以不再执行表决权回避制度。（4）发行人股东大会审议通过定向发行说明书后，董事会决议作出重大调整的，发行人应当重新召开股东大会并按照

（1）、（2）、（3）的规定进行审议。

在内容上，股东大会就股票发行作出的决议，至少应当包括下列事项：本次发行股票的种类和数量（数量上限）；发行对象或范围、现有股东优先认购安排；定价方式或发行价格（区间）；限售情况；募集资金用途；决议的有效期；对董事会办理本次发行具体事宜的授权；发行前滚存利润的分配方案；其他必须明确的事项。

申请向特定对象发行股票导致股东累计超过200人的股份有限公司，董事会和股东大会决议中还应当包括以下内容：（1）按照中国证监会的相关规定修改公司章程；（2）按照法律、行政法规和公司章程的规定建立健全公司治理机制；（3）履行信息披露义务，按照相关规定披露定向发行说明书、发行情况报告书、年度报告、中期报告及其他信息披露内容。

2. 签订认购合同

发行人应当与发行对象签订股票认购合同。认购合同应当载明该发行对象拟认购股票的数量或数量区间、认购价格、限售期、发行终止后的退款及补偿安排、纠纷解决机制等。

董事会决议时发行对象确定的，应当在认购合同中约定，本合同在本次定向发行经发行人董事会、股东大会批准并履行相关审批程序后生效。

3. 发行申请

发行人就聘请的主办券商、律师事务所分别对本次定向发行的合法合规性出具书面意见进行披露。信息披露后，发行人及其主办券商应当按照中国证监会和全国股转公司的相关规定，向全国股转公司申请出具自律监管意见，并及时披露相关文件和进展公告。申请文件应当包括但不限于：定向发行说明书、律师事务所出具的法律意见书、符合《证券法》规定的会计师事务所出具的审计报告、证券公司出具的推荐文件。

4. 审核核准

全国股转公司在收到发行人申请出具自律监管意见的相关文件后，于20个交易日内出具自律监管意见，并依据发行人的委托向中国证监会报送发行申请文件。中国证监会受理申请文件包括自律监管意见后，依法对公司治理和信息披露以及发行对象情况进行审核，在20个工作日内作出核准、中止审核、终止审核、不予核准的决定。

5. 认购缴款

认购共分两种情况。（1）董事会决议时发行对象确定。发行人董事会决议时发行对象确定的，发行人应在当取得中国证监会作出核准决定后披露认购公告，并依据认购公告安排发行对象缴款。（2）董事会决议时发行对象不确定。发行人董事会决议时发行对象未确定的，发行人应当在中国证监会作出核准决定后确定具体发行对象。发行对象确定后，主办券商和律师事务所应当对发行对象、认购合同等法律文件的合法合规性出具专项核查意见。发行人应当将更新后的定向发行说明书和中介机构专项核查意见一并披露，经全国股转公司审查后，发行人披露认购公告，并依据认购公告安排发行对象缴款。

6. 验资公告

（1）认购结束后，发行人应当及时披露认购结果公告。（2）发行人应当在认购结束后及时办理验资手续，验资报告应当由符合法律规定的会计师事务所出具。发行人应当与主办券商、存放募集资金的商业银行签订募集资金专户三方监管协议。（3）发行人应当按照相关规定办理新增股票挂牌手续，并披露发行情况报告书等文件。

（三）定向非公开发行

定向非公开发行是指定向发行对象累计不超过200人的发行，包含两种情况，即一般的定向非公开发行、自办发行。

1. 一般的定向非公开发行

这种发行和定向公开发行在程序和内容上基本一致，在召开董事会、股东大会、签订认购合同、申请、审核、认购、验资、信息披露和公告等方面没有太大的区别，但两者也有很大的不同，主要的区别在于：一是定向非公开发行和定向公开发行的内部程序有所不同。尽管两者都需要召开董事会和股东大会，但在内容上定向非公开发行要比定向公开发行的要求少。即在公司章程的内容、公司治理机制的健全完善以及信息披露的义务上，定向公开发行的要求要严于定向非公开发行，比如定向公开发行要按照相关规定披露定向发行说明书、发行情况报告书、年度报告、中期报告及其他信息披露内容等。二是在审核机构和审核程序上，定向非公开发行要比定向公开发行宽松。定向非公开发行尽管也是核准制，但在实际操作中，只要全国股转公司审核出具无异议函即可，中国证监会对定向非公开发行豁免核准。而定向公开发行不但要全国股转公司进行审核，出具自律监管意见，还需要向中国证券会申请，由中国证监会核准。

2. 自办发行

自办发行是指新三板挂牌公司根据中国证监会和全国股转公司的相关规定，通过自己履行内部决议程序和信息披露义务，无须提供主办券商出具的推荐文件以及律师事务所出具的法律意见书等进行的一种定向发行方式。

自办发行是新三板全面深化改革的一种创新发行方式。其特点为自由灵活、程序简易、快速高效、成本较低、发行额度不大、发行范围较小。《非公办法》在第五章"定向发行"第四十七条，《定向发行规则》第十五条对自办发行进行了规定。主要内容如下：

一是发行对象。挂牌公司自办发行的发行对象受到严格的限制，即挂牌公司只能向自己公司的前10名股东、实际控制人、董事、监事、高级管理人员及核心员工定向发行股票。

二是发行额度。连续12个月内发行的股份未超过公司总股本10%且融资总额不超过2000万元。

三是发行条件。董事会决议中应当明确发行对象、发行价格和发行数量，且公司不得存在以下情形：（1）认购人以非现金资产认购的；（2）发行股票导致公司控制权发生变动的；（3）本次发行中存在特殊投资条款安排的；（4）公司或其控股股东、实际控制人、董事、监事、高级管理人员最近12个月内被中国证监会给予行政处罚或采取监管措施的。

在具体业务流程上，自办发行业务流程适用《定向发行指南》中挂牌公司股票定向发行业务流程的相关规定，发行人履行信息披露义务、提交发行申请文件流程和发行申请文件审查流程应当同时适用以下特别规定。

一是发行人应当对定向发行文件内容的真实性、准确性、完整性负责，发行人的持续督导券商负责协助披露发行相关公告，并对募集资金存管与使用的规范性履行持续督导职责。

持续督导券商在协助披露发行相关公告过程中，应当对发行文件齐备性履行持续督导职责，但无须对发行文件内容进行实质判断。

二是发行人最迟应当在股东大会审议通过定向发行说明书等相关议案后10个交易日内，按照中国证监会《内容与格式准则第4号》等相关规定，委托其持续督导券商向全国股转公司报送发行申请文件。

三是发行人应当向全国股转公司提交关于发行人及相关主体不属于失信联合惩戒对象的承诺函及认购合同文件，并提交核查过程的证明文件。发行人应当向全国股转公司提交关于发行对象是否为失信联合惩戒对象的核查证明文件（证明形式包括但不限于网络查询截图等）。发行对象属于失信联合惩戒对象的，发行人应当对其被纳入失信联合惩戒对象名单的原因、相关情形是否已充分规范披露进行核查并说明。发行人应当在《发行情况报告书》中对上述情况进行披露。

四是全国股转公司对发行申请文件进行审查，需要反馈的，通过业务系统向发行人发出反馈意见。发行人原则上应当在10个交易日内按照反馈意见要求进行必要的补充核查，及时、逐项回复反馈意见，补充或者修改申请文件。有特殊情况的，可以通过业务系统申请延期回复。发行人对全国股转公司反馈意见的回复是申请文件的组成部分，发行人应当保证回复内容真实、准确、完整。

（四）其他发行

新三板定向发行中还有授权发行和挂牌同时发行两种方式。这两种发行方式无法归属于定向公开发行和定向非公开发行。它们的发行对象既可以是累计200人以上的，也可以是不足200人的。因此，授权发行和挂牌同时发行既可以归属于定向公开发行，也可以属于定向非公开发行。

1. 授权发行

授权发行是新三板挂牌公司股东大会一次授权由发行人多次发行的发行方式。在审核上，授权发行是由中国证监会一次核准或者全国股转公司一次出具自律监管意见，发行人可以多次发行。这种发行方式近似于境外发行制度中的储架发行。[①] 其主要程序和内容为：

一是股东大会。发行人年度股东大会可以根据公司章程的规定，授权董事会在规定的融资总额范围内定向发行股票，该项授权至下一年度股东大会召开日失效。发行人年度股东大会应当就下列事项作出决议，作为董事会行使授权的前提条件：（1）发行股票数量上限；（2）发行对象、发行对象范围或发行对象确定方法；（3）现有股东优先认购安排；（4）发行价格、发行价格区间或发行价格确定办法；（5）募集资金总额上限；（6）募集资金用途；（7）对董事会办理发行事宜的具体授权；（8）其他需要明确的事项。

发行人应当在披露年度股东大会通知的同时披露授权发行相关公告。

二是授权期限、额度、条件。发行人年度股东大会可以依据公司章程规定，授权董事会在募集资金总额不超过一定范围内发行股票，该项授权至下一年度股东大会召开日失效，不受《定向发行指南》关于股东大会授权董事会办理股票发行有关事项有效期规定的约束。基础层公司授权董事会募集资金总额不得超过2000万元，创新层公司授权董事会募集资金总额不得超过5000万元。

存在以下情形之一的，发行人不得按照年度股东大会授权发行股票：（1）发行人现有股东超过200人或预计发行后股东累计超过200人的；（2）董事会审议股票定向发行说明书时，发行对象包括发行人控股股东、实际控制

---

① 储架发行是相对于传统发行的概念。一般是指在证券发行实行注册制的基础上，发行人一次注册，多次发行的机制。国内文献翻译为"储架注册"或"橱柜登记"。目前，美国、英国、加拿大、日本、法国、西班牙、比利时等发达国家，马来西亚等发展中国家都在施行"储架注册"。在美国，具备一定资格的发行人提交的《储架注册说明书》经美国证监会审核并宣布生效后，发行人即被允许通过建立"储架"，在三年内连续多次地发行证券。其间发行人还可以随时注册新的三年期"储架"。由此可以看出，与传统发行机制相比较，这种发行机制不是每次发行都要重新注册，因此该机制可以简化注册程序，提高融资灵活性，降低融资成本，提升市场效率。

人、董事或前述主体关联方的；（3）发行对象以非现金资产认购的；（4）发行股票导致发行人控制权发生变动的；（5）本次发行中存在特殊投资条款安排的；（6）发行人或其控股股东、实际控制人最近 12 个月内被中国证监会及其派出机构给予行政处罚或采取行政监管措施，或被全国股转公司采取纪律处分的；（7）发行人或其控股股东、实际控制人因涉嫌犯罪正被司法机关立案侦查或者涉嫌违法违规被中国证监会及其派出机构立案调查，尚无明确结论的；（8）全国股转公司认定的其他情形。

三是董事会。发行人董事会应当根据年度股东大会授权，对本次股票定向发行等有关事项进行审议。

发行人应当按照《定向发行规则》和《内容与格式准则第 3 号》等相关规定，在董事会审议本次股票定向发行有关事项后 2 个交易日内披露董事会决议和定向发行说明书等相关公告。

定向发行说明书除包括《内容与格式准则第 3 号》规定的内容外，还应当包括年度股东大会对董事会授权的基本情况。

四是中介机构。主办券商、律师事务所原则上应当在发行人董事会审议通过定向发行有关事项后 15 个交易日内，分别按照《内容与格式准则第 3 号》等相关规定，出具主办券商定向发行推荐工作报告和法律意见书，发行人应当及时披露。具体业务流程适用《定向发行指南》发行后股东累计不超过 200 人定向发行业务流程中关于中介机构出具专项意见的规定。

主办券商定向发行推荐工作报告和法律意见书除包括《内容与格式准则第 3 号》规定的内容外，还应当对发行人年度股东大会授权发行内容及程序等是否合法合规发表明确意见。

五是审核机构。发行人原则上应当于披露中介机构专项意见后 10 个交易日内，按照《内容与格式准则第 4 号》等相关规定，委托主办券商向全国股转公司报送发行申请文件，全国股转公司审查通过后，向发行人出具股票发行无异议函。发行申请文件审查、认购缴款、签订募集资金专户三方监管协议、验资及办理股票登记手续等具体流程适用《定向发行指南》发行后股东累计不超过 200 人定向发行业务流程的相关规定。

授权发行如发行对象累计超过 200 人，挂牌公司则应当在全国股转公司审核出具自律监管意见的基础上，向中国证监会申请核准。

挂牌公司申请定向发行股票，可申请一次核准，分期发行。自中国证监会予以核准之日起，公司应当在 3 个月内首期发行，剩余数量应当在 12 个月内发行完毕。超过核准文件限定的有效期未发行的，须重新经中国证监会核准后方可发行。首期发行数量应当不少于总发行数量的 50%，剩余各期发行的数量由公司自行确定，每期发行后 5 个工作日内将发行情况报中国证监会备案。

股票发行结束后，挂牌公司应当按照中国证监会的有关要求编制并披露发行情况报告书。申请分期发行的挂牌公司应在每期发行后按照中国证监会的有关要求进行披露，并在全部发行结束或者超过核准文件有效期后按照中国证监会的有关要求编制并披露发行情况报告书。

2. 挂牌同时发行

挂牌同时发行是新三板定向发行的又一种方式。这种方式与其他定向发行不同的是，它是非新三板公司在进入新三板时定向发行股票，既有挂牌行为又有定向发行融资行为，而其他形式的定向发行都是在公司已进入新三板，成为挂牌公司后进行的发行行为，挂牌在先，发行在后。挂牌同时发行，发行的对象既可能超过 200 人，也可以不足 200 人。因而，这种发行既可以是定向公开发行，也可以是定向非公开发行。当挂牌同时发行属于定向公开发行时，它应当遵守中国证监会和全国股转公司有关定向公开发行的规定，当挂牌同时发行属于定向非公开发行时，同样要遵守中国证监会和全国股转公司有关定向非公开发行的规定。

一是挂牌同时发行的特点。主要有三个：第一，挂牌同时发行必须同时满足两方面的条件，即既要符合新三板挂牌的条件，又要符合定向发行的条件。股份有限公司申请股票在全国股转系统挂牌，不受股东所有制性质的限制，不限于高新技术企业，应当符合下列条件：（1）依法设立且存续满 2 年。有限责任公司按原账面净资产值折股整体变更为股份有限公司的，存续时间可以从有限责任公司成立之日起计算。（2）业务明确，具有持续经营能力。（3）公司治理机制健全，合法规范经营。（4）股权明晰，股票发行和转让行为合法合规。（5）主办券商推荐并持续督导。对定向发行的条件，发行人定向发行应当符合《非公办法》关于合法规范经营、公司治理、信息披露、发行对象等方面的规定。第二，挂牌同时发行不得导致申请公司的控制权发生变动。第三，发行对象只能用现金认购。第四，发行人申请挂牌同时定向发行的，发行人控股股东、实际控制人及其控制的其他主体在本次发行中认购的股票应当参照执行全国股转公司对于控股股东、实际控制人挂牌前持有股票限售的规定。发行人申请挂牌同时定向发行的，不得在股票挂牌前使用募集资金。

二是内部程序及信息披露。发行人应当在申请挂牌前完成定向发行事项的董事会、股东大会审议程序，并将挂牌同时定向发行的申请文件在符合《证券法》规定的信息披露平台披露；发行人申请挂牌同时定向发行，应当披露无法挂牌对本次定向发行的影响及后续安排。

三是对发行对象是否超 200 人作出了不同的安排。（1）股票定向发行后股东累计不超过 200 人的，全国股转公司对发行人挂牌与发行相关文件一并进行自律审查，审查无异议的，出具同意挂牌及发行的函。发行人应当在取得同意挂牌及发行的函后，按照《定向发行规则》的规定履行相应程序。（2）股票定向发行后股东累计超过 200 人的，发行人应当按照中国证监会和全国股转公司的规定，向全国股转公司申请出具挂牌及定向发行的自律监管意见。全国股转公司出具自律监管意见后，根据发行人的委托，将自律监管意见、发行人申请文件及相关审查资料报中国证监会核准。发行人取得中国证监会核准文件后，按照《定向发行规则》规定履行相应程序。

四是对入层要求进行了规定。发行人申请挂牌同时定向发行并进入创新层的，发行对象应当为公司股东、董事、监事、高级管理人员、核心员工以及符合基础层投资者适当性管理规定的投资者。发行人完成发行后不符合创新层进入条件的，应当按照认购合同的约定终止发行或作出其他安排。

# 第十章　新三板的挂牌制度

## 第一节　挂牌制度概述

### 一、挂牌制度的概念和内容

挂牌制度是指监管机构根据股份有限公司的申请，对申请人申请材料受理、审查并允许申请人进入国务院批准的其他全国性证券交易场所，申请人的股票在交易场所交易或者转让等一系列法律、法规、部门规章、规范性文件和自律规则的总称。

挂牌制度的内容是极其丰富的。它可分为狭义上的挂牌制度和广义上的挂牌制度。狭义上的挂牌制度仅指申请人申请挂牌获得允许成为挂牌公司的特定行为即具体的挂牌行为，而广义上的挂牌制度不仅包含前者，还包含公司挂牌后所涉及的公司治理、信息披露、摘牌等完整的挂牌公司制度。

狭义的挂牌制度概念既包含了主体、内容、结果，也包含运用手段和运用工具，具有十分丰富的内涵。

（一）主体

挂牌制度的主体是申请人和监管机构。前者是挂牌的主体，后者是审查申请人能否挂牌的主体。

申请人应当是股份有限公司。《全国中小企业股份转让系统业务规则》2.1规定"股份有限公司申请股票在全国股份转让系统挂牌，不受股东所有制性质的限制，不限于高新技术企业"。虽然该条规定的是申请人申请新三板挂牌的条件，但从该条中可以看出，全国股转公司对申请人的公司性质提出了要求，即只有股份有限公司才有资格申请公司在新三板市场挂牌，有限责任公司或《公司法》中规定的其他性质的公司比如国有独资公司、合伙型公司、上市公司等是不能作为申请人申请新三板挂牌的。

新三板市场是公开的市场，进入新三板市场的挂牌公司是公众公司是毫无疑问的。那么申请人在申请时还未成为挂牌公司，申请人作为股份有限公司是否是公众公司呢？笔者认为，申请人是否是公众公司存在着不确定性，一般来说它并不能成为公众公司。

公众公司是英美法系的用法，但大陆法系的国家在资本市场及其法制建设上深受前者影响，已在相关立法上呈现对公众公司制度的认同。"就公众公司的类型而言，存在着法律规定的公众公司和事实形成的公众公司两种类型，前者主要是指公开发行同时也获得公开交易权的股份有限公司，以及虽未经历公开发行，但在证券交易场所公开交易的股份公司，后者是指从社会经济意义上考虑，具备一定的总资产规模且股东人数达到一定数量，存在较大公共性的股份公司，一旦其在这些指标上不符合，将不再作为公众公司进行监管"。[①]

公众公司的本质属性和最根本的特征在于它的"公众性"。非股份有限公司、独有公司和合伙型公司由于不具有"公众性"的特点，因而不是公众公司。而股份有限公司在公众性上具有了一定的基础，但并不意味着是股份公司就一定具有公众性。股份公司是公众公司的前提和基础，但并不是公众公司的必然结果。那么什么样的股份公司能够成为公众公司呢？有人将其总结为具有三方面的特点：股份公司的章程不限制公司股份对外流转，隐含着向公司募集资金的权利；通常需要遵循信息公开要求，向公众及时披露；建立有利于解决股东与经理人之间委托—代理问题的公司治理机制。[②] 这一说法具有一定的道

---

① 参见谢庚，徐明主编. 新三板研究——全国股转系统课题成果选编 2018 [M]. 北京：中国金融出版社，2019。

② 同注释①。

理。但笔者认为，除了上述所具有的特点外，一个重要的标志是股份公司是否具有公众性，而股份公司在资本市场的公开发行或者公开转让是其公众性最重要的体现。

股份公司公开发行是其成为公众公司最为直接的手段和最为明显的标志。从法律规定的公开发行的两种方式看，无论是股份公司向不特定对象公开发行股票还是向特定对象进行超过 200 人的公开发行，其公众性都十分明显。

公开转让虽然不如公开发行的公众性直接和明显，但也具有较强的公众性。这一公众性的体现就是在公开市场的股份转让。这种形式被视为公众公司是被我国实践所证明的。从我国资本市场实践看，将申请挂牌公司的股份公司纳入公众公司具有明确法律依据。中国证监会颁布的《非公办法》第二条规定"本办法所称非上市公众公司（以下简称公众公司）是指有下列情形之一且其股票未在证券交易所上市交易的股份有限公司：（一）股票向特定对象发行或者转让导致股东累计超过 200 人；（二）股票公开转让"，《全国中小企业股份转让系统业务规则》1.10 规定"挂牌公司是纳入中国证监会监管的非上市公众公司，股东人数可以超过二百人"。

可见，"公开转让"是判断公众公司的又一个标准。全国股转公司的市场是公开市场，在这一市场挂牌公司的股票进行转让当然是公开转让，因此挂牌公司是公众公司。

在资本市场，公开转让是相对于非公开转让而言的。非公开转让是股份公司的股票在非公开市场的转让。在我国除了公开市场之外，还存在着大量的非公开市场。根据我国《证券法》的规定，区域性股权市场即为非公开市场，股份公司在区域性股权市场转让股票是一种非公开转让，因而在区域性股权市场的股份公司不能视为公众公司。

在实践中，有的股份公司并不在资本市场进行股份转让，而是在产权交易场所或者直接在相关当事人之间通过工商登记机构转让。这些类型的公司由于不具有公开转让的情形，因此也很难成为公众公司。

公开转让不同于公开发行。公开发行除了具有涉众性特点之外，它还是一种融资活动，通过发行股票获得资金；而公开转让并不涉及发行，不涉及融资。它是将股份公司已有的股份在公开市场进行买卖的行为。之所以公开转让成为公众公司，是因为这一行为是在公开市场进行的，不但公开市场的众多投资者可以买卖股份公司股票，使其具有较强的涉众性，而且公开市场的公开透明也要求公开转让的股份公司要公开披露信息包括公司的定期报告和临时报告，更加增强了股份公司的公众性。

公众公司不同于公众股东。股东是股份制公司的出资人或投资人，是指通过向公司出资或其他合法途径获得公司股权，并对公司享有权利和承担义务的人。必须持有该公司股份才能成为该公司股东；公司是因股东的出资依法成立的独立法人，享有法定的权利义务并独立从事各种民事活动，承担法律责任。

公众股是指股份公司采用募集设立方式设立时向社会公众（非公司内部职工）募集的股份，也指社会公众依法以其拥有的财产投入公司时形成的可上市流通股份；[①] 社会公众股东必须是"非公司内部职工"的流通股股东[②]。监管部门对社会公众股东概念的提出首见于中国证监会相关规定中，该规定的目的就是要形成抑制滥用上市公司控制权的制约机制，把保护社会公众股东的权益落在实处，并从五个方面加强了对社会公众股东的保护，尤其提出了实行公司重大事项社会公众股股东表决制度。但该规定并没有明确社会公众股东的定义[③]。之后，《上海证券交易所股票上市规则》的释义中将社会公众股东定义为"指不包括下列股东的上市公司其他股东：（1）持有上市公司10%以上股份的股东及其一致行动人；（2）上市公司董事、监事、高级管理人员及其关联人"[④]。新三板市场对公众股东的界定沿袭了证券交易所上市公司中的公众股东的概念，也将挂牌公司10%的股份及公司核心人员等作为公众股东界定的依据。全国股转公司《分层管理办法》第十六条第二款规定"公众股东是指除以

---

① 参见徐聪. 我国上市公司分拆上市法律制度研究 [M]. 上海：上海交通大学出版社，2019。

② 参见熊锦秋. 交易所对"社会公众股"的定义需尽快修订 [N]. 上海证券报，2016 - 04 - 21。

③ 参见中国证监会，关于加强社会公众股股东权益保护的若干规定（证监发〔2004〕118 号）[S]. 2004 - 12 - 7。

④ 参见上海证券交易所. 股票上市规则（2014 年修订），第十八章释义 18.1（十一）。

下股东之外的挂牌公司股东：（一）持有公司 10% 以上股份的股东及其一致行动人；（二）公司董事、监事、高级管理人员及其关系密切的家庭成员，公司董事、监事、高级管理人员直接或间接控制的法人或者其他组织。关系密切的家庭成员，包括配偶、子女及其配偶、父母及配偶的父母、兄弟姐妹及其配偶、配偶的兄弟姐妹、子女配偶的父母"。

申请人挂牌新三板成为公众公司并不意味着具有公众股东。一般情况下，由于股票的公开转让，挂牌公司获得公众股东的可能性极大，绝大多数挂牌公司在本身成为公众公司的同时也具有公众股东。但在少数情况下，挂牌公司虽是公众公司却有可能没有公众股东。因为新三板市场公司挂牌并不必然同发行相挂钩，虽然存在着挂牌同时发行，但那仅仅是挂牌的方式之一，在许多情况下股份公司申请挂牌是不需要发行股票的。如果股份公司申请挂牌并不发行股票，而申请的公司的股东又极少，在公司挂牌后其股票缺乏流动性，就有可能达不到公众股股东的标准或要求，就会出现是公众公司却没有公众股东的情形。

挂牌制度的监管机构是中国证监会和全国股转公司，也是公司申请挂牌的审查机构。在股份公司申请挂牌时，中国证监会和全国股转公司根据相关规定，各自履行自己的审查职责。中国证监会负责申请人的股东人数超过 200 人的核准，200 人以下的豁免核准；全国股转公司负责申请人股东人数超过 200 人的具体审查和未超过 200 人的审查和批准工作。《非公办法》第三十六条规定"股东人数超过 200 人的公司申请其股票挂牌公开转让，应当按照中国证监会有关规定制作公开转让的申请文件，申请文件应当包括但不限：公开转让说明书、律师事务所出具的法律意见书、符合《证券法》规定的会计师事务所出具的审计报告、证券公司出具的推荐文件、全国股转系统的自律监管意见。公司持申请文件向中国证监会申请核准。公开转让说明书应当在公开转让前披露"，第三十七条规定"股东人数未超过 200 人的公司申请其股票挂牌公开转让，中国证监会豁免核准，由全国股转系统进行审查"。按照同样的法律逻辑，在注册制下，中国证监会负责申请人的股东人数超过 200 人的注册，200 人以下的中国证监会豁免注册；全国股转公司负责申请人股东人数超过 200 人的具体审查和未超过 200 人的审查和批准工作。

（二）内容及其他

挂牌公司内容主要体现为对申请人所提交的申请材料进行审查的过程，包括接收材料，对申请材料的内容进行审查、询问，提出问题，要求回答，对申请材料的完整性、合法性、齐备性和一致性等进行检查。这种询问和检查不仅仅是针对申请人，还包括相关当事人以及主办券商和其他中介机构。对于申请人的股东人数超过 200 人的，不但全国股转公司要进行审查，还要出具监管意见函，中国证监会根据全国股转公司的监管意见函并根据申请人申报的材料进行审核，审核通过的出具核准决定。

对申请人挂牌的审查，全国股转公司在审查手段上采取的是自律监管的方式，在审查手段上主要是根据法律、法规和中国证监会的相关规定及全国股转公司自律管理业务规则进行审查。具体是由全国股转公司挂牌业务部履行审查职责，并由挂牌委员会召开审议会议审议。

中国证监会在审查手段上采取的是行政监管方式，在审查手段上主要是根据法律、法规和中国证监会的部门规章、规范性文件进行审查。具体是由中国证监会非公众公司监管部履行审查职责。

广义的挂牌制度涉及面很广，包括挂牌、公司治理、信息披露、摘牌等内容，具体内容将在本章详细论述，这里略。

**二、与挂牌相关的概念**

（一）挂牌与挂牌制度

挂牌和挂牌制度具有一定的关联性，也有一定的区别。它们的关联性在于挂牌制度源于挂牌，没有挂牌就不会有挂牌制度，由于申请人申请进入新三板市场，要成为新三板挂牌公司，就需要一系列制度性安排，使申请人能够进入市场成为挂牌公司，并接受相关制度和监管约束，形成了具体的挂牌制度。但两者也有所区别：一是在范围上，挂牌制度要大于挂牌本身，挂牌是挂牌制度的一个组成部分，是挂牌制度的重要内容，狭义上的挂牌制度就是挂牌。二是在时间上，挂牌是在申请人申请挂牌，接受审查获得准许后到成功挂牌这段时间内，因而它是整个挂牌制度中挂牌准入之前的较短的一段时间。更狭义的理解是挂牌仅仅指公司股票正式进行新三板市场交易或者转让的那一具体时刻，即公司的具体的挂牌行为；而挂牌制度在时间跨度上要远远超过挂牌。它不但包含了公司申请到具体挂牌行为的那段时间，还包含了公司成为挂牌公司后直到摘牌的时间，由此形成的对挂牌公司本身的制度性安排都可算作是挂牌制度的内容，因而它覆盖了挂牌及挂牌公司的全过程。三是在侧重点上，挂牌侧重的是具体的行为，包括对申请人的审查，既有实体的内容，也是程序性要求，而挂牌制度侧重的是挂牌所涉及的相关制度，它是一系列涉及挂牌及挂牌公司的法律、法规、部门规章、规范性文件和自律规则的总称。

（二）挂牌与发行

在新三板市场中，由于存在着挂牌同时发行的情况，挂牌与发行具有了一定的关联性。但挂牌与发行两者的区别是明显的。一是挂牌是市场准入，而发行是非市场准入。是否能够挂牌涉及申请人能否进入新三板市场，成为新三板市场的挂牌公司，因而涉及挂牌公司的资格问题，是市场的准入。而发行不涉及市场准入，申请人是否是挂牌公司都不影响申请人的发行，即在申请人获得准入之前，申请人作为股份公司可以发行股票，在获得资格成为挂牌公司后仍然可以发行股票，甚至在获得准入资格的过程中都可以发行股票。二是挂牌针对的是监管机构，而发行针对的是投资者。挂牌主要是申请人向监管机构提出申请，由监管机构对其申请的材料进行审查，获得通过后，即可进入新三板市场成为挂牌公司。而发行尽管也需要监管机构的审查，获得准许后方可进行发行，但发行主要的是针对投资者。在获得发行准许后，发行人向发行对象发售股票。因此发行活动主要针对的是投资者。三是挂牌具有非持续性、一次性特征，而发行具有持续性、非一次性特征。挂牌主要是申请人申请准入的行为，在时间上不具有可持续性，一旦审查机构核准申请人挂牌，申请人在一定期限内挂牌进入新三板市场，挂牌即告结束，不会再有挂牌行为，因此挂牌行为是非持续性的一次性行为。而发行在申请人成为挂牌公司后可以进行多次的长期性的活动，只要符合相关规定，挂牌公司可以长期地多次进行发行，因而发行具有持续性、非一次性特征。

（三）挂牌与上市

挂牌与上市在本质上似乎没有太大的区别，它们都是股份公司进入资本市场的行为，也都要经过申请由有权机构审查获得准许后，公司的股票可以在证券交易场所进行买卖。但挂牌与上市的区别的确很大。笔者注意到，在我国资本市场，股份公司申请进入不同的交易场所时使用的称呼并不相同。在证券交易所，股份公司通过公开发行后进入证券交易所市场的称为上市，该公司被称为上市公司，而股份公司通过申请进入国务院批准的其他全国性证券交易场所的叫挂牌，该公司被称为挂牌公司。证券交易所和其他全国性证券交易场所的准入行为被严格地区分开来，彼此之间不能相互替代，证券交易所的公司不能称为挂牌，其他全国性证券交易场所不能称为上市，由此所带来的挂牌公司和上市公司的区别就更大了。法律上将两者严格区分，赋予了不同的权利义务。

从我国《证券法》的规定看，挂牌公司的地位要远远弱于上市公司。《证券法》中没有直接使用挂牌公司的概念，规定的绝大多数是上市公司，而对其他全国性证券交易场所的"挂牌公司"，使用的是"股票在国务院批准的其他全国性证券交易场所交易的公司"，这些公司实际上就是新三板的挂牌公司。现行《证券法》共14章226条中，除了总则、证券公司、证券登记结算机构、证券服务机构、证券业协会和附则，这些和上市、上市公司没有关系的专章外，其他章节都对上市和上市公司进行了较为详细的规定。《证券法》中规定"上市"的多达11条，而这其中只有1条提及国务院批准的其他全国性证券交易场所。这11条规定分别为第二十四条、第三十七条、第三十八条、第四十六条、第四十七条、第四十八条、第四十九条、第一百一十五条、第一百六十三条、第一百六十九条、第二百二十四条，其中第三十七条规定"公开发行的证券，应当在依法设立的证券交易所上市或者在国务院批准的其他全国性证券交易场所交易"。《证券法》中规定"上市公司"的更是多达23条，而这其中只有4条提及国务院批准的其他全国性证券交易场所。这23条规定分别为第十二条、第十五条、第三十六条、第四十四条、第五十一条、第六十二条、第六十三条、第六十四条、第六十五条、第六十六条、第六十九条、第七十一条、第七十三条、第七十四条、第七十五条、第七十七条、第七十九条、第八十条、第九十条、第九十一条、第一百一十条、第一百八十九条、第一百九十六条。其中第四十四条规定"上市公司、股票在国务院批准的其他全国性证券交易场所交易的公司持有百分之五以上股份的股东、董事、监事、高级管理人员，将其持有的该公司的股票或者其他具有股权性质的证券在买入后六个月内卖出，或者在卖出后六个月内又买入，由此所得收益归该公司所有，公司董事会应当收回其所得收益。但是，证券公司因购入包销售后剩余股票而持有百分之五以上股份，以及有国务院证券监督管理机构规定的其他情形的除外"。第七十九条规定"上市公司、公司债券上市交易的公司、股票在国务院批准的其他全国性证券交易场所交易的公司，应当按照国务院证券监督管理机构和证券交易场所规定的内容和格式编制定期报告，并按照以下规定报送和公告：……"第八十条规定"发生可能对上市公司、股票在国务院批准的其他全国性证券交易场所交易的公司的股票交易价格产生较大影响的重大事件，投资者尚未得知时，公司应当立即将有关该重大事件的情况向国务院证券监督管理机构和证券交易场所报送临时报告，并予公告，说明事件的起因、目前的状态和可能产生的法律后果"。第一百八十九条规定"上市公司、股票在国务院批准的其他全国性证券交易场所交易的公司的董事、监事、高级管理人员、持有该公司百分之五以上股份的股东，违反本法第四十四条的规定，买卖该公司股票或者其他具有股权性质的证券的，给予警告，并处以十万元以上一百万元以下的罚款"。《证券法》对上市及上市公司的规定多达 34 条，而其中有可能涉及国务院批准的其他全国性证券交易场所的仅有 5 条，且该 5 条并非单独制定。可见，我国法律对挂牌与上市、挂牌公司与上市公司赋予的地位和权利职责差别非常大。

笔者认为法律这样规定有其一定的道理。挂牌和上市是有区别的。这一区别在于它们对应的是不同的发行方式，挂牌对应的绝大多数是特定对象的发行包括特定对象的公开发行，而上市对应的只是不特定对象的公开发行。在股票发行的两种方式中向不特定对象的发行和向特定对象的发行在公众性上差别巨大。尽管向特定对象发行超过 200 人的也属于公开发行，但因为是特定对象，人数毕竟有限制，不可能像不特定对象那样众多。特定对象的发行基本上是在熟人中的发行，发行人要寻找并确定好特定的发行对象，而不特定对象的发行对象是全市场的投资者，其人数不但是不确定的，更是大大超过特定对象发行的人数。因此，向不特定对象的发行意味着发行的涉众性巨大，向特定对象的发行即使是公开发行，发行的涉众性也很有限。法律上对这两种方式发行的公司进入资本市场的态度有所差别就可以很好地理解了。对于涉众性强的发行，不但发行上的要求有所不同，比如不特定对象的发行有保荐制度、公开路演、定价方式等一系列区别于定向发行的要求，在进入资本市场时也提出了不同要求，为使只向不特定对象发行的公司有别于绝大多数向特定对象发行的公司，在进入资本市场时和进入资本市场后使用不同的称谓也就水到渠成。因此，在绝大多数向特定对象发行的公司进入证券交易场所时称为"挂牌"，挂牌后的公司称为"挂牌公司"，向不特定对象发行的公司进入证券交易场所时称为"上市"，上市的公司称为"上市公司"就变得理所应当了。它们在制度供给以及监管标准上都有较大的区别。上市和上市公司相比挂牌和挂牌公司在制度供给上要优越得多，在监管上也严格得多。《证券法》等法律法规如此，部门规章、规范性文件如此，自律管理规则也是如此，监管机构的态度更是如此。

正因为这样的逻辑和立法思路，导致了证券交易所市场不存在挂牌和挂牌公司的情况，因为证券交易所市场的股份公司在发行方式上都是通过向不特定对象公开发行股票进入的。

由于历史的原因，新三板市场的挂牌公司以两种方式进入新三板市场：一种是没有发行环节直接申请挂牌成为挂牌公司，另一种是有发行但采取的是定向发行的方式进入成为挂牌公司。在新三板市场，挂牌进入的公司以及挂牌后再进行发行包括公开发行均采取定向发行的方式。因此，新三板公司在称谓上只能使用"挂牌"和"挂牌公司"。

2019 年 10 月 25 日，中国证监会宣布新三板全面深化改革，在发行方式上增加了向不特定对象公开发行，从而使新三板市场既有了向不特定对象发行的方式，也有了向特定对象发行的方式。因此，在新三板公司的称谓上再沿袭过去的称谓与立法逻辑、立法指导思想似乎有点问题。笔者认为，按照立法逻辑，新三板市场与沪深证券交易所不同的是，股份公司申请进入新三板市场和挂牌公司进入精选层时两种发行方式并存，这就有可能导致新三板公司既存在挂牌与挂牌公司，也存在上市与上市公司的情况。根据目前新三板市场的实际情况①，新三板的三个层级中，基础层、创新层公司采取的是定向发行的方式，在交易制度上也是非连续竞价的方式，与证券交易所存在较大的差别，因而使用挂牌和挂牌公司的概念是毫无问题的。而精选层公司由于采取的是和证券交易所一样的向不特定对象公开发行的方式，且在交易机制上也与证券交易所一样采取连续竞价的方式，再使用挂牌和挂牌公司的概念似乎不妥，使用上市和上市公司的称谓似乎更为贴切，以解决现行《证券法》对国务院批准的其他全国性证券交易场所的公司这样地位不明、用语模糊、理解困难的称谓，让新三板公司的法律地位清晰明白。但令笔者纠结的是，若是那样，在同一个市场存在两种不同称谓的公司，一类叫挂牌，另一类叫上市；一类是挂牌公司，另一类是上市公司，实行不同的法律规定、业务规则管理、实行不同的监管模式和标准，似乎给立法、监管和实际操作带来了一定的难度，也令人想起了证券交易所市场上的 A 股、B 股同时存在和股权分置改革的艰难。

（四）挂牌与分层

挂牌与分层既有联系也有区别。挂牌与分层的关联性在于，挂牌是分层的前提和基础，分层是挂牌的结果。没有挂牌行为就不可能有分层行为。分层是对挂牌公司在新三板处于何种层次的安排，因此分层首先要基于挂牌公司，而挂牌公司因挂牌而成。公司挂牌时就要决定挂牌公司进入哪一层级。根据全国股转公司的相关规定，只能进入基础层或者创新层。在公司非发行或者挂牌同时发行，但公司达不到创新层标准的仍然进入基础层。只有挂牌同时发行并且

---

① 尽管创新层也可以向不特定合格投资者公开发行股票，但其是以进入精选层为前提的，一旦发行完毕即应当进入精选层。因此，这种发行方式并不是真正意义上的创新层本身向不特定合格投资者发行股份。

符合创新层入层标准的挂牌公司才能进入创新层。而精选层由于要求必须是挂牌公司而且是创新层挂牌公司经过向不特定合格投资者公开发行股票才有可能进入精选层，因而精选层对于挂牌进入新三板市场的公司是没有可能的。挂牌与精选层不存在关联性。

### 三、关于挂牌属性的认识

一般认为，新三板市场是个公开转让的市场，在新《证券法》实施前，这一观点成为主流观点，在理论界、法律法规和实践上成为共识。在理论界，几乎均认同新三板市场是公开的股份转让市场，并没有细究这一市场的属性，也很少有人深究新三板挂牌公司的"挂牌"的性质。在法律法规层面，也是将进入新三板市场的行为视为股份公开转让。2013年国务院颁布的《关于全国中小企业股份转让系统有关问题的决定》中规定"境内符合条件的股份公司均可通过主办券商申请在全国股份转让系统挂牌，公开转让股份"，"在符合《国务院关于清理整顿各类交易场所切实防范金融风险的决定》（国发〔2011〕38号）要求的区域性股权转让市场进行股权非公开转让的公司，符合挂牌条件的，可以申请在全国股份转让系统挂牌公开转让股份"。《非公办法》第四条规定"公众公司公开转让股票应当在全国中小企业股份转让系统（以下简称全国股转系统）进行，公开转让的公众公司股票应当在中国证券登记结算公司集中登记存管"。而实践中，更是将新三板市场认定为公开转让的市场，将《证券法》界定的"国务院批准的其他全国性证券交易场所"，即新三板市场被界定为"全国中小企业股份转让系统"，而其营运机构则被称为"全国中小企业股份转让系统有限责任公司"。这就意味着，股份公司通过挂牌进入新三板市场成为挂牌公司后，其股份就可以在新三板市场公开转让了。挂牌的行为就是股份公司在新三板市场公开转让的行为。

股份公司在新三板市场挂牌是从一般的股份公司变成非上市公众公司即挂牌公司，从非公开转让的市场进入公开转让市场，由非公开转让行为成为公开转让行为。股份公司及股份公司股份的转让发生了质的变化。按照这样的逻辑，股份公司的挂牌行为自然就是公开转让的行为。

挂牌的行为是否就是公开转让的行为呢？笔者认为，将挂牌行为界定为"公开转让"并不准确，挂牌行为应当是股份公司的存量股在公开市场转售的行为，在本质上是一种发行，它是通过交易的方式将存量股股份发售给公开市场投资者的行为。

（一）股份转售和股份转让

转售的概念来自境外，它译自英文 Resale 一词。根据《元照英美法词典》的解释，转售是指出卖人将货物或者其他货品出售给买受人后，买受人又将其出售给他人的一种行为。转让是指权利人将其所拥有的权利和物品让渡他人的一种行为。

从两个概念上看，转售和转让既有共同性又有差异性。其共同性在于：一是两者在本质上都是一种财产权利的转移，即财产所有人将其所拥有的财产包括有形资产或无形资产及其权利转移给他人；二是因转售或者转让行为在当事人之间发生了债权债务关系，财产权利人均负有义务将其财产移转至另一方当事人，不履行这一义务就要承担相应的法律责任；三是它们均具有合同的属性，必须具备合同成立的必要条件和要素，即合法的基础、当事人的意思真实和合同成立的必要条款。不具备这些条件和要素，很难使转售或者转让成立。

但转售与转让也存在较大的差异性，其差异性在于：一是在权利义务上，转售是双务合同。转售合同要求当事人双方必须履行相应的义务，且将义务的履行作为合同的对价，一方不履行合同就构成对合同另一方的违约，导致相应的法律责任；而转让既可以是双务合同也可以是单务合同。在转让具有单务合同属性时，一方在权利让渡时可以不要求另一方履行相应的义务，合同的成就并不以双方都要履行相应的义务为前提，如赠予行为，国有资产的划拨行为等。二是在行为的目的上，转售是有偿合同。转售行为人追求的是利益，它是一种二次销售行为，在本质上是一种销售行为，而销售是以营利为目的的转让，强调的是交易的获利性，具有明确的盈利性和商业目的；而转让既可以是有偿的，也可以是无偿的。转让着重强调标的物所有权的转移，并不以盈利性或商业性为唯一目的。三是在具体方式上，对转售的要求较为严格。转售作为一种销售，由于行为的盈利性和商业性的目的，对转售行为的行使相比转让要求相对严格。销售的过程往往也是当事人双方博弈的过程，销售人的广告行为、询价中的自卖自夸行为、产品的虚假包装行为往往比转让更容易发生，因此对于销售行为法律上一般都有所规制，对销售的条件、方式等都有所约束；而对转让要求相对较松。这是因为转让追求的目的并不完全等同于转售，法律上对转让的约束相对转售就宽松得多，因其不同的情况和追求结果的不同，在转让是单务合同的情况下，对转让人的要求相对较严，而对受让人的要求相对较为宽松。转让行为视情况可以采取直接或间接，无条件或附条件，自愿或强制等各种类型的方法实施。四是在范围上，转售的范围窄。这是因为转售只涉及销售行为，而转让的范围则较宽。转让既可以是销售行为，也可以是非销售行为。对于赠予、继承所发生的财产转让，国有资产部门因行政划拨而发生的国有资产转让，信托成立时委托人交付财产于受托人的财产转让，质押人交付质押品转让等，均不属于转售行为。

在我国资本市场的法律法规中，并没有使用转售的概念，实践中也没有转售的案例，因而转售的概念并不被我国资本市场的立法和实践所接受。在境外的资本市场中，转售的概念是常被使用的，且在法律上多有规定。在我国，法律上在排除股票转售概念的同时，确认了股票转让概念并制定了相应的股票转让制度。我国《公司法》第三章规定了"有限责任公司的股权转让"，对有限责任公司的股权转让作出了较为详细的规定。第五章对"股份有限公司的股份发行和转让"做了专门的规定，其第二节"股份转让"第一百三十八条中规定"股东持有的股份可以依法转让"，第一百三十九条规定"股东转让其股份，应当在依法设立的证券交易场所或者按照国务院规定的其他方式进行"。我国《证券法》上也没有确认股票转售的概念，尽管《证券法》第十五条规定的上市公司可以发行可转换为股票的公司债券，第十七条规定的在一定的情形下，不得再次公开发行公司债券，均不是股票转售的概念，但《证券法》同样确认了股票转让制度。我国《证券法》第三十七条、第九十八条等条款对证券转让的规定就包括了对股份转让的确认。值得注意的是，我国现行《证券法》虽未对股票转售进行规定，但在现行《证券法》通过前的一读稿中却对"股票转售"进行了较为详尽的规定，该修订一读稿用一个专节共8条规定了"股票转售限制"①。

与一般意义上的转售和转让一样，股票的转售与股票的转让在概念上同样具有上述转售和转让共同的特点和差异性。尽管它们均是在当事人之间股份的移转，但两者的区别还是明显的，它们的属性不同，由此导致在立法、监管、场所、中介机构行为、制度设计、股份价格等各个方面均有所不同。一是两者的属性不同。股票的转售是股票销售的一种形式，是一种发行行为，而股票的转让是股票交易的一种形式，是交易行为。而发行和交易在目的和行为上是不同的，前者隶属于发行市场，后者隶属于交易市场，有人形象地将其比喻为一级市场和二级市场。二是立法的安排不同。股票转售涉及发行章节，规定的是已持有公司股票的股东如何再次发行，发行股票应具备何种条件，如何申请并

---

① 《证券法》修订一读稿第二章第五节规定了"股票转售限制"，共计8条，分别为第五十条：未经公开发行注册的股票，自发行人股票在证券交易所上市交易之日起十二个月内不得转让。第五十一条：首次公开发行时，股东持有满三年的股票可以由发行人依照本章第二节的规定申请注册。依照前款规定发行股票的，不得导致发行人控股股东、实际控制人发生变更；除发行人首次公开发行时未发行新股外，不得超过发行前公司股份总额的百分之十。第五十二条：上市公司股东持有的未经注册的股票，可以由上市公司申请公开发行注册。依照前款规定申请公司发行注册的具体办法由国务院证券监督管理机构另行规定。第五十三条：符合下列条件的，上市公司关联人持有的未经注册的股票，可以不经注册通过公开交易卖出：（一）上市公司依法履行了持续信息披露义务；（二）该关联人持股满三年；（三）该关联人三个月内依照本条卖出的股票，未超过上市公司已发行同类股票总数的千分之一；（四）国务院证券监督管理机构规定的其他条件。第五十四条：上市公司关联人通过公开交易卖出其持有的已注册的股票的，应当符合下列条件：（一）上市公司依法履行了持续信息披露义务；（二）该关联人三个月内依照本条卖出的股票，未超过上市公司已发行同类股票总数千分之一；（三）国务院证券监督管理机构规定的其他条件。前款第二项所规定的数量限制应当与前条第三项所规定的数量限制累计计算。第五十五条：上市公司关联人依照本法第五十三条和第五十四条规定卖出股票的，应当在卖出之日起二日内通知上市公司，上市公司应当向国务院证券监督管理机构和证券交易所报告并公告。上市公司关联人通过证券交易所非公开转让或者协议转让其股票的，应当在转让完成之日起二日内通知上市公司，上市公司应当向国务院证券管理机构和证券交易所报告并公告。第五十六条：本节所称关联人，包括：（一）上市公司的董事、监事、高级管理人员；（二）持有上市公司百分之五以上股份的股东、控股股东、实际控制人；（三）在转让行为发生前六个月内曾具有第（一）、第（二）项规定的身份的人；（四）法律、行政法规或者国务院证券监督管理机构规定的其他关联人。通过非公开的方式受让关联人股票的，受让人视同关联人，但其持股期限可以连续计算。第一款所列关联人为机构的，应当将与其存在控制关系，或者与其受同一实际控制人控制的其他机构持有的股票合并计算。第一款所列关联人为个人的，应当将配偶、本人及其配偶的直系亲属、本人及其配偶的兄弟姐妹，以及上述人员控制的价格持有的股票合并计算。第五十七条：符合下列条件的，上市公司非关联人持有的未经注册的股票，可以不经注册通过公开交易卖出：（一）该非关联人持股满三年；（二）该非个人三个月内依照本条卖出的股票，未超过上市公司已发行同类股票总数的百分之一；（三）国务院证券监督管理机构规定的其他条件。

递交文件，发行价格如何确定，发行失败如何处理等一系列与发行有关的内容。股票转让涉及交易章节，规定的是经过发行后的股票如何交易，相关当事人在交易过程中所应承担的角色、权利、义务和责任，交易过程如何进行信息披露等。三是监管重点不同。股票转售涉及的是监管机构如何审理拟转售股票，重点审理持股公司及持股人的相关信息，促使作为拟发行人的股份持有人及所持股票的公司完整、准确、全面、及时地披露存量股持有人及所持股票的公司的情况，揭示可能存在的风险；股票转让涉及的是监管者如何监管交易过程中的异常和违法行为，督促企业、存量股持有人及相关信息义务披露人及时披露信息，以保证交易安全，维护交易过程的公开、公平、公正。四是审核的机构不同。股票的发行是由证券监督管理机构进行审核，行使的是行政审查的权力。即使因股票转售涉及的公众性不强，豁免审查，在性质上这种豁免行为仍然是一种行政行为；股票转让是由自己监管部门进行监管，它是由证券交易场所的业务规则，如上市规则或挂牌规则、交易规则等来管理规范股份转让行为的。五是涉及的场所不同。股份转售涉及的是发行，并不必然在证券交易场所内从事这种行为，在理论上是涉及市场的交易，因而并不一定涉及交易场所。即使利用证券交易所的系统进行网上发售，在本质上也仅仅是利用系统的便捷和高效，并不能说明是在交易所场内的行为；而股票转让则完全涉及证券交易场所，是交易场所内的行为。六是中介机构服务的内容不同。股票转售是中介机构的投行业务，在许多情况下涉及保荐和承销，其他中介服务机构也以此为中心展开相关业务；而股票转让涉及的是证券公司交易环节的业务，如证券公司的自营或者为投资者代理买卖的经纪业务。七是制度设计不同。股票转售是投融资双方在信息充分真实基础上的博弈，除拟发行人责任外，中介机构的诚实信用、勤勉尽职非常重要；股票转让则是买卖双方按照交易规则买卖股票，中介机构接受存量股股东和投资者委托买卖存量股，中介机构的重要性和责任并不那么明显。在股票价格上，转售的股票由于需要再次发行，存在着询价及承销情况，股票价格和已经在交易场所内交易的股票价格不一；股票转让因符合一定的条件直接上市交易，与已经在交易场所交易的股票价格是一致的。

（二）美国股份转售制度

美国的股票转售制度源于证券私募发行制度[①]。早在1933年美国的《证券法》就对证券私募发行制度做了规定。但是对于私募与公募的界定一直处于模糊状态。1935年，美国证券交易委员会（SEC）以函件解释的方式明确了私募的标准，即由证券受要约人数、受要约人之间的关系、受要约人和发行人之间的关系、发行证券的数量、募集资金、发行方式等[②]要素构成了私募。这一界定的人数标准为不超过25人，之后被美国各级法院作为判定私募的一个重要标准，直到1953年的SEC v. Ralston Purina Co. 案，才有所改变。为了更好地协调各州法院对私募的界定，1953年美国最高法院进一步确定了私募的标准，明确界定私募的唯一标准是购买人是否需要根据《1933年证券法》有关信息披露规则的保护，否定了以购买人数作为判定是否为私募的主要标准[③]。

美国股票转售制度主要由《1933年证券法》第4条（2）和1982年SEC颁布的D条例506规则规定。《1933年证券法》第4条（2）规定了私募证券转售必须进行注册或者适用某种豁免规定。豁免注册主要是豁免发行人与最初购买人之间的一级市场的买卖，包括发行人（含关系人）与关系人，承销商和其他最初购买人的交易，但对二级市场的转售却有所限制。D条例506规则在对私募进行的详细规定中，对私募证券转售进行了限制。规定投资人依该规则认购证券应以投资而非销售为目的，认购人如果认购证券后立即转让，则可被视为发行承销商，发行人此次募集将构成公募。为了避免此类情况发生，506规则要求发行人应尽合理注意义务，在出售证券前，应合理征询认购人，以确定该认购人是为了自己或者是为了他人投资而认购证券；在认购人认购证券前，发行人应以书面形式告知每一认购人此次发行的证券尚未注册，而认购人

---

① 所谓证券私募发行，美国法的界定：针对特定对象、采取特定方式、接受特定规范的证券发行方式。与证券的公开发行相对应，包括股票（份）私募、债券私募以及其他证券私募。参见郭雳. 美国证券私募发行法律问题研究 [M]. 北京：北京大学出版社，2004。

② 参见 Securities Act Release 285（1935）。

③ 参见万勇. 美国私募发行证券的转售问题研究——兼论我国非公开发行证券转售制度的构建 [J]. 证券市场导报，2006（9）：50-57。

拟转让该证券时，必须按照《1933 年证券法》的规定注册，除非认购人能够主张具有豁免注册的情形；506 规则还要求发行人在证券上或其他载体文件上注明该证券尚未注册，表明该证券的转售受到限制。

由于美国对承销商的定义非常广泛，许多交易或转售豁免的规定趋于无效。自 20 世纪 70 年代以来，SEC 一直致力于推动股票转售制度的立法改革，并先后颁布了 144 规则和 144A 规则。

按定向发行制度发行的证券，144 规则和 144A 规则均将其规定为受限证券。144 规则是一个转售者规则，主要从控制转售人角度豁免非关系人转售受限证券和关系人转售证券，并对持有期间、转售数量、转售者、转售方式、向证券监管机构的通知义务和持续信息披露制度等做了诸多详细规定。144A 规则是一个购买者规则，主要从控制购买人角度豁免受限证券得到转售，仅规定了受限证券的购买方为合格的机构买方（不含自然人）和相关信息披露要求。因此 144A 规则的可操作性和实用性远大于 144 规则[①]，大多数发行人和投资主体也都引用 144A 规则豁免交易。

美国的股票转售制度是基于美国私募股票发行后，针对私募股票的流通所做的制度性安排。由于私募股票发行的固有特点，私募股票转售制度所要追求的价值目标是既要保证公平，保护公众投资者的利益；又要追求效率，维护证券市场的流动性。这是因为私募股票的流通可能引发诸多问题，所以需要由法律对其进行规制，但是在私募的规制过程中，立法者需要在公平和效率之间取得平衡。[②]"SEC 根据《证券法》订立规章以及被要求考虑或决定某种行为对保护公共利益是否必要或恰当时，除考虑对投资者的保护外，SEC 还必须同时考虑到该行为能否提高效率、促进竞争以及资本形成"[③]。

美国证券法律尽管确定私募证券转为公开流通必须经过转售制度，进行公

---

① 不过，144 规则也在不断地修订之中，自 144 规则颁布以来先后经历了 18 次修订。总体趋势是在不削弱投资者保护的前提下，不断放宽转售的限制条件，增强私募证券的流动性，活跃私募资本市场。参见李建伟，王呷人．美国证券私募发行豁免规则的修正及启示 [J]．证券市场导报，2008（9）：51 - 56。

② 参见叶向荣，贾翱．论我国私募证券转售制度的完善 [J]．证券市场导报，2010（6）：28 - 33。

③ 参见郭雳，郭励弘．私募发行在美国证券市场中的地位 [J]．产权导刊，2009（8）：71 - 73。

开注册。但美国在确定这一制度的同时，为了防止可能出现的其他问题，还进行了一系列的制度安排，这些制度主要有：

1. 相对宽松的安全港规则

在美国，对未注册股票设置了安全港规则，对未注册股票转让的数量和方式进行了限制。但美国转售制度的各项限制都较为宽松，目的是防止对股票交易权的不当限制。第一，限售比例宽松。美国《证券法》限制比例为每三个月转让不超过上市公司股份的百分之一。考虑到美国市场股权高度分散的特征，每个股东持有的股份数量低于我国市场，3个月1%的限定就更加宽松。第二，关联方定义宽松。美国《证券法》定义为10%以上股东。一般而言，财务投资者的持股比例很少能高于10%，但早期往往会超过5%，美国法上10%的规定，为早期投资公司的风险投资机构和私募股权基金留下了较为充足的空间，避免限制过严而挫伤金融资本投资实业的积极性。第三，限售持股时间宽松。美国《证券法》对关联方转让存量股份的持股时间公众公司为6个月，非公众公司为10个月。

2. 成熟的储架发行制度

美国对证券发行注册有成熟的储架发行制度，允许实行一次注册、多次发行。由于安全港规则对二级市场销售进行了比例和方式限制，法律赋予发行人和持有未注册股票的老股股东在《1933年证券法》415规则下对其计划在以后两年发行的所有证券进行一次注册、多次发行，从而提高股票和债券注册程序的效率。如果一家公司计划在未来两年内发行证券，可由选定的投资银行对其两年内计划发行的证券向SEC注册。当发行人准备筹资时，就可以将以前注册过的证券从SEC"储架"上拿下来直接向社会公众发行，只需要更新过去的财务指标，而不需要进行更多的信息披露。储架注册不仅简化了注册程序，而且给发行人以更大的灵活性。

3. 注册后股票的大宗交易出售制度

美国市场上，除了储架发行制度外，股东还可将存量股注册后通过大宗交易（Block Trades）进行销售。大宗交易的买家主要为机构投资者，股东将已注册的股票销售给机构投资者后，机构投资者可以在二级市场自由卖出。但是，此种大宗交易需要遵守有关股票注册的严格信息披露要求。

4. 发达的私募市场

在美国，如果发行人已经达到二级市场销售的限定比例，又不想通过储架发行发售，还可以通过私募发行或定向发行进行股票销售。私募发行中，对象主要是专业化的投资机构，非专业化机构和个人的数量不能超过 35 个，每个投资者的证券购买应不少于 50 万美元。但是，为了防止发行人为绕过发行注册和信息披露而先以私募发行再转售给他人，SEC 规定私募发行证券的买方必须经过注册才能转售。

5. 必要的豁免安排

除上述制度外，美国还对股票销售规定了较为完善的豁免规则，如规模在 100 万美元以下的发行都不必办理注册登记手续。《证券法》还授权 SEC 酌情决定规模在 500 万美元以下的一些特定发行的豁免。

通过对美国制度的介绍可以看出，美国的转售制度之所以能发挥作用，又不会对市场产生不良影响，是因为其包含了安全港、储架发行、大宗交易、私募发行、豁免等在内的完整的制度体系，并且美国证券私募转售法律制度的整体变革趋势是朝着"放松管制"的方向发展的。这一趋势在 20 世纪 70 年代中期已初见端倪，在 20 世纪 90 年代表现突出，并一直延续至今。这种"放松管制"的监管立法理念体现在美国证券监管的很多领域[1]，也体现在证券私募发行的条件、对私募证券转售限制态度的缓和等多个方面[2]。纵观美国转售制度的发展，从 1933 年的《证券法》到 1982 年的 D 条例，从 1972 年通过的 144 规则到 1990 年通过的 144A 规则，美国在私募证券发行、证券转售等方面不断完善，已走在了国际金融创新领域世界前列[3]。

---

[1]　参见 Joseph Shade. Finacing Exploration：Requirements of Federal and State Securities Laws ［J］. The Natural Resources Journal，Summer 1997。

[2]　参见李建伟，王﨑人. 美国证券私募发行豁免规则的修正及启示 ［J］. 证券市场导报，2008 （9）：51－56。

[3]　参见雷书彦. 美国私募证券转售制度对我国的借鉴 ［J］. 法制与社会，2013 （20）：91－92。

### （三）挂牌行为和股份转售行为

挂牌是股份公司向全国股转公司申请接受全国股转公司或中国证监会的审查，审查获得准许后，其公司股票进入新三板市场交易的行为。狭义的理解是挂牌仅指公司股票正式进行新三板市场交易的那一具体时刻的行为。

对于股份公司进入新三板市场的挂牌行为，目前的相关规定和制度均将其视为公开转让的行为。笔者认为，这一定性并不准确。挂牌行为在属性上应该是股份公司的股份转售行为。这是因为，挂牌行为使股份公司进入新三板市场，这一过程实际上使公司的性质、公司的股票等均发生了本质上的变化。它使公司由股份公司变成非上市公众公司即挂牌公司，也使股份公司由场外市场进入场内市场，由原来的非公开的私募市场进入公开市场，公司的股票由场外的非公开市场转让进入场内的公开市场交易。股份公司及其股票均发生了质的变化。其股份公司的透明度、公众化程度大大增强，公司的融资能力、投资者的参与程度大大增强，公司股票的价值和流动性也大大增强。

上述情况表明，股份公司进入新三板成为挂牌公司，其股票进入新三板交易涉众性强、利害关系重大，需要公权力介入。而公权力的介入正是股票发行最基本的要求，也是行政监管部门审查批准的责任。从这一点上看，股份公司挂牌新三板市场，股份转售在性质上与股票公开发行并没有太大的区别。

之所以需要公权力的介入，是因为股份公司在挂牌之前的股份发行既不是公开发行，也不是在公开市场发行，它是向特定的股东并在非公开市场发行股票，其涉众性极其有限、利害关系不大。一般有两种情况：一种情况是发起设立。公司股票由发起人持股，即在募集设立股份公司成立时，发起人出资设立认购公司股票。我国《公司法》第七十七条规定"股份有限公司的设立，可以采取发起设立或者募集设立的方式。发起设立，是指由发起人认购公司应发行的全部股份而设立公司"，第八十三条规定"以发起设立方式设立股份有限公司的，发起人应当书面认足公司章程规定其认购的股份，并按照公司章程规定缴纳出资"。可见，这种方式设立的公司股份的发行不具有任何的外部性和公众性。另一种情况为增资人持有。即股份公司成立后，公司因经营或其他方面的需要增资扩股，进一步融资，引入新的投资者。这些投资者在公司挂牌前对公司进行了投资，成为公司的股东，虽然具有了一定的外部性，但股东数量是非常有限的，外部性和公众性仍然不足。综观各国证券立法，对股份发行因不同的发行方式所采取的立法态度迥异。一般而言，对非公开发行或者在非公开市场发行较为宽容，审核较为宽松，对非公开发行或者非公开市场不需要公权力介入，或者介入的力度较轻；对公开发行或者公开市场发行较为严格，审核较为严厉，公开发行、公开市场发行需要公权力介入，且介入程度较深。公开发行或者公开市场发行之所以需要国家公权力介入，进行严格的审核，是由其发行特点所决定的。与非公开发行、非公开市场发行相比较，公开发行、公开市场发行股票的特点是明显的。其一，公开发行、公开市场发行股票，涉众性强。公开发行股票面向的是不特定的社会公众，且具有相当的规模。其行为涉及的人数多、影响大。我国《证券法》将公开发行的人数设定在特定对象的发行200人以上，或者发行的对象是不特定的投资者。在公开市场发行，尽管发行的对象未必一定要达到200人以上，但由于发行后公司的股票在公开市场交易，而公开市场的投资者众多，其公司股东也存在着大量增加的可能性。在实践中，对于公开发行或者在公开市场发行的股票所涉及的投资者更是成千上万，社会公众参与度高。其二，公开发行股票、公开市场发行，经济利益巨大。公开发行股票由于其发行股份的数量在法律上有一定的要求，其所筹集的资金往往以亿元计算，大多数达数亿元、数十亿元，甚至更高，对投融资双方来说涉及的经济利益重大。在公开市场发行股票，公司在证券交易场所交易涉及二级市场广大投资者，利害关系同样重大。所以，我国法律对上市交易的股份公司也提出了较高的要求。我国《证券法》规定，股份有限公司"申请证券上市，应当符合证券交易所上市规则规定的条件。证券交易所的上市规则规定的上市条件，应当对发行人的经营年限、财务状况、最低发行比例和公司治理、诚信记录等提出要求"。其三，公开市场发行股票博弈程度高。公开发行股票的活动是投融资双方就股票的发行价格进行充分博弈的过程。对于发行人而言，其重要目的是使其发行的股份能卖出一个较好的价钱，因而其自身或者通过中介机构，如保荐人、承销商等在股票的发行过程中不断地推销自己，在路演和承销过程中不免存在夸大宣传的可能性；对投资者而言，由于对公司的情况只能依靠发行人披露的信息获得，需要发行人及其中介机构提供全面、准确、完整、及时的信息，以此作为同发行人进行价格博弈的基础，目的是能够获得尽量低的价格，物有所值。而在公开市场发行也存在着众多投资者参与交易活动，交易活动的过程也是投资者各方相互博弈的过程。上述情况表明，公开发行或公开市场发行股票涉及社会秩序、公众利益，是一次重大的经济活动，在这一活动中，社会公众作为投资方是弱势的一方，原因在于，在投融资双方的博弈中，投资者是信息的接受方和了解方，他们是被动的。而融资者是信息的制造方和发布方，发行人是主动的。他们是否全面、真实、完整、准确、及时地将企业情况告诉投资者，对于投资者至关重要。而巨大的利益驱动，往往很难使作为融资方的发行人完全做到这一点。因此，国家公权力需要介入，对发行人情况进行审核，要求发行人充分揭示企业的情况，进行全面的信息披露，让投资者充分掌握发行人的各种信息，并以此决定是否投资并进行充分的价格博弈。只有这样，才能保证投融资双方的公平公正，重大经济活动的有序和公众活动的稳定。

从目前的立法和具体实践看，股份公司进入新三板市场挂牌也由行政机构审核，挂牌的过程就是公权力介入的过程。《非公办法》第三十四条规定"股票向特定对象转让导致股东累计超过200人的股份有限公司，应当自上述行为发生之日起3个月内，按照中国证监会有关规定制作申请文件，申请文件应当包括但不限于：定向转让说明书、律师事务所出具的法律意见书、会计师事务所出具的审计报告。股份有限公司持申请文件向中国证监会申请核准。在提交申请文件前，股份有限公司应当将相关情况通知所有股东"，第三十七条规定"股东人数未超过200人的公司申请其股票挂牌公开转让，中国证监会豁免核准，由全国股转系统进行审查"。

根据该办法的规定，对股东超过200人的股份公司申请挂牌，由中国证监会进行行政审核，对股东未超过200人的股份公司申请挂牌，由全国股转公司审查。这一规定是否意味着，在股份公司申请挂牌过程中，一部分为行政审核，另一部分是自律审查呢？答案是否定的。对于股份公司进入新三板市场的审核均应视作一项行政权力，与发行行为一样，它必须在公权力管理的范围内。只不过考虑到效率和影响力、利害关系的大小，对于股东人数较少的股份公司的挂牌简化了行政审核程序。中国证监会的豁免审核表明对股东未超过200人的股份公司挂牌申请的审核仍然属于行政权力。

在资本市场的监管中，简政放权是市场化发展的要求，也是立法的趋势。对新三板挂牌审核的简政放权更是既有的法律规定，这一规定贯彻新三板市场的始终。早在全国股转公司成立之初，便体现了这一精神。2013年国务院《关于全国中小企业股份转让系统若干问题的决定》在其第三部分"简化行政许可程序"中明确规定，"挂牌公司依法纳入非上市公众公司监管，股东人数可以超过200人。股东人数未超过200人的股份公司申请在全国股份转让系统挂牌，证监会豁免核准。挂牌公司向特定对象发行证券，且发行后证券持有人累计不超过200人的，证监会豁免核准。依法需要核准的行政许可事项，证监会应当建立简便、快捷、高效的行政许可方式，简化审核流程，提高审核效率，无须再提交证监会发行审核委员会审核"。

简政放权的要求，不但体现在对公司挂牌的审核中，即使对公开发行也应如此。我国证券市场和证券立法始终将此作为改革的目标，对于股票发行从严格的行政审批逐步实行注册制，大力简政放权，充分发挥证券交易场所的作用。新《证券法》更是确立了股票发行注册制。可以预见，未来的新三板市场，股票发行同样也会实行注册制，不但适用于股票发行，同样也适用于挂牌的股票转售。

如前所述，股份转售和股份转让是不同的，股份公司股票新三板挂牌是股份的转售，既符合法律的逻辑也符合挂牌的实际情况。但长期以来，新三板的挂牌行为均被视公开转让，进而将公开转让视同公开发行，形成挂牌等于公开转让、公开转让等于公开发行的结论。笔者认为，这一结论是不准确的。股份公司的挂牌是转让行为还是转售行为，在前面的论述中已经做了较为充分的阐述，无须赘述。公开转让等于公开发行这样的结论实际上极易混淆两个概念的内涵和外延。公开转让和公开发行应有不同的含义。发行是一种融资行为，无论是公开发行还是非公开发行、向不特定对象发行还是定向发行、自办发行还是非自办发行等，发行的目的是融资；而转让是发行后的股票在市场上的交易行为，其目的是股票的流动，交易双方对股票的价格进行博弈。前者属于一级市场范畴，后者属于二级市场范畴，因而发行和转让在中介机构的服务方式上、监管机构的监管手段和工具上，在规则制定的依据和具体内容上都是不同的。将公开发行和公开转让等同，不利于在上述几个方面厘清关系、行为边界和不同职责等。

实际上，股份公司申请新三板挂牌应视为股份转售，所对应的是发行，因此将挂牌这种转售行为归于发行类别，与公开发行相对应似乎更符合逻辑，也更符合立法的本意和实践的需要，而将公开转让归于交易类别也理属应当。严格意义上说，"公开转让"和"公开市场的转让"是不同的，"公开转让"强调的是股票转让的方式，即采用了不同于私下的、非公开的方式进行的转让，如通过登报的方式，通过产权交易中心、拍卖机构等，都有可能构成"公开转让"；而"公开市场的转让"强调的是交易场所。这一交易场所是否是公开的市场，进入公开市场进行的股票的转让，不但是要采取公开的转让方式，在具体的转让时还需要按照交易规则进入交易系统进行转让。在我国《证券法》中，并没有使用"公开转让"一词，针对挂牌公司的股票均使用了"交易"一词，比如《证券法》第四十四条规定的"上市公司、股票在国务院批准的其他全国性证券交易场所交易的公司"，第八十条规定的"发生可能对上市公司、股票在国务院批准的其他全国性证券交易场所交易的公司的股票价格产生较大影响的重大事件"等。这些表述准确地阐述了新三板挂牌公司的股票在新三板市场所进行的买卖是"交易"，而不是"转让"。即按照《证券法》的规定，新三板挂牌公司无论采取什么样的发行方式，发行完成后在新三板的流通就是股票交易。至于《证券法》第三十七条第二款规定的"非公开发行的证券，可以在证券交易所、国务院批准的其他全国性证券交易场所、按照国务院规定设立的区域性股权市场转让"，和《证券法》其他条款的规定，也不矛盾。笔者认为，《证券法》确定了挂牌公司在新三板市场的交易属性，并不因此而改变。即使挂牌公司采用非公开方式发行的，在发行之后进入市场流通的也应当是"交易"。这和上市公司通过非公开发行方式再融资的道理是一样的。法律所赋予的是进入公开市场的公司包括上市公司和挂牌公司，其股票的买卖就是交易。其真正的原因在于：一是股份公司进入公开市场需要经过严格的审查，并经过准入程序；二是进入公开的证券交易场所的这些公司的股票是在证券交易场所的交易系统进行交易的，它与转让有着众多的不同。在这样的前提下，《证券法》并没有完全排除对非公开发行的证券"可以"进行转让这一赋权性的安排。这种安排充分考虑到证券交易所、其他全国性证券交易场所对个别情形下的非交易性质的转让需求。

在厘清了公开转让不同于公开发行的含义后，所面临的尴尬是一方面新三板的立法和实践一直沿用了公开转让视同为近似于公开发行；另一方面，我国的立法并不接受"股份转售"的概念。贸然地将所谓的"公开转让"改变成"股份转售"，不但与中国证监会的部门规章有所抵触，很难获得部门规章和《证券法》的支持，还有可能引起一定的混乱。但笔者认为，这些问题可以待今后的法律和法规及部门规章修订时加以完善，但即使保留公开转让这一概念，在本质上还是应当将其归于与公开发行同一属性的发行范畴中。

（四）挂牌同时发行中的发行和转售审核竞合

股份公司申请进入新三板市场交易，存在着两种方式：一种是纯粹的挂牌行为，即股份公司不发新股进入新三板市场交易；另一种是在股份公司申请挂牌的同时，也进行新股发行，形成挂牌同时发行。

挂牌同时发行是新三板定向发行的又一种方式。这种方式与其他定向发行不同的是，它是非新三板公司在进入新三板时定向发行股票，既有挂牌行为又有定向发行融资行为，而其他形式的定向发行都是在公司已进入新三板，成为挂牌公司后进行的发行行为，挂牌在先，发行在后。挂牌同时发行，发行后股东累计既可能超过200人，也可以不足200人。

　　与纯粹的挂牌所不同的规定是，在这种模式下，不但存在股份公司的已经持有股份的老股东，还因新股发行产生了新进股东，出现了新股和存量股的问题。股份公司发行股票进入新三板挂牌，监管机构对于股票发行进行审核是毫无疑问的，无论发行后股东累计是否超过200人，监管部门都必须要对本次发行进行审查。发行后公司股东累计超过200人的，由中国证监会直接审核，不超过200人的，中国证监会豁免审核，但全国股转公司仍然要对本次发行进行审核。而股份公司申请挂牌同时发行进入新三板市场，具有两种行为，即发行行为和挂牌行为。在无发行的情况下，监管机构对挂牌行为进行审查，并将其视为等同于发行的审核，使股份公司的股票通过对转售的审核进入新三板市场交易。但在挂牌同时发行的情况下，要对发行进行审核，是否还应对转售行为进行审核呢？是只需一次审核，还是需要既对发行进行审核，同时又要对挂牌进行审核？笔者认为，对挂牌同时发行的审核应当是对发行和转售具体监管审核的竞合，一次性对挂牌同时发行进行审核即可，这一审核主要是针对股份公司申请发行股份进行审核。

　　所谓具体行政行为的竞合，是指行政主体在向行政相对人行使行政职权时，通过两个或者两个以上的行政行为才能使相关的权利义务明确化并最终实现的行为状态。具体行政行为是人们对行政行为种类的一个称谓，即具体行政行为本身就是一个类的概念，它与抽象行政行为这个类的概念相对应。[①] 具体行政行为的竞合具有如下特征：

　　第一，具体行政行为的竞合是数个行政行为相互作用的竞合。具体行政行为的竞合至少存在两个或者两个以上的行为类型，例如，行政主体要对行政相对人实施行政许可，必须在许可的过程中进行取证、审查、告知、监督等具体的行为，从目前的行政法学理论看，行政取证、行政审查、行政告知、行政监督等都是具体行政行为。第二，具体行政行为的竞合是一个行为过程的竞合。行政行为存在于行政法的实施过程中，或者存在于行政执法活动之中。第三，

---

① 参见田瑶. 论具体行政行为的竞合 [J]. 政治与法律, 2011 (6)：73 – 82。

具体行政行为的竞合是行为主体的同一性竞合。行政行为是由一定主体所实施的行为，竞合行政行为同样是一定主体的行为。在竞合行政行为中，既有可能是一个主体所实施的行为，也可能是两个以上主体实施的行政行为。第四，具体行政行为的竞合是行为目的的一致性竞合。具体行政行为的竞合是被行政过程限定了的，即具体行政行为竞合的大前提是一个行政过程中存在着若干不同但又具有关联性的具体行政行为。[①]

在挂牌同时发行中，审核行为的竞合主要体现为两种类型，一种是具体行政审核的竞合，另一种是自律审查的竞合。前者针对的是挂牌同时发行，股份公司发行后股东累计超过200人的审核，它是一种具体行政行为的竞合；后者则为股份公司发行后股东累计人数不超过200人的审核，它是一种具体自律监管行为的竞合。在这一审核竞合过程中，对股份公司的发行审核吸收了对股份公司的挂牌审核。采取这一方式既提高了审核的效率、节约了审核方和被审核方的资源，降低了双方的成本，又能保证审核的质量。这是因为，对挂牌同时发行申请中的发行审核是对申请人的全面审核，包含了对挂牌审核的应有内容。

有人认为，挂牌同时发行主要审核的是发行，而不对挂牌行为进行具体审核，是否能使申请人的质量得到保证？笔者认为，这种担心是没有必要的。对发行人的审核是全面的审核，实际上是包含挂牌审核的内容的。审核机构就发行人及其中介机构提供的申请文件，对发行人的情况进行全面的审核，让发行人并通过发行人的保荐人、律师事务所、会计师事务所等中介机构就发行人情况进行全面的揭示，因而发行审核针对的是发行人，目的是让投资者了解发行人的情况。可见，公权力的介入并不只是审核同意一部分股票发行，那仅是结果，这一结果是在对发行人全面审核基础上得到的。如果审核发行人的情况不佳、问题较大，公权力机构就不可能批准发行人发行股票。

---

① 参见田瑶. 论具体行政行为的竞合 [J]. 政治与法律，2011（6）：73-82。

## 第二节　挂牌

在挂牌制度的具体内容上，挂牌是挂牌制度的重要内容，也是新三板市场的发源端，与沪深证券交易所的公司必须先行公开发行方能形成交易市场不同的是，新三板市场的形成未必源于发行。许多股份公司在不发行的情况下直接挂牌进入新三板市场。所以在有些情况下，发行并不是新三板市场的发源端，挂牌成为新三板市场的发源端。一般认为，挂牌制度包含着挂牌、公司治理、信息披露和摘牌。就挂牌而言，这里主要介绍一下挂牌的依据、挂牌的条件、挂牌的内容和程序等。

### 一、挂牌的依据

对于股份公司进入新三板挂牌，我国的法律法规并未作出规定，股份公司挂牌新三板的依据主要为中国证监会的部门规章、规范性文件和全国股转公司自律规则。

（一）部门规章

中国证监会对股份公司挂牌新三板没有专门的规定，但在其他规定中对挂牌事宜进行了规定。比如，中国证监会2017年12月17日颁布的《全国中小企业股份转让系统有限责任公司管理暂行办法》第一条规定"为加强对全国中小企业股份转让系统有限责任公司（以下简称全国股份转让系统公司）的管理，明确其职权与责任，维护股票挂牌转让及相关活动的正常秩序，根据《公司法》《证券法》等法律、行政法规，制定本办法"，第三条规定"股票在全国股份转让系统挂牌的公司（以下简称挂牌公司）为非上市公众公司，股东人数可以超过200人，接受中国证券监督管理委员会（以下简称中国证监会）的统一监督管理"，第八条第三款规定全国股转公司的职能包括"接受并审查股票挂牌及其他相关业务申请，安排符合条件的公司股票挂牌"，第九条第一款规定"全国股份转让系统公司应当就股票挂牌、股票转让、主办券商管理、挂牌公司管理、投资者适当性管理等依法制定基本业务规则"等。这些规定明确了全国股转公司对股份公司挂牌新三板的审查监管职责，要求全国股转公司制定基本业务规则管理具体的挂牌事宜，也明确了股份公司股东超过 200 人的挂牌所形成的挂牌公司由中国证监会统一监管。中国证监会其他部门规章和规范性文件中间接规定了挂牌及所涉及的挂牌公司的相关事务，也说明了对挂牌的肯定。比如，2019 年 12 月 20 日颁布的《非上市公众公司信息披露管理办法》共 68 条中，除了 16 条没有提及挂牌公司包括挂牌之外，其余 52 条均提及挂牌公司，而规范性文件《非上市公众公司信息披露内容与格式准则第 10 号——基础层挂牌公司年度报告》专门对挂牌公司的信息披露进行了规定，也间接确定了公司挂牌的行为。

（二）自律规则

股份公司进入新三板挂牌的自律规则主要为 2013 年 12 月 30 日修订的《全国中小企业股份转让系统业务规则（试行）》（以下简称《业务规则》）、2017 年 9 月 6 日颁布的《全国中小企业股份转让系统股票挂牌条件适用基本标准指引》（以下简称《标准指引》）、2020 年 1 月 3 日修订的《全国中小企业股份转让系统股票挂牌审查工作指引》（以下简称《挂牌审查工作指引》）、2020 年 1 月 3 日颁布的《全国中小企业股份转让系统股票挂牌申请文件内容与格式指引》（以下简称《挂牌内容与格式指引》）等。

1. 《业务规则》

《业务规则》是全国股转公司综合性的基本的业务规定，涉及新三板市场的各项基本业务制度。共 7 章，每章都有若干条，分别为总则、股票挂牌、股票转让、挂牌公司、主办券商、监管措施与违规处分、附则。其中，第 2 章"股票挂牌"共有 9 条对股份公司申请挂牌的条件、文件申报、审查、挂牌手续的办理、信息披露、股权激励计划、股票登记、股票限售解除等做了规定。

2. 《标准指引》

《标准指引》共有 6 条，主要是对《业务规则》第二章"股票挂牌"中的第一条股份公司申请挂牌的条件作出详细的规定，即对股份公司申请挂牌应具备的 6 个条件除最后 1 个条件"全国股份转让系统公司要求的其他条件"未做详细规定外，对其他5个条件逐一进行了详细的规定，《标准指引》是对挂牌条件的具体细化。

3.《审查工作指引》

《挂牌审查工作指引》是挂牌业务规则中最重要、最全面的业务规则，在没有挂牌基本业务规定的情况下，《挂牌审查工作指引》起到挂牌基本业务规则的作用。现行的《挂牌审查工作指引》是对2019年3月8日颁布的《挂牌审查工作指引》的修订。原《挂牌审查工作指引》共5章22条，分别为总则、申请与受理、审查程序、特殊事项规定、附则。新修订的《挂牌审查工作指引》保持整体结构不变，条款增加至31条。现将修订的背景、原则和思路，以及修订的主要内容介绍如下：

一是修订的背景。2019年10月，中国证监会启动全面深化新三板改革，并配套修订《非公办法》。改革措施中的完善定向发行制度、持续推进简政放权及完善市场分层制度等涉及对现行挂牌审查工作流程的调整，主要是在现有股东人数未超过200人的公司申请挂牌审查业务流程的基础上，增加股东人数超过200人的公司（以下简称200人公司）申请挂牌公开转让、挂牌同时定向发行及挂牌同时进入创新层的审查相关规定，据此对《挂牌审查工作指引》进行了修订。

二是修订的原则和思路。总体思路：在全面深化新三板改革的大背景下，以遵循上位法为基础，梳理与挂牌审查工作相关的规则修订情况，参考主板及科创板关于首次公开发行股票并上市的相关规定，结合目前审查工作中出现的新情况、新问题，进一步完善审查流程。相关制度设计坚持公开、公平、公正的原则，未排除或限制竞争。修订原则：主要是配合全面深化新三板改革的总体安排，在审查流程的设计上，围绕200人公司自律审查前置、挂牌同时定向发行及挂牌同时分层措施的落地做好制度准备；以现行业务流程为基干，减少对当前审查流程的冲击。保持目前挂牌审查流程基本不变的基础上，对200人公司挂牌公开转让、定向发行业务的特殊审查流程予以规范，提高申报审查的便利性，将自律审查与中国证监会核准、挂牌审查与定向发行审查紧密衔接，做到挂牌与发行同步申请和同步审查、发行前后股票同步挂牌，并在程序设计上注重减轻企业负担、提高操作效率。

三是修订的主要内容。主要在四个方面对原《挂牌审查工作指引》进行了修订。

第一，调整200人公司申请挂牌公开转让的审查程序。首先，调整申请程序。现行《挂牌审查工作指引》规定200人公司需要在取得中国证监会的核准后，向全国股转公司提交股票挂牌公开转让的申请文件。按照改革后自律审查前置的要求，调整为200人公司依据中国证监会及全国股转公司要求直接向全国股转公司提交申请文件。其次，调整审查及核准程序。200人公司在提交中国证监会核准前的自律审查程序与200人以下公司一致，即在全国股转公司出具同意挂牌公开转让的自律监管意见后，报送中国证监会核准，再由全国股转公司出具同意挂牌的函。最后，新增自律审查与证监会核准的程序衔接。为明确中国证监会在核准过程中提出反馈意见的处理方式，规定由全国股转公司发送中国证监会的反馈意见，相关主体自收到反馈意见5个交易日内提交书面回复文件。

第二，新增挂牌同时定向发行股票的审查程序。首先，申请及预披露方面。挂牌同时定向发行申请文件与挂牌申请文件一并向全国股转公司提交。公司申请股票挂牌同时定向发行的，应披露定向发行说明书。其次，审查及核准程序方面。发行后股东人数不超过200人的公司申请挂牌同时定向发行，经审查同意的，全国股转公司出具同意挂牌及发行的函；发行后股东人数累计超过200人的，在全国股转公司出具同意挂牌公开转让及发行的自律监管意见后，报送中国证监会对挂牌公开转让及发行事项履行核准程序。最后，明确后续发行手续的衔接。新增关于申请挂牌同时定向发行的公司安排认购、缴款、验资等的规定。

第三，新增挂牌同时发行并进入创新层的流程衔接。首先，信息披露特殊要求。申请股票在新三板挂牌同时进入创新层的，申请公司应披露其符合创新层进入条件的相关信息，主办券商应就申请公司是否符合创新层条件发表意见。申请公司适用《分层管理办法》第十一条第二项条件的，营业收入年均复合增长率应当以经审计的财务数据为计算依据。其次，同步完善登记挂牌手续。申请公司应当在提交股票初始登记申请表的同时，披露主办券商出具的关于申请公司是否符合创新层条件的专项意见，在披露专项意见之前应当按照《分层管理办法》的规定披露股东大会制度等9项制度以及董事会秘书的任职资格。

第四，结合审查需要及规则变化完善相关规定。首先，新增设置表决权差异安排公司的特殊要求。设置表决权差异安排的公司申请挂牌的，应当符合挂牌公司表决权差异安排的设置条件和监管要求。其次，调整同意挂牌函有效期。根据发行的需要，并与挂牌公司定向发行无异议函及核准决定的有效期限保持一致，将同意挂牌函有效期由6个月调整为12个月，同意挂牌及发行的函的有效期执行同一期限要求。再次，调整中止审查及终止审查的情形。将原《挂牌审查工作指引》规定的属于违反挂牌条件或实际执行中一般不予中止审查的情形删除；增加"被全国股转公司实施限制、暂停或终止从事相关业务的纪律处分"作为中止审查情形；增加"申请文件被认定存在虚假记载、误导性陈述或重大遗漏"作为终止审查情形。最后，新增发行中止、终止审查与挂牌中止、终止审查事项的关系。申请公司出现中止或终止发行审查相关情形，但不涉及中止或终止挂牌审查情形的，不影响挂牌申请的审查程序。中国证监会对申请公司定向发行事项作出不予核准或终止审核决定的，申请公司应按照证监会或全国股转公司对挂牌公开转让事项的审核结果履行相应程序。

4.《挂牌内容与格式指引》

《挂牌内容与格式指引》主要由主文和附录两部分组成。主文共10条，分别对指引的制定依据、报送文件的制作要求、最低标准和要求、申请文件的效力、电子文件的报送要求、申请文件的签章、修改补充的标示等进行了规定。附件为《全国中小企业股份转让系统挂牌申请文件目录》，分两部分共4章。第一部分为要求披露的文件，第1章为公开转让说明书及推荐报告；第二部分为不要求披露的文件，第2章为申请挂牌公司相关文件，第3章为主办券商相关文件，第4章为其他文件。

现行《挂牌内容与格式指引》是对2018年10月29日的《挂牌内容与格式指引》的修订。修订的原因为与此相关的上位规则进行了修订，上位规则的修订是在全面深化新三板改革的大背景下进行的。

根据修订后的《非公办法》及《定向发行规则》，挂牌审查工作流程出现两方面的变化和调整：一是200人公司申请挂牌公开转让的，先由全国股转公司出具自律监管意见后，报送中国证监会核准；二是新增挂牌同时定向发行股票审查程序。根据全国股转公司制定的《挂牌公司治理指引2号——表决权差异安排》及业务操作指南，允许存在差异化表决权安排的公司申请挂牌。

《挂牌内容与格式指引》修订的原则是坚持公开、公平、公正的原则，未排除或限制竞争。针对挂牌申请文件目录的修订主要基于以下原则与考虑。

一是立足现行规则，在上位法规定的范围内对申报目录进行整合。目前200人公司挂牌公开转让申请文件主要规定在《非公办法》《非上市公众公司信息披露内容与格式准则第2号——公开转让股票申请文件》（以下简称《2号准则》）。本次对挂牌申请文件目录的修订力求符合前述上位规则的要求，涵盖其规定的文件内容。同时，《非上市公众公司监管指引第2号——申请文件》规定，"依法设立的证券交易场所可以要求股票公开转让的非上市公众公司报送除上述文件之外的其他文件"。因此，新三板根据前述规定结合挂牌审查的需要，调整了文件目录内容。

二是统一申报要求，不再区分200人以下公司和200人公司。根据新修订的《非公办法》，200人以下公司和200人公司的挂牌（公开转让）申请均须经由全国股转公司进行自律审查；需要中国证监会核准的，由全国股转公司出具同意的自律监管意见后移交核准。全国股转公司的审查标准应统一、明确。当前，200人公司由中国证监会直接核准，现行《挂牌内容与格式指引》以附录1（200人以下公司申请挂牌适用）、附录2（200人公司申请挂牌适用）的形式对200人以下公司和200人公司核准后的挂牌申请文件做了区分。经对比，《2号准则》及附录1、附录2主要存在两点差异：其一是附录1在基本涵盖

《2 号准则》、附录 2 内容的基础上，按照全国股转公司《主办券商推荐业务指引》要求，增加了主办券商内部工作文件以及相关主体的承诺性、说明性文件。鉴于挂牌审查程序前置，有必要要求 200 人公司在申报挂牌时一并提交附录 1、附录 2 所列文件以外的前述文件。其二是附录 2 增加了中国证监会核准文件、新增事项说明文件等核准有关文件。考虑到全国股转公司审查环节前置后，200 人公司暂时无法提供此类文件，可在目录中予以删除。因此，本次调整主要是在附录 1 相关内容的基础上增加 200 人公司适用的情形和挂牌同时发行申请文件。

三是确保衔接顺畅，避免重复报送，减轻申请挂牌公司及中介机构负担。根据一次申报、自律审查、委托移交核准的考虑，针对不同需求、不同性质的申请挂牌公司在申报时可能履行的程序，统一制定了全面完整的申请文件目录，并明确了特别文件适用的具体情形，便于申请挂牌公司申请文件的编制和提交。

### 二、挂牌的条件

股份公司申请新三板市场挂牌，应当具备法定的挂牌条件。全国股转公司对新三板股票挂牌条件，在《业务规则》中进行了规定，《标准指引》对《业务规则》规定的挂牌条件又进行详细的规定。股份公司申请新三板挂牌的条件主要有以下五个方面。

#### （一）依法设立且存续满两年

依法设立是指申请人依据《公司法》等法律、法规及规章的规定设立股份有限公司。包含以下几层含义。

一是必须符合法律规定设立股份公司。《公司法》第七十六条规定"设立股份有限公司，应当具备下列条件：（一）发起人符合法定人数；（二）有符合公司章程规定的全体发起人认购的股本总额或者募集的实收股本总额；（三）股份发行、筹办事项符合法律规定；（四）发起人制定公司章程，采用募集方式设立的经创立大会通过；（五）有公司名称，建立符合股份有限公司要求的组织机构；（六）有公司住所"。

二是主体资格合法。申请人根据出资人的身份不同，其主体也不相同。在性质上既有国有类型的股份公司，也有民营类型的股份公司，还有外商投资类型的股份公司。一般来说，对民营股份公司，法律没有特殊的规定和限制，但对国有股份公司和外资股份公司，我国的相关法律都有特别的规定和要求。(1) 国有股份公司。国有股份公司的设立除按照《公司法》的规定之外，还应当符合国家对国有企业的一系列法律制度的规定。而对国有企业的法律法规是比较多的，比如《国有资产法》《企业国有资产监督管理条例》等都是专门针对国有企业所做的规定，比如国有股份公司的设立需提供相应的国有资产监督管理机构或国务院、地方政府授权的其他部门、机构关于国有股权设置的批复文件。(2) 外资股份公司。外商投资企业须提供商务主管部门出具的设立批复或备案文件。(3)《公司法》修改（2006 年 1 月 1 日）前设立的股份公司，须取得国务院授权部门或者省级人民政府的批准文件。

三是内容和程序合法。即申请人股东的出资方式及比例应符合《公司法》相关规定。《公司法》第二十七条规定"股东可以用货币出资，也可以用实物、知识产权、土地使用权等可以用货币估价并可以依法转让的非货币财产作价出资；但是，法律、行政法规规定不得作为出资的财产除外。对作为出资的非货币财产应当评估作价，核实财产，不得高估或者低估作价"。核实财产，明确权属，财产权转移手续办理完毕。以国有资产出资的，应遵守有关国有资产评估的规定。此外，股份公司注册资本缴足，不存在出资不实情形。

四是满足一定的期限。即申请人的存续要达到两年。这里所说的两年是指存续两个完整的会计年度。有限责任公司按原账面净资产值折股整体变更为股份有限公司的，存续时间可以从有限责任公司成立之日起计算。整体变更不应改变历史成本计价原则，不应根据资产评估结果进行账务调整，应以改制基准日经审计的净资产额为依据折合为股份有限公司股本。股份公司申报财务报表最近一期截止日不得早于股份有限公司成立日。

（二）业务明确，具有持续经营能力

一是要有明确业务。明确的业务是指申请人能够明确、具体地阐述其经营的业务、产品或服务、用途及其商业模式等信息。股份公司可同时经营一种或多种业务，每种业务应具有相应的关键资源要素，该要素组成应具有投入、处理和产出能力，能够与商业合同、收入或成本费用等相匹配。

二是要有持续经营能力。持续经营能力是指申请人在可预见的将来，有能力按照既定目标持续经营下去。申请人业务在报告期内应有持续的营运记录，包括现金流量、营业收入、交易客户、研发费用支出等。一般认为存在以下情形之一的，应认定为申请人不符合持续经营能力要求，即存在解散或法院依法受理重整、和解或者破产申请情形的；存在影响其持续经营能力的相关事项或情况，且相关事项或情况导致公司持续经营能力存在重大不确定性；存在其他对公司持续经营能力产生重大影响的事项或情况。

（三）公司治理机制健全，合法规范经营

一是要有健全的公司治理机制。健全的公司治理机制是指申请人按规定建立股东大会、董事会、监事会和经理层（"三会一层"）组成的公司治理架构，制定相应的公司治理制度，并能证明有效运行，保护股东权益。具体对机构和人员提出了要求：（1）机构有效运行。股份公司依法建立"三会一层"，并按照《公司法》《非公办法》等规定制定公司章程、"三会一层"运行规则、投资者关系管理制度、关联交易管理制度等，建立全面完整的公司治理制度。"三会一层"应按照公司治理制度进行规范运作。在报告期内的有限公司阶段应遵守《公司法》的相关规定。公司董事会应对报告期内公司治理机制执行情况进行讨论、评估。（2）必须具有资格、履行义务。申请人现任董事、监事和高级管理人员应具备《公司法》规定的任职资格，履行《公司法》和公司章程规定的义务。若在最近 24 个月内受到中国证监会行政处罚，或者被中国证监会采取证券市场禁入措施且期限尚未届满，或者被全国股转公司认定不适合担任挂牌公司董事、监事、高级管理人员，或者因涉嫌犯罪被司法机关立案侦查或者涉嫌违法违规被中国证监会立案调查，尚未有明确结论意见，不得担任上述职务。（3）申请人的控股股东、实际控制人及其关联方存在占用公司资金、资产或其他资源情形的，应在申请挂牌前予以归还或规范（完成交付或权属变更登记）。占用公司资金、资产或其他资源的具体情形包括：从公司拆借资金；由公司代垫费用、代偿债务；由公司承担担保责任而形成债权；无偿使用公司的土地房产、设备动产等资产；无偿使用公司的劳务等人力资源；在没有商品和服务对价情况下其他使用公司的资金、资产或其他资源的行为。股份公司进行关联交易应依据法律法规、公司章程、关联交易管理制度的规定履行审议程序，保证交易公平、公允，维护公司的合法权益。

二是合法规范经营。合法规范经营是指申请人及其控股股东、实际控制人、下属公司须依法开展经营活动，经营行为合法、合规，不存在重大违法违规等行为。具体有下列要求。

第一，机构要有相关资质，符合政策。即申请人及下属公司业务如需主管部门审批，应取得相应的资质、许可或特许经营权等；须遵守法律、行政法规和规章的规定，符合国家产业政策以及环保、质量、安全等要求。所属行业为重污染行业的，根据相关规定应办理建设项目环评批复、环保验收、排污许可证以及配置污染处理设施的，应在申请挂牌前办理完毕；不属于重污染行业的，但根据相关规定必须办理排污许可证和配置污染处理设施的，应在申请挂牌前办理完毕。

第二，财务运营合法规范。申请人财务机构设置及运行应独立且合法合规，会计核算规范。（1）公司及下属子公司应设有独立财务部门，能够独立开展会计核算、作出财务决策；（2）公司及下属子公司的财务会计制度及内控制度健全且得到有效执行，会计基础工作规范，符合《会计法》《会计基础工作规范》以及《公司法》《现金管理条例》等其他法律法规要求；（3）公司应按照《企业会计准则》和相关会计制度的规定编制并披露报告期内的财务报表，在所有重大方面公允地反映公司的财务状况、经营成果和现金流量，财务报表及附注不得存在虚假记载、重大遗漏以及误导性陈述。

一般认为，有以下情形的应认定申请人财务不规范，即（1）公司申报财务报表未按照《企业会计准则》的要求进行会计处理，导致重要会计政策适用不当或财务报表列表错误且影响重大，需要修改申报财务报表（包括资产负债表、利润表、现金流量表、所有者权益变动表）；（2）因财务核算不规范情形被税务机关采取核定征收企业所得税且未规范；（3）其他财务信息披露不规范。

第三，不存在重大违法违规行为和失信行为。主要在两方面做了规定，即机构不存在重大违法违规行为；控股股东、实际控制人不存在重大违法违规行为；公司及其法定代表人、控股股东、实际控制人、董事、监事、高级管理人员、下属子公司，在申请挂牌时应不存在被列为失信联合惩戒对象的情形。

机构的重大违法违规行为是指申请人及下属公司最近 24 个月内因违犯国家法律、行政法规、规章的行为，受到刑事处罚或适用重大违法违规情形的行政处罚。（1）行政处罚是指经济管理部门对涉及公司经营活动的违法违规行为给予的行政处罚。（2）重大违法违规情形是指，凡被行政处罚的实施机关给予没收违法所得、没收非法财物以上行政处罚的行为，属于重大违法违规情形，但处罚机关依法认定不属于的除外；被行政处罚的实施机关给予罚款的行为，除主办券商和律师能依法合理说明或处罚机关认定该行为不属于重大违法违规行为的外，都视为重大违法违规情形。（3）申请人及下属公司最近 24 个月内不存在涉嫌犯罪被司法机关立案侦查，尚未有明确结论意见的情形。

控股股东、实际控制人的重大违法违规行为是指最近 24 个月内存在涉及以下情形的重大违法违规行为：（1）控股股东、实际控制人受刑事处罚；（2）受到与公司规范经营相关的行政处罚，且情节严重；情节严重的界定参照前述规定；（3）涉嫌犯罪被司法机关立案侦查，尚未有明确结论意见。

（四）股权明晰、合法合规

第一，股权明晰。股权明晰要求规范申请人股权结构清晰，权属分明，真实确定，合法合规，股东特别是控股股东、实际控制人及其关联股东或实际支配的股东持有公司的股份不存在权属争议或潜在纠纷。股东不存在国家法律、法规、部门规章及规范性文件规定不适宜担任股东的情形。

第二，股票发行和转让合法合规。股票发行和转让合法合规要求申请人及下属公司的股票发行和转让依法履行必要的内部决议，按照相关法律法规等规定进行发行和转让。如果需要外部审批的，还需要履行外部审批程序。

国有股东和外资股东，在申请挂牌前存在国有股权转让情形的，应遵守国资管理的有关规定，存在外商投资企业的股权转让情形的，应遵守商务部门的有关规定。

申请人曾经在区域性股权市场及其他交易市场进行融资及股权转让的，股票发行和转让等行为应合法合规；在申请挂牌前应在区域性股权市场及其他交易市场停牌或摘牌，并在挂牌前完成在区域性股权市场及其他交易市场的摘牌手续。股份公司股票限售安排应符合《公司法》《业务规则》等有关规定。

股票发行和转让行为合法合规还要求申请人不得存在下列情形：（1）最近36个月内未经法定机关核准，擅自公开或者变相公开发行过证券；（2）违法行为虽然发生在36个月前，目前仍处于持续状态，但《非公办法》实施前形成的股东超过200人的股份有限公司经中国证监会确认的除外。

（五）主办券商推荐并持续督导

一是推荐。申请人须经主办券商推荐，双方签署了《推荐挂牌并持续督导协议》。主办券商规定申请人挂牌是挂牌的一个重要条件。这是因为主办券商作为专业机构在申请人的挂牌过程中扮演着极其重要的角色。由于全国股转公司采取的主办券商制度要求主办券商对推荐的挂牌公司持续督导，申请人的质量直接和主办券商挂钩，对保证挂牌公司的质量具有很大的帮助。

二是尽调和内核。主办券商应完成尽职调查和内核程序，对申请人是否符合挂牌条件发表独立意见，并出具推荐报告。推荐报告是全国股转公司审核申请人申请文件的重要依据，由于主办券商对申请人进行了尽职调查，并进行了内容审核程序，在此基础上发表独立意见，出具推荐报告就具有了较强的客观基础。这是保证申请人挂牌质量的必要手段。

除了上述五方面的条件外，全国股转公司还可以根据实际情况对申请人申请挂牌规定其他条件。

**三、挂牌的内容和程序**

（一）申请与受理

挂牌的申请是由申请人向全国股转公司申请。申请人向全国股转公司提交申请文件分为三种情况：第一种是申请人股东人数未超过 200 人；第二种是申请人股东人数超过 200 人；第三种是申请人申请挂牌同时发行。三种情况的申请，申请人所提交申请文件的内容和格式存在着一定的差异性，在具体要求上也有所不同。

1. 申请人股东人数不超过 200 人的申请

《挂牌审查工作指引》第五条第一款规定，"股东人数不超过 200 人的公司申请股票在全国股转系统挂牌的，申请公司、主办券商和其他相关中介机构应当按照《全国中小企业股份转让系统公开转让说明书内容与格式指引（试行）》《全国中小企业股份转让系统挂牌申请文件内容与格式指引》（以下简称《挂牌申请文件内容与格式指引》）等要求制作申请文件，并提交全国股转公司"。

申请人股东不超过 200 人的申请文件主要包括两类，一类是要求披露的文件，另一类是不要求披露的文件。

要求披露的文件主要为公开转让说明书及推荐报告。具体文件依次为：公开转让说明书（申报稿）；财务报表及审计报告；法律意见书；公司章程；主办券商推荐报告；如有采取挂牌同时发行的，还需报送定向发行说明书；如有差异化表决权安排的，还需报送设置表决权差异安排的股东大会决议。

不要求披露的文件主要为申请人的相关文件、主办券商的相关文件以及其他相关文件。

申请人的相关文件依次主要有：向全国股转公司提交的申请股票在新三板挂牌及股票发行（如有）的报告；向中国证监会提交的申请股票挂牌公开转让（或/并）股票发行的报告（如有）；有关股票在新三板挂牌及股票发行（如有）的董事会决议；有关股票在全国股转系统挂牌及股票发行（如有）的股东大会决议；企业法人营业执照；股东名册及股东身份证明文件；董事、监事、高级管理人员名单及持股情况；申请挂牌公司设立时和最近两年及一期的资产评估报告；申请挂牌公司最近两年原始财务报表与申报财务报表存在差异时，需要提供差异比较表（如有）；申请挂牌公司全体董事、监事和高级管理人员签署的《董事（监事、高级管理人员）声明及承诺书》；申请挂牌公司关于授权全国股转公司代为向中国证监会报送股票挂牌公开转让（或/并）定向发行申请文件等有关事宜的委托书（如有）。

主办券商需要报送的文件依次主要有：主办券商与申请挂牌公司签订的推荐挂牌并持续督导协议；尽职调查报告；尽职调查工作文件；尽职调查工作底稿目录、相关工作记录和经归纳整理后的尽职调查工作表；有关税收优惠、财政补贴的依据性文件；历次验资报告；对持续经营有重大影响的业务合同；内核意见；内核机构成员审核工作底稿；内核会议记录；对内核会议反馈意见的回复；内核机构对内核会议落实情况的补充审核意见；主办券商推荐挂牌内部核查表及主办券商对申请挂牌公司风险评估表；主办券商自律说明书；主办券商业务备案函复印件（加盖机构公章并说明用途）及项目组成员任职资格说明文件。

其他需要报送的文件依次主要有：申请挂牌公司全体董事、主办券商及相关中介机构对申请文件真实性、准确性和完整性的承诺书；相关中介机构对纳入公开转让说明书等文件中由其出具的专业报告或意见无异议的函；申请挂牌公司、主办券商对电子文件与预留文件保持一致的声明，以及律师关于电子文件与预留文件一致的鉴证意见；律师、注册会计师及所在机构的相关执业证书复印件（加盖机构公章并说明用途）；国有资产管理部门出具的国有股权设置批复文件及商务主管部门出具的外资股确认文件（如有）；证券简称及证券代码申请书；前次申报有关情况的专项说明（如有）；不予披露相关信息的原因说明或其他文件（如有）。

2. 申请人股东人数超过 200 人的申请

《挂牌审查工作指引》第五条第二款规定，"股东人数超过 200 人的公司申请股票挂牌公开转让的，申请公司、主办券商和其他相关中介机构应当按照《非上市公众公司信息披露内容与格式准则第 1 号——公开转让说明书》《非上市公众公司信息披露内容与格式准则第 2 号——公开转让股票申请文件》等要求制作申请文件，并提交全国股转公司。相关主体应当一并提交《挂牌申请文件内容与格式指引》规定的其他文件"。

根据上述规定，申请人股东超过 200 人的申请文件主要包括两类，一类适用于《非上市公众公司信息披露内容与格式准则第 1 号——公开转让说明书》（以下简称《准则 1 号》），另一类适用于《非上市公众公司信息披露内容与格式准则第 2 号——公开转让股票申请文件》（以下简称《准则 2 号》）。

《准则 1 号》共 3 章 39 条，分别规定了总则；公开转让说明书，共有 6 节，分别为基本情况、公司业务、公司治理、公司财务、有关声明、附件；附则。主要内容为第二章。从《准则 1 号》规定的具体内容来看，对公开转让说明书规定得相当全面和细致，起到了类似于公开发行招股说明书的效果。例如，第二节"基本情况"中，规定申请人应简要披露下列情况：（1）公司名称、法定代表人、设立日期、注册资本、住所、邮编、信息披露事务负责人、所属行业、经营范围、组织机构代码等；申请人应披露公司股票种类、股票总量、每股面值、股东所持股份的限售安排及股东对所持股份自愿锁定的承诺；（2）申请人应披露公司股权结构图，并详细披露控股股东、实际控制人、前十名股东及其他持有 5% 以上股份的股东的名称、持股数量及比例、股东性质、股东之间的关联关系；（3）控股股东和实际控制人直接或间接持股存在质押或其他争议的，应披露具体情况；申请人应简述公司历史沿革，主要包括设立方式、发起人及其关联关系、设立以来股本形成及其变化情况、设立以来重大资产重组情况以及最近 2 年内实际控制人变化情况；（4）申请人应披露董事、监事、高级管理人员的简要情况，主要包括姓名、国籍及境外居留权、性别、年龄、学历、职称、现任职务及任期、职业经历；（5）申请人应简要披露其控股子公司的情况，主要包括注册资本、主营业务、股东构成及持股比例、最近 1 年及 1 期末的总资产、净资产、最近 1 年及 1 期的净利润，并标明有关财务数据是否经过审计及审计机构名称；（6）申请人应披露下列机构的名称、法定代表人、住所、联系电话、传真，同时应披露有关经办人员的姓名：主办券商；律师事务所；会计师事务所；资产评估机构；股票登记机构；其他与公开转让有关的机构。

公开转让说明书应附上附件，这些附件也一并在中国证监会指定网站披露。附件应包括下列文件：主办券商推荐报告；财务报表及审计报告；法律意见书；评估报告；公司章程；中国证监会核准公开转让的文件；其他与公开转让有关的重要文件。

《准则2号》要求报送的申请文件主要包括四类：第一类为公开转让说明书及授权文件，依次为申请人关于公开转让的申请报告；公开转让说明书（申报稿）；申请人董事会有关公开转让的决议；申请人股东大会有关公开转让的决议。第二类为主办券商推荐文件，为主办券商关于公开转让的推荐报告。第三类为证券服务机构关于公开转让的文件，依次为财务报表及审计报告（申请人最近两年原始财务报表与申报财务报表存在差异时，需要提供差异比较表及注册会计师对差异情况出具的意见）；申请人律师关于公开转让的法律意见书；申请人设立时和最近2年及1期的资产评估报告。第四类为其他文件，依次为申请人的企业法人营业执照；申请人公司章程（草案）；国有资产管理部门出具的国有股权设置批复文件及商务主管部门出具的外资股确认文件。

3. 挂牌同时发行的申请

《挂牌审查工作指引》第五条第三款规定，"申请挂牌同时定向发行股票的，申请公司、主办券商和其他相关中介机构应当按照《定向发行规则》等要求制作发行申请文件，并在提交挂牌申请文件时一并提交全国股转公司"。

挂牌同时发行也存在着发行后股东累计不超过200人和超过200人的情况，因而对申请人报送的申请文件的要求也不一样。

定向发行不超过200人的申请文件。定向发行股票后股东累计不超过200人的，申请人应当委托主办券商在向全国股转公司提交挂牌申请文件时一并提交发行申请文件。申请文件包括申请挂牌公司定向发行申请文件和挂牌及定向发行的申请报告。

申请挂牌公司股票定向发行申请文件包括要求披露的文件和不要求披露的文件。前者为定向发行说明书、主办券商推荐报告、法律意见书；后者为关于股票在全国中小企业股份转让系统挂牌及定向发行的申请报告；董事会决议、股东大会决议，公司全体董事对发行申请文件真实性、准确性和完整性的承诺书，关于申请电子文件与预留文件一致的鉴证意见；要求报送的其他文件。

股票挂牌及定向发行的申请报告。主要是申请人向全国股转公司报告相关事项。这些事项为公司简介；股权结构及主要股东情况；主要业务、主要产品（服务）；最近2年及1期财务简表；本次发行事项。

申请报告中还必须说明下列事项：一是申请人召开了董事会和股东大会。董事会会议审议通过了拟进行股票定向发行的决议和本次股票定向发行说明书。股东大会经出席会议的有表决权股东所持表决权2/3以上通过，决议批准本次定向发行。二是与本次发行有关的事项，即（1）发行对象：本次发行对象合计人数/预计人数，发行对象包括公司现有股东人数，其中董事、监事、高级管理人员、核心员工人数，符合投资者适当性管理规定的其他自然人投资者人数，法人及其他经济组织投资者人数；新增股东人数，其中董事、监事、高级管理人员、核心员工人数，符合投资者适当性管理规定的其他自然人投资者人数，法人及其他经济组织投资者人数；（2）发行前股东人数、发行后股东人数；（3）发行股份数量或数量上限；（4）发行价格或价格区间；（5）预计募集资金金额；（6）募集资金用途。

申请报告中还须说明：（1）申请人符合挂牌条件，即公司依法设立且存续满两年；业务明确，具有持续经营能力；公司治理机制健全，合法规范经营；股权明晰，股票发行和转让行为合法合规。（2）主办券商已与公司签署《推荐挂牌并持续督导协议书》，同意推荐公司股票挂牌并愿意为公司提供持续督导服务。（3）申请人及董事、监事、高级管理人员理解并同意遵守全国股转公司发布的规则、细则、指引、指南等规定。

定向发行超过200人的申请文件。发行股票后股东累计超过200人的，申请人应当按照《内容与格式准则第4号》等规定，委托主办券商在向全国股转公司提交挂牌公开转让申请文件时一并提交发行申请文件。

对定向发行的申请文件，中国证监会制定了专门的内容和格式准则，即2020年修订了《非上市公众公司信息披露内容与格式准则第4号——定向发行申请文件》（以下简称《准则4号》）。《准则4号》共11条，分别规定了《准则 4 号》的制定依据、电子文件的法律效力、申请文件的目录及最低要求、禁止性规定、申请文件的真实性要求、申请文件的签章、申请文件的核查和补充意见申请文件的扉页要求、未按要求报送申请文件的后果等。

定向发行申请文件包含五方面内容。即定向发行说明书及授权文件：申请人关于定向发行的申请报告，定向发行说明书，申请人关于定向发行的董事会决议，申请人关于定向发行的股东大会决议。定向发行推荐文件：主办券商定向发行推荐工作报告；自律管理文件：全国股转公司自律监管意见。证券服务机构关于定向发行的文件：最近 2 年的财务报告和审计报告及最近 1 期（如有）的财务报告，法律意见书，关于申请电子文件与预留文件一致的鉴证意见，本次定向发行收购资产相关的最近 1 年及 1 期（如有）的财务报告及其审计报告、资产评估报告（如有）。其他文件：国资、外资等相关主管部门的审批、核准或备案文件（如有）。

必须说明的是，申请人报送的申请文件所引用的财务报表应当由符合《证券法》规定的会计师事务所审计，财务报表在其最近一期截止日后 6 个月内有效。特殊情况下，申请公司可申请延长有效期，延长期限最长不得超过 1 个月。

除了上述三种情况，还有一种情况为申请人申请挂牌带有差异化表决权。

根据《挂牌审查工作指引》第七条的规定，设置表决权差异安排的公司申请在全国股转系统挂牌的，应当符合挂牌公司表决权差异安排的设置条件与监管要求。申请公司应于公开转让说明书中披露申请人符合相关要求的情况。中介机构应就申请公司及其产品、服务是否属于战略性新兴产业，申请公司是否满足设置表决权差异安排的财务指标要求，申请公司是否履行表决权差异安排的设立程序，表决权差异安排运行情况是否规范等发表意见。

4. 受理

挂牌申请的受理机构是全国股转公司。根据相关规定，对挂牌申请的三种情形的受理均为全国股转公司。尽管申请人股东累计超过 200 人的，应该由中国证监会对申请人的相关申请材料进行审核，并对其进行核准。但在受理环节统一由全国股转公司受理。这不但是为了提高效率，还在于即使股东超过 200 人的挂牌不被中国证监会豁免，但还是需要全国股转公司先进行具体的审查，审查后由全国股转公司出具具体的监管意见，并由全国股转公司将审核材料和监管意见一同报送给中国证监会。

受理的具体时间为两个交易日。《挂牌审理工作指引》第九条规定，"全国股转公司在收到符合受理条件的申请文件后，2 个交易日内完成受理程序"。第十条规定"申请文件正式受理当日，公开转让说明书（申报稿）、审计报告、法律意见书、主办券商推荐报告、定向发行说明书（如有）、设置表决权差异安排的股东大会决议（如有）等文件应当在符合《证券法》规定的信息披露平台披露"。

申请文件受理后，未经中国证监会或全国股转公司同意，不得擅自改动。发生重大事项的，申请公司、主办券商和其他中介机构应当及时向全国股转公司报告，并按要求更新申请文件。

全国股转公司接受申请人的申请材料后，应当对申请材料进行形式性审查，主要审查其是否符合材料的报送要求，比如是否符合中国证监会和全国股转公司相关申请文件的内容和格式准则，申请的文件是否齐备，是否有明显的违法违规行为等，全国股转公司在受理环节对申请文件不做具体的审查。

（二）审查与核准

审查和核准是两个不同的环节，也是两个不同的监管机构对申请人的申请在新三板市场挂牌或者申请挂牌同时发行所进行的不同的工作。审查是由全国股转公司对申请人的申请文件的审核查验，并提出具体的自律监管意见，出具同意或者不同意申请人在新三板市场挂牌或者挂牌同时发行等的行为；核准是由中国证监会对申请人的申请文件在全国股转公司的自律监管意见基础上进行核查，出具核准或者不予核准申请人在新三板市场挂牌或者挂牌同时发行决定的行为。全国股转公司的审查是自律监管机构的自律监管行为，中国证监会的核准行为是国家行政机构的行政行为，两者在性质上不同。

1. 全国股转公司审查

全国股转公司对申请人申请文件的审查所依据的是《非公办法》《全国中小企业股份转让系统业务规则》《定向发行规则》《分层管理办法》等有关规定。在审查原则上按照公开透明、专业高效、严控风险、集体决策进行相关审查工作。这一工作及工作的结果并不表明对申请人的股票价值或投资者的收益作出实质性判断或者保证，申请人股票投资风险，由投资者自行承担。在审查的范围上主要包括申请人申请股票在全国股转公司挂牌和申请人申请股票在全国股转公司挂牌同时定向发行股票。

全国股转公司在审查内容上，主要是对申请人是否满足股票挂牌条件、是否符合信息披露要求、是否符合定向发行要求进行审查，并出具自律审查意见，具体程序如下：

（1）首轮反馈与反馈回复。全国股转公司审查职能部门依据相关规则对申请人进行审查，并在自受理之日起 10 个交易日内出具首轮反馈意见；无须出具反馈意见的，提请召开审查职能部门质量控制会进行审议。

申请人、主办券商和其他中介机构应当逐一落实反馈意见，并在反馈意见要求的时间内（一般不超过 10 个交易日）提交书面回复文件。对反馈意见有疑问的，可通过电话、电子邮件等方式与审查职能部门进行沟通。如需延期回复的，应在回复截止日前提交延期申请，说明延期原因并明确回复时间，延长期限最长不得超过 30 日。

（2）反馈回复的结果。申请人、主办券商和其他中介机构提交书面回复文件后，可能面临两种结果：第一，进行次轮反馈，即审查职能部门召开质量控制会审议项目情况，经质量控制会审议认为仍需继续反馈的，在收到反馈回复之日起 10 个交易日内发出；第二，经质量控制会审议认为无须继续反馈的，在履行全国股转公司内部程序后出具自律审查意见。审查意见为同意或不同意挂牌。

对于次轮反馈，申请人、主办券商和其他中介机构仍应逐一落实反馈意见，并在反馈意见要求的时间内提交书面回复文件，直到审查职能部门再无反馈，并由全国股转公司作出审查同意挂牌或不同意挂牌的决定。

（3）审查结果。审查结果分为同意挂牌和不同意挂牌。对于审查结果为不同意挂牌的，全国股转公司作出终止审查的决定。

对于同意挂牌的，股东人数不超过200人的申请人挂牌，全国股转公司审查同意的，出具同意挂牌的函，申请人可据此直接挂牌。申请人申请挂牌同时定向发行股票，且发行后股东累计不超过200人的，全国股转公司经审查同意，出具同意挂牌及发行的函，申请人可据此挂牌和发行。

对于股东人数超过200人的申请人申请股票挂牌，全国股转公司审查同意的，出具同意挂牌公开转让的自律监管意见，并根据申请公司的委托，将自律监管意见、相关审查文件和申请文件报送中国证监会。中国证监会对申请人的挂牌公开转让申请作出核准决定后，全国股转公司出具同意挂牌的函。

对于申请人申请挂牌同时定向发行股票，且发行后股东人数累计超过200人的，全国股转公司除了要履行上述同样的审查和程序外，还要对申请发行文件进行审查，审查同意的出具同意发行的自律监管意见，并根据申请人的委托，将自律监管意见、相关审查文件和公司申请文件报送中国证监会。中国证监会对申请人的挂牌公开转让和发行申请作出核准决定后，全国股转公司出具同意挂牌的函。

2. 中国证监会核准

中国证监会主要依据法律及中国证监会的部门规章和规范性文件，由其职能部门非公众公司监管部进行核准。这一核准在程序上并不直接面对申请人、主办券商和其他中介机构，不和申请人及相关机构发生关系。因此，中国证监会的审核在程序上不具有外部性。具体程序如下：

首先，由全国股转公司代为提交申请文件。全国股转公司在对申请人的申请审查之后，出具同意申请人挂牌或者挂牌同时发行的监管意见函。再根据申请人的委托将委托申请中国证监会核准所需的相关申请文件连同全国股转公司同意的监管意见函提交给中国证监会。

其次，中国证监会提出反馈意见，对申请人及相关机构进行询问。在核准过程中对申请人、主办券商和其他中介机构提出反馈意见的，由全国股转公司发出，相关主体应当自收到反馈意见5个交易日内提交书面回复文件。反馈意见涉及要求修改披露文件的，相关主体应当更新相关文件。

再次，由中国证监会作出核准、中止审核、终止审核或不予核准的决定。反馈意见并不是中国证监会核准的必经程序，如果没有异议，应当及时作出予以核准的决定；如果不同意申请人挂牌或者挂牌同时发行的，应当作出不予核准的决定。中止审核是出现了需要暂停审核的情况，中国证监会在核准过程中暂时停止对申请人的申请文件进行审核，暂停审核的情形消失后，继续对申请文件进行审核并最终作出核准或不予核准的决定。终止审核是出现了需要永久停止审核的情况，中国证监会在核准过程中不再对申请人的申请文件进行审核，审核行为终止。申请人若要申请挂牌或者挂牌同时发行，需要重新按照相关规定向全国股转公司申请，重新履行程序并由全国股转公司审查，获得通过后再由全国股转公司代为向中国证监会提交申请文件再行审核。

对于申请人仅申请挂牌的情况，《非公办法》第三十八条规定"中国证监会受理申请文件后，依法对公司治理和信息披露进行审核，在20个工作日内作出核准、中止审核、终止审核、不予核准的决定"，对于申请人申请挂牌同时发行的情况，《非公办法》第四十九条规定"中国证监会受理申请文件后，依法对公司治理和信息披露以及发行对象情况进行审核，在20个工作日内作出核准、中止审核、终止审核、不予核准的决定"。

最后，全国股转公司根据中国证监会的决定向申请人出具相关意见。对于中国证监会予以核准的决定，全国股转公司向申请人出具同意挂牌或者挂牌同时发行的意见函；对于中国证监会不予以核准的决定，全国股转公司向申请人出具不同意挂牌或者挂牌同时发行的意见函。

全国股转公司出具的同意挂牌的函或同意挂牌及发行的函自出具之日起12个月内有效，申请人发行的应在有效期内完成股票定向发行及股票挂牌。

3. 信息披露

全国股转公司出具同意挂牌的函或同意挂牌及发行的函后，主办券商应当及时协助申请人完成项目归档和首次信息披露。

申请人申请股票挂牌同时发行的，应当披露发行情况报告书。如果挂牌同时发行符合创新层条件的，还应当披露主办券商关于公司是否符合创新层条件的专项意见。主办券商应当在专项意见中说明申请人进入创新层所依据的《分层管理办法》第十四条规定的具体标准；申请人符合多项标准的，应当对符合的各项标准均予以说明。

申请人应当在主办券商出具公司是否符合创新层条件的专项意见之前，按照《分层管理办法》的规定，披露股东大会、董事会和监事会制度、对外投资管理制度、对外担保管理制度、关联交易管理制度、投资者关系管理制度、利润分配管理制度、承诺管理制度以及董事会秘书任职资格。

审查过程中的反馈意见、反馈意见回复、进度等信息在符合《证券法》规定的信息披露平台披露，接受社会监督。

申请人拟披露的信息属于国家秘密或商业秘密，披露可能导致违反国家有关保密的法律法规或者严重损害申请人利益的，申请人可以不予披露，但应当在申请文件中说明未按照规定进行披露的原因。全国股转公司认为需要披露的，申请人应当按照规定进行披露。

4. 验资登记

申请挂牌同时定向发行股票的，公司应当在取得全国股转公司同意挂牌及发行的函后，或在中国证监会作出核准决定且取得全国股转公司同意挂牌的函后，按照《定向发行规则》等规定安排认购、缴款、验资等事项。

申请人应当按照相关规定，根据股本情况编制和提交股票初始登记申请表，完成股票登记及挂牌手续。

申请人申请股票挂牌同时发行的，应当在提交股票初始登记申请表的同时提交验资报告、募集资金专户三方监管协议、定向发行重大事项确认函等文件，如果申请人自愿限售的，还应提交自愿限售申请。

上述几个环节既是申请人申请挂牌的具体程序，也是审核机构依据法律、法规、部门规章、规范性文件和自律规则对申请文件具体审核的过程，它是内容和程序相结合的过程，这一过程完成后，申请人就具备了挂牌或者挂牌同时发行的资格，申请人可以在新三板市场挂牌，申请人也由股份公司变成挂牌公司。

## 第三节　公司治理

### 一、公司治理概述

（一）概念和内容

挂牌公司是典型的股份有限公司，也是公众公司。与有限公司相比规模大，所有的股东不可能亲自去管理，需要委托他的经营者管理和经营公司，这就产生了所有者和经营者之间的关系。在一个挂牌公司中，所有权和经营权是分离的，怎样把这些权利合理地安排好、平衡好，需要有一系列的制度性和结构性安排，使公司能够正常有序经营，这就是公司治理。笔者认为，应当从以下四个方面认识挂牌公司的公司治理。

第一，公司治理在挂牌公司中处于重要地位。在挂牌公司的生产经营、公司治理与信息披露三者关系中，公司治理是挂牌公司所有活动的指挥中心，处于核心地位。挂牌公司事务繁多、关系复杂，归纳起来，主要从事三项工作，即生产经营、公司治理和信息披露。

生产经营是挂牌公司成立的基础和目的。在商事领域和《公司法》下，公司成立的目的是生产经营、创造价值、追求利润、获得利润。如果不以此为目的，公司成立也就没有基础。

公司治理是现代化公司和非现代化公司区分的重要标志。非现代化公司不太强调公司治理。挂牌公司是现代化公司，是公司的一个较高的形态，相对来说，范围比较广，分工比较细，参与的人员多，业务涉及面宽。在错综复杂的关系中，不可能让所有的股东都参与公司具体的经营活动，必须要有一个治理结构和管理框架，以便公司正常地生产经营。

信息披露是公众公司和非公众公司区别的明显标志。挂牌公司是公众公司，在中国资本市场，除了在沪深交易所上市的公司之外，在新三板市场挂牌的也都是公众公司。因为它的涉众性，无论在一级市场的公开发行阶段，还是在二级市场的股份买卖交易阶段，投资者做决策的依据是要了解挂牌公司的情况，信息披露就是唯一的渠道。所以，挂牌公司的信息披露非常重要。

在挂牌公司的生产经营、公司治理与信息披露三者关系中，生产经营是挂牌公司成立的基础和目的，信息披露是挂牌公司存在的前提，公司治理是挂牌公司的核心和运转指挥中心。没有好的公司治理，公司无法正常地生产经营，也就不能很好地披露信息。从 1990 年开始，资本市场发生了许多收购兼并案例，收购兼并过程都是围绕着公司治理展开的。良好的公司治理也是挂牌公司的价值体现。

第二，挂牌公司治理最核心的是要处理好两种关系。挂牌公司治理最核心的内容是处理好两方面的关系，即法学意义上的权利义务关系和经济学意义上的利益分配关系。

一是权利义务关系。在商事领域中，权利和义务是对等的，当事人之间平等互利，有多大权利相对来说就有多少义务，不履行义务就要承担法律上的责任，包括民事责任、行政责任和刑事责任。对挂牌公司来说，涉及错综复杂的各种法律关系，形成了不同法律关系中的权利，这些公司各自有着自己的权利，同时也承担着相应的义务。因此，对挂牌公司股东、董事、经理层等的权利进行很好的安排，义务进行适当的划分，是公司治理面临的第一个问题，也是核心问题。

二是经济利益分配。资本市场是一个利益场，挂牌公司是新三板市场中最核心、最基本的要素。资本市场三要素分别是投资者、挂牌公司与中介机构。中介机构把投资者和挂牌公司连接起来，为投资者和挂牌公司服务。人是利益驱动的，而且资本是有力量的，如何制约和平衡经济利益的分配是公司治理中第二个重要的核心内容。

这两个方面中的任何一方面处理不好，公司治理都很难做好。对于处理这两个核心内容，最主要的方法就是平衡和制约，就是用平衡的方法、制约的手段使挂牌公司的参与主体权利义务、经济利益大致对等和适当。由于商法下的公司是资合性质的，在权利行使和利益安排上采取的是资本多数决定的形式，拥有多数资本的人及其委托人在权利和利益的安排上有更大的话语权。因此，在法律、监管及资本市场实践中，更多制约的是有可能滥用权利的那一方，主要是大股东、控股股东、实际控制人以及内部经理人；而中小股东的合法权益往往会被侵犯，他们需要更多的保护。付出与得到大致要平衡，如果经济利益不平衡，公司治理的框架就会被打乱，这是一种制约和平衡的方式。

第三，"三会一层"是挂牌公司治理的基本框架。对挂牌公司来说，公司治理的框架就是"三会一层"。"三会"是指股东大会、董事会、监事会，"一层"是指经理层。

股东大会是公司治理中的权力机构，一切的权力来自股东。但股东大会一年只召开一次，股东不可能随时随地参与公司的具体经营，因此，在闭会期间，股东大会就把这个权力委托给了董事会，所以董事会又变成股东大会在闭会期间的决策机构。董事会决策后，再由它的经理层来执行，形成了一个公司的治理结构。在我国，目前的立法尽管采取了股东会中心主义，但在实践中，董事会是极其重要的，大量的日常性决策都是董事会作出的。因此，中国的挂牌公司治理实际上是董事会中心主义，资本市场收购兼并案例证明了这一点。

为了制约和平衡各方利益，在公司治理中，有了监事会的安排，监督股东大会、董事会、经理层，防止权力滥用。监事会起到了监督和制约的作用。但挂牌公司治理的实践证明，尽管监事会在挂牌公司治理中发挥了相当大的作用，但也不尽如人意。因此，部分挂牌公司治理引入独立董事，在董事会层面进行监督。因为大股东、控股股东和实际控制人往往推选自己的代言人获得董事会的席位。在大股东和中小股东的利益博弈中，很少有人来代表中小股东。独立董事更多的是要根据公司和中小股东的利益来行使职责，能独立、公正、客观地发表意见、履行职责。

监事会和独立董事的任务和职能大同小异，但也有不同的角度。监事会对公司治理的监督是全方位的，而独立董事对公司的监督只是在董事会的层面；监事会更多的是从合法合规性的角度进行监督，而独立董事不但要从合法合规性的角度进行监督，更重要的是从决议和决策的合理性的角度进行监督，所以对独立董事的要求比较高，一般要求是法律专家、会计专家和行业专家。

（二）公司治理中的控制权问题

公司治理中最重要的问题是控制权及中小股东的保护。控制权问题是公司治理中的内部问题，即在公司治理中解决谁来掌控公司；中小投资者保护是公司治理中的外部问题。中小股东尽管是公司治理中的一分子，但是很少有机会参与公司治理。股东大会每年只召开一次，临时股东大会开得也比较少，而且必须由大股东提出，中小股东基本上处于公司治理的外围。但中小股东的权利保护对挂牌及公司治理来说非常重要，因为中小股东是弱势的一方，权利和利益往往会受到大股东的侵害。所以在公司治理中，对内要解决控制权的问题，对外要解决中小股东的权利保护问题。

在《公司法》和《上市公司收购兼并管理办法》等相关法律法规、部门规章中，对控制权有两个表述，即控制权人和实际控制人。控制权人是拥有了挂牌公司发行在外的股达到50%以上，享有了公司控制权；控制权人尽管拥有不到50%股权，但拥有了相对多数的表决权（30%股权）也可以视作享有这个挂牌公司的控制权。前者是绝对控制权，后者是相对控制权。法律上还有其他的表述：虽然持有不到30%的股权，但在挂牌公司各种决议中，足以影响挂牌公司的各种行为，也认为拥有了挂牌公司的控制权。

对于实际控制人，可能不拥有挂牌公司的股份，但通过各种安排，最终影响和控制挂牌公司，因而实际上控制了挂牌公司。在资本市场中，这样的情况是大量存在的。比如，真正的实际控制人不愿意露面，通过各种关系收集了很多老百姓的身份证，到证券公司开立账户，然后买了很多股票（称为麻袋账户）。但在日常的监管中，看不出来谁是实际控制人。

在公司治理中，控制权最本质的表现是表决权，很多决议是通过表决权的行使而得出结论的。在控制权问题中，涉及三种情况：一是控制权之争，这是资本市场中最常见的；二是在争夺控制权相持不下的情况下，形成公司僵局；三是在极少数的情况下，控制权让与。自全国股转公司成立以来，由于长期以来采取的是新三板投资者适当性高门槛的政策，投资者进入新三板市场需要500万元资产，使新三板只有20余万投资者可参与市场交易，而新三板市场有近万家挂牌公司，这一状况导致挂牌公司股东人数过少，加上在交易方式上仅采取间断的集合竞价，挂牌公司股票价格在交易过程中无法连续，导致新三板市场流动性严重不足，因而新三板市场控制权争夺案例很少发生。但随着新三板全面深化改革，精选层设立、挂牌公司股票向不特定合格投资者公开发行、投资者准入门槛大幅降低、实行连续竞价交易方式，新三板市场的流动性将会大幅提高，挂牌公司的市场价值和预期也会大幅提高，在公司治理过程中就会发生收购兼并，也会出现挂牌公司治理中的控制权问题。

沪深证券市场频繁的并购和上市公司的控制权争夺等典型案例，对新三板市场的挂牌公司应当具有极大的借鉴意义。笔者在此分析两起较为典型的案例说明控制权争夺对公司治理的影响和重要性。

1. "宝万之争"简析

公司治理中的控制权争夺主要体现在对公司董事会席位的争夺。"宝万之争"就是非常典型的控制权争夺案例。

2015年1月，深圳市宝能投资集团有限公司（以下简称宝能公司）及其一致行动人（以下简称宝能系或宝能）① 在深交所通过二级市场购买上市公司万科企业股份有限公司（以下简称万科股份或万科）的股票，至2015年12月28日宝能系合计持有万科股份24.8亿股，占万科股份总股本的24.26%，超过原第一大股东华润持有的15.23%的股份（宝能系收购过程、时间及持股比例见表10-1）。

---

① 宝能系是指以宝能集团为中心的资本集团。公开资料显示，深圳市宝能投资集团有限公司，是宝能系的核心。工商资料显示，宝能集团成立于2000年，注册资本为3亿元，姚振华是其唯一的股东。宝能集团旗下包括综合物业开发、金融、现代物流、文化旅游、民生产业五大板块，下辖宝能地产、前海人寿、钜盛华、广东云信资信评估、粤商小额贷款、深业物流、创邦集团、深圳建业、深圳宝时惠电子商务、深圳民鲜农产品多家子公司。

表 10 -1　在二级市场获得万科股份

| 截止时间 | 增持方 | 增持后合计持权比例 | 备注 |
|---|---|---|---|
| 2015 - 07 - 11 | 宝能系（前海人寿） | 5% | — |
| 2015 - 07 - 24 | 宝能系（前海人寿和钜盛华） | 10% | — |
| 2015 - 11 - 17 | 宝能系（前海人寿和钜盛华） | 15.04% | （1）2015 年 11 月 20 日钜盛华持有前海人寿的股权比例由 20% 增加至 51%<br>（2）截至该时间，万科原大股东华润持股比例为 15.29%，仍然为万科第一大股东 |
| 2015 - 12 - 04 | 宝能系（钜盛华通过资管计划） | 20.008% | 截至该时间，钜盛华及其一致行动人变更为第一大股东，但尚未成为实际控制人 |
| 2015 - 12 - 24 | 宝能系（前海人寿和钜盛华） | 24.26% | |
| 2016 - 04 - 06 | 钜盛华向前海人寿不可撤销让渡表决权 | 24.26% | |
| 2016 - 07 - 06 | 宝能系（钜盛华通过资管计划） | 25% | |
| 2016 - 08 - 08 | 恒大系 | 5% | 公告称恒大系与万科《2016 年第一季度报告》中列示的前十大股东及一致行动人之间不构成一致行动人 |

　　宝能系成为第一大股东后，在争夺万科股份中主要在两个方面采取了措施：一是提请罢免万科现任董事会成员。2016 年 6 月 27 日，钜盛华及前海人寿提请宝能董事会召开股东大会罢免现有全部董事、监事会非职工监事。二是引入"白衣骑士"及"毒丸"，即拟向深铁集团发行股份购买资产，重组完成后，深铁集团将持有 20.65% 的股份，而且可以稀释宝能系的持股比例。但是，该预案须经股东大会通过，存在不确定性。

　　面对宝能系的敌意收购，万科股份董事会也采取了两方面反收购措施：一是停牌限制宝能系继续增持。万科于 2015 年 12 月 18 日至 2016 年 7 月 2 日期间停牌。二是拒绝宝能关于召开股东大会罢免现任董事会全体董事的提案。2016 年 7 月 1 日，万科股份召开董事会，通过不同意召开临时股东大会的决议。

在这一过程中，监管部门对"宝万之争"也积极介入，履行监管职责。

2016年6月27日，深交所就华润与宝能系是否存在一致行动向万科出具关注函，华润答复为无一致行动关系；同日，深交所向钜盛华出具关注函，要求钜盛华就其与华润是否存在一致行动、提请罢免但是未提名董事候选人及如何消除相关董事监事罢免后对公司日常经营的影响措施、罢免董监事的提案与2015年底增持万科股份的权益变动书披露的无计划改变现任董事和管理层组成相矛盾做答复。钜盛华答复称不存在一致行动；提请罢免董事会成员，不会影响万科管理团队的运作；要求罢免董事会是因为发现万科董事会未按照上市公司治理准则行事，在部分董事反对的情况下公告重组预案已经通过董事会决议，且为了避免股东增持股份而停牌，构成未勤勉尽责，独立董事一半以上无法正常履职，故要求罢免现任董事会成员。

2016年7月12日，深交所就华润、深铁将溢价收购宝能系所持有的万科股份，华润、深铁分列第一和第二大股东，万科股份将转变为国有控股企业的传闻是否属实向万科出具关注函，万科股份、华润、深铁和宝能均出具了否认答复。

2016年7月21日，深圳证监局对钜盛华出具监管关注函，因钜盛华于2015年12月4日成为万科第一大股东时未按规定在公司住所置备相关备查文件的原件或有法律效力的复印件，要求钜盛华于2016年7月22日到深圳证监局参加诫勉谈话，同时要求钜盛华本着对中小投资者高度负责的态度切实履行股东义务，依法及时披露相关信息，妥善解决相关争议。

2016年7月21日，深圳证监局对万科股份出具监管关注函，称就万科股份提交《关于提请查处钜盛华及其控制的相关资管计划违法违规行为的报告》已经开始开展核查，但认为万科股份举报事项的信息发布和决策程序不合规，要求万科股份于7月22日参加诫勉谈话，完善信息披露管理，妥善解决与股东的争议。

2016年8月5日，深交所向万科股份出具关注函，要求就恒大举牌万科股份相关事宜进行说明，具体包括：是否存在私下提前向特定对象单独披露、透露或者泄露中国恒大集团拥有万科公司股份权益的情况；近期股东申请查阅股东名册的情况；是否向市场发布过否认恒大集团入股万科股份的言论；恒大与公司前十大股东是否构成一致行动人等。

"宝万之争"是中国资本市场著名的控制权之争，也是公司治理的经典案例。"宝万之争"发生以来在监管层、经济学界、法律界及市场各方引起了热烈的讨论。回顾"宝万之争"，围绕着宝能系主要有两点值得讨论：一是通过二级市场不断增持达到控制的目的，也出现了新股东无法顺利向董事会派入董事的情形。那么，董事会是否有拒绝召开股东大会的权利？主流观点认为，适格股东依法提出召开股东大会的议案之后，董事会应当召集股东大会，应适格股东要求召开股东大会为董事会的义务，而非董事会的权利。二是拟向深铁集团发行股份购买资产议案所召开的董事会会议，由于独立董事的回避，议案获得通过。但独立董事是否应当回避？且回避导致了人们对董事会会议表决结果是否有效的争议，应当如何看待？

对于第一个问题，笔者认为，"宝万之争"中如何看待宝能系作为争议股东，在法律层面上涉及三种法律关系，厘清了这三种法律关系，宝能作为争议股东能否提请召开股东大会、能否有选举权和被选举权进入董事会也就清楚了。

第一，《公司法》上的法律关系。宝能系是一家保险公司，保险公司买了万科股份的股票就变成了万科股份的股东。按照《公司法》的规定，拥有3%股份的股东就可以提案，股东拥有10%的股份就可以提请召开股东大会。《公司法》在程序上做了规定，即上市公司10%的股东有权向董事会提请召开股东大会；如果董事会拒绝，可以请求监事会批准召开股东大会；如果监事会拒绝，法律规定10%股东可以自行召开股东大会。从这个角度来说，宝能拿钱买入股票变成了股东，从《公司法》层面不应该制约宝能，宝能应该享有股东的权益。

第二，行政法上的法律关系。中国保监会①和保险公司是行政双方当事人，

---

① 现在已合并成中国银保监会。

中国保监会享有行政权力，保险公司履行行政法上的义务。中国保监会作为国家行政机关，如果规定保险资金不能进入资本市场投资，而宝能进入资本市场投资就违反了行政法上的行政管理关系。如果中国保监会更进一步地规定保险公司可以进入资本市场，但仅仅是从事财务投资，作为投资股东不参与具体的公司治理，不谋求进入董事会席位，如果宝能没有按照中国保监会的规定去执行，那就违反了中国保监会的规定。一般认为，保险资金可以进入资本市场进行财务投资，追求的是财务投资收益，基本上是进行长期投资或者价值投资，财务投资不进入公司治理层面，进入董事会掌握上市公司的控制权并不是保险公司的业务，也不是保险公司的投资目的。宝能系如果违反了中国保监会的行政规定，中国保监会可以对宝能进行行政处罚，行政处罚中有责令改正的行政处罚措施。中国保监会完全可以对宝能责令改正，责令宝能系撤销请求召开临时股东大会的请求。

第三，民法上的法律关系。宝能系在二级市场上购买万科股票的资金可能来自投保人的保险资金。投保人投了保险之后即和宝能系形成了保险合同关系。保险合同是保险公司和投保人之间的民事合同，要看这个合同的具体规定。一般来说，投保人投资保险所签订的合同追求的是保险和投资收益。对保险资金的使用不会做特别的限制。如果在保险合同中有特别的条款限制保险资金投资资本市场，或者进一步地限制利用保险资金谋求公司控制权。宝能系如果不予遵守即违反了保险合同，应承担一定的民事责任。

所以，在上述三种法律关系中，笔者认为，公司法律关系和民事法律关系中宝能系没有问题。在法律层面上，关键要看中国保监会对保险资金的投资规定，如果允许对保险资金进入资本市场不做任何限制，即不限制保险资金谋求控制权，则宝能系提请召开临时股东大会就无问题。

对于第二个问题，基本情况为：万科股份召开董事会对增发资金收购深圳地铁所属公司的100%的股权议案审议并进行表决。独立董事张利平提出回避，回避理由是曾在黑石投资公司任过职，而黑石投资公司和万科股份有潜在的关联关系，此议案涉及黑石投资公司，因此不合适参加会议，董事会同意了该独立董事的回避。万科股份的董事会有 11 名董事，其中 4 名独立董事，7 名非独立董事。按照万科股份的公司章程，重大决议必须是 2/3 以上同意票通过，议案方为有效。由于该独立董事的回避，参会的 10 位董事投票结果为 7 票同意，3 票反对，0 票弃权，同意票超过了 2/3，议案获得通过了。如果该独立董事回避不成立，出席会议的应为 11 位董事。根据当时的情况，极有可能是 7 票赞成，其余 4 票中可能 3 票反对。如果该独立董事投弃权票，就变成了 7 票赞成，对比总数 11 票不到 2/3，议案就无法通过，议案被否决。所以，该独立董事的一票非常关键。这就涉及该独立董事的回避能不能成立，法律中有没有程序性的安排，有没有对这样一个回避进行实质性内容审核的。

笔者认为，独立董事的回避应当有必要进行程序上的安排和内容上的审核。

首先，根据法律的规定、中国证监会和证券交易所制度性的安排，董事会办公室要提前把议案送达给董事，董事应该在看到议案材料并知道自己有关联的时候及时提出申请回避，而不是等到开会时再提出申请回避。其次，如果是重大的关联关系，应该是书面提出申请回避。最后，对董事的回避申请应该履行程序上的审核，对审核的结果应有必要的程序，程序正义非常必要。而在审核内容上，要关注提出回避的内容，关联关系到底能不能成立应当看审核的议案和回避本身的因果关系是否非常紧密，独立董事的行为对议案是否会形成重大利害关系，是否影响议案的公正性。这些都是决定是否允许回避在程序和内容上的要求。

"宝万之争"后，上市公司的公司治理形成了很大的影响，一些公司因担心敌意收购丧失公司治理权，纷纷修改公司章程，设置有关条款阻却"野蛮人"进入董事会控制上市公司。有的上市公司在修改公司章程时不顾法律的规定和监管的要求，对市场行为设置苛刻的条款，甚至在公司治理中限制股东的表决权或者限制股东通过合法行为进入董事会。

该案产生了重大影响，并导致很多股份分散的上市公司纷纷在章程中设置反收购条款。

2. "雅化集团"章程修改简析

"宝万之争"发生后,在上市公司中引起了巨大的反响,许多上市公司担心"野蛮人"入侵,通过收购上市公司进入公司董事会,控制上市公司,改变上市公司治理现状,因而纷纷修改公司章程,增加公司章程中的反收购条款,限制和阻挠收购人召开股东大会、董事会,对其股东权和参与公司治理、进入董事会等在公司治理的程序和内容上进行限制。这一状况引起了投资者的不满和监管层的重视,也引起了人们对这一问题的关注和讨论。其中,较为典型的是深交所上市公司四川雅化实业集团股份有限公司(以下简称雅化集团)在其公司章程中规定了多条反收购条款,这些条款违反了相关法律的规定,不但侵害了收购人的正当权利,对公司治理形成了破坏,侵害了中小投资者合法权益,遭到了深交所的问询,也成为一个较为典型的公司治理的负面案例。笔者就其违法违规情形进行简要的评析。

2016 年 7 月 15 日,雅化集团发布《关于修订〈公司章程〉及相关规则的公告》,对公司章程进行了 13 处修订,主要内容为置入反收购条款,阻却公司被收购、限制收购人权限、保护现有控股股东和董事、监事、高级管理人员及其他核心人员。但雅化集团对公司章程的修改既不是从有利于公司长远发展的角度出发,更不是从维护广大中小投资者的合法权益出发,而是借反收购之名,行维护现有大股东和管理层的利益之实。其部分条款不但违反《公司法》《证券法》等相关法律法规及立法目的,更是打着保护中小投资者权益、促进公司长期稳定发展的旗号,滥用私法自治原则,阻碍资本市场并购重组的正常发展,严重侵害中小投资者合法权益。主要问题体现在以下几个方面:

第一,公司章程修改的部分条款违反法律规定,应属无效。从雅化集团此次章程修订的 13 个条款看,部分条款违反相关法律的强制性规定,属于无效条款。

(1)雅化集团公司章程修订稿第四十五条第一款规定,"投资者通过证券交易所的证券交易,持有或者通过协议、其他安排与他人共同持有公司已发行的股份达到 3% 时,应当在该事实发生之日起 3 日内,向公司董事会作出书面报告。股东持有或者通过协议、其他安排与他人共同持有公司已发行的股份达到3%后，其所持公司已发行的股份比例每增加或者减3%，应当依照前款规定进行报告"，这一规定明显违反我国《证券法》第四章"上市公司的收购"中关于信息披露的规定。我国《证券法》第八十六条第一款规定，投资者持有一个上市公司已发行的股份达到5%时，三日内应向中国证监会、证券交易所作出书面报告并通知该上市公司，予以公告。而雅化集团修订公司章程则要求持有"3%"时即要向"公司董事会作出书面报告"，不仅违反了《证券法》中达到报告标准时持股比例的要求，也违反了告知形式的要求。《证券法》中规定的"通知上市公司"既可以是口头通知，也可以是书面通知，而雅化集团修订公司章程则要求投资者作出书面报告，并在第四十五条第一款后段规定了书面报告的严格格式，给潜在收购者增加披露义务，违反了《证券法》的强制性规定，应属无效。

（2）雅化集团公司章程修订稿第九十五条规定，"下列事项还需由股东大会股东所持表决权的四分之三以上表决通过：（一）除公司处于危机等特殊情况外，公司需与董事、总裁和其他高级管理人员以外的人订立将公司全部或者重要业务的管理交予该人负责的合同。（二）股东大会审议收购方为实施恶意收购而提交的关于购买或出售资产、租入或租出资产、赠予资产、关联交易等"。

我国《公司法》中将股东大会决议分为普通决议和特别决议（修改公司章程、增加或者减少注册资本的决议，以及公司合并、分立、解散或者变更公司形式），其中普通决议应由出席股东大会的股东所持表决权的1/2以上通过，特别决议应由出席股东大会的股东所持表决权的2/3以上通过。我国《公司法》在公司治理的表决议案通过形式上只规定了1/2以上的简单多数决和2/3以上的绝对多数决。而雅化集团将《公司法》规定的2/3以上的绝对多数决提高到3/4以上，违反了《公司法》关于表决形式和效力的规定。笔者认为，《公司法》中的表决形式和表决效力是法定的，并不在公司自治的范畴之内。如果允许公司改变《公司法》中的表决形式和表决效力，则有可能打破公司治理的平衡，会出现各种表决形式并导致不公的法律后果。公司的大股东、控股股东、实际控制人和内部控制人可以利用所谓的意思自治任意修改公司决议的表决形式，从而可以使原本可能通过、不通过的决议不通过、通过，或者使原本可能不通过、通过的决议通过、不通过，损害了公司或中小股东的合法权益。雅化集团将公司经营管理权变更、收购方提出的议案等决议事项设置为绝对多数股东同意才能进行，并将表决形式和表决效力提高到3/4以上，使按照《公司法》在2/3以上同意即可获得通过并产生法律效力的议案变成不通过，人为地增加了议案通过的难度，在一定程度上使股东的表决票变得毫无意义。因此，雅化集团的这一规定应属无效。何况，雅化集团将特定事项设置为3/4绝对多数股东同意的条款并不平等适用于公司股东，包括收购方和原控股股东的提议事项。其绝对多数决的约束主体只限定于收购方提交的议案，即针对同一个提案，原股东提出和收购方提出，通过所需的表决权是不一样的，明显违反了同股同权的原则。

（3）雅化集团公司章程修订稿第一百一十三条第三款规定，"在发生公司被恶意收购的情况下，如该届董事会任期届满的，继任董事会成员中应至少有三分之二以上的原任董事会成员连任；在继任董事会任期未届满的每一年度内的股东大会上改选董事的总数，不得超过本章程所规定董事会组成人数的四分之一"，这一规定也不合法。我国《公司法》第四十五条规定"董事任期由公司章程规定，但每届任期不得超过三年。董事任期届满，连选可以连任"，第一百零五条规定"股东大会选举董事、监事"。董事任期届满后可以连任，但要以股东大会重新选举为前提，雅化集团在公司章程修订稿中规定董事会任期届满后，继任董事会成员中应至少有三分之二以上的原任董事会成员连任，侵犯了股东选举董事的权利，违反了《公司法》的强制性规定，应属无效。

第二，滥用公司私法自治原则以维护现任管理层地位。我国目前在公司治理中奉行股东会中心主义，实施反收购措施是公司股东会的天然权利。但是由于股东接触上市公司信息的被动性以及上市公司股东大会决策程序的繁复性，在制定反收购措施时，公司董事会及高管往往会顾忌上市公司被收购后自身地位及利益问题，从而违反忠实义务，损害股东利益，采取有利于自身的反收购措施。我国《上市公司收购管理办法》对被收购公司管理层的忠实、勤勉义务作出了具体要求，规定公司董事会应维护公司及股东利益，不得滥用职权对收购设置不适当的障碍。雅化集团公司章程修订稿不仅存在违反《公司法》《证券法》等相关法律法规的情形，还存在公司董事及高管滥用私法自治权，维护管理层地位，侵害中小投资者利益的条款。

（1）雅化集团公司章程修订稿第十三条第二款规定，"在发生公司被恶意收购的情况下，任何董事、监事、总裁或其他高级管理人员在不存在违法犯罪行为，或不存在不具备所任职务的资格及能力，或不存在违反公司章程规定等情形下于任期未届满前被终止或解除职务的，公司应按该名董事、监事、总裁或其他高级管理人员在公司任职年限内税前薪酬总额的十倍给付一次性赔偿金，上述董事、监事、总裁或其他高级管理人员已与公司签订劳动合同的，在被解除劳动合同时，公司还应按照《中华人民共和国劳动合同法》另外支付经济补偿金或赔偿金"。若此经济补偿条款被触发，雅化集团需要向管理层支付占2015年公司净利润8.1%（约960万元）的赔偿金额。雅化集团6名非执行董事中有3名为公司前10大股东，公司管理层单方面制定如此巨额的赔偿金条款，很明显是在特意维护董事及高管地位，涉嫌利益输送。且上市公司净利润应归属于全体股东，高达960万元的赔偿金将大大侵损上市公司的净利润，从而损害广大中小投资者的利益。

（2）《公司法》第一百一十条规定"董事长和副董事长由董事会以全体董事的过半数选举产生"，而雅化集团公司章程修订稿第一百三十四条却规定"董事长由董事担任，以全体董事的三分之二以上多数同意选举产生。罢免董事长的程序比照前款执行"。结合前述修订稿增加的第一百一十三条董事选任条款，这使收购方取得雅化集团经营权的难度大大增加，现有董事会成员的地位将受到非合理的保护。

雅化集团现有管理层地位不仅通过上述条款得到不合理的保护，且其权力范围也在扩张，如修订稿增加条款第一百二十七条第十七项，"在发生公司被恶意收购的情况下采取本章程规定以及虽未规定于本章程但不违反法律法规和公司及股东利益的反收购措施",第一百二十八条中规定"在发生公司被恶意收购的情况下,为确保公司经营管理的持续稳定,最大限度维护公司及股东的整体及长远利益,董事会可自主采取如下反收购措施:……"。这些条款赋予雅化集团董事会在发生公司被"恶意收购"时可采取章程规定之外的反收购措施。雅化集团在释义部分对"恶意收购"进行了释义,"恶意收购是指在未经公司董事会同意的情况下通过收购或一致行动等方式取得公司控制权的行为,……",可见,雅化集团将未经董事会同意作为判断是否为恶意收购的标准之一,即雅化集团董事会既有权力确认收购方是否为"恶意收购",又有权力在确认后采取公司章程之外的反收购措施。这将使其董事会权力膨胀,与我国现行的股东会中心主义的立法倾向不符,且对股东权利产生了限制,进而侵害股东的利益。

笔者认为,收购是对管理层最有价值的检验方法,可以激励管理层提高工作效率,做好市值管理,实现公司股价最大化。所以,中小投资者欢迎上市公司进行正常的并购重组,但反对并购重组中出现的违法违规,借保护中小投资者利益之名,实则侵害中小投资者权益的行为。

雅化集团公司章程修改事件无疑是一个打着保护中小投资者旗号,却为公司经营管理层做嫁衣的恶例,若其公司章程草案获股东大会通过,必将会被更多的上市公司效仿,这不仅会扭曲上市公司治理结构,使现有的相关法律规定形同虚设,还违背了资本市场通过并购重组进行资源配置和促进上市公司快速、健康发展的功能。这是广大中小投资者绝对不愿看到的,也必将对中小投资者的权益产生较大损害。

(三)公司治理中的投资者保护问题①

公司治理中的另一个重要问题是中小股东的保护。中小投资者保护是公司治理中的外部问题。中小股东尽管是公司治理中的一分子,但是很少有机会参与公司治理。股东大会每年只召开一次,临时股东大会开得也比较少,而且必

---

① 关于投资者保护相关详细论述,可参见本书第十六章第四节"新三板的投资者保护"。

须由大股东提出，中小股东基本上处于公司治理的外围。但中小股东的权利保护对挂牌公司的公司治理来说非常重要，因为中小股东是弱势的一方，其权利和利益往往会受到大股东的侵害。所以，在公司治理中，在对内要解决控制权问题的同时，对外更要解决中小股东的权利保护问题。

众所周知，在资本市场上，资本是市场的主人，资本的有无、资本的多少决定着市场参与人在资本市场上的地位。无论是在《公司法》的层面还是《证券法》的层面，资本都是法律规制的基础和内容。就《公司法》层面而言，上市公司、挂牌公司的设立是以资本为基础的，作为《公司法》中典型性的资合性法人，股东的出资使公司得以成立。在公司中，股东所拥有的股份是其身份和地位的象征，《公司法》中的资本多数决制度也决定了公司命运。作为资本的"大主人"，大股东、控股股东、实际控制人在挂牌公司的经营决策和公司治理中具有天然的优势和更多的话语权、决定权。《公司法》中所谓的公平正义和股权平等就变得相对的，甚至是形式上的公平和平等了。无论是简单多数决还是重大议题的绝对多数决，在拥有更多股份获得更多表决权的情况下，资本的"小主人"——中小股东的表决权就显得微不足道甚至毫无意义，自然而然的股东大会也就变成大股东会。就《证券法》层面而言，无论是在一级市场购买股票的行为还是二级市场实施的股票交易行为，投资者的优劣地位均是以资金的多少来评判的。机构投资者和大额投资者在买卖过程中具有的优势非常明显。在 IPO 阶段，机构投资者和大额投资者可以凭借资金的优势获得更多的股份，在上市后的交易过程中也可以凭借资金的优势获得更多更优先的交易机会，利用资金优势影响交易的价格甚至操纵票价格。

就我国资本市场的实践看，上市公司和挂牌公司在公司治理中对中小股东的合法权益的保护任重道远。在客观上，中国资本市场是一个散户型市场。截至 2019 年 6 月末，我国股市有 1.68 亿家投资者，其中机构投资者不足百万，99% 都是个人投资者。个人投资者中拥有 50 万元以下市值的占到 95% 以上，这是中国的国情，而且在短期内无法改变。在主观上，广大中小投资者不但地位弱，能力也非常有限，专业知识不够、法律知识不够、风险意识不到位、资金非常少，加上我国资本市场法律和司法环境还有待改善，投资者打官司难，诉讼成本高，诉讼时间长，诉讼的结果不好，执行也很困难。保护中小投资者是公司治理中的长期任务，也是公司治理中的重要课题。

**二、公司治理内容和程序**

挂牌公司的公司治理内容极其丰富，除了法律法规和中国证监会对公司治理的有关规定外，全国股转公司的业务规则对挂牌公司的公司治理规定的内容也非常详尽，《全国中小企业股份转让系统挂牌公司治理规则》（以下简称《治理规则》）的内容多达一百多条，是全国股转公司内容最多的业务规则。根据新三板挂牌公司的公司治理实践和有关规则，新三板挂牌公司的公司治理主要体现在公司治理的机构、公司治理的人员、公司治理的其他规定。以下从这些方面对新三板挂牌公司的公司治理加以介绍。

（一）公司治理的机构

新三板挂牌公司的治理机构和上市公司一样，都是我国《公司法》规定的"三会一层"，即股东大会、董事会、监事会和经理层。在内容和程序上，挂牌公司的治理机构首先要符合《公司法》和中国证监会对公众公司的公司治理机构相关规定的要求。除此之外，全国股转公司还可以根据新三板市场以及新三板挂牌公司的特点，制定挂牌公司的公司治理相关规定，主要体现在内容、程序和差异化方面。

1. "三会一层"的内容

就股东大会的内容而言，它是由股东大会的职责所决定的。对于股东大会的职责，我国《公司法》已有明确的规定。这一职责同样是挂牌公司股东大会的职责，具体为：（1）决定公司的经营方针和投资计划；（2）选举和更换非由职工代表担任的董事、监事，决定有关董事、监事的报酬事项；（3）审议批准董事会的报告；（4）审议批准监事会或者监事的报告；（5）审议批准公司的年度财务预算方案、决算方案；（6）审议批准公司的利润分配方案和弥补亏损方案；（7）对公司增加或者减少注册资本作出决议；（8）对发行公司债券作出决议；（9）对公司合并、分立、解散、清算或者变更公司形式作出决议；

（10）修改公司章程；（11）公司章程规定的其他职权。

除了上述职责之外，《治理规则》对股东大会的内容也进行了规定，例如挂牌公司应当制定股东大会议事规则，列入公司章程或者作为章程附件。股东大会提案的内容应当符合法律法规和公司章程的有关规定，属于股东大会职权范围，有明确议题和具体决议事项；股东以其有表决权的股份数额行使表决权，所持每一股份享有一表决权，法律法规另有规定的除外；挂牌公司持有的本公司股份没有表决权，且该部分股份不计入出席股东大会有表决权的股份总数；挂牌公司控股子公司不得取得该挂牌公司的股份。确因特殊原因持有股份的，应当在1年内依法消除该情形。前述情形消除前，相关子公司不得行使所持股份对应的表决权，且该部分股份不计入出席股东大会有表决权的股份总数；公司章程中应当载明监事会或者股东依法自行召集股东大会产生的必要费用由挂牌公司承担等。

就董事会的内容而言，它是由董事会的职责所决定的。对于董事会的职责，我国《公司法》已有明确的规定，这一职责同样是挂牌公司董事会的职责，具体为：（1）召集股东大会会议，并向股东大会报告工作；（2）执行股东大会的决议；（3）决定公司的经营计划和投资方案；（4）制订公司的年度财务预算方案、决算方案；（5）制订公司的利润分配方案和弥补亏损方案；（6）制订公司增加或者减少注册资本以及发行公司债券的方案；（7）制订公司合并、分立、解散或者变更公司形式的方案；（8）决定公司内部管理机构的设置；（9）决定聘任或者解聘公司经理及其报酬事项，并根据经理的提名决定聘任或者解聘公司副经理、财务负责人及其报酬事项；（10）制定公司的基本管理制度；（11）公司章程规定的其他职权。

除此之外，《治理规则》还对董事会的内容进行了补充。一是董事会的人数及人员构成应当符合法律法规、部门规章、业务规则和公司章程的要求。董事会成员应当具备履行职责所必需的知识、技能和素质。鼓励挂牌公司建立独立董事制度。精选层挂牌公司应当设立两名以上独立董事，其中一名应当为会计专业人士。二是董事会可以根据需要设立审计、战略、提名、薪酬与考核等相关专门委员会。专门委员会对董事会负责，依照公司章程和董事会授权履行职责。专门委员会的组成、职责等应当在公司章程中规定。三是挂牌公司董事会应当切实履行职责，按期按时召集股东大会。全体董事应当勤勉尽责，确保股东大会正常召开和依法行使职权。四是董事会应当依法履行职责，确保挂牌公司遵守法律法规、部门规章、业务规则和公司章程的规定，公平对待所有股东，并关注其他利益相关者的合法权益。挂牌公司应当保障董事会依照法律法规、部门规章、业务规则和公司章程的规定行使职权，为董事正常履行职责提供必要的条件。五是董事会授权董事长在董事会闭会期间行使董事会部分职权的，挂牌公司应当在公司章程中明确规定授权的原则和具体内容。挂牌公司重大事项应当由董事会集体决策，董事会不得将法定职权授予个别董事或者他人行使。

就监事会的内容而言，它是由监事会的职责所决定的。对于监事会的职责，我国《公司法》已有明确的规定，这一职责同样是挂牌公司监事会的职责，具体为：（1）检查公司财务；（2）对董事、高级管理人员执行公司职务的行为进行监督，对违反法律、行政法规、公司章程或者股东大会决议的董事、高级管理人员提出罢免的建议；（3）当董事、高级管理人员的行为损害公司的利益时，要求董事、高级管理人员予以纠正；（4）提议召开临时股东大会会议，在董事会不履行《公司法》规定的召集和主持股东大会会议职责时召集和主持股东大会会议；（5）向股东大会会议提出提案；（6）依照《公司法》的规定，对董事、高级管理人员提起诉讼；（7）公司章程规定的其他职权。监事可以列席董事会会议，并对董事会决议事项提出质询或者建议。监事会发现公司经营情况异常，可以进行调查；必要时，可以聘请会计师事务所等协助其工作，费用由公司承担。

除此之外，《治理规则》还对监事会的内容进行了补充。一是挂牌公司应当在公司章程中载明监事会的职责，以及监事会召集、召开、表决等程序，规范监事会运行机制。挂牌公司应当制定监事会议事规则，报股东大会审批，并列入公司章程或者作为章程附件。二是监事会的人员和结构应当确保监事会能够独立有效地履行职责。监事应当具有相应的专业知识或者工作经验，具备有效的履职能力。三是监事会自行召集股东大会的，挂牌公司董事会、信息披露事务负责人应当予以配合，并及时履行信息披露义务；监事会应当了解公司经营情况，检查公司财务，监督董事、高级管理人员履职的合法合规性，行使公司章程规定的其他职权，维护挂牌公司及股东的合法权益。监事会可以独立聘请中介机构提供专业意见。四是监事会发现董事、高级管理人员违反法律法规、部门规章、业务规则或者公司章程的，应当履行监督职责，向董事会通报或者向股东大会报告，也可以直接向主办券商或者全国股转公司报告。

就经理层而言，我国《公司法》第四十九条对经理的职责进行了规定。根据该规定，挂牌公司可以设经理，由董事会决定聘任或者解聘。经理对董事会负责，行使下列职权：（1）主持公司的生产经营管理工作，组织实施董事会决议；（2）组织实施公司年度经营计划和投资方案；（3）拟订公司内部管理机构设置方案；（4）拟订公司的基本管理制度；（5）制定公司的具体规章；（6）提请聘任或者解聘公司副经理、财务负责人；（7）决定聘任或者解聘除应由董事会决定聘任或者解聘以外的负责管理人员；（8）董事会授予的其他职权。公司章程对经理职权另有规定的，从其规定。

2. "三会一层"的程序

就股东大会而言，挂牌公司应当严格依照法律法规、部门规章、业务规则和公司章程的规定召开临时股东大会和年度股东大会，保证股东能够依法行使权利。《治理规则》对股东大会的程序进行了规定。

一是对股东大会的次数进行了规定。年度股东大会每年召开一次，应当在上一会计年度结束后的6个月内召开；临时股东大会不定期召开，出现《公司法》规定应当召开临时股东大会情形的，应当在2个月内召开。在上述期限内不能召开股东大会的，挂牌公司应当及时告知主办券商，并披露公告说明原因。

二是对临时股东大会的召开进行了规定。（1）监事会有权向董事会提议召开临时股东大会，并以书面形式提出。董事会不同意召开，或者在收到提议后

10 日内未作出书面反馈的，监事会应当自行召集和主持临时股东大会。（2）单独或者合计持有公司 10% 以上股份的股东可以书面提议董事会召开临时股东大会；董事会不同意召开，或者在收到提议后 10 日内未作出反馈的，上述股东可以书面提议监事会召开临时股东大会。监事会同意召开的，应当在收到提议后 5 日内发出召开股东大会的通知；未在规定期限内发出通知的，视为监事会不召集和主持股东大会，连续 90 日以上单独或者合计持有公司 10% 以上股份的股东可以自行召集和主持临时股东大会。在股东大会决议公告之前，召集股东大会的股东合计持股比例不得低于 10%。

三是对股东大会召开的时间、地点、登记日、公告、通知进行了规定。即股东大会应当按照相关规定将会议召开的时间、地点和审议的事项以公告的形式向全体股东发出通知。股东大会通知中应当列明会议时间、地点，并确定股权登记日。股权登记日与会议日期之间的间隔不得多于 7 个交易日，且应当晚于公告的披露时间。股权登记日一旦确定，不得变更。股东大会通知和补充通知中应当充分、完整地披露提案的具体内容，以及为使股东对拟讨论事项作出合理判断所需的全部资料或解释。股东大会通知发出后，无正当理由不得延期或者取消，股东大会通知中列明的提案不得取消。确需延期或者取消的，公司应当在股东大会原定召开日前至少 2 个交易日公告，并详细说明原因。

四是对股东大会的临时提案及召集人进行了规定。即单独或者合计持有公司 3% 以上股份的股东可以在股东大会召开 10 日前提出临时提案并书面提交召集人；召集人应当在收到提案后 2 日内发出股东大会补充通知，并将该临时提案提交股东大会审议。在发出股东大会通知后，召集人不得修改或者增加新的提案。股东大会不得对股东大会通知中未列明或者不符合法律法规和公司章程规定的提案进行表决并作出决议。

五是对股东大会的召开方式进行了规定。挂牌公司股东大会应当设置会场，以现场会议方式召开。现场会议时间、地点的选择应当便于股东参加。挂牌公司应当保证股东大会会议合法、有效，为股东参加会议提供便利。股东大会应当给予每个提案合理的讨论时间。

精选层挂牌公司召开股东大会，应当提供网络投票方式。股东人数超过200人的创新层、基础层挂牌公司，股东大会审议《治理规则》第二十六条规定的单独计票事项，应当提供网络投票方式。

六是对股东大会的主持人进行了规定。股东大会由董事长主持。董事长不能履行职务或者不履行职务时，由副董事长主持；副董事长不能履行职务或者不履行职务时，由半数以上董事共同推举一名董事主持。

监事会自行召集的股东大会，由监事会主席主持。监事会主席不能履行职务或者不履行职务时，由监事会副主席主持；监事会副主席不能履行职务或不履行职务时，由半数以上监事共同推举一名监事主持。股东依法自行召集的股东大会，由召集人推选代表主持。

七是对股东大会的回避表决进行了规定。即股东与股东大会拟审议事项有关联关系的，应当回避表决，其所持有表决权的股份不计入出席股东大会有表决权的股份总数。法律法规、部门规章、业务规则另有规定和全体股东均为关联方的除外。

科技创新公司可以按照法律法规、部门规章、业务规则的规定，发行拥有特别表决权股份。特别表决权股份相关安排，应当经出席股东大会的股东所持表决权的2/3以上通过，拟持有特别表决权股份的股东及其关联方应当回避表决。

八是对股东大会特别表决权进行了规定。即持有特别表决权股份的股东应当为公司董事，且在公司中拥有权益的股份达到公司有表决权股份的10%以上。每份特别表决权股份的表决权数量应当相同，且不得超过每份普通股份的表决权数量的10倍。

存在特别表决权股份的公司表决权差异的设置、存续、调整、信息披露和投资者保护等事项应当遵守全国股转公司的具体规定。

九是对股东大会会议记录进行了规定。即股东大会会议记录由信息披露事务负责人负责。出席会议的董事、信息披露事务负责人、召集人或者其代表、会议主持人应当在会议记录上签名，并保证会议记录真实、准确、完整。会议记录应当与现场出席股东的签名册和代理出席的授权委托书、网络及其他方式有效表决资料一并保存。

十是对股东大会出具的法律意见书进行了规定。要求精选层挂牌公司召开股东大会，应当聘请律师对股东大会的召集、召开程序、出席会议人员的资格、召集人资格、表决程序和结果等会议情况出具法律意见书；创新层、基础层挂牌公司召开年度股东大会以及股东大会提供网络投票方式的，应当聘请律师按照前述规定出具法律意见书。

就董事会的程序而言，《治理规则》对董事会的具体召集频次、时间、回避制度、会议记录及记录保存进行了规定。

一是召开程序。董事会每年度至少召开 2 次会议，每次会议应当于会议召开 10 日前通知全体董事和监事；董事会召开临时会议，应当按照公司章程的规定发出会议通知。董事会会议议题应当事先拟定，并提供足够的决策材料。

二是回避制度。董事与董事会会议决议事项有关联关系的，应当回避表决，不得对该项决议行使表决权，也不得代理其他董事行使表决权。该董事会会议由过半数的无关联关系董事出席即可举行，董事会会议所作决议须经无关联关系董事过半数通过。出席董事会的无关联关系董事人数不足 3 人的，应将该事项提交挂牌公司股东大会审议。

三是会议记录。董事会会议记录应当真实、准确、完整。出席会议的董事、信息披露事务负责人和记录人应当在会议记录上签名。董事会会议记录应当妥善保存。

就监事会的程序而言，《治理规则》对具体的召开程序、列席会议人员及会议记录进行了规定。

一是召开程序。挂牌公司应当严格依照法律法规、部门规章、业务规则和公司章程的规定召开监事会，规范监事会的议事方式和决策程序。监事会每 6 个月至少召开 1 次会议，临时会议可以根据监事的提议召开。监事会应当按照公司章程的规定发出会议通知。监事会会议议题应当事先拟定，并提供相应的决策材料。

二是列席人员。监事会可以要求董事、高级管理人员、内部及外部审计人员等列席监事会会议，回答所关注的问题。

三是会议记录。监事会会议记录应当真实、准确、完整。出席会议的监事、记录人应当在会议记录上签名。监事会会议记录应当妥善保存。

就公司治理中的经理层而言，根据《治理规则》的规定，挂牌公司设经理，由董事会决定聘任或者解聘。经理对董事会负责，主持公司的生产经营工作，组织实施董事会决议，依照法律法规、部门规章、业务规则和公司章程的规定履行职责。经理列席董事会会议。

3. 差异化、特殊化安排

新三板挂牌公司的公司治理在具体的"三会一层"里还做了一些差异化和特殊化的安排。在差异化方面主要是精选层、创新层和基础层三个层级有所不同，对精选层在公司治理上要求更加全面，内容也高于创新层和基础层。在特殊化方面，虽然《公司法》也对"三会一层"的内容和程序做了安排，但新三板挂牌公司的"三会一层"涉及表决权和投票权等方面的特殊化安排更加细致。

就差异化而言，根据《治理规则》，主要有以下几点：一是股东大会网络投票方式。即精选层挂牌公司召开股东大会，应当提供网络投票方式。股东人数超过200人的创新层、基础层挂牌公司，股东大会审议《治理规则》第二十六条规定的单独计票事项的，应当提供网络投票方式。二是精选层公司的股东大会法律意见书。即精选层挂牌公司召开股东大会，应当聘请律师对股东大会的召集、召开程序、出席会议人员的资格、召集人资格、表决程序和结果等会议情况出具法律意见书。而创新层、基础层挂牌公司召开年度股东大会以及股东大会提供网络投票方式的，应当聘请律师按照规定出具法律意见书。三是董事会秘书的要求。精选层、创新层挂牌公司应当设董事会秘书作为信息披露事务负责人，董事会秘书应当取得全国股转公司董事会秘书资格证书，负责信息披露事务、股东大会和董事会会议的筹备、投资者关系管理、股东资料管理等工作。基础层挂牌公司未设董事会秘书的，应当指定一名高级管理人员作为信息披露事务负责人负责上述事宜，全国股转公司参照董事会秘书的有关规定对其进行管理。信息披露事务负责人应当列席公司的董事会和股东大会。四是独立董事的要求。鼓励挂牌公司建立独立董事制度。精选层挂牌公司应当设立两名以上独立董事，其中一名应当为会计专业人士。

就特殊化安排方面，进一步细化了相关法律法规关于"三会一层"的相关安排。《治理规则》在四个方面进行了规定。

一是对特别表决权进行了规定。（1）科技创新公司可以按照法律法规、部门规章、业务规则的规定，发行拥有特别表决权股份。特别表决权股份相关安排，应当经出席股东大会的股东所持表决权的2/3以上通过，拟持有特别表决权股份的股东及其关联方应当回避表决。（2）持有特别表决权股份的股东应当为公司董事，且在公司中拥有权益的股份达到公司有表决权股份的10%以上。每份特别表决权股份的表决权数量应当相同，且不得超过每份普通股份的表决权数量的10倍。（3）存在特别表决权股份的公司表决权差异的设置、存续、调整、信息披露和投资者保护等事项，由全国股转公司具体规定。（4）特别表决权仅适用于公司章程约定的股东大会特定决议事项。除前述事项外，持有特别表决权股份的股东与持有普通股份的股东享有的权利完全相同。

二是对征集投票权进行了规定。挂牌公司董事会、独立董事和符合有关条件的股东可以向公司股东征集其在股东大会上的投票权。征集投票权应当向被征集人充分披露具体投票意向等信息，且不得以有偿或者变相有偿的方式进行。挂牌公司可以在公司章程中规定征集投票权制度，但是不得对征集投票权设定不适当障碍而损害股东的合法权益。

三是对累积投票权进行了规定。（1）股东大会选举董事、监事时，应当充分反映中小股东的意见。鼓励挂牌公司股东大会在董事、监事选举中推行累积投票制。采用累积投票制的挂牌公司应当在公司章程中规定具体实施办法。精选层挂牌公司单一股东及其一致行动人拥有权益的股份比例在30%以上的，股东大会在董事、监事选举中应当推行累积投票制。（2）除累积投票制外，股东大会对所有提案应当逐项表决。对同一事项有不同提案的，应当按照提案的时间顺序进行表决，股东在股东大会上不得对同一事项不同的提案同时投同意票。（3）除因不可抗力等特殊原因导致股东大会中止或不能作出决议外，股东大会不得对提案进行搁置或不予表决。

四是对单独计票进行了规定。精选层挂牌公司以及股东人数超过200人的创新层、基础层挂牌公司股东大会审议下列影响中小股东利益的重大事项时，对中小股东的表决情况应当单独计票并披露：（1）任免董事；（2）制定、修改利润分配政策，或者进行利润分配；（3）关联交易、对外担保（不含对合并报表范围内的子公司提供担保）、对外提供财务资助、变更募集资金用途等；（4）重大资产重组、股权激励；（5）公开发行股票、申请股票在其他证券交易场所交易；（6）法律法规、部门规章、业务规则及公司章程规定的其他事项。

（二）公司治理人员的规范

1. 董事、监事与高级管理人员的规范

对董事、监事与高级管理人员的规范主要体现为两个方面，即董事、监事与高级管理人员任职管理和行为管理。

一方面，对董事、监事与高级管理人员的任职进行了规定，包括任职资格、程序、人员职数、辞职离职要求、报告承诺事项。

第一，对董事、监事、高级管理人员的任职资格进行了规定。挂牌公司应当在公司章程中明确，存在下列情形之一的，不得担任挂牌公司董事、监事或者高级管理人员：（1）《公司法》规定不得担任董事、监事和高级管理人员的情形；（2）被中国证监会采取证券市场禁入措施或者认定为不适当人选，期限尚未届满；（3）被全国股转公司或者证券交易所采取认定其不适合担任公司董事、监事、高级管理人员的纪律处分，期限尚未届满；（4）中国证监会和全国股转公司规定的其他情形。财务负责人作为高级管理人员，还应当具备会计师以上专业技术职务资格，或者具有会计专业知识背景并从事会计工作3年以上。

董事、监事和高级管理人员候选人存在下列情形之一的，挂牌公司应当披露该候选人具体情形、拟聘请该候选人的原因以及是否影响公司规范运作，并提示相关风险：（1）最近3年内受到中国证监会及其派出机构行政处罚；（2）最近3年内受到全国股转公司或者证券交易所公开谴责或者3次以上通报批评；（3）因涉嫌犯罪被司法机关立案侦查或者涉嫌违法违规被中国证监会立案调查，尚未有明确结论意见。上述期间，应当以公司董事会、股东大会等有权机构审议董事、监事和高级管理人员候选人聘任议案的日期为截止日。

第二，对董事、监事、高级管理人员的任职程序进行了规定。董事、监事、高级管理人员候选人的任职资格应当符合法律法规、部门规章、业务规则和公司章程等规定。挂牌公司应当在公司章程中载明董事、监事、高级管理人员的提名、选聘程序，规范董事、监事、高级管理人员选聘行为。职工监事依照法律法规、部门规章、业务规则和公司章程选举产生。

第三，对董事、监事、高级管理人员的任职职数和兼任情况进行了规定。（1）精选层挂牌公司董事会中兼任高级管理人员的董事和由职工代表担任的董事，人数总计不得超过公司董事总数的1/2；（2）董事、监事、高级管理人员候选人被提名后，应当自查是否符合任职资格，及时向公司提供其是否符合任职资格的书面说明和相关资格证明（如适用）；（3）董事会、监事会应当对候选人的任职资格进行核查，发现候选人不符合任职资格的，应当要求提名人撤销对该候选人的提名，提名人应当撤销；（4）挂牌公司董事、高级管理人员不得兼任监事。挂牌公司董事、高级管理人员的配偶和直系亲属在公司董事、高级管理人员任职期间不得担任公司监事。

第四，对董事、监事、高级管理人员的辞离职情况进行了规定。董事、监事和高级管理人员辞职应当提交书面辞职报告，不得通过辞职等方式规避其应当承担的职责。除下列情形外，董事、监事和高级管理人员的辞职自辞职报告送达董事会或者监事会时生效：（1）董事、监事辞职导致董事会、监事会成员低于法定最低人数；（2）职工代表监事辞职导致职工代表监事人数少于监事会成员的1/3；（3）董事会秘书辞职未完成工作移交且相关公告未披露。辞职报告应当在下任董事、监事填补因其辞职所产生的空缺，或者董事会秘书完成工作移交且相关公告披露后方能生效。在辞职报告尚未生效之前，拟辞职董事、监事或者董事会秘书仍应当继续履行职责。发生上述情形的，公司应当在2个月内完成董事、监事补选；挂牌公司现任董事、监事和高级管理人员发生《治理规则》第四十七条第二款规定情形的，应当及时向公司主动报告并自事实发生之日起1个月内离职。

第五，对董事、监事、高级管理人员报告承诺情况进行了规定。（1）挂牌公司应当在挂牌时向全国股转公司报备董事、监事和高级管理人员的任职、职业经历和持有公司股票的情况。挂牌公司的董事、监事和高级管理人员发生变化的，公司应当自相关决议通过之日起2个交易日内将最新资料向全国股转公司报备。新任董事、监事应当在股东大会或者职工代表大会通过其任命后2个交易日内，新任高级管理人员应当在董事会通过其任命后2个交易日内签署承诺书并报备。（2）董事、监事和高级管理人员应当遵守公司挂牌时签署的《董事（监事、高级管理人员）声明及承诺书》。

另一方面，对董事、监事、高级管理人员的行为进行了规范。分别从七个方面进行了规定。

第一，对忠实勤勉义务进行了规定。（1）董事、监事、高级管理人员应当遵守法律法规、部门规章、业务规则和公司章程，对公司负有忠实义务和勤勉义务，严格履行其作出的公开承诺，不得损害公司利益；（2）对董事的忠实勤勉进行了具体的规定。其一，董事应当充分考虑所审议事项的合法合规性、对公司的影响以及存在的风险，审慎履行职责并对所审议事项表示明确的个人意见。对所审议事项有疑问的，应当主动调查或者要求董事会提供决策所需的进一步信息。其二，董事应当充分关注董事会审议事项的提议程序、决策权限、表决程序等相关事宜。董事应当亲自出席董事会会议，因故不能出席的，可以书面形式委托其他董事代为出席（精选层挂牌公司的董事出现连续2次未亲自出席董事会会议，或者任职期内连续12个月未亲自出席董事会会议次数超过其间董事会会议总次数的1/2的，应当作出书面说明并对外披露）。涉及表决事项的，委托人应当在委托书中明确对每一事项发表同意、反对或者弃权的意见。董事不得作出或者接受无表决意向的委托、全权委托或者授权范围不明确的委托。董事对表决事项的责任不因委托其他董事出席而免除。1名董事不得在 1 次董事会会议上接受超过 2 名董事的委托代为出席会议。其三，董事在审议定期报告时，应当认真阅读定期报告全文，重点关注定期报告内容是否真实、准确、完整，是否存在重大编制错误或者遗漏，主要会计数据和财务指标是否发生大幅波动及波动原因的解释是否合理，是否存在异常情况，是否全面分析了公司报告期财务状况与经营成果并且充分披露了可能影响公司未来财务状况与经营成果的重大事项和不确定性因素等。董事应当依法对定期报告是否真实、准确、完整签署书面确认意见，不得委托他人签署，也不得以任何理由拒绝签署。董事对定期报告内容的真实性、准确性、完整性无法保证或者存在异议的，应当说明具体原因并公告。

第二，对董事长的行为进行了规范。（1）董事长应当积极推动公司制定、完善和执行各项内部制度。（2）董事长不得从事超越其职权范围的行为。董事长在其职权范围（包括授权）内行使权力时，遇到对公司经营可能产生重大影响的事项时，应当审慎决策，必要时应当提交董事会集体决策。对于授权事项的执行情况，董事长应当及时告知全体董事。（3）董事长应当保证信息披露事务负责人的知情权，不得以任何形式阻挠其依法行使职权。董事长在接到可能对公司股票及其他证券品种交易价格、投资者投资决策产生较大影响的重大事件报告后，应当立即敦促信息披露事务负责人及时履行信息披露义务。

第三，对监事的职权进行了规范。赋予监事列席会议权、质询权、建议权、监督权、罢免权、报告权等。（1）监事可以列席董事会会议，并对董事会决议事项提出质询或者建议。监事有权了解公司经营情况。挂牌公司应当采取措施保障监事的知情权，为监事正常履行职责提供必要的协助，任何人不得干预、阻挠。监事履行职责所需的有关费用由公司承担。（2）监事应当对公司董事、高级管理人员遵守法律法规、部门规章、业务规则和公司章程以及执行公司职务的行为进行监督。（3）监事在履行监督职责过程中，对违反法律法规、公司章程或者股东大会决议的董事、高级管理人员可以提出罢免的建议。（4）监事发现董事、高级管理人员及公司存在违反法律法规、部门规章、业务规则、公司章程或者股东大会决议的行为，已经或者可能给公司造成重大损失的，应当及时向董事会、监事会报告，提请董事会及高级管理人员予以纠正。

第四，对高级管理人员进行了规范。高级管理人员应当严格执行董事会决议、股东大会决议等，不得擅自变更、拒绝或者消极执行相关决议。

第五，对其他人员进行了规范。主要是对挂牌公司的财务负责人、董事会秘书等核心人员进行了规范。（1）财务负责人应当积极督促公司制定、完善和执行财务管理制度，重点关注资金往来的规范性；（2）董事会秘书为公司的高级管理人员，应当积极督促公司制定、完善和执行信息披露事务管理制度，做好相关信息披露工作。

第六，对董事、监事、高级管理人员民事赔偿进行了规定。即董事、监事、高级管理人员执行职务时违反法律法规和公司章程，给挂牌公司造成损失的，应当依法承担赔偿责任。

2. 股东、控股股东及实际控制人的规范

对股东、控股股东及实际控制人的规范，主要是指对挂牌公司股东的权利和第一大股东、控股股东、实际控制人的义务和责任进行规范。

一是对挂牌公司股东权利进行了规定。在按照《公司法》等法律规定的股东权利基础上，主要从权利的角度强调和保护了公司一般股东合法权益。（1）股东依照法律法规和公司章程享有权利并承担义务。挂牌公司章程、股东大会决议或者董事会决议等不得剥夺或者限制股东的法定权利。（2）挂牌公司应当建立与股东畅通有效的沟通渠道，保障股东对公司重大事项的知情权、参与决策和监督等权利。挂牌公司申请股票终止挂牌的，应当充分考虑股东的合法权益，并对异议股东作出合理安排。（3）挂牌公司应当制定利润分配制度，并可以对现金分红的具体条件和比例、未分配利润的使用原则等作出具体规定，保障股东的分红权。精选层挂牌公司应当根据实际情况在公司章程中明确一定比例的现金分红相对于股票股利在利润分配方式中的优先顺序。

二是对控股股东、实际控制人的义务和责任进行了规定。在规定控股股东、实际控制人的诚信义务和保证公司独立职责的基础上，更多的是对控股股东和实际控制人的禁止性规定。主要体现为以下八个方面。

第一，独立性规定。控股股东、实际控制人应当采取切实措施保证公司资产独立、人员独立、财务独立、机构独立和业务独立，不得通过任何方式影响公司的独立性。

第二，诚信义务规定。控股股东、实际控制人对挂牌公司及其他股东负有诚信义务，应当依法行使股东权利，履行股东义务。

第三，禁止性一般规定。对控股股东和实际控制人规定较多的禁止性规定。要求控股股东、实际控制人：（1）不得利用其控制权损害挂牌公司及其他股东的合法权益，不得利用控制地位牟取非法利益；（2）不得违反法律法规、部门规章、业务规则和公司章程干预挂牌公司的正常决策程序，损害挂牌公司及其他股东的合法权益，不得对股东大会人事选举结果和董事会人事聘任决议设置批准程序，不得干预高级管理人员正常选聘程序，不得越过股东大会、董事会直接任免高级管理人员；（3）不得通过直接调阅、要求挂牌公司向其报告等方式获取公司未公开的重大信息；（4）不得有虚假记载、误导性陈述或者重大遗漏。不得要求或者协助公司隐瞒重要信息。

第四，对占用公司资金做了禁止性规定。即控股股东、实际控制人及其控制的企业不得以下列任何方式占用公司资金：其一，公司为控股股东、实际控制人及其控制的企业垫付工资、福利、保险、广告等费用和其他支出；其二，公司代控股股东、实际控制人及其控制的企业偿还债务；其三，有偿或者无偿、直接或者间接地从公司拆借资金给控股股东、实际控制人及其控制的企业；其四，不及时偿还公司承担控股股东、实际控制人及其控制的企业的担保责任而形成的债务；其五，公司在没有商品或者劳务对价的情况下提供给控股股东、实际控制人及其控制的企业使用资金；其六，中国证监会、全国股转公司认定的其他形式的占用资金情形。

第五，对同业竞争的禁止性规定。要求控股股东、实际控制人及其控制的企业不得在挂牌公司挂牌后新增同业竞争。

第六，对收购情况进行了规定。（1）挂牌公司股东、实际控制人、收购人应当严格按照相关规定履行信息披露义务，及时告知挂牌公司控制权变更、权益变动和其他重大事项，并保证披露的信息真实、准确、完整，不得有虚假记载、误导性陈述或者重大遗漏。挂牌公司股东、实际控制人、收购人应当积极配合公司履行信息披露义务，不得要求或者协助公司隐瞒重要信息。（2）通过接受委托或者信托等方式持有或实际控制的股份达到5%以上的股东或者实际控制人，应当及时将委托人情况告知挂牌公司，配合公司履行信息披露义务。（3）挂牌公司控股股东、实际控制人及其一致行动人转让控制权的，应当公平合理，不得损害公司和其他股东的合法权益。控股股东、实际控制人及其一致行动人转让控制权时存在下列四种情形的，应当在转让前予以解决，即违规占用公司资金；未清偿对公司债务或者未解除公司为其提供的担保；对公司或者其他股东的承诺未履行完毕；对公司或者中小股东利益存在重大不利影响的其他事项。

第七，对内幕交易、操纵市场及禁止买卖进行了规定。（1）挂牌公司股东、实际控制人及其他知情人员在相关信息披露前负有保密义务，不得利用公司未公开的重大信息牟取利益，不得进行内幕交易、操纵市场或者其他欺诈活动。挂牌公司应当做好证券公开发行、重大资产重组、回购股份等重大事项的内幕信息知情人登记管理工作。（2）挂牌公司控股股东、实际控制人、董事、监事和高级管理人员在下列期间不得买卖本公司股票：其一，公司年度报告公告前30日内，因特殊原因推迟年度报告日期的，自原预约公告日前30日起算，直至公告日日终；其二，公司业绩预告、业绩快报公告前10日内；其三，自可能对公司股票及其他证券品种交易价格、投资者投资决策产生较大影响的重大事件发生之日或者进入决策程序之日，至依法披露后2个交易日内；其四，中国证监会、全国股转公司认定的其他期间。

第八，对第一大股东提出了要求。即挂牌公司无控股股东、实际控制人的，公司第一大股东应当比照《治理规则》第七十一条、第七十三条、第七十四条、第七十七条关于控股股东、实际控制人的要求履行相关义务，并承担相应的责任。

**（三）公司治理重大行为的规范**

公司治理中的重大行为主要包括重大交易、关联交易和承诺事项。挂牌公司的公司治理对这些行为均有详细的规定，主要内容如下：

1. 重大交易行为

根据《治理规则》，对重大行为的规范主要是重大交易的界定及所涉及的程序和内容的规定。

第一，对交易范畴进行了界定。将下列十二种情形视为交易：（1）购买或者出售资产；（2）对外投资（含委托理财、对子公司投资等）；（3）提供担保；（4）提供财务资助；（5）租入或者租出资产；（6）签订管理方面的合同（含委托经营、受托经营等）；（7）赠予或者受赠资产；（8）债权或者债务重组；（9）研究与开发项目的转移；（10）签订许可协议；（11）放弃权利；（12）中国证监会、全国股转公司认定的其他交易。上述购买或者出售资产，不包括购买原材料、燃料和动力，以及出售产品或者商品等与日常经营相关的交易行为。

第二，对交易金额等进行了界定。（1）成交金额是指支付的交易金额和承担的债务及费用等。交易安排涉及未来可能支付或者收取对价的、未涉及具体金额或者根据设定条件确定金额的，预计最高金额为成交金额；挂牌公司发生"提供财务资助"和"委托理财"等事项时，应当以发生额作为成交金额，并按交易事项的类型在连续 12 个月内累计计算，适用《治理规则》第八十三条①

---

① 《治理规则》第八十三条规定"精选层挂牌公司发生的交易（除提供担保外）达到下列标准之一的，应当提交股东大会审议：（一）交易涉及的资产总额（同时存在账面值和评估值的，以孰高为准）占公司最近一期经审计总资产的50%以上；（二）交易的成交金额占公司市值的50%以上；（三）交易标的（如股权）最近一个会计年度资产净额占公司市值的50%以上；（四）交易标的（如股权）最近一个会计年度相关的营业收入占公司最近一个会计年度经审计营业收入的50%以上，且超过5000万元；（五）交易产生的利润占公司最近一个会计年度经审计净利润的50%以上，且超过750万元；（六）交易标的（如股权）最近一个会计年度相关的净利润占公司最近一个会计年度经审计净利润的50%以上，且超过750万元"。

或者第八十四条；① 挂牌公司与同一交易方同时发生第八十一条规定②的同一类别且方向相反的交易时，应当按照其中单向金额适用第八十三条或者第八十四条。（2）对财务指标的计算等进行了界定。挂牌公司发生股权交易，导致公司合并报表范围发生变更的，应当以该股权所对应公司的相关财务指标作为计算基础，适用第八十三条或者第八十四条；股权交易未导致合并报表范围发生变更的，应当按照公司所持权益变动比例计算相关财务指标，适用第八十三条或者第八十四条；挂牌公司直接或者间接放弃控股子公司股权的优先受让权或增资权，导致子公司不再纳入合并报表的，应当视为出售股权资产，以该股权所对应公司相关财务指标作为计算基础，适用第八十三条或者第八十四条；挂牌公司部分放弃控股子公司或者参股子公司股权的优先受让权或增资权，未导致合并报表范围发生变更，但是公司持股比例下降的，应当按照公司所持权益变动比例计算相关财务指标，适用第八十三条或者第八十四条；除提供担保等业务规则另有规定事项外，挂牌公司进行第八十一条规定的同一类别且与标的相关的交易时，应当按照连续 12 个月累计计算的原则，适用第八十三条或者第八十四条。（3）对市值进行了界定。市值是指交易前 20 个交易日收盘市值的算术平均值。

第三，对重大交易的程序和内容进行了规定。对于重大交易，在程序上必须经过董事会审议，但在下列情况下，因精选层、创新层和基础层的不同，还必须经过股东大会审议。

精选层挂牌公司发生的交易（除提供担保外）达到下列标准之一的，应当

---

① 《治理规则》第八十四条规定"创新层挂牌公司发生的交易（除提供担保外）达到下列标准之一的，应当提交股东大会审议：（一）交易涉及的资产总额（同时存在账面值和评估值的，以孰高为准）或成交金额占公司最近一个会计年度经审计总资产的 50% 以上；（二）交易涉及的资产净额或成交金额占公司最近一个会计年度经审计净资产绝对值的 50% 以上，且超过 1500 万元的。基础层挂牌公司应当按照公司章程的规定对发生的交易事项履行审议程序"。

② 《治理规则》第八十一条规定"本章所称交易包括下列事项：（一）购买或者出售资产；（二）对外投资（含委托理财、对子公司投资等）；（三）提供担保；（四）提供财务资助；（五）租入或者租出资产；（六）签订管理方面的合同（含委托经营、受托经营等）；（七）赠予或者受赠资产；（八）债权或者债务重组；（九）研究与开发项目的转移；（十）签订许可协议；（十一）放弃权利；（十二）中国证监会、全国股转公司认定的其他交易。上述购买或者出售资产，不包括购买原材料、燃料和动力，以及出售产品或者商品等与日常经营相关的交易行为"。

提交股东大会审议：（1）交易涉及的资产总额（同时存在账面值和评估值的，以孰高为准）占公司最近一期经审计总资产的50%以上；（2）交易的成交金额占公司市值的50%以上；（3）交易标的（如股权）最近1个会计年度资产净额占公司市值的50%以上；（4）交易标的（如股权）最近1个会计年度相关的营业收入占公司最近1个会计年度经审计营业收入的50%以上，且超过5000万元；（5）交易产生的利润占公司最近1个会计年度经审计净利润的50%以上，且超过750万元；（6）交易标的（如股权）最近1个会计年度相关的净利润占公司最近1个会计年度经审计净利润的50%以上，且超过750万元。

创新层挂牌公司发生的交易（除提供担保外）达到下列标准之一的，应当提交股东大会审议：（1）交易涉及的资产总额（同时存在账面值和评估值的，以孰高为准）或成交金额占公司最近1个会计年度经审计总资产的50%以上；（2）交易涉及的资产净额或成交金额占公司最近1个会计年度经审计净资产绝对值的50%以上，且超过1500万元。

基础层挂牌公司应当按照公司章程的规定对发生的交易事项履行审议程序。

第四，对提供担保和财务资助或受助情形进行了特别的规定。分别对召开股董事会、股东大会的情形以及相关禁止性行为做了规定。

对于挂牌公司提供担保的，在程序上必须经过董事会审议，符合以下情形之一的，还应当提交公司股东大会审议：（1）单笔担保额超过公司最近一期经审计净资产10%的担保；（2）公司及其控股子公司的对外担保总额，超过公司最近一期经审计净资产50%以后提供的任何担保；（3）为资产负债率超过70%的担保对象提供的担保；（4）按照担保金额连续12个月累计计算原则，超过公司最近一期经审计总资产30%的担保；（5）中国证监会、全国股转公司或者公司章程规定的其他担保。

挂牌公司为全资子公司提供担保，或者为控股子公司提供担保且控股子公司其他股东按所享有的权益提供同等比例担保，不损害公司利益的，可以豁免适用上述（1）、（2）、（3）的规定，但是公司章程另有规定的除外。

对于财务资助项目，在程序上不但要经过董事会审议，在特殊情形下还要经过股东大会审议。根据《治理规则》第九十五条的规定，挂牌公司对外提供财务资助事项属于下列情形之一的，经董事会审议通过后还应当提交公司股东大会审议：（1）被资助对象最近一期的资产负债率超过70%；（2）单次财务资助金额或者连续12个月内累计提供财务资助金额超过公司最近一期经审计净资产的10%；（3）中国证监会、全国股转公司或者公司章程规定的其他情形。

同时，对财务资助也有禁止性的规定，即挂牌公司不得为董事、监事、高级管理人员、控股股东、实际控制人及其控制的企业等关联方提供资金等财务资助。对外财务资助款项逾期未收回的，挂牌公司不得对同一对象继续提供财务资助或者追加财务资助。

挂牌公司单方面获得利益的交易，包括受赠现金资产、获得债务减免、接受担保和资助等，可免予按照《治理规则》第八十三条或者第八十四条的规定履行股东大会审议程序。

第五，对精选层在交易标的、资产总额、成交金额、净利润指标等方面进行了特别的规定。交易标的为股权且达到《治理规则》第八十三条规定标准的，精选层挂牌公司应当提供交易标的最近1年又一期财务报告的审计报告；交易标的为股权以外的非现金资产的，应当提供评估报告。经审计的财务报告截止日距离审计报告使用日不得超过6个月，评估报告的评估基准日距离评估报告使用日不得超过1年。

审计报告和评估报告应当由符合《证券法》规定的证券服务机构出具。交易虽未达到《治理规则》第八十三条规定的标准，但是全国股转公司认为有必要的，公司应当提供审计或者评估报告。

精选层挂牌公司购买、出售资产交易，涉及资产总额或者成交金额连续12个月内累计计算超过公司最近一期经审计总资产30%的，应当比照《治理规则》第九十八条的规定提供评估报告或者审计报告，并提交股东大会审议。①

挂牌公司与其合并报表范围内的控股子公司发生的或者上述控股子公司之间发生的交易，除另有规定或者损害股东合法权益的以外，免予按照《治理规则》第八十三条或者第八十四条的规定履行股东大会审议程序。未盈利的精选层挂牌公司可以豁免适用第八十三条的净利润指标。

2. 关联交易

关联交易是指挂牌公司或者其合并报表范围内的子公司等其他主体与公司关联方发生法律规定的交易和日常经营范围内发生的可能导致资源或者义务转移的事项。一般认为，下列事项的交易属于关联交易的范畴，即购买或者出售资产、对外投资包括委托理财或者对子公司投资等、提供担保、提供财务资助、租入或者租出资产，签订管理方面的合同包括委托经营或者受托经营等、赠予或者受赠资产、债权或者债务重组、研究与开发项目的转移、签订许可协议、放弃权利等。

关联交易是挂牌公司的一种经营行为，在挂牌公司的正常经营中往往会涉及公司与其关联方经营往来，由此出现具有某种关联关系的交易行为。对此，法律并不完全禁止。但关联交易由于是公司与相关关联人的交易，有可能出现损害公司的行为或者其他不当甚至是违法行为，因此，挂牌公司将关联交易作为公司治理的重要内容确有必要。

正因为如此，挂牌公司在与关联方进行关联交易时就必须对关联交易的双方当事人进行约束，不但要求挂牌公司与关联方就关联交易签订书面协议，这一协议应遵循平等、自愿、等价、有偿的原则，协议内容应当明确、具体、可执行，还要求挂牌公司采取有效措施防止关联方以垄断采购或者销售渠道等方式干预公司的经营，损害公司利益。要求关联交易应当具有商业实质，价格应

① 《治理规则》第九十八条规定"交易标的为股权且达到第八十三条规定标准的，精选层挂牌公司应当提供交易标的最近一年又一期财务报告的审计报告；交易标的为股权以外的非现金资产的，应当提供评估报告。经审计的财务报告截止日距离审计报告使用日不得超过六个月，评估报告的评估基准日距离评估报告使用日不得超过一年。前款规定的审计报告和评估报告应当由符合《证券法》规定的证券服务机构出具。交易虽未达到第八十三条规定的标准，但是全国股转公司认为有必要的，公司应当提供审计或者评估报告"。

当公允，原则上不偏离市场独立第三方的价格或者收费标准等，使挂牌公司及其关联方不得利用关联交易输送利益或者调节利润，不得以任何方式隐瞒关联关系。

基于关联交易在挂牌公司治理中利害关系的重大性，全国股转公司在其业务规则中对其程序和内容均做了规定。

一是在程序上对关联交易的审议进行严格的要求，并做了差异化的安排。即对重大的关联交易必须经过董事会审议，特别重大或者特别事项的关联交易必须经过股东大会，且因挂牌公司的层级不同，对精选层和基础层、创新层关联交易规定了不同的审议标准和审议程序。

精选层挂牌公司关联交易的审议分为董事会审议和股东大会审议。一般认为，精选层挂牌公司与关联自然人发生的成交金额在30万元以上或者成交金额占公司最近一期经审计总资产或市值0.2%以上且超过300万元的关联交易，应当经董事会审议；与关联方发生的成交金额占公司最近一期经审计总资产或市值2%以上且超过3000万元的交易，提交股东大会审议。对交易标的为股权且重大的，需提交审计报告，对交易标的为股权以外的非现金资产的，需提供评估报告，而对于与日常经营相关的关联交易可免予审计或者评估。

创新层、基础层挂牌公司关联交易的审议也分为董事会审议和股东大会审议。一般认为，创新层、基础层挂牌公司与关联自然人发生的成交金额在50万元以上或者成交金额占公司最近一期经审计总资产0.5%以上且超过300万元的关联交易，应当经董事会审议；与关联方发生的成交金额占公司最近一期经审计总资产5%以上且超过3000万元的交易，或者占公司最近一期经审计总资产30%以上的交易，提交股东大会审议。

二是对特殊事项的审议和免除审议进行了规定。主要是对挂牌公司对外提供担保提出特殊的要求。由于对外提供担保对挂牌公司的利害关系重大，而这一行为往往会使挂牌公司承担法律上的连带责任，可能使挂牌公司遭受损失，对挂牌公司的这种行为应当严格控制、审慎对待。因此，一旦有对外提供担保的需要，挂牌公司并不以上述交易金额和资产比例为前提，均要严格履行相关的法定程序。根据《治理规则》的规定，挂牌公司为关联方提供担保的，应当具备合理的商业逻辑，在董事会审议通过后提交股东大会审议。挂牌公司为股东、实际控制人及其关联方提供担保的，应当提交股东大会审议。挂牌公司为控股股东、实际控制人及其关联方提供担保的，控股股东、实际控制人及其关联方应当提供反担保。

与之相反，尽管挂牌公司也有可能与关联方发行关联交易，但由于交易的安全性、可控性、价格公允性和透明性，这一类关联交易可以豁免按照关联交易的方式进行审议，其审议的审慎性要低于对关联交易的审议。根据《治理规则》的规定，这类情况主要包含九方面（1）一方以现金方式认购另一方公开发行的股票、公司债券或者企业债券、可转换公司债券或者其他证券品种；（2）一方作为承销团成员承销另一方公开发行的股票、公司债券或者企业债券、可转换公司债券或者其他证券品种；（3）一方依据另一方股东大会决议领取股息、红利或者报酬；（4）一方参与另一方公开招标或者拍卖，但是招标或者拍卖难以形成公允价格的除外；（5）公司单方面获得利益的交易，包括受赠现金资产、获得债务减免、接受担保和资助等；（6）关联交易定价为国家规定的；（7）关联方向公司提供资金，利率水平不高于中国人民银行规定的同期贷款基准利率，且公司对该项财务资助无相应担保的；（8）公司按与非关联方同等交易条件，向董事、监事、高级管理人员提供产品和服务的；（9）中国证监会、全国股转公司认定的其他交易。

三是对关联交易的利害关系人进行了规制。一般认为，挂牌公司董事、监事、高级管理人员、持股5%以上的股东及其一致行动人、实际控制人应当为关联交易的利害关系人，要求应当将与其存在关联关系的关联方情况及时告知公司。挂牌公司应当建立并及时更新关联方名单，确保关联方名单真实、准确、完整；一旦它们与关联方存在利害关系，就应当回避。挂牌公司应当根据法律法规、部门规章、业务规则在公司章程中规定关联交易的回避表决要求，规范履行审议程序。

四是明确关联交易中的交易金额和比例等计算。关联交易金额和比例的确定涉及关联交易的决策层次和决策范围。若不在公司治理机构的审议范围内，是在董事会层面还是股东大会层面审议都涉及关联交易的金额和资产比例。因此，对交易金额和资产比例的计算和确定就显得尤为重要。《治理规则》对此也做了明确的规定，即对于每年与关联方发生的日常性关联交易，挂牌公司可以在披露上一年度报告之前，对本年度将发生的关联交易总金额进行合理预计，并根据预计金额分别适用对关联交易审议金额和资产比例的要求提交董事会或者股东大会审议。而在实际执行中超出预计金额的，挂牌公司应当就超出金额所涉及事项履行相应的审议程序。

而在实际计算中，挂牌公司应当以与同一关联方进行的交易，或者与不同关联方进行交易标的类别相关的交易，按照连续 12 个月内累计计算的原则，分别适用精选层或者创新层、基础层的董事会和股东大会的程序进行审议。

同一关联方包括与该关联方受同一实际控制人控制，或者存在股权控制关系，或者由同一自然人担任董事或高级管理人员的法人或其他组织。

3. 承诺事项管理

（1）承诺的概念和内容。承诺是指受要约人同意要约的意思表示。承诺的法律效力在于，承诺一经作出，并送达要约人，合同即告成立，要约人不得加以拒绝。控股股东、实际控制人及挂牌公司有关主体（以下简称承诺人）作出的公开承诺应当具体、明确、无歧义、具有可操作性，并符合法律法规、部门规章和业务规则的要求。对承诺事项的管理也是挂牌公司治理的内容之一。它涉及挂牌公司以及挂牌公司控股股东、实际控制人等有关主体对外的行为，这种行为具有法律效力，在许多情况下，因行为及行为后果的重大性而需要对承诺履行一定的决策程序，在作出承诺后还要进一步对承诺事项进行管理。

一般认为，承诺尤其是公开承诺应当包括承诺的具体事项，履约方式、履约时限、履约能力分析、履约风险及防范对策、不能履约时的责任，履约担保安排包括担保方、担保方资质、担保方式、担保协议或担保函、主要条款、担保责任、违约责任和声明等内容。承诺事项应当有明确的履约时限，不得使用"尽快""时机成熟"等模糊性词语；承诺履行涉及行业政策限制的，应当在政策允许的基础上明确履约时限。

（2）承诺变更和承诺披露。承诺人作出承诺后，应当诚实守信，严格按照承诺内容履行承诺，不得无故变更承诺内容或者不履行承诺。挂牌公司应当及时将承诺人的承诺事项单独在符合《证券法》规定的信息披露平台的专区披露；当承诺履行条件即将达到或者已经达到时，承诺人应当及时通知公司，并履行承诺和信息披露义务。

因相关法律法规、政策变化、自然灾害等自身无法控制的客观原因导致承诺无法履行或者无法按期履行的，承诺人应当及时通知公司并披露相关信息。

除因相关法律法规、政策变化、自然灾害等自身无法控制的客观原因及全国股转公司另有要求的外，承诺已无法履行或者履行承诺不利于维护公司权益的，承诺人应当充分披露原因，并向公司或者其他股东提出用新承诺替代原有承诺或者提出豁免履行承诺义务。

上述变更方案应当提交股东大会审议，承诺人及其关联方应当回避表决。变更方案未经股东大会审议通过且承诺到期的，视为未履行承诺。

（四）投资者关系管理和社会责任

1. 投资者关系管理

（1）投资者关系管理的概念。投资者关系管理是指公司通过充分信息披露，并运用金融和市场营销的原理加强与投资者、潜在投资者之间的沟通，促进投资者对公司的了解和认同，实现公司价值最大化的战略管理行为。而投资者关系，顾名思义指的是投资者和挂牌公司之间的关系，这种关系旨在在投资者群体与挂牌公司之间建立相关的信息沟通，使投资者能够通过相关的信息对挂牌公司进行正确和公平的价值判断，以促使挂牌公司的生产经营、公司治理和信息披露能够和投资者的投资活动形成良性互动关系。从根本上说，投资者关系是一项策略管理责任，涵盖财务、沟通、推广和证券合规等领域，旨在打造挂牌公司和投资者及其他机构之间的双向沟通渠道，最终将有利于为挂牌公司的经营活动和证券取得公平的估值。

投资者关系管理是挂牌公司治理中必不可少的内容。在公司治理构架中，投资者是一股重要的力量，作为股东大会的基本力量，投资者就是挂牌公司的股东，挂牌公司和投资者的关系如何，投资者关系管理水平如何，直接决定了股东大会的运作状况和公司治理的水平。挂牌公司良好的投资者管理水平和高质量的投资者关系管理不但会促进挂牌公司的公司治理良性发展，还会进一步促进挂牌公司的生产经营和信息披露，提升挂牌公司的价值发现，促进挂牌公司的股票在交易市场的表现。

正因为如此，在对挂牌公司的公司治理的相关规定中，对涉及的投资者关系管理也做了规定。

（2）投资者关系管理的原则。挂牌公司在投资者关系管理中应当贯彻"三公原则"、严格信息披露、建立适合的纠纷解决渠道。

挂牌公司投资者关系管理工作应当体现公平、公正、公开原则。在投资者关系管理工作中，客观、真实、准确、完整地介绍和反映公司的实际状况，避免过度宣传可能给投资者决策造成的误导。积极做好投资者关系管理工作，及时回应投资者的意见建议，做好投资者咨询解释工作。

挂牌公司投资者关系管理工作应当严格遵守有关法律法规、部门规章、业务规则的要求，不得在投资者关系活动中以任何方式发布或者泄露未公开重大信息。在投资者关系活动中泄露未公开重大信息的，应当立即通过符合《证券法》规定的信息披露平台发布公告，并采取其他必要措施。

挂牌公司应当在公司章程中明确投资者与公司之间的纠纷解决机制。挂牌公司与投资者之间发生的纠纷，可以自行协商解决、提交证券期货纠纷专业调解机构进行调解、向仲裁机构申请仲裁或者向人民法院提起诉讼。

（3）差异化的投资者关系管理。由于新三板挂牌公司本身的差异性较大，精选层、创新层和基础层挂牌公司的投资者关系管理实行差异化是符合新三板挂牌公司实际情况的。根据相关规定，对精选层和创新层挂牌公司要求建立投资者关系管理制度，而对基础层不做强制性要求。根据《治理规则》的规定，精选层、创新层挂牌公司应当建立投资者关系管理制度，并指定董事会秘书担任投资者关系管理的负责人。《治理规则》还对精选层挂牌公司的投资者关系管理进行了更加明确的规定，对投资者关系说明会和投资者关系的档案管理提出了明确要求。

第一，精选层挂牌公司应当加强与中小投资者的沟通和交流，建立与投资者沟通的有效渠道。公司应当在不晚于年度股东大会召开之日举办年度报告说明会，公司董事长或者总经理、财务负责人、董事会秘书、保荐代表人应当出席说明会。会议至少包括五项内容：公司所处行业的状况、发展前景、存在的风险；公司发展战略、生产经营、募集资金使用、新产品和新技术开发；公司财务状况和经营业绩及其变化趋势；公司在业务、市场营销、技术、财务、募集资金用途及发展前景等方面存在的困难、障碍、或有损失；投资者关心的其他内容。

公司应当至少提前2个交易日发布召开年度报告说明会的通知，公告内容应当包括日期及时间、召开方式包括现场或者网络、召开地点或者网址、公司出席人员名单等。

第二，精选层挂牌公司进行投资者关系活动应当建立完备的投资者关系管理档案制度，投资者关系管理档案至少应当包括四项内容：投资者关系活动参与人员、时间、地点；投资者关系活动的交流内容；未公开重大信息泄密的处理过程及责任追究情况（如有）；其他内容。

2. 社会责任

新三板挂牌公司的公司治理中还包含公司的社会责任，这是广义上的公司治理。挂牌公司承担社会责任是树立公司形象、建立公司品牌的重要途径，有利于促进公司文化建设、增加公司的凝聚力，提升公司的正能量，更是挂牌公司对社会的贡献。

挂牌公司应当积极承担社会责任，维护公共利益，保障生产及产品安全、维护员工与其他利益相关者合法权益；应当根据自身生产经营模式，遵守产品安全法律法规和行业标准，建立安全可靠的生产环境和生产流程，切实承担生产及产品安全保障责任；应当积极践行绿色发展理念，将生态环保要求融入发展战略和公司治理过程，并根据自身生产经营特点和实际情况，承担环境保护责任；应当严格遵守科学伦理规范，尊重科学精神，恪守应有的价值观念、社会责任和行为规范，弘扬科学技术的正面效应。在生命科学、人工智能、信息技术、生态环境、新材料等科技创新领域，避免研究、开发和使用危害自然环境、生命健康、公共安全、伦理道德的科学技术，不得以侵犯个人基本权利或者损害社会公共利益等方式从事研发和经营活动。

## 第四节　信息披露

### 一、信息披露的几个问题

信息披露主要是指上市公司、挂牌公司等公众公司在证券发行和交易过程中通过招股说明书、上市公告书以及定期报告和临时报告等形式，把公众公司及与公众公司相关的信息通过一定的载体向投资者和社会公众公开揭示的行为。信息披露不但是新三板挂牌制度的重要内容，还是新三板挂牌公司治理的重要内容，它是证券市场保护广大投资者利益的重要手段。随着中国证券市场不断走向成熟，信息披露对证券市场的健康发展、投资者合法权益保护以及公司治理的重要性，已越来越受到证券监管部门及市场各方参与主体的广泛认同。尽管人们越来越认识到信息披露在资本市场中的重要性，但在资本市场中仍然有许多重要性的工作，比如挂牌公司的公司治理、投资者尤其是中小投资者的保护问题等，非但如此，21世纪是个科技日渐发达、信息日益爆炸的时代，挂牌公司的信息冗多繁杂，加上新三板挂牌公司数量众多、差异极大，如何看待新三板市场的信息披露，信息披露在新三板市场中的地位如何，众多信息披露是否需要差异化，这些问题都是新三板市场信息披露应当解决的问题，笔者在此谈一些粗浅的认识。

（一）对信息披露为核心的认识

信息披露同样是新三板挂牌制度中的重要内容，和挂牌公司的公司治理一样，信息披露成了挂牌公司在资本市场中的三大核心工作之一，没有信息披露制度就不可能有挂牌公司，它是挂牌公司存在的前提，更是公众公司和非公众公司的根本区别。

信息披露的重要地位在我国的法律和监管制度中得到了充分的体现。我国《证券法》第五章对信息披露进行了专章规定，中国证监会对挂牌公司信息披露也进行了一系列专门的规定。监管部门对挂牌公司的监管在证券的发行、挂牌上市、交易等各个环节都是以信息披露为核心的。信息披露之所以在资本市场中处于核心地位，是因为信息披露在以下几个方面的重要性。

1. 公众公司的前提

没有信息披露就很难有公众公司。众所周知，公众公司是以公众性为基础的，而公众投资者参与到公司成为公司的股东和潜在投资者，必须建立在公司信息披露基础之上。对于封闭性公司，由于股东和投资者极其有限，这种公司大多数是建立在"熟人社会"中，彼此较为了解，对公司的信息也相对了解比较多，即使不太了解，封闭性公司也不必采取公开信息披露的方式揭示公司的生产经营和公司治理的情况，它完全可以在较小的范围内，采取非公开的方式将有关信息传递给"熟人"。而公众公司由于公众的参与，人数较多、参与的方式是开放式的，投资者或者股东具有一定的不确定性，因而无法像封闭性公司那样，不公开信息或者采取小范围的隐蔽性传递信息的方式。挂牌公司是公众公司，面对的是资本市场的众多投资者，公开的信息披露将挂牌公司和公众投资者以及公司股东联系了起来。公众投资者或公司股东通过招股说明书、上市公告书、定期报告和临时报告，参与挂牌公司的证券发行活动和二级市场的证券买卖活动。因此，信息披露对公众公司非常重要。

2. 股东知情权的基础

知情权，又称信息权或了解权，知情权作为政治民主化的一种必然要求和结果，首先是公法领域内的概念。现今，随着知情权作为一项独立权利的发展演变，其外延已不断扩大，不仅涉及公法领域，也涉及私法领域，如消费者知情权即是知情权扩展至私法领域的具体表现。知情权的概念有广义与狭义之分。广义的知情权是指知悉、获取信息的自由与权利，包括从官方或非官方知悉、获取相关信息。狭义的知情权仅指知悉、获取官方信息的自由与权利。随着知情权外延的不断扩展，知情权既有公法权利的属性，也有民事权利的属性，特别是对个人信息的知情权，是公民作为民事主体所必须享有的人格权的一部分。而狭义的知情权仅指公法领域内的一项政治权利，故现在的知情权概念一般是指广义的知情权。

在理论上，挂牌公司的信息披露所对应的是挂牌公司的股东和投资者的知情权。作为挂牌公司的股东，知情权赋予了股东有权了解公司的运营情况和公司治理情况，包括公司的财务预算决算、利润分配、盈亏情况、重大事件、经营方针、经营计划、投资计划、资产状况、经营能力、公司前景、董事会的工作情况、公司的重要人事任免、公司治理等，这些信息对于股东依法行使自己的权利具有重要作用，它是公司股东一切权利的起点。没有知情权，股东的其他权利就很难行使，股东出席会议的权利、质询权、询问权、表决权等是很难实现的。作为投资者，知情权同样重要，在买卖挂牌公司的股票时，投资者的交易权也是基于知情权，投资者通过招股说明书、上市公告书等发行文件的信息披露，通过定期报告包括年度报告、中期报告、季度报告以及大量的临时报告来获取发行人和挂牌公司的信息，通过法律赋予的知情权要求发行人和挂牌公司披露信息，知悉了公司的情况，实现了投资者的知情权。投资者没有知情权，就无法对挂牌公司的情况和挂牌公司所具有的价值作出判断，也就很难进行投资，即使要投资也是一种盲目的投资。

对于公众而言，信息披露之所以重要就在于，这类公司将公众投资者引入挂牌公司中，使公众投资者成为挂牌公司的股东，彼此之间形成了犹如产品制造商和公众消费者的关系。投资者购买了挂牌公司的股票犹如消费者购买了制造商生产的商品，对商品的了解是消费者最基本的权利，生产商对其生产的产品性能等进行说明是其最基本的义务。

3. 资本市场正常运行的核心

信息披露在资本市场的整个运行中的地位和作用是显而易见的。就证券的一级市场而言，没有信息披露就没有证券的发行。投资者只有通过发行人的信息披露才能了解发行人的基本情况，才能对发行人发行的证券作出基本的判断。中介机构在保荐和承销过程中，也是通过信息披露去揭示发行人质量的优劣，在路演过程中通过信息披露宣传推介发行人及其发行的证券，会计师事务所、律师事务所等其他中介机构也是将其工作成果通过信息披露展示出来。因此，在证券发行市场，招股说明书、发行保荐书、财务审计报告、法律意见书等都是围绕着证券的发行而进行的信息披露。在证券交易市场，投资者通过挂牌公司披露的挂牌公司的年报、中报、季报等定期报告以及大量的临时报告了解挂牌公司的各种情况以决定其是否买卖挂牌公司的证券，在具体的交易中，投资者还必须通过证券中介机构的行情揭示，了解资本市场的具体股票和其他证券的交易情况。对挂牌公司的经营情况、分红派息、公司治理的运作等无不通过信息披露使投资者和股东了解情况、参与其中、享有权利。可以说，在整个资本市场，自始至终都离不开信息披露，信息披露贯穿于证券的发行、挂牌上市、交易、公司治理、并购重组、交收结算等各个环节。

4. 公司治理的具体体现

在挂牌公司的公司治理中，股东大会、董事会、监事会和经理层的活动起始于信息披露，也终止于信息披露。"三会一层"的召开首先通过的是信息披露，根据法律法规和中国证监会、全国股转公司的要求，必须履行一定的公告程序，发出通知、提供报告、议案、会议材料。参加股东大会的股东在参会之前，应当获得相关的通知，获得一定的资讯，在参会过程中，股东必须对议案进行审阅，公司必须就会议的议案内容进行报告，会议结束后，挂牌公司还应当将股东大会的内容和通过的决议进行公告。股东大会如此，公司的董事会、监事会在举行会议的之前、之中和之后也是如此，所有这些，均表现为信息披露。因此，信息披露具体体现了挂牌公司的公司治理。信息披露在挂牌公司治理中的作用是明显的。信息披露使股东参与股东大会更加有效，也更能发挥实质性作用。比如在公司治理中，财务报告的披露使股东更好地参与公司管理、监督公司，使公司规范运行。

5. 市场监管的重要抓手

在挂牌公司和股东、投资者之间，信息的不对称往往对中小股东和投资者极为不利，他们的合法权利也会受到侵害。因此，是否进行信息披露以及信息披露的质量对股东和投资者尤为重要。由于利益冲突，挂牌公司的控股股东、实际控制人、董事、监事、高级管理人员等核心人员在挂牌公司中居于优势地位，往往会利用不对称信息进行虚假的信息披露，从而使中小股东和投资者对挂牌公司的经营和公司治理失去正确的判断，合法权益受到损害。正因为如此，监管者的职责就是要让挂牌公司对其公司治理等情况进行完整、准确、全面的信息披露，促使挂牌公司高质量地披露信息，以使股东和投资者客观、真实、全面地了解挂牌公司的情况。同样的道理，挂牌公司在生产经营活动和发行证券、交易、并购重组等资本市场活动中，也以信息披露为中心。监管者通过不断的刨根问底式的询问监管挂牌公司，通过对其他市场参与者，比如证券公司及其他中介机构信息披露的监管保证市场各参与方的合法权益，维护资本市场的公开、公平和公正，促进资本市场健康稳定发展。

（二）对差异化信息披露的认识

差异化是新三板市场挂牌公司的基本特点。截至 2020 年 6 月末，新三板市场的挂牌公司达 8547 家。挂牌公司之多、情况之复杂是沪深证券市场上市公司无法比拟的。海量的挂牌公司和新三板市场的多层次性要求新三板市场在制度、公司治理和监管上具有一定的差异性，而信息披露差异化更是新三板市场对挂牌公司监管的基本指导思想。所谓挂牌公司信息披露差异化，是指针对不同的挂牌公司及不同情况的同一类挂牌公司在监管和实践中采取不同的信息披露标准和要求，使其信息披露的内容和方式不完全相同。可见，挂牌公司信息披露差异化的本质是要求挂牌公司信息披露不同一、不统一。

对待信息披露差异化，或许人们会认为同样是挂牌公司，在信息披露上采取不同的对待是否有违公平信息披露的原则？违反证券市场的公平公正原则？笔者认为，新三板挂牌公司信息披露差异化与公平披露规则，与证券市场的"三公原则"并不矛盾。在一定程度上，信息披露差异化不但是对公平披露规则的补充，体现了信息披露的公平与正义，还进一步提高了信息披露的有效性，提高了证券市场的效率，有利于促进新三板市场健康发展。

1. 体现证券市场的实质公平

公平与效率是法律的两大基本原则。必须承认，法律的制定首先是以公平为前提的，没有公平和正义，法律就失去了其存在的价值。但法律并不以追求公平为唯一目的，在保证公平正义的前提下，法律还应追求效率。众所周知，公平与效率的实现是当代政府经济职能的两大方面。经济学意义上，公平是指社会成员收入分配和社会财富占有的平等化。在证券市场上，公平的含义不并完全等同于一般经济学意义上公平的概念，它更多的是指"市场机会平等、交易平等、竞争平等的公平"，① 而"证券市场效率一般指的是证券市场调节和分配资金的效率"。②

有人认为，公平与效率是资本市场中的一对矛盾体，这对矛盾不可调和，"对效率的追求必然会带来不平等"，③ 在资本市场中既要防止损害社会利益行为的发生，又要维护资本市场的完整性，提高资本市场的效率很难做到。但这一观点值得商榷。笔者承认公平与效率在资本市场上是一对矛盾体，甚至在有些情况下，这种矛盾还很尖锐，强调公平可能会牺牲效率，强调效率又会失去公平，但两者之间并非绝对不可调和。马克思唯物辩证法告诉我们，许多情况下，事物既有对立的一面，也有统一的一面，这种矛盾的对立统一恰恰促进了事物本身的发展。资本市场中的公平与效率这对矛盾也是如此，它们之间既有对立，也有统一，政策制定者和监管者就是要在这样的矛盾中，寻求彼此的统一，使公平与效率达到最大化。正如美国学者所指出的那样，"任何证券监管的框架结构都可被认为是多维的效率——公平空间中的一点，即存在效率/公平的边界，一项监管制度必将处于边界之上，除非有另一项监管制度与之相比较将同时改善效率与公平"。④

① 参见张维达，宋冬林. 社会主义市场经济条件下的市场公平与社会公平 [J]. 经济研究，1995 (8)：45-49。

② 参见吴世农. 我国证券市场效率的分析 [J]. 经济研究，1996 (4)：13-19。

③ 参见阿瑟·奥肯. 平等与效率 [M]. 成都：四川人民出版社，1998。

④ 参见 Hersh Shefrin and Meir Statman. Ethics. Fairness and Efficency in Financial Markets [J]. Financial Analyss Journal. Nov-Dec. 1993：21-29。

其实，公平与效率的统一是显而易见的。公平是效率的前提和基础。它维护了投资者和证券市场的根本利益。没有公平无法体现正义，无法体现法律的正当性、无法维系投资者的信心，会从根本上动摇证券市场的根基；效率是公平的最终体现和归宿。它反映了证券市场运作的基本功能和目标，使证券市场资本优化配置和使用效率最大化。因而，监管者如果处理得当，在一定程度上两者可以相辅相成、相互促进。

众所周知，公平披露是国内外资本市场上市公司的原则，也是资本市场的基本规则。这一规则在各国证券立法、监管和实践中被普遍采用，即对同一市场上市公司的信息披露采取同一标准、同种方式、披露同样的内容，从而体现了公平对待每一位投资者对上市公司的信息知情权。以经济合作与发展组织（OECD）等36个成员国和组织所制定的OECD公司治理准则为例，该准则要求公司治理结构应当保证所有股东的公平对待，包括少数股东和国外股东，而对信息披露的要求则是要保证信息传播的途径应确保信息使用者能够平等、及时、便捷地获取信息。[①] 其他国家和地区的证券法律、法规和自律规则中大多也体现了公平披露原则。我国证券法律、法规和自律规则尽管没有明确规定上市公司公平披露的原则，但从具体的规定中仍然可看出上市公司的信息披露均针对所有股东，体现了公平披露的原则。

从我国证券市场的实际情况看，挂牌公司不同于上市公司。新三板市场挂牌公司不但数量众多，信息量巨大，其差异性更大，情况更为复杂。新三板市场的基础层、创新层和精选层的挂牌公司在股东人数、股东结构、公司治理、公司经营、公司质量等方面大不相同。面对如此众多、差异化明显的挂牌公司，要实现全面、完整、详尽且毫无区别的信息披露实际上很难做到，因此差异化信息披露是新三板市场挂牌公司客观现实的选择。

差异化信息披露与选择性信息披露是不相同的。选择性信息披露是指"将重大的未公开信息仅仅向证券分析师、机构投资者或其他人披露，而不是向所

---

① 参见OECD公司治理准则第一部分第三节"股东的公平对待"和第五节"信息披露和透明度"。

有市场上的投资者披露"。①选择性信息披露对市场的其他投资者构成明显的不公平，直接造成了信息获得的不平等，有可能使获得信息的特定人群通过这种信息进行内幕交易，获取巨大利益，"那些从选择性信息披露中获得信息的人将不公平地产生信息优势，而一般投资者只能等发行人事后将此信息披露后才能获悉这些信息"。②因此，选择性信息披露制度是对证券市场公平正义的挑战，理所当然地应被抛弃。美国证券监管委员会为促使上市公司提供公平的信息披露，在 2000 年 8 月通过了一项新规则，再次强调公平披露的意义。该规则强调，故意的选择性信息披露应被立即纠正；非故意的选择性披露必须能伴以立即的、全面公平的信息披露，从而使其他投资者也能同时公平地获取任何非公开的重大信息。③

差异化信息披露不同于选择性信息披露的是，它是向所有投资者所进行的一种信息披露，而不只是向特定的群体进行信息披露。对市场的投资者而言，他们所获得的某一特定挂牌公司披露的信息是相同的，即在内容、方式和时间等方面都能平等、公平地获得这些信息。因而在本质上，它是一种公平的信息披露，是对公平披露的较好补充，是一种实质上的公平。

2. 有助于提高证券市场效率

信息披露的差异化之所以有其存在的合理性和必要性，是因为这种制度不但不违反信息披露的公平正义，还会进一步提高信息披露的效率，促进证券市场的效率。在现行的制度下，如果仅仅只有所谓的公平披露规则并一味地强调公平披露，会不可避免地带来一些问题。一方面，对于披露信息的挂牌公司来说并不公平，也无效率。比如"在现行的信息披露规则之下，规模较大的发行人相对于小规模的发行人在信息披露成本一样的情况下就获得了相对优势，这对小发行人而言就不公平"，而在某些情况下"优质公司会发现，要把自己和

---

①　参见齐斌. 证券市场信息披露法律监管 [M]. 北京：法律出版社，2000。

②　同注释①

③　同注释①。

劣质公司发售的股份区分开来，将十分困难"。① 另一方面，在挂牌公司信息充斥的情况下，"虽然投资者能够自己获取信息，但他们所获取的信息既太多又太少"。太多的可能是无用的信息，而太少的可能是很有用的信息。这样一种状况，可能使投资者失去了对信息的判断，丧失了获取信息的效率和目的。因为"即使信息是免费派送的，但使用信息却绝非毫无成本。收到信息的投资者必须花费一定的时间加以消化，至少这段时间无法派上其他用场，这里就存在机会成本问题。投资者的时间是宝贵的，认为证券信息是经久耐用的，可廉价地使用和散播的，就显然有失偏颇了"。②

### 3. 成本与收益相匹配

信息披露使挂牌公司负担了一定的成本，但如果过多过重地披露信息就会成为挂牌公司较大的负担，使公司的收入大量减少，收益受到影响。挂牌公司就会考虑成本和收益彼此之间是否匹配。挂牌公司的成本体现在直接成本和间接成本两方面。直接成本包括聘请董事会秘书、证券事务代表等信息披露的具体工作人员工资、奖金和相关费用，聘请具有会计师事务所等中介机构进行年报审计等方面的费用；间接成本包括挂牌公司的信息公开在媒体上的披露成本，比如在指定的报纸上刊登定期报告和临时报告的费用等，这一成本还包括因经营策略、上下有客户、成本价格等信息被竞争对手获取可能导致的竞争劣势等。所支出的这些费用和成本如果出现了成本和收益不相匹配，就会影响到股票公司信息披露的积极性，进而影响到公司进入新三板市场的积极性。而挂牌公司是新三板市场的基础，没有公司的进入，就不会有新三板市场的存在。因此，合理地安排信息披露，针对不同类型和不同情况的挂牌公司，采取差异化的信息披露，对挂牌公司在信息披露上适当地使成本和收益相匹配至关重要。

### 4. 符合公司实际

尽管新三板挂牌公司是公众公司，但在总体上与沪深上市公司相比具有一

---

① 参见弗兰克·伊斯特布鲁克，丹尼尔·费希尔. 公司法的经济结构［M］张建伟，罗培新译. 北京：北京大学出版社，2005。
② 同注释①。

定的差距，公众性程度还有较大的差距。在近万家挂牌公司中，大多数挂牌公司的股东人数不到200人。基础层公司的公众公司属性相对较弱、创新层公司的公众公司属性较为适中，精选层公司的公众属性相对较高。在信息披露方面，就是要根据三个层级挂牌公司的差异性，采取不同的信息披露，使信息披露更有针对性、更有效率，也更符合新三板挂牌公司的实际情况。对于基础层公司，由于公众性水平较弱，可以按照简化披露要求，鼓励自愿披露，实行与其公众性水平相匹配的底线信息披露标准；对于创新层公司，由于公众性水平适中，可以在基础层信息披露的基础上适当增加信息披露内容；对于精选层公司，由于公众性水平最高，其信息披露的要求应当最高，要求也最为严格，由于在制度供给上，精选层的公开发行、连续竞价、投资者适当性门槛和转板机制等，精选层的挂牌公司获得了较大的优势，接近于沪深上市公司，因此在信息披露的类型、内容和频次上可以逐步对标上市公司的信息披露。

**二、信息披露的依据**

新三板市场信息披露的依据是法律、部门规章、规范性文件和全国股转公司的自律规则。

*（一）法律*

新三板市场信息披露的法律依据主要为《证券法》和《公司法》。我国《证券法》在第五章专章规定了信息披露。该章共10条，即第七十八条至第八十七条，分别对信息披露义务人应当履行的义务，定期报告包括年报和中报，股票临时报告和重大事件，债券临时报告和重大事件，董事、监事、高级管理人员对信息披露的责任，信息披露义务人的保密义务，自愿披露、公开承诺及其后果，虚假记载、误导性陈述或者重大遗漏相关责任人的法律责任，信息披露的载体、信息披露的监督管理机构等进行了规定。

在信息披露专章的10条条文中，《证券法》对信息披露义务主体分别使用了发行人，上市公司，公司债券上市交易的公司，股票在国务院批准的其他全国性证券交易场所交易的公司，信息披露义务人，发行人的董事、监事、高级管理人，公司的控股股东、实际控制人、董事、监事、高级管理人员等不同的称谓。这些不同的称谓具有不同的法律含义，反映了法律对信息披露相关主体的不同要求。信息披露的主体为"发行人"的，主体包含了拟上市公司、上市公司和拟挂牌公司、挂牌公司以及具有发行资格的其他发行人，其内容仅仅是发行行为，包括首次证券发行和再次证券发行；信息披露的主体为"上市公司"和"股票在国务院批准的其他全国性证券交易场所交易的公司"的，主体分别为沪深证券交易所的上市公司和新三板市场的挂牌公司，两者不能相互替代，在内容上仅仅为二级市场的证券交易；信息披露的主体为"信息披露义务人"的，其指代的范围最广，包含了所有的应当履行信息披露义务的主体，即包括发行人、上市公司、股票在国务院批准的其他全国性证券交易场所交易的公司、这些主体各自的相关当事人包括控股股东、实际控制人、董事、监事、高级管理人员等，在内容上包括一级市场的证券发行和二级市场的证券交易；而公司的控股股东、实际控制人、董事、监事、高级管理人员中的"公司"称谓范围也很广，包含了在证券交易所和新三板市场的上市公司、拟上市公司、挂牌公司、拟挂牌公司和其他公司。

《公司法》中关于信息披露的规定并不多，主要是在股东大会、董事会的程序、发行新股、财务报告等内容上有所涉及，具体体现在《公司法》第一百零二条、第一百一十条、第一百三十四条、第一百四十五条等规定上。① 这些规定除了第一百四十五条是专门针对上市公司的，其他规定适用于新三板挂牌公司。

---

① 《公司法》第一百零二条规定"召开股东大会会议，应当将会议召开的时间、地点和审议的事项于会议召开二十日前通知各股东；临时股东大会应当于会议召开十五日前通知各股东；发行无记名股票的，应当于会议召开三十日前公告会议召开的时间、地点和审议事项。单独或者合计持有公司百分之三以上股份的股东，可以在股东大会召开十日前提出临时提案并书面提交董事会；董事会应当在收到提案后二日内通知其他股东，并将该临时提案提交股东大会审议。临时提案的内容应当属于股东大会职权范围，并有明确议题和具体决议事项。股东大会不得对前两款通知中未列明的事项作出决议。无记名股票持有人出席股东大会会议的，应当于会议召开五日前至股东大会闭会时将股票交存于公司"。第一百一十条规定："董事会每年度至少召开两次会议，每次会议应当于会议召开十日前通知全体董事和监事。代表十分之一以上表决权的股东、三分之一以上董事或者监事会，可以提议召开董事会临时会议。董事长应当自接到提议后十日内，召集和主持董事会会议。董事会召开临时会议，可以另定召集董事会的通知方式和通知时限"。第一百三十四条规定："公司经国务院证券监督管理机构核准公开发行新股时，必须公告新股招股说明书和财务会计报告，并制作认股书。本法第八十七条、第八十八条的规定适用于公司公开发行新股"。第一百三十六条规定："公司发行新股募足股款后，必须向公司登记机关办理变更登记，并公告"。第一百四十五条规定："上市公司必须依照法律、行政法规的规定，公开其财务状况、经营情况及重大诉讼，在每会计年度内半年公布一次财务会计报告"。

（二）部门规章、规范性文件

根据《非上市公众公司信息披露管理办法》（以下简称《信披管理办法》）及相关规范性文件，中国证监会对挂牌公司的信息披露进行了相应规定。

1.《信披管理办法》

《信披管理办法》于2019年12月20日颁布，共7章68条，分别为总则（共10条）、定期报告（第十一条至第二十四条，共14条）、临时报告（第二十五条至第三十条，共6条）、信息披露事务管理（第三十一条至第四十七条，共17条）、监督管理（第四十八条至第五十三条，共6条）、法律责任（第五十四条至第六十四条，共11条）、附则（第六十五条至第六十八条，共4条）。

《信披管理办法》是新三板挂牌公司信息披露最基本的规则，它将《证券法》等法律关于发行人、公众公司和其他信息披露义务人关于信息披露的规定进一步细化，全面、完整地对非上市公众公司主要是挂牌公司信息披露进行了规定，同时它又成为对中国证监会的规范性文件和全国股转公司信息披露的业务规则的上位法，对这些规范性文件和业务规则起到了指导和约束作用，使它们能够根据《信披管理办法》制定更加细致的可操作性的规则，便于信息披露义务人的执行和监管机构的监管。因此，《信披管理办法》是极其重要的信息披露规则。

2.规范性文件

在《信披管理办法》的基础上，中国证监会还制定了较多的挂牌公司信息披露的规范性文件，主要为挂牌公司所涉及的各种信息披露的内容和格式准则。具体为：

（1）2013年1月4日制定的《非上市公众公司监管指引第1号——信息披露》。主要内容共5条，分别对信息披露的内容、信息披露的基本要求、信息披露平台、交易场所业务规则制定、年报和半年报的披露进行了规定。

（2）2013年12月26日制定的《非上市公众公司信息披露内容与格式准则第1号——公开转让说明书》。共3章39条。主要内容为总则；公开转让说明书，共6节，包括基本情况、公司业务、公司治理、有关声明、附件；附则。

（3）2013 年 12 月 26 日制定的《非上市公众公司信息披露内容与格式准则第 2 号——公开转让股票申请文件》。共 13 条，分别对超过 200 人的公开转让的申请文件制作和报送、报送的最低要求、受理的效力、电子文件签章、材料补充反馈、相关人员联系方式、文件标准等做了规定。此外《公开转让股票申请文件》还附有股票申请文件目录，内容包括公开转让说明书及授权文件、主办券商推荐文件、证券服务机构关于公开转让的文件等。

（4）2020 年 1 月 13 日修订的《非上市公众公司信息披露内容与格式准则第 3 号——定向发行说明书和发行情况报告书（2020 年修订）》。共 5 章 34 条，分别为总则、定向发行说明书、发行情况说明书、中介机构意见、附则。

（5）2020 年 1 月 13 日修订的《非上市公众公司信息披露内容与格式准则第 4 号——定向发行申请文件（2020 年修订）》。共 11 条，附加定向发行申请文件目录，该目录共 5 章，包括定向发行文件说明书及授权文件、定向发行推荐文件、自律管理文件、证券服务机构关于定向发行的文件、其他文件。

（6）2014 年 6 月 23 日制定的《非上市公众公司信息披露内容与格式准则第 5 号——权益变动报告书、收购报告书和要约收购报告书》。共 7 章 37 条，分别为总则、基本情况、权益变动报告书、收购报告书、要约收购报告书、其他重大事项、附件。

（7）2014 年 7 月 24 日制定的《非上市公众公司信息披露内容与格式准则第 6 号——重大资产重组报告书》。共 22 条，另加附件。分别为总则、重组预案和重组报告书、中介机构的意见、声明及附件、持续披露、附则。附件规定了报送要求和报送的具体文件，具体文件包括公众公司重大资产重组报告书、独立财务顾问报告、本次重大资产重组涉及的财务信息相关文件、本次重大资产重组涉及的其他重要协议或合同、本次重大资产重组的其他文件等。

（8）2014 年 9 月 19 日制定的《非上市公众公司信息披露内容与格式准则第 7 号——定向发行优先股说明书和发行情况报告书》。共 4 章 37 条，分别为总则、定向发行优先股说明书、发行情况说明书、附则。

（9）2014 年 9 月 19 日制定的《非上市公众公司信息披露内容与格式准则

第8 号——定向发行优先股申请文件》。共 15 条，另加附录。附录为《非上市公众公司定向发行优先股申请文件目录》，共 3 章，分别为定向发行优先股说明书及授权文件；定向发行优先股推荐文件；证券服务机构关于定向发行优先股的文件。

（10）2020 年 1 月 13 日制定的《非上市公众公司信息披露内容与格式准则第 9 号——创新层挂牌公司年度报告》。共 3 章 66 条，分别为总则；年度报告正文，包括 10 节，即重要提示、目录和释义，公司概况，会计数据、经营情况和管理层分析，重大事件，股份变动、融资和利润分配，董事、监事、高级管理人员及核心员工情况，行业信息，公司治理、内部控制和投资者保护，财务会计报告，备查文件目录；附则。

（11）2020 年 1 月 13 日制定的《非上市公众公司信息披露内容与格式准则第 10 号——基础层挂牌公司年度报告》。共 3 章 58 条，分别为总则；年度报告正文，共 8 节，即重要提示、目录和释义，公司概况，会计数据、经营情况和管理层分析，重大事件，股份变动、融资和利润分配，公司治理、内部控制和投资者保护，财务会计报告，备查文件目录；附则。

（12）2020 年 1 月 17 日制定的《非上市公众公司信息披露内容与格式准则第 11 号——向不特定合格投资者公开发行股票说明书》。共 3 章 89 条，分别为总则；公开发行说明书，共 12 节，即封面、书脊、扉页、目录、释义，概览，风险因素，发行人基本情况，业务和技术，公司治理，财务会计信息，管理层讨论与分析，募集资金运用，其他重要事项，声明与承诺，备查文件；附则。

（13）2020 年 1 月 17 日制定的《非上市公众公司信息披露内容与格式准则第 12 号——向不特定合格投资者公开发行股票申请文件》。共 11 条，另加附件。附件为《向不特定合格投资者公开发行股票申请文件目录》，共 8 个部分，分别为发行文件；发行人关于本次发行的申请与授权文件；关于本次发行的自律管理文件；保荐机构关于本次发行的文件；会计师关于本次发行的文件；律师关于本次发行的文件；关于本次发行募集资金运用的文件；其他文件。

（三）自律规则

新三板市场信息披露相关的自律规则，主要为 2020 年 1 月 3 日全国股转公司修订的《全国中小企业股份转让系统挂牌公司信息披露规则》（以下简称《信息披露规则》）。《信息披露规则》是新三板挂牌公司信息披露的基本业务规则，是对原制定的《信息披露规则》的修订。修订的背景、原则和主要内容如下：

1. 修订背景

2019 年 10 月 25 日启动的全面深化新三板改革措施落地后，市场将形成"基础层、创新层、精选层"的结构，不同层级挂牌公司在发展阶段、规范运作水平、公众化程度等方面存在差异。在此基础上，改革配套设置了差异化的交易、投资者适当性、监督管理制度，相应地，本次修订对不同市场层级安排了差异化的信息披露制度，以更好地引导市场行为，满足投资者的多样化需求，保护投资者的合法权益。

2. 修订原则

《信息披露规则》坚持公开、公平、公正原则，未排除或限制市场竞争，并在修订中遵循以下基本原则。

一是完善信息披露差异化安排。改革措施落地后，精选层定位于运作规范、经营业绩和创新能力突出、有大额高效融资交易需求的优质中小企业，信息披露要求与上市公司趋同；创新层定位于初具规模尚处于高速成长期的企业，信息披露要求在原有基础上适度降低；基础层定位于满足基本挂牌条件的中小企业，信息披露突出客观描述和风险揭示。

二是优化信息披露规则。根据近年来的信息披露经验及相关案例，梳理现行规则中存在的问题，据此将实践中行之有效的信息披露监管经验上升为制度，进一步明确信息披露要求，丰富自律监管手段，强化一线监管职能，规范市场主体行为。

三是衔接相关规则制度。随着改革措施的落地，相关规则制度发布或修订，挂牌公司规则体系将更加完善，原《信息披露规则》有关规范公司治理的条款移至公司治理规则中予以规定，实现"各归其位、各负其责"；同时，根据《信息披露办法》进一步修订完善《信息披露规则》。

3. 修订内容

修订后的《信息披露规则》共6章73条，包括总则、定期报告、临时报告、信息披露事务管理、监管措施与违规处分和附则等章节。主要有以下安排。

（1）信息披露差异化安排

一是定期报告差异化。在披露文件上，精选层公司公众性高、监管尺度趋同于上市公司，因此披露翔实年度报告、中期报告、季度报告；创新层公司从平衡制度供给与信息披露成本的角度，适当降低定期报告的披露频次，无须披露季度报告；为降低基础层公司的披露成本，仅要求基础层公司披露简式年度报告和中期报告。在业绩披露及时性上，为强化业绩披露及时性，要求精选层公司特定情形下披露业绩快报和业绩预告。在行业披露上，特定行业的精选层、创新层挂牌公司应当按照行业信息披露指引的要求，在年度报告中披露相关信息。

二是审计要求差异化。挂牌公司年度报告中的财务报告均应经符合《证券法》规定的会计师事务所审计。精选层、创新层公司的审计均应执行关键审计事项准则的要求。精选层公司定期报告审计有更高的要求，应当参照执行中国证监会关于签字注册会计师定期轮换的相关规定；拟实施送股或者以资本公积转增股本的，所依据的中期报告或者季度报告应当经审计。

三是临时报告差异化。原《信息披露规则》中，交易事项经董事会审议后披露，审议标准由公司章程自主确定。本次修订配合公司治理规则的推出，对交易事项的披露提出底线监管要求，三个市场层级的交易事项分别设置差异化的披露触发条件和指标。其中，精选层公司交易的披露触发条件与上市公司趋同，以成交金额、交易标的产生的净利润、收入等为主要判断指标；创新层、基础层公司适当精简，以资产总额、资产净额等的金额及占比数为判断指标。另外，在临时公告事项类型上，本次修订对精选层公司作出特别的披露规定，要求精选层公司在出现开展新业务、研发产品或项目有重要进展、大股东股权质押和减持等情形时及时披露相关公告。

（2）优化信息披露规则

一是突出持续经营风险披露。近年来，部分挂牌公司出现停产、停业、公司治理失效等风险事项，可能影响公司的持续经营能力。为保护投资者的合法权益，《信息披露规则》对影响持续经营能力的风险事项新增披露要求，包括停产，主要业务陷入停顿，重大债务违约，控股股东、实际控制人无法取得联系等。

二是加强对定期报告披露的监管。为督促挂牌公司按期披露定期报告，保障投资者基本知情权，形成"预先披露＋公开谴责"的监管机制。对于预计不能按期披露的公司，要求及时披露具体原因、解决方案、预计披露时间，说明如被强制摘牌，公司拟采取的投资者保护的具体措施。对于未按期披露年度报告或中期报告的公司，在规则中明确将给予公开谴责的纪律处分。

三是明确公开发行和境外上市的披露要求。为规范拟公开发行公司的信息披露行为，要求挂牌公司因公开发行接受辅导时，及时披露相关公告及后续进展。同时，2018年4月，全国股转公司与港交所签署合作谅解备忘录，符合条件的公司可以两地挂牌上市，本次修订将3＋H同步披露在制度中予以明确。

四是完善自律监管机制。在监管方式上，明确全国股转公司可以对挂牌公司、主办券商进行检查，形成"要求说明—公开问询—检查"的监管机制。在违规行为上，为规范挂牌公司的会计、财务管理，新增"会计核算体系、财务管理和风险控制制度执行不到位"的违规情形。

（3）衔接相关规则制度

一是落实《信息披露办法》的要求。根据《信息披露办法》，增加信息披露事务管理章节，明确信息披露事务管理制度的内容，定期报告、临时报告的披露流程，各信息披露义务人的职责等内容；增加表决权差异安排、大额政府补助等临时公告披露要求。

二是衔接公司治理规则。随着公司治理相关规则的推出，原《信息披露规则》承载的公司治理相关内容进行移交和衔接，做到"各归其位、各负其责"。公司治理规则规范董事会、监事会和股东大会的召开，《信息披露规则》对"三会"披露进行规定；公司治理规则明确交易、关联交易事项和审议标准，《信息披露规则》对相关披露标准进行规定。

### 三、信息披露的主要内容①

（一）信息披露的原则

1. 真实、准确、完整原则

真实、准确、完整是信息披露最重要和最基本的原则。它是信息披露的基本要求，更是法律强制性规定。我国法律、部门规章和自律规则均将真实、准确、完整作为信息披露的首要原则。《证券法》第七十八条规定"信息披露义务人披露的信息应当真实、准确、完整"，《信息披露管理办法》第三条规定"挂牌公司披露的信息，应当真实、准确、完整"，《信息披露规则》第四条规定"主办券商、会计师事务所、律师事务所、其他证券服务机构及其从业人员根据本规则和全国股转系统其他业务规则的规定，对所出具文件的真实性、准确性、完整性负责"。

真实是指信息披露义务人所披露的信息内容必须如实反映发行人、挂牌公司及其他信息披露义务人与证券的发行和证券交易有关的法律规定应当披露的实际情况，不得有虚假记载；准确是指披露信息的文件应当按照规定的格式制作，对有关情况所做的陈述和提供的数据与实际情况应当相符，或者是合乎逻辑的推测，不得有误导性陈述；完整是指披露信息的文件应当齐全，符合法定要求，每份文件的内容应当完整无缺，不得有重大遗漏。

在新三板市场，信息披露涉及的内容是很广泛的。一般来说，信息披露的内容包括证券发行时初次的信息披露和证券交易中的信息披露。前者是指

---

① 这里的信息披露主要内容为挂牌公司股票所涉及的信息披露。中国证监会和全国股转公司对特定行业挂牌公司，或者挂牌公司股票发行、收购重组、股权激励、股份回购以及股票终止挂牌等事项，对优先股、公司债券等其他证券品种的信息披露另有规定的暂不详述。

证券首次公开发行时对发行人、拟发行的证券以及与发行证券有关的信息进行披露；后者是指证券挂牌上市交易过程中发行人、挂牌公司对证券挂牌上市交易及与证券交易有关的信息的持续披露。披露的信息主要是指发行人、挂牌公司在依法发行股票、公司债券等证券时公告的公开转让说明书、招股说明书、公司债券募集说明书、财务报告以及与此有关联的其他文件；在挂牌上市交易前公告的证券挂牌上市的有关文件和证券挂牌上市交易后持续披露的年度报告、中期报告、季度报告等定期报告，临时报告以及其他信息披露资料等。这些信息在披露的过程中，均应遵守真实、准确、完整的基本原则。

2. 及时、公平、简明原则

及时、公平、简明披露是信息披露的又一重要原则。我国相关法律制度同样也对其进行了明确规定。我国《证券法》第七十八条第一款规定"发行人及法律、行政法规和国务院证券监督管理机构规定的其他信息披露义务人，应当及时依法履行信息披露义务"，第二款规定"信息披露义务人披露的信息，应当真实、准确、完整，简明清晰、通俗易懂"，第八十条第三款规定"公司的控股股东或者实际控制人对重大事件的发生、进展产生较大影响的重大事件，应当及时将其知悉的有关情况书面告知公司，并配合公司履行信息披露义务"，第八十二条规定"发行人的董事、监事、高级管理人员应当保证发行人及时、公平地披露信息"，第八十七条第二款规定"证券交易场所应当对其组织交易的证券的信息披露义务人的信息披露行为进行监督，督促其依法及时、准确地披露信息"。《信息披露管理办法》第三条规定"挂牌公司披露的信息，应当真实、准确、完整，简明清晰，通俗易懂，不得有虚假记载、误导性陈述或重大遗漏"，第五条规定"挂牌公司的董事、监事、高级管理人员应当忠实、勤勉地履行职责，保证公司及时、公平地披露信息，所披露的信息真实、准确、完整"，《信息披露规则》第三条规定"挂牌公司及其他信息披露义务人应当及时、公平地披露所有可能对公司股票及其他证券品种交易价格、投资者投资决策产生较大影响的信息"。

及时披露是指重大事件发生后应当立即披露，或者根据法律、法规或相关规则在规定的时间内进行披露。证券市场信息繁杂，瞬息万变，信息对于证券市场尤为重要。证券市场实际就是信息场，信息披露质量的高低、及时与否直接影响到投资者，也影响到挂牌公司。信息的延迟披露会导致信息的严重不对称，产生内幕交易和其他违法行为，影响到投资者的合法权益。因此，及时披露应当成为信息披露的基本原则。及时披露具有两方面的含义：一方面是在发生重大事件时根据规定应当"立即披露"；另一方面是发生了应当披露的事件，在规定的时间内披露，信息披露不能超过规定的时间。前者大多数是在临时报告中，信息披露义务人遇到重大突发事件等应当进行的披露，比如《证券法》第八十条规定"发生可能对上市公司、股票在国务院批准的其他全国性证券交易场所交易的公司的股票交易价格产生较大影响的重大事件，投资者尚未得知时，公司应当立即将有关该重大事件的情况向国务院证券监督管理机构和证券交易场所报送临时报告，并予公告，说明事件的起因、目前的状态和可能产生的法律后果"，该条第二款列举了十一种属于"立即披露"的重大事件的情形；① 第八十一条规定"发生可能对上市交易公司债券的交易价格产生较大影响的重大事件，投资者尚未得知时，公司应当立即将有关该重大事件的情况向国务院证券监督管理机构和证券交易场所报送临时报告，并予公告，说明事件的起因、目前的状态和可能产生的法律后果"，该条第二款列举了十种属于

---

① 《证券法》第八十条第二款规定"前款所称重大事件包括：（一）公司的经营方针和经营范围的重大变化；（二）公司的重大投资行为，公司在一年内购买、出售重大资产超过公司资产总额百分之三十，或者公司营业用主要资产的抵押、质押、出售或者报废一次超过该资产的百分之三十；（三）公司订立重要合同、提供重大担保或者从事关联交易，可能对公司的资产、负债、权益和经营成果产生重要影响；（四）公司发生重大债务和未能清偿到期重大债务的违约情况；（五）公司发生重大亏损或者重大损失；（六）公司生产经营的外部条件发生的重大变化；（七）公司的董事、三分之一以上监事或者经理发生变动，董事长或者经理无法履行职责；（八）持有公司百分之五以上股份的股东或者实际控制人持有股份或者控制公司的情况发生较大变化，公司的实际控制人及其控制的其他企业从事与公司相同或者相似业务的情况发生较大变化；（九）公司分配股利、增资的计划，公司股权结构的重要变化，公司减资、合并、分立、解散及申请破产的决定，或者依法进入破产程序、被责令关闭；（十）涉及公司的重大诉讼、仲裁，股东大会、董事会决议被依法撤销或者宣告无效；（十一）公司涉嫌犯罪被依法立案调查，公司的控股股东、实际控制人、董事、监事、高级管理人员涉嫌犯罪被依法采取强制措施；（十二）国务院证券监督管理机构规定的其他事项"。

"立即披露"的重大事件的情形;[①] 后者在定期报告和临时报告中，法律规定了披露的期限，信息披露义务人不能超过规定的期限披露信息，如《证券法》第六十三条将"及时披露"期限限定在该事件发生之日起的 3 日内或次日内。[②] 全国股转公司《信息披露规则》根据挂牌公司的实际情况，将及时规定为自起算日起或者触及本规则规定的披露时点的 2 个交易日内[③]，这些都属于"及时披露"的范畴。

公平披露是指证券市场参与者不但在法律地位上平等、在市场中机会平等，而且在获取信息披露义务人披露的信息时也是平等的。信息披露义务人应当公平地对待每一位市场参与者。公平披露要求信息披露义务人不能对市场参与者选择性披露，因人而异地将一些信息披露给某些人而不向其他人披露。公平披露原则是资本市场"三公原则"的具体体现。不公平的信息披露往往导致内幕交易、欺诈客户等违法违规行为的滋生，损害了投资者的合法权益，不利于证券市场的健康发展。

简明披露是根据资本市场的现实情况所进行的一种制度性安排。资本市场的信息披露具有三方面的特点：一是信息披露的主体广。信息披露义务人包括发行人、挂牌公司以及众多相关人，包括控股股东、实际控制人、董事、监事、高级管理人员、收购人等。二是信息披露的内容多。披露的信息内容涉及

---

[①] 《证券法》第八十一条第二款规定"前款所称重大事件包括：（一）公司股权结构或者生产经营状况发生重大变化；（二）公司债券信用评级发生变化；（三）公司重大资产抵押、质押、出售、转让、报废；（四）公司发生未能清偿到期债务的情况；（五）公司新增借款或者对外提供担保超过上年末净资产的百分之二十；（六）公司放弃债权或者财产超过上年末净资产的百分之十；（七）公司发生超过上年末净资产百分之十的重大损失；（八）公司分配股利，作出减资、合并、分立、解散及申请破产的决定，或者依法进入破产程序、被责令关闭；（九）涉及公司的重大诉讼、仲裁；（十）公司涉嫌犯罪被依法立案调查，公司的控股股东、实际控制人、董事、监事、高级管理人员涉嫌犯罪被依法采取强制措施；（十一）国务院证券监督管理机构规定的其他事项"。

[②] 《证券法》第六十三条规定"通过证券交易所的证券交易，投资者持有或者通过协议、其他安排与他人共同持有一个上市公司已发行的有表决权股份达到百分之五时，应当在该事实发生之日起三日内，向国务院证券监督管理机构、证券交易所作出书面报告，通知该上市公司，并予公告，在上述期限内不得再行买卖该上市公司的股票，但国务院证券监督管理机构规定的情形除外。投资者持有或者通过协议、其他安排与他人共同持有一个上市公司已发行的有表决权股份达到百分之五后，其所持该上市公司已发行的有表决权股份比例每增加或者减少百分之一，应当在该事实发生的次日通知该上市公司，并予公告"。

[③] 《信息披露规则》第七十一条规定"本规则下列用语具有如下含义：（二）及时，是指自起算日起或者触及本规则规定的披露时点的两个交易日内"。

面极广、内容极其丰富，在证券发行阶段和证券交易阶段都有许多需要公开披露的信息，不但涉及股票的发行和交易，还涉及其他证券的发行和交易。不但涉及发行人、挂牌公司本身的信息披露，还涉及其相关人员的信息披露。不但涉及重大事件的信息披露，还涉及经营活动和公司治理的信息披露。三是披露的信息具有较强的专业性。新三板挂牌公司数量众多，涵盖国民经济的所有行业，每个行业都具有自己的特点和自己的专业，加上挂牌公司的定期报告涉及大量的财务专业知识。因此，信息披露文件中免不了有较多的专业知识和专业术语。这些特点决定挂牌公司的信息披露内容较多、有行业和专业特点。而我国资本市场的投资者绝大多数是中小投资者，他们在专业知识、投资理念、风险意识等方面与专业投资者相比有一定的差距。这就要求信息披露简明清晰、通俗易懂，使投资者能够理解披露的信息，并决策投资。

3. 差异化披露原则

差异化信息披露是新三板市场的现实需要，它是针对新三板海量挂牌公司的巨大差异性所设计的信息披露，正如前文所论述的那样，差异化信息披露体现了实质性公平，有助于提高证券市场的效率，是股票公司成本收益相匹配的结果。因此，中国证监会和全国股转公司均对新三板市场信息披露的差异化进行了规定。《信息披露管理办法》第四条规定"**根据挂牌公司发展阶段、公众化程度以及风险状况等因素，充分考虑投资者需求，以全国股转系统精选层、创新层、基础层分层为基础，实施挂牌公司差异化的信息披露制度**"，《信息披露管理规则》第五条规定"**挂牌公司及其他信息披露义务人披露的信息包括定期报告和临时报告。挂牌公司根据公司所属市场层级适用差异化的信息披露规定，但可以自愿选择适用更高市场层级的信息披露要求**"。

新三板市场信息披露差异化是建立在真实、准确、完整、及时、公平等基本原则基础上的，这种差异化在制度空间上主要有以下几个方面：一是信息披露的文件类型、披露频次和披露内容等具有一定的差异化；二是与信息披露密切相关的财务审计等配套措施具有一定的差异化；三是对信息披露的及时性进行较为灵活的安排；四是公司自愿信息披露的范围具有一定的灵活性。而在具体内容上，主要体现在精选层、创新层、基础层挂牌公司信息披露的差异化，如定期报告的差异化、临时报告的差异化等。

4. 强制披露为主、自愿披露为辅原则

强制信息披露制度是指信息披露义务人必须依照法律法规等有关规定公开相关信息和相关资料的制度。它相对于自愿信息披露制度。前者也称"信息公开制度"。强制信息披露制度和自愿信息披露制度的区别在于，前者的信息披露是不以信息披露义务人的意愿所决定的，在法律上具有强制性。信息披露义务人如果不披露或者不完全披露就要承担相应的法律责任。因而，信息披露义务人披露相关信息是其法定的义务。后者是相关当事人根据自己的意愿对相关信息进行披露，在法律上自愿信息披露不具有强制性，这类的信息披露不是当事人法定的义务，当事人完全可以按照自己的意愿决定是否披露相关信息。综观各国资本市场，信息披露制度均作为重要的法律制度在各国证券法和相关法律中进行了明确的规定。其中，绝大多数都是对强制信息披露的规定，以保证上市挂牌公司的股东和证券市场投资者基本的知情权。使股东和投资者及时了解上市挂牌公司的经营状况、财务状况及其发展趋势，有利于他们依据所获得的信息，及时采取措施，作出正确的投资选择以及对上市挂牌公司进行监督，有利于证券主管机关对证券市场的管理，引导证券市场健康、稳定地发展。

强制信息披露是法律为保证股东、投资者以及相关市场参与主体知情权的最低要求而规定的，没有这样的信息披露，社会公众的知情权就无法获得保障，就有可能影响甚至损害了他们的合法权利。但是在满足强制信息披露的前提下，法律并不禁止甚至鼓励强制信息披露义务人对强制性信息之外的其他信息自愿地进行披露。作为一种辅助性信息披露，这种披露有利于公众获得更多的信息，这种披露对股东和投资者是有利的，它是对强制信息披露的补充。我国的相关规定也将自愿信息披露视为强制信息披露的补充手段。《信息披露管理办法》第九条规定"除依法或者按照本办法及有关自律规则需要披露的信息外，挂牌公司可以自愿披露与投资者作出价值判断和投资决策有关的信息"，《信息披露规则》第六条规定"除依法或者按照本规则和相关规则需要披露的信息外，挂牌公司可以自愿披露与投资者作出价值判断和投资决策有关的信息"。

自愿信息披露并不意味着信息披露当事人可以无任何约束地披露信息，尽管自愿披露是当事人的权利，但一旦选择自愿披露就要遵守法律的相关规定，不能使自愿披露成为当事人利用的工具，损害股东和投资者的合法权益。《信息披露管理办法》规定，挂牌公司可以自愿披露，"但不得与依法或者按照本办法及有关自律规则披露的信息相冲突，不得误导投资者。挂牌公司应当保持信息披露的持续性和一致性，避免选择性披露，不得利用自愿披露信息不当影响公司股票及其他证券品种交易价格。自愿披露具有一定预测性质信息的，应当明确预测的依据，并提示可能出现的不确定性和风险"，《信息披露规则》规定，自愿信息披露"不得与依法或者按照本规则和相关规则披露的信息相冲突，不得误导投资者"。

5. 同步披露原则

同步披露是指一家上市公司或者挂牌公司的证券在不同的市场挂牌上市所涉及的信息保持一致性的披露。一般认为，同步披露在披露主体、披露内容、披露时间等方面应当一致。同步披露体现了上市公司和挂牌公司对不同市场股东和投资者的公平对待和不同市场监管制度的一致性。在我国资本市场实践中，沪深证券交易所的 A + H 股，以及大型国企在多地同时上市均涉及同步披露问题。对新三板市场而言，同步披露主要涉及的是新三板挂牌公司同时在香港证券交易所上市（3 + H）的信息披露。中国证监会和全国股转公司对此有所规定。《信息披露管理办法》第三条规定"挂牌公司披露的信息，应当真实、准确、完整，简明清晰，通俗易懂，不得有虚假记载、误导性陈述或重大遗漏。在境外市场发行股票及其他证券品种并上市的挂牌公司在境外市场披露的信息，应当同时在全国股转系统披露"，《信息披露规则》第七条第二款规定"挂牌公司同时有证券在境外证券交易所上市的，其在境外证券交易所披露的信息应当在规定信息披露平台同时披露"。

6. 指定披露原则

指定披露是由监管机构根据规定将信息披露义务人应当披露的信息在其认

定的相关媒体、网站、平台上以及相关的地点、场所进行披露。指定信息披露有利于遏制信息披露乱象，防止信息披露义务人逃避信息披露责任，避免信息披露的不公平和社会公众对信息了解的不充分，有利于最广范围的社会公众最大限度地了解披露的信息，也有利于增加信息披露的权威性。《证券法》第八十六条规定"依法披露的信息，应当在证券交易场所的网站和符合国务院证券监督管理机构规定条件的媒体发布，同时将其置备于公司住所、证券交易场所，共社会公众查阅"，《信息披露管理办法》第七条规定"挂牌公司依法披露的信息，应当在符合《证券法》规定的信息披露平台发布。挂牌公司在公司网站或者其他公众媒体发布信息的时间不得先于上述信息披露平台。挂牌公司应当将披露的信息同时置备于公司住所、全国股转系统，供社会公众查阅。信息披露文件应当采用中文文本。同时采用外文文本的，挂牌公司应当保证两种文本的内容一致。两种文本发生歧义时，以中文文本为准"，《信息披露规则》第七条规定"挂牌公司及其他信息披露义务人按照本规则和相关规则披露的信息，应当在符合《证券法》规定的信息披露平台（以下简称规定信息披露平台）发布。挂牌公司在其他媒体披露信息的时间不得早于在规定信息披露平台披露的时间"。

（二）定期报告

挂牌公司定期报告包括年度报告、中期报告和季度报告。对于挂牌公司的不同层次，定期报告也有所不同，精选层挂牌公司要求披露年度报告、中期报告和季度报告，而创新层、基础层挂牌公司则要求披露年度报告和中期报告，对季度报告的信息披露不做要求。

1. 定期报告的内容

凡是对投资者作出投资决策有重大影响的信息，都是定期报告的内容，均应当在定期报告中披露。定期报告的内容因年度报告、中期报告和季度报告有所不同。

年度报告主要包括以下内容：（1）公司基本情况；（2）主要会计数据和财务指标；（3）管理层讨论与分析；（4）公司股票、债券发行及变动情况，报告期末股票、债券总额、股东总数，公司前 10 大股东持股情况；（5）控股股东及实际控制人情况；（6）董事、监事、高级管理人员、核心员工任职及持股情况；（7）报告期内发生的重大事件及对公司的影响；（8）公司募集资金使用情况（如有）；（9）利润分配情况；（10）公司治理及内部控制情况；（11）财务会计报告和审计报告全文；（12）中国证监会规定的其他事项。

由于对精选层挂牌公司在业绩快报、业绩预告、行业信披、特别表决权和累计投票权、网络投票等方面做了要求，因而对精选层的年度报告的内容也进行了不同于基础层和创新层的规定。

对于精选层的年度报告，精选层挂牌公司在年度报告披露前，预计上一会计年度净利润发生重大变化的，应当及时进行业绩预告；预计半年度和季度净利润发生重大变化的，可以进行业绩预告。业绩预告应当披露年度净利润的预计值以及重大变化的原因。重大变化的情形包括年度净利润同比变动超过 50% 且大于 500 万元、发生亏损或者由亏损变为盈利。公司业绩快报、业绩预告中的财务数据与实际数据差异幅度达到 20% 以上的，应当及时披露修正公告，并在修正公告中向投资者致歉、说明差异的原因。

精选层挂牌公司还应当在年度报告中结合所属行业特点充分披露行业经营信息以及可能对公司核心竞争力、经营活动和未来发展产生重大不利影响的风险因素。精选层挂牌公司尚未盈利的，应当在年度报告中充分披露尚未盈利的原因，以及对公司生产经营的影响。

挂牌公司存在特别表决权股份的，应当在年度报告中披露特别表决权股份的持有和变化情况，以及相关投资者合法权益保护措施的实施情况。

挂牌公司股东大会实行累积投票制和网络投票安排的，应当在年度报告中披露累积投票制和网络投票安排的实施情况。

精选层挂牌公司预计经营业绩发生亏损、扭亏为盈或者发生大幅变动的，应当及时进行业绩预告。

中期报告和季度报告主要有以下内容：（1）公司基本情况；（2）主要会计数据和财务指标；（3）公司股票、债券发行及变动情况，报告期末股东总数，公司前 10 大股东持股情况；（4）控股股东及实际控制人发生变化的情况；（5）报告期内重大诉讼、仲裁等重大事件及对公司的影响；（6）公司募集资金使用情况（如有）；（7）财务会计报告；（8）中国证监会规定的其他事项。

季度报告的主要内容为公司基本情况、主要会计数据和财务指标以及中国证监会和全国股转公司规定的其他事项。

定期报告披露前出现业绩泄露，或者出现业绩传闻且公司股票及其他证券品种交易出现异常波动的，挂牌公司应当及时披露本报告期相关财务数据。

2. 定期报告的期限

挂牌公司应当在规定的期限内编制并披露定期报告，在每个会计年度结束之日起 4 个月内编制并披露年度报告，在每个会计年度的上半年结束之日起 2 个月内编制并披露中期报告；披露季度报告的，挂牌公司应当在每个会计年度前 3 个月、9 个月结束后的 1 个月内编制并披露。第一季度报告的披露时间不得早于上一年的年度报告。

挂牌公司预计不能在规定期限内披露定期报告的，应当及时公告不能按期披露的具体原因、编制进展、预计披露时间、公司股票是否存在被停牌及终止挂牌的风险，并说明如被终止挂牌，公司拟采取的投资者保护的具体措施等。

挂牌公司应当与全国股转公司预约定期报告的披露时间，全国股转公司根据预约情况统筹安排。挂牌公司应当按照全国股转公司安排的时间披露定期报告，因故需要变更披露时间的，根据全国股转公司相关规定办理。

挂牌公司定期报告披露前出现业绩泄露，或者出现业绩传闻且公司股票及其他证券品种交易出现异常波动的，应当及时披露业绩快报。精选层挂牌公司预计不能在会计年度结束之日起 2 个月内披露年度报告的，应当在该会计年度结束之日起 2 个月内披露业绩快报。业绩快报中的财务数据包括但不限于营业收入、净利润、总资产、净资产以及净资产收益率。

3. 相关主体的职责

挂牌公司披露定期报告的相关主体包括挂牌公司、董事会、监事会、高级管理人员、主办券商、会计师事务所等。

一是挂牌公司。（1）披露定期报告。精选层挂牌公司应当披露的定期报告包括年度报告、中期报告和季度报告。创新层、基础层挂牌公司应当披露的定期报告包括年度报告和中期报告。（2）按规定的内容与格式要求披露定期报告。挂牌公司应当按照中国证监会有关规定编制并披露定期报告，并按照《企业会计准则》的要求编制财务报告。中国证监会对不同市场层级挂牌公司的定期报告内容与格式有差异化要求的，挂牌公司应当遵守相关规定。精选层、创新层挂牌公司应当按照中国证监会、全国股转公司行业信息披露有关规定的要求在年度报告中披露相应信息。（3）选定会计师事务所。挂牌公司年度报告中的财务报告应当经符合《证券法》规定的会计师事务所审计。挂牌公司不得随意变更会计师事务所，如确需变更的，应当由董事会审议后提交股东大会审议。精选层挂牌公司拟实施送股或者以资本公积转增股本的，所依据的中期报告或者季度报告的财务报告应当经符合《证券法》规定的会计师事务所审计。精选层、创新层挂牌公司的审计应当执行财政部关于关键审计事项准则的相关规定。精选层挂牌公司审计业务签字注册会计师应当参照执行中国证监会关于证券期货审计业务注册会计师定期轮换的相关规定。（4）对主办券商的责任。挂牌公司应当在定期报告披露前及时向主办券商提供下列文件，即定期报告全文；审计报告（如适用）；董事会、监事会决议及其公告文稿；公司董事、高级管理人员的书面确认意见及监事会的书面审核意见；按照全国股转公司要求制作的定期报告和财务数据的电子文件。

如果挂牌公司的财务报告被注册会计师出具非标准审计意见的，挂牌公司在向主办券商送达定期报告时应当提交下列文件，并与定期报告同时披露：董事会针对该审计意见涉及事项所做的专项说明和相关决议；监事会对董事会有关说明的意见和相关决议；负责审计的会计师事务所及注册会计师出具的专项说明。

二是挂牌公司董事会、监事会及董监高人员。挂牌公司董事会应当确保公司定期报告按时披露。董事会因故无法对定期报告形成决议的，应当以董事会公告的方式披露具体原因和存在的风险。挂牌公司不得披露未经董事会审议通过的定期报告，董事会已经审议通过的，不得以董事、高级管理人员对定期报告内容有异议为由不按时披露定期报告。

挂牌公司监事会应当对董事会编制的定期报告进行审核并提出书面审核意见，说明董事会对定期报告的编制和审核程序是否符合法律法规、中国证监会、全国股转公司的规定和公司章程，报告的内容是否能够真实、准确、完整地反映公司实际情况。

挂牌公司董事、监事、高级管理人员应当对公司定期报告签署书面确认意见。董事、监事和高级管理人员无法保证定期报告内容的真实性、准确性、完整性或者有异议的，应当在书面确认意见中发表意见并陈述理由，公司应当在定期报告中披露相关情况。公司不予披露的，董事、监事和高级管理人员可以直接申请披露。

三是中介机构。主要为主办券商和会计师事务所。主办券商主要为督导责任。在定期报告披露中，如果负责审计的会计师事务所和注册会计师出具的非标准审计意见涉及事项属于违反会计准则及相关信息披露规范性规定的，主办券商应当督促挂牌公司对有关事项进行纠正。负责审计的会计师事务所和注册会计师如果出具了非标准意见的，应当对非标准意见进行专项说明，说明的内容至少包括出具非标准审计意见的依据和理由、非标准审计意见涉及事项对报告期公司财务状况和经营成果的影响和非标准审计意见涉及事项是否违反《企业会计准则》及相关信息披露规范性规定。

（三）临时报告

临时报告是指自取得挂牌同意函之日起，挂牌公司及其他信息披露义务人按照法律法规和中国证监会、全国股转公司有关规定发布的除定期报告以外的公告。

1. 临时报告的内容

当发生可能对公司股票及其他证券品种交易价格、投资者投资决策产生较大影响的重大事件时，挂牌公司及其他信息披露义务人应当及时披露临时报告。

根据《证券法》《信息披露管理办法》的规定，重大事件的内容主要为：（1）公司的经营方针和经营范围的重大变化；（2）公司的重大投资行为，公司在一年内购买、出售重大资产超过公司资产总额30%，或者公司营业用主要资产的抵押、质押、出售或者报废一次超过该资产的30%；（3）公司订立重要合同，提供重大担保或者从事关联交易，可能对公司的资产、负债、权益和经营成果产生重要影响；（4）公司发生重大债务和未能清偿到期重大债务的违约情况；（5）公司发生重大亏损或者重大损失；（6）公司生产经营的外部条件发生的重大变化；（7）公司的董事、三分之一以上监事或者经理发生变动，董事长或者经理无法履行职责；（8）持有公司5%以上股份的股东或者实际控制人，其持有股份或者控制公司的情况发生较大变化，公司的实际控制人及其控制的其他企业从事与公司相同或者相似业务的情况发生较大变化；（9）公司分配股利、增资的计划，公司股权结构的重要变化，公司减资、合并、分立、解散及申请破产的决定，或者依法进入破产程序、被责令关闭；（10）涉及公司的重大诉讼、仲裁，股东大会、董事会决议被依法撤销或者宣告无效；（11）公司涉嫌违法违规被有权机关调查，或者受到刑事处罚、重大行政处罚；公司控股股东、实际控制人、董事、监事、高级管理人员涉嫌违法违纪被有权机关调查、采取留置措施或强制措施，或者受到刑事处罚、重大行政处罚；（12）获得大额政府补贴等可能对公司资产、负债、权益或者经营成果产生重大影响的额外收益；（13）公司董事会就拟在其他证券交易场所上市、股权激励方案、股份回购方案作出决议；（14）公司主要资产被查封、扣押、冻结；（15）公司丧失重要生产资质、许可、特许经营权，或者主要业务陷入停顿；（16）法院裁决禁止控股股东转让其所持股份；任一股东所持公司5%以上股份被质押、冻结、司法拍卖、托管、设定信托或者被依法限制表决权；（17）变更会计政策、会计估计（法律、行政法规或者国家统一会计制度要求的除外）；（18）因前期已披露的信息存在差错、未按规定披露或者虚假记载，被有关机关责令改正或者经董事会决定进行更正；（19）中国证监会规定的其他事项。

我国《证券法》还特别对涉及发生可能对上市交易公司债券的交易价格产

生较大影响的重大事件进行了规定，这些重大事件发生在投资者尚未得知时，挂牌公司应当立即将有关该重大事件的情况向国务院证券监督管理机构和证券交易场所报送临时报告，并予以公告，说明事件的起因、目前的状态和可能产生的法律后果。重大事件的主要内容为：（1）公司股权结构或者生产经营状况发生重大变化；（2）公司债券信用评级发生变化；（3）公司重大资产抵押、质押、出售、转让、报废；（4）公司发生未能清偿到期债务的情况；（5）公司新增借款或者对外提供担保超过上年末净资产的20%；（6）公司放弃债权或者财产超过上年末净资产的10%；（7）公司发生超过上年末净资产10%的重大损失；（8）公司分配股利，作出减资、合并、分立、解散及申请破产的决定，或者依法进入破产程序、被责令关闭；（9）涉及公司的重大诉讼、仲裁；（10）公司涉嫌犯罪被依法立案调查，公司的控股股东、实际控制人、董事、监事、高级管理人员涉嫌犯罪被依法采取强制措施；（11）国务院证券监督管理机构规定的其他事项。

这些重大事件在具体披露的内容上应当尽量详尽。挂牌公司履行首次披露义务时，应当披露重大事件的起因、目前的状态和可能产生的法律后果等。编制公告时相关事实尚未发生的，公司应当客观公告既有事实，待相关事实发生后，再按照相关要求披露重大事件的进展情况。挂牌公司已披露的重大事件出现可能对挂牌公司股票及其他证券品种交易价格或投资者决策产生较大影响的进展或者变化的，应当及时披露进展或者变化情况，包括协议执行发生重大变化、被有关部门批准或否决、无法交付过户等。

除了上述事件的发生，作为临时报告挂牌公司需要即时披露外，还对以下几种情形进行了特别规定：一是不同层次的挂牌公司的披露内容有所差异。挂牌公司应当按照中国证监会、全国股转公司对不同市场层级差异化规定的内容进行披露。精选层、创新层挂牌公司还应按照行业信息披露有关规定的要求，及时披露行业特有重大事件。二是挂牌公司的控股股东或者实际控制人对重大事件的发生、进展产生较大影响的，应当及时将其知悉的有关情况书面告知挂牌公司，并配合挂牌公司履行信息披露义务。三是挂牌公司控股子公司发生重大交易事项、关联交易或其他重大事件，视同挂牌公司的重大事件，履行临时报告职责进行信息披露。四是挂牌公司参股公司发生重大交易事项、关联交易或其他重大事件，可能对挂牌公司股票及其他证券品种交易价格或投资者决策产生较大影响的，挂牌公司也应当履行临时报告职责进行信息披露。

2. 临时报告的时点

（1）首次披露时点。挂牌公司应当在重大事件最先触及董事会，或者监事会作出决议时、有关各方签署意向书或协议时，或者董事、监事或者高级管理人员知悉或者应当知悉该重大事件发生时，及时履行首次披露义务。（2）决议、协议、交易达成时点。挂牌公司筹划的重大事项存在较大不确定性，立即披露可能会损害公司利益或者误导投资者，且有关内幕信息知情人已书面承诺保密的，公司可以暂不披露，但最迟应当在该重大事项形成最终决议、签署最终协议、交易确定能够达成时对外披露。（3）保密时点。相关信息确实难以保密、已经泄露或者出现市场传闻，导致公司股票及其他证券品种交易价格发生大幅波动的，公司应当立即披露相关筹划和进展情况。（4）异常波动时点。挂牌公司股票及其他证券品种交易被中国证监会或者全国股转公司认定为异常波动的，挂牌公司应当及时了解造成交易异常波动的影响因素，并于次一交易日开盘前披露。（5）媒体传播时点。媒体传播的消息可能或者已经对投资者决策或者挂牌公司股票及其他证券品种交易价格产生较大影响的，挂牌公司应当及时了解情况，发布相应澄清公告。

（四）几项重大事件的异同

在挂牌公司的信息披露中，临时报告要披露的内容较广，但对于交易事项、关联交易和其他重大事件的信息披露法律法规均予以高度的重视，对其进行了较为详细的规定。而新三板市场由于不同层次的存在，精选层、创新层、基础层挂牌公司的情况差异较大，在信息披露上也就不可能完全一致，不但在定期报告上是如此，在交易事项、关联交易和其他重大事项上也是如此。它们之间既有共性，更有差异性。

1. 交易事项的异同

在共性方面，主要有四点。一是交易事项。挂牌公司发生以下交易，达到披露标准的，应当及时披露：（1）购买或者出售资产；（2）对外投资（含委托理财、对子公司投资等）；（3）提供担保；（4）提供财务资助；（5）租入或者租出资产；（6）签订管理方面的合同（含委托经营、受托经营等）；（7）赠予或者受赠资产；（8）债权或者债务重组；（9）研究与开发项目的转移；（10）签订许可协议；（11）放弃权利；上述购买或者出售资产，不包括购买原材料、燃料和动力，以及出售产品或者商品等与日常经营相关的交易行为。二是母子公司交易免除。挂牌公司与其合并报表范围内的控股子公司发生的或者上述控股子公司之间发生的交易，除另有规定或者损害股东合法权益外，免予按照交易事项披露。三是挂牌公司提供担保的，应当提交公司董事会审议并及时披露董事会决议公告和相关公告。四是对交易事项的计算或审议标准，均按照全国股转公司有关公司治理相关规则的规定执行。

在差异性方面，由于精选层和创新层、基础层在发行、交易、投资者适当性、监管标准等方面均有不同，因此差异性的指标选取、相对性、绝对性和触发情况上的不同，使信息披露标准也有一定的差异。

精选层的指标选取主要参考科创板选取6条财务指标，并引入市值指标；相对值主要以公司财务质量作为披露依据，设计10%的披露底限标准；绝对值主要为营业收入和净利润财务指标采用"相对值＋绝对值"，绝对值数值以精选层营业收入、净利润的准入门槛最低数值为基础计算得出。营业收入准入门槛最低要求为1亿元×10%＝1000万元，净利润最低要求为1500万元×10%＝150万元；触发情况未使用营业收入或净利润指标时，新三板挂牌公司90%以上的企业以相对值触发信息披露，与科创板、创业板情况保持一致。

创新层、基础层的选取指标主要参照《重组办法》，选取总资产、净资产两个财务指标；相对性方面以公司财务质量作为披露依据，创新层设计10%的披露底限标准；基础层较创新层降低披露要求，相对比例放大两倍，为20%；绝对值和触发情况为净资产指标采用"相对值＋绝对值"；使用净资产指标时，新三板挂牌公司85%以上的企业以相对值触发信息披露。交易事项披露标准的具体差异如下：

一是精选层挂牌公司。精选层挂牌公司发生的交易（除提供担保外）达到下列标准之一的，应当及时披露：（1）交易涉及的资产总额（同时存在账面值和评估值的，以孰高为准）占公司最近一期经审计总资产的10%以上；（2）交易的成交金额占公司市值的10%以上；（3）交易标的（如股权）最近一个会计年度资产净额占公司市值的10%以上；（4）交易标的（如股权）最近一个会计年度相关的营业收入占公司最近一个会计年度经审计营业收入的10%以上，且超过1000万元；（5）交易产生的利润占公司最近一个会计年度经审计净利润的10%以上，且超过150万元；（6）交易标的（如股权）最近一个会计年度相关的净利润占公司最近一个会计年度经审计净利润的10%以上，且超过150万元（未盈利的精选层挂牌公司可以豁免适用净利润指标）。

二是创新层挂牌公司。创新层挂牌公司发生的交易（除提供担保外）达到下列标准之一的，应当及时披露：（1）交易涉及的资产总额（同时存在账面值和评估值的，以孰高为准）或成交金额占公司最近一个会计年度经审计总资产的10%以上；（2）交易涉及的资产净额或成交金额占公司最近一个会计年度经审计净资产绝对值的10%以上，且超过300万元。

三是基础层挂牌公司。基础层挂牌公司发生的交易（除提供担保外）达到下列标准之一的，应当及时披露：（1）交易涉及的资产总额（同时存在账面值和评估值的，以孰高为准）或成交金额占公司最近一个会计年度经审计总资产的20%以上；（2）交易涉及的资产净额或成交金额占公司最近一个会计年度经审计净资产绝对值的20%以上，且超过300万元。

2. 关联交易异同

挂牌公司的关联交易是指挂牌公司或者其控股子公司等其他主体与公司关联方发生相关规定的交易和日常经营范围内发生的可能引致资源或者义务转移的事项。

关联方包括挂牌公司的关联法人和关联自然人。关联法人是指具有以下情形之一的法人或其他组织：（1）直接或者间接控制挂牌公司的法人或其他组织；（2）由前项所述法人直接或者间接控制的除挂牌公司及其控股子公司以外的法人或其他组织；（3）关联自然人直接或者间接控制的，或者担任董事、高级管理人员的，除挂牌公司及其控股子公司以外的法人或其他组织；（4）直接或者间接持有挂牌公司5%以上股份的法人或其他组织；（5）在过去12个月内或者根据相关协议安排在未来12个月内，存在上述情形之一的；（6）中国证监会、全国股转公司或者挂牌公司根据实质重于形式的原则认定的其他与公司有特殊关系，可能或者已经造成挂牌公司对其利益倾斜的法人或其他组织。挂牌公司与上述（2）所列法人或其他组织受同一国有资产管理机构控制的，不因此构成关联关系，但该法人或其他组织的董事长、经理或者半数以上的董事兼任挂牌公司董事、监事或高级管理人员的除外。关联自然人是指具有以下情形之一的自然人：（1）直接或者间接持有挂牌公司5%以上股份的自然人；（2）挂牌公司董事、监事及高级管理人员；（3）直接或者间接地控制挂牌公司的法人的董事、监事及高级管理人员；（4）上述第（1）、第（2）所述人士的关系密切的家庭成员，包括配偶、父母、年满18周岁的子女及其配偶、兄弟姐妹及其配偶，配偶的父母、兄弟姐妹，子女配偶的父母；（5）在过去12个月内或者根据相关协议安排在未来12个月内，存在上述情形之一的；（6）中国证监会、全国股转公司或者挂牌公司根据实质重于形式原则认定的其他与挂牌公司有特殊关系，可能或者已经造成挂牌公司对其利益倾斜的自然人。

在共性方面，精选层和创新层、基础层的挂牌公司均应及时披露下列事项：按照全国股转公司治理相关规则须经董事会审议的关联交易事项；在董事会、股东大会决议公告中披露关联交易的表决情况及表决权回避制度的执行情况；对于每年与关联方发生的日常性关联交易，在披露上一年度报告之前，对本年度将发生的关联交易总金额进行合理预计，履行相应审议程序并披露。对于预计范围内的关联交易，在年度报告和中期报告中予以分类，列表披露执行情况并说明交易的公允性；实际执行超出预计金额的，就超出金额所涉及事项履行相应审议程序并披露；与关联方的交易，按照全国股转公司治理相关规则免予关联交易审议的，免予按照关联交易披露。

在差异性方面，关联交易需经董事会审议，审议标准进行了下列差异化安排，一是精选层挂牌公司。与关联自然人发生的成交金额在 30 万元以上的关联交易，或者与关联法人发生的成交金额占公司总资产或市值 0.2% 以上，且超过 300 万元。二是创新层挂牌公司。与关联自然人发生的交易金额在 50 万元以上的关联交易，或者与关联法人发生的交易金额占公司总资产 0.5% 以上，且超过 300 万元。三是基础层挂牌公司。公司与关联自然人发生的交易金额在 50 万元以上的关联交易，或者与关联法人发生的交易金额占公司总资产 0.5% 以上，且超过 300 万元。

可以看出，精选层在关联交易的指标上要比创新层、基础层宽泛，要求相对较低，而创新层和基础层的指标要求趋同。

3. 其他重大事项异同

在共性方面，主要体现在七个方面。

第一，辅导挂牌。挂牌公司因公开发行股票接受辅导时，应及时披露相关公告及后续进展。公司董事会就股票发行、拟在境内外其他证券交易场所上市，或者发行其他证券品种作出决议，应当自董事会决议之日起及时披露相关公告。

第二，市场波动。股票交易出现异常波动的，挂牌公司应当及时了解造成交易异常波动的影响因素，并于次一交易日开盘前披露异常波动公告；公共媒体传播的消息可能或者已经对公司股票及其他证券品种交易价格或投资者决策产生较大影响的，挂牌公司应当及时了解情况，向主办券商提供有助于甄别的相关资料，并发布澄清公告。

第三，分配、承诺、限售。（1）挂牌公司应当在董事会审议通过利润分配或资本公积转增股本方案后，及时披露方案具体内容，并于实施方案的股权登记日前披露方案实施公告。（2）挂牌公司和相关信息披露义务人披露承诺事项的，应当严格遵守其披露的承诺事项。挂牌公司应当及时披露承诺事项的履行进展情况。公司未履行承诺的，应当及时披露原因及相关当事人可能承担的法律责任。信息披露义务人未履行承诺的，公司应当主动询问，并及时披露原因以及董事会拟采取的措施。（3）限售股份在解除限售前，挂牌公司应当按照全国股转公司有关规定披露相关公告。

第四，收购、表决权安排。（1）直接或间接持有公司5%以上股份的股东，所持股份占挂牌公司总股本的比例每达到5%的整数倍时，投资者应当按规定及时告知公司，并配合挂牌公司履行信息披露义务。挂牌公司应当及时披露股东持股情况变动公告。挂牌公司投资者及其一致行动人拥有权益的股份达到《非公办法》规定标准的，应当按照规定履行权益变动或控制权变动的披露义务。投资者及其一致行动人已披露权益变动报告书的，挂牌公司可以简化披露持股变动情况。（2）挂牌公司设置、变更表决权差异安排的，应当在披露审议该事项的董事会决议的同时，披露关于设置表决权差异安排、异议股东回购安排及其他投资者保护措施等内容的公告。

第五，公司本身事项。挂牌公司出现以下情形之一的，应当自事实发生或董事会决议之日起及时披露：（1）变更公司名称、证券简称、公司章程、注册资本、注册地址、主要办公地址等，其中公司章程发生变更的，还应在股东大会审议通过后披露新的公司章程；（2）经营方针和经营范围发生重大变化；（3）挂牌公司控股股东、实际控制人及其一致行动人，或第一大股东发生变更；（4）挂牌公司控股股东、实际控制人及其控制的企业占用公司资金；（5）挂牌公司实际控制人及其控制的其他企业从事与公司相同或者相似业务的情况发生较大变化；（6）法院裁定禁止控股股东、实际控制人转让其所持挂牌公司股份；（7）挂牌公司董事、监事、高级管理人员发生变动；（8）挂牌公司减资、合并、分立、解散及申请破产，或者依法进入破产程序、被责令关闭；（9）订立重要合同、获得大额政府补贴等额外收益，可能对公司的资产、负债、权益和经营成果产生重大影响；（10）挂牌公司提供担保，被担保人于债务到期后15个交易日内未履行偿债义务，或者被担保人出现破产、清算或其他严重影响其偿债能力的情形；（11）营业用主要资产的抵押、质押、出售或者报废一次超过该资产的30%；（12）挂牌公司发生重大债务；（13）挂牌公司变更会计政策、会计估计（法律法规或者国家统一会计制度要求的除外），变更会计师事务所；（14）挂牌公司或其控股股东、实际控制人、董事、监事、高级管理人员被纳入失信联合惩戒对象；（15）挂牌公司取得或丧失重要生产资质、许可、特许经营权，或生产经营的外部条件、行业政策发生重大变化；（16）挂牌公司涉嫌违法违规被中国证监会及其派出机构或其他有权机关调查，被移送司法机关或追究刑事责任，受到对公司生产经营有重大影响的行政处罚，或者被中国证监会及其派出机构采取行政监管措施或行政处罚；（17）挂牌公司董事、监事、高级管理人员、控股股东或实际控制人涉嫌违法违规被中国证监会及其派出机构或其他有权机关调查、采取留置、强制措施或者追究重大刑事责任，被中国证监会及其派出机构处以证券市场禁入、认定为不适当人员等监管措施，受到对公司生产经营有重大影响的行政处罚；（18）因已披露的信息存在差错、虚假记载或者未按规定披露，被有关机构责令改正或者经董事会决定进行更正；（19）法律法规规定的，或者中国证监会、全国股转公司认定的其他情形。挂牌公司发生违规对外担保，或者资金、资产被控股股东、实际控制人及其控制的企业占用的，应当披露相关事项的整改进度情况。

第六，诉讼、仲裁。挂牌公司应当及时披露下列重大诉讼、仲裁：（1）涉案金额超过 200 万元，且占公司最近一期经审计净资产绝对值 10% 以上；（2）股东大会、董事会决议被申请撤销或者宣告无效；挂牌公司任一股东所持公司 5% 以上的股份被质押、冻结、司法拍卖、托管、设定信托或者被依法限制表决权的，应当及时通知公司并予以披露。

第七，风险、摘牌。挂牌公司出现下列重大风险情形之一的，应当自事实发生之日起及时披露：（1）停产、主要业务陷入停顿；（2）发生重大债务违约；（3）发生重大亏损或重大损失；（4）主要资产被查封、扣押、冻结，主要银行账号被冻结；（5）公司董事会无法正常召开会议并形成董事会决议；（6）董事长或者经理无法履行职责，控股股东、实际控制人无法取得联系；（7）挂牌公司其他可能导致丧失持续经营能力的风险事项（上述风险事项涉及具体金额的，因挂牌公司所属市场层级不同而有所不同）；（8）全国股转公司对挂牌公司股票实行风险警示或作出股票终止挂牌决定后，挂牌公司应当及时披露。

在差异性方面，主要是对精选层在股权质押、新业务开展等、减持股份等方面另外附加了一些条件：第一，股权质押。加强对控股股东股权质押风险的关注，规定精选层挂牌公司控股股东质押股份比例达到50%以上的，应当披露款项用途及资金偿还安排。第二，精选层新业务等特殊情况。精选层挂牌公司以市值作为重要考量因素，新行业、新业务、新技术等影响估值的相关事件成为投资者关注的重点。因此，精选层挂牌公司外部条件发生重大变化、新业务开展、研发成果进展、核心技术丧失竞争优势等新增披露要求。第三，减持股份。（1）精选层挂牌公司持股5%以上股东、实际控制人、董事、监事、高级管理人员计划减持股份的，应当及时通知公司（在首次卖出股份的15个交易日前预先披露减持计划，持股5%以上股东、实际控制人减持其通过全国股转公司竞价、做市交易买入的股票除外）；（2）公告的内容应当包括拟减持股份的数量、减持时间区间、价格区间、减持原因等信息，且每次披露的减持时间区间不得超过6个月；（3）在减持时间区间内，持股5%以上股东、实际控制人、董事、监事、高级管理人员在减持数量过半或减持时间过半时，应当披露减持进展情况。持股5%以上股东、实际控制人、董事、监事、高级管理人员应当在股份减持计划实施完毕或者披露的减持时间区间届满后及时公告具体减持情况。

（五）信息披露事务管理

挂牌公司在新三板市场自挂牌之日起就涉及大量的信息披露事务，信息披露不但种类繁多、内容丰富，而且因临时披露情况紧急，影响重大，批不披露、何时披露、披露到何种程度都会对市场和投资者形成影响，也会对挂牌公司有所影响，信息披露不得有半点差错。因此，挂牌公司要有条不紊地披露信息，就需要对信息披露事宜进行有效的管理。信息披露事务的管理作为信息披露制度的内容，法律和监管者予以了规定。中国证监会《信息披露管理办法》、全国股转公司《信息披露规则》均对信息披露事务的管理进行了专节规定。从这些规定看，主要对信息披露事务管理的内容和相关主体进行了规定。

1. 管理的内容

信息披露事务管理的内容主要通过制定的相关制度体现出来，根据相关规定挂牌公司应当制定信息披露事务管理制度，经董事会审议通过并披露。信息披露事务管理的内容相当全面，既包括标准和程序上的管理，也包括实体和职责方面的管理；既包括事前事中的管理，也包括事后的管理；既包括挂牌公司及其相关人员的管理，也包括中介机构等服务机构的管理。具体内容体现在十一个方面，即（1）明确挂牌公司应当披露的信息，确定披露标准；（2）未公开信息的传递、审核、披露流程；（3）信息披露事务负责人在信息披露中的职责；（4）董事和董事会、监事和监事会、高级管理人员等的报告、审议和披露的职责；（5）董事、监事、高级管理人员履行职责的记录和保管制度；（6）未公开信息的保密措施，内幕信息知情人的范围和保密责任；（7）财务管理和会计核算的内部控制及监督机制；（8）对外发布信息的申请、审核、发布流程；与投资者、证券服务机构、媒体等的信息沟通与制度；（9）信息披露相关文件、资料的档案管理；（10）涉及子公司的信息披露事务管理和报告制度；（11）未按规定披露信息的责任追究机制，对违反规定人员的处理措施。

2. 管理的主体

信息披露事务管理的主体分为两类：一类为挂牌公司及其相关人员，包括挂牌公司，挂牌公司的股东、实际控制人，挂牌公司的董事、监事、高级管理人员，挂牌公司信息披露事务负责人；另一类是挂牌公司的外部人，包括为挂牌公司提供服务的主办券商、会计师事务所以及社会媒体等。

第一，挂牌公司。挂牌公司应当制定定期报告的编制、审议、公告程序。挂牌公司应当制定重大事件的报告、传递、审核、披露程序。挂牌公司通过业绩说明会、分析师会议、路演、接受投资者调研等形式就公司的经营情况、财务情况及其他事件与任何机构和个人进行沟通的，不得提供内幕信息。

挂牌公司应当为信息披露事务负责人履行职责提供便利条件。挂牌公司应当履行关联交易的审议程序，并严格执行关联交易回避表决制度。

挂牌公司应当配合主办券商持续督导工作，提供必要材料，为主办券商开展持续督导工作提供便利条件。挂牌公司解聘会计师事务所的，应当在董事会决议后及时通知会计师事务所，公司股东大会就解聘会计师事务所进行表决时，应当允许会计师事务所陈述意见。股东大会作出解聘、更换会计师事务所决议的，挂牌公司应当在披露时说明更换的具体原因和会计师事务所的陈述意见。

第二，股东、实际控制人。挂牌公司的股东、实际控制人不得滥用其股东权利、支配地位指使挂牌公司不按规定履行信息披露义务或者披露有虚假记载、误导性陈述或者重大遗漏的信息，不得要求挂牌公司向其提供内幕信息。

挂牌公司的股东、实际控制人发生以下事件时，应当及时告知公司，并配合挂牌公司履行信息披露义务：（1）持有公司5%以上股份的股东或者实际控制人，其持有股份或者控制公司的情况发生较大变化，公司的实际控制人及其控制的其他企业从事与公司相同或者相似业务的情况发生较大变化；（2）法院裁决禁止控股股东转让其所持股份，任一股东所持公司5%以上股份被质押、冻结、司法拍卖、托管、设定信托或者被依法限制表决权；（3）拟对挂牌公司进行重大资产或者业务重组；（4）中国证监会规定的其他情形。

持股5%以上的股东及其一致行动人、实际控制人应当及时向挂牌公司董事会报送挂牌公司关联方名单、关联关系及变化情况的说明。

通过接受委托或者信托等方式持有挂牌公司5%以上股份的股东或者实际控制人，应当及时将委托人情况告知挂牌公司，配合挂牌公司履行信息披露义务。应当披露的信息依法披露前，相关信息已在媒体上传播或者公司股票及其他证券品种出现交易异常情况的，股东或者实际控制人应当及时、准确地向挂牌公司作出书面报告，并配合挂牌公司及时、准确地披露。

第三，董事、监事、高级管理人员。（1）董事、监事、高级管理人员知悉重大事件发生时，应当按照公司规定立即履行报告义务；董事长在接到报告后，应当立即向董事会报告，并敦促信息披露事务负责人组织临时报告的披露工作。（2）董事、监事、高级管理人员应当及时向挂牌公司董事会报送挂牌公司关联方名单、关联关系及变化情况的说明。（3）董事应当了解并持续关注公司生产经营情况、财务状况和公司已经发生或者可能发生的重大事件及其影响，主动调查、获取决策所需的资料。(4) 监事应当对公司董事、高级管理人员履行信息披露职责的行为进行监督；关注公司信息披露情况，发现信息披露存在违法违规问题的，应当进行调查并提出处理建议。(5) 高级管理人员应当及时向董事会报告有关公司经营或者财务方面出现的重大事件、已披露事件的进展或者变化情况及其他相关信息。

第四，信息披露事务负责人。(1) 信息披露事务负责人及相关人员应当及时编制定期报告草案，提请董事会审议；负责送达董事审阅；负责组织定期报告的公告工作。(2) 负责组织和协调挂牌公司信息披露事务，汇集挂牌公司应当披露的信息并报告董事会，持续关注媒体对公司的报道并主动求证报道的真实情况，办理公司信息对外公布等相关事宜。(3) 有权参加股东大会、董事会会议、监事会会议和高级管理人员相关会议，有权了解公司的财务和经营情况，查阅涉及信息披露事宜的所有文件。(4) 有权获得挂牌公司履行职责提供的便利条件，财务负责人应当配合信息披露事务负责人在财务信息披露方面的相关工作。

第五，中介机构及其他。对信息披露事务的管理也包括对中介机构等的管理，中介机构主要包括主办券商和会计师事务所，它们在为挂牌公司提供服务时也有一些信息需要披露；而社会媒体尽管不直接参与挂牌公司的信息披露，却对挂牌公司的重大事件进行报道宣传，也与挂牌公司的信息披露相关联，需要一定的管理。对中介机构相关信息披露事务的管理主要为：(1) 主办券商。应持续关注挂牌公司业务经营、公司治理、财务等方面的重大变化，指导、督促挂牌公司规范履行信息披露义务；持续督导期间内，发现挂牌公司拟披露的信息或已披露的信息存在错误、遗漏或者误导的，或者发现存在应当披露而未披露事项的，要求挂牌公司进行更正或补充；挂牌公司拒不更正、补充的，主办券商应当及时发布风险揭示公告并报告全国股转公司，情节严重的，应同时报告挂牌公司注册地的中国证监会派出机构。(2) 证券服务机构。应当勤勉尽责、诚实守信，认真履行审慎核查义务，按照依法制定的业务规定、行业执业规范、监管规则和道德准则发表意见，保证所出具文件的真实性、准确性和完整性；在为信息披露出具专项文件时，发现挂牌公司提供的材料有虚假记载、误导性陈述、重大遗漏的，应当要求其补充、纠正；挂牌公司拒不补充、纠正的，证券服务机构应报告全国股转公司，情节严重的，应同时报告挂牌公司注册地的中国证监会派出机构。（3）媒体机构。媒体应当客观、真实地报道涉及挂牌公司的情况，发挥舆论监督作用。

此外，除了相关规定及监管者对上述主体分别提出了信息披露的相关要求外，还提出了均适用的规定和要求，比如要求任何机构和个人不得非法获取、提供、传播挂牌公司的内幕信息，任何机构和个人不得提供、传播虚假或者误导投资者的挂牌公司信息。不得利用所获取的内幕信息买卖或者建议他人买卖公司股票或其他证券品种，不得在投资价值分析报告、研究报告等文件中使用内幕信息。交易各方不得通过隐瞒关联关系或者采取其他手段，规避挂牌公司信息披露义务和关联交易审议程序等。

## 第五节 摘牌制度

### 一、概述

（一）摘牌的概念和内容

摘牌是指挂牌公司主动向全国股转公司申请终止股票挂牌，或者挂牌公司触发规定的终止挂牌情形被全国股转公司终止其在新三板市场发行、交易等相关行为，不再成为挂牌公司的行为。

摘牌的过程实际上就是挂牌公司变成非挂牌公司的过程。由于摘牌行为，原有的挂牌公司不再为挂牌公司，由此导致了原挂牌公司一系列的变化。

在主体上，摘牌行为是挂牌公司失去了参与新三板市场活动的主体资格，它不再是在公开市场交易或转让的公众公司。作为摘牌公司在股东人数超过200人的情况下，它是一种非上市非挂牌的一般公众公司，在股东人数不足200人的情况下，它是非公众公司。它们均不再享有新三板市场公众公司的法律地位，因此法律、法规和部门规章、全国股转公司的业务规则均不再适用。《证券法》上所规定的"股票在国务院批准的其他全国性证券交易场所交易的公司"、"公司发行新股"中的"公司"，"公开发行证券的发行人"中的"发行人"等所涉及的证券发行和交易活动的主体均与摘牌公司无关，而中国证监会及全国股转公司的自律规则对新三板挂牌公司在证券发行和交易活动中的所有规定中所指的主体也不包括摘牌公司。一旦被摘牌就会被终止在新三板市场的一切活动。

在内容上，由于摘牌行为，挂牌公司失去了新三板市场公众公司地位，由此涉及的挂牌公司相关权利义务和法律责任也随之消失。摘牌后的公司不得在新三板市场公开或者非公开发行证券，其证券不得在新三板市场公开交易或转让，不得参与因发行和交易等导致的登记结算活动。摘牌后的公司也不再作为新三板公司的被监管对象，由全国股转公司对此进行监管。

在分类上，摘牌分为两类：一类是主动摘牌，也称自愿摘牌；另一类是非主动摘牌，也称强制摘牌。前者是挂牌公司主动向全国股转公司申请，要求其公司终止挂牌；后者是因挂牌公司触发了全国股转公司有关终止挂牌的情况，由全国股转公司强制性地对其实施终止挂牌。

近年来，新三板市场挂牌公司的摘牌情况较为突出，且挂牌公司主动摘牌和强制摘牌情形均呈现增长态势，尤其是2017年下半年以来，挂牌公司摘牌呈加速趋势，据统计，2016年、2017年、2018年、2019年，主动摘牌公司数量分别为52家、661家、1397家、1590家，强制摘牌公司数量分别为4家、48家、119家、397家。可以看出，在摘牌的家数中，主动摘牌的数量要远远超过强制摘牌的家数，分别为强制摘牌的13.5倍、13.77倍、11.74倍、4.01倍。而主动摘牌和强制摘牌的增加速度也是成倍增长，与2016年相比增长率在主动摘牌中分别为12.71倍、26.86、30.58倍；在强制摘牌中分别为12倍、29.75倍、99.25倍。

这样的增长速度的确是惊人的。按理，挂牌公司经过不断的努力进入资本市场，应当享受资本市场全方位的支撑，在没有触发摘牌或退市标准的情况下，一般不会主动摘牌或者退市。从沪深上市公司看，3000 多家上市公司中，除了强制退市，主动退市的上市公司屈指可数。那么新三板市场的挂牌公司不但强制摘牌的多，主动摘牌的更多，什么原因呢？笔者认为主要有以下原因。

一是挂牌公司经营状况困难。由于新三板挂牌公司的门槛相对于上市公司要低许多，特别是基础层公司在财务指标上没有太多的要求，因此许多公司在经营状况并不太好的情况下挂牌进入新三板市场。尤其是在前几年，新三板市场异常火爆的情况下，股份公司挂牌热情高涨，但自身的实力一般，进入新三板挂牌后，经营业绩仍然不见起色，经营较为困难。

二是成本收益并不相配。挂牌公司进入新三板后，要接受监管机构包括全国股转公司、中国证监会及其地方派出机构等的监管，每年还要为信息披露花去较多的费用，比如要聘请会计师事务所审计年报，要聘请主办券商持续督导，要聘请证券事务代表负责信息披露等。除此之外，还要随时接受监管机构的检查，如存在违法违规和规范自律监管规则的还要面临处罚，作为公众公司要接受投资者和社会公众、各种媒体的监督等，这一切都需要挂牌公司支付挂牌年费、持续督导费、财务审计费、信息披露费、人员支出等费用。另外，由于近几年新三板市场较为清淡，在融资、交易功能上受到较大的限制，股票流动不足、挂牌公司的价值发现很难体现，股票价格表现不佳，许多挂牌公司进入资本市场没有享受到由此带来的融资、交易和价值提升。对有些挂牌公司而言，投入产出比失调、成本收益不相匹配，因而主动摘牌。

三是挂牌公司没有达到进入资本市场的目的。挂牌公司进入新三板主要是为了融资和交易，使资本市场助推挂牌公司进一步发展。它们希望新三板市场能够便捷地融资、交易活跃、流动性强、资源能够优化配置、公司及其股票价值能够体现、退出机制灵活。但新三板市场近年来在这些方面表现并不理想。许多挂牌公司进入新三板后长期无法融资、投资者寥寥无几，交易特别清淡、股票的定价功能失灵等。这种状况使一部分挂牌公司对新三板从充满希望变得较为失望，萌生退意主动摘牌。

四是去沪深证券交易所或境外交易所发行上市。一些好的挂牌公司在新三板市场得到历练后，在公司经营、公司治理和信息披露方面有了改进，它们更想到融资能力更强、流动性更好、影响力更大、公司价值和股票价格更能提升的交易所市场发展，它们摘牌后，通过 IPO 到沪深证券交易所或境外上市成为上市公司。

五是违反了法律法规或自律监管规则。挂牌公司违反了法律法规的规定，或者违反了中国证监会和全国股转公司的挂牌规则，触发了终止挂牌的情形，由全国股转公司对挂牌公司进行强制性摘牌，如挂牌公司到期无法披露财报等。据统计，仅 2018 年和 2019 年，挂牌公司因无法披露财报而被强制终止挂牌的就分别达到 119 家和 397 家。

在理论上，证券市场实行的是优胜劣汰。市场中好的挂牌公司应当给予更好的制度供给，让它们得到更多资源，有利于它们更好更快更健康地发展，而那些公司经营、公司治理和信息披露质量差的公司就应该体现市场的规则摘牌出清，使证券市场健康稳定发展。新三板市场中有一部分质量好的公司主动摘牌是否意味着不符合优胜劣汰的市场规则，对此不能一概而论。实际上，公司挂牌或者上市本身是公司自己的商业行为，也有着自己的定位和战略目标。当公司发展到一定程度，需要进一步的扩展，需要更大的资本市场舞台，进而选择到证券交易所发行上市是企业自身的需求，体现了多层次资本市场对实体经济服务的不同定位和目标。新三板市场的目标就是服务于中小民营企业，服务于创新型、创业型、成长型企业，当新三板挂牌公司发展到一定程度，需要到证券交易所上市，正是体现了我国多层资本市场服务实体经济的多样性，也体现了新三板市场与沪深证券交易所的错位发展、具有特色的格局。因此，挂牌公司摘牌后去证券交易所上市是其应有之义。

（二）摘牌的几个问题

1. 摘牌与退市、退层

摘牌与退市虽是两个不同的概念，但在本质上并不存在区别。它们都是主动或者被强制退出已有的市场，不再成为该市场的挂牌公司和上市公司，不再成为这一市场的主体而参与该市场的发行交易活动。但在法律逻辑和实际运作上，它们又有所不同，它们各自都遵守着各自的法律和市场逻辑。

就摘牌而言，它是和公司的发行、挂牌、转让紧密相连的，所对应的主体是挂牌公司。就《证券法》的立法本意看，公开发行并进入公开市场使用的是"上市"的概念，《证券法》并未使用"挂牌"的概念，而"上市"的公司自然也就是"上市公司"，上市公司的股票在证券交易所买卖当然就是"交易"，交易出了问题就应该"退市"。因此，在《证券法》中，法律逻辑上，公开发行—上市—上市公司—交易—退市是一脉相承的；而在摘牌问题上，《证券法》并没有进行直接的规定，这是因为《证券法》中没有挂牌的概念，当然也就不存在挂牌公司的概念，相对应的摘牌也就不会在《证券法》中规定。但是，在法律逻辑上，非公开发行—挂牌—挂牌公司—转让—摘牌应该是一脉相承的。按照这样的逻辑，在《证券法》中对国务院批准的其他全国性证券交易场所是公开发行的市场，可以公开发行股票，其股票可以在国务院批准的其他全国性证券交易场所，不使用挂牌、挂牌公司、转让、摘牌这些用语，体现了立法的逻辑和法律的精准性。

新三板市场由于既存在公开发行尤其向不特定对象的公开发行；也存在非公开发行，两种法律逻辑在新三板市场都有所体现。因此，新三板市场应该按照不同的法律逻辑进行规定，既有公开发行、上市、上市的公司、交易和退市的概念，也有非公开发行、挂牌、挂牌公司、转让、摘牌的概念。仅仅规定挂牌、挂牌公司、转让和摘牌制度不能全面反映新三板的实际情况，也不符合法律逻辑，不科学，也不足取。

摘牌和退层是不同的。摘牌是挂牌公司永远地退出新三板市场，失去了在新三板市场挂牌的法律地位，不再有权利义务和法律责任；而挂牌公司的退层并没有永久地退出新三板市场，它仍然是新三板的挂牌公司，只是在新三板的多层次中，挂牌公司从一个较高的层级退到一个较低的层级。在新三板的精选层、创新层和基础层中，挂牌公司的退层具体指的是精选层挂牌公司从精选层退到创新层或者基础层变成创新层公司或者基础层公司，创新层挂牌公司从创新层退到基础层变成基础层公司。

2. 摘牌的制度建设问题

与退市制度一样，挂牌公司的摘牌制度是极其薄弱的。法律、法规和部门规章、规范性文件大多都没有涉及摘牌制度的规定。究其原因有三个：其一，立法重视程度不够。在证券法律制度的建设上，立法者和制度建设者重发行、轻退市。以《证券法》为例，整个《证券法》的内容基本上是围绕着证券的发行和交易展开的，在上市公司的退市问题上，《证券法》规定的内容极其有限。不仅是1999年的第一部《证券法》如此，即使2005年修订的《证券法》以及现行《证券法》，这一状况仍然没有得到改观。《证券法》不但专章规定证券发行，在其他章节中仍然对证券的发行有所规定，如总则、证券交易以及其他章节中。在部门规章中，中国证监会对发行的重视也远远超过退市制度。在具体规定中，对发行的规定全面具体细致，涉及发行、保荐、承销、审核等一系列部门规章和规范性文件，操作性很强，而对退市制度的规定则较为简单，仅仅制定了具有一定指导性的文件，如《关于改革完善并严格实施上市公司退市制度的若干意见》。其二，客观上，退市制度相比发行制度在具体操作和要求上相对简单。发行制度是证券市场的起点又是证券市场的基础，没有证券的发行，就没有上市公司和证券发行人，也不会有投资者，因而就不可能有证券市场。而发行证券的质量高低又关系到整个证券市场质量的好坏，因此对证券的发行严格把关，也是法律和监管者的应有之义，法律和监管者对证券的发行进行严格的规定、细致的操作是可以理解的。但并不能因此忽视对退市制度的规范。发行制度解决的是证券的"生"的问题，而退市制度解决的是证券的"死"的问题，对于证券市场而言，"生死"是同样重要的。因为上市公司一旦退市也涉及众多利害关系人，不但上市公司本身受到巨大的影响，其生产经营会受到巨大打击，公司声誉、企业品牌、资产价值、银行信贷、抵押物价值、业务关系等也会因此受到影响，更为重要的是公司估值、股票价格和投资者的权益尤其是广大中小投资者的权益会受到巨大的损失。这些问题都需要在法律和制度安排上有所规定。其三，在实践中，人们对退市的认识和看法较为负面，在监管和制度安排上涉及的退市也较为复杂，存在一定的干扰因素。上市公司、投资者、中介机构甚至地方政府均不太愿意甚至阻挠上市公司退市，退市不但会对上市公司造成影响，更给社会稳定带来一定的影响。这些因素使退市制度在规定和执行上都大打折扣。

上市公司退市制度如此，挂牌公司的摘牌制度尽管情况要好些，但总体上与退市所遇到的问题是大同小异的。

3. 摘牌公司的出路问题

挂牌公司被摘牌后，在属性上不再是公开市场的公众公司，涉及如何安置摘牌公司，摘牌公司的股份如何转让，摘牌公司的投资者如何保护等一系列问题，摘牌公司的出路在哪里？这些问题都应该严肃地加以回答。笔者认为，对于摘牌公司至少有几个问题是必须要回答的，即摘牌公司要不要管，谁来管，如何管。

摘牌公司是要被监管的。摘牌公司尽管已不是公开市场的公众公司，但它仍应由监管部门进行监管。如不加以监管，在没有任何法律和监管约束的情况下，摘牌公司的大股东、控股股东或董监高等内部控制人很有可能进一步利用自己的优势地位掏空摘牌公司等，损害其他股东尤其是中小股东及其他利害关系人的合法权益，挂牌公司摘牌后，其公司的经营活动可能会进一步恶化，公司治理可能无法正常运行，信息披露也很难保证。而在众多投资者的股票因为摘牌有所损失的情况下，可能连转让的机会都没有。不对摘牌公司进行监管是对公司本身及相关投资者的不负责任。因此，对摘牌公司进行监管是实践的需要，更是对投资者和公司负责。

摘牌公司应当由中国证监会监管。这是因为挂牌公司被摘牌后便不再是新三板市场的公司了，全国股转公司作为自律监管机构便不再具有自律监管权了。根据挂牌公司的情况，存在股东人数超过200人和不足200人的情况。对于摘牌公司股东人数超过200人的情况，中国证监会的有关规定明确将其纳入监管范围中。《非公办法》第二条规定"本办法所称非上市公众公司（以下简称公众公司）是指有下列情形之一且其股票未在证券交易所上市交易的股份有限公司：（一）股票向特定对象发行或者转让导致股东累计超过200人；

（二）股票公开转让"。摘牌公司股东人数超过 200 人的无疑属于该条中第一款第一项规定的情形，由《非公办法》规范，由中国证监会进行监管。对于摘牌公司股东人数不足 200 人的，由于其股票仍然存在着转让、托管和结算的情况，也应当由中国证监会监管。因为，中国证监会是国务院证券监督管理机构，负责对全国证券市场的统一监管。中国证监会的 13 项职责中，第三项职责为"监管股票、可转换债券、证券公司债券和国务院确定由证监会负责的债券及其他证券的发行、上市、交易、托管和结算；监管证券投资基金活动；批准企业债券的上市；监管上市国债和企业债券的交易活动"。

目前有老三板的两网公司和沪深证券交易所的退市公司在新三板市场进行转让，并且这些公司也接受全国股转公司的监管。全国股转公司为此还颁布了相关制度来监管这些公司①。但严格意义上讲，这些公司并不算是新三板的挂牌公司，并没有履行相关的挂牌程序，也没有按照新三板相关监管和业务规则进行管理。它们和新三板的挂牌公司存在着本质上的差异。如果将全国股转公司的这些规定视为监管规则，进而认为全国股转公司有自律监管权，其法律和法理依据是不充分的。这些监管权力应该归属于中国证监会，或者是中国证监会对全国股转公司的一种行政授权，但行政授权是有一定条件限制的。②

中国证监会对摘牌公司的管理可以通过两方面实现：一方面，对于股东人数超过 200 人的摘牌公司，可以要求证券交易场所和相关机构为摘牌公司提供服务，以满足挂牌公司和投资者的基本需求，如让登记结算机构对摘牌公司的股票进行登记存管，办理相关结算业务；让中国证券业协会相关股票报价系统进行股票的相关报价，提供协议转让，或者全国股转公司开辟挂牌公司股票代

---

① 这些制度主要为《关于原代办股份转让系统挂牌的两网公司及交易所市场退市公司相关制度过渡安排有关事项的通知》《全国中小企业股份转让系统两网公司及退市公司股票转让暂行办法》《全国中小企业股份转让系统退市公司股票挂牌业务指南（试行）》《全国中小企业股份转让系统两网公司及退市公司股票分类转让变更业务指南（试行）》《关于两网公司及退市公司股票除权除息、缩股相关事项的通知》《关于在全国中小企业股份转让系统挂牌的沪深交易所退市公司重大资产重组监管问答》。

② 关于中国证监会是否能够授权，具体参见本书第八章"新三板与其他资本市场"第二节"新三板与老三板"。

办转让服务区等①。对于股东人数不足 200 人的摘牌公司，可以要求区域性股权市场提供相关的转让平台，并为摘牌公司的股票提供登记存管结算服务。另一方面，制定监管业务规则对其经营、公司治理、信息披露进行监管。由中国证监会相关职能部门对股东人数超过 200 人的摘牌公司直接监管，中国证监会派出机构对辖区内的股东人数不足 200 人的摘牌公司进行监管。

### 二、摘牌的依据

新三板市场挂牌公司摘牌的法律制度几乎没有涉及，我国《证券法》和中国证监会的部门规章规定的基本上是上市公司退市制度。即使是在《证券法》中，对上市公司的退市制度规定得也极为简单。我国《证券法》仅在证券交易专章中用一个条款对上市公司的退市进行了规定，该法第四十八条规定"上市交易的证券，有证券交易所规定的终止上市情形的，由证券交易所按照业务规则终止其上市交易。证券交易所决定终止证券上市交易的，应当及时公告，并报国务院证券监督管理机构备案"。可见，我国法律对上市公司退市的相关规定是让证券交易所通过业务规则来加以规范的。这一立法的指导思想，使法律法规对上市公司的退市问题有所轻慢。上市公司的退市问题尚且如此，新三板挂牌公司摘牌问题就更不会在法律层面有所规定了。因此，我国法律法规和部门规章对挂牌公司的摘牌没有作出规定也就可以理解了。这与新三板市场在其他环节相对均有法律或者部门规章的规定形成了较强的反差，如新三板的发行制度、挂牌制度、分层制度、交易制度、结算制度等，在法律法规和部门规章、规范性文件中或多或少都有所规定。新三板挂牌公司的摘牌制度基本上是由全国股转公司的业务规则加以规定。

（一）业务规则

全国股转公司于 2013 年 2 月 8 日颁布、2013 年 12 月 30 日修订《全国中小企业股份转让系统业务规则（试行）》，该业务规则是全国股转公司最基本的自律管理规则。共分七章 72 条，分别为总则、股票挂牌、股票转让、挂牌公司、

---

① 相关论述可参见本书第八章"新三板与其他资本市场"第二节"新三板与老三板"。

主办券商、监管措施与违规处分、附则等。其中，在第四章"挂牌公司"第五节"终止与重新挂牌"中用5个条款对摘牌事宜进行了规定，即一是规定了挂牌公司摘牌的六种情形，只要出现其中的一种情形就应当终止挂牌；二是公告和信息披露，即全国股转公司作出终止挂牌决定后发布公告，并报中国证监会备案，挂牌公司收到决定后要及时披露公告；三是在一定的情形下，全国股转公司可以提供该摘牌公司非公开转让服务；四是重新挂牌。即导致终止挂牌的情形消除后，终止挂牌的公司可以申请、主办券商推荐并经过全国股转公司同意后，该摘牌公司可以重新挂牌。

（二）业务细则

全国股转公司制定了《全国中小企业股份转让系统挂牌公司股票终止挂牌实施细则》（以下简称《摘牌细则》）。

自全国股转公司成立以来，新三板市场的摘牌制度一直没有具体的业务细则加以规定，而《业务规则》对终止挂牌的规定非常简单和原则，在挂牌公司大量摘牌的情况下，对摘牌事宜客观上要求必须有相对细致的规定，以便于遵照操作和执行，因此制定《摘牌细则》就变得较为迫切。但在实践中，《摘牌细则》的出台却经过了较长的时间，也较为曲折。以下简单介绍《摘牌细则》起草背景、原则、征求意见情况和《摘牌细则》的主要内容。

1. 起草背景

建立常态化、市场化的退出机制是全国股转公司完善市场建设的重要内容，是实现市场进退有序、健康发展的重要保障。一方面，全国股转公司坚持开放包容的理念，在保护投资者合法权益的基础上，充分尊重挂牌公司基于其意思自治作出的摘牌决定，允许挂牌公司主动申请终止挂牌；另一方面，为健全市场自净功能，实现市场优胜劣汰，对于不符合挂牌维持条件、丧失持续经营能力及存在重大违法违规行为的挂牌公司，全国股转公司将依法强制终止其股票挂牌。由于全国股转公司现行《业务规则》对终止挂牌仅做了原则性规定，具体情形尚不完备，实施程序尚不明确，因此有必要配套制定《摘牌细则》以规范实践。

2. 起草原则

《摘牌细则》坚持公开、公平、公正原则，未排除或限制市场竞争，并遵循以下基本原则：

一是底线监管与公司自治相结合。为严肃市场纪律，对于严重违法违规等触及监管底线的挂牌公司，《摘牌细则》规定全国股转公司可以对其股票强制终止挂牌；同时，挂牌公司在履行必要程序、合理保护异议股东权益的情况下，可以主动申请其股票终止挂牌，尊重市场主体的自主选择权。

二是一般规定与差异安排相结合。一方面，《摘牌细则》对终止挂牌的实施程序作出了一般性的规定，以信息披露为核心，向投资者充分揭示风险；另一方面，区分主动和强制情形，设置差异化的制度安排，强化投资者保护理念，建立健全市场出清机制。

三是吸收经验与体现特色相结合。在制定过程中，《摘牌细则》充分吸收了证监会《关于改革完善并严格实施上市公司退市制度的若干意见》的制度理念和最新修订精神，借鉴了上市公司退市制度的有益经验。同时，充分考虑挂牌公司特点、新三板市场环境和制度特色，发挥自律监管灵活性，在风险充分揭示的基础上，赋予投资者多样化的权利保护方式，由投资者自主选择，自负其责。

3. 起草历程

2015年以来，在证监会的统一部署和指导下，全国股转公司积极推进《摘牌细则》的制定工作，经充分研究论证，征求各方意见，履行内部审议程序后，于2017年5月、2018年12月两次报中国证监会备案。

在细则制定和报备过程中，挂牌公司主动摘牌和强制摘牌情形均呈现快速增长态势，2016年、2017年、2018年、2019年，主动摘牌公司数量分别为52家、661家、1397家、1590家，强制摘牌公司数量分别为4家、48家、119家、397家。2017年下半年以来，挂牌公司摘牌呈加速趋势，市场形势发生较大变化，投资者保护问题日益突出。为此，全国股转公司结合终止挂牌过程中出现的新情况、新问题，不断进行查漏补缺，持续完善《摘牌细则》，在中国证监会的指导下，重点强化投资者保护机制，优化终止挂牌情形和实施程序，增加超过 200 人公司终止挂牌后续安排。形成了标准明确、程序透明、契合新三板市场特点的终止挂牌制度安排。

4. 征求意见情况

《摘牌细则》于 2016 年 10 月 21 日至 11 月 4 日向市场及证监会派出机构公开征求意见，在此期间共收到市场意见 14 份，派出机构意见 27 份。2017 年 5 月报备后，全国股转公司对细则进行持续完善，多次向挂牌公司、主办券商以及会机关有关部门征求意见。上述意见都集中在强制终止挂牌情形、终止挂牌实施程序、投资者保护三个方面，据此，全国股转公司对《摘牌细则》进行了相应修改和完善。

一是完善强制摘牌情形。（1）对于重大违法违规强制摘牌的情形，明确以刑事处罚、行政处罚、纪律处分等法律后果严重程度作为强制摘牌的判断标准。（2）参照《证券法》关于欺诈发行的定义明确"欺诈挂牌"的含义，将欺诈挂牌被公开谴责纳入强制摘牌情形。对于其他重大违法违规情形，24 个月内累计发生三次行政处罚或公开谴责的才予以强制摘牌。（3）关于不具有持续经营能力，增加"连续三年净资产为负"的强制摘牌情形，将"主办券商出具不具有持续经营能力意见"强制摘牌情形中的间隔期从两年缩短为 3 个月，将"主办券商出具公司治理机制不健全意见"强制摘牌情形中的间隔期从 12 个月缩短为 6 个月。

二是优化强制摘牌实施程序。（1）为充分保证程序正义，设置强制摘牌救济程序，允许挂牌公司在收到强制摘牌决定后向全国股转公司申请复核；（2）为充分保障投资者权利，考虑挂牌公司股票交易活跃度、股权分散度和涨跌幅限制，增设 10 个交易日的"退市整理期"；（3）优化部分强制摘牌情形下的风险提示要求和股票停复牌安排，降低主办券商关于风险提示的同步披露要求，对于挂牌公司无法披露的，主办券商应当及时予以补充披露。

三是强化投资者保护机制。部分意见认为，《摘牌细则》中投资者保护相关规定较为原则，应提高可操作性。新三板旨在建立以专业投资者为参与主体

607

的证券市场，对投资者的专业判断和风险承受能力有较高要求，因此，《摘牌细则》在修改过程中，重点强调对挂牌公司信息披露和风险揭示要求，在充分揭示风险的基础上由投资者自主决策。同时充分发挥公司章程的作用，要求公司在章程中设置关于终止挂牌中投资者保护的专门条款，对主动终止挂牌和强制终止挂牌情形下的股东权益保护作出明确安排。关于主动摘牌，要求合格投资者人数超过50人公司增设双三分之二和网络投票表决机制，重点要求主办券商对异议股东保护措施落实情况进行核查并发表意见。关于强制摘牌，重在强化风险提示并增设整理期，同时，为防范挂牌公司通过强制摘牌规避监管和投资者保护，对于挂牌公司未按规定披露年报、半年报的情形，全国股转公司将采取公开谴责等有效惩戒措施，切实提高违法成本和监管威慑。

5. 主要内容及需要说明的问题

《摘牌细则》以强化投资者保护为原则、贯彻底线监管思维为核心，针对主动终止挂牌和强制终止挂牌的情形条件和实施程序作出具体规定，并对投资者保护要求、终止挂牌后续安排、自律监管三个方面做进一步明确。涉及的主要内容和重点问题如下：

（1）以投资者保护为核心，明确主动终止挂牌情形、条件和程序。本着尊重挂牌公司自主选择权的原则，《摘牌细则》明确了股东大会决议摘牌的一般情形，以及IPO或转板、主动解散、新设合并或吸收合并三类特定情形。在满足《摘牌细则》规定的主动摘牌条件，并履行决策程序、信息披露程序后，挂牌公司均可以主动申请终止挂牌。

同时，为充分保护投资者合法权益，《摘牌细则》设置了相应的主动摘牌条件和程序安排。一是将挂牌公司按规定披露最近一期年报或半年报、合理制定异议股东保护措施作为主动摘牌条件，切实保障投资者知情权等合法权利。对于不符合条件的主动终止挂牌申请，全国股转公司将不予受理或不予同意。二是在程序上要求公司应召开董事会和股东大会审议主动终止挂牌议案及异议股东保护措施，及时履行相应的信息披露义务，妥善安排股票停复牌事宜，要求主办券商就异议股东保护措施落实情况等事项发表明确意见。此外，为合理保障投资者的交易权，要求公司在终止挂牌董事会决议公告后至少复牌 5 个交易日；为充分保障中小股东履行表决权利，对于合格投资者人数超过 50 人的公司引入股东大会双三分之二表决机制和网络投票机制。

（2）建立健全市场出清机制，完善强制终止挂牌情形。关于强制退市指标，境外成熟资本市场具有弱化财务要求、重视流动性、坚守合规底线的特点：强制退市的财务指标较少，且远低于初始上市条件；维持上市的流动性指标与初始上市标准基本一致或略低，公众性是主要考量角度；合规性非量化指标一般包括未能披露定期报告、公司治理存在重大缺陷等方面。而沪深交易所强制退市指标也涵盖财务性指标、流动性指标和重大违法强制退市情形，但绝大部分退市公司都是因连续亏损或未按期披露定期报告触发财务性指标，近年来才有触发股价低于面值这一流动性指标以及重大违法强制退市情形。

新三板市场准入并无盈利能力和公众性要求，重点关注信息披露、持续经营能力以及合规性要求。为健全市场出清机制，净化市场运行环境，需要结合新三板市场的特点，"对症下药"设置退出标准。按照退出与准入逻辑一致的原则，应从财务信息披露情况和持续经营能力两个维度设置财务性指标，从规范运作角度设置合规性指标，完善新三板市场强制摘牌情形。境内外市场通常采用的营业收入、净利润等盈利性指标，以及股票价格、交易量、股权分散度等流动类指标，不宜作为新三板挂牌公司的摘牌标准。为此，《摘牌细则》共设定十四项强制终止挂牌情形，除细化《业务规则》关于未披露年报或半年报、无主办券商督导的情形外，还从财务和规范运作两个维度出发，细化强制终止挂牌情形。

在财务性指标方面，一是突出"以信息披露为核心"的监管理念，对于财务信息披露严重不可信的挂牌公司应予以强制摘牌。因此，《摘牌细则》规定了"最近两个会计年度的财务报告均被注册会计师出具否定意见或者无法表示意见的审计报告"的强制终止挂牌情形。同时，对于已披露定期报告但未经董事会审议通过或年报未经审计的情形，均视为"未按要求披露"，纳入未披露年报或半年报的强制摘牌情形。二是为实现市场自净功能，对于丧失持续经营能力的公司应予以强制摘牌。一方面，企业净资产长期为负在某种程度上代表了公司已不具备持续经营能力，同时考虑《业务规则》将上一年度的期末净资产为负列入风险警示情形，《摘牌细则》设定了"最近三个会计年度经审计的期末净资产均为负值"的强制摘牌情形；另一方面，为进一步体现市场化理念，充分发挥主办券商遴选企业的作用和责任，《摘牌细则》规定挂牌公司"被主办券商出具不具有持续经营能力的专项意见，且三个月后主办券商经核查出具专项意见，认为该情形仍未消除"的，将予以强制摘牌。

在规范运作方面，考虑到健全的公司治理架构是挂牌公司规范运作的必要前提，《摘牌细则》设定了公司治理不健全的强制摘牌条件。参照相关法律法规的要求，将公司治理的"底线"规定为不能依法召开股东大会或者不能形成有效决议，同时设置六个月整改期，经主办券商核查，挂牌公司在六个月内无法恢复股东大会职能的，将强制终止挂牌。

除上述财务性指标及合规性指标外，对于挂牌公司重大违法违规情形，《摘牌细则》根据违法违规行为引发的不同法律后果，设置相应的强制终止挂牌情形：一是因涉及国家安全、公共安全、生态安全、生产安全和公众健康安全等领域的重大违法行为被追究法律责任，导致挂牌公司或其主要子公司丧失存续条件或生产经营资质；二是因欺诈发行或信息披露违法被人民法院依据《刑法》第一百六十条或第一百六十一条作出有罪生效判决；三是因在公告的股票挂牌公开转让、证券发行文件中隐瞒重要事实或者编造重要虚假内容受到中国证监会行政处罚；四是因欺诈挂牌受到全国股转公司公开谴责；五是对于严重违规、屡犯不改的挂牌公司，规定"最近二十四个月内因不同事项受到中国证监会行政处罚或全国股转公司公开谴责的次数累计达到三次"的，应予强制摘牌。

（3）强化信息披露和风险提示，保障公司申诉权和投资者退出机会。《摘牌细则》进一步明确规定了强制终止挂牌实施程序。在发生可能导致强制摘牌的事件时，要求挂牌公司和主办券商及时发布公告，提示强制摘牌风险；在触发强制摘牌情形或《业务规则》明确规定的停牌情形时，及时对公司股票实施暂停转让。对于触及强制终止挂牌情形的公司，全国股转公司将启动强制终止挂牌程序，在 20 个交易日内作出是否终止其股票挂牌的决定。在作出强制终止挂牌决定后，允许公司提出复核申请，对公司申诉权给予保障；设置 10 个交易日的"退市整理期"，明确竞价交易方式，充分保证投资者的退出机会。在收到终止挂牌决定、申请复核、收到复核决定（或复核期限届满未申请复核）、进入整理期等时点，公司均需及时履行信息披露义务，在整理期内还应每日披露风险提示公告。

（4）引导市场主体归位尽责，全方位保护投资者合法权益。为全面贯彻投资者保护要求，《摘牌细则》设置关于终止挂牌中投资者保护的专门条款，对主动终止挂牌和强制终止挂牌情形下的股东权益保护作出明确安排。

一是强化挂牌公司终止挂牌前的信息披露义务，充分揭示风险，保证投资者的知情权和参与权。对于主动终止挂牌，要求挂牌公司在召开股东大会前披露关于终止挂牌事项的公告，详细说明终止挂牌的具体原因、异议股东保护措施等情况；对于强制终止挂牌，《摘牌细则》对披露时点作出了明确规定，要求挂牌公司在强制摘牌风险消除或全国股转公司作出摘牌决定前，每 10 个交易日需发布一次风险提示公告，内容包括可能被终止挂牌的情形、影响因素、采取的措施、公司的联系方式等。

二是探索建立股东保护机制和纠纷解决机制。终止挂牌公司应当在公司章程中设置关于投资者保护的专门条款，并对股东权益保护作出安排；引导挂牌公司或者挂牌公司的控股股东、实际控制人设立专门基金，对相关股东进行补偿；因终止挂牌导致纠纷的，各方应按照公司章程的约定通过协商、调解、仲裁或诉讼等方式解决。

三是发挥主办券商疏导和化解风险的主导作用。主办券商须督促挂牌公司严格遵守终止挂牌相关规定，协助挂牌公司对投资者保护作出妥善安排。挂牌公司未能按《摘牌细则》规定履行信息披露义务的，主办券商应及时披露相关风险提示公告。

四是明确相关主体责任。挂牌公司或其控股股东、实际控制人，董事、监事和高级管理人员存在涉嫌信息披露违规、公司治理违规、交易违规等行为的，全国股转公司对违规行为进行处理后，作出终止挂牌决定；主办券商及其他证券服务机构存在未勤勉尽责情形的，责任不因挂牌公司终止挂牌而免除，全国股转公司将依法对其进行查处。

（5）规范终止挂牌后续安排，明确超过200人公司终止挂牌后进入老三板继续转让。为切实保障公司摘牌后股东的合法权益，《摘牌细则》进一步明确了终止挂牌后的相关安排。对于股东人数未超过200人的终止挂牌公司，鼓励在区域性股权市场登记或挂牌；对于超过200人的公司，终止挂牌后进入全国股转系统两网、退市及摘牌公司板块（俗称老三板）继续转让。超过200人终止挂牌公司在老三板转让期间，原则上由其终止挂牌前的主办券商继续履行持续督导职责；在信息披露和公司治理方面，遵守《非公办法》有关规定；在股票交易方面，适用现行老三板的集合竞价交易方式（每周5次、3次或1次集合竞价），为履行终止挂牌前异议股东保护措施所涉及的股份转让等特定情形，可以申请办理非交易过户；费用方面，按照现行两网及退市公司（A股）标准收取转让经手费，不收取挂牌年费；其他相关事宜，参照两网及退市公司的有关规定执行。公司通过转让等方式连续十个交易日股东人数不超过200人的，全国股转公司将其从两网、退市及摘牌公司板块移除。

关于重新挂牌，考虑到企业自主选择权和市场包容性，主动摘牌公司可以随时申请重新挂牌。对于强制摘牌，全国股转公司对"欺诈"行为实施零容忍，不允许欺诈发行、信息披露触犯刑法或欺诈挂牌公司重新申请挂牌；对于其他强制摘牌公司，在满足一定的整改条件后，可以在终止挂牌3个完整会计年度后重新申请挂牌。

6. 新老划断安排

《摘牌细则》将自发布之日起实施。对未在规定期限届满后两个月内披露年报或半年报的公司，全国股转公司一直坚决实施强制摘牌。对于《摘牌细则》新增的其他强制摘牌情形，参考"法不溯及既往"原则，同时为强化市场出清功能，全国股转公司将作出差异化的适用安排。

一是对于未按规定披露年报和半年报的情形，全国股转公司将继续实施强制摘牌。但鉴于年报、半年报未经董事会审议通过或年报未经审计属于此次新增的强制摘牌情形，对《摘牌细则》发布实施前已发生上述情形的，不予实施强制摘牌。

二是对于安全领域重大违法、因欺诈发行或信息披露违法被刑事处罚、因在公告的股票挂牌公开转让或证券发行文件中隐瞒重要事实或者编造重要虚假内容被行政处罚、欺诈挂牌被公开谴责、不具有持续经营能力、公司治理不健全、无主办券商督导、被依法强制解散、被法院宣告破产的情形，《摘牌细则》发布实施后触发上述情形的，全国股转公司将实施强制摘牌；《摘牌细则》发布实施前已触发上述情形的，不予实施强制摘牌。

三是对于已发生特定情形导致可能触发强制摘牌的，给予公司一定的整改期限，具体为：对于"最近两个会计年度的财务报告均被注册会计师出具否定意见或者无法表示意见的审计报告"，自 2019 年年度报告披露后起算；对于"最近三个会计年度经审计的期末净资产均为负值"，自 2018 年年度报告披露后起算；对于"最近二十四个月内因不同事项受到中国证监会行政处罚或全国股转公司公开谴责的次数累计达到三次"，挂牌公司在《摘牌细则》发布前二十四个月内受到中国证监会行政处罚或全国股转公司公开谴责的，自其最近一次受到行政处罚或公开谴责之日起算。

### 三、摘牌制度的主要内容

摘牌制度的内容主要涉及主动摘牌、强制摘牌、投资者保护和摘牌后的相关事务的处理等。

（一）主动摘牌

1. 主动摘牌的内容和程序

一是主动摘牌的内容。按照《摘牌细则》的规定，主动摘牌的内容分为符合主动摘牌的情形和主动摘牌的条件，在这两种情况同时符合并且履行了内部程序的情况下，挂牌公司才能够向全国股转公司申请主动摘牌。

挂牌公司主动摘牌的情形包括以下四类：（1）到其他市场发行上市。

（2）挂牌公司股东大会决议解散公司；（3）挂牌公司因新设合并或者吸收合并，将不再具有独立主体资格并被注销；（4）全国股转公司认定的其他申请终止挂牌的情形。

第一类情形主要是指挂牌公司因发展的需要，到沪深证券交易所上市，包含三种情况，即经过证券核准并公开发行股票后到沪深证券交易所上市；经中国证监会注册公开发行股票到沪深交易所上市；新三板精选层挂牌公司符合沪深交易所的上市标准申请到沪深交易所转板上市。前两种情况实际上是挂牌公司摘牌后通过 IPO 的形式赴沪深证券交易所上市。之所以要分成两种情况，主要是因为《证券法》规定的公开发行股票并在证券交易所上市所实行的注册制目前还没有完全实行，只是在证券交易所的某些板块实施比如科创板，另一些板块仍然实行核准制。后一种情况则完全不同，它主要是新三板市场和沪深证券市场之间挂牌公司的转移，挂牌公司转移到证券交易所市场成为上市公司。它不涉及挂牌公司的公开发行新股，不涉及 IPO，也不涉及中国证监会的核准或者注册，只要证券交易所上市审核同意后即可实现两个市场之间的转板，因而在程序上要简单得多。

第二类、第三类是因挂牌公司主体消失，不再有挂牌公司。这是《公司法》规定的法定情况，主体不在，挂牌公司当然也就不在了，主动申请摘牌当无异议。

在符合终止挂牌的情形下，挂牌公司申请主动摘牌还应当在程序、信息披露、投资者保护等方面履行相关义务，根据《摘牌细则》的规定，申请人还应当同时符合下列条件：（1）终止挂牌决策程序、信息披露和股票停复牌安排符合《业务规则》和《摘牌细则》等相关规定；（2）挂牌公司已在规定期限内披露最近一期年度报告或半年度报告，或未在规定期限内披露最近一期年度报告或半年度报告，但已在期满后两个月内补充披露；（3）除了上述的第一类摘牌情形外，挂牌公司应制定合理的异议股东保护措施，通过提供现金选择权等方式对股东权益保护作出安排；（4）主办券商对终止挂牌事项出具持续督导专项意见；（5）全国股转公司要求的其他条件。

二是主动摘牌的程序。对主动终止挂牌事宜，挂牌公司应当履行董事会和股东大会决策程序。根据《公司法》的规定，审议申请终止挂牌议案所召开的董事会会议应有过半数的董事出席方可举行。董事会作出决议，必须经全体董事的过半数通过。董事会决议的表决，实行一人一票。摘牌议案通过后，挂牌公司还应当及时召开股东大会，审议终止挂牌相关事项，股东大会须经出席会议的股东所持表决权的2/3以上通过。终止挂牌议案应当明确拟终止挂牌的具体原因、异议股东保护措施、股票停复牌安排等。

挂牌公司股东大会审议因挂牌公司股东大会决议解散公司，或者因新设合并或者吸收合并公司被注销情形申请终止挂牌议案的，在作出决议时，应同时就终止挂牌事项作出相关安排。

股东大会股权登记日合格投资者人数超过50人的挂牌公司申请终止挂牌，挂牌公司股东大会审议终止挂牌议案的，还须经出席股东大会的中小股东所持表决权的2/3以上通过。

全国股转公司审核：主要经过申请、受理和审核同意几个步骤。

挂牌公司的申请。挂牌公司在终止挂牌事项获得股东大会决议通过后的一个月内向全国股转公司提交下列文件：（1）终止挂牌的书面申请；（2）董事会决议；（3）股东大会决议；（4）全国股转公司要求的其他文件。

全国股转公司对申请材料进行确认后受理申请人的申请材料。受理后，全国股转公司根据自律规则应当及时对挂牌公司的申请文件的内容、挂牌公司申请终止挂牌的条件、挂牌公司的内部决策程序、投资者的保护等进行审理。审核的期限为受理之日起15个交易日内作出是否同意股票终止挂牌的决定。全国股转公司要求挂牌公司、主办券商和证券服务机构更正、补充相关材料，或中国证监会及其派出机构、全国股转公司对相关主体涉嫌违规行为进行调查处理的，不计入作出决定的期限。

全国股转公司审理后同意股票终止挂牌的，出具同意终止挂牌函，并发布相关公告。全国股转公司不同意终止挂牌申请的，挂牌公司应当在收到全国股转公司不同意函当日披露相应公告，并申请其股票在两个交易日内复牌。

2. 信息披露及停复牌

第一，信息披露。挂牌公司及其他信息披露义务人在终止挂牌过程中，应当真实、准确、完整，简明清晰，通俗易懂，不得有虚假记载、误导性陈述或者重大遗漏。主办券商应当督促挂牌公司严格遵守终止挂牌相关规定，勤勉尽责地进行核查，审慎发表专项意见，协助挂牌公司对投资者保护作出妥善安排。挂牌公司未能按本细则规定履行信息披露义务的，主办券商应及时披露相关风险提示公告。

挂牌公司应当分别在董事会和股东大会对终止挂牌事项作出决议之日起两个交易日内披露董事会和股东大会决议公告，并在披露董事会决议公告的同时披露关于拟终止挂牌的临时公告。全国股转公司对董事会和股东大会的公告可以进行审查，可以要求挂牌公司进行更正或补充披露。

挂牌公司应当最晚于终止挂牌日前一交易日披露股票终止挂牌公告，公告应当包括以下内容：（1）股票终止挂牌日期；（2）终止挂牌决定的主要内容；（3）异议股东保护措施落实情况；（4）终止挂牌后保障股东依法查阅公司财务会计报告等知情权的具体安排；（5）终止挂牌后股票登记、转让、管理事宜；（6）公司终止挂牌后的联系人、联系方式；（7）全国股转公司要求的其他内容。

全国股转公司同意股票终止挂牌的，出具同意终止挂牌函，并发布相关公告。

第二，停复牌。全国股转公司不同意终止挂牌申请的，挂牌公司应当在收到全国股转公司不同意函当日披露相应公告，并申请其股票在两个交易日内复牌。

审议终止挂牌事项的董事会决议公告前，如果公司股票存在下列情形之一，即（1）预计应披露的重大信息在披露前已难以保密或已经泄露，或公共媒体出现与公司有关传闻，可能或已经对股票转让价格产生较大影响的；（2）涉及需要向有关部门进行政策咨询、方案论证的无先例或存在重大不确定性的重大事项，或挂牌公司有合理理由需要申请暂停股票转让的其他事项；（3）重大资产重组处于停牌状态的，挂牌公司应当按规定披露或终止筹划相关事项，申请其股票于董事会决议公告之日起的两个交易日内复牌。

终止挂牌议案应当明确拟终止挂牌的具体原因、异议股东保护措施、股票停复牌安排等。

挂牌公司应当申请其股票自审议终止挂牌事项的股东大会股权登记日的次一交易日起停牌，且董事会决议公告日至股东大会股权登记日期间，复牌时间不得少于五个交易日。

终止挂牌决议未获股东大会审议通过的，挂牌公司应当申请其股票自披露股东大会决议公告之日起的两个交易日内复牌。

（二）强制摘牌

1. 强制摘牌的内容

强制摘牌是因为挂牌公司触发了相关规则规定的强制摘牌的情形，主要有以下几个方面：

一是信息披露严重违规。主要是未在规定期限内披露年度报告或半年度报告并自期满之日起两个月内仍未披露，或披露的年度报告或半年度报告未经挂牌公司董事会审议通过，或年度报告中的财务报告未经符合《证券法》规定的会计师事务所审计。

二是因经营和公司治理被中介机构出具负面意见。（1）最近两个会计年度的财务报告均被注册会计师出具否定意见或者无法表示意见的审计报告；（2）存在会计准则规定的影响其持续经营能力的事项，被主办券商出具不具有持续经营能力的专项意见，且三个月后主办券商经核查出具专项意见，认为该情形仍未消除；（3）不能依法召开股东大会或者股东大会无法形成有效决议，被主办券商出具公司治理机制不健全的专项意见，且6个月后主办券商经核查出具专项意见，认为该情形仍未消除；（4）与主办券商解除持续督导协议，且未能在三个月内与其他主办券商签署持续督导协议。

三是重大违法行为导致重大后果。（1）五大领域重大违法。即涉及国家安全、公共安全、生态安全、生产安全和公众健康安全领域的重大违法行为被追究法律责任，导致挂牌公司或其主要子公司依法被吊销营业执照、责令关闭或者被撤销，依法被吊销主营业务生产经营许可证，或存在丧失继续生产经营法律资格的其他情形。（2）行政处罚或公开谴责。因在公告的股票挂牌公开转让、证券发行文件中隐瞒重要事实或者编造重大虚假内容，受到中国证监会及其派出机构行政处罚；不符合挂牌条件，骗取全国股转公司同意挂牌函并受到公开谴责；除因在公告的股票挂牌公开转让、证券发行文件中隐瞒重要事实或者编造重大虚假内容，受到中国证监会及其派出机构行政处罚，或者不符合挂牌条件，骗取全国股转公司同意挂牌函并受到公开谴责的情形外，最近24个月内因不同事项受到中国证监会及其派出机构行政处罚或全国股转公司公开谴责的次数累计达到三次。（3）刑事责任。存在欺诈发行、信息披露违法等行为，挂牌公司或相关责任人员被人民法院依据《刑法》第一百六十条或第一百六十一条作出有罪生效判决。

四是其他情形。包括被依法强制解散；被法院宣告破产或者全国股转公司认定的其他情形。

上述四个方面的具体内容中的任何一项情形，只要挂牌公司触发了，都应该被全国股转公司强制摘牌。

2. 强制摘牌的披露或停摘牌时点

强制摘牌不同于主动摘牌，它不存在挂牌公司履行相应的内部程序，没有股东大会和董事会等相关会议等。在触发规定的相关情形时，强制摘牌主要涉及的是信息披露和停摘牌问题，强制摘牌的信息披露和停摘牌的时点就显得非常重要。根据《摘牌细则》，因强制摘牌的情形较为复杂，披露和摘停牌的时点也非常复杂，其中信息披露的时点分成以下几种情况。

首个交易日：挂牌公司应当在以下时点首次披露公司股票可能被终止挂牌的风险提示公告，之后每十个交易日披露一次，直至相关情形消除或全国股转公司作出股票终止挂牌的决定：（1）挂牌公司年度报告中的财务报告被注册会计师出具否定意见或无法表示意见的审计报告的，在次一会计年度结束后的首个交易日；（2）挂牌公司连续两个会计年度经审计的期末净资产均为负值的，在第三个会计年度结束后的首个交易日。

当日。挂牌公司应当在以下时点首次披露公司股票可能被终止挂牌的风险提示公告，之后每十个交易日披露一次，直至相关情形消除或全国股转公司作出股票终止挂牌的决定：（1）挂牌公司未在规定期限内披露年度报告或半年度报告的，在规定期限届满的次一交易日；（2）挂牌公司年度报告中的财务报告被注册会计师出具否定意见或无法表示意见的审计报告的，在次一会计年度结束后的首个交易日；（3）挂牌公司连续两个会计年度经审计的期末净资产均为负值的，在第三个会计年度结束后的首个交易日；（4）挂牌公司因涉及国家安全、公共安全、生态安全、生产安全和公众健康安全等领域的重大违法行为被立案侦查或调查的，在披露立案侦查或调查公告的当日；（5）挂牌公司或相关责任人员因涉嫌欺诈发行或信息披露违法被立案侦查的，在披露立案侦查公告的当日；（6）挂牌公司因在其公告的股票挂牌公开转让、证券发行文件中隐瞒重要事实或者编造重大虚假内容受到中国证监会及其派出机构行政处罚的，在收到行政处罚事先告知书的当日；（7）挂牌公司因骗取同意挂牌函受到全国股转公司公开谴责的，在收到纪律处分事先告知书的当日；（8）挂牌公司最近24个月内因不同事项受到中国证监会及其派出机构行政处罚或全国股转公司公开谴责的次数累计达到三次的，在收到第三次行政处罚或纪律处分事先告知书的当日；（9）挂牌公司被其主办券商出具不具有持续经营能力专项意见的，在主办券商首次披露专项意见的当日；（10）挂牌公司被其主办券商出具公司治理机制不健全专项意见的，在主办券商首次披露专项意见的当日；（11）挂牌公司与主办券商解除持续督导协议且未能与其他主办券商签署持续督导协议的，在解除持续督导协议的当日；（12）挂牌公司知悉发生或可能发生被依法吊销营业执照、被责令关闭、被撤销或者被人民法院裁判解散的当日；（13）挂牌公司收到法院受理重整、和解或者破产清算申请的裁定文件的当日。

次一交易日。强制摘牌在次一交易日停牌的情形为，挂牌公司出现或可能出现《挂牌细则》第十六条规定的情形的，挂牌公司及其主办券商应及时向全国股转公司报告，全国股转公司在以下时点对挂牌公司股票实施停牌：（1）第一项情形，在规定期限届满后次一交易日；（2）第二项情形，在披露第二年年度报告的次一交易日；（3）第三项情形，在披露第三年年度报告的次一交易日；（4）第四项至第七项情形，在收到法院判决、行政处罚决定或纪律处分决定的次一交易日；（5）第八项情形，在收到第三次中国证监会及其派出机构行政处罚决定或全国股转公司纪律处分决定的次一交易日；（6）第九项、第十项情形，在主办券商披露第二次专项意见的次一交易日；（7）第十一项情形，在解除持续督导协议的次一交易日；（8）第十二项情形，在公司被依法吊销营业执照、被责令关闭、被撤销或者被人民法院裁判解散的次一交易日；（9）第十三项情形，在收到法院受理重整、和解或者破产清算申请的裁定文件的次一交易日。

强制摘牌在次一交易日信息披露的情形为，挂牌公司应当在收到终止挂牌决定后的次一交易日内披露相应公告，公告应当包括以下内容：（1）终止挂牌决定的主要内容；（2）公司股票停复牌安排和终止挂牌日期；（3）终止挂牌后保障股东依法查阅公司财务会计报告等知情权的具体安排、股东权益保护相关安排；（4）终止挂牌后其股票登记、转让、管理事宜；（5）挂牌公司和主办券商的联系人、联系方式。

次2个交易日：挂牌公司提出摘牌复核申请，全国股转公司作出撤销终止挂牌决定的，公司股票自作出撤销终止挂牌决定的次两个交易日起复牌。

5个交易日：挂牌公司出现《摘牌细则》第十六条第一款所列13项情形的，主办券商应在5个交易日内对公司是否存在涉嫌违反证券法律法规行为、股东权益保护等事项进行核查，并向全国股转公司和公司注册地证监局报送核查意见。

6个交易日和16个交易日：全国股转公司作出终止挂牌决定后，挂牌公司未提出复核申请的，公司股票自申请复核期限届满后的第6个交易日起复牌，并于第16个交易日终止挂牌；挂牌公司提出复核申请，全国股转公司作出维持终止挂牌决定的，公司股票自作出维持终止挂牌决定后的第5个交易日起复牌，并于第16个交易日终止挂牌。

20个交易日：挂牌公司出现《摘牌细则》第十六条第一款所列13项情形

的，全国股转公司在20个交易日内，作出是否终止其股票挂牌的决定，并及时公告。全国股转公司要求挂牌公司、主办券商和证券服务机构对有关事项进行解释说明，或中国证监会及其派出机构、全国股转公司对相关主体涉嫌违法违规行为进行调查处理的，不计入作出决定的期限。

上述交易日的安排，归纳起来分为三类：第一类为信息披露的时点安排。涉及首个交易日、当日、每一交易日、每10个交易日等各种情形。这类信息披露的时点主要针对的是摘牌所涉及的事件。可以看出，摘牌信息披露的时点最多、最为频繁、覆盖面最广，充分说明了信息披露对市场和投资者的重要性。首个交易日、当日这些时点反映的是当摘牌情形发生时，能够披露的就应当及时披露，尽量让市场和投资者等能够尽快地获取信息。每一交易日、每10个交易日，反映的是摘牌情形持续信息披露的要求，以不断揭示摘牌可能带来的市场风险，不断提醒市场和投资者，挂牌公司即将到来的摘牌可能带来的影响。这一类的信息披露充分显示了对投资者尤其是中小投资者的保护。第二类为停牌时点的安排。涉及次一交易日停牌等各种情形。这类时点主要是针对挂牌公司本身，在触发摘牌情形的情况下及时披露。由于挂牌公司的股票在新三板市场交易日进行着交易，当摘牌情形发生时，盘中停牌可能对市场和投资者造成较大的影响，因此，在次一交易日进行交易也体现了及时信息披露的原则，让市场及时充分地了解相关信息，保护投资者的合法权益。第三类为复牌、摘牌的时点安排。涉及次2个交易日、6个交易日、16个交易日、20个交易日等。这类时点主要是针对审核机构对挂牌公司终止挂牌的决定。主要为全国股转公司审核决定是否对挂牌公司予以摘牌，以及给予挂牌公司对摘牌决定充分的异议权，允许挂牌公司对摘牌决定申请复核，体现了对摘牌的慎重和对挂牌公司权利的尊重。

（三）投资者保护[1]

对于挂牌公司摘牌所导致的投资者保护，《摘牌细则》提出了四个方面的要求。

---

[1]　本书第十六章"新三板的监管制度"中第四节将详述"新三板的投资者保护"，这里简述。

一是对投资者保护进行总括性安排。要求挂牌公司在公司章程中设置关于终止挂牌中投资者保护的专门条款，对主动终止挂牌和强制终止挂牌情形下的股东权益保护作出明确安排。

二是程序性安排。挂牌公司召开股东大会审议终止挂牌事项，可以通过提供网络投票等方式，为股东参与审议、表决提供便利。股权登记日合格投资者人数超过 50 人的挂牌公司，除现场会议投票外，应当提供网络投票服务。

三是经济性安排。挂牌公司或者挂牌公司的控股股东、实际控制人可以通过设立专门基金等方式对投资者的损失进行补偿。主办券商应当督促挂牌公司在终止挂牌过程中制定合理的投资者保护措施，通过提供现金选择权等方式对股东权益保护作出安排。

四是维权方式的安排。因挂牌公司股票终止挂牌导致纠纷的，纠纷各方应按照公司章程的规定，通过协商、调解、仲裁或诉讼等方式解决。